루쉰과 근대 한국

동아시아 공존을 위한 상상

이 저서는 2013년 정부(교육과학기술부)의 재원으로 한국연구재단의 지원을 받아 수행된 연구임(NRF-2013S1A6A4018019).

이화학술총서

동아시아
공존을 위한
상상

루쉰과 근대 한국

홍석표 지음

이화여자대학교출판문화원

| 책머리에 |

주지하듯이 1970-1980년대 한국의 민주화운동에 지대한 영향을 끼쳤던 리영희(李泳禧) 선생이 자신의 정신적 스승으로 내세웠던 인물이 바로 중국의 문호 루쉰(魯迅)이었다. 현재 중국의 대표적인 루쉰 연구자인 쑨위(孫郁) 교수는 최근 출판한 한 저서에서 "리영희는 진정한 의미에서 루쉰의 지음(知音)일 수 있다"고 하며, 몇 년 전 한국을 방문했을 때 어느 저녁 모임에서 느꼈던 한국의 루쉰 열풍을 이렇게 소개하기도 했다. "이것은 내 일생의 경험 중에서 루쉰과 관련된 첫 번째 열광이었다. 국내(중국)의 어떠한 루쉰학술대회에서도 이러한 감격적인 장면은 없었다. (중략) 그 순간 루쉰은 이미 서로 다른 나라 사이의 우리들 공동의 언어가 되었다고 느꼈다"(『루쉰 유풍록(魯迅 遺風錄)』, 2016). 한국에서의 루쉰 열풍을 매우 감동적으로 전하는 쑨위 교수의 말처럼, '루쉰'이라는 기호가 오늘날 더 큰 의미를 갖는다면 그것은 '루쉰'이 민족과 국가를 넘어선 '공동의 언어'가 될 수 있다는 데 있지 않을까.

한국의 루쉰 열풍을 반영이라도 하듯이 그동안 중국에서는 『한국 루쉰 연구 논문집(韓國魯迅硏究論文集)』(河南文藝出版社, 2005)과 『한국 루쉰 연구 정선집(韓國魯迅硏究精選集)』(中央編譯出版社, 2016)이 정식으로 출판되었다. 이들은 1990년대 이후 한국의 주요한 루쉰 연구 성과를 담고 있는데, 한국의 루쉰 연구 수준을 중국에 알릴 수 있어 매우 고무적인 일이 아닐 수 없다. 더욱이 현재 필자도 참여하고 있는 『루쉰전집(魯迅全集)』의 한국어판 완역이 막바지에 이르고 있다는 사실은 한국의 루쉰 열풍이 여전히 이어지고 있음을 상징적으로 보여주는 것이리라.

한국에서의 루쉰 연구 열풍은 1990년대 중반 이후에 크게 고조되었는데, 그 시기에 중국과 일본의 루쉰 연구가 소강 상태에 접어들기 시작한 것과 큰 대조를 이룬다. 그 배경에는 1980년대 이후 한국인들의 민주화의식의 확장과 비판정신의 앙양(昂揚)이 자리하고 있다. 그러나 한국에서의 루쉰 연구 열풍은 냉전체제가 구축되기 이전인 근대 시기, 특히 1930년대 초반과 8 · 15해방공간에도 존재했었다. 다만 한국전쟁 이후의 냉전체제로 말미암아 루쉰 연구 열풍이 중단되었을 뿐이다. 근대 시기의 루쉰 연구 열풍은 한국의 루쉰 연구의 전사(前史)라고 할 수 있는데, 그동안 학계로부터 크게 주목을 받지 못했다. 이에 학문적인 단절을 잇기 위해서라도 전사를 체계적으로 정리하고 재조명할 필요가 있을 것이다. 필자가 이 책을 저술하게 된 것도 이러한 문제의식에서 비롯되었다.

오늘날 중국에서 루쉰은 중국의 문학과 정신을 대표하는 상징적 기호로 표방되고 있지만, 그럼에도 불구하고 관방의 입장에서든 민간 차원에서든 각기 어떤 딜레마에 봉착해 있는 듯하다. 관방의 입장에서는, 세계적인 명성을 얻고 있는 루쉰을 중국의 문화코드로 내세울 수 있지만, 루쉰 문학의 본질을 구성하는 '비판정신'이 자칫 체제 비판으로 이어질 수 있다는 우려를 갖는다. 한편 민간 차원에서는, 루쉰을 중국의 정신적 · 사상적 권위로 받아들이고 있지만, 루쉰 문학이 형상화하고 있는 중국 국민성 비판이 현재로서는 그다지 적절치 않다는 회의적인 주저함이 있다. 이러한 중국에서의 딜레마에도 불구하고 우리는 '루쉰'의 상징적 가치를 동아시아적 맥락에서 재정립할 필요가 있다. 왜냐하면 동아시아의 공존을 상상할 때, 철저한 자기해부와 투철한 비판정신을 체화한 루쉰이 동아시아 공통의 정신적 자원이 되어 민족과 국가의 벽을 넘어서 서로 대화를 열어갈 수 있는 '공동의 언어'가 될 수 있기 때문이다.

과거의 경험과 지식을 어떻게 체계화하고 이론화할 것인가? 나아가 그것을 어떻게 오늘날에 유효한 경험과 지식으로 재구성할 것인가? 이러한 인문학적 과제는 과거의 경험과 지식을 새롭게 발굴하고 정리하고 성찰하는 가운데 완성된다. 그동안 필자는 루쉰 문학을 연구해오면서 중국의 루쉰 연구 성과뿐만 아니라 일본의 루쉰 연구 성과도 많이 접해왔다. 그때마다 과거 한국의 루쉰 연구 성과를 좀 더 체계적으로 정리할 필요성을 느꼈다. 중국의 루쉰 연구가 양적으로나 질적으로 단연 돋보이는 학문적 성과를 축적해왔음은 당연한 일이겠지만, 일본의 루쉰 연구 역시 중국의 그것에 못지않게 주목할 만한 학문적 성과를 이룩해왔다. 학문적 성과는 돌발적으로 이룩되는 것이 아니라 오랜 기간의 축적을 거쳐 그 폭과 깊이를 더해간다. 우리가 이전에 이룩해놓은 한국의 루쉰 연구 성과를 체계적으로 정리 · 분석하고 그것의 학문적 가치를 재조명해야 하는 이유도 바로 여기에 있다.

오늘날 역사 해석의 방법은, 역사 서술 밖의 객관적 사실을 인정하고 그것을 정확하게 재현하려는 모던적 역사 해석과, 객관적 사실이 존재하나 서술된 역사는 결국 언어적 전환 이후의 텍스트에 불과하다고 보는 포스트모던적 역사 해석으로 구분된다. 그런데 어느 경우이든 우리가 인정하지 않을 수 없는 것은, 과거의 객관적 사건이라 하더라도 발생학적으로 볼 때 그것은 이해관계의 소산이므로 그 객관성을 단정적으로 말하기 곤란하다는 점이다. 이는 과거의 사건을 평가하는 데 있어 어느 하나의 관점이나 이념에 의거해 그 가치를 절대화하기 어렵다는 점을 시사해준다. 그렇다면 과거의 역사적 사건을 서술할 때 그것의 재현과 평가를 단일적으로 드러낼 것이 아니라 사건의 발생 과정 및 이해관계를 드러내는 데 좀 더 진지한 노력을 기울여야 할 것이다.

필자는 근대 시기 한국에서 다기한 관점과 시각에서 이루어진 루쉰에 대한 비평과 소개가 당시의 이해관계(민족적이든 계급적이든 아니면 시대적이든)의 소산이라는 점을 염두에 두면서 실증적인 자료에 의거해 발생학적 차원에서 그것을 체계적으로 정리·분석하는 것을 목표로 했다. 당시 루쉰과 관계를 맺거나 루쉰 문학을 비평·소개하고 번역하는 데 주력한 주요 인물들을 중심으로 논의를 전개했는데, 그 당대의 이해관계 속에서 제기된 각자의 목소리를 모두 중시하면서 루쉰 또는 루쉰 문학을 둘러싸고 펼쳐진 역사적 경험과 지식을 체계화하고 그 의미를 밝히는 데 주안점을 두었다.

이 책의 원고는 그동안 국내 학술지에 발표된 글을 일부 포함하면서 저술 계획에 의거해 새롭게 집필한 것이다. 학술지에 발표된 글이라도 처음부터 이 책의 저술 방향에 따라 씌어졌고 또 수정을 거쳤으므로 서술의 일관성을 유지하고 있다. 그리고 이 책의 내용을 좀 더 실감나게 이해할 수 있도록 근대 시기 한국의 신문과 잡지에 발표된 루쉰에 관한 주요한 비평문을 부록으로 덧붙였다. 게재될 당시의 원문을 그대로 싣는 것을 원칙으로 했으나 비문(非文)과 오식(誤植)으로 인해 독해에 지장을 주는 경우에는 일부 단어와 문장을 바로잡았고, 또 원의(原意)를 해치지 않는다는 전제에서 오늘날의 한글맞춤법에 따라 부분적으로 낱말도 고쳤다.

이제 이 책을 완성하기까지 많은 도움을 주신 분들을 기억하고자 한다. 류앵(柳鶯) 여사는 팔순에 가까운 나이에도 불구하고 부친인 류수인(柳樹人)과 관련된 귀중한 자료를 보여주고 복사까지 해주셨다. 이용범 선생은 새로 발굴한 중요한 자료를 아낌없이 제공해주기도 했다. 또한 현지답사를 함께 하거나 초고를 세밀하게 읽고 여러 가지 유효한 조언을 해주신 분들도 있다. 이 자리를 빌려 도움을 주신 모든 분들에게 깊이 감사드린다. 아울러 '국제루쉰연구회(國際魯迅研究會)'에서 함께 활동하면서 학문적 교감을 나누고 지적(知的) 자극을 주신 박재우(朴宰雨), 후지이 쇼조(藤井省三) 선생님께도 감사드린다. 끝으로 정확한 교열과 멋진 편집으로 이 책을 품위 있게 만들어준 이화여자대학교출판문화원 편집부 선생님들에게도 고마운 마음을 전한다.

2017년 1월

홍석표

| 차례 |

제2부 1930년대 한국과 루쉰

서장:
루쉰 문학 수용의 기원과 계보

1946년 서울에서는 루쉰(魯迅)의 「아Q정전(阿Q正傳)」이 연극무대에 올려지고 이듬해 서울대학교 문리과대학에서는 루쉰 서거 11주년 기념 강연회가 열렸다. 루쉰은 근대 시기 한국에서 가장 주목받은 중국 작가였다. 이 책은 한국에서 루쉰 문학이 누구에 의해 어떻게 수용되었으며 그 의의는 무엇인지를 실증적인 자료에 의거해 전면적으로 규명하는 것을 목표로 했다. 루쉰이 「광인일기(狂人日記)」를 발표해 공식적으로 중국문단에 등장한 1918년 이후부터 1949년 사회주의 중국이 성립하고 1950년 한국전쟁이 발발해 한국과 중국의 직접적인 교류가 사실상 단절되는 시점까지를 시간적 범주로 삼아 연구를 진행했다. 이 시기에 중국에 유학하거나 체류하고 있던 한국 지식인이나 문인이 루쉰과 직접 대면하거나 루쉰 문학과 접촉한 사실, 중국이나 국내에서 활동하던 중국 현대문학 연구자가 루쉰 문학을 비평 소개하고 루쉰 작품을 번역한 사실 및 루쉰의 학술적 연구 성과를 참조한 사실 등을 집중적으로 조명했다. 당시의 방대한 신문과 잡지 등을 조사해 그동안 잘 알려지지 않은 많은 새로운 자료를 발굴하고 이를 토대로 근대 시기 한국에서 루쉰 문학이 어떻게 수용되었는지 그 양상을 실증적으로 논증하고 그 역사적 의의를 밝히는 데 주안점을 두었다.

제2차 세계대전 이후 냉전체제가 구축되고 한국전쟁이 발발해 남북한의 대결 구도가 극대화되면서 고착화된 남북분단은 한국사회의 이념적 경직화를 초래하고 사회주의 중국과의 전면적인 단절을 가져왔다. 사회주의 중국의 정통성으로 자리 잡은 중국 현대문학이 한국인의 시야에서 점차 멀어져 관심 밖의 사안이 된 것도 이때의 일이다. 사회주의 중국에서 사상적·문학적 권위로 추앙받아온 루쉰에 대한 연구가 1950년대 이후 한국에서 제대로 진행될 수 없었던 것도 당연한 일이다(물론 1980년대 중국이 개혁개방정책을 실시함으로써 그 후 상황은 크게 달라진다). 단적인 예로, 1930년대 베이징 유학 시절 두 차례 루쉰의 강연을 듣고 루쉰을 지사적 풍모를 가진 고결한 인품으로 묘사했던 정래동(丁來東)조차 1950년대에 이르러 그 시절을 회고하면서 "나는 두 차례 강연을 듣고 나서 환멸을 느꼈었다. 50이 넘은 사람(루쉰)으로 일정한 주장이 없이 우경좌경하는 것이 못마땅하였다"(「내가 대학을 졸업하던 때」)라고 했으니, 극한적인 좌우 이념 대립으로 치달은 냉전 시기의 경직된 사회 분위기로 말미암아 루쉰에 대한 그의 평가가 크게 달라진 것이다. 하지만 「광인일기」와 「아Q정전」의 창작으로 중국문단에 혜성처럼 등장한 루쉰이 1936년에 생을 마감하기까지 그의 문학적 생애는 한국의 일제강점기의 한가운데에 위치하는바, 그 시기에 한국인은 어느 나라 사람보다 앞장서서 루쉰 문학의 가치에 주목하고 루쉰 문학을 비평 소개하고자 노력했다.

19세기 말부터 한국의 지식인들은 근대적인 민족국가 수립을 위해 많은 노력을 기울여왔으나 일제에 의해 국권이 상실됨으로써 민족이라는 주체가 발견되자마자 주체의 실체가 모호한 상태가 되고 만다. 그리하여 민족은 정신화 내지 추상화의 방향으로 향하게 되는데, 지식인들의 관심이 역사와 언어 그리고 문학에 집중되는 것은 당연한 일이었다. 특히 문학이 민족정신을 표현하고 그것을 통합하는 중요한 매개체로 인식되었을 때, 문학 연구와 문학 창작은 지식인들의 중대한 실천적 범주로 떠오른 것이다. 이러한 상황에서 중국의 근대적 민족계몽을 완성하고 진정한 민족국가를 수립하기 위한 노력의 산물로 비친 중국 현대문학 및 루쉰 문학이 당시 한국의 지식인들로부터 크게 주목을 받았다. 주지하듯이 근대 시기 한국에서 서양문학(이를 내면화한 일본문학)이 '선진문학'으로 호명되어 전면적으로 수용되면서 동아시아의 전통적인 인문지식을 구성하는 핵심 요소의 하나이던 중국문학은 이제 외국문학의 하나로 그리고 그것의 주변부로 밀려나지 않을 수 없었다. 그렇지만 식민지 · 반식민지라는 한국과 중국의 비슷한 역사적 상황 전개로 말미암아 당대 중국문학 및 그것을 대표하는 루쉰 문학은 중국 현실을 파악하는 중요한 통로이자 한국의 현실 문제를 해결하기 위해 비춰보는 거울로서 적극적으로 받아들여질 수 있었다. 또한 그것은 과거의 전통 시기와 달리 외국문학의 하나로 포착되면서 일본을 경유한 서양문학 일변도에서 벗어나 또 다른 문화적 상상력을 열어놓는 것이기도 했다.

근대 시기 한국에서 루쉰 문학이 무엇보다 중시된 것은, 우선 그것이 반봉건계몽주의 정신을 구현하면서 철저한 자기해부와 투철한 자기인식에 이르고 있는 문학의 전형으로 인식되었기 때문이다. 루쉰 문학은 외부로부터 주어지는 구원이나 선언적으로 제시되는 이상(理想)을 거부하고 고통스러운 자기해부를 거쳐 내부로부터의 철저한 자기부정의 형식을 통해 주체적으로 이상(희망)을 만들어가는 것이었기에 크게 환영을 받았다. 양백화(梁白華)가 루쉰의 「아Q정전」을 두고 혁명에 희생된 무지한 한 농민을 주인공으로 하여 신해혁명(辛亥革命) 당시의 중국 '사회상태(社會狀態)를 여실하게 표현한 것'이라고 설명한 데 대해 정래동은 이를 반박하며 「아Q정전」은 '중국의 사회상(社會相)을 그리려 한 것보다 중국인의 보편성격(普遍

性格)을 묘사한 것'이 더욱 중요하다고 해석했다. 정래동은 「아Q정전」이 역사적으로 누적되어온 중국인의 민족성(국민성)을 그린 것임을 더욱 강조했으니, 이는 루쉰 문학이 자기해부와 자기인식을 형상화한 문학의 전형으로 받아들여지고 있었음을 보여준다.

민족에 대한 자기인식은 두 가지 형태로 나타날 수 있다. 나약하고 열등한 부정적인 민족성을 폭로함으로써 자기반성을 이끌어낼 수 있는 자기인식이 하나이고, 건강하고 우월한 긍정적인 민족성을 선양함으로써 민족자존과 민족정기를 회복할 수 있는 자기인식이 다른 하나이다. 루쉰 문학이 취하고 있는 자기인식은 전자에 해당된다. 루쉰 문학은 오랜 역사를 거쳐 중국인에게 체화된 '노예도덕'을 심각하고 예리하게 펼쳐 보임으로써 중국인의 각성을 촉구하는 것이었다. 그런데 일제의 지배하에 놓인 당시 한국의 특수한 역사적 상황 속에서 부정적인 민족성을 폭로해 자기반성을 이끌어내는 자기인식은 자칫 식민통치를 정당화하기 위해 고안해낸 일제의 한국 민족성 담론에 쉽게 포섭될 수 있다. 그렇기에 우회적인 방식으로 민족의 자기반성을 이끌어낼 수 있는 매개가 필요한바, 루쉰 문학은 바로 그러한 매개 역할을 수행할 수 있는 적절한 문학 텍스트였다.

또한 루쉰 문학은 강렬한 저항의식과 비판정신을 불러일으킨다는 점에서 당시 한국의 많은 진보적인 지식인들로부터 호평을 받았다. 루쉰 문학은 기존의 지배권력—전통의 권위든 아니면 국가의 권력이든—에 맞서 대항하는 것이었기에 민족의 독립이 시급하던 당시 한국의 현실에서 정신적 자원이 되기에 충분한 것이었다. 더욱이 루쉰 문학은 역사적으로 고착화되어온 기존의 모든 권력관계, 즉 인간과 인간, 민족과 민족, 국가와 국가 사이에 형성된 불합리하고 불평등한 관계를 반성하고 뒤집는 것이었다. 그렇기에 그것은 기성의 민족과 국가의 틀을 벗어나서 상호 이해를 도모할 수 있는 중요한 텍스트가 될 수 있었다. 루쉰 텍스트는 지배권력 바깥에서 구성하는 민간 차원에서의 상호 이해를 증진시키는 데 유효하므로 민족과 국가를 넘어서서 서로 대화를 열어갈 수 있는 열린 텍스트로 읽을 수 있는 것이다. 만일 루쉰 문학의 동아시아적 가치를 발굴할 수 있다면, 그것은 바로 이런 의미에서 더욱 중요하다.

이러한 특징을 가진 루쉰 문학은 다양한 사상 경향의 사람들에 의해 수용되어 한국 독자들을 만나게 되는데, 이는 루쉰 문학의 폭과 깊이를 말해주는 것이기도 하다. 루쉰 문학은 두터운 입체적인 텍스트로서 여러 가지 해석의 가능성을 내포하고 있다. 그것은 봉건 전통을 부정하고 근대적 인간성을 회복하고자 했던 계몽주의 또는 인도주의와도 만날 수 있고, 민간 차원의 자율적인 인류공동체를 구상했던 세계주의 및 일체의 기존 권력(강권력)을 부정하며 민중조합을 구성하고 민족해방을 쟁취하려 했던 아나키즘과도 만날 수 있으며, 계급해방과 민족해방을 동시에 기획했던 사회주의와도 만날 수 있다. 그래서 근대 시기 한국에서는 세계주의 또는 아나키즘의 사상 경향을 가진 지식인들과, 계급사관을 받아들인 사회주의 지식인들을 중심으로 루쉰 문학이 적극적으로 비평되고 소개되었다. 아나키즘 사상 경향과 사회주의사상 경향은 근대 시기 한국의 루쉰 문학 수용에 있어 양대(兩大) 사상적 계보를 형성하고 있는바, 류수인(柳樹人)—정래동(丁來東)—김광주(金光洲)는 아나키즘사상 경향을 대표하고, 김태준(金台俊)—이명선(李明善)은 사회주의사상 경향을 대표한다.

요컨대, 루쉰 문학은 한국 지식인들에게 외국문학으로서 당대 중국의 문단과 현실을 파악할 수 있는 가장 유력한 통로이자, 지적 공명과 사상적 연대를 구축하고, 자기인식을 심화하고, 비판정신을 앙양(昂揚)할 수 있는 중요한 정신적 자원이었다. 이를테면, 1920년대 오상순(吳相淳)과 류수인은 지적 공명과 사상적 연대라는 측면에서 루쉰과 관계를 맺고자 했으며, 1930년대 정래동과 이육사 및 1940년대의 김광주는 루쉰 문학을 통해 자기인식을 심화하는 데 역점을 두었다. 또한 1940년대 이명선은 루쉰 문학의 '전투적인 비판정신'을 극대화하는 방식으로 루쉰 문학을 비평 소개하는 데 주력했다. 특기할 것은, 루쉰 문학과의 만남을 계기로 투철한 자기 인식을 획득하고 시의 사상성을 강화해나간 민족저항시인 이육사이다. 그는 루쉰의 문학정신에 대한 공명과 자각을 통해 가장 높은 수준의 문학적 완성도를 이룩했으니, 이육사가 도달한 문학정신의 경지는 루쉰의 그것과 같은 높이에서 논해도 전혀 손색이 없다.

이 책의 내용을 간단히 요약하자면 다음과 같다.

제1부에서는 『폐허』의 시인 오상순, 아나키스트이자 독립운동가인 이우관(李又觀), 일본의 시라카바파(白樺派), 아나키즘 문예이론가이자 독립운동가인 류수인을 중심으로 서술했다. 오상순이 베이징세계어학회(北京世界語學會)에 참여하면서 루쉰 및 예로센코(Vasilli Yakovlevich Eroshenko, 愛羅先珂)와 함께 사진을 찍고 예로센코가 머물던 루쉰 집에 기거한 사실, 그의 시가 표현하고 있는 보편적 '아시아' 의식과 중국 체류와의 상관관계 등을 새롭게 조명했다. 또한 이우관이 베이징세계어전문학교 설립에 관여하면서 루쉰과 교류한 사실과 한 · 중 · 일 청년지식인들이 아나키즘운동을 매개로 민족해방을 위한 공동전선을 구축하고 있었음을 구체적으로 확인했다. 그리고 류수인이 세계 최초로 외국인으로서 루쉰의 작품(「광인일기」)을 번역하고 루쉰을 방문한 경위를 실증적으로 고찰하고, 중국의 '혁명문학파'를 비판하는 문예이론상의 공감대를 바탕으로 루쉰과 사상적 연대를 모색했던 사실 등을 세밀하게 추적했다.

제2부에서는 중국문학의 전문 번역가로 활약했던 양백화, 경성제국대학에서 중국문학을 전공하고 중국 현대문학을 비평 소개한 바 있는 『조선소설사』의 저자 김태준, 베이징에 유학하면서 중국 현대문학 및 루쉰 문학을 가장 체계적으로 비평 소개한 정래동, 동아일보사의 상하이 특파원으로서 루쉰을 직접 취재한 신언준(申彦俊), 상하이에서 루쉰과 대면한 바 있으며 그 후 루쉰 문학과의 만남을 계기로 시 창작을 본격화한 이육사를 중

심으로 서술했다. 양백화의 「아Q정전」 번역이 일본인 이노우에 코바이(井上紅梅)의 일본어 번역문을 참조해 '중역(重譯)'한 사실과, 그럼에도 불구하고 루쉰 작품의 중국어 원문을 참조해 보충하는 등 최소한의 성실함을 유지했다는 점을 실증적으로 밝혀냈다. 정래동의 「루쉰과 그의 작품」은 근대 시기 한국에서 루쉰 문학에 대한 가장 체계적이고 전면적인 평론이라 할 수 있는바, 정래동은 이 글에서 루쉰의 산문시집 『야초(野草)』를 '루쉰 전(全) 예술의 결정품(結晶品)이자 루쉰 사상의 총결산'이라 평했는데, 그가 동시기 한 · 중 · 일 삼국 중에서 루쉰의 『야초』를 가장 높이 평가한 두드러진 연구 성과를 이룩했음을 처음으로 규명했다. 그리고 아나키즘사상에 기울었던 정래동과 계급사관에 기울었던 김태준의 루쉰 문학 비평의 차이를 분석함으로써 근대 시기 한국의 루쉰 문학 비평의 사상적 계보를 추적했다. 또한 「루쉰 방문기」를 쓴 신언준이 취재차 루쉰을 만난 장소가 루쉰의 '비밀 장서실'이었음을 실증적으로 고증하고, 그가 프롤레타리아작가로서의 루쉰 형상을 그리는 데 주안점을 두었음을 논했다. 나아가 이육사가 문학과 정치의 관계 및 창작 '모랄'에 대한 루쉰의 입장을 정확하게 정리함으로써 그에 대한 공명과 자각을 통해 시의 강렬한 사상성을 구축해나간 점, 이육사 문학과 루쉰 문학을 비교 고찰해 '투철한 자기인식'과 '강인한 정신의 소유자 형상'이라는 측면에서 그 둘이 동일한 높이의 문학정신의 경지에 이르고 있음을 논증했다.

제3부에서는 상하이에 체류하면서 문학 창작과 중국 현대문학 비평에 주력한 김광주, 경성제국대학에서 중국 현대문학을 전공한 후 8 · 15해방 공간에서 가장 활발하게 루쉰 문학을 비평 소개한 이명선을 중심으로 서술했다. 김광주의 아나키즘적 문예의식과 중국 현대문학 및 루쉰 문학 비평의 상관관계, '루쉰 정신'을 환기한 경위와 의미, 『루쉰단편소설집』의 출간과 번역의 양상 등을 세밀하게 조명했다. 또한 이명선이 루쉰 문학에 관심을 갖게 된 계기를 최창규(崔昌圭), 김태준 등 경성제국대학 중국어문학

과 전공 선배들의 사상적 · 학문적 영향관계 속에서 파악하면서 그들 사이의 사상적 계보를 추적했다. 더욱이 이명선이 '민족혁명의 대중문학'을 주장한 루쉰의 문예이론상의 입장을 적극적으로 수용해 그것을 8 · 15해방공간에서 한국 신문학운동의 실천 방향의 하나로 모색하고자 한 점, 루쉰 문학의 정수라 할 '전투적인 비판정신'을 중시해 루쉰의 잡감문(雜感文)의 현실적 의의를 강조하고 『루쉰잡감문선집』을 완성해놓은 사실 등을 분석적으로 고찰했다. 이 과정에서 이명선이 경성제국대학 졸업 직후 일제의 사상통제가 전면적으로 실시되던 시기에 '이노부(李魯夫)' 또는 '노부(魯夫)'라는 필명으로 중국 현대문학을 비평 소개한 사실을 처음으로 확인했다.

요컨대, 이 책은 새로 발굴한 많은 실증적 자료를 동원해 근대 시기 한국에서 루쉰 문학이 어떻게 소개되고 비평되었는지 그 양상을 전면적으로 규명한 학술서로서 루쉰 문학 수용의 기원과 계보를 탐색한 것이다. 더욱이 이 책은 학술적인 논증과 더불어 루쉰 문학을 매개로 펼쳐지고 있는, 한 · 중 지식인의 만남과 교류, 한국 지식인들의 고난에 찬 삶과 현실적 고뇌, 그들의 학문적 추구와 민족 독립을 위한 불굴의 의지 등을 담고 있어 우리의 흥미를 끌기에 충분하다.

제1부

1920년대 한국과 루쉰

제1장

오상순의 '아시아' 의식과 루쉰의 세계주의 경향

1. 두 장의 사진과 공초 오상순

러시아의 맹인 시인이자 동화작가인 바실리 예로센코(Vasilli Yakovlevich Eroshenko)가 1920년대 초반 일본에서 추방된 후 중국에 체류할 때 루쉰(魯迅, 본명은 저우수런周樹人)과 저우쭤런(周作人) 형제의 바다오완(八道灣) 11호 집에 머물며 그들과 교유했음은 주지의 사실이다. 에스페란토(세계어)에 능통하고 세계주의자였던 예로센코는 저우씨(周氏) 형제의 집에 머물면서 베이징대학(北京大學)에서 에스페란토를 강의하고 베이징의 각 대학에서 강연회를 가졌는데, 1922년 2월 베이징에 도착해 1924년 4월 중국을 공식적으로 떠나기까지 많은 사람들로부터 주목을 받았다. 루쉰과 저우쭤런의 적극적인 지지와 소개에 힘입어 중국인뿐만 아니라 외국인을 포함한 에스페란티스토, 아나키스트 등이 예로센코를 찾았고, 아예 예로센코와 교유하기 위해 저우씨 형제 집에 머무는 사람도 있었다.

예로센코가 베이징에 체류하면서 찍은 사진 중에서 현재 전해지는 것은 많지 않은데, 그 가운데 두 장의 사진이 우리의 눈길을 끈다. 하나(다음 페이지 위의 사진)는 1922년 5월 23일 베이징세계어학회(北京世界語學會) 모임을 기념하기 위해 찍은 것이고, 다른 하나(다음 페이지 아래의 사진)는 등장인물과 옷차림으로 보아 위의 사진과 동일한 시점에, 그리고 배경으로 보아 바다오완 11호에서 찍은 것으로 추정된다.[1] 이 두 사진에서 흥미로운 것은 등장인물 가운데 한국의 시인 공초(空超) 오상순(吳相淳)도 포함되어 있다는 사실이다. 위의 사진에 나오는 인물을 살펴보면, 앞줄 왼쪽부터 왕쉬안(王玄), 오공초(吳空超), 저우쭤런, 장찬린(張禪林), 예로센코(愛羅先珂), 루쉰, 소포클로프(Sofoklof), 리스장(李世璋)이고, 뒷줄 왼쪽부터 셰펑쥐(謝鳳擧), 뤼푸저우(呂傅周), 뤄둥제(羅東杰), 판밍웨(潘明越), 후치밍(胡企明), 천쿤산(陳昆山, 즉 천쿵산陳空三), 천성수(陳聲樹), 펑싱산(馮省三)이다.[2] 아래의 사진에 나오는 인물도 대부분 위의 사진에 등장하는 인물과 동일한데, 루쉰, 저우쭤런, 예로센코, 천쿤산, 오공초 등이 그들이다.

공초 오상순(1894-1963)은 1920년 7월 25일 창간된 한국의 문학 잡지 『폐허(廢墟)』의 동인으로 활동한 저명한 시인이다. 1921년 1월 『폐허』가 종간되자, 그 후 오상순은 중국 베이징에 갔으며 그곳에서 루쉰, 저우쭤런, 예로센코 등과 교류하면서 베이징세계어학회 활동에 적극 참여했던 것으로 보인다. 오상순은 『폐허』의 창간에 관여하고 폐허파(廢墟派)의 문학 선언이라 할 「시대고(時代苦)와 그 희생(犧牲)」을 『폐허』 창간호에 발표한 장본인이다. 그는 「시대고와 그 희생」에서 "우리 조선은 황량한 폐허의 조선이요, 우리 시대는 비참한 번민의 시대이다. (중략) 일체를 파괴하고, 일체를 건설하고, 일체를 혁신 혁명하고, 일체를 개조 재건하고, 일체를 개방

1 예로센코가 러시아로 귀국하기 전날인 1923년 4월 15일, 일본인들이 주축이 되어 마련한 귀국 환송 회식 자리에서 찍은 사진도 현재 남아 있다.

2 黃喬生, 「世界語者魯迅: 魯迅在北京(六)」, 『北京紀事』 2013. 3. 1, 102쪽 참조.

베이징세계어학회 창립 기념 사진. 오상순(앞줄 왼쪽에서 두 번째), 루쉰, 저우쭤런, 예로센코 등(1922년 5월)

저우씨가 바다오완 11호에서 찍은 것으로 추정되는 사진. 오상순(앞줄 오른쪽에서 첫 번째), 루쉰, 저우쭤런, 예로센코 등(1922년 5월)

해방하여, (중략) 어떠한 오해나 핍박이 있을지라도 우리는 자유에 살고 진리에 죽고자 한다"[3]라고 선언하면서 폐허의 조선으로부터 신생 혹은 재생을 꿈꾸었다.

한국의 신문학 형성 초기에 중국 신문학을 소개하는 데 공헌한 바 있는 양백화(梁白華, 즉 양건식梁建植)는 1921년 1월 17일, 중국의 문학혁명을 제창했던 후스(胡適)에게 보낸 편지에서 "오늘날의 정세를 보면, 중국과 조선

3 吳相淳, 「時代苦와 그 犧牲」, 『廢墟』 創刊號(1920. 6).

은 먼저 문학혁명을 이루지 않으면 안 됩니다. 선생께서 우리 조선 청년들을 각성시킬 수 있는 훌륭한 글과 선생의 사진 한 장을 보내주시길 바랍니다. 『개벽(開闢)』지(誌)에 게재하여 선생을 흠모하는 우리 조선 청년들을 격려하고자 합니다"[4]라고 말했다. 양백화의 이 편지는 당시 한국의 지식인들이 중국 신문학운동에 많은 관심을 가지고 있었으며, 중국 신문학운동의 중심인물인 후스와 직접 교류하고자 시도했음을 보여준다. 『폐허』의 문학 이념을 제시하고 한국의 신문학 형성 초기에 시(詩) 창작으로 두각을 나타냈던 오상순이 1922년 베이징에서 중국 신문학의 창작과 이론 면에서 기초를 다져놓은 루쉰, 저우쭤런과 직접 교류하고 있었던 사실은 의미심장하다. 오상순이 그들과 교류하면서 베이징세계어학회 활동에 적극 참여하고 있었다는 것은 1920년대 초에 전개된 한 · 중의 문학적 교류 및 에스페란토를 매개로 이루어진 동아시아 지식인의 지적 교류와 사상적 공명을 확인할 수 있다는 점에서 매우 중요한 의미를 갖는다.

2. 루쉰 · 저우쭤런의 일기에 나오는 오상순 · 이우관 · 류림

오상순은 1911년에 도일(渡日)해 1912년부터 1917년까지 교토(京都)의 도시샤대학(同志社大學) 신학부(神學部)에서 종교철학(宗教哲學)을 전공하고 1918년에 귀국했다. 오상순은 일찍이 에스페란토를 한국에 소개한 인물로 알려져 있는데, 그는 어떤 경로로 에스페란토를 배웠을까? 당시 에스페란토는 국제 공통어로서 선진적인 지식인들에게는 반드시 갖춰야 할 교양

4 胡適, 『胡适遺稿及秘藏書信集 42』, 耿雲志 主編(黃山書社, 1995), 601쪽. "生原來研究中國文學, 而尤以戲曲小說為主者也. 從此幸望閣下之指導也. 顧今日之勢, 中國與朝鮮先為革命文學然後乃可也. 幸望閣下將可以警醒我朝鮮青年之高論和閣下肖像一枚送附, 為揭載此于開闢誌上, 欲以勸奬我景仰閣下之朝鮮青年也."

언어였다. 오상순이 에스페란토를 습득하게 된 경로를 추적하는 데 있어 가장 주목할 곳은 그가 자주 출입했던 도쿄의 '나카무라야(中村屋)'이다.[5] 이곳은 인도, 아프리카, 타이완, 러시아, 영국 등 다양한 국적의 지식인들과 일본의 젊은 예술가들이 모여 정치, 종교, 사회, 문화에 대한 정보를 나누며 자유롭게 토론하고 소규모의 작품 발표회도 열었던, 일종의 진보적인 지식인의 문화 살롱이었다. 오상순이 에스페란토를 습득한 장소가 '나카무라야'였을 것으로 추정되는데, 그것은 일본에 처음 에스페란토를 보급시킨 인물인 예로센코가 바로 '나카무라야'에 머물고 있었기 때문이다.

1939년 6월 '나카무라야'의 중심인물이자 극작가인 아키다 우자쿠(秋田雨雀)에게 보낸 편지에서 오상순이 "선생을 중심으로 맺어져 아름다운 인연이 되었던 이들의 모습을 한없이 그리워하며 상기해보는 기쁨과 행복 역시 두고두고 잊을 수가 없습니다"[6]라고 하면서 '나카무라야' 사람들과의 추억을 회상했다. 오상순이 회고한 '아름다운 인연'의 중심인물인 아키다 우자쿠는 '나카무라야'에 머물고 있던 예로센코로부터 에스페란토를 배운 바 있다. 또 오상순은, 일본 시라카바파(白樺派)의 주요 멤버로서 민예운동(民藝運動)을 일으키고 조선 예술의 가치를 높이 평가했던 야나기 무네요시(柳宗悅)와도 교류하면서 각종 활동에 적극 가담했는데, 1939년 야나기 무네요시에게 보낸 편지에서 "선생을 중심으로 맺어진 당시의 아름답고도 그리운 역사적 인연이 다시 떠올라 깊은 감회에 잠겨 봅니다"[7]라고 말한 바 있다. 야나기 무네요시 역시 '나카무라야'에 자주 출입한 인물이다. 이렇듯 아키다 우자쿠, 야나기 무네요시 등 진보적인 일본 지식계 인물들과

---

5 朴允姬, 「오상순의 문학과 사상: 1920년대, 동아시아의 지적 교류」, 『文學思想』 2009. 8, 34쪽 참조.

6 大村益夫 · 布袋敏博 編, 『近代朝鮮文學日本語作品選 1935－1945(評論 · 隨筆 3)』(綠蔭書房, 2002), 497쪽.

7 大村益夫 · 布袋敏博 編, 『近代朝鮮文學日本語作品選 1935－1945(評論 · 隨筆 3)』, 497쪽.

지적 교류를 하고 있던 오상순은 '나카무라야'에 출입하면서 예로센코와 접촉했고, 그로부터 에스페란토를 자연스럽게 습득하는 기회를 가졌을 것으로 추정된다.

예로센코는 1921년 5월 도쿄에서 열린 '노동의 날' 행사는 물론 일본 사회주의동맹회 제2차 대회에 참가하는 등 진보적인 사회운동에 앞장선 인물이다. 1921년 5월 11일자 『동아일보』에서도 예로센코의 일본에서의 검속 소식을 도쿄(東京)발로 전하면서 "9일 6시부터 사회주의동맹회(社會主義同盟會) 제2차 대회는 간다(神田) 청년회관(青年會館)에 개회하였으나 당국에서는 낭(曩)에('이전에'라는 의미) 우(右) 집회를 금지코자 하는 방침을 취함에 인(因)하여 개회하자마자 '혁명'이라 대서(大書)한 적기(赤旗)의 쟁탈전을 연(演)하여 사회자가 개회를 선고하자 곧 해산을 명하였는데 사카이 마가라(堺眞柄) 씨 및 러시아인(露人) '예로센코' 씨 등을 위시하야 3, 4명의 검속자를 출(出)하였더라"[8]라고 했다. 예로센코는 일본에 체류하면서 진보적인 사회활동에 적극 참여해 위험인물로 지목되었고, 1921년 5월 31일 일본으로부터 추방 명령을 받는다. 일본을 떠나야 했던 예로센코는 고국으로 귀국하기 위해 블라디보스토크로 갔으나 소련 정부의 입국 거절로 인해 중국의 하얼빈(哈爾濱)을 거쳐 중국의 에스페란티스토 후위즈(胡愈之)의 도움으로 10월 상하이(上海)에 도착하게 된다. 상하이에 도착한 예로센코는 이듬해인 1922년 2월 베이징대학 교수이자 문학가이던 루쉰 · 저우쭤런 형제의 배려로 저우씨가(周氏家)인 바다오완(八道灣) 11호에 머물면서 베이징대학에서 에스페란토를 강의하게 된다. 바로 이 무렵에 베이징에 체류하고 있던 오상순이 예로센코와의 인연으로 루쉰 · 저우쭤런 형제와 접촉하게 되었던 것으로 보인다.

오상순이 예로센코와 더불어 중국의 에스페란토운동에 적극 참여하면

---

8 「社會主義同盟會: 革命旗爭奪戰=直히 解散命令」, 『東亞日報』 1921. 5. 11.

서 저우쭤런과 교류하고 있었음은 1922년도 저우쭤런의 일기를 통해서 확인할 수 있다.[9] 그런데 저우쭤런의 일기에는 오상순 이외에도 에스페란토운동과 관련해 또 다른 한국인의 이름도 등장하므로 이를 세밀하게 검토할 필요가 있다.

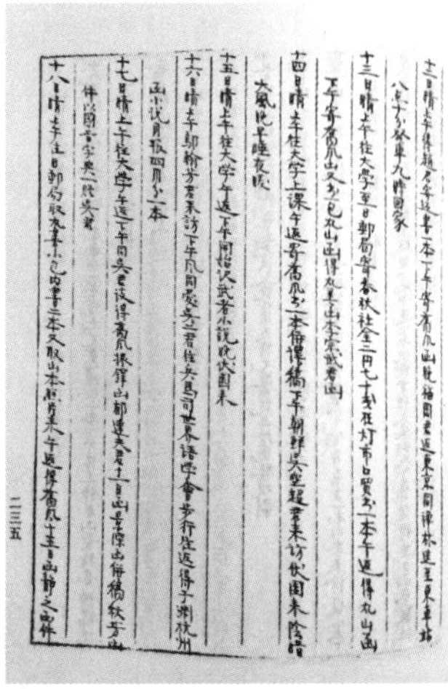

저우쭤런 일기에서 오공초(오상순)에 관한 기록이 나오는 부분

1922년

4월 14일: 오후에 조선인 오공초 군이 내방하다(下午朝鮮吳空超君來訪).

4월 16일: 오후 바람이 불다. 예로센코 군과 오공초 군과 함께 빙마스의 세계어 학회에 걸어서 다녀오다(下午風, 同愛吳二君往兵馬司世界語學會步行往返).

5월 8일: 오후에 일본 우체국에 가서 예로센코 군에게 전보를 치다. 저녁에 오공초 군이 그의 친구 이(李)군을 데리고 내방하다(下午至日郵局爲愛羅君發電報, 傍晚吳空超君偕其友李君來訪).

7월 17일: 톈진(天津)의 이우관 군에게 편지를 부치다(寄天津李又觀君函).

7월 20일: 밤에 오(吳)군이 톈진에서 돌아오다(夜吳君從天津回).

7월 24일: 조선인 류(柳)군, 츠지 다케오(辻武雄) 군이 차례로 내방하다(朝鮮柳君, 辻武雄君先後來訪).

7월 25일: 베이징대학 삼원(三院)에 갔다가 오후 6시에 돌아오다. 류(柳)군이 오다(往北大三院, 下午六時返. 柳君來).

8월 3일: 오전 10시에 가족들과 샹산(香山)에 가다. 푸위안(伏園) 및 오(吳)군도

9 아쉽게도 1922년도 루쉰의 『일기』는 없어진 상태이므로 이 시기 루쉰의 『일기』에 오상순 등에 대한 기록이 어떠한지는 확인할 길이 없다.

함께하였는데, 어른과 아이 모두 19명이 가다. 10시에 감로여반(甘露旅飯)에 도착하다. 오후에 차이(蔡元培) 선생을 방문하다. 5시에 하산하여 8시에 집으로 돌아오다(上午十時, 同家人往香山, 伏園及吳君同去共大小十九人. 十時至甘露旅飯. 下午往訪蔡先生. 五時下山, 八時回家).[10]

저우쭤런의 일기에 의하면, 공초 오상순이 저우씨가(周氏家)인 바다오완 11호를 처음 방문한 것이 1922년 4월 14일인데, 이틀 뒤 저우쭤런은 예로센코와 오상순을 데리고 세계어학회를 다녀왔다. 이것은 오상순이 예로센코와 친밀한 관계에 있었으며 에스페란토를 매개로 저우씨가를 방문하게 되었음을 짐작하게 한다. 오상순은 또한 이(李)군, 즉 이우관(李又觀, 본명 李丁奎)을 데리고 저우쭤런을 방문했는데, 이때부터 이우관도 루쉰, 저우쭤런과 교류하기 시작한 것으로 보인다. 이우관은 아나키스트로서 한국의 독립운동에 적극 가담했을 뿐 아니라 중국의 에스페란토 보급에도 직접 관여해 1923년 베이징대학 동창생인 천쿤산(陳昆山, 즉 천쿵산陳空三)과 함께 베이징세계어전문학교(北京世界語專門學校) 설립에 참여했다. 이들 이외에도 한국인 '류(柳)군'이라는 인물이 두 차례 저우쭤런을 방문한 것으로 되어 있다.

먼저 오상순이 이우관을 데리고 저우씨가를 방문하게 된 계기는 무엇이었을까? 『폐허』의 동인으로서 오상순과 절친한 사이였던 변영로(卞榮魯)는 오상순에 대해 이렇게 회고했다. "우리는 상기(上記)한 대로 삼십오륙 연간(三十五六年間)을 서울은 물론이고 도쿄(東京)로 베이징(北京)으로 함께 방랑(放浪)도 많이 하였고 담론(談論)도 많이 하였으며 취추태(醉醜態)도 웬만큼 함께 피우고 부리었지만 아무래도 공초(空超)의 진정(眞正)한 심경(心境)이나 정확(正確)한 감정(感情) 내지(乃至) 성격(性格)은 파악(把握)키 어려웠

10 魯迅博物館 藏, 『周作人日記(中)』(大象出版社, 1996), 235쪽, 238쪽, 248-249쪽, 251쪽.

바다오완 11호의 예로센코가 묵었던 방(오른쪽 끝, 2016년 촬영)

다."[11] 변영로는 이우관의 누나와 결혼했고 변영로의 큰형인 변영만(卞榮晩)이 베이징에서 신채호(申采浩) 등과 함께 독립운동을 전개하고 있었으니,[12] 오상순이 변영로와 함께 베이징을 방문한 것은 바로 이러한 배경에서 가능했을 것이다. 당시 베이징대학에 재학 중이던 이우관이 변영로의 처남이었으므로 오상순이 이우관을 만나게 된 것은 자연스러워 보이며, 그래서 저우씨가를 먼저 방문한 바 있는 오상순이 이우관을 데리고 저우씨가를 찾은 것이다.

그런데 흥미로운 것은 8월 3일 오상순이 저우씨 가족들과 함께 베이징 근교의 샹산(香山)을 다녀왔다는 사실이다. 저우쭤런은 7월 17일에 톈진(天津)의 이우관에게 편지를 보냈고, 7월 20일 밤에 오상순이 톈진에서 돌아왔다고 했는데, 저우쭤런은 이우관 및 오상순과 긴밀하게 연락을 취하고 있었던 것으로 보인다. 7월 20일 밤에 오상순이 톈진으로부터 돌아왔다는 표현을 통해 오상순은 이때 단순히 저우씨가를 방문한 것이 아니라 저우씨가에 머물고 있었던 것으로 추측해볼 수도 있다. 예로센코가 1922년 7월 3일 베이징을 떠나 톈진, 다롄(大連), 하얼빈을 거쳐 러시아로 잠시

11 卞榮魯, 「詩人 空超 吳相淳을 말함」, 『樹州隨想錄』(서울신문사, 1954), 226쪽.

12 金時俊, 「魯迅이 만난 韓國人」, 『中國現代文學』 第13號(1997. 12), 137쪽 참조.

돌아가게 되는데[13], 예로센코가 머물던 저우씨가의 방이 비었으므로 오상순이 이곳을 사용하게 된 것이 아닌가 한다. 오상순이 8월 3일 저우씨 가족들과 함께 샹산을 구경하러 간 것도 그가 저우씨가에 머물고 있었기 때문에 가능했을 것이다. 샹산을 함께 구경한 뒤로 오상순의 이름은 저우쭤런의 일기에 더 이상 나오지 않는데, 그 후 오상순은 베이징을 떠나 귀국했던 것으로 생각된다.

이우관의 이름은 1923년 3월 18일자 루쉰의 일기에도 등장한다. "맑음. 일요일. 오후에 후스즈(胡適之, 즉 후스胡適)에게 편지를 부치다. 오후에 이우관 군이 오다. 저녁에 마루야마(丸山) 군이 오다."[14] 이것은 루쉰의 『일기(日記)』에 나오는 이우관에 관한 유일한 기록이지만, 이우관이 루쉰과 교류하고 있었음을 보여주는 중요한 증거이다. 그런데 1923년 3월 18일자 저우쭤런의 일기에는 "맑음. 오후에 하시가와(橋川)가 자신이 번역한 『현대의 문학(現代の文學)』 책 한 권을 주다. 마루야마가 와서 저녁을 먹은 후 가다"[15]라고 했는데, 이우관의 이름이 나오지 않는다. 그날 마루야마 콘메이(丸山昏迷)가 저우씨가를 방문한 사실이 루쉰의 일기와 저우쭤런의 일기에 동시에 기록되어 있는 것과 대조적이다. 그렇다면 이우관이 그날 저우씨가를 방문한 것은 루쉰을 만나기 위한 것이었음을 짐작하게 한다. 이우관은 1922년 베이징대학 경제학부 2학년에 편입한 후 베이징대학의 동창생 천쿤산 등과 함께 1923년 5월 베이징세계어전문학교 설립에 공동으로 참여했으며 이 학교 부속의 리밍중학(黎明中學)의 교사를 맡기도 했다.[16] 루쉰

13 周作人, 「愛羅先珂君」, 『澤瀉集 · 過去的生命』(北京出版集團公司 · 北京十月文藝出版社, 2011), 39쪽 참조

14 魯迅, 『日記』, 『魯迅全集(15)』(人民文學出版社, 2005), 463쪽. "晴. 星期休息. 午後寄胡適之信. 下午李又觀君來. 晚丸山君來."

15 魯迅博物館 藏, 『周作人日記(中)』, 300쪽. "晴. 下午橋川贈所譯現代の文學一册. 丸山來晚飯後去."

16 李丁奎, 「年譜」, 『又觀文存』(三和印刷出版部, 1974), 4쪽 참조.

은 베이징세계어전문학교 설립의 발기인이자 이사(理事)의 한 사람이었으며 1923년 9월부터 1925년 3월까지 이 학교에서 중국소설사를 강의한 바 있다.[17] 이러한 정황으로 보건대, 이우관의 루쉰 방문은 우선 베이징세계어전문학교의 설립과 관련되었을 것으로 짐작된다.

한편 저우쭤런은 7월 24일자 일기에서 "조선인 류군, 츠지 다케오 군이 차례로 내방하다"라고 했고 이튿날의 일기에서 "류군이 오다"라고 하여 류군의 방문을 두 차례 기록하고 있는데, 류군은 과연 누구일까? 추정컨대, 그는 류림(柳林, 즉 고자성高自性)일 가능성이 가장 크다. 류림은 3·1운동 이후 만주로 망명했다가 1920년 말 베이징으로 와서 신채호, 김창숙(金昌淑) 등이 순한문(純漢文) 월간지 『천고(天鼓)』를 발간하는 데 일조했고, 1922년 9월에 중국 쓰촨성(四川省)의 청두대학(成都大學) 사범부(師范部) 문과에 입학, 1926년 초에 졸업했는데,[18] 신채호 등과 함께 베이징에서 활동하던 시기에 저우쭤런을 방문한 것으로 판단된다. 그것이 사실임은 바진(巴金)의 회고를 통해서 우회적으로 확인할 수 있다. 바진은 「『불』에 관해(關於『火』)」라는 글에서 "5·4운동 후 나는 청두(成都)의 『반월(半月)』 잡지사에 참가하여 세 편의 글을 발표했다. 그중 하나는 에스페란토를 소개한 것이었는데, 나는 당시 에스페란토를 배우지는 않았다. 얼마 후 그 잡지를 들고 어떤 사람이 나를 찾아왔다. 그는 에스페란토를 배운 사람이었고 어떻게 하면 에스페란토를 보급시킬 수 있을까를 상의하러 왔던 것이다. 고등사범학교에 다니고 있는 고(高)씨 성의 조선인인 그에게 나는 에스페란토를 배웠으나 몇 번으로 끝나버리고 결국 보급활동은 하지 않았다. 고씨와의 교류는 많지 않았으나 나는 조선인이 중국인과는 다르다는 것을 느꼈다. 우리의 판에 박힌 처세술, 사람을 대할 때의 상투적인 예절과 관습

17 魯迅, 『日記』, 『魯迅全集(15)』, 474쪽. 1923년 6월 주석 참조.

18 박난영, 「巴金과 한국인 아나키스트」, 『중국어문논총』 제25호(2003), 497쪽 참조.

을 그들은 좋아하지 않는 것 같았다. 나의 피상적인 인상에 지나지 않을지 모르지만, 그들은 성실하고 착실하며 솔직하고 자존심이 강했다"[19]라고 술회한 바 있다. 여기에 나오는 '고등사범학교에 다니고 있는 고씨 성의 조선인'은 바로 고자성(高自性), 즉 류림이다. 류림은 본명이 류화영(柳華永)이고 류림, 고자성, 고상진(高尙眞), 고삼현(高三賢) 등의 이름을 사용하기도 했는데, '고집스러울 만큼 결벽성'을 가진 사람이었으니[20] 바진이 이해한 자존심 강한 고씨 성의 조선인의 성격은 류림의 성격과 대체로 일치한다.

바진이 쓴 에스페란토에 관한 글은 1921년 5월 『반월(半月)』 제20호에 실린 「세계어의 특징(世界語(Esperanto)之特點)」이라는 글이다. 바진은 이 글에서 "이제 유럽 전쟁이 끝을 고하고 평화가 시작되었으니 세계 대동의 시기가 멀지 않았다. 세계 대동을 주장하는 우리들은 마땅히 세계어를 전파하는 데 노력해야 한다. 사람들에게 세계어를 할 수 있게 하고 나아가 '아나키즘'사상을 그들의 뇌리에 주입시켜야 한다. 그때가 되면 대동세계가 곧 우리 앞에 나타날 것이다"라고 했다.[21] 그렇다면 류림은 바진이 「세계어의 특징」을 발표했던 1921년 5월 무렵에 이미 청두에 체류하고 있었던 것인가? 바진이 만난 류림은 고등사범학교의 재학생으로 서술되어 있는데, 류림은 1922년 9월에 이 학교에 입학했으므로 류림이 「세계어의 특징」이 실린 『반월』 잡지를 들고 간 것은 1922년 9월 이후라고 보아야 한다. 류림은 청두에 도착한 후 이미 발행된 『반월』 제20호에 실린 예의 그 글을 발견하고 잡지를 들고 바진을 찾아갔던 것이다.

---

19 巴金, 「關於『火』」, 『創作回憶錄』(三聯書店, 1981), 62-63쪽.

20 김재명, 『한국현대사의 비극: 중간파의 이상과 좌절』(도서출판 선인, 2003), 276-277쪽 참조.

21 唐金海 · 張曉雲, 『巴金的一個世紀』(四川出版集團 · 四川文藝出版社, 2004), 36쪽 참조. "今歐戰告終, 和平開始, 離世界大同時期將不遠矣. 我們主張世界大同的人, 應當努力學習'世界語', 努力傳播世界語. 使人人能懂世界語, 再把'安那其主義'的思想輸入他們的腦筋, 那時大同世界就會立刻現於我們的面前."

1920년 말 류림은 베이징에서 신채호, 김창숙, 김정묵(金正默), 남정우(南亨祐) 등과 더불어 『천고(天鼓)』를 펴내는 데 참여한 뒤 베이징을 떠나 1922년 청두로 갔다. 그는 『천고』를 펴내면서 신채호의 영향을 가장 크게 받았는데, 당시 신채호는 베이징에서 차이위안페이(蔡元培), 리스쩡(李石曾) 등 중국인 아나키스트들과 접촉해 일찍부터 아나키즘에 기울어 있었다.[22] 당시 베이징대학 총장이던 차이위안페이는 베이징대학에 에스페란토 강좌를 열고 예로센코에게 그 강의를 맡겼으며 루쉰·저우쭤런 형제와도 긴밀한 관계를 유지하고 있었다. 그렇다면 류림의 저우씨가 방문은 신채호-차이위안페이의 관계 속에서 이루어졌을 것으로 짐작된다. 이회영(李會榮), 이을규(李乙奎), 이우관, 백정기(白貞基), 류자명(柳子明), 정화암(鄭華巖) 등이 모여 결성한 재중국조선무정부주의자연맹에 류림과 신채호는 참가하지 않았는데, 류림은 신채호 계열에 속해 있어 당시로는 이회영 계열에 속해 있던 이우관과 접촉이 없었으며 이에 이우관과 상관없이 단독으로 저우씨가를 방문한 것으로 추측된다. 에스페란토에 능통했던 류림은 신채호-차이위안페이의 관계를 계기로 베이징세계어학회를 조직한 저우쭤런을 방문하게 되었으며, 그 후 곧바로 청두로 가서 그해 9월 청두대학에 입학했던 것이다.

이와 같이 당시 중국의 에스페란토운동에 능동적으로 참여한 한국의 진보적인 지식인들은 예로센코와의 인연, 중국 신문학에 대한 관심, 베이징세계어학회의 활동, 베이징세계어전문학교의 설립 등으로 말미암아 루쉰, 저우쭤런과 교류하면서 지적 공감대를 형성하고 있었다. 에스페란토는 국가와 민족을 초월한 중립적인 세계주의 이념에 기반을 두고 있어 국제 민간 교류의 중요한 언어적 도구로 기능했는데, 이러한 이유로 그것은 1920년대 초 한·중 지식인들의 지적 교류와 사상적 연대를 구축하

22 김재명, 『한국 현대사의 비극: 중간파의 이상과 좌절』, 277쪽 참조.

는 데 중요한 매개 역할을 할 수 있었다.

3. 일본 시라카바파(白樺派) 이념의 공유와 아나키즘사상의 수용

오상순은 일본의 도시샤대학(同志社大學)에서 유학한 후 이상적 사회를 실현하기 위해서 에스페란토, 아나키즘, 바하이교(Baha'i敎), '새로운 마을(新しき村)'운동, 민예운동(民藝運動) 등에 적극 참여한다.[23] 오상순을 비롯한 조선의 폐허파 문인들은 1910년대 말부터 야나기 무네요시와 시가 나오야(志賀直哉), 무샤노코지 사네아츠(武者小路實篤)를 위시한 시라카바파(白樺派)의 멤버들과 빈번하게 접촉하기 시작한다. 그들이 접촉하게 된 직접적인 계기는 1919년 5월에 발표된 야나기 무네요시의 「조선인을 생각한다(朝鮮人を思ふ)」(『讀賣新聞』)라는 글이었다.[24] 1910년 야나기 무네요시, 시가 나오야, 무샤노코지 사네아츠, 아리시마 다케오(有島武郎) 등이 중심이 되어 창간한 『시라카바(白樺)』는 다이쇼(大正) 초기, 일본의 데모크라시 문화 경향을 대표하는 문예 잡지로서 이상주의, 생명주의, 개성 존중을 내세웠다. 야나기 무네요시가 1920년 6월 『개조(改造)』에 발표한 「조선의 벗에게 보내는 글(朝鮮の友に贈る書)」에서 조선 예술의 독립성을 강조한 것은 '시라카바(白樺)'의 정신을 잘 보여준다. 야나기 무네요시는 이 글에서 "비참한 운명에 시달린 조선도 그 예술의 아름다움에서는 군왕(君王)의 위치에 있다. 어느 누구도 그 유구한 아름다움을 범할 수 없다. 생명은 짧고 예술은 길다고

---

23 朴允姬, 「吳相淳の文学と思想: 1920年代､東アジアの知的往還」, 京都造形藝術大學 博士學位論文, 2009, 2쪽, 89쪽 참조.

24 朴允姬, 「오상순의 문학과 사상: 1920년대, 동아시아의 지적 교류」, 『文學思想』 2009. 8, 28쪽 참조.

시인은 읊고 있다. 그러나 예술에 나타난 조선의 생명이야말로 무한하고 또 절대적이다. 거기에는 깊은 아름다움이 있다. 아름다움 자체에 깊이가 있다. (중략) 조선은 비록 밖으로는 약할지 모르나 그 예술에 있어서 안으로 강한 나라이다. 엄연하게 자율(自律)하는 나라이다"[25]라고 역설했다.

주지하듯이 저우쭤런은, 아나키즘사상가인 크로포트킨의 이론을 일본에 소개한 아리시마 다케오의 영향을 받아 이른 시기에 크로포트킨의 사상을 중국에 소개한 바 있다.[26] 저우쭤런은 또 '새로운 마을(新しき村)'운동을 주창했던 무샤노코지 사네아츠와 교류하면서 그 영향을 받아 중국의 '신촌운동(新村運動)'을 이끌기도 했다. 루쉰도 시라카바파 작가들과 접촉하기 시작해 인도주의와 이상주의를 실현하고자 한 그들의 문학 주장과 열정에 공감했다.[27] 루쉰은 무샤노코지 사네아츠의 극작품「어느 청년의 꿈(一個青年的夢)」을 번역해 1920년 1월『신청년(新青年)』에 실었고, 이후 무샤노코지 사네아츠의 글「모든 예술품(凡有藝術品)」 등과 아리시마 다케오의 글「예술을 낳는 배아(生藝術的胎)」 등을 번역해 잡지『망원(莽原)』에 게재하기도 했다. 이러한 상황을 고려할 때, 시라카바파의 핵심 인물들과 직접 교류한 바 있는 오상순이 저우씨가에 머물면서 루쉰, 저우쭤런 등과 지적 교류를 할 수 있었던 것은 에스페란토라는 언어적 요소 이외에도 서로 공감할 수 있는 이념적 공통분모가 있었기 때문이다.

앞서 저우쭤런의 일기에서 보았듯이 저우쭤런은 톈진에 있던 이우관에게 편지를 보냈는데, 그 이유는 무엇이었을까? 저우쭤런이 이우관에게 보낸 편지의 내용이 정확히 무엇인지는 확인할 수 없지만, 당시 베이징대학 교수이던 저우쭤런이 같은 대학의 재학생이던 이우관에게 편지를 보냈다

---

25 야나기 무네요시,『조선과 그 예술』, 이길진 역(신구문화사, 2006), 44쪽.

26 劉立善,『日本白樺派與中國作家』(遼寧大學出版社, 1995), 74쪽 참조. 저우쭤런은 1908년부터「시베리아기행(西伯利亞紀行)」 등 크로포트킨의 일련의 문장을 번역한 바 있으며, 일본 유학 시기에 그에게 영향력이 가장 컸던 사상가로 크로포트킨을 들기도 했다.

27 劉立善,『日本白樺派與中國作家』, 78-79쪽 참조.

는 점을 감안할 때, 그 편지는 단순히 안부를 묻는 것이 아니라 구체적인 업무에 관한 것이었을 가능성이 크다. 당시 북양정부보군통령아문(北洋政府步軍統領衙門)이 작성한, 베이징세계어학회와 관련된 1922년 6월 5일의 첩보 내용이 그러한 추정을 뒷받침해준다. 베이징세계어학회에서의 이우관, 즉 이정규(李丁奎)의 활동에 대한 첩보 내용은 다음과 같다.

> 또 일전에 중국에 온 일본의 공산당 사람인 콘도우 히카루(近藤光) 및 고려인 이정규(李丁奎), 이병규(李丙奎) 등이 세계어학회 내에서 다화회(茶話會)를 열었는데, 이 모임에 참석한 사람으로는 러시아 사람 1명, 무정부당 주첸즈(朱謙之), 천유친(陳友琴), 류궈항(劉果航), 뤼푸저우(呂傅周), 천성수(陳聲樹), 관이즈(關益之), 천더룽(陳德榮), 펑싱산(馮省三), 천쿵산(陳空三), 궈쩡카이(郭憎愷) 등 10여 명을 헤아린다. 먼저 중국인이 환영사(歡迎辭)를 하고 중국 무정부당의 각지의 정황을 설명하였고, 이어서 일·한(日韓) 양국 사람이 치사(致謝)를 하였고, 또한 일본의 각국과의 악감정은 모두 귀족 군벌의 일종의 특수한 권리(權利)가 만들어낸 것으로서 향민(鄉民)들과는 상관이 없는 일이라고 역술(歷述)하였다. 이 때문에 청년들이 서로 돕기를 희망한다는 것이다. (중략) 이정규는 고려의 전 국민은 모두 국토의 주권을 회복할 마음을 품고 있으며, 그래서 희생을 마다치 않고 해방을 도모하고 있으니 중·일·한(中日韓)의 청년들이 대동맹하여 손을 맞잡고 진행해나가기를 가장 희망한다고 말했다.[28]

이 첩보 내용은 당시 베이징세계어학회를 중심으로 한·중·일 청년지식인들이 아나키즘이나 사회주의 이념에 공명해 에스페란토운동에 동참하면서 사상적 연대로 공동전선을 구축하고 있었음을 보여준다. 이우관은

---

28 載德, 「載德關於北京無政府黨人組織世界語學會及活動情形致聶憲藩呈」, 『無政府主義思想資料(下册)』, 葛懋春·蔣俊·李興芝 編(北京大學出版社, 1984), 1058쪽.

에스페란토운동에 주도적인 역할을 담당하고 있었으니, 그의 에스페란토운동 참여는 한국의 독립운동 및 아나키즘운동과 직접적으로 연관되어 있었음을 확인시켜준다. 콘도우 히카루도 예로센코가 머물고 있던 저우씨가에 잠시 기거했다는 사실을 상기하면, 이 시기에 예로센코와 저우쭤런을 중심으로 한·중·일의 진보적인 지식인들의 접촉이 빈번하게 이루어지고 있었음을 알 수 있다. 더욱이 베이징세계어학회를 조직한 장본인이 저우쭤런이고 루쉰도 이 학회를 적극 지지하고 있었으니 베이징세계어학회를 중심으로 형성된 한·중·일 청년지식인들의 공동전선은 그 상징적 의미가 두드러진다.

한국의 독립운동가이자 중국 역내에서 아나키즘 문예이론가로 활약한 바 있는 류수인(柳樹人, 즉 류서柳絮)도 회고록 『삼십년 방랑기(三十年放浪記)』에서 "우관(又觀)은 베이징에 있을 때 루쉰 선생과 아주 많이 왕래했으며, 이전에 루쉰의 집에서 눈먼 자유인 예로센코를 알게 되었다. 예로센코의 영향을 받아 아나키즘을 연구하기 시작했으며, 후에 결국은 저명한 아나키스트가 되었다"[29]라고 언급했는데, 류수인은 이우관으로부터 직접 들은 사실을 전해주고 있는 것이다. 루쉰의 일기에는 이우관이 한 차례 루쉰을 방문한 것으로 기록되어 있지만, 류수인의 회고에서 알 수 있듯이 이우관은 루쉰과 빈번하게 교류했던 것이다. 이우관과 함께 베이징에서 한국의 독립운동과 아나키즘운동을 전개했던 정화암도 아나키즘운동과 관련한 회고 대담에서 '중국에서는 어떤 경로로 아나키즘운동에 접하시게 되었나요?'라는 질문을 받고 이렇게 대답했다.

베이징에 있을 때지. 러시아인으로 장님인 예로센코(Eroshenko)라는 시인이 있었지. 아주 유명한 시인인데, 그 사람이 일본으로 갔다가 일본에 더 있지

29 柳基石, 『三十年放浪記: 유기석 회고록』, 任元彬 譯(國家報勳處, 2010), 155-156쪽.

못하게 되니까 베이징으로 왔던 것입니다. 베이징대학에서 교편을 잡고 있었지요. 이때 베이징대학에는 「아Q정전」으로 유명한 루쉰이 역시 교수로 있지 않았습니까? 이 두 교수가 무정부주의자 즉 아나키스트(anarchist)의 영향을 주었는데, 우리도 그들과 교류하다가 거기에 젖었지요. 특히 예로센코는 볼셰비키혁명 이후의 러시아 현실에 대해 많이 말해 주었어요. 볼셰비키혁명 이후에 크론스타드(Kronstadt)라는 곳에서 수병들이 반란을 일으킨 사실, 수병들의 반란을 레닌이 무자비하게 진압해 수많은 수병들을 죽인 사실, 또 우크라이나에서 농민들의 반란을 탄압하고 학살한 사실을 자세히 들었어요. 여기서 우리는 '이 세상은 그렇게 간단한 것이 아니구나' 하고 새삼 깨달았지요. 그래서 자연히 아나키즘적인 사고방식에 하루하루 깊이 젖어들게 되었지요.[30]

정화암은 아나키즘사상을 수용하는 과정에서 예로센코와 루쉰으로부터 받은 영향이 적지 않았음을 술회했는데, 좀 더 구체적인 정황을 검토할 필요가 있다. 예로센코는 저우씨가에 머물면서 베이징대학에서 에스페란토를 강의하는 한편, 베이징의 몇몇 대학에서 초청 강연회도 가졌다. 이때 주로 루쉰이 예로센코를 대동해 강연회에 참석했다. 루쉰은 1922년 3월 3일에 여자고등사범학교(女高師)에 가서 예로센코의 강연을 들었고, 3월 5일 오전에 베이징대학 삼원(三院)에 가서 예로센코의 강연을 들었으며, 4월 2일에는 베이징대학 제2평민야학교(第二平民夜校)가 주최한 학예회('游藝會')에 예로센코와 함께 참석했다. 또한 11월 24일에는 베이징여자사범학교(北京女子師范學校)에서, 1923년 1월 19일에는 베이징고등사범학교(北京高等師范學校)에 가서 예로센코의 강연을 들었다.[31] 정화암은 예로센코가

30 이정식 면담 · 김학준 편집해설 · 김용호 수정증보, 『혁명가들의 항일 회상』(민음사, 2005), 327-328쪽.

31 伍寅, 「愛是不竭的源泉: 略論魯迅與愛羅先珂的交往」, 『中共桂林市委黨校學報』 第4卷 第1期(2004. 3), 58쪽 참조.

강연에서 볼셰비키혁명 이후의 러시아 현실에 대해 많은 설명을 해주었다고 했는데, 실제로 예로센코는 강연을 통해 혁명 이후의 러시아의 현실을 부정적으로 묘사했다. 이러한 정황으로 보건대, 정화암이 아나키즘에 점차 빠져들게 된 것은 루쉰이 동석한 예로센코의 강연으로부터 많은 영향을 받았기 때문인 것으로 짐작된다. 더욱이 이우관이 저우씨가를 직접 왕래하면서 예로센코와 루쉰과 교류하고 있었으니 정화암은 이우관을 통해 간접적으로도 영향을 받았을 것이다. 이우관의 친형인 이을규도 "베이징에서 단재(丹齋, 신채호), 우당(友堂, 이회영), 베이징대학 교수인 저우수런(周樹人, 루쉰), 러시아 맹인 시인 예로센코, 타이완인 판번량(范本梁) 등과 교유하면서 무정부주의사상을 연구한"[32] 것으로 알려져 있다. 그렇다면 1924년 4월 베이징에서 이회영[33]을 중심으로 재중국조선무정부주의자연맹을 창립했던 이을규, 이우관(이정규), 백정기, 유자명(柳子明), 정화암 등이 아나키즘으로 기울게 된 것은 예로센코와 루쉰으로부터 받은 지적 자극과 사상적 영향이 적지 않았음을 알 수 있다.

또한 흥미로운 것은, 한국의 공산주의운동사에서 중요한 인물로 거론되는 박헌영(朴憲永)도 상하이에서 예로센코와 접촉한 바 있다는 사실이다. 박헌영은 1920년 11월 말 도쿄(東京)를 출발해서 나가사키(長崎)를 경유해 상하이로 망명했고, 상하이에 도착한 후 그해 겨울 공산주의운동에

32 崔滐周, 「한국 아나키스트 群像」, 『政經文化』 1983. 9, 296쪽.

33 이회영이 루쉰을 직접 만났다는 전문(傳聞)이 있는데, 그것이 사실이라면 이회영은 이우관을 통해 루쉰을 만났을 것으로 짐작된다. 당시 이회영(李會榮, 1867-1932)이 아나키즘을 받아들이게 된 데에는 이을규, 이정규(이우관), 유자명(柳子明, 1894-1985)의 역할이 컸다. 이을규는 1923년 9월 이회영에게 중국 아나키스트들이 건설하고자 하는 후난성(湖南省) 한수이현(漢水縣) 양타오촌(洋濤村)의 이상농촌 계획을 설명하고 지도를 구했다고 하며, 유자명은 1923년 가을부터 얼마간 이회영의 집에 기숙하다가 상하이로 갔고, 이어 이을규 형제가 1924년 3월부터 이회영의 집에 유숙, 백정기와 정화암은 이들보다 늦게 이회영 집에 합류했다는 것이다. 이회영은 이들과의 만남을 통해 아나키즘, 특히 자유연합의 이상에 공감해 1923년 말에는 아나키스트로 자처했다고 한다. 崔起榮, 「李會榮의 北京 생활: 1919-1925」, 『東洋學』 第54輯(檀國大學校 東洋學硏究院, 2013. 8), 144쪽 참조.

박헌영(앞줄 가운데) 등 재상하이 한국인 유학생(1921년 겨울)

가담하는 한편 1921년 9월에는 상하이상과대학(上海商科大學)에 입학했는데,[34] 이 무렵 일본에서 추방당해 상하이에 머물고 있던 예로센코를 초청해 강연회를 열었다. 상하이의 일본 경찰의 첩보기록에 따르면, 박헌영을 비롯해 상하이에 체류하던 조선인 공산주의자들은 1921년 10월 16일 상하이 공동조계(共同租界) 베이쓰촨루(北四川路)의 에스페란토 학교 내에서 일본인 공산주의자이자 에스페란토 연구자인 아오야마(青山)의 환영회를 개최했고, 1921년 10월 19일 상하이 프랑스조계 아이런리(愛仁里) 52호에서 박헌영은 최창식(崔昌植), 김단야(金丹冶) 등 공산주의자들과 함께 러시아 시인이자 혁명당원인 예로센코를 초청해 강연회를 개최했다는 것이다.[35] 박헌영은 조선에스페란토협회의 창립 멤버로 참가한 바 있으니 예로센코의 상하이 도착 소식을 접하고 그의 강연을 주선한 것이다. 위 사진은 박헌영이 1921년 겨울에 당시 상하이에서 유학하던 한국인 유학생들과 함께 찍은 것인데,[36] 이들 중 일부는 예로센코의 강연회에도 참석했을 것으로 추정된다.

---

34 임경석, 『이정 박헌영 일대기』(역사비평사, 2004), 65-67쪽 참조.

35 임경석, 『이정 박헌영 일대기』, 74쪽 참조.

36 정병준은 이 사진이 화동한국학생연합회(화동유학생회)가 모임을 기념하기 위해 찍은 사진이었을 가능성이 가장 높다고 추정했다. 정병준, 『현앨리스와 그의 시대』(돌베개, 2015), 28쪽 참조.

4. 오상순의 '폐허' 의식과 '아시아' 의식

한국에서는 1920년 7월 조선에스페란토협회가 창립되어 홍명희(洪命憙), 박헌영(朴憲永)을 비롯해 『폐허』 동인으로 활동한 김억(金億), 변영로(卞榮魯) 등이 참가했다. 특히 『폐허』의 창간호 표지에 실려 있는, 에스페란토로 씌어진 시는 주목할 만하다. 이 시의 제목 '폐허(LA RUINO)'는 잡지 『폐허』의 제명(題名)을 뜻하기도 하는데, 시의 전문(全文)은 다음과 같다.

LA RUINO

Jam spiras aútuno
Per sia malvarmo kruela;
Malgaje malbrile rigardas la suno
Kaj ploras pluvanta ĉielo.______

Kaj ĉiam minace
Alrampas grizegaj la nuboj;
De Pensoj malgaja jam estas mi laca,
Penetras animon la duboj.______[37]

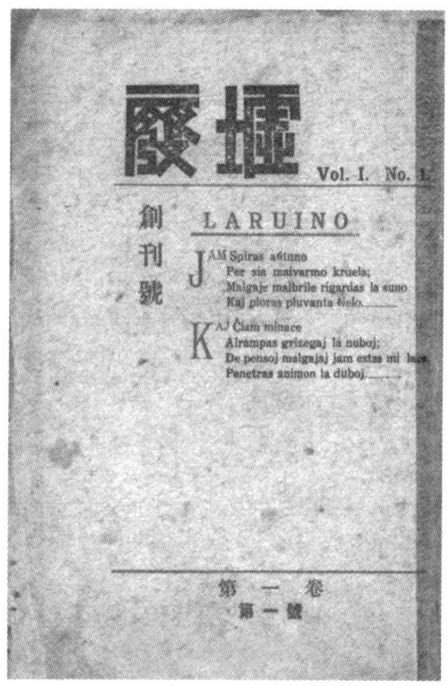

『폐허』 창간호(고려대학교 도서관 소장)

『폐허』 창간호는 김억과 황석우(黃錫禹)에 의해 편집되었는데, 김억이

37 김윤식은 에스페란토로 씌어진 김억의 이 시를 다음과 같이 번역한 바 있다. "벌써 가을은 쉼쉬어라/ 스스로의 잔인한 차가움으로,/ 태양은 슬프게 흐릿하게 쏘아보며,/ 비오는 하늘이 울고……// 그리하여 언제나 무섭게/ 회색빛 구름마저 달려들어라./ 슬픈 생각에 나는 벌써 피곤하며,/ 의혹의 영혼에 스며오고……". 김윤식, 「『폐허』 에스페란토 표지 시와 重野重治의 〈비내리는 품천역〉」, 『역사비평』 1992 여름, 367-368쪽.

에스페란토로 된 이 시를 지어 표지에 실은 것이다. 이는 1920년대 초 한국에서 에스페란토운동이 상당히 활발하게 진행되고 있었고 『폐허』 동인들이 에스페란토 보급에 적극적이었음을 보여준다.

그러면 '폐허'란 무엇을 의미하는가? '폐허'의 의미는, 『폐허』 창간호의 편집 후기에 해당하는 「상여(想餘)」에서 '폐허'의 제목이 독일 시인 프리드리히 실러(Friedrich von Schiller)로부터 유래했음을 밝히고 있는 데서 확인할 수 있다. "『폐허(廢墟)』라는 제목은, 독일 시인 실러의 '옛 것은 멸(滅)하고 시대는 변(變)하였다. 내 생명은 폐허로부터 온다'는 시구(詩句)에서 취한 것이다."[38] 『폐허』 제2호에도 예의 실러의 시를 실어놓았는데, 번역을 약간 달리해 "옛 것은 쇠(衰)하고 시대는 변(變)한다. 새 생명은 이 폐허에서 피어난다(Das Alte Stürzt, es ändert sich die Zeit/ Und neues Leben blüht aus den Ruinen, Schiller)"[39]라고 했다. 실러의 시구를 통해 '폐허'의 의미를 충분히 파악할 수 있는바, '폐허'란 바로 새로운 생명의 싹이 튼다는 신생 혹은 재생의 건설적인 의미를 담고 있는 것이다. 오상순은 1962년 한 인터뷰에서 "그때 내걸은 폐허 선언은 무엇이었나요?" 하는 물음에 "그야 자유를 잃었다는 거지. 우리말과 문화와 역사를 잃었다는 거야. 한마디로 일제 탄압의 질식 상태에서 벗어나려는 상징적인 것이었지. 말하자면 그것을 닦고 닦아서 개척하고 창조해서 화원을 만든다는 그런 것이었지"라고 대답했다.[40] 오상순의 '폐허' 의식에는 일제치하 폐허의 조국을 신생 혹은 재생시키려는 강렬한 의지가 반영되어 있는 것이다.

오상순의 '폐허' 의식과 더불어 검토할 것은 그의 대표작인 장시(長詩)

---

38 「想餘」(『廢墟』 創刊號, 1920. 7), 『創造 · 白潮 · 廢墟 · 廢墟以後』 제2권(영인본)(亦樂, 2000), 672쪽.

39 실레르(실러), 「廢墟(詩)」(『廢墟』 第二號, 1921. 1), 『創造 · 白潮 · 廢墟 · 廢墟以後』 제2권, 683쪽.

40 咸東鮮, 「永遠한 生命의 主體: 空超 吳相淳考」, 『詩人 空超 吳相淳』, 具常 編(自由文學社, 1988), 169-170쪽 참조.

「아시아의 마지막 밤 풍경(風景)」과 「아시아의 여명(黎明)」이라는 두 작품이다. 「아시아의 마지막 밤 풍경」은 『폐허』 동인으로 활동했던 변영로가 주간(主幹)을 맡고 있던 『신민공론(新民公論)』(1921년 6월 창간) 1922년 2월호에 게재되었고 「아시아의 여명」도 1922년에 발표되었다. "아시아는 밤이 지배한다 그리고 밤을 다스린다"로 시작하는 「아시아의 마지막 밤 풍경」에서 오상순은 "어둠에 잠들 제(諸) 아시아는 수락한다/ 지금의 아시아는 어둠에 잠들었다/ 어둠의 육체적 고혹(蠱惑)에 빠져 취생몽사(醉生夢死)하는 수면 상태이다"라고 말하면서 "여기 뜻아니한 비극(悲劇)의 배태(胚胎)와 탄생(誕生)이 있다"라고 진단한다. 그렇지만 "오, 무(無)의 상징인 기나긴 몽마(夢魔) 같은 아시아의 밤이여, 사라지라/ 오, 유(有)의 상징인, 아니 무의 상징인 태양아 꺼지라/ 아시아의 기적은 깨지고 불가사의의 비부(秘符)는 찢어진다/ 보라! 이것이 아시아의 밤 풍경 제1장이다"라고 끝을 맺는다.[41] 오상순은 아시아를 비극을 배태한 밤의 이미지로 형상화했는데, 아시아의 밤 이미지는 일차적으로 당시 조선의 현실을 상징하겠지만 더 나아가 중국을 포함하는 아시아(동양) 일반의 이미지화라고 할 수 있다.

오상순의 '아시아' 의식은 '아시아의 마지막 밤 풍경'으로 시작해 '아시아의 여명'을 향해 나아간다. "속모를 어둠의 깊이"를 가진 아시아는 "이단(異端)과 사탄에게 침해(侵害)되고/ 유린(蹂躪)된 세기말(世紀末)의 아시아의 땅"이다. 그렇지만 오상순은 「아시아의 여명」에서 다음과 같이 읊었다.

> 미신(迷信)과 마술(魔術)과 명상(瞑想)과 도취(陶醉)와 향락(享樂)과
> 탐닉(耽溺)에 준동(蠢動)하는 그대들이여
> 이제 그대들의 미녀(美女)를 목 베고

41 吳相淳, 『아시아의 밤』(文志社, 1987), 16-17쪽.

독주(毒酒)의 잔(盞)을 땅에 쳐부수고
아편(阿片)대를 꺾어버리고
선상(禪床)을 박차고 일어서라
자업자득(自業自得)하고 자승자박(自繩自縛)한
계박(繫縛)의 쇠사슬을 끊고
유폐(幽閉)의 땅 밑에서 일어서 나오라

이제 여명(黎明)의 서광(瑞光)은 서린다
지평선(地平線) 저쪽에
힘차게 붉은 조광(朝光)은
아시아의 하늘에 거룩하게 비추어
오, 새 세기(世紀)의 동이 튼다
아시아의 밤이 동튼다[42]

밤의 어둠이 지배하는 아시아는 이단과 사탄에게 침해되었지만, 이제 그곳에서 여명의 서광이 서리고 새 세기의 동이 튼다. 이는 곧 조선의 미래를 희망하는 것이자 중국을 포함한 아시아의 미래를 희망하는 것이기도 하다. 오상순의 시적 세계는 허무를 재생의 계기로 포착하는 것인데, 그것은 창조와 파멸, 퇴락과 시초를 동일한 지평에서 결합시킨 니체의 적극적이고 능동적인 허무주의와 깊은 연관이 있다. 오상순은 소멸해가는 비극적인 현실의 모순을 직시했고 그 틈 사이에서 새롭게 생성되는 자기, 즉 자기를 벗어난 자기, 자기 이상의 자기 등을 '폐허'의 수사학을 통해 은유적으로 간파해낸 것이다. 그렇기에 오상순에게 '아시아' 의식은 조선을 넘어 중국을 포함하는 아시아 전체의 역사적 현실을 보편적인 시각에서 바라보

42 吳相淳, 『아시아의 밤』, 22쪽.

는 것이었다.

이 대목에서 오상순의 '아시아' 의식의 형성이 중국 체험과 상당한 연관이 있음을 따져볼 필요가 있다. 오상순은 『삼천리(三千里)』 1935년 신년호에 「방랑의 베이징」이라는 시를 발표했는데, 비럭질하는 '중국 사람의 딸', '중국 사람의 아들', '중국 사람의 아내'를 형상화하면서 "온 밑천이던 양은(洋銀) 1원을 비럭질하는/ 노파에게 주어놓고/ 무일푼의 나를 돌아보아/ 쪼개두었으면 하는 가상의 유혹이 일어나려 할 제/ 나는 감옥 같은 담들이 우거진 컴컴한 좁은 골목길 몸을 감추운다 (중략) (1918년 베이징에서)"[43]라고 읊었다. 중국 민중의 참상을 동정적으로 그리고 있는 이 시를 1918년 베이징에서 썼으니 오상순은 1918년에 이미 베이징을 체험한 것이다. 또 1922년 1월 『신민공론(新民公論)』 신년호에 「방랑의 길에서 추억」이라는 짧은 글을 발표했는데, 이 글은 "샹산(香山)에 원족(遠足)하고 여사(旅舍)에 돌아오는 어느 여름날 저녁에 목욕을 하고나서 안락의자에 비스듬히 누어서"[44]라는 말로 시작하고 있다. 이 글이 1922년 1월에 발표되었으니까 오상순이 베이징의 샹산(香山)을 답사한 것은 1921년 여름이었을 것이다. 그러니까 오상순은 1921년 여름에도 베이징에 체류했었다. 1921년 9월 9일 한국에서 열린 바하이교의 첫 집회에 오상순도 참가했으니, 그는 1921년 여름 베이징에 체류한 후 귀국했다가 이듬해인 1922년 초에 변영로와 함께 다시 베이징으로 간 것으로 보인다.

그렇다면 오상순이 1922년에 발표한 「아시아의 마지막 밤 풍경」과 「아시아의 여명」이라는 시는 분명 그의 베이징 체험과 깊은 연관이 있어 보인다. '허무'와 '폐허'로부터 신생과 재생을 꿈꾸었던 오상순에게 베이징 체험은 중국을 포함하는 보편적 '아시아'에 대한 의식을 획득하고 구체화하는

---

43 오상순, 「방랑의 북경」, 『북경과의 대화』, 조성환 편(學古房, 2008), 317-319쪽.

44 오상순, 「방랑의 길에서 추억」, 『북경과의 대화』, 15쪽.

계기가 되었을 것이다. 그가 예로센코의 베이징 체류를 기회로 중국의 에스페란토운동에 능동적으로 참여하고 루쉰 및 저우쭤런과 접촉하면서 지적 공감대를 형성할 수 있었던 것은 바로 보편적 '아시아' 의식이라는 정신적 깊이를 가지고 있었기 때문일 것이다.

5. 동아시아 지식인의 사상적 공명

경성제국대학 중국어문학과(支那語文學科)를 졸업한 김태준(金台俊)은 중국문학 연구를 위해 1931년 여름 베이징을 방문했는데, 이는 그의 두 번째 중국 방문으로 이때 저우쭤런을 만난다. 김태준은 이때의 경험을 「베이핑 기행(北平紀行): 멍텅구리 유연초(遊燕草)」라는 글에 상세하게 서술했는데, 이 글의 '루쉰의 동생 저우쭤런을 보고'라는 소절에서, 시청(西城)의 저우쭤런 집(바다오완 11호를 가리킴)을 방문해 "머리털이 듬성듬성 나고 맑은 눈과 뚱뚱한 몸집을 한" 저우쭤런과 대화를 나눈 사실을 이렇게 소개했다. "'당신이 조선 에스페란토의 연구자 아닙니까'. 나는 '아니오' 하고 중국문단의 현상(現狀)을 물었다. 그는 말하려는 순서를 생각하고자 하는 듯 조금 있다가 계속 말을 이었다. '작금(昨今) 양년래(兩年來)로 문예운동의 중심이 상하이로 옮긴 후로는 여러 작가들이 모두 사방으로 옮기고 나는 이제는 우리 백씨(伯氏, 즉 형인 루쉰을 가리킴)의 소식조차 들어볼 수가 없는 형편입니다. 기성문단 작가들은 번역을 하거나 혹은 침묵을 지키고 있으며 신진(新進) 문인이라는 것은 멋도 모르고 프로문예만 주장하니까 문단은 갈수록 침체하고 료료(寥寥)합니다.'"[45] 저우쭤런은 김태준을 대면하자 곧바로 그에게 에스페란토 연구자가 아닌가 하고 물었는데, 이는 에스페란토운동의 측면

45 短舌(金台俊), 「北平紀行: 멍텅구리 遊燕草」, 『新興』 6號(1932. 1).

에서 한국인이 저우쭤런에게 깊은 인상을 남겼음을 추측하게 해준다.

1920년대 후반에 베이징의 민국대학(民國大學)에 유학하면서 아나키즘 운동에 가담하기도 했던 정래동(丁來東)은 1931년 4월 「현대 중국 희극(戲劇)」이라는 글을 『동아일보』에 연재해 아나키즘(무정부주의)사상을 담은 중국의 희곡을 상세하게 소개한 바 있다. 그는 중국의 아나키스트 리스쩡(李石曾)이 폴란드의 료칸후의 작품 「동방미명(東方未明)」을 번역한 사실을 간단히 언급한 후 예로센코 동화극의 번역 및 내용에 대해 다음과 같이 설명했다. “다음에 이 종류의 희극이 중국에 소개된 것은 러시아(露國) 맹인 시인 예로센코가 일본어로 지은 것을 루쉰이 번역한 것이다. 이것은 동화극(童話劇)으로 저자의 총명한 두뇌가 현저히 보이도록 잘 정리된 희극이다. 그 내부의 이야기는 우주자연의 제물(諸物)을 들어 이 불평등 · 부자유한 사회에 비유한 작품이다. 일본어로는 출판이 되었는지 필자는 알지 못하거니와 일본 아키다 우자쿠(秋田雨雀)가 쓴 「동화극 도색(桃色)의 운(雲)을 읽고」의 일문(一文)의 일절(一節)을 써보겠다. ‘그대의 소위 『도색의 운』은 결코 우리들의 세계를 떠난 공상의 세계는 아니요 그대의 가지고 있는 일절 〈관념의 화(火)〉는 역시 동화극 안에서 타고 있다.’ 이 〈관념의 화〉란 것은 곧 예로센코의 무정부주의사상을 가리킨 것이다.”[46] 정래동은 예로센코의 희극이 루쉰에 의해 중국에 번역된 사실을 중시하는 한편 그것을 ‘불평등 · 부자유한 사회에 대한 비유’로 읽으면서 그것의 사상적 기반이 아나키즘(무정부주의)에 있음을 밝혀놓았다.

여기서 아나키즘사상과 연관된 ‘관념의 화’란 무엇인가? 예로센코의 다음 시를 보자. “나의 마음에는 불이 붙는다/ 이 불은 어떤 폭력도 끄지 못한다/ 나의 가슴에는 불꽃이 핀다/ 이 불꽃은 죽음도 끄지 못한다/ 내가 이 세상에 살아 있는 한/ 불은 언제나 타고 있을 것이다/ 이 세상과 하늘과 땅

46 丁來東, 「現代 中國 戲劇(七)」, 『東亞日報』 1931. 4. 8.

이 있는 한/ 불꽃은 언제나 필 것이다/ 이 불의 이름은 인류에의 사랑이요/ 이 불꽃의 이름은 자유에의 사랑이다". 이 시는 예로센코의 '관념의 화'가 무엇인지 명쾌하게 드러내고 있는바, 그것은 '인류에의 사랑'과 '자유에의 사랑'이다. 이것은 세계주의자요 아나키스트인 예로센코의 사상을 떠받치고 있는 양대 줄기라고 할 수 있다. 이러한 사상에 공감한 한국의 진보적인 지식인들은 예로센코, 루쉰, 저우쭤런 등과 직간접적으로 교류하면서 그들로부터 적지 않은 사상적 영향을 받았다. 예로센코가 저우씨가(周氏家)에 머물고 당시 베이징대학 교수이자 저명한 문인인 루쉰, 저우쭤런이 예로센코와 긴밀한 관계를 유지하며 그의 이념을 적극 지지함으로써 베이징에 체류하고 있던 한국의 일부 지식인들은 현실의 모순을 극복하고 독립을 쟁취할 수 있는 대안적 방법의 하나로서 에스페란토와 아나키즘을 받아들이고 있었던 것이다.

에스페란토는 오늘날 세계어로서의 현실적인 힘을 상실했고 아나키즘(또는 세계주의)사상 역시 국가와 민족을 초월하려는 이상주의적 성격으로 인해 현실에 뿌리내리지 못했다. 하지만 1920년대 동아시아 지식인들에게 그것은 사회변혁과 민족해방을 이룩하기 위한 중요한 언어적 도구요 사상적 무기였다. 1920년대 초반 중국 베이징에 체류하고 있던 오상순, 이우관, 류림 등 한국의 진보적인 지식인들이 예로센코, 루쉰, 저우쭤런과 접촉하면서 지적 교류를 진행할 수 있었던 것도 에스페란토와 아나키즘이 매개 역할을 했다. 당시 한국의 지식인들은 중국의 에스페란토운동에 능동적으로 참여했는데, 예로센코와의 인연, 중국 신문학에 대한 관심, 베이징세계어학회의 활동, 베이징세계어전문학교의 설립 등으로 말미암아 루쉰, 저우쭤런과 교류하면서 지적 공감대를 형성하고 있었다. 사실 한·중 지식인들은 각기 야나기 무네요시, 무샤노코지 사네아츠 등 일본의 시라카바파 지식인들과 교류하면서 사상적으로 공명했고, 이러한 사상적 공명이 1920년대 초 한·중 지식인 교류의 토대가 되었다. 특히 시라카바파와 접촉하며 그들에게 많은 영향을 끼쳤던 예로센코가 저우씨가에 머물고 있던 시기에 베이징에 체류하던 한국 지식인들은 예로센코에 대한 신뢰를 바탕으로 루쉰을 아나키즘이나 세계주의 관점에서 이해하면서 그로부터 지적 자극과 사상적 영향을 받았던 것이다. 한국의 지식인들에게 에스페란토와 아나키즘은 국가와 민족을 넘어 상호 이해와 사상적 연대를 가능케 하는 중요한 언어적 도구요 사상적 무기였으니, 한국의 독립이 절실하던 시기에 그들은 에스페란토와 아나키즘을 매개로 예로센코, 루쉰, 저우쭤런과 교류하면서 사상적 연대를 모색하고자 했던 것이다.

안우생이 번역에 참여한 『루쉰소설선』의 표지

끝으로 언급하고자 하는 것은, 안중근(安重根) 의사의 조카이자 독립운동가로 활동한 안우생(安偶生)도 에스페란토에 능통해 엘핀(Elpin)이라는 이름으로 루쉰의 문학 작품을 에스페란토로 번역한 바 있다는 사실이다. 안우생은 중국인 에스페란티스토 펑원뤄(馮文洛), 팡산징(方善境), 판디수(潘狄書), 쉬성웨(徐聲越) 등과 함께 루쉰의 문학 작품을 번역해 1939년 홍콩에서 『루쉰소설선(魯迅小說選)』(Lu Sin Elektitaj Noveloj)을 펴냈다. 이 책에 실려 있는 루쉰의 단편소설 11편 중에서 「광인일기(狂人日記)」, 「고향(故鄕)」, 「백광(白光)」 3편은 안우생이 번역한 것이다.[47] 안우생은 1927년부터 에스페란토를 배우기 시작해 중국의 에스페란토운동에 적극적으로 참

47 『Lu Sin Elektitaj Noveloj』(Orienta Kuriero kaj Voĉoj el Oriento, 1939), 13-25쪽, 56-66쪽, 67-72쪽 참조. 『루쉰소설선』을 출판한 홍콩의 출판사는 원동사자사(遠東使者社)와 동방호성사(東方呼聲社)이다.

여했는데, 이는 한국의 독립운동을 위한 것이었다. 안우생은 19세 되던 1927년 3월에 광둥성(廣東省) 광저우(廣州)의 중산대학(中山大學) 영문학과에 입학했다가 그해 12월에 중퇴했는데, 이때부터 에스페란토를 배우기 시작했다. 또한 그는 28세이던 1936년 10월 광저우로 이주해 중산대학 영문학과에 다시 입학했고, 이때 중산대학 내의 에스페란토 동아리인 답록사(踏綠社)에 가입해 활동하면서 중국인들에게 에스페란토를 가르치기도 했다.[48] 주지하듯이 루쉰은 1927년 1월 중산대학 문과 교수로 부임하게 되는데, 그는 그해 1월 23일 일기에서 "세계어회에 가다(往世界語會)"[49]라고 기록한 바 있다. 독일 에스페란토 학자 차이힐레(Zeihile, 중문으로는 賽耳라고 표기)가 도보 세계 일주로 광저우에 도착하자 광저우 에스페란티스토들이 차이힐레를 환영하는 대회를 열었고 루쉰도 초청을 받아 환영대회에서 연설을 했던 것이다. 광저우의 『국민일보(國民日報)』 1월 25일자의 기사는 "저우수런(周樹人, 즉 루쉰) 선생은 광둥에 도착한 감상 및 세계어에 대한 경험에 관해 연설했다"[50]라고 서술했다. 이렇게 본다면 안우생도 중산대학의 에스페란토 활동을 통해 루쉰과 간접적으로 인연이 닿아 있었다고 할 수 있다. 요컨대 안우생의 루쉰 작품의 번역은 에스페란토를 지지하고 세계주의에 기울기도 했던 루쉰에 공명하는 것이며, 루쉰과 교류하면서 사상적 연대를 모색하고자 했던 1920년대 한국 지식인들의 정신을 잇는 것이기도 하다.

48 이영구, 『안우생의 에스페란토 문학세계』(한국에스페란토협회, 2007), 25쪽, 27쪽 참조.

49 魯迅, 『日記』, 『魯迅全集(16)』, 4쪽.

50 魯迅博物館 · 魯迅硏究室 編, 『魯迅年譜』 第二卷(人民文學出版社, 1983), 363쪽 참조. "周樹人先生演說其到粵之感想, 以及對於世界語之經過."

제2장

류수인의 「광인일기」 번역과 한·중 지식인의 사상적 연대

1. 공개편지의 'L'

1926년 3월 27일 중국 상하이(上海)에서 발행되던 『국민일보(國民日報)』의 부간 「각오(覺悟)」에 바진(巴金, 즉 리페이간李芾甘)이 쓴 「한 통의 공개편지(一封公開的信)」가 실렸다. 이 공개편지는 바진이 'L'군의 부탁으로 베이징의 고려청년사(高麗青年社)가 창간한 주간지 『고려청년(高麗青年)』의 발간을 지지하기 위해 쓴 것이었다. 바진은 예의 공개편지에서 "작년에 베이징에 가서 고려 친구, 'S', 'L' 두 사람을 만났는데, 그들은 고려민중운동의 상세한 상황을 자세하게 저에게 알려주었습니다. 저는 특히 'L'군에게 감사합니다. 어느 날 고요한 밤, 밝은 달이 하늘에 휘영청 떠 있었고 그는 고려 민중의 악전고투의 전경(全景)을 자세하고도 격분에 차서 제 눈앞에 펼쳐 보여주었습니다. 그는 고려독립군이 일본군대와 만주에서 악전고투하던 상황을 이야기해주었습니다"[1]라고 썼다. 여기서 바진이 언급한 'S'와 'L'

은 누구인가? 주지하듯이 『고려청년』을 창간한 심여추(沈茹秋)와 류수인(柳樹人)을 가리키는데, 이들은 한국 독립운동사에서 재중국(在中國) 한인(韓人) 아나키스트로 잘 알려진 인물이다. 절친한 친구 사이였던 심여추와 류수인은 세계 각 민족의 공존공영을 기대하면서 한국의 독립운동과 아나키즘사상을 선전하기 위해 1926년 3월 중국 베이징에서 중국어로 된 주간지 『고려청년』을 발간하게 된 것이다.

류수인(1905-1980)은 본명이 류기석(柳基石)이고 류서(柳絮)라는 이름으로도 잘 알려져 있는데, 여덟 살 때 가족을 따라 중국의 북간도로 이주했다. 심여추(1904-1930, 즉 심용해沈容海)는 유학 차 옌지(延吉)에 왔고, 두 사람은 1918년 옌지의 도립제2중학에 입학하면서 막역한 친구 사이가 된다. 이후 심여추는 1923년 지린중학(吉林中學)을 졸업하고 창춘(長春)의 『대동일보(大同日報)』 기자가 되었다가 아나키즘의 영향을 받았고, 1924년 베이징의 『국풍일보(國風日報)』에 들어가 편집을 맡았으며, 1925년에는 바진, 후이린(惠林), 뤼첸(呂千), 젠보(劍波), 이보(一波) 등과 함께 반월간 『민중(民衆)』을 상하이에서 발간하기도 했다.[2] 류수인은 중학 2학년 때인 1919년 3·1운동이 발발하자 지린에서 만세시위에 참가했고 결국 그곳에서 학업을 마치지 못하고 1920년 지린을 떠나 난징(南京)의 화중공학(華中公學)에 입학한다. 1924년 6월 화중공학을 졸업한 그는 그해 9월 베이징의 차오양대학(朝陽大學)에 입학했고, 그 후 1925년부터 한국의 독립운동에 뛰어들어 아나키즘운동의 이론가요 실천가로 활약하게 된다.

바진은 'L'군, 즉 류수인이 들려준 한국의 독립운동 이야기에 큰 감동을 받았으니, 편지의 말미에서 "'L'군은 간절하게 저에게 '우리들의 고투(苦鬪)의 진상을 중국 민중에게 알려주십시오'라고 말했습니다. 저는 일 년 동안

---

1 巴金, 「一封公開的信」, 『巴金全集(18)』(人民文學出版社, 1993), 78쪽.

2 柳基石, 『三十年放浪記: 유기석 회고록』, 任元彬 譯(國家報勳處, 2010), 215쪽 참조.

미미한 일만을 했을 뿐이어서 부끄럽습니다. 이번에 당신들이 스스로 간행물을 출판해 당신들의 고투의 진상을 우리 중국 민중에게 알려주어 중국 민중들이 당신들의 이러한 정신에 감동을 받을 것이며 잠에서 깨어나 각성하게 될 것입니다"[3]라고 강조했다. 바진은 1923년 고향인 청두(成都)를 떠나 상하이에 이르고 곧 난징의 둥난대학(東南大學) 부속 중학을 졸업한 뒤 1925년 8월에 베이징대학 입학을 준비하기 위해 상경했으니, 이때 베이징의 『국풍일보』 부간 「학회(學滙)」의 편집을 맡고 있던 심여추를 통해 차오양대학에 재학 중이던 류수인을 만나게 된 것이다.[4] 바진은 심여추와 류수인과의 만남을 통해 한국의 독립운동 상황을 이해하게 되었으며, 그로부터 큰 자극을 받아 중국 민중의 각성을 기대하고자 했다. 바진과 류수인의 만남은 세계 각 민족의 연대와 민중의 각성을 기대하는 이념적 공감대에서 비롯되었으니, 그것은 한 · 중 청년지식인의 사상적 연대라는 측면에서 각별한 의미를 갖는다. 그 후 바진은 『멸망(滅亡)』, 『가(家)』 등의 문학 창작으로 중국문단에 두각을 나타내고 류수인은 루쉰의 단편소설 「광인일기」를 번역하고 아나키즘 문예이론의 비평가로 활약한다는 점에서 의미심장하다. 더욱이 류수인은 루쉰을 직접 방문해 그의 이름이 루쉰의 『일기』에도 등장하고 있어 흥미롭다.

---

3 巴金, 「一封公開的信」, 『巴金全集(18)』, 79쪽.

4 바진은 「『불』에 관해(關於『火』)」라는 글에서 심여추와 류수인을 만난 사실을 다시 언급했다. "나는 베이징에 반달 정도 있었는데 북하변(北河沿)의 퉁싱아파트(同興公寓)에 묵었다. 숙박객은 많지 않았고 정원에는 회화나무 거목이 있었다. 내가 거기에 묵게 된 것은 신문의 부간(副刊)을 편집하던 심(沈)의 소개 덕분이었다. 그는 조선인이었다. 어느 날 밤 그는 동향의 친구를 데리고 나를 찾아왔다. 더웠지만 청명한 달밤이었다. 우리들은 정원에서 바람을 쐤다. 심은 아주 점잖은 사람이었고 같이 온 그의 친구는 참으로 정열적이어서 나에게 수많은 조선인 애국지사들이 일본 침략자들과 투쟁하는 모습을 도도하게 얘기해주었다. 나는 처음으로 조선 인민의 고난에 찬 그러나 용감한 투쟁을 이해하게 되었다. 조선인 혁명가에 대해 나는 시종일관 경의를 품게 되었다"(巴金, 『創作回憶錄』, 三聯書店, 1981, 63쪽). 여기서 심(沈)은 심여추이며, 그가 데려온 '동향의 친구'란 바로 류수인을 가리킨다.

류수인은 1926년 12월 중국 잡지 『민종(民鐘)』에 「동아시아무정부주의자대연맹을 조직할 것을 주장한다(主張組織東亞無政府主義者大聯盟)」라는 글을 발표해 동아시아무정부주의자대연맹을 조직하고 동아시아대회를 소집할 것을 제안하면서 "나는, 민족을 구별해서는 안 되지만, 식민지의 동지들이 첫째로는 먼저 본식민지를 해방하는 운동에 힘쓸 수 있다고 생각한다. 이를테면, 목하 조선 민중이 사회혁명을 하려 할 때, 일본 제국주의를 타도하기 전에는 결코 사회혁명을 완성할 수 없는 것이다"[5]라고 역설했다. 또한 1930년 리허린(李何林)이 엮은 『중국문예논전(中國文藝論戰)』에 그가 발표한 「마르크스주의 계급예술론에 대한 검토(檢討馬克思主義的階級藝術論)」와 「예술적 이론투쟁(藝術的理論鬪爭)」이라는 두 편의 글이 실릴[6] 정도로 당시 중국 문예이론 비평계에도 일정한 영향을 끼쳤다. 이처럼 류수인은 근대 시기 한국의 독립운동가로서 아나키즘운동에 뛰어들어 한·중 지식인의 연대를 구축하는 데 힘썼고, 당시 중국 문예이론 비평계에 일정한 영향을 끼쳤을 뿐만 아니라 한국 최초로 루쉰 소설을 번역 소개해 루쉰 문학의 국내 수용에 개척적인 역할을 했다.

2. 문예의 계몽적 효과와 「광인일기」의 번역

류수인이 루쉰의 「광인일기(狂人日記)」를 번역하게 된 경위와 그 내적 동기는 무엇인가? 류수인이 번역한 「광인일기」는 서울에서 발행되던 『동광(東光)』 잡지 1927년 8월호에 게재되었는데, '광인일기'의 제목에 이어 '중국 루쉰'이라는 원작자가 밝혀져 있고 번역문의 말미에는 "—완(完)—

5 柳絮, 「主張組織東亞無政府主義者大聯盟」, 『無政府主義在中國』, 高軍·王檜林·楊樹標 主編(湖南人民出版社, 1984), 489쪽.

6 李何林 編, 『中國文藝論戰』(東亞書局, 1932年 1月 四版), 479-492쪽 참조.

청원 역(靑園譯)/ 1927, 6월 11일 경진차(京津車) 위에서"[7]라는 부기(附記)가 붙어 있다. 여기서 '청원(靑園)'은 류수인이 사용하던 필명인바, 류수인은 1927년 6월 11일 베이징에서 톈진으로 가는 차 안에서 「광인일기」의 번역을 마친 것으로 보인다.

류수인의 회고에 따르면, 그는 1924년 9월 베이징의 차오양대학 경제학과에 입학하지만 학비와 생활비 문제로 더 이상 학업을 지속하지 못하고 1926년 여름 베이징에 살고 있던 교포 안정근(安定根) 선생의 소개로 조종사 안창남(安昌男)을 따라 산시성(山西省) 타이위안(太原)으로 가서 잠시 옌시산(閻錫山)의 항공부대에 들어가 비행조종술을 배우게 된다.[8] 그런데 일찍이 1920년에 도산 안창호(安昌浩)가 이끌던 홍사단(興士團)에 가입했던 류수인은 안창호 선생으로부터 동북으로 함께 갈 것을 제안받고 1927년 그를 수행해 지린성(吉林省)으로 향하게 된다. 안창호는 당시 산만한 독립운동 진영을 단결하고 통일시키려는 목적으로 강연을 기획하고 있었는데, 류수인은 그 수행비서로 따라간 것이다. 1927년 설날을 전후해 지린시(吉林市)에 도착한 안창호는 그곳 유지인 최명식(崔明植)의 정미소(精米所)에서 설 모임 겸 강연회를 열었고, 이어 1월 27일 저녁 7시 역시 같은 장소에서 2차 강연회를 열게 된다. 바로 이때 중국과 일제(日帝)의 관헌이 습격해 200여 명의 참가자 중 안창호, 류수인 등 40명이 체포되는 사건이 벌어진다.[9] 체포된 40명은 모두 지린성 경찰청 구치소에 갇혔으나, 일제의 집요한 인도 요구에도 불구하고 중국 군벌 정부는 중국 여론에 떠밀려 20여 일 만에 이들을 모두 석방하게 된다. 석방된 류수인은 니콜리스크(우스리스크)에 있던 본가로 돌아갔고 그곳에서 모스크바 동방노동대학에 들어갈 생각도 했으나 민족 차별 대우가 여전히 있는 사회주의 소련의 상황을 목도한

7 魯迅, 「狂人日記」, 靑園 譯, 『東光』 1927. 8(제16호), 226쪽.

8 柳基石, 『三十年放浪記: 유기석 회고록』, 111쪽.

9 柳基石, 『三十年放浪記: 유기석 회고록』, 123쪽.

뒤 모스크바 유학을 단념하고 1927년 5월 다시 베이징으로 오게 된다.[10] 이 무렵 류수인은 좀 더 심각한 사상적 고뇌를 겪으면서 실천운동의 전환점을 맞이하게 되는데, 그때의 상황을 그는 이렇게 서술했다.

> 모스크바로 유학 가려던 환상이 사라진 이후 나는 다시 미국으로 유학 갈 꿈을 꾸었다. 자초지종을 아랑곳하지 않고 우선 베이징 군벌 정부 교육부로 가서 수속을 해서 유학증서를 한 장 받았다. 상하이로 가는 여비를 마련해서 다시 출국 여권을 신청하였다. 미국으로 유학 갈 생각은 그다지 결연하지 못하였다. 왜냐하면 이미 미국은 인종차별 대우가 가장 심한 국가라는 것을 들었기 때문이다. 비록 나의 머리에 자산계급의 사상이 가득했을지라도 마음가짐은 자본주의 사회제도를 결코 동경하지 않았다. 이 시기에 나는 방황하였으므로 사상과 행동이 확실치 않았다. 좌로 향하면서 거기도 불평등하고, 우로 향하면 거기는 '금전만능'의 세계로 돈이 없는 가난뱅이는 여전히 학대받아야 했다. 타이위안(太原)으로 돌아간다면, 소위 '항공부대'라는 전문적으로 부패한 '도련님 부대'가 있어서 오래 머물면 다만 도련님들과 함께 나쁜 물이 들 뿐으로 일생을 망치는 것이었다. 도대체 어디로 가야 하나? 번뇌와 환상이 함께 섞여 밤낮으로 천 가지 길을 생각하였다.
>
> 이때 마침 상하이에서 몇몇 친구를 만났는데 그들의 사상은 아주 여추(茹秋)와 비슷하였다. 아마도 여추보다 더 '좌경'이었다. 그들은 공개적으로 자신들을 '아나키스트'라 불렀다. 그들은 말할 때마다 자본주의를 반대하였고, 또 소련의 무산계급 독재정치를 반대하였으며, 무권력·무정부의 공산사회를 주장하였다. 나의 머릿속에 개인영웅주의, 자유주의의 소자산계급의 환상이 충만해 있었기 때문에 바쿠닌과 크로포트킨의 아나키즘이 자연스럽게 스며들어 나 또한 아나키스트로 변하기 시작하였다. 도산 선생이 거듭 만류하였으나 나

10 柳基石,『三十年放浪記: 유기석 회고록』, 138쪽.

는 의연하고 결연하게 홍사단 탈퇴를 발표하였다.[11]

이는 류수인의 내면적 갈등과 아나키즘사상으로의 사상적 전환 등이 잘 드러난 대목인데, 여기서 주목하고자 하는 것은 「광인일기」 번역의 시점과 관련된 것이다. 류수인은 지린성 경찰청 구치소에서 석방된 후 본가를 들렀다가 다시 베이징으로 와 미국 유학 수속을 밟고 여권 신청을 위해 베이징에서 상하이로 가게 되는데, 이 시점은 '1927년 6월 11일, 경진차(京津車) 위에서'라는 부기와 겹친다. 류수인은 1927년 5월 베이징에 도착한 후 그곳에서 한 달가량 체류하는 동안 「광인일기」의 번역을 진행했고 상하이로 가기 위한 경진선 기차 안에서 번역을 마무리해 그것을 서울로 부친 것이다. 그렇다면 류수인의 「광인일기」 번역은 그의 유학준비와 맞물려 있어 일종의 학구적 욕망과 관련된 것으로 이해해도 좋을 것이다.

또한 그가 안창호를 수행하면서 지린시의 강연회에서 경험한 독립만세의 계몽적 외침도 「광인일기」 번역에 촉매제가 되었을 것이다. 류수인의 회고에 따르면, 예의 최명식의 정미소에서 열린 설 모임에서 현지 조선학생극단이 연극 「강산의 눈물(山河淚)」을 공연했는데, "이 극본은 원래 난징 둥난대학(東南大學)의 학생 허우야오(侯耀)가 창작한 것으로 '3 · 1민중봉기'를 주제로 한 내용이었다. 1924년 난징의 공공 공연장에서 처음으로 공연할 때, 나는 일찍이 특별 출연하여 극 중의 배역을 하나 맡았던 것이 기억난다. 그래서 극본의 줄거리나 내용에 대하여 비교적 익숙했다. 그러므로 이번 공연에서 나는 자진해서 감독 일을 맡았다"[12]라고 했다.류수인은 「강산의 눈물」의 난징 공연 때 배역을 맡기도 했거니와 이번 지린시의 학생공연에서 연출까지 맡게 된 것이다. "이번 공연은 수백 명의 지린(吉林) 교포

11 柳基石, 『三十年放浪記: 유기석 회고록』, 138-139쪽.

12 柳基石, 『三十年放浪記: 유기석 회고록』, 122쪽.

를 엄청나게 감격시켰다. 극 중의 줄거리와 배우의 표현이 얼마나 대단했는지는 말할 것도 없고 태극기가 무대에 휘날릴 때 관중의 환호와 만세 그리고 열렬한 박수의 분위기는 감동시키기에 충분했다"[13]라고 했듯이 류수인은 연극공연을 통해 문예의 계몽적 효과를 직접 체험한 것이다. 베이징에 도착한 뒤 학구적 자세로 유학을 준비하던 류수인으로서는 문예의 계몽적 효과를 직접 깨달은 바 있으므로 중국 계몽주의의 첫 외침인 루쉰의 「광인일기」에 주목하면서 그 번역의 필요성을 절실히 느꼈을 것이다. "마음을 고쳐먹어라(改心)"라고 부르짖는 '광인'의 목소리로 중국인의 각성을 촉구한 루쉰의 계몽주의적 외침은 조선인에게도 강력히 요청되는 사안이었다.

더욱이 류수인은 차오양대학 재학 시절에 「광인일기」의 '광인'처럼 직접 군중을 향해 계몽적 외침을 시도한 경험이 있었음에랴. 『조선일보』 1925년 7월 10일자에는 「베이징 국민대회에서 대중을 흥분시킨 동포: 차오양대학에 재학 중인 류군 벽두에 등단하여 일장 연설」이라는 제하(題下)의 기사가 실려 있다.

> 지난 달 삼십일 베이징 톈안먼(天安門)에서 열린 국민대회 때에 오백여 단체 십여 만 명의 어마마한 군중이 모여든 가운데에는 조선, 인도, 타이완, 터키, 일본 등의 동양 각국 사람들과 독일 사람까지도 참가한 사람이 있었으며, 그 참가한 외국인들은 각각 일장의 연설이 있었는바, 그중에서 외국 사람으로 제일 먼저 등단한 사람은 류기석(柳基石)이라는 동포였었다. 류군은 현재 차오양대학에 재학 중인 학생으로서 이날 제일 먼저 등단하여서 침통한 사기로 장시간의 연설을 시험하였으며 연설이 끝나매 단하에 모여 섰던 십만 군중은 비상히 흥분되어 중화민족 만세와 '○○○○타도 ○○제국주의'를 높이 불러 많은

13 柳基石, 『三十年放浪記: 유기석 회고록』, 123쪽.

중국인에게 흥분을 주었고, 그 다음으로는 독일인, 일본인, 인도인, 타이완인, 터키인 등의 대표가 차례로 일장연설을 시험하였더라.[14]

北京國民大會에서 大衆을興奮시킨同胞

조양대학에재학중인류군 벽두에등단하야일장연설

지난달 삼십일 북경련안문(北京天安門)에서 열린 국민대회에 오백여단톄 십여만명의 어마마한 군중이 모혀든가운데에는 조선, 인도, 대만, 토이기, 일본농민 몽앗각국사람들과 독일사람 까지도 참가한사람이 잇섯스며 그 참가한 외국인들은 각각일장의 연설이잇섯는바 그중에서 외국 사람으로 데일먼저 등단한사람 은류긔석(柳基石)이라는동포엿섯다 류군은현재 조양대학에재 학중인 학생으로서 어느때보다 더 등단하여서 침통한사긔로장 시간의연설을시험하엿스며연설 이맛나매 단하에모혀섯던 십만 군중은 비상히흥분되야 중화민족만세와 「○○○○라도 ○○ 데국주의」(○○○○打倒 ○○ 帝國主義)를 놉히불러만흔 중국인에게 흥분을주엇고 그다 음으로는 독일인, 일본인, 인도인 대만인, 토이기인등의대표가 차 례로일장연설을시험하엿더라

『조선일보』에 실린 「베이징 국민대회에서 대중을 흥분시킨 동포: 차오양대학에 재학 중인 류군 벽두에 등단하여 일장 연설」

1925년 5월 30일 상하이에서 반제(反帝)시위운동으로 학생, 노동자들이 사살, 체포되는 5·30사건이 발생해 전국적으로 반제운동이 절정에 이르렀는데, 베이징에 있던 류수인도 "베이징 조선유학생회 대표로 몇 차례 민중대회에 참가하였던"[15] 것이다. 류수인의 연설 내용은 이튿날 곧바로 베이징의 각종 주요 신문에 보도되고 동시에 그의 사진이 『민보화간(民報畵刊)』에도 실렸다.[16] 『조선일보』에도 베이징의 민중대회에 참가한 류수인의 연설을 보도한 기사가 실렸다. 이러한 대중연설은 「광인일기」의 주인공 '광인'의 계몽적 외침과 다르지 않다.

류수인이 「광인일기」라는 문학 작품에 주목하게 된 데 대해 좀 더 근원적으로 따져볼 수도 있다. 이정문(李政文)이 밝혀놓은 류수인과의 담화기

14 「北京 國民大會에서 大衆을 興奮시킨 同胞: 차오양대학에 재학 중인 류군 벽두에 등단하여 일장 연설」, 『조선일보』 1925. 7. 10. 류수인은 『삼십년 방랑기』에서 이날 연설의 대체적 의미에 대해 이렇게 썼다. "조선 민중은 중국 민중의 반제투쟁을 결연하게 지지하며 우리 자신의 선혈을 흘려 조·중(朝中) 양국 민중의 행복과 자유를 쟁취하길 바란다. 일본 제국주의는 동방 피압박민족 공동의 적이다. 우리 피압박민족이 단결하여 끝가지 투쟁하기만 하면 우리는 반드시 최후의 승리를 얻을 것이다"(『三十年放浪記: 유기석 회고록』, 103쪽).

15 柳基石, 『三十年放浪記: 유기석 회고록』, 102쪽.

16 柳鶯·姜平通, 「遲到的榮譽: 追憶父親柳樹人先生」, 『蘇州日報』 2010. 4. 19 참조.

록에 따르면, 1920년 초 류수인은 이미 옌지(延吉) 도립제2중학 시절에 "진보적인 선생을 통해 『신청년』에 게재된 「광인일기」를 읽었으며 처음에는 잘 이해되지 않았으나 여러 번 읽고 나자 미친 듯이 흥분했고, 루쉰 선생은 중국의 광인을 묘사한 것일 뿐만 아니라 조선의 광인을 묘사한 것이라고 인식하게 되었다"[17]는 것이다. 또 류수인 본인의 회고에 따르면, 그는 1920년 가을 옌지를 출발, 창춘(長春), 선양(沈陽, 즉 펑톈奉天), 톈진을 거쳐 상하이에 도착해 당시 부친의 친구로서 대한민국 임시 정부 국무총리로 있던 이동휘(李東輝) 선생을 찾아가게 되는데, 그때 "아저씨 댁에서 여운형(呂運亨) 선생과 작가 춘원(春園) 이광수(李光洙)를 우연히 만났다. 아저씨의 소개로 나는 용문로(龍門路) 여(呂) 선생 댁으로 옮겨 살게 되었다. 당시 춘원도 여 선생 댁에 살았으므로 나와 이광수는 조석(朝夕)으로 만나 사이좋게 지냈으며, 그는 종종 나에게 조선문학을 가르쳐주었다"[18]는 것이다. 그렇다면 「광인일기」를 처음 읽었을 때 받은 충격과 문학에의 관심이 어우러져 그것은 마치 원체험처럼 류수인의 내면에 자리 잡아 지속적으로 그에게 영향을 주었을 것으로 보인다.

요컨대, 류수인은 1927년 미국 유학을 준비하며 베이징에 체류하는 동안 「광인일기」 번역에 매진하고 상하이로 가는 도중에 경진선(京津線) 기차 안에서 번역을 마무리해 서울의 『동광』 잡지사로 보냈던 것이다. 중학 시절 읽었던 「광인일기」의 독서 체험, 문예에의 관심과 그 계몽적 효과에 대한 자각, 유학을 앞둔 학구적 욕망 등이 어우러져 「광인일기」 번역의 내적 동기로 작용했을 것으로 보인다. 물론 상하이에 도착한 류수인은 미국 유학을 포기하고 독립운동의 일환으로 아나키즘실천운동에 뛰어들게 되는데, 문학 작품의 번역과 같은 문예활동에 집중할 상황은 아니었다. 다만

17 李政文, 「魯迅在朝鮮人民的心中」, 『延邊大學學報』(社科版) 1981. 3, 51쪽.

18 柳基石, 『三十年放浪記: 유기석 회고록』, 80쪽.

그가 그 후 「무산계급예술신론(無産階級藝術新論)」과 「신흥시가(新興詩家)의 계급관(階級觀)」(한국의 『중외일보(中外日報)』 게재), 「예술적 이론투쟁(藝術的理論鬪爭)」(중국 잡지 『현대문화(現代文化)』 게재) 등 아나키즘 문예이론을 선전하는 글을 발표함으로써 문예이론가로 활약하게 된다는 점은 특기할 만하다.

3. 루쉰 방문과 스유헝(時有恒)과의 관계

1927년 상하이에 도착한 류수인은 본격적인 아나키즘운동으로 전환해 그해 8월 중국 민난(閩南) 지역의 농촌자위(農村自衛)운동에 참가한다. 그는 이우관(李又觀, 즉 이정규李丁奎)의 요청으로 샤먼(厦門)으로 내려가 민간자위단의 하급 간부를 맡을 사람들을 훈련시키기 위해 개설한 '선전양성소(宣傳養成所)'의 교관이 되어 신경제학(新經濟學), 사회학 등의 과목을 담당하게 된다. 그런데 이 '선전양성소'는 한 달만에 종결(終結)하고 이어 푸젠성(福建省)의 취안저우(泉州)・융춘(永春) 지역 민단편련처(民團編練處) 조직 활동에 참가하게 되는데, 이 민단운동(民團運動)도 종결하자 1928년 3월 무렵 다시 상하이로 돌아오게 된다.[19] 류수인이 루쉰을 방문한 것은 바로 그가 민난으로부터 상하이로 돌아온 뒤였다. 1928년 9월 1일자 루쉰 『일기』에 "오후에 스유헝(時有恒)과 류수인이 방문했으나 만나지 않다"[20]라는 기록에서 알 수 있듯이 류수인은 스유헝과 함께 루쉰을 방문한 것이다.

류수인의 루쉰 방문과 관련해 먼저 기존 견해에 대한 실증적인 검토가

19 柳基石, 『三十年放浪記: 유기석 회고록』, 141쪽 참조; 無政府主義運動史編纂委員會, 『韓國아나키즘運動史』(형설출판사, 1983년 재판), 301-308쪽 참조.

20 魯迅, 『日記』, 『魯迅全集(16)』(人民文學出版社, 2005), 94쪽. "午後時有恒、柳樹人來, 不見."

필요하다. 우선 검토할 것은 1922년 7월 24일자 저우쭤런(周作人)의 일기에 나오는 "조선인 류(柳)군, 츠지 다케오(辻武雄) 군이 차례로 내방하다"[21]라는 기록과 관련된 것이다. "이 '류군'은 당시 베이징 차오양대학에 재학 중이던 류수인(柳樹人)이다"라고 하여 류수인이 1922년에 이미 저우씨가(周氏家), 즉 루쉰 집을 방문해 루쉰을 만났을 가능성을 언급한 견해도 있는데,[22] 이는 사실관계로 보아 맞지 않다. 이를테면 류수인은 1922년에 난징의 화중공학에 재학하고 있었고 1924년 9월에야 베이징의 차오양대학에 입학하므로 그럴 개연성은 희박하다. 앞장에서 이미 언급했거니와 저우쭤런의 일기에 나오는 '조선인 류군'은, 1920년 말 베이징에 와서 신채호, 김창숙 등의 『천고(天鼓)』 발간에 일조한 에스페란티스토인 류림(柳林, 즉 고자성高自性)일 것으로 추정된다.

또한 검토할 것은, 류수인 본인의 진술에 의거할 때 그가 루쉰을 방문한 것이 한 번에 그치지 않는다는 점이다. 루쉰은 자신의 『일기』에 대해 "그다지 믿을 만하지 못하다"고 말하면서 "나는 B의 내방이 2월 1일이건 2월 2일이건 본래 커다란 관계는 없다고 생각한다. 쓰지 않아도 상관없는 것이다. 그리고 실제로 쓰지 않는 경우도 자주 있다"[23]라고 했듯이 자신을 방문한 사람의 이름을 전부 『일기』에 기록한 것은 아니다. 이정문(李政文)은 「조선 인민의 마음속에 있는 루쉰」이라는 글에서 "1929년 류수인은 난징에서 『동남일보(東南日報)』의 편집장을 맡고 있을 때 「아Q정전」을 번역하기 위해 또다시 상하이로 가서 루쉰을 예방했으며, 루쉰 선생은 마침 병이 나서 만나지 못했다"[24]라고 했다. 이정문은 이에 대한 출처를 분명히 밝히

---

21 魯迅博物館 藏, 『周作人日記(中)』(影印本)(大象出版社, 1996), 249쪽. "朝鮮柳君辻武雄君先後來訪."

22 金時俊, 「魯迅이 만난 韓國人」, 『中國現代文學』 第13號(1997. 12), 138쪽.

23 魯迅, 「馬上日記」, 『華蓋集續編』, 『魯迅全集(3)』, 325쪽.

24 李政文, 「魯迅在朝鮮人民的心中」, 『延邊大學學報』(社科版) 1981. 3, 51쪽. 이정문은 이 글에서 여러 군데 연도와 사실의 착오를 범하고 있는데, 이를 감안하면서 이 글을 참고해야

2014년 11월 쑤저우 대학(蘇州大學)에서 열린 '루쉰과 동아시아 문학' 국제학술대회에 참가한 필자(오른쪽)와 류앵 여사(가운데)

지는 않았지만, 그가 같은 글에서 「류수인 선생 담화기록(柳樹人先生談話記錄)」이나 「류수인필록(柳樹人筆錄)」을 참고했다고 밝혀놓고 있어 아마 이런 자료에 의거했을 것으로 추정된다. 그리고 무이(木易)는 「공통의 목표를 위하여: 루쉰과 조선 우인과의 왕래(爲了一個共同的目標: 魯迅與朝鮮友人的交往)」라는 글에서 이정문의 예의 위 글을 인용한 뒤 "그 후 류수인은 다시 몇 차례 루쉰을 예방하였다"라고 서술하고, 그 출처로서 "류수인 생전인 1980년 8월 23일자 필자에게 보낸 편지"라고 주석을 달아놓았다.[25] 담화기록이나 편지 등은 류수인 본인의 진술에 따른 것이므로[26] 류수인이 여러

할 것이다. 다만 이정문은 주로 류수인과의 담화기록과 필록(筆錄) 등에 의거하고 있는데, 그 사료가 류수인의 기억에 의존한 것이므로 연도의 착오가 있을 수 있다. 이정문의 착오는 이와 관련되어 있을지도 모른다.

25 木易, 「爲了一個共同的目標: 魯迅與朝鮮友人的交往」, 『黨史縱橫』 2000年 12期, 40쪽. "柳樹人生前於1980年8月23日給筆者的信函."

26 필자는 2013년 7월 6일 중국 쑤저우(蘇州)에 살고 있는 류수인의 딸 류앵(柳鶯) 씨를 방문해 인터뷰를 가진 바 있다. 그녀는 부친의 친필 원고 『삼십년 방랑기』의 중국어 원본과 부친 관련 사진 등을 보관하고 있었으며, 부친에 관해 쓴 「늦게 찾아온 영예: 아버지 류수인 선생을 추억하며(遲到的榮譽: 追憶父親柳樹人先生)」라는 글과 그녀의 어머니 잉치루안(應起鸞)이 남편 류수인에 관해 쓴 「옛일을 회상하며(往事縈懷)」라는 글을 필자에게 복사해주었다. 이때 그녀는 1970년대 말 상하이루쉰기념관의 한 연구원이 그의 부친을 찾아와 루쉰과의 관계를 탐문했는데, 당시 부친은 루쉰과의 교류에 관해 간단한 글을 써서

차례 루쉰을 방문한 것은 실제 사실인 듯하다. 또한 류수인은 「광인일기」 번역 이외에도 「아Q정전」의 번역도 진행하고 있었던 것으로 보인다. 다만 류수인은 『삼십년 방랑기』에서 루쉰 작품을 번역한 것이나 루쉰을 방문한 일에 관해 전혀 언급하지 않았는데, 이는 아마 『삼십년 방랑기』가 주로 중국의 문화대혁명 시기인 1960년대 후반에 씌어 참고할 자료가 부족하고 서술할 내용에도 제한을 받았기 때문일 것이다. 또 대부분 한국의 독립운동과 관련된 자신의 활동을 기록해 유서처럼 남겨놓은 것이라 그와 직접적인 연관이 없는 것까지 다 고려할 여유가 없었기 때문일 것이다.

그렇다면 류수인은 스유헝과 어떤 인연으로 루쉰을 방문하게 되었을까? 스유헝(1906-1982)은 1925년 5·30사건에 적극적으로 참여하며 1926년에는 국공합작(國共合作)의 북벌군(北伐軍)으로 참가한다. 그런데 1927년 장제스(蔣介石)의 4·12정변을 전후해서 '사상 문제'로 인해 그는 함께 일하던 공산당원 베이제푸(貝介夫), 롼징윈(阮景雲) 등과 함께 해직당하고,[27] 그 후 상하이의 남화서점(南華書店), 군중서점(群衆書店)에서 편집을 담당하며 상하이의 수런중학(樹人中學) 교사를 맡기도 했다. 이러한 스유헝의 이력에서 눈길을 끄는 것은 출판사에서 편집을 담당했다는 부분이다. 사실 류수인은 1928년 류서(柳絮)라는 이름으로 아나키즘 문예이론가로 활동하면서

그에게 주었으며 그 자료는 현재 상하이루쉰기념관에 보관되어 있을 것이라고 증언해주었다.

27 山岡, 「作家、藏書家時有恒先生事略」, 『江蘇圖書館學報』 1992(3), 40쪽 참조. 스유헝은 또 신문·잡지에 글을 발표하고 『시대(時代)』(극본), 『아테네(雅典娜)』(중편소설), 『야간전투(夜戰)』(시집), 『생매장(活埋)』(산문집) 등을 출판했으며, 「2차 세계대전 폭발의 필연성과 우리들의 준비(二次世界大戰爆發的必然性與我們的準備」(논문)를 편집 출판했다. 이 시기에 그는 '문학연구회(文學硏究會)', '창조사(創造社)', '태양사(太陽社)', '광표사(狂飆社)' 등의 문학단체의 작가들과 교류했으며, 후예핀(胡也頻), 예이췬(葉以群), 커중핑(柯仲平) 등과는 막역한 사이였다고 한다. 1930년 여름 후예핀의 소개로 '부렴사(斧鐮社)'와 '중국좌익작가연맹'에 가입했고, 나중에 '중국자유운동대동맹'에도 가입했다.

「유물사관비평(唯物史觀批評)」이라는 글을 중국어로 번역해 『민간문화(民間文化)』 제2기에 싣고 이 번역 글을 "지금 남화서점에서 단행본으로 출판하고 있다"[28]라고 말한 바 있다. 남화서점은 바로 당시 스유형이 편집을 맡고 있던 출판사가 아닌가. 그렇다면 류수인은 편집출판과 관련해 스유형을 알게 되었을 것으로 추정된다. 좀 더 보충하면, 류수인은 『삼십년 방랑기』에서 1931년 상하이에서 취안저우(泉州)로 가는 여비를 마련하기 위해 "푸저우루(福州路) 군중서점(群衆書店) 사장에게 책 한 권을 써 주기로 하고 40원의 원고료를 선불로 받았다"[29]고 서술했는데, 군중서점 역시 스유형이 편집을 맡고 있던 출판사이다. 또 류수인은 1929년 6월 상하이에서 『약소민족의 혁명방략(弱小民族的革命方略)』이라는 저서를 펴냈는데, 이 책의 판권 설명에는 출판자가 '중산서점(中山書店)'으로 되어 있으나 '총발행소(總發行所)'가 '상하이 군중도서공사(上海群衆圖書公司)'임을 밝히고 있다.[30] 그렇다면 이 책은 실제로 '군중도서공사', 즉 군중서점에서 출판된 것이니 류수인과 당시 군중서점에서 편집을 맡고 있던 스유형과의 만남은 자연스러워 보인다. 요컨대 류수인과 스유형의 인연은 남화서점이나 군중서점의 편집출판과 관련된 일에서 비롯되었을 것으로 짐작된다.

또한 간과할 수 없는 것은 아나키즘사상과 관련된 진보적인 지식인의 국제적 연대라는 측면이다. 류수인은 샤먼(厦門)의 '선전양성소'에서 "사용할 수 있는 갖추어진 교재가 없었기 때문에 크로포트킨의 학설 개요에 근거하여 한편으로는 가르치면서 다른 한편으로는 강의안을 써서 복사하여 학생들에게 나누어 주었다"[31]라고 회고한 바 있는데, 류수인이 참고한 예의 '크로포트킨의 학설 개요'는 1924년 5월 중국의 자유인사(自由人社)에

28 柳絮, 「藝術的理論鬪爭」, 『中國文藝論戰』, 李何林 編(東亞書局, 1932年 1月 四版), 491쪽.
29 柳基石, 『三十年放浪記: 유기석 회고록』, 193쪽
30 柳絮, 『弱小民族的革命方略』(中山書店, 1929. 6), 판권 설명 참조.
31 柳基石, 『三十年放浪記: 유기석 회고록』, 141쪽.

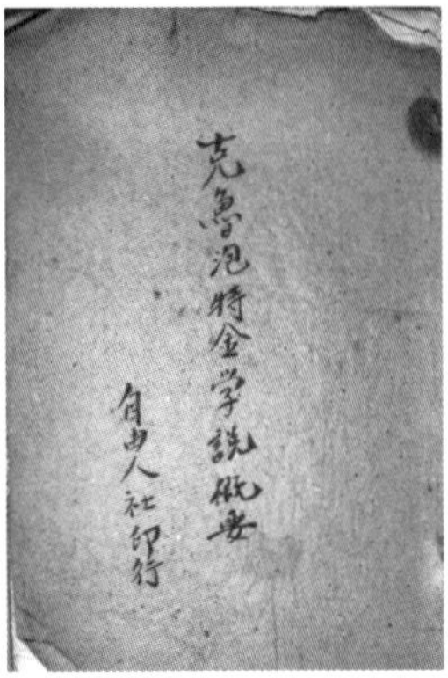

스유헝이 소장한 『크로포트킨학설개요』

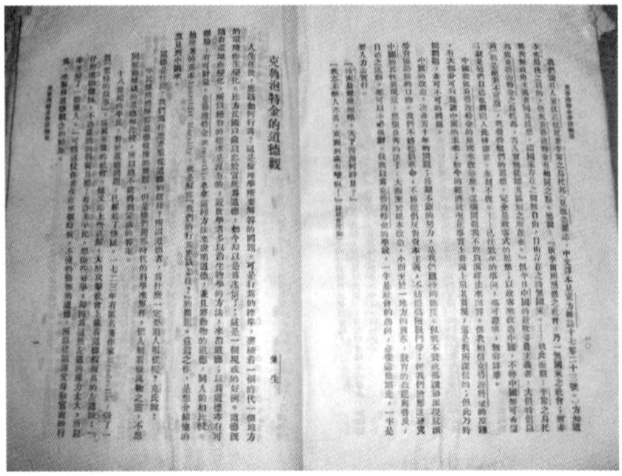

스유헝이 열독한 『크로포트킨학설개요』. 붉은 펜으로 동그라미를 치는 등 열독한 흔적이 보인다.

서 출판한 『크로포트킨학설개요(克魯泡特金學說概要)』일 것으로 판단된다. 그런데 이 책은 중국 쉬저우(徐州)의 장쑤사범대학(江蘇師范大學) 도서관에 소장되어 있는 스유헝의 기증 장서(藏書)에도 포함되어 있다. 필자는 스유헝이 기증한 장서의 서고를 열람, 조사할 기회를 가졌는데,[32] 그 과정에서 스유헝의 장서에 포함되어 있는 『크로포트킨학설개요』라는 책을 꼼꼼히 살펴볼 수 있었다. 이 책에는 붉은 펜으로 동그라미를 쳐가면서 정독한 흔적이 뚜렷하게 남아 있었는데, 이는 스유헝이 이 책을 열독(熱讀)했음을 보여주는 증거가 될 것이다. 그렇다면 당시 아나키즘사상과 같은 진보적인 사상을 매개로 류수인과 스유헝의 사상적 연대를 가늠해볼 수 있을 것이다.

샤먼과 취안저우·융춘의 농촌자위운동에 참가한 후 상하이로 돌아온 류수인에게 1928년은 다사다난한 시기였다. 그는 『삼십년 방랑기』에서 "상하이에 와서 다락방에 함께 살 때 우리의 생활은 가장 어려웠다. 생사

32 필자는 2013년 7월 1일 중국 쉬저우(徐州)의 장쑤사범대학(江蘇師范大學) 도서관장인 가오중화(高中華) 교수의 도움으로 이 대학 도서관에 소장된 스유헝의 기증 장서를 열람할 수 있었다.

고락을 같이한 동지들인 아카가와(赤川), 우관(又觀, 李丁奎), 회관(晦觀, 李乙奎), 구파(舊波, 白貞基), 화암(華岩, 鄭賢燮) 등은 모두 중국말을 그다지 잘하지 못하였다. 그래서 상하이에서는 감히 공개적으로 나가 활동하지 못했다"[33]라고 서술했다. 류수인이 아나키즘운동에 본격적으로 뛰어들게 된 것은 이우관의 영향이 컸으니, 이우관은 1927년 샤먼의 '선전양성소' 운영을 위한 인선(人選)에서 이기환(李箕煥)과 류수인(즉 류서)을 추천했던 것이다. 이우관은 그때의 상황을 서술하면서 "과연 이 두 사람도 쾌낙여부(快諾與否)가 문제였으나 여단(如檀) 이기환(李箕煥) 군은 곧 연락이 되어서 동의를 얻었고, 류서는 베이징에 있는 까닭에 즉시 동의는 못 얻었으나 회관(晦觀)의 의견은 류서의 동의는 얻으나 마나 이의(異議)가 없을 것이라고 하여서 인선(人選)은 그대로 결정이 되었다. 그래서 6월 말에 우선 친(秦, 즉 친왕산秦望山), 량(梁, 즉 량룽광梁龍光) 양 동지(兩同志)와 더불어 샤먼항(厦門港)으로 떠나고, 이(李), 류(柳) 양 동지는 전보로 연락하는 대로 오기로 하였다"[34]라고 말했다. 이렇게 류수인(류서)을 본격적인 아나키즘운동에 뛰어들게 만든 장본인이 바로 이우관인데, 그는 1920년대 초 베이징대학 재학 시기에 루쉰과 자주 왕래한 바 있다. 이는 앞장에서 이미 살펴본 바와 같다.

류수인은 『삼십년 방랑기』에서 「광인일기」의 번역이나 자신의 루쉰 방문 사실에 대해서는 전혀 언급하지 않았지만, 이우관이 루쉰과 자주 왕래한 사실은 구체적으로 언급해 "우관은 베이징에 있을 때 루쉰 선생과 아주 많이 왕래했으며, 이전에 루쉰의 집에서 눈먼 자유인 예로센코를 알게 되었다"[35]라고 했다. 예로센코는 1922년 2월 저우씨가(周氏家)에 머물며 베이징대학과 베이징세계어전문학교에서 에스페란토를 가르치다가 1923년 4

33 柳基石, 『三十年放浪記: 유기석 회고록』, 152쪽.

34 李丁奎, 『又觀文存』(三和印刷出版部, 1974), 135-137쪽.

35 柳基石, 『三十年放浪記: 유기석 회고록』, 155-156쪽.

월 16일 모스크바로 돌아갔는데, 이우관이 루쉰을 방문한 것은 예로센코가 모스크바로 떠나기 한 달 전이었다. 당시 예로센코는 중국어를 할 줄 몰랐으므로 중국인 우커강(吳克剛)이 자원해 예로센코의 비서를 맡았는데,[36] 우커강은 중국인 아나키스트로서 선중쥬(沈仲九)와 더불어 1927년 4월 상하이노동대학(上海勞動大學)을 설립할 때 재중국조선무정부주의자연맹 창립맹원(創立盟員)인 이을규(李乙奎, 즉 이회관)와 이정규(李丁奎, 즉 이우관)를 설립주비(設立籌備)에 객원(客員)으로 참여케 했던[37] 인물이다. 당시 예로센코를 중심으로 에스페란티스토와 아나키스트들이 많이 모여들었는데, 베이징세계어전문학교의 이사(理事)의 한 사람이자 이 학교에서 중국소설사를 강의했던 루쉰은 예로센코의 글이나 동화 작품을 번역하기도 했다. 루쉰은 예로센코 작품의 번역에 대해 "사실 그 당시 내 생각은, 학대받는 사람의 고통스러운 외침을 전하고 나라 사람들에게 강권자들에 대한 증오와 분노를 불러일으키려고 한 것뿐이었다. 무슨 '예술의 궁전'에서 손을 뻗어 외국의 기이하고 아름다운 화초를 뽑아다 화국(華國, 즉 중국)의 문단에 옮겨 심으려는 것은 결코 아니었다"[38]라고 말한 바 있다. 그렇다면 류수인이 이우관을 통해 이해한 루쉰은 「광인일기」와 「아Q정전」을 창작한 계몽주의 소설가로 그치지 않고 강권자에 저항하는, 아나키스트와 연대가 가능한 진보적인 지식인으로 비친 것이다. 그가 이우관과 함께 생사고락을 같이하면서 본격적인 아나키즘운동을 전개하던 무렵에 루쉰을 방문한 것도 예사롭지 않다.

---

36 바실리 예로센코, 「예로센코 연보」, 『착한 사람, 예로센코』, 길정행 역(도서출판 하늘아래, 2004), 302-303쪽 참조.

37 無政府主義運動史編纂委員會, 『韓國아나키즘運動史』, 297-298쪽 참조.

38 魯迅, 「雜憶」, 『墳』, 『魯迅全集(1)』(人民文學出版社, 2005), 237쪽.

4. 문예이론상의 공감대와 사상적 연대

류수인이 스유형과 함께 루쉰을 방문했으나 결국 루쉰을 만나지 못했고, 또 그 후 몇 차례 더 루쉰을 예방했으나 루쉰의 『일기』에 그에 관한 기록이 없다는 사실을 어떻게 해석할 것인가?

우선 스유형과 루쉰의 관계부터 검토해보자. 스유헝은 1927년 8월 16일 상하이의 잡지 『북신(北新)』에 「이 시절에(這時節)」라는 글을 발표했는데, 이 글은 당시 샤먼 및 광저우(廣州)에 머물고 있던 루쉰을 겨냥해 국민혁명이 비등하고 있는 시기에 루쉰 선생의 창작은 새로운 방향을 제시해주기에 충분하니 루쉰 선생이 나서주기를 간절히 바란다는 내용을 담고 있었다.[39] 이에 대해 루쉰은 1927년 9월 4일에 쓴 「유헝 선생에게 답함(答有恒先生)」이라는 글을 역시 『북신』(1927.10.1)에 발표해 청년들에게 희망을 걸 수 없게 된 상황, 자신의 글이 사람들의 정신을 또렷하게 해서 오히려 고통을 곱절로 느끼게 만든다는 우려, 스스로 공포를 느끼지 않을 수 없는 현 정세 등을 적시(摘示)하면서 자신이 침묵하는 이유를 밝히고, "한편으로는 몸부림치면서 이후 점점 엷어질 '빛바랜 핏자국 속에서' 무언가 좀 찾아내어 종잇조각에 쓰고자 합니다"[40]라고 했다. 루쉰은 "몸부림치기(掙扎)"를 실천이라도 하듯이 1927년 9월 27일 광저우 생활을 청산하고 10월 3일 상하이에 도착하게 된다. 바로 이 시기에 스유헝이 루쉰과의 만남을 시도하는데, 스유헝의 회고에 따르면 그가 당시 루쉰의 원고를 편집하고 있던 리샤오펑(李小峰)으로부터 루쉰이 상하이에 온다는 소식을 여러 차례 전해 듣고 주소를 알아낸 뒤 루쉰에게 편지를 띄었다는 것이다.[41] 스유헝

---

39 時有恒, 「這時節」, 『時有恒詩文選』, 時善剛 編(中國社會出版社, 2003), 119쪽 참조.

40 魯迅, 「答有恒先生」, 『而已集』, 『魯迅全集(3)』, 477쪽 참조. "一面掙扎着, 還想從以後淡下去的'淡淡的血痕中'看見一點東西. 謄在紙片上."

41 時有恒, 「我與魯迅先生」, 『時有恒詩文選』, 129쪽 참조.

과 루쉰의 교류를 좀 더 구체적으로 살펴보기 위해 루쉰의 『일기』를 보자.

1927년 10월 15일: 오전에 유형의 편지를 받다(上午得有恒信).
10월 26일: 유형의 편지를 받다(得有恒信).
11월 7일: 유형의 편지를 받다(得有恒信).
11월 17일: 유형에게 편지를 보내다(寄有恒信).
11월 22일: 유형의 편지를 받다(得有恒信).
1928년 6월 20일: 유형이 방문하다(有恒來).
9월 1일: 오후에 스유형과 류수인이 방문했으나 만나지 않다(午後時有恒, 柳樹人來, 不見).
12월 8일: 오후에 스유형이 방문했으나 만나지 않다(下午時有恒來, 不見).
1929년 4월 14일: 스유형이 방문했으나 만나지 않다(時有恒來, 不見).
1934년 11월 5일: 오후에 유형의 편지를 받다(午後得有恒信).
11월 27일: 유형에게 편지와 현금 20원을 부치다(寄有恒信幷泉二十).
11월 30일: 오후에 유형의 편지를 받다(午後得有恒信).
1935년 2월 6일: 스유형의 편지를 받다(得時有恒信).
2월 8일: 스유형에게 답신하다(復時有恒信).
10월 2일: 오전에 유형의 편지를 받다(午得有恒信).[42]

위 일기에 따르면, 스유형이 루쉰에게 편지를 자주 보내고 답신도 받았으나 스유형이 루쉰을 직접 만난 것은 1928년 6월 20일 한 차례뿐인 것으로 되어 있다. 그런데 스유형의 회고에 따르면, 6월 20일의 만남은 루쉰과의 두 번째 만남에 해당하는 것이었다. 스유형이 처음 루쉰에게 편지를 보

42 魯迅, 『日記』, 『魯迅全集(16)』, 41쪽, 43쪽, 46-48쪽, 85쪽, 94쪽, 104쪽, 130쪽.

냈을 때 루쉰이 자기 집으로 놀러 오라고 답신을 보내왔고 그것이 첫 번째 만남이었다는 것이다.[43] 그리고 그는 두 번째 만남을 이렇게 서술했다. "다시 1928년 여름, 두 번째 만남이 있었다. 그때 선생은 여전히 베이쓰촨루(北四川路)의 헝빈루(橫濱路) 징윈리(景雲里)에 살고 있었다. 기억건대, 그때 선생은 오로지 '뭇 화살의 표적'이 되어 일부 혁명 잡지가 끊임없이 그를 공격하고 있었을 뿐만 아니라 여러 해 동안 그를 에워싸고 있던 가오창훙(高長虹) 선생도 그에게 불만이었으니, 이를테면 '세상물정에 밝은 늙은이' 운운한 것이다."[44] 그렇다면 1928년 9월 1일 스유형이 류수인과 함께 루쉰을 방문한 것은 그의 세 번째 방문에 해당하는데, 이때 루쉰은 그들을 만나지 않았다. 그 이유는 무엇일까? 위 『일기』의 내용으로 보건대, 세 번째 방문 이후에도 스유형이 단독으로 두 차례나 더 루쉰을 방문했으나 루쉰이 그를 만나지 않았으니 루쉰이 의도적으로 그와의 만남을 꺼려했던 것으로 보인다. 그렇다면 류수인이 루쉰을 방문했으나 루쉰을 만나지 못한 것은 우선 루쉰과 스유형의 관계 때문이었다고 할 수 있다.

그렇지만 루쉰이 「광인일기」를 한국어로 번역한 바 있는 류수인조차 만나지 않은 데 대해 좀 더 근본적인 원인을 따져볼 수는 없을까? 이를 위해서는 이 시기 루쉰의 사상적 전변(轉變)을 고려하지 않을 수 없다. 루쉰이 1920년대 초반에 아나키즘(무정부주의)사상에 크게 경도되어 있었고 그의

---

43 時有恒, 『時有恒詩文選』, 129쪽.

44 時有恒, 『時有恒詩文選』, 129쪽. 스유형의 회고에 따르면, 이때 루쉰은 스유형과 이런 대화를 나누었다고 한다. 「"그들은 왜 오로지 나를 공격하는 거지요?"/ "아마 선생님이 그들과 생각이 다르기 때문이겠지요." 그는 또 웃었다. 이어서 내가 "『문화전선(文化戰線)』을 받으셨나요?"라고 물었다. 『문화전선』에는 나의 글 「가오창훙과 루쉰의 필묵비를 논함(論長虹與魯迅的筆墨費)」이라는 글이 실려 있었다. 선생의 모습을 보니 내 글에 대해 아무런 의견도 없는 듯했으나 동시에 얼굴은 고통스런 표정이었다./ 한편으로는 "보았지요"라고 대답했다. (중략)/ 하지만 선생이 '세상물정에 밝은 늙은이'라고 말한다면 나는 믿지 않는다.—선생은 너무나 천진하였다」(129-130쪽). 이 대화를 통해 어렴풋하게 짐작할 수 있는 것은 루쉰이 스유형을 만나기 꺼려한 데에는 가오창훙(高長虹) 문제도 개입되어 있었을 것이라는 점이다.

사상체계에서 아나키즘사상이 중요한 위치를 차지한다는 것은 익히 알려져 있는 사실이다.[45] 루쉰은 1920년대 일본의 극작가 무샤노코지 사네아츠(武者小路實篤)의 무정부주의 색채가 강한 반전(反戰) 극본「어느 청년의 꿈(一個青年的夢)」을 번역하는 한편, 러시아의 무정부주의 작가 아르찌바셰프(阿爾志跋綏夫)의 장편소설『노동자 셰빌로프(工人綏惠略夫)』등을 번역하고 무정부주의자 스티너(施缔纳)를 높이 평가하기도 했다. 그런데 광저우에서 상하이로 돌아온 직후 루쉰은 혁명문학논쟁에 휘말리면서 무산계급문학을 주장하던 혁명문학파로부터 집중 공격을 받았을 뿐만 아니라 자주 왕래하며 따르던 청년비평가 가오창홍으로부터도 비난을 받게 된다. 주지하듯이 루쉰은 이들과의 논쟁을 거치면서 점차 문예의 계급성을 받아들이고 마르크스주의 문예이론을 연구하는 방향으로 선회하게 된다. 루쉰은 1928년 8월 10일에 쓴「문학의 계급성(文學的階級性)」이라는 글에서 "나로서는, 성격과 감정 등이 모두 '경제의 지배'를 받는다는 설에 근거하면 그런 성격과 감정 등은 틀림없이 모두 계급성을 띨 것이라고 생각한다. 하지만 '모두 계급성을 띨 것'이나 '계급성만 있는 것'은 아니다. 그래서 일체가 계급을 초월하고 문장이 일월(日月)과 같이 영원한 그런 대문호가 있다는 것을 믿지 않으며, 더욱이 양옥집에서 커피를 마시면서 오히려 '나만이 유일하게 무산계급의식을 장악하고 있고, 그래서 내가 진정한 무산자라고 말하는' 혁명문학자를 믿지 않는다"[46]라고 말했다. 또 그는 "세계적으로 정평이 나 있는 유물사관에 관한 책"을 번역할 것을 강조하면서 실제로 본인이 직접 번역에 착수해 1929년 4월과 8월에 각각 소련의 루나찰스키의 논문집『예술론(藝術論)』과『문예와 비평(文藝與批評)』을 번역했다. 이

---

45 白浩,「魯迅與無政府主義」,『魯迅研究月刊』2004. 12, 82쪽 참조; 張全之,「從施締納到阿爾志跋綏夫: 論無政府主義對魯迅思想與創作的影響」,『魯迅研究月刊』2007. 11, 19쪽 참조.

46 魯迅,「文學的階級性」,『三閑集』,『魯迅全集(4)』, 128쪽.

른바 루쉰의 사상적 전변은 루쉰이 쉬광핑(許廣平)에게 보낸 편지를 나중에 수정한 내용에서도 확인할 수 있다. 이 수정 내용은 무정부주의(아나키즘)사상에 대한 루쉰의 입장 변화를 보여주는 것이라 매우 중요하다. 루쉰은 1925년 쉬광핑에게 보낸 편지에서 자신의 사상을 언급하면서 "사실 나의 견해는 원래 이해하기 쉽지 않은데, 왜냐하면 그 속에 본래 모순을 많이 포함하고 있기 때문이지요. 나더러 말하라 하면 그것은 아무래도 인도주의와 개인주의라는 이 두 가지 사상의 소장기복(消長起伏)이겠지요"[47]라고 했다. 그런데 사실 이 편지는 루쉰이 1932년에 『양지서(兩地書)』라는 서신집을 펴낼 때 수정한 것이었으니, 원래 편지에는 "아무래도 '인도주의'와 '개인적 무치주의(個人的無治主義)'의 두 가지 사상의 소장기복이겠지요"라고 되어 있었다.[48] 루쉰은 자신의 사상을 서술하면서 '개인적 무치주의', 즉 '개인적 무정부주의'를 '개인주의'로 고쳐놓은 것이다. 이는 마르크스사상을 받아들인 이후 그가 이전에 경도되었던 아나키즘(무정부주의)사상을 표면적으로 드러내고 싶지 않았기 때문일 것이다. 이처럼 사상적 전변을 겪고 있던 시기에 루쉰이 스유헝과 류수인의 내방을 받았으니 그들을 환영하기 어려웠을 것이다.

그런데 여기서 놓칠 수 없는 것은, 류수인이 루쉰을 방문한 것이 오히려 문예이론과 사상 면에서 루쉰과 공감하는 바가 컸기 때문이라는 점이다. 류수인은 1928년 4월 3일부터 9일까지 한국의 『중외일보(中外日報)』에 「무산계급예술신론(無産階級藝術新論)」을 연재한 바 있고, 1928년 중국 잡지에 「마르크스주의 계급예술론에 대한 검토(檢討馬克思主義的階級藝術論)」(1928년 5월 『민간문화(民間文化)』 게재)와 「예술적 이론투쟁(藝術的理論鬪爭)」

47 魯迅, 『兩地書』, 『魯迅全集(11)』, 81쪽. "其實, 我的意見原也一時不容易了然, 因爲其中本含有許多矛盾, 教我自己說, 或者是人道主義與個人主義這兩種思想的消長起伏罷."

48 白浩, 「魯迅與無政府主義」, 『魯迅研究月刊』 2004. 12, 82쪽 참조. "或者是人道主義與個人的無治主義的兩種思想的消長起伏罷"(『魯迅手稿全集 · 書信第一册』, 文物出版社, 1978, 177쪽).

(1928년 8월 『현대문화(現代文化)』 게재)이라는 글을 발표해 아나키즘 문예이론을 주장하면서 마르크스주의 진영의 무산계급예술론을 비판하는 논의를 펼쳤다. 「마르크스주의 계급예술론에 대한 검토」라는 글은 '신치제(忻啓介) 군의 무산계급예술론을 비평함'이라는 부제가 붙어 있듯이 당시 무산계급문학을 제창하면서 '일체의 예술은 선전이다'라고 주장하던 혁명문학파를 겨냥한 것이었다. "나의 「무산계급예술신론」이라는 글에서 말했거니와 예술은 민중 각 개체의 수양이 다르기 때문에 예술적 마음의 표현도 필연적으로 차등이 발생하며 이 차등은 확실히 진보적인 것이다. 그렇지만 모든 마르크스주의자들을 살펴보건대, 장소를 불문하고 그들의 주장은 모두 차등이 전혀 없는 천편일률이다. 『배금예술(拜金藝術)』의 작자 업턴 싱클레어(Upton Sinclair)는 예술은 다음과 같아야 한다고 말한다. '일체의 예술은 선전이다. 보편적이고 피할 수 없는 것이 선전이다. 때로는 무의식적이며 대개는 의식적인 선전이다.' 우리가 다시 되돌아볼 때 중국의 이른바 무산계급문학을 제창하는 사람 역시 이러한 주장에 지나지 않는다."[49] 류수인의 이 글이 발표되자 혁명문학파 진영의 구인(谷蔭, 즉 주징워朱鏡我)이 「예술가가 당면한 임무(藝術家當面的任務)」라는 글로 맞섰고, 류수인은 그 대응으로 다시 「예술적 이론투쟁」을 발표했다. 류수인은 이 글에서 "'일체의 예술은 선전이다'라고 말할 수 있는가!"[50] 하고 반문하면서 "우리의 문예는 완전한 자유성을 보장하는 것이니 문예의 본질은 바로 여기에 있다. 예술은 생활상 각 개인의 강렬한 의욕의 예리한 반영이다"[51]라고 주장했다. 이렇게 류수인은 당시 중국 문예이론 비평계에 개입해 무산계급혁명문학을 주장하던 혁명문학파를 공격했는데, 주지하듯이 이 시

---

49 柳絮(柳樹人), 「檢討馬克思主義的階級藝術論」, 『中國文藝論戰』, 李何林 編(東亞書局, 1932年 1月 四版), 479쪽.

50 柳絮(柳樹人), 「藝術的理論鬪爭」(『現代文化』 1928. 8), 『中國文藝論戰』, 487쪽.

51 柳絮(柳樹人), 「藝術的理論鬪爭」, 『中國文藝論戰』, 492쪽.

기에 루쉰도 혁명문학파와 논전을 벌이고 있었다. 루쉰은 1928년 3월 12일에 발표한 「'취안' 중의 몽롱('醉眼'中的朦朧)」이라는 글에서 혁명문학파가 주장하는 '무기의 예술'이란 결국 예술의 희생을 초래할 뿐이라고 했고,[52] 또 1928년 4월 16일에 발표한 「문예와 혁명(文藝與革命)」이라는 글에서는 "일체의 문예가 선전이 되더라도 일체의 선전이 전부 문예가 되는 것은 아니라고 여긴다"[53]라고 강조했다. 그렇다면 루쉰과 류수인은 문예의 '선전 도구화' 또는 '무기의 예술'을 비판하면서 문예의 자율성을 지키려는 동일한 문예이론의 입장에 서 있었던 것이다. 류수인이 루쉰을 방문한 시점이 1928년 9월임을 감안할 때, 그가 루쉰을 방문한 것은 단순히 루쉰 작품의 번역이나 중국의 대표적인 문인을 만나려는 열망 때문만이 아니라 문예이론상 서로 대화할 수 있는 공감대가 형성되어 있었기 때문이다. 그것은 당시 한국의 독립운동과 아나키즘운동을 전개하고 있던 류수인에게는 일종의 사상적 연대를 모색하려는 시도라고 해야 옳을 것이다. 이 점을 충분히 고려해야만 류수인이 루쉰을 방문한 의미를 제대로 파악할 수 있을 것이다.

5. 「광인일기」 번역의 양상과 그 의의

류수인이 번역 게재한 「광인일기」의 번역 양상은 어떠한가? 1927년 8월호 『동광』에 실린 「광인일기」의 번역문을 원문과 대조해보면, 류수인은 단어 하나도 놓치지 않고 원문에 따라 충실히 번역해 작품의 의미를 정확

52 魯迅, 「"醉眼"中的朦朧」, 『三閑集』, 『魯迅全集(4)』, 65쪽 참조.

53 魯迅, 「文藝與革命」, 『三閑集』, 『魯迅全集(4)』, 84-85쪽. "我以爲一切文藝固是宣傳, 而一切宣傳卻幷非全是文藝, 這正如一切花皆有色(我將白也算作色), 而凡顔色未必都是花一樣."

하게 전달하고 있음을 확인할 수 있다. 물론 한국어의 어휘 선택이 어색한 데도 있지만, 이는 그가 여덟 살 때 가족을 따라 일찍 중국으로 건너가 중학 및 대학을 다녔으므로 유창한 한국어를 구사하는 데 어려움이 있었기 때문일 것이다. 또한 짧은 기간에 번역한 탓에 윤문의 시간을 충분히 가지지 못한 것도 그 원인의 하나로 지적할 수 있다. 이를테면, '진노오(陳老五)'를 처음에는 '진가'라고 번역하고 이어 '진노우'라고 번역한다든지, '조귀옹(趙貴翁)'을 대부분 '조영감'으로 번역하다가 '조늙은이'로 번역한다든지, 이렇게 어휘의 통일을 기하지 못한 것은 '경진차(京津車) 위에서'라는 부기(附記)에서 알 수 있듯이 교정의 시간을 충분히 가질 수 없었기 때문일 것이다. 더욱이 조판 과정에서 발생한 식자(植字)의 오류도 지적하지 않을 수 없다. 이를테면, "나는 그 말 가운데 전부 독이 있음을 보았다. 웃음 가운데 칼이 있음을 그들의 이 말은 모두 하얗게 차례로 박힌 것이 사람을 잡아먹는 기구이다"라는 문장에서는 '칼이 있음을' 다음에 마침표가 누락되어 있고 '그들의 이빨(발)(他們的牙齒)'이라는 말을 '그들의 이 말'로 잘못 옮겨놓았다. 또 "나는 사람 잡아먹는 자를 주저한다"라는 문장에서는 '저주한다'를 '주저한다'로 글자의 앞뒤를 바꾸어놓았고, "나는 대번에 그 역한 동무인줄 알고 백배의 용기를 다하여 또 '옳으냐' 라고 물었다"라는 문장에서는 '역시 한 동무인줄 알고'를 '역한 동무인줄 알고'라고 하여 '시'라는 글자를 빠뜨려놓았다. 이렇듯 조판 과정에서 식자가 잘못되어 의미가 통하지 않게 되었으니, 작품 독해에 지장을 초래한 것이다.

더욱이 류수인이 번역한 「광인일기」는 잡지 『삼천리(三千里)』 1935년 6월호(7권 5호)에 다시 전재(轉載)되었는데, 이는 당시 루쉰 작품에 대한 국내 독자들의 수요를 반영한 것이리라. 『삼천리』는 1929년 6월에 창간되어 한때 1만 부의 판매부수를 올리기도 했으니 루쉰 작품을 국내에 알리는 데 크게 기여했을 것이다. 이 「광인일기」는 한글맞춤법을 달리 적용하고 어휘를 바꾸거나 단락 구분을 다르게 하는 등 약간의 변화도 있지만, 번역문

말미의 "완(完)—청역(青譯, 원園이 누락되어 있음)"[54]이라는 부기에서 알 수 있듯이 『동광』에 실린 원고를 그대로 옮겨놓은 것이다. 다만 조판을 위한 식자 과정에서 의미를 제대로 파악하지 못해 잘못 옮긴 부분도 종종 발견된다. 예컨대, '다 시퍼러한 혈색이다' → '다시 푸레한 혈색이다', '여러 해 묵은 치부책을 걷어찻버려 고선생이 매우 불만히' → '여러 해 묵은 치부책을 거더차버리고 선생이 매우 불만히', '신사한테 뺨도 맞았고' → '순사한테 쌤도 마잣고' 등이 그것이다. 한글맞춤법은 차치하더라도 끊어 읽기의 착오와 '신사'를 '순사'로 오기(誤記)하는 등의 잘못을 범한 것이다. 루쉰 작품에 대한 국내 독자들의 수요에 부응하려는 시도는 좋았으나, 역시 작품 독해에 많은 지장을 초래한 것은 문제점으로 지적하지 않을 수 없다. 어쨌든 류수인의 「광인일기」 번역은 유려한 한국어 문체로 이루어진 것은 아니지만, 국내 최초의 루쉰 작품 번역으로서 중국어 원문에 따른 충실한 번역을 시도하고 있다는 점에서 중요한 의의를 갖는다.

또한 류수인의 「광인일기」 번역은 외국인이 루쉰 작품을 번역한 세계 최초의 것이라는 점도 지적하지 않을 수 없다. 저우쭤런(周作人)이 1922년 6월 루쉰의 단편소설 「쿵이지(孔乙己)」를 일본어로 번역해 베이징에서 발행되던 일본어 신문인 『베이징주보(北京週報)』에 게재한 일이 있으나 그것은 중국인이 루쉰 작품을 외국어로 번역한 것이었다. 류수인이 누구보다 앞서서 루쉰 작품을 한국어로 번역한 것은 루쉰 문학의 사상적 가치를 먼저 깨달았기 때문임은 두말할 필요가 없을 것이다. 류수인의 「광인일기」 번역 이후 1930년대 초에 양백화에 의해 「아Q정전」이 번역되고 정래동과 김태준 등에 의해 루쉰 문학의 비평적 소개가 적극적으로 이루어지는데, 류수인의 루쉰 작품 번역은 그 선구적 역할로서 높이 평가해야 할 것이다.

54 魯迅, 「狂人日記」, 青園 譯, 『三千里』 1935. 6, 299쪽.

제2부

1930년대 한국과 루쉰

제3장

양백화의 「아Q정전」 번역과 그 반응

1. 1930년대의 중국 현대문학 소개

경성제국대학에서 중국문학을 전공한 김태준(金台俊)은 1939년 『동아일보』의 서면(書面) 인터뷰에서 중국문학과 관련해 "만일 기회가 있다면 제일 먼저 누구의 어느 작품을 번역 수입하시려는지?"라는 질문에 대해 이렇게 답변했다. "양백화(梁白華), 최창규(崔昌圭), 정래동(丁來東), 마요(馬堯, 카라시마 타케시辛島驍를 가리킴) 제씨(諸氏)와 함께 손을 붙잡고 한 사람이 한 작가의 것을 하나씩하나씩 담당해서 번역해보았으면 하는 생각은 있었습니다."[1] 김태준은 1930년부터 중국 신문학을 소개하고 또한 한국 고전문학을 연구해 『조선소설사』와 『조선한문학사』를 집필하는 등 왕성한 학술

1 金台俊, 「外國文學專攻의 辯(6): 新文學의 飜譯紹介—支那文學」, 『東亞日報』 1939. 11. 10.

활동을 펼치고 있었는데, 양백화, 최창규, 정래동, 카라시마 타케시를 당시 한국에서 중국 현대문학의 작가와 작품을 소개할 가장 유력한 적임자로 지목한 것이다. 사실 1930년대에 중국 현대문학을 번역하고 소개하는 데 가장 크게 공헌한 사람으로는 우선 양백화를 비롯해 정래동, 김태준을 들어야 할 것이다.

1930년을 전후한 시기에 한국의 신문과 잡지에서는 중국문단을 소개하거나 중국 현대문학 작품 및 루쉰 문학을 번역·비평한 글이 이례적으로 많이 게재되었다. 1929년 1월 개벽사(開闢社)에서 『중국단편소설집』이 출간된 이후 이러한 현상은 두드러졌다. 이를테면, 정래동의 「중국 현(現) 문단 개관」(『조선일보』 1929. 8. 1－8. 11), 양백화의 「아Q정전」(루쉰의 「아Q정전(阿Q正傳)」 번역, 『조선일보』 1930. 1. 4－2. 16), 정래동의 「중국 신시(新詩) 개관」(『조선일보』 1930. 1), 정래동의 「애인(愛人)의 죽음」(루쉰의 「죽음을 슬퍼하며(傷逝)」 번역, 『중외일보(中外日報)』 1930. 3), 양백화의 「문학혁명에서 혁명문학」(『동아일보』 1930. 4), 정래동의 「『아Q정전』을 읽고」(『조선일보』 1930. 4), 김태준의 「문학혁명 후의 중국문예관」(『동아일보』 1930. 11. 12－12. 8), 김태준의 「신흥(新興) 중국문단에 활약하는 중요작가」(『매일신보(每日申報)』 1931. 1. 1－1. 25), 정래동의 「루쉰과 그의 작품」(『조선일보』 1931. 1. 4－1. 30), 이경손(李慶孫)의 「그 후의 루쉰: 정(丁)군의 루쉰론(魯迅論)을 읽고」(『조선일보』 1931. 2), 정래동의 「현대 중국 희극(戲劇)」(『동아일보』 1931. 3), 김광주(金光洲)의 「중국 프로문예: 운동의 과거와 현재」(『조선일보』 1931. 8), 정래동의 「움직이는 중국문단의 최근상(最近相)」(『조선일보』 1931. 11), 정래동의 「과객(過客)」(루쉰의 「과객(過客)」 번역, 『삼천리(三千里)』 4권 9호, 1932. 9), 김광주의 「재주루상(在酒樓上)」(루쉰의 「술집에서(在酒樓上)」 번역, 『제일선(第一線)』 3권 1호, 1933. 1), 김광주의 「행복된 가정」(루쉰의 「행복한 가정(幸福的家庭)」 번역, 『조선일보』 1933. 1) 등이 그것이다. 1930년을 전후한 시기에 중국 현대문학과 루쉰 문학이 유례없이 많이 소개된 사회적 배경은 무엇이었을까? 우선 다음의 세 가지를 들 수 있다.

첫째, 중국 현대문학을 비평 소개할 만한 중국 현대문학 연구자들이 본격적으로 등장하기 시작했다는 점이다. 정래동은 "현금(現今)의 조선과 중국은 문화상(文化上) 서로 지도를 하고 서로 영향을 주는 입장에 서지 못하고 각각 구미(歐米) 및 일본의 문화·문명을 수입하는 데 급급하지"만 "양백화, 이은상(李殷相) 제씨(諸氏)가 혹은 작품의 번역, 혹은 문단의 소개를 한 것이 있었고, 근년에 이르러 필자, 천태산인(天台山人, 즉 김태준), 이경손(李慶孫), 김광주(金光洲) 등 제씨(諸氏)의 신문학 소개, 작가 소개, 작품 번역 등이 있었으며"라고 말한 바 있다.[2] 당시 한국에서는 수적으로 많지 않았으나 중국 현대문학(신문학)을 소개하고 번역할 주체가 새롭게 형성되고 있었던 것이다. 1910년대 후반부터 중국 소설과 희곡을 번역해오던 양백화를 비롯해 경성제국대학에서 중국문학을 전공한 김태준, 중국의 베이징과 상하이에서 각각 유학하던 정래동과 김광주 등이 1930년을 전후해 중국 현대문학에 관심을 가지고 연구하기 시작한 것이다.

둘째, 1930년을 전후한 시기에 한국에서는 프로문예운동이 활발하게 전개되고 있었는데, 중국에서도 혁명문학논쟁을 거치면서 프로문학이 대두하고 중국좌익작가연맹이 결성되는 등 한국과 비슷한 역사적 상황이 전개되고 있었다는 점이다. 1925년 8월에 결성되어 '예술을 무기로 하여 조선 민족의 계급적 해방'을 부르짖었던 카프(KAPF, 조선프롤레타리아예술가동맹)가 1930년과 이듬해에 걸쳐 제2차 방향 전환을 꾀하고 1935년에 해산되기까지 한국의 프로문예운동은 정점에 이른다. 카프의 제2차 방향 전환은 예술운동의 볼셰비키화라고 할 수 있는데, 권환(權煥)의 「조선예술운동의 당면한 구체적 과정」에서 뚜렷하게 표현되고 있다. 카프 조직은 "창작

2 丁來東, 「中國文學과 朝鮮文學」(『朝鮮文學』 1934), 『韓國現代小說理論資料集』(十五卷)(韓國學術振興院, 1985), 23-24쪽 참조.

개벽사에서 펴낸 『중국단편소설집』(1929)의 표지와 책 소개

적 기술 본위에서 투쟁역량 본위로, 의식 낮은 인텔리 작가보다도 기술 미숙한 노동자 출신 작가로, 직업적 운동가의 소질 다부(多否)를 표준으로 해야 한다"[3]는 것이다. 중국에서도 1928년부터 혁명문학논쟁이 일어나 프로문학이 대두하고 1930년 3월에 마침내 중국좌익작가연맹이 결성되었으니, 당시 한국 지식인들은 프로문학을 중심으로 새로 형성된 중국문단에 큰 기대를 걸고 그 변화에 주목하면서 중국 현대문학 및 루쉰 문학을 이해하고자 하는 움직임이 크게 일어났던 것이다.

셋째, 개벽사에서 펴낸 『중국단편소설집』[4]이 독자들로부터 상당한 호응

---

3 權煥, 「조선예술운동의 당면한 구체적 과정」, 『中外日報』 1930. 9. 2; 김성수, 「일제강점기 사회주의문학에 나타난 민족 및 국가주의」, 『한국 근대문학과 민족: 국가 담론』, 서울시립대학교 인문과학연구소 편(소명출판, 2005), 185-186쪽 참조.

4 이 작품집에는 15편의 중국 신문학 단편소설이 실려 있는데, 루쉰(魯迅)의 「두발(頭髮) 이야기」, 양전성(楊振聲)의 「아란(阿蘭)의 모친(母親)」, 중신(鐘心)의 「범위내(範圍內)에서」, 펑원빙(馮文炳)의 「깨끗한 봉투」, 푸보잉(蒲伯英)의 「서울의 공화(共和)」, 난수시(南庶熙)의 「광명(光明)」, 예사오쥔(葉紹鈞)의 「양봉회신(兩封回信)」, 펑수롼(馮叔鸞)의 「이혼(離婚)한 뒤」, 천다베이(陳大悲)의 「민불료사(民不聊死)」, 쉬즈모(徐志摩)의 「선상(船上)」, 셰빙신(謝氷心)의 「소설(小說)의 결국(結局)」, 허신렁(何心冷)의 「내 아내의 남편」, 루인(廬隱)의 「초어스름에 온 손님」, 쉬친원(許欽文)의 「구약삼장(口約三章)」, 수화(叔華)의 「화지사(花之寺)」가 그것이다.

을 얻었으니, 한국 독자들도 일본을 경유해서 들어온 서양문학 일변도에서 벗어나 점차 중국 현대문학에로 시야를 넓히기 시작했다는 점이다. 1927년 8월에 류수인에 의해 최초로 루쉰의 단편소설 「광인일기」가 번역 소개되었고, 이어 1929년 1월 개벽사의 『중국단편소설집』이 나옴으로써 한국 독자들도 중국 현대문학을 작품으로 만나게 되어 중국문단에 대한 관심이 고조되고 있었던 것이다.

그동안 한국의 중국 현대문학 학계에서는 이 시기 중국 현대문학의 소개와 비평을 실증적인 자료에 의거해 체계적으로 정리할 여유를 가지지 못했다.[5] 중국 현대문학의 어떤 작가와 작품이 소개되었는지, 누구에 의해 어떤 경로로 그것이 번역되고 비평되었는지, 어떤 시각에서 중국 현대문학 및 중국문단이 소개되고 그것의 한국문단에 끼친 영향은 무엇인지 등등에 대한 체계적인 연구가 미흡한 형편이다. 그 이유를 따져보면, 당시 여러 신문과 잡지에 발표된 자료들이 지금까지도 잘 정리되지 않아 자료 접근이 쉽지 않다는 점을 먼저 들어야 할 것이다. 또한 그 시기 중국 현대문학의 번역 · 비평은 단편적이고 산발적으로 이루어진 경우가 많아 그것을 체계화하는 것이 쉽지 않다는 점도 그 이유 중의 하나이다. 그렇지만 정래동이 "장래에는 한 외국문학으로서 연구하는 데 따라 분류(分類)의 연구, 사조(思潮)의 변천, 표현의 방법, 구상(構想)의 감식(鑑識) 등을 학득(學得)하는 데 지나문학(支那文學, 즉 중국문학)은 새로운 자극이 되리라고 믿습

5 최근 들어 한국 근대문학 연구 학계와 중국 현대문학 연구 학계에서 그에 대한 연구가 상당히 활기를 띠기 시작했다. 논문으로는 김준형의 「길과 희망: 이명선(李明善)의 삶과 학문세계(상 · 하)」(『민족문학사연구』 제28 · 29권, 2005), 백지운의 「한국의 1세대 중국문학 연구의 두 얼굴: 정내동과 이명선」(『대동문화연구』 제68권, 2009), 이시활의 「일제강점기 한국 작가들의 중국 현대문학 바라보기와 수용양상: 梁建植, 李東谷, 梁明을 중심으로」(『중국학』 33, 2009), 박진영의 「중국 근대문학 번역의 계보와 역사적 성격」(『민족문학사연구』 제55권, 2014) 등이 있고, 저서로는 졸저 『근대 한중 교류의 기원: 문학과 사상 그리고 학문의 교섭』(이화여자대학교출판부, 2015) 등이 있다.

니다"[6]라고 했거니와 당시 한국의 중국 현대문학 연구자들은 중국 현대문학을 외국문학의 하나로 포착하면서 일본을 경유한 서양문학 일변도에서 벗어나 또 다른 문화적 상상력의 한 축으로서 중국 현대문학을 상정하고 있었다. 이 점에서 그 시기 중국 현대문학의 소개 및 비평은 매우 중요한 의미를 갖는다.

특히 루쉰은 중국 현대문학을 대표하는 작가로서 1930년대에 들어서서 한국의 신문과 잡지에 가장 많이 소개되었으니, 그것은 민족해방을 절박하게 요구하던 한국사회가 저항의식과 비판정신의 전범(典範)으로서 루쉰 문학을 그만큼 필요로 하고 있었음을 뜻한다. 그렇기에 그 시기 루쉰 문학의 번역과 비평에 대한 고찰은 중국 현대문학에 대한 한국문단의 동시대적 반응을 확인하고 근대 시기 한·중의 문학적 관련 양상을 검증하는 매우 중요한 경로의 하나가 될 것이다. 무엇보다 루쉰의 대표작 「아Q정전」이 한국 최초로 번역되는 과정과 그 번역에 대한 비평적 반응은 우리의 주의를 끌기에 충분하다.

2. 양백화의 중국문학 소개와 루쉰 문학 비평

1927년 8월 『동광(東光)』 잡지에는 류수인이 번역한 루쉰의 「광인일기」와 양백화가 번역 연재하고 있던 중국 희곡 「비파기(琵琶記)」의 최종 원고가 함께 실렸다. 1930년 1월 『조선일보』에는 양백화가 번역한 루쉰의 「아Q정전」과 정래동의 논문 「중국 신시(新詩) 개관」이 동시에 연재되고 있었다. 또 1931년 1월 『매일신보(每日申報)』에는 김태준의 「신흥 중국문단에 활약하는 중요작가」와 양백화가 번역한 중국 리진후이(黎錦暉)의 「포도선

---

6 丁來東, 「外國文學專攻의 辯(9)」, 『東亞日報』 1939. 11. 16.

녀(葡萄仙子)」가 연재되고 있었다. 당시 중국 현대문학 연구자들은 신문과 잡지를 통해 개별적인 연구 성과들을 공유하고 있었는데, 1920년대부터 중국문학의 전문 번역가로 이름을 떨치고 있던 양백화는 루쉰의 「아Q정전(阿Q正傳)」을 한국 최초로 번역함으로써 사람들의 주목을 끌었다.

단편소설 「슬픈 모순」과 양백화

주지하듯이 양백화(1889－1944, 본명은 양건식梁建植, 국여菊如라는 필명도 사용)는 1910년대에 「슬픈 모순」(『반도시론(半島時論)』 제10호, 1918. 2)과 같은 단편소설을 발표해 그 시기 근대인의 허위의식과 비참한 식민지 현실을 사실적으로 묘사한 작가인데, 그는 일간지 『매일신보(每日申報)』에 연재된 이광수(李光洙)의 장편소설 『개척자』(1917. 11. 10－1918. 3. 15)에 이어 1918년 3월 28일부터 10월 4일까지 한국 최초로 현대어로 번역한 중국소설 『홍루몽(紅樓夢)』을 138회에 걸쳐 연재해 인기를 끈 번역가이기도 하다. 그는 1921년에 입센의 희곡 『인형의 집(人形의 家)』을 박계강(朴桂岡)과 공역해 『매일신보』에 연재했고, 이듬해에 그것을 『노라』(영창서관永昌書館, 1922)라는 제목으로 단행본으로 출판하기도 했다. 이광수가 1924년 양백화를 소개해 "조선 유일의 중화극(中華劇) 연구가요 번역가"[7]라고 했거니와 양백화는 소설 창작 및 문학 비평으로부터 시작해 점차 중국 소설과 희곡을 번역 소개하는 데 주력했다. 그는 『홍루몽(紅樓夢)』(1918년 번역), 「비파

7 長白山人(李光洙), 「梁建植君」, 『開闢』 第44號(1924. 2).

기(琵琶記)」(1921년 번역), 「도화선전기(桃花扇傳奇)」(1923년 번역)와 같은 중국 전통 소설 및 희곡을 비롯해 중국 현대문학으로 창작된 현대 희곡도 많이 번역했다. 예컨대, 궈모뤄(郭沫若)의 「당체화(棠棣花)」(1923년 번역)·「왕소군(王昭君)」(1924년 번역)·「시극서상(詩劇西廂)」(1929년 번역)·「탁문군(卓文君)」(1931년 번역), 왕두칭(王獨淸)의 「양귀비(楊貴妃)」(1931년 번역), 어우양위첸(歐陽予倩)의 「반금련(潘金蓮)」(1931년 번역)·「말괄량이」(1932년 번역), 슝포시(熊佛西)의 「화가와 모델」(1932년 번역) 등을 번역 소개했다.

양백화가 중국 소설과 희곡을 번역 소개하는 데 주력한 것은 외국문학으로서 그것의 문학적 가치를 새롭게 깨달았기 때문이다. 양백화는 1917년 11월 『매일신보』에 발표한 「지나(支那)의 소설과 희곡에 대하여」라는 글에서 "외국문학을 연구하는 목적은 자국문학의 발달에 자(資)코저 함이니"라고 전제하고, '동양문화의 원천'이자 과거 조선에 많은 영향을 끼친 중국문학(支那文學)을 연구할 필요가 있다고 말하고 그동안 제대로 평가받지 못했던 중국의 소설과 희곡의 중요성을 강조했다. 양백화는 "내가 일찍이 지나문학의 일부, 즉 소설·희곡에 대하여 절(窃)히 이것이 문학으로 가치가 있음을 믿고 대담히 다소 연구에 유의하나……"[8]라고 하여 중국 소설과 희곡의 문학적 가치를 깨닫고 그것을 번역 소개하는 일이 매우 시급하다고 판단했다. 소설가로 출발한 양백화는 "이제 나는 다만 중국문학을 연구하는 견지에서 이(「비파기」를 가리킴)를 천학(淺學)을 돌아보지 않고 그 가사대로 될 수 있는 한도까지는 원문의 음조에 방불하도록 번역해가려고 한다"[9]라고 했듯이 중국문학의 번역 전문가로서 중국 소설과 희곡을 현대 한국어로 번역하는 데 매진하게 된 것이다.

양백화는 중국 소설과 희곡을 번역하는 한편 당시의 중국문단을 소개하

8 梁白華, 「支那의 小說과 戲曲에 대하여」(『每日申報』 1917. 11. 6－9), 『양백화 문집 3』(산문·평론), 남윤수·박재연·김영복 편(강원대학교출판부, 1995), 160쪽.

9 梁白華, 「琵琶記」(『東光』 제9호, 1927), 『양백화 문집 2』(번역희곡), 6쪽.

는 데도 게을리하지 않았다. 그는 잡지 『개벽』 1920년 11·12월호 및 1921년 1·2월호에 「후스(胡適) 씨를 중심으로 한 중국의 문학혁명」이라는 글을 연재해 중국의 문학혁명을 상세하게 소개했다. 이 글에는 '최근 발행된 『지나학(支那學)』 잡지에서'라는 부제가 붙어 있는데, 일본인 아오키 마사루(青木正兒)가 1920년 9월에서 11월에 걸쳐 일본에서 발표한 「후스를 중심으로 한 문학혁명(胡適を中心にてわる文學革命)」이라는 글을 번역한 것이다. 이 글의 말미에는 중국 신문학의 창작 성과로서 루쉰의 「광인일기」도 소개되어 있는데, "소설로 루쉰은 미래가 있는 작가이니 그 「광인일기」와 같은 것은 한 박해광의 공포적 환각을 묘사하여 지금까지 중국 소설가가 이르지 못한 경지에 들어섰다"[10]라고 설명했다. 양백화는 또 1922년 8월 22일부터 9월 4일까지 13회에 걸쳐 『동아일보』에 「중국의 사상혁명과 문학혁명」을 연재해 중국의 사상혁명의 과정 및 후스(胡適)의 문학혁명의 내용을 상세하게 소개했다. 당시 한국에서는 신문학운동의 구체적인 한 표현으로서 '신문장건립운동(新文章建立運動)'이 벌어졌는데, 이는 바로 '국주한종(國主漢從)'의 국한문혼용체와 '언주문종(言主文從)'의 구어체운동이었다.[11] 당시 한국의 신문학운동은 중국의 그것과 매우 유사한 측면을 지니고 있었기에 언문일치의 백화문(白話文)을 전용(專用)해야 한다고 주장한 후스의 문학혁명론은 상당한 시사점을 던져주는 것이었다.

양백화는 1924년 2월 『개벽』 제44호에 「반신문학(反新文學)의 출판물이 유행하는 중국문단의 기현상」이라는 글도 발표해 중국의 최근 문학계에서 엄청난 기세로 나타난 복고적 경향을 '기괴한 현상'으로 소개했다. 그는 신구(新舊)문학의 구별은 형식상의 어체(語體)나 문언백화의 차이에만 있는 것이 아니라 그 문자 중에 포함된 사상에 있으니 '반신문학'의 출판물은

10 梁白華, 「胡適을 중심으로 한 중국의 文學革命」, 『양백화 문집 3』(산문·평론), 304쪽.

11 趙演鉉, 『韓國現代文學史』(現代文學社, 1956), 129쪽 참조.

'소일거리'로서 '무의미한 것뿐이라' 하고, "문학이란 작자 개인의 자기를 표현하는 것인 동시에 국민의 최고정신의 표현인 것을 모르는 모양이다"라고 했다. 더욱이 그는 중국 문학계에서 '반신문학'의 출판물이 위세를 떨치게 된 원인은 "사상에 계통이 없고 예술에 대하여 연습이 없고 한갓 수파축류(隨波逐流, 파도나 조류에 휩쓸림)하여 지동지서(之東之西, 이리저리 갈팡질팡함)하는" "사이비 신문학자들이 배출되었기" 때문이라고 진단했다. 이어 그는 "최근 중국의 소위 창작이라는 것을 저우수런(周樹人, 루쉰의 본명) 형제 몇 사람의 작품을 제하고 갖다가 보아라. 그들 작품 중에 과연 몇 편이나 참으로 자기의 철학이 있고 시류를 좇지 아니한 문학적 작품이 있는지"라고 하여 루쉰 형제의 창작이 진정한 신문학에 해당함을 역설적으로 드러내기도 했다.[12] 그러면서도 양백화는 중국 문학계의 '반신문학'의 경향을 '신문학 진행 중의 일시적 현상'으로 파악하고 "시대는 유수와 같이 진진불이(進進不已, 끊임없이 나아감)하고 민족사상은 결코 완석(頑石)과 같이 그 사이에 정지하고 있지는 못하는 것이니", "민족의 신사상은 하루도 이것을 억지할 수 없다 하면, 따라서 진정한 문학자의 신문학도 오래지 아니하여 출현될 것이다"라고 하여 중국 신문학의 장래를 낙관하고 있었다.[13]

양백화가 보기에 진정한 신문학은 언어 형식을 뛰어넘어 사상 내용적 측면에서 국민의 최고정신을 표현해야 하며 민족의 신사상을 담아내야 한다는 것이다. 그렇기에 그는 '반신문학'의 출판물이 득세하고 있던 당시 중국 문학계에서 루쉰의 창작을 진정한 신문학으로 간주하면서 루쉰의 문학적 위상을 높이 평가했다. 주지하듯이 1920년 서울에서 창간된 『개벽』은 근대 초기 한국을 대표하는 종합계몽지로서 사회개조와 민족문화의 창달

12 梁白華, 「反新文學의 출판물이 유행하는 중국문단의 기현상」(『開闢』 第44號, 1924. 2), 『양백화 문집 3』(산문 · 평론), 324쪽.

13 梁白華, 「反新文學의 출판물이 유행하는 중국문단의 기현상」, 『양백화 문집 3』(산문 · 평론), 324-325쪽 참조.

을 표방해 창간호부터 일제의 가혹한 탄압을 받았다. 이 잡지는 발행 초기부터 한국의 광범한 독자들로부터 호응을 얻었는데, 신경향파(新傾向派) 초기의 김기진(金基鎭) · 박영희(朴英熙) 등이 이 잡지를 통해 비평활동을 시작했고, 현진건(玄鎭健) · 김동인(金東仁) · 이상화(李相和) · 염상섭(廉想涉) · 최서해(崔曙海) · 김동환(金東煥) · 나도향(羅稻香) · 박종화(朴鍾和) 등도 모두 이 잡지를 통해 초기의 작품활동을 시작했다. 당시 『개벽』이 차지하고 있던 한국 문단상의 지위를 감안할 때 양백화의 중국문단 소개는 한국 독자들에게 적지 않은 영향을 끼쳤을 것으로 보인다. 특히 루쉰의 창작에 대한 양백화의 평가는 한국 독자들이 루쉰 문학을 이해할 수 있는 어떤 단초를 제공해주었을 것으로 짐작된다.

양백화는 1920년대부터 중국문학 작품의 번역 및 중국 현대문학의 소개로 두각을 나타냈는데, 그중에서 우리가 단연 주목할 것은 1930년 1월 4일부터 2월 16일까지 『조선일보』에 번역 연재한 루쉰의 「아Q정전」이다. 1927년 8월 류수인에 의해 국내 최초로 루쉰의 작품 「광인일기」가 번역 소개된 뒤 1929년 1월 개벽사에서 펴낸 『중국단편소설집』에 루쉰의 「두발 이야기(頭髮的故事)」가 실렸으니, 양백화가 번역한 「아Q정전」은 루쉰 작품의 한국어 번역으로는 세 번째에 해당한다. 사실 류수인도 1929년 무렵 「아Q정전」의 번역을 시도한 바 있었고, 정래동도 "나는 중국어를 대강 알아보면서부터 「아Q정전」을 이제나저제나 번역을 하여볼까 하고 가끔 루쉰의 단편소설집 『외침(吶喊)』을 빼어들었으나 그 문장이 난삽하고 해학이 심각하고 중국어에 특유한 쌍관어(雙關語, pun)가 많아서 어떻게 조선말로 전달할 수가 없어서 도로 서가에다 꽂아놓은 적이 비단 한두 차례(一二次)뿐만 아니었다"라고 했듯이 「아Q정전」을 번역하려는 강한 의욕을 가지고 있었다.[14] 그렇기에 양백화의 「아Q정전」 번역은 당시 중국 현대문학

14 丁來東, 「『阿Q正傳』을 읽고(一)」, 『朝鮮日報』 1930. 4. 9.

에 관심을 두고 있던 많은 사람들의 주목을 끌기에 충분한 것이었다. 1932년 우산학인(牛山學人)은 「중국신흥문학의 '아Q'시대와 루쉰」이라는 글에서 "「아Q정전」은 조선 신문에도 번역되었던 것이다. (중략) 이 「아Q정전」은 조선, 일본, 러시아(露西亞)는 물론 세계 각국에 거의 다 번역되었다"[15]라고 했는데, 양백화의 「아Q정전」 번역에 상당한 의미를 부여하고 있음을 알 수 있다. 또한 1934년 문예지 『조선문학(朝鮮文學)』에 실린 「문예가명부(文藝家名簿)」에서는 양백화를, "루쉰의 「아Q정전」 외에 중국문학의 연구 · 소개 · 번역이 있고 중국문학사 및 희곡을 연구 중"[16]이라고 소개했는데, 양백화의 업적 중에서 「아Q정전」의 번역을 첫째로 꼽고 있음을 알 수 있다.

3. 「아Q정전」의 번역과 그 오역에 대한 비판

양백화는 「아Q정전」의 번역 연재를 시작하면서 이 작품을 번역하게 된 경위를 간략하게 서술해놓았다. "역자는 이를 벌써부터 소개하려고 생각은 하였으나 문중(文中)에 난해(難解)의 토어(土語, 속어 또는 사투리)가 많이 섞여서 주저를 마지아니하다가 이번에 우연한 기회로 역술(譯述)하게 된 것이다."[17] 여기서 양백화가 말한 '우연한 기회'란 무엇을 의미하는 것일까? 양백화는 중국의 펑톈(奉天, 즉 선양沈陽)에서 서점을 찾아갈 때 "나는 중국말을 알지 못하므로 인력거꾼에게 중국 문자로 가는 지방을 가르쳐주었더니"[18]라고 말한 바와 같이 현대 중국어인 백화문(白話文)에 서툴렀는

---

15 牛山學人, 「中國新興文學의 '阿Q'時代와 魯迅」, 『東方評論』 2號(1932. 5), 96쪽.

16 「文藝家名簿」(『朝鮮文學』 1934), 『韓國現代小說理論資料集』(十五卷), 41쪽 참조.

17 魯迅, 「阿Q正傳(一)」, 梁白華 譯, 『朝鮮日報』 1930. 1. 4.

18 梁白華, 「筆談하다 대실수」(『別乾坤』 1928. 11), 『양백화 문집 3』(산문 · 평론), 33쪽.

데, 그런 그가 어떻게 '난해'한 「아Q정전」을 번역할 수 있었을까? 이러한 의문 때문에 필자는 양백화가 참조했을 「아Q정전」의 일본어 번역본을 검토해보았다. 그동안 양백화의 「아Q정전」 번역은 루쉰 작품의 중국어 원문에 의거한 것으로 알려져 왔으며,[19] 오역이 많은 것도 원문을 직역하는 과정에서 발생한 불가피한 일로 여겨져 온 것이 사실이다.

「아Q정전」은 이노우에 코바이(井上紅梅)에 의해 최초로 일본어로 번역되었다. 이노우에 코바이가 번역한 「아Q정전」은 1928년 상하이에서 발행되던 일본어 신문 『상하이일일신문(上海日日新聞)』에 처음 게재되었고, 이것은 다시 1929년 11월 일본 잡지 『기담(奇譚)』에 「지나혁명기인전(支那革命畸人傳)」이라는 제목으로 연재되었다. 「아Q정전」의 일본어 번역의 상황을 좀 더 살펴보면, 1931년 1월 중국의 다롄(大連)에서 간행된 『만몽(滿蒙)』(중일문화협회中日文化協會 간행)에 세이메이 양(長江陽)이 번역한 「아Q정전」이 연재되었고, 같은 해 9월과 10월에 마츠우라 케이조(松浦圭三)가 번역한 「아Q정전」과 야마가미 마사요시(山上正義, 즉 林守仁)가 번역한 「아Q정전」이 각각 일본에서 단행본으로 출판된 바 있다.[20] 양백화가 번역한 「아Q정전」이 1930년 1월 4일부터 『조선일보』에 연재되었으니까 만일 양백화가 일본어 번역문을 참조했다면 그 이전에 발표된 이노우에 코바이의 번역문이었을 것이다. 그래서 필자는 이노우에 코바이의 「아Q정전」 일본어 번역문을 검토해보았는데, 그 결과 양백화가 이노우에 코바이의 일본어 번역문을 참조했음을 확인할 수 있었다. 관립한성외국어학교(官立漢城外國語

19 박진영, 「중국문학의 발견과 전문 번역가 양건식의 초상」, 『근대서지』 2014 제10호, 217쪽 참조; 박진영, 「중국 근대문학 번역의 계보와 역사적 성격」, 『민족문학사연구』 55권(민족문학사학회 · 민족문학사연구소, 2014), 133쪽 참조.

20 마츠우라 케이조(松浦圭三)의 『아Q정전(阿Q正傳)』은 1931년 9월 '중국무산계급소설집(中國無産階級小說集)' 제1집으로 백양사(白楊社)에서 출판되었고, 야마노우에노 세이기(山上正義)의 『지나소설집 · 아Q정전(支那小說集 · 阿Q正傳)』은 1931년 10월 '국제무산계급총서(國際無産階級叢書)'로 사육서원(四六書院)에서 출판되었다. 야마노우에노 세이기가 번역한 「아Q정전」의 경우, 루쉰이 직접 그 초고에 대해 교열을 봐주기도 했다.

阿Q正傳（一）
中國 魯迅 作
白華 譯

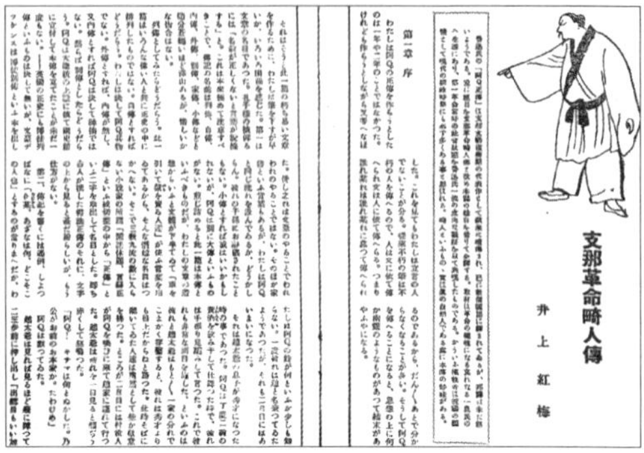
支那革命畸人傳
井上紅梅
第一章 序

양백화가 번역한 「아Q정전」(『조선일보』 1930. 1. 4)   이노우에 코바이가 번역한 「지나혁명기인전」(「아Q정전」)

學校)에서 일본어를 전공해 일본어에 능통했던 양백화는 '우연한 기회'에 『기담(奇譚)』에 실려 있는 「지나혁명기인전」(「아Q정전」)을 발견하고 그것을 저본으로 하여 번역했던 것이다. 양백화가 번역한 「아Q정전」(위 사진의 왼쪽)과 「지나혁명기인전」(위 사진의 오른쪽)을 대조해보면 양백화의 번역이 「지나혁명기인전」의 중역(重譯)임을 금방 알아차릴 수 있다.

양백화는 작품 번역에 앞서 「아Q정전」에 대한 간단한 해설을 달아놓았는데, "이 「아Q정전」은 중국 현대의 제일류 작가 루쉰(저우수런周樹人) 씨의 작(作)이니 중국 문예부흥기의 대표작으로 구미(歐米)에 훤전(喧傳, 여러 사람의 입으로 퍼져 널리 알려짐)되어 이미 수개(數個) 국어로 번역된 것이다. 취재(取材)는 혁명에 희생된 무지한 한 농민의 전생애(全生涯)에 있으니 제일혁명(第一革命) 당시의 사회상태를 루쉰 씨 일류의 신랄한 풍자와 투철한 관찰로 여실하게 표현한 것이다. 이러한 희생자는 중국의 국정(國情)으로 현대의 훈정시기(訓政時期)에도 반드시 많이 있으리라고 생각하는 바 본(本) 소설의 주인공이 자연인인 곳에 본편의 묘미가 있다"[21]라고 했다. 이 해설은 「지나혁명기인전」의 첫머리에 붙어 있는 작품 해설의 내용을 거의

21 魯迅, 「阿Q正傳(一)」, 梁白華 譯, 『朝鮮日報』 1930. 1. 4.

그대로 번역한 것이다.[22] 물론 생략한 부분도 있고 '불쌍한 한 농민(哀れなる一農民)'을 '무지한 한 농민'으로, '비꼬는 관찰(皮肉な觀察)'을 '신랄한 풍자와 투철한 관찰'로 바꾸는 등 양백화 본인의 생각을 더하기도 했으나 전체적으로 보아 동일한 내용으로 구성되어 있다. 양백화의 「아Q정전」 번역문도 어휘, 문장 구조, 단락 구분 등에서 이노우에 코바이의 「아Q정전」 번역문과 대부분 일치한다.

양백화는 자신의 번역이 일본어 번역문의 중역임을 밝히지 않았는데, 문제는 저본으로 선택한 이노우에 코바이의 일본어 번역문에 오역이 매우 많았다[23]는 점이다. 루쉰은 1932년 11월 7일에 마쓰다 와타루(增田涉)에게 보낸 편지에서 "이노우에 코바이(井上紅梅)에 의해 졸저가 번역된 일은 나에게는 의외의 느낌이었어요. 그와 나는 길이 달라요"[24]라고 했고, 또 1932년 12월 19일에 역시 마쓰다 와타루에게 보낸 편지에서 "이노우에 씨가 번역한 『루쉰전집』(『외침』과 『방황』을 완역한 소설집)이 출판되어 상하이에도 도착했으며 역자가 나에게도 한 권을 보내왔어요. 잠깐 펼쳐 보니 놀랍게도 오역이 너무 많았어요. 그대와 사토(佐藤, 즉 사토 하루오佐藤春夫) 선생이 번역한 것을 참조하지 않은 것 같은데, 실로 너무 황당하다고 생각해요"[25]

22 井上紅梅, 「支那革命畸人傳」, 『奇譚』 2卷 11號(1929. 11), 176쪽 참조. "魯迅氏の「阿Q正傳」は支那文藝復興期の代表作として歐米に喧傳され、已に數個國語に譯されてあるが、邦譯は未だ無いようである。爰に題目を支那革命畸人傳と改め本誌の餘白を借りて全譯する。取才は革命の犧牲になる哀れなる一農民の全生涯にあり、第一革命當時の社會狀態を魯迅氏一流の皮肉な觀察を以て表現したものである。かういふ犧牲者は彼國の國情として現代の訓政時期にも必ず多くある事と思はれる。畸人といふもの、實は眞の自然人である處に本傳の妙味がある。"

23 丸山昇, 「日本的魯迅研究」, 靳叢林 譯, 『魯迅研究月刊』 2000. 11; 袁荻涌 , 「魯迅與中國現代小說的對外傳播」, 『貴州文史叢刊』 1998. 4. 15, 50쪽 참조.

24 魯迅, 「致增田涉」, 『書信』, 『魯迅全集(14)』(人民文學出版社, 2005), 222쪽. 일본어로 씌어진 이 편지는 『루쉰전집(魯迅全集)』에 중국어로도 번역되어 있다. "井上紅梅氏飜譯拙作, 我也感到意外, 他和我并不同道"(223쪽).

25 魯迅, 「致增田涉」, 『書信』, 『魯迅全集(14)』, 231쪽. 일본어로 씌어진 이 편지는 『루쉰전집(魯迅全集)』에 중국어로도 번역되어 있다. "井上氏所譯紅『魯迅全集』已出版, 運到上海來

『阿Q正傳』을 읽고 (一)

丁來東

정래동의 「아Q정전을 읽고」(『조선일보』 1930. 4. 9)

라고 말한 바 있다. 루쉰은 자기 작품을 이노우에 코바이가 번역하는 것을 그다지 원치 않았으며 이노우에 코바이의 번역에 오역이 많다는 사실도 정확하게 파악하고 있었던 것이다. 양백화는 이처럼 오역이 심각한 이노우에 코바이의 일본어 번역문을 중역했으니 그의 「아Q정전」 번역문에 오역이 많은 것은 당연한 일이라 하겠다. 양백화는 루쉰의 대표작이자 이미 여러 외국어로 번역된 바 있는 「아Q정전」을 서둘러 한국어로 번역해야 한다는 의욕이 앞서서 이노우에 코바이의 일본어 번역문을 발견하자마자 오역이 많다는 사실을 알지 못하고 곧바로 그것을 한국어로 옮겼던 것이다.

이때 베이징에서 유학하고 있던 정래동은 양백화의 「아Q정전」 번역문에 오역이 매우 많다는 사실을 발견하고 신문 기고문을 통해 그것을 지적하게 된다. 정래동은 당시 베이징에서 공부하면서(베이징의 민국대학 졸업, 베이징대학의 청강생) 중국 현대문학을 연구하고 그것을 한국에 소개하는 데 주력하고 있었으니 누구보다 먼저 양백화의 「아Q정전」 번역에 주목했던 것이다. 그는 「아Q정전」의 연재가 종료된 직후 1930년 4월 『조선일보』에 「『아Q정전』을 읽고」라는 글을 연재해 양백화의 번역을 비판했다.

了. 譯者也贈我一册. 但略一翻閱, 頗驚其誤譯之多, 他似未參照你和佐藤先生所譯的. 我覺得那種做法, 實在太荒唐了"(232쪽).

금년 조춘(早春)에 백화(白華) 씨의 역(譯)을 접하게 되니 일면으로 나의 중임(重任)을 벗은 것 같고 또한 다른 나라에 뒤지지 않고 중국 신문학이 소개됨에 환희와 경하(慶賀)함을 금치 못하였었다. 그래서 소개문부터 읽어보니 그 소개가 반면(半面)의 소개밖에 되지 못하였었다. 본래 「아Q정전」은 중국의 사회상(社會相)을 그리려 한 것보다 중국인의 호도(糊塗, 어리석다는 뜻)한 것과 중국 전통적 사상의 '정신적 자위(自慰)'의 손실(損失) 등을 역설하여 당시 중국인의 보편성격을 묘사한 것이란 것이 일반적 평이다. 물론 당시의 사회를 그린 것도 사실은 사실이지만은 작가의 기도(企圖)는 완전히 중국인의 성격을 묘사한 데 있었을 것이다. 그러나 이 소개문 중 다소 잘못된 것은 그리 중요한 차오(差誤)로 볼 수가 없고 소개는 비록 이렇게 하여서도 그 내용만 충분히 잘 역(譯)을 하였으면 문제는 없는 것인데, 우연한 일어(一語)의 심한 오역이 나로 하여금 본문과 역문(譯文)과를 일일이 대조하게 하여 실로 말할 수 없이 많은 오역을 지적하게 되었다.[26]

정래동은 오역의 예로서 '그의 아내'라는 뜻의 중국어 '他的老婆'를 '그의 조모(祖母)'라고 번역한 데 대해 '일소(一笑)를 금할 수가 없었다'고 했는데, 양백화의 번역은 이노우에 코바이의 일본어 번역문 '彼の祖母'를 한국어로 그대로 옮긴 데서 비롯된 것이다. 정래동은 일본 유학을 거친 후 1926년 베이징의 민국대학(民國大學)에 입학, 영문학을 전공해 1930년 졸업했고, 졸업 후에도 계속 베이징에 남아 베이징대학(北京大學)에서 청강(聽講)하면서 중국문학 및 중국 현대문학을 공부하고 있었다. 그는 중국어에 능통했을 뿐만 아니라 루쉰 작품에도 조예가 깊었으니 그가 루쉰 작품의 문체적 특징을 매우 정확하게 파악하고 있었고[27] 「아Q정전」의 주제에 대해 신해

26 丁來東, 「『阿Q正傳』을 읽고(一)」, 『朝鮮日報』 1930. 4. 9.

27 丁來東, 「『阿Q正傳』을 읽고(二)」, 『朝鮮日報』 1930. 4. 10. "루쉰은 백화(白話)를 쓰면서도 이 '심각한 의미'의 문자를 선용(選用)한 고(故)로 자연(自然) 그 문장이 이해하기에 난

혁명(辛亥革命) 당시의 중국 사회상(社會相)을 그린 것이자 중국인의 보편성격, 즉 중국 국민성을 표현한 것이라는 이중적 해석을 내놓은 데서도 알 수 있다. 정래동은 양백화의 번역에 오역이 많다는 사실을 구체적인 실례를 들어가며 세밀하게 검증했는데, 이를테면, "'…… 나의 문장의 착상(着想)으로부터 말을 하면……'은 그 원문을 보면 이러하다. '…… 但從我的文章着想……'. 그 원문의 의사(意思)는 '문장의 착상(着想)'이 아니요 '나의 문장으로서 생각하여 보면'이요, 더 우리나라 말답게 하자면 '나의 문장을 생각하여 보면'이라고 해도 좋을 듯하다. 물론 문장의 수사적 방면을 말한 것이요 문장의 착상, 즉 문장의 내용을 말한 것이 아닐 것이다"[28]라고 지적했다. 또 "'너 어떻게 조가(趙哥)라는 성(姓)을 알았느냐—어디서 그 성을 알았느냐?'인데, 이 역(譯)을 쓰면서 원문("你怎麽會姓趙!—你那里配姓趙!")을 보니 이것은 확실히 부주의(不注意)로 오역된 것이 아니요, 역자의 중어(中語) 정도(程度)가 어떠한 것을 표시하는 것이며 실로 이 구(句)를 이와 같이 이해하고 어떻게 전후가 연락(聯絡)이 되는지가 의문이다. 만약 중어(中語)를 초학(初學)하는 이 같으면 모르거니와 다년 역필(譯筆)을 들어오던 이로는 상상 이외의 오역이요, 좀 더 혹평을 한다면 중국어를 조금도 모른다고 하여도 과언이 아니겠다. (중략) 그 원문의 의사(意思)를 대략 말하자면 이러할 것이다. '네가 어떻게 해서 성이 조가(趙哥)이겠느냐! 네 따위가 성이 조가야!'"[29]라고 지적했다. 정래동은 '중국어를 조금도 모르는' 사람이 아니고서는 그런 번역이 나올 수 없다는 식으로 양백화를 혹평한 뒤 1－3회분의 양백화의 번역문에 대해 8가지 예를 들어 일일이 원문과 대조하며 그것이 오역임을 상세하게 검증해놓았다. 끝으로 '4회 이하'에도 오역이 '부지기수

삽(難澁)하고 그 문장은 계륵(鷄肋)같이 씹으면 씹을수록 맛이 나는 것이다. (중략) 그러므로 루쉰의 백화문은 그 용어가 어렵고 그 우의(寓意)를 파악하기가 어렵고, 또 한 가지는 그의 해학(諧謔)이다."

28 丁來東, 「『阿Q正傳』을 읽고(三)」, 『朝鮮日報』 1930. 4. 11.

29 丁來東, 「『阿Q正傳』을 읽고(三)」, 『朝鮮日報』 1930. 4. 11.

(不知其數)'라서 일일이 다 지적할 수 없어 생략한다는 말도 덧붙였다.[30]

정래동이 신랄하게 비판한 양백화의 오역 문제는 이노우에 코바이의 번역문을 한국어로 그대로 옮긴 데서 발생한 것임은 두말할 필요가 없다. 앞서 예를 든 첫 번째 오역의 번역문은 양백화가 이노우에 코바이의 일본어 번역문 "わたしの文章の着想からいふと"[31]를 그대로 옮긴 것이고, 두 번째 예를 든 오역의 번역문은 "お前は、どうして趙といふ姓がわかつた何處から其姓を分けた"[32]를 그대로 옮긴 것이다. 양백화는 루쉰의 「아Q정전」이 대단히 중요한 작품이기에 한국어 번역이 시급하다고 생각하던 중 우연한 기회에 일본어 번역문을 발견하고는 그것을 저본으로 하여 곧바로 한국어 번역에 착수한 것이다. 하지만 정래동의 공박에 부딪쳤으니, 그것은 당시 중국문학 번역가로 널리 알려져 있던 그의 명성에 큰 타격이 되지 않을 수 없었다. 양백화는 정래동의 이러한 공박에 대해 침묵으로 일관했는데, 자신의 번역이 중국어 원문에 의거한 것이 아니었기 때문일 것이다.

그런데 양백화의 「아Q정전」 번역문을 좀 더 세밀하게 검토해보면 또

---

30 이경손은 정래동의 「루쉰과 그의 작품」이 발표된 후 이 글의 내용에 루쉰의 생활의 클라이맥스인 1929년 이래 최근의 루쉰이 미분명한 채 소개문이 단절되었다고 말하고 그것을 보충하기 위해 1931년 2월 27·28일자 『조선일보』에 「그 후의 루쉰(魯迅)」을 발표하게 된다. 이 글의 말미에서 "끝으로 겸하여 말할 것은 전(前)의 백화군(白華君)이 장쯔핑(張資平), 궈모뤄(郭沫若), 위다푸(郁達夫) 등의 창조파(創造派) 3인 시절을 들어서 현(現) 중국 문예계를 지도하느니 운운하고 동아일보에 발표하였으나 그것은 큰 실수임을 말하여 둔다"라고 했다. 양백화는 1930년 4월 1일자 『동아일보』에 「중국문학 —문학혁명에서 혁명문학」라는 글을 발표했는데, 이 글에서 그는 주로 『신청년』 중심의 문학혁명을 설명하고 문학연구회와 창조사의 문예운동을 소개한 뒤 창조사의 중요인물로 궈모뤄, 위다푸, 장쯔핑을 언급하고 "그러나 최근에 있어서는 시대의 변천으로 이 두 단체가 점차 접근하는 경향이 있다. 창조사의 『창조월간(創造月刊)』은 제4계급의 문예를 제창하다가 출판부까지 봉쇄를 당하고 문학연구회의 주지(主持)하는 『소설월보(小說月報)』는 근래에 프로문예를 말하며 실은 창작은 거의 다 현금(現今)의 불안정시대(不安定時代)를 표현한 것이다"라고 했는데, 양백화의 애매한 소개에 대한 이경손의 지적은 이 대목을 염두에 둔 것이었다.

31 井上紅梅, 「支那革命畸人傳」, 『奇譚』 2卷 11號(1929. 11), 177쪽.

32 井上紅梅, 「支那革命畸人傳」, 『奇譚』 2卷 11號(1929. 11), 178쪽.

다른 특징을 발견할 수 있다. 다음 인용문의 ①, ⑤, ⑨는 루쉰 작품의 원문이고, ②, ⑥, ⑩은 이노우에 코바이의 일본어 번역문이고, ③, ⑦, ⑪은 양백화의 한국어 번역문이며, ④, ⑧, ⑫는 필자의 번역이다. 먼저 양백화가 연재한 「아Q정전」 제5회의 번역문 중에서 일부를 예로 들어본다. 제5회 부분은 아Q가 노름에 가담한 일화이다.

① "咳~~~~開~~~~啦!"桩家揭開盒子蓋, 也是汗流滿面的唱。"天門啦~~~~角回啦~~~~! 人和穿堂空在那里啦~~~~! 阿Q的銅錢拿過來~~~~!"[33]

②「よし……あける……ぞ」
堂元は蓋を取って顔じゅう汗だらけになって唱ひ初める。
「天門があ——当りだよ、人和、穿堂、みな脫れ——阿Qのお銭は取上げる——」[34]

③「인제……연……다!」
물ㅅ주는 뚜깨를 제치고 얼골에 땀투성이가 되어가지고 부르기 시작한다.
「天門이 마—젓다! 人和穿堂 모다 外다——阿Q의 돈은 가저온다——」[35]

④ "자–, 연–다!" 물주가 상자 뚜껑을 열어젖혔고, 역시 얼굴에 땀을 뻘뻘 흘리며 읊어댔다. "천문(天門)이 나왔다~. 각(角)은 그대로 두시오~! 인(人)과 천당(穿堂)은 깡통이요~! 아Q의 동전은 가져오너라~!"

②에서 보듯이 이노우에 코바이는 작품의 원문 '角回啦~~~~!'(角은 그대

33 魯迅, 「阿Q正傳」, 『吶喊』, 『魯迅全集(1)』, 518쪽.

34 井上紅梅, 「支那革命畸人傳」, 『奇譚』 2卷 11號(1929. 11), 181쪽.

35 魯迅, 「阿Q正傳(五)」, 梁白華 譯, 『朝鮮日報』 1930. 1. 10.

로 두라는 의미)의 뜻을 제대로 파악할 수 없어 이것을 번역하지 않았고, 또 작품의 원문 '人和穿堂空在那里啦~~~~!'는 '인(人)과 천당(穿堂)은 깡통이요~!'라는 뜻인데, '人和'를 하나의 의미로 잘못 파악했다. ③에서 보듯이 양백화도 이노우에 코바이의 일본어 번역문에 의거해 그것을 한국어로 번역했는데, 다만 '「よし……あける……ぞ」'를 '「인제……연……다!」'로 번역해 '!'를 더했고 '人和, 穿堂'을 '人和穿堂'으로 번역해 '人和'와 '穿堂'을 합쳐놓았다. 양백화의 이러한 번역은 그가 루쉰 작품의 원문을 참조했기 때문에 가능한 일이다. 중국의 전통 노름 방식을 잘 이해할 수 없었던 이노우에 코바이는 누락과 오역을 할 수밖에 없었고 이노우에 코바이의 일본어 번역문에 의거한 양백화 역시 동일한 문제점을 노출하지 않을 수 없었다. 그럼에도 간과할 수 없는 것은, 양백화가 이노우에 코바이의 일본어 번역문에 의거하면서도 루쉰 작품의 원문을 꼼꼼하게 참조했다는 사실이다.

이를테면, 아Q가 노름판에서 처음으로 많은 돈을 땄으나 결국 노름판 패거리들에 의해 딴 돈을 모두 빼앗기게 되는 이야기의 첫 단락을 보자.

⑤ 但眞所謂"塞翁失馬安知非福"罷, 阿Q不幸而赢了一回, 他倒几乎失敗了。[36]

⑥ けれど「塞翁が馬を無くしても、災難と極まったものではない」。阿Qは不幸にして一度勝ったが、それがために幾んど失敗するで處あつた。[37]

⑦ 그러치마는 "塞翁失馬安知非福"(塞翁이 말을 일허버렷드래도 꼭 災難이라고는 하지 못한다)이란 새옴으로 阿Q는 不幸히 한번 닉이고서 그 까닭에 돌이어

---

36 魯迅, 「阿Q正傳」, 『吶喊』, 『魯迅全集(1)』, 518쪽.

37 井上紅梅, 「支那革命畸人傳」, 『奇譚』 2卷 11號(1929.11), 182쪽.

失敗를 하고 말앗다.[38]

⑧ 그러나 참으로 이른바 '인간만사 새옹지마'라고 했던가. 아Q는 불행히도, 한 번 이겼지만 도리어 실패한 것과 다름없었다.

양백화의 한국어 번역문 ⑦에는 이노우에 코바이의 일본어 번역문 ⑥에는 없는 '塞翁失馬安知非福'이라는 고문 구절이 더해져 있고, 그 뜻풀이는 괄호 속에 들어 있다. 이 고문 구절은 ⑤에서 보듯이 루쉰 작품의 원문 그대로인데, 양백화는 작품의 원문을 그대로 옮기고 이노우에 코바이의 뜻풀이를 괄호 속에 넣어 번역한 것이다. '새옹지마'의 고사로 널리 알려진 이 고문 구절은 한국 독자들에게도 그다지 낯설지 않았으므로 양백화는 루쉰 작품의 원문에 있는 그것을 추가한 것이다.

또 다른 예로서 양백화의 「아Q정전」 제18회 부분의 일부를 보자. 다음은 아Q가 얼큰하게 술에 취해 혁명당으로 자처하며 들뜬 기분으로 한바탕 돌아다니다가 마을사당으로 돌아와 상상하는 장면이다.

⑨ "造反? 有趣, ……來了一陣白盔白甲的革命黨, 都拿着板刀, 鋼鞭, 炸彈, 洋炮, 三尖兩刃刀, 鉤鐮槍, 走過土谷祠, 叫道, '阿Q! 同去同去!' 于是一同去。……

"這時未莊的一伙鳥男女才好笑哩, 跪下叫道, '阿Q, 饒命!' 誰聽他![39]

⑩「謀反? 面白いな……来たぞ来たぞ。一陣の白鉢巻、白兜、革命黨は皆ダンビラをひっさげて鋼鐵の鞭、爆彈、大砲、菱形に尖った兩刃の劍、鎖鎌。お稲荷様のお宮の前を通り過ぎて「阿Q一緒に来い」と叫んだ。そこで乃公は一緒

38 魯迅, 「阿Q正傳(五)」, 梁白華 譯, 『朝鮮日報』 1930. 1. 10.

39 魯迅, 「阿Q正傳」, 『吶喊』, 『魯迅全集(1)』, 540쪽.

に行く、此時未莊の村烏(鳥)、一群の男女こそは、いかにも氣の毒千萬だぜ。「阿Q、命丈けはどうぞお赦し下さいまし」誰が赦してやるもんか。」[40]

⑪ "反한다? 재미잇지…… 온다. 한때 머리를 희게 동히고 힌옷 입은 革命黨이 모다 板刀를 들고 鐵鞭 爆彈 大砲 세모난 칼 鉤(鎌)槍을 가지고 당집 압흐로 지내가면서 '阿Q! 가티가세!' 하고 부르겟다. 그래서 나도 가티가겟다……

이때 未莊의 뭇새 한떼의 男女야말로 참 꼴들 볼만하지. 꿀어안저서 '阿Q 살려주시요'라고 빌럿다. 누가 듯나."[41]

⑫ "모반이라? 재밌어…… 흰 투구에 흰 갑옷을 입은 한 무리 혁명당이 모두 청룡도(青龍刀), 철퇴, 폭탄, 총, 삼첨양인도(三尖兩刃刀), 구겸창(鉤鐮槍)을 들고 마을사당을 지나며 '아Q! 함께 가자 함께 가!'라고 부른다. 그래서 함께 떠난다……

이때 미장의 어중이떠중이 남녀들이 우습게도 무릎을 꿇고 '아Q, 목숨을 살려주세요' 하고 부르짖는다. 누가 들어 준담!"

⑪에서 보듯이, 양백화는 작품 원문 '拿着板刀, 鋼鞭, 炸彈, 洋炮, 三尖兩刃刀, 鉤鐮槍'을 이노우에 코바이의 일본어 번역문과 달리 원문에 의거해 '板刀를 들고 鐵鞭 爆彈 大砲 세모난 칼 鉤(鎌)槍을 가지고'라고 번역했고, 이노우에 코바이가 누락시킨 원문 '跪下'를 '꿀어안저서(꿇어앉아서)'로 번역해 그것을 추가했다. 또 이노우에 코바이가 단락을 구분하지 않은 것을 양백화는 작품 원문에 따라 두 단락으로 구분하고 첫 단락 끝에 '……'를 넣었으며, 원문 '誰聽他!'를 이노우에 코바이가 '誰が赦してやるもんか(누

---

40 井上紅梅, 「支那革命畸人傳」, 『奇譚』 2卷 11號(1929. 11), 199쪽.

41 魯迅, 「阿Q正傳(十八)」, 梁白華 譯, 『朝鮮日報』 1930. 2. 4.

가 용서해줄까 보냐)'로 번역한 것과 달리 원문에 따라 '누가 듯나(듣나)'로 번역했다. 그렇다면 양백화는 이노우에 코바이의 일본어 번역문에 의거해 「아Q정전」을 번역했지만, 루쉰 작품의 원문도 함께 참조하면서 필요에 따라 내용을 추가하거나 보충하는 방식을 취한 것이다. 말하자면, 양백화는 번역가로서 갖춰야 할 기본적인 성실함을 유지하면서 일본어 번역문의 중역에 임한 것이다.

4. '역술(譯述)'의 번역 관습과 근대적 번역 관습의 충돌

그런데 우리는 양백화의 「아Q정전」 번역을 평가하는 데 있어 또 다른 측면을 고려해야 한다. 양백화의 「아Q정전」 번역은 일본어 번역문의 중역이며 오역이 많다고는 하나 그가 번역한 여타의 중국 소설 및 희곡 작품과 마찬가지로 비교적 유려한 현대 한국어 문체로 되어 있다는 점이다. 이는 양백화가 소설가로서 출발해 점차 중국문학을 번역 소개하는 데 주력해왔다는 사실과 관련이 있다. 양백화의 오역을 신랄하게 비판했던 정래동은 "「아Q정전」이 이러한 오역이 없이 소개되기를 바란다"[42]고 했지만 정작 본인은 새로운 번역을 내놓지 못했다. 이 대목에서 정래동의 태도에 대한 김태준의 풍자는 가능해진다. 김태준은 1932년 1월 잡지 『신흥(新興)』에 발표한 「베이핑기행(北平紀行): 멍텅구리 유연초(遊燕草)」에서 '정모(丁某)'라는 이름을 들어 정래동을 풍자적으로 언급한 바 있다. 김태준은 1931년 여름 두 번째로 베이징(당시에는 베이핑北平이라 불렀음)을 방문해 베이핑도서관(北平圖書館)에 들렀을 때의 경험을 이렇게 서술했다. "잡지실(雜誌室)에 들어가니 조선에서 보낸 잡지는 겨우 『청구학총(靑丘學叢)』이 일

42 丁來東, 「『阿Q正傳』을 읽고(四)」, 『朝鮮日報』 1930. 4. 12.

부 있었는데 그조차 '화석(化石)' 같은 논문이 가득 실려 재미가 있어야지. 그리고 일문(日文)으로 되었겠지. 『현대문예(現代文藝)』라는 잡지를 쳐드니 최서해(崔曙海) 군이 지은 단편 「나의 도망(我的出亡)」[43]이 바이빈(白斌)의 손에 번역되었는데 바이빈이란 누구 아들인지 알 수 있나만은 용해서 재작년에 양백화 씨가 아Q정전을 번역하였을 적에 반박(反駁)만 하고 있던 정모(丁某) 따위와는 동일(同一)에 논할 수가 없었다."[44] 김태준은 1931년 1월 1일부터 1월 25일까지 17회에 걸쳐 『매일신보(每日申報)』에 「신흥 중국 문단에 활약하는 중요작가」를 연재했는데, 이때 최서해의 장편소설 『호외시대(號外時代)』가 동일 지면인 『매일신보』에 연재되고 있어 최서해의 이름을 잘 알고 있었다. 그런 최서해의 작품이 중국어로 번역된 것을 보고 김태준은 무척 고무적인 느낌을 받았을 것이다. 김태준은 한국의 문학 작품이 중국인에 의해 중국어로 번역된 것을 목도하면서 양백화의 「아Q정전」 번역에 오역이 많다는 사실만 지적했을 뿐 정작 본인은 제대로 된 번역을 내놓지 못한 정래동을 못마땅하게 여긴 것이다. '반박만 하고 있던 정모'라는 말 속에는 「아Q정전」이 온전하게 번역되기를 바라는 기대와 그렇지 못한 데 대한 안타까움이 배어 있다.

물론 정래동은 1931년 1월 「루쉰과 그의 작품」이라는 장편의 논문을 발표해 「아Q정전」을 상세하게 설명한 바 있다. 정래동은 「아Q정전」의 줄거리를 소개하는데 "누누(縷縷) 수천자(數千字)가 되고 말았다"[45]고 했듯이 「아Q정전」의 이야기를 번역하듯이 길게 서술해놓았다. 이는 한국 독자들에게 「아Q정전」의 내용을 좀 더 정확하게 이해시키려는 의도에서 비롯되었을 것이다. 마지막 부분을 예로 들어보자.

---

43 최서해(崔曙海)의 단편소설 「탈출기」(1925)를 가리키며, 이것은 바이빈(白斌)에 의해 중국어로 번역되어 상하이에서 발행되던 『현대문예(現代文藝)』 1931년 5월호에 실렸다.

44 短舌(金台俊), 「北平紀行: 멍텅구리 遊燕草」, 『新興』 6號(1932. 1).

45 丁來東, 「魯迅과 그의 作品」, 『丁來東全集 Ⅰ』(學術論文)(금강출판사, 1971), 327쪽.

제삼차(第三次)로 아Q는 불려 나갔다. 그 늙은이가 묻기를 '너 더 할 말이 없니?' 아Q 생각에는 별로 할 말이 없어서 '없어!' 하고 대답하였다. 그러자 곧 흰 저고리를 입히고, 두 손을 묶으므로, 아Q는 상복(喪服)을 입은 것 같아서 불쾌를 느끼면서 뚜껑 없는 마차를 탔다. 그 앞에는 양총(洋銃) 멘 병정이 서고, 길가에는 사람들이 가득하였다. 아Q는 돌연히 이것이 목 베이는 것이란 것을 깨달았다. 그러나 끝끝내 이렇게 생각하였다. 인생이 천지간에 목 베이는 것도 면치 못할 것이다. 그는 법장(法場)에 가는 길을 알았다. 그래 죽을 기를 쓰고 노래나 한 마디 하려다가, 그것도 맛 같지 않아서 그만두고, 정신이 혼미한 중에 과거의 일이 생각히다가 눈이 캄캄해지고 귀가 윙하더니, 전신이 미진(微塵)이 병산(迸散)한 것같이 목숨이 끊어지고 말았다.[46]

정래동은 「아Q정전」의 이야기를 부분적으로 번역해 연결시킴으로써 작품의 줄거리로 삼았는데, 이것만 읽어도 「아Q정전」의 내용을 정확하게 파악할 수 있다. 그런데 정래동이 소개한 「아Q정전」의 줄거리를 보면, 축자(逐字)적인 직역(直譯)에 가까워서 그것이 세련된 현대 한국어 문체로 되어 있다고 말하기는 곤란하다. 정래동이 끝내 「아Q정전」의 온전한 번역을 내놓지 못한 것은 유려하고 세련된 한국어 번역에 실패했기 때문이 아니었을까.

한편 우리는 양백화가 자신의 번역 작업을 '역술(譯述)'이라고 표현한 번역 관습도 고려해야 한다. 사실 20세기 초 근대계몽기의 한국에서는 외국 서적이 번역되는 경우 대부분 두 가지 과정을 거쳤다. 하나는 '역술(譯述)'이고 다른 하나는 '중역(重譯)'이다. '역술'은 번역자가 번역 텍스트에 적극 개입해 삭제, 축소, 확대와 같은 편집을 가하는 것이고,[47] '중역'은 일본어나

46 丁來東, 「魯迅과 그의 作品」, 『丁來東全集 I』, 326-327쪽.

47 이를테면, 량치차오(梁啓超)의 「월남망국사(越南亡國史)」가 1907년에서 1908년 사이에 신채호(申采浩)에 의해 국한문체로, 그리고 주시경과 이상익에 의해 순국문으로 번역 발

중국어로 번역된 외국 텍스트를 한국어로 재번역하는 것이다. 물론 실제 번역 과정에서는 '역술'과 '중역'이 동시에 일어나는 경우가 대부분이었다. '원본' 텍스트에 의거해 원문대로 '직역'하는 것이 아니라 '중역'을 통한 '역술'이었던 것이다.

『서사건국지』의 안쪽 표지

한국은 1894년 갑오개혁(甲午改革) 이후 외래문화의 수용 경로를 유럽 내지 일본 쪽으로 급선회하게 되면서 모든 분야의 외래문화 수용은 일본어를 매개로 할 수밖에 없었다. 문학 영역에 있어서도 일본어를 통해 세계의 명작을 습득하는 것이 지름길이었다. 물론 19세기 말부터 20세기 초에 이르는 근대계몽기에 일부 한문에 능통한 계몽적 지식인들은 한문이라는 언어적 도구를 이용해 당시 중국의 계몽적 지식인들이 한문(중국어 문언문)으로 번역한 외국 작품을 한국어로 재번역해 소개하기도 했다. 이를테면, 「서사건국지(瑞士建國誌)」, 「라란부인전(羅蘭夫人傳)」, 「십오소호걸(十五小豪傑)」, 「월남망국사(越南亡國史)」, 「이태리건국삼걸전(意太利建國三傑傳)」, 「헝가리애국자갈소사전(匈牙利愛國者噶蘇士傳)」, 「보법전기(普法戰記)」 등은 모두 중국을 거쳐 '역술' 간행된 작품들이다.[48] 더욱이 정치소설 「서사건국지」(1907)는 독일 작가 프리드리히

간되었는데, 이것은 원본을 그대로 번역한 것이 아니라 본문의 특정 부분을 대폭 축소하고 또 량치차오의 다른 글을 첨입한 것이었다. 김남이, 「20세기 초 한국의 문명전환과 번역: 중역(重譯)과 역술(譯述)의 문제를 중심으로」, 『어문논집』 63권(민족어문학회, 2011), 142쪽 참조.

48 全光鏞, 「최근 1세기 동안의 韓中 文學交流」, 『韓國現代文學論考』(민음사, 1986), 251쪽 참조. 량치차오(梁啓超)의 정치소설의 국내 번역은 다음과 같다. 『越南亡國史』(玄采, 普成社, 1906), 『戊戌政變記』(玄采, 普成社, 1900), 『羅蘭夫人傳』(미상, 博文書館, 1907), 『匈牙利愛國者噶蘇士傳』(申采浩, 博文書館, 1908), 『意大利建國三杰傳』(申采浩, 廣學書鋪, 1908).

실러(Friedrich von Schiller)의 원작 희곡 「빌헬름 텔(Willhelm Tell)」을 중국 광둥(廣東)의 정저관(鄭哲貫)이 소설체로 의역한 것을 박은식(朴殷植)이 중문본을 대본으로 하여 국한문체로 '역술'한 것이었다.[49] 이 시기 외국문학의 한국어 번역은 일본어 번역본을 중역(重譯)하는 것이 일반적이었으나 중국의 한문 번역본—중국의 한문 번역본 역시 일본어 번역문의 중역이 많았음—에 의거해 중역하는 경우도 적지 않았다. 이렇게 본다면 근대계몽기에 한국의 번역자들에게는 '원본' 텍스트를 저본으로 해서 원문에 충실한 번역을 해야 한다는 인식이 보편화되지 않았던 것이다. '원본' 텍스트를 저본으로 하려면 해당 외국어에 능통해야 하는데, 이 시기의 번역자들은 그런 능력을 갖출 겨를이 없었고 새로운 외국문화를 먼저 수입하는 것이 급선무였으므로 일본어 번역본 또는 중국어(한문) 번역본을 저본으로 해서 '역술' 또는 '중역'하지 않을 수 없었던 것이다. 근대계몽기에 관립한성외국어학교를 다녔고 1910년대에 소설 창작을 시작했던 양백화는 근대계몽기의 '역술'과 '중역'의 번역 관습에 젖어 있었다. 작품을 '원본' 텍스트에 의거해 원문대로 충실하게 번역해야 한다는 인식이 절박하지 않은 것이다. 그가 「아Q정전」의 번역을 스스로 '역술'이라는 말로 표현했는데, 그것이 중역임을 은연중에 드러냈다고도 할 수 있다.

그런데 1920년대에 이르면 상황이 달라진다. '원본' 텍스트를 직접 번역할 수 있는 해당 외국어에 능통한 번역자들이 등장하고 '번역' 자체의 문제가 논쟁거리로 되면서 '원본' 텍스트에 의거해 정확하게 번역해야 한다는 인식이 점차 자리 잡기 시작한 것이다. 1920년대 후반부터 중국 민국대학 및 베이징대학에서 유학하고 1930년을 전후해 중국 현대문학 및 루쉰 문학을 본격적으로 연구하기 시작한 정래동은 양백화와 달리 '원본' 텍스트에 의거해 번역해야 한다는 근대적 번역 관습에 익숙해 있었다. 정래동은

49 金秉喆, 『韓國近代飜譯文學史硏究』(乙酉文化社, 1975), 238쪽 참조.

「『아Q정전』을 읽고」에서 "본래 번역은 원작에 틀림이 없어야 할 것, 곧 오역이 없어야 할 것이요, 다음은 그 번역문이 통(通)하여야 할 것이다"[50]라고 말하고 청말(淸末) 서양 서적의 번역가로 이름을 떨친 옌푸(嚴復)의 '신(信)·달(達)·아(雅)' 번역이론을 소개하는 것으로 글을 맺었는데, 외국 작품을 어떻게 번역해야 하는가 하는 번역의 근본 문제를 제기한 것이다. 그는 또 「중국문학과 조선문학」이라는 글에서 일어문(日語文)의 중역의 폐해를 구체적으로 지적하기도 했다. "또 한 가지 폐해는 일본문(日本文)의 소개에서 조선·중국에 재소개(再紹介)하는 예다. (중략) 과거의 일본 번역술, 문학소개 범위는 어떻게 정확하고 어떻게 광범하였는지 필자가 일일이 대조를 하여보지 않았으니까 말할 수 없거니와 최근 중국문학의 번역에 이르러서는 참으로 말할 수 없는 오역과 편협(偏狹)이 많다. 그러한 소개와 번역을 재소개·재역(再譯)을 하면 그 결과는 추측할 수가 있을 것이다."[51] 정래동은 외국문학이나 외국문단을 소개하는 일어문을 한국이나 중국에서 그대로 번역해 재소개하는 폐단을 지적하고, 나아가 중국문학의 일본어 번역에 오역과 편협이 많다는 점을 깨닫지 못하고 그것을 그대로 한국어로 재번역했을 때 발생할 문제의 심각성을 제기했다. 정래동은 일본어와 중국어 모두에 능통했는데, 중국문학의 일본어 번역에 오역이 많다는 사실을 알고서 그것이 한국어로 재번역되었을 때 발생할 문제점을 누구보다 예민하게 느낄 수 있었던 것이다. 그렇다면 양백화가 「아Q정전」의 일본어 번역문을 '중역'한 것과 정래동이 작품 원문과 일일이 대조하며 양백화의 오역을 지적한 것 사이에는 '역술'의 번역 관습과 근대적 번역 관습의 이념적 충돌이 개재해 있었던 것이다. 정래동이 중국문학을 번역하는 데 있어 원본에서 출발하여 원문을 정확하게 번역할 것을 강조하면서

50 丁來東, 「『阿Q正傳』을 읽고(四)」, 『朝鮮日報』 1930. 4. 12.

51 丁來東, 「中國文學과 朝鮮文學」(『朝鮮文學』 1934), 『韓國現代小說理論資料集』(十五卷), 25쪽.

양백화의 오역을 신랄하게 비판한 것은 '역술'의 번역 관습으로부터 근대적 번역 관습으로 전환되는 과정에서 일어난 필연적 사건이었다고도 할 수 있다.

어쨌든 1930년 벽두에 나온 양백화의 「아Q정전」의 한국어 번역은 일본어 번역문의 중역에다 오역이 많았다고는 하나 한국 독자들에게 루쉰의 대표작을 작품으로 직접 만나게 해주었다는 점에서 일정한 의의를 갖는다. 양백화가 '역술'한 「아Q정전」으로 말미암아 한국에서도 마침내 '아Q'의 인물 형상을 통해 중국인을 이해할 수 있는 길이 열리게 된 것이다. 이를테면, 김태준은 1930년 11월 『동아일보』에 연재한 「문학혁명 후의 중국 문예관」에서 '아Q'를 언급하면서 "아Q란 무엇인가?—민국 7년 루쉰(저우수런周樹人의 펜네임)이 지은 소설 「아Q정전」의 주인공 아Q란 말이다(양백화 씨의 한글 번역 소개도 있었다)"[52]라고 했고, 또 1931년 1월 『매일신보』에 연재한 「신흥 중국문단에 활약하는 중요작가」에서 루쉰을 소개하면서 "하여간 문학혁명 이후의 중국문단에는 가장 거인(巨人)이다. 그는 「광인일기」 등 15편을 발표한 후 그 1편인 「아Q정전」은 가장 호평(好評)이어서 영·불·노·독(英佛露獨)의 각국어로 번역되고 '로망 롤랑'도 '동방에 이것이 있다'고 격상(激賞)했다. 이는 씨(氏) 득의(得意)의 절정시대(絶頂時代)이었다. 「아Q정전」은 벌써 조선에도 양백화 선생의 소개가 있었지만은……"[53]이라고 했다. 김태준은 '양백화 선생'이라는 호칭을 사용하고 있거니와 양백화의 「아Q정전」 번역에 오역이 있음에도 불구하고 그 가치를 인정하고 있었던 것이다.

52 天台山人(金台俊), 「文學革命後의 中國文藝觀(十四)」, 『東亞日報』 1930. 12. 4.

53 天台山人(金台俊), 「新興中國文壇에 活躍하는 重要作家(四)」, 『每日申報』 1931. 1. 7.

5. 중역(重譯)과 오역의 극복

지금까지 살펴본 바와 같이 1930년을 전후해 한국에서는 중국 현대문학 및 루쉰 문학이 이례적으로 많이 소개되었다. 그 원인을 따져보면, 우선 양백화, 정래동, 김태준 등 중국 현대문학을 번역·비평할 수 있는 전문 연구자 그룹이 형성되어 있었다는 점이다. 또한 '혁명문학'(프로문학)이 주류로 부상하며 급격한 변화를 겪고 있던 중국문단과, 프로문예를 중심으로 이념논쟁이 전개되고 있던 한국문단과의 상황적 유사성으로 말미암아 한국에서는 중국 현대문학에 대한 관심이 고조되고 있었다는 점이다. 특히 1930년 1월 양백화가 번역해 『조선일보』에 연재한 루쉰의 「아Q정전」은 독자들의 관심을 끌기에 충분한 것이었다. 루쉰의 대표작으로서 세계적으로 명성을 얻고 있던 「아Q정전」이 양백화에 의해 번역 소개됨으로써 비로소 한국 독자들도 「아Q정전」을 작품으로 만나게 된 것이다.

그런데 주목되는 것은, 양백화의 「아Q정전」 번역이 일본어 번역문의 중역이었다는 사실이다. 양백화는 '우연한 기회'에 일본 잡지 『기담』에 실린, 이노우에 코바이가 번역한 「아Q정전」(「지나혁명기인전」)을 발견하고 그것을 저본으로 하여 한국어로 번역했는데, 문제는 양백화가 저본으로 삼은 이노우에 코바이의 일본어 번역문에 오역이 매우 많았다는 점이다. 양백화는 「아Q정전」의 한국어 번역이 시급하다고 여겨 그것의 일본어 번역문을 발견하자마자 곧바로 한국어로 번역했는데, 이노우에 코바이의 번역문에 오역이 심각하다는 사실을 알지 못하고 중역했으니 최초로 한국어로 번역된 「아Q정전」에 오역이 많은 것은 당연한 일이었다. 그 결과 당시 중국 베이징에서 유학하며 중국 현대문학을 연구하고 있던 정래동으로부터 오역에 대한 비판을 받지 않을 수 없었던 것이다. 그렇지만 양백화가 이노우에 코바이의 일본어 번역문에 의거해 「아Q정전」을 번역했다고 하더라도 루쉰 작품의 원문도 함께 참조하면서 필요에 따라 내용을 추가하거나 보충하는 방식을 취했다는 점도 고려해야 한다. 그런데 양백화는 「아Q정전」의 번역을 두고 스스로 '역술'이라고 말했듯이 일본어 번역문의 중역임을 은연중에 드러냈는데, 그것은 20세기 초 근대계몽기의 번역 관습에서 말미암은 것이었다. 이와 달리 1920년대 후반에 중국에 유학한 정래동은 작품을 '원본' 텍스트에 의거해 원문대로 충실하게 번역해야 한다는 근대적 번역 관습에 익숙해 있었다. 그러므로 양백화의 중역과 그 오역에 대한 정래동의 비판 사이에는 번역 관습의 차이로 인한 이념적 충돌이 개재해 있었던 것이다. 양백화의 오역에 대한 정래동의 신랄한 비판은 근대적 번역 관습이 정착되어가는 과정에서 발생한 중대한 사건이었다고 할 수 있다.

중국 상하이에 체류하면서 중국 현대문학을 국내에 비평 소개해오던 김광주(金光洲)는 1933년 1월 29일 『조선일보』에 루쉰의 단편소설 「행복한 가정(幸福的家庭)」을 번역해 싣고 그 '역자 전언(譯者前言)'에서 다음과 같이 말했다. "중국의 단편작가 '루쉰'에 대하여는 작품으로 혹은 평론으로 조선에도 이미 소개된 지 오래이며", "1931년 춘간(春刊)의 본보(本報) 학예면을 통하여 베이핑(北平) 정래동, 상하이 이경손 양씨(兩氏)의 '루쉰'에 대한 상론(詳論)한 연구가 있었다고 기억합니다."[54] 이렇게 1930년을 전후해 한국에서는 루쉰과 그의 작품이 활발하게 비평 소개되고 있었지만, 1935년 카프(KAPF)가 해산되고 루쉰 작품도 금서 목록에 오르는 등 일제 식민당국의 정치적 · 사상적 통제가 강화되면서 루쉰 문학이 국내에 번역 소개될 수 있는 정신적 · 물질적 기반이 점차 약화되어 갔다. 1930년대 중반 이후 1945년 해방을 맞이하기까지 루쉰 작품의 번역은 이육사가 번역한 「고향(故鄕)」(『조광(朝光)』 1936. 12)이 두드러질 뿐이다. 더욱이 1937년 일제가 중일전쟁을 일으킨 후 전시동원체제로 돌입해 한국인의 민족의식과 저항을 잠재우고 전쟁 협력을 강요하기 위해 일련의 황국신민화(皇國臣民化)정책

54 金光洲, 「幸福된 家庭」, 『朝鮮日報』 1933. 1. 29.

을 펴나가면서 1930년을 전후해 활기를 띠었던 한국문단과 중국문단의 동시대적 접촉과 교류는 거의 중단되고 말았다. "36년간이란 일본적 지배가 조선문단에로 상당히 침투되어 가장 친해야 할 이웃나라(중국을 가리킴)의 문학은, 아니 혁명적인 문학은 버려두고 일본을 거쳐오는 재탕삼탕된 외국문학을 읽고 이것도 끔찍이 알았고 또한 이것을 소화하고 선양하기에 우리는 얼마나 애썼는지 모르는 것이다. (중략) 우리는 루쉰(魯迅)만 한 문인을 내었던가, 궈모뤄(郭沫若)만 한 문인을 내었던가?"[55]라는 언설은 이를 증언해준다.

결국 루쉰 작품의 온전한 번역은 1945년 한국의 해방과 더불어 이루어진다. 중국에서 함께 유학한 바 있는 김광주와 이용규(李容珪)가 공역한 『루쉰단편소설집(魯迅短篇小說集)』 제1집과 제2집이 각각 1946년 8월과 11월에 출간됨으로써 마침내 한국에서도 루쉰 작품이 체계적으로 번역되어 나온 것이다. 제1집에는 「행복한 가정」, 「고향」, 「쿵이지(孔乙己)」, 「풍파(風波)」, 「가오 선생(高老夫子)」, 「단오절(端午節)」, 「고독자(孤獨者)」가 수록되어 있고, 제2집에는 「광인일기」, 「비누(肥皂)」, 「아Q정전」이 수록되어 있는데, 김광주와 이용규는 원래 루쉰 소설 전체를 완역해 제3집까지 내려고 했으나 제3집의 출판은 계획대로 진행되지 못했다. 하지만 제1 · 2집만으로도 일정한 규모를 갖춘 루쉰 작품의 체계적인 선집으로 보아 손색이 없기에 한국 독자들이 루쉰 문학을 이해하는 데 중요한 전기를 마련해 준 것이다. 정래동은 이 책의 서문에서 "우리가 중국을 요해(料解)하는 데는 창작을 통한 이상(以上)이 없고 구미(歐米)의 창작보다 인접한 중국의 창작을 통하여 중국을 정당하게 이해하여야 할 것은 현하(現下) 시국에 비추어 화급(火急)한 문제라고 하지 않을 수 없다"[56]라고 했는데, 8 · 15해방 직

55 洪曉民, 「中國文學과 朝鮮文學」, 『京鄕新聞』 1947. 8. 10.

56 丁來東, 「魯迅과 中國文學」, 『魯迅短篇小說集』 第1輯, 魯迅 作, 金光洲 · 李容珪 譯(서울출판사, 1946), 5쪽.

후 한국에서는 중국문단과의 동시대적 관계 회복이 무엇보다 시급한 사안이었다. 『루쉰단편소설집』의 출간은 바로 한국이 중국문단과의 동시대적 관계를 회복할 수 있는 중요한 성과의 하나였다.[57] 더욱이 「아Q정전」은 김광주가 번역한 것인데, 김광주의 번역은 '원본'에 의거한 것으로서 비교적 세련된 한국어 문체를 구사하고 있어 양백화가 노정한 중역 및 오역의 문제를 한꺼번에 극복한 것이었다. 그러므로 『루쉰단편소설집』은 근대 시기 한국의 루쉰 문학 수용사(受容史)에서 정래동의 「루쉰과 그의 작품」이라는 비평(다음 장에서 검토할 것이다)과 더불어 가장 빛나는 성과 중의 하나이다. 근대 시기 외국문학의 한국어 번역은 서양의 문화적 상상력이 압도하고 일본어 번역본의 중역이 위주였는데, 『루쉰단편소설집』의 출간은 중국문학을 통한 새로운 문화적 상상력을 열어놓는 것이자 '원본' 텍스트에 충실한 근대적 번역의 구체적인 실천을 보여주는 것이기에 중요한 의미를 갖는다.

57 하지만 1949년 중국 대륙에서는 사회주의 중국이 성립되고 1950년 한국에서는 한국전쟁이 일어나 남북 분단이 고착화되면서 냉전체제 속에서 중국문단과의 동시대적 접촉과 교류는 당분간 전면적으로 중단되고 말았다.

제4장

정래동과 김태준의 루쉰 문학 비평과 사상적 계보

1. 정래동의 중국 현대문학 비평

김광주는 『루쉰단편소설집』을 펴내면서 제1집의 서문과 제2집의 작품 해설을 당시 서울대학교 중문과 교수이던 정래동에게 부탁했고, 이때 정래동을 평해 "루쉰을 처음으로 조선에 소개했고, 또 루쉰 연구의 권위라 할 수 있다"[1]라고 말했다. 김광주의 정래동 평에서 보듯이 근대 시기에 루쉰의 문학과 사상을 한국에 소개하는 데 가장 크게 공헌한 사람으로는 단연 정래동을 꼽아야 할 것이다.

정래동(丁來東, 1903－1985)은 1925년 9월에 베이징의 민국대학(民國大學) 예과(豫科) 2학년에 입학했고[2] 1926년에 민국대학 본과(本科) 영문학과

1 金光洲, 「第2輯을 내면서」, 『魯迅短篇小說集』 第2輯, 魯迅 作, 金光洲 · 李容珪 譯(서울출판사, 1946).

2 『北京民國大學十周紀念册』(北京民國大學 編, 1925)에 나오는 「十四年度招收各科新生名

정래동(민국대학 졸업 후 베이징에서 부인과 함께)

에 입학해 영문학을 전공했다. 펑톈(奉天) 군벌 장쭤린(張作霖)이 베이징에 입성한 후 1927년 베이징대학(北京大學)을 폐지하고 베이징의 아홉 개 대학을 병합해 경사대학교(京師大學校)를 만들어 새로 학생을 모집하자 정래동은 경사대학교에 편입해 이른바 '베이징대학'에서 강의를 듣게 된다. 하지만 1929년 장쭤린이 물러나고 베이징대학이 회복되자 경사대학교 시기에 입학한 학생은 다시 시험을 치러야 했으므로 정래동은 방청생(傍聽生)의 신분으로 베이징대학에 남게 된다. 다시 말하면, 그는 1930년 민국대학 영문학과를 졸업하지만(졸업논문 「키츠 연구(Study on Keats)」) 그 후 몇 년간 베이징대학에서 강의를 들으며 중국문학 및 중국 현대문학을 공부하고 연구하게 된다.

정래동이 중국 현대문학을 연구하기 시작한 것은, 중국 현대문학의 발원지인 베이징대학에서 강의를 들었던 것과 무관하지 않은데, 더욱이 베이징대학에서 두 차례 진행된 루쉰의 강연을 들었던 것이 중요한 계기가 되었던 것 같다. 루쉰은 상하이에 거주하던 시기에 베이징에 살고 있던 어머니를 만나기 위해 두 차례 베이징을 방문하게 되는데, 첫 번째 방문은 1929년 5월 15일부터 20일간이고, 두 번째 방문은 1932년 11월 13일부터 15일간이다. 루쉰은 이 두 차례 베이징 방문 시기에 베이징대학에서 강연

冊」에 '大文預二'(大學 文豫科 2年)의 명단을 보면 '丁來東'이라는 이름이 기록되어 있다.

을 가졌는데, 1929년 5월 29일 베이징대학 제3원(院)에서 1시간 동안 강연을 했고 1932년 11월 22일에는 제2원(院)에서 40분 동안 강연을 했다. 정래동은 루쉰이 첫 번째 강연을 하던 모습을 다음과 같이 묘사한 바 있다. "그때는 여름이라 그(루쉰)는 모시 두루마기에 단(壇) 위에는 낡은 파나마(파나마햇을 가리킴)가 놓여 있었고, 머리는 오래 깎지 않아서 마치 병후(病後)의 풍모(風貌)나 옥중(獄中)에서 갓 나온 사람과 비슷하나, 그 다문 입이라든지, 주름살 잡힌 이마, 양쪽 광대뼈에는 견결(堅決)한 내심(內心)이 나타나 보여서 설중(雪中)의 고청(孤淸)한 매화(梅花) 등걸과 비슷하였다."[3] 정래동에게 루쉰의 첫인상은 지사적 풍모를 가진 고결한 인품으로 다가왔으니 그가 이 강연을 듣고 난 이후부터 중국 현대문학 및 루쉰 문학을 본격적으로 연구하기 시작한 것을 볼 때, 루쉰의 강연이 그에게 큰 자극이 되지 않았을까. 정래동은 루쉰의 강연 내용을 두고 "그(루쉰)의 풍자는 입가에서 나오는 천박한 것이 아니요, 어디까지든지 그가 체험하고 경험하고 통감(痛感)한 데서 우러난 것이다"[4]라고 말하고 있듯이 루쉰의 진정성에 깊이 공감했던 것이다.

정래동은 「외국문학 전공의 변(9)」에서 "현대 작가로도 루쉰(魯迅)이라든지 저우쭤런(周作人), 린위탕(林語堂), 궈모뤄(郭沫若), 위다푸(郁達夫) 등등 작가가 모두 다 그 개성과 작풍이 뚜렷하게 나타나는 것이 그네들의 장점으로 봅니다"라고 했고, 현대 작가의 작품 중에서 "저우쭤런(周作人), 루쉰(魯迅)의 것을 많이 읽었습니다"라고 했듯이[5] 중국문학 중에서도 중국 현대문학을 공부하는 데 열중했다. 그가 중국 현대문학을 한국에 소개한 첫 번째 글은 1929년 8월 『조선일보』에 연재한 「중국 현(現) 문단 개관」이라는

3 丁來東, 「中國 文人 印象記(三): 孤獨과 諷刺의 象徵인, 지금은 左傾한 魯迅氏」, 『東亞日報』 1935. 5. 3.

4 丁來東, 「中國 文人 印象記(三): 孤獨과 諷刺의 象徵인, 지금은 左傾한 魯迅氏」, 『東亞日報』 1935. 5. 3.

5 丁來東, 「外國文學專攻의 辯(9)」, 『東亞日報』 1939. 11. 16.

장편의 논문이다. 이 글은 당시로서는 가장 체계적인 중국 현대문학 평론이라 해도 과언이 아닌데, 정래동은 중국 현지에서 직접 보고 들은 자료에 의거해 중국의 문단 상황을 전면적으로 비평 소개하고 있어 주목된다. 특히 이것은 그가 1929년 5월 말에 있었던 루쉰의 베이징대학에서의 1차 강연을 듣고 난 이후에 발표한 것이라 시사하는 바가 크다. 이 논문의 목차는 "1.서언, 2.현 문단의 각파(各派), 3.'문학혁명'에서 '혁명문학'까지, 4.혁명문학의 제문제(諸問題), 5.아나키즘 문학파의 주장, 6.어사파(語絲派)의 주장, 7.신월파(新月派)의 주장, 8.결론"으로 구성되어 있다. 여기서 우선 주목할 것은 '6.어사파의 주장'에서 문학에 대한 루쉰의 입장을 상세하게 고찰하고 있다는 점이다. 정래동은 루쉰이 황푸군관학교(黃埔軍官學校)에서 행한 강연의 원고인 「혁명시대의 문학」 및 『이이집(而已集)』에 나오는 「혁명문학」이라는 글에 의거해 루쉰의 문학관을 상세하게 설명했다. 예컨대, "혁명 후에 올 문학은 평민문학(平民文學)이라 하며, 문학은 일종의 여유의 산물이어서 일(一) 민족의 문화를 표시하는 것이나, 문학이 혁명에 대하여 위력(偉力)이 있다는 것은 자기(루쉰)는 회의(懷疑)를 한다 하였다"[6]라고 하여 혁명과 문학의 관계에 대한 루쉰의 입장을 정확하게 소개했다. 정래동은 문학이 혁명(정치)에 무력(無力)하다고 보는 이른바 '문학무력설(文學無力說)'을 주장한 루쉰의 문학관을 매우 비중 있게 다룸으로써 문학이 정치적 영향으로부터 벗어나야 한다는 자신의 문학적 태도를 은연중에 강조한 것이다.

정래동은 또 1930년 1월 양백화가 「아Q정전」을 번역 연재하고 있던 『조선일보』의 동일 지면에 「중국 신시(新詩) 개관」이라는 장편의 논문을 연재했는데, 그는 중국 신시단(新詩壇)을 개괄한 후 특색 있는 시인과 작품을 중심으로 소개하면서 루쉰의 산문시집 『야초(野草)』를 설명해 "이 『야

6 丁來東, 「中國 現文壇 概觀」(『朝鮮日報』 1929. 8), 『丁來東全集 II』(評論篇)(금강출판사, 1971), 74쪽.

초』는 궈모뤄(郭沫若) 씨의 『여신(女神)』과 같이 중국 신시단의 최대 수확이라는 평이 있다"[7]라고 간단히 언급하기도 했다. 1930년 3월에는 루쉰의 단편소설 「죽음을 슬퍼하며(傷逝)」를 번역해 「애인(愛人)의 죽음」이라는 제목으로 『중외일보(中外日報)』에 실었고, 동년 4월에는 양백화의 「아Q정전」 번역에 오역이 많다는 사실을 지적한 「『아Q정전』을 읽고」를 『조선일보』에 연재했다. 1931년 1월에는 루쉰의 문학과 사상을 전면적으로

過客

中國 魯迅 作

정래동이 번역한 루쉰의 「과객」(『삼천리』 1932. 9)

비평 소개한 「루쉰과 그의 작품」을 『조선일보』(1931.1.4－1.30)에 연재했고, 1932년 9월에는 루쉰의 『야초』의 작품 「과객(過客)」을 번역해 『삼천리(三千里)』(4권 9호)에 실었다. 1935년 5월에는 「중국 문인 인상기(印象記)」를 『동아일보』에 연재해 그 3회분인 「고독과 풍자의 상징인, 지금은 좌경한 루쉰씨(魯迅氏)」에서 "적극적으로 혁명문학, 좌경문학을 반대해왔던 루쉰이 이제 그 방면으로 전변(轉變)한"[8] 사실을 전했다.

이 밖에 정래동은 1931년 2월에 「중국 영화의 신경향(상 · 하)」를 『조선일보』에 실었고, 4월에는 「현대 중국 희극(戲劇)」을 『동아일보』에 연재했다. 또한 후스(胡適)의 「나의 사상을 소개함(介紹我自己的思想)」이라는 글을 번역해 1931년 6월부터 7월에 걸쳐 「후스(胡適)의 자기사상(自己思想) 소

7 丁來東, 「中國新詩概觀(十五)」, 『朝鮮日報』 1930. 1. 24.

8 丁來東, 「中國 文人 印象記(三): 孤獨과 諷刺의 象徵인, 지금은 左傾한 魯迅氏」, 『東亞日報』 1935. 5. 3.

개」라는 제목으로 『조선일보』에 연재했다. 동년 11월에는 「움직이는 중국문단의 최근상(最近相)」을 『조선일보』에 연재해 중국 국민당 정부의 민족주의문예와 중국 좌익 진영의 마르크스주의문예 등을 비평적 관점에서 상세하게 소개했다. 1932년 4월에는 슝포시(熊佛西)의 단막극 「모델(模特兒)」을 번역해 『조선일보』에 연재했고, 1933년 2월에는 「중국문단의 신작가(新作家): 바진(巴金)의 창작태도」를 『조선일보』에 실었으며, 1934년 11월에는 「중국의 '국고'정리(國故整理)에 대한 제설(諸說)」을 『동아일보』에 연재했다. 이러한 정황으로 볼 때, 정래동은 1930년대에 한국에서 중국 현대문학 및 루쉰의 문학과 사상을 가장 체계적이고 전면적으로 비평 소개한 장본인이다. 이 시기에 한국 독자들도 정래동의 글을 통해 비로소 중국 현대문학 및 루쉰 문학의 실체를 제대로 파악할 수 있게 되었다고 해도 좋을 것이다.

2. 정래동의 「루쉰과 그의 작품」

정래동의 루쉰 문학 비평에서 가장 주목할 것은 1931년 1월에 발표된 「루쉰과 그의 작품」이라는 장편의 논문이다. 이 글의 내용은 '1.서언, 2.루쉰 자서전략(自敍傳略), 3.『외침(吶喊)』, 4.『방황(彷徨)』, 5.『외침』과 『방황』, 6.『야초』, 7.루쉰의 용어, 8.결론'으로 구성되어 있는데, 분량으로 보나 체계성으로 보나 1930년대 한국의 루쉰론(魯迅論)

中國短篇小說家
魯迅과그의作品(一)
그의時代는지냇는가
丁來東

一、緖言

文壇側面觀(四)
左右派諸家에게質問
梁柱東

정래동의 「루쉰과 그의 작품」(『조선일보』 1931. 1. 4)

을 대표한다고 할 수 있다. 정래동은 루쉰의 작품을 세밀하게 읽어 줄거리를 상세하게 서술하는 한편, 개별 작품의 정밀한 분석을 통해 그 의미를 논평하고 있어 이 시기 한국의 루쉰 연구의 수준을 대변해준다. 구체적으로는 루쉰의 소설집『외침』과『방황』의 개별 작품을 분석 비평하고 두 작품집의 특징을 상호 비교 고찰하며, 산문시집『야초』의 창작 의미와 그것의 루쉰 문학에서의 위상 그리고 루쉰 문학의 문체적 특징을 종합적으로 검토하고 있다. 이를테면,『외침』의 경우 주제나 제재를 중심으로 작품을 분류해「광인일기」와「아Q정전」,「약(藥)」과「내일(明天)」,「두발 이야기(頭髮的故事)」와「풍파(風波)」,「쿵이지(孔乙己)」와「백광(白光)」및「단오절(端午節)」,「토끼와 고양이(兎和猫)」와「오리의 희극(鴨的喜劇)」,「고향」과「시골연극(社戲)」을 각각 묶어 작품의 줄거리나 창작의 의미를 구체적으로 분석했다.

일례로서 정래동이 루쉰의 대표작인「광인일기」와「아Q정전」을 어떻게 분석 비평하고 있는지 살펴보자.

> 「광인일기」는 고래(古來)의 악습에 전염된 사람들의 본색을 폭로시키는 데 대하여, 일반인은 그 사람을 '광인'이라고 하여, 그 사람의 의견을 상대도 하지 않고 도외(度外)에 치지(置之)하며, 심지어는 말살까지 하려 한 것을 그린 것이고,「아Q정전」은 당시 중국의 소위 정신문명의 여얼(餘孽)로 인하여 자만자족한 사유(思惟)로써 사실을 곡해하는 것이랄지, 또는 중국농민의 몽매한 것과 세리(勢利)하는 지식분자의 허위 및 기편(欺騙)으로 인하여 발생하는 무식한 농민의 희생 등을 표현한 것이어서, 청말·민초의 중국의 일반적 사상 경향 및 농촌의 현실을 묘사한 점으로 보아, 루쉰의 작품으로 중대성을 가지게 되며, 동시에 공통점을 발견할 수 있다.[9]

9 丁來東,「『阿Q正傳』을 읽고(一)」,『朝鮮日報』1930. 4. 9.

정래동은 「광인일기」와 「아Q정전」이 루쉰 문학의 '중대성을 가진' 대표작임을 강조했는데, 「광인일기」가 1927년 8월에 이미 류수인(柳樹人)에 의해 국내에 번역 소개되었고 「아Q정전」이 1930년 1월에 양백화에 의해 국내에 번역 소개되었음을 감안하면 그것은 한국 독자들에게 공감을 주기에 충분한 것이었다. 또 정래동은 단편소설 「작은 사건(一件小事)」을 두고 "퍽 감명 깊은 「아Q정전」·「광인일기」 등과 같이 루쉰의 일면의 성격을 잘 표현한 작품이라"[10] 하고 "루쉰은 남을 풍자하고 사회의 암흑면을 폭로하도록 냉담한 것 같아도, 그 이면에는 늘 흐르는 온정이 나타난다. 이 글은 정(正)히 루쉰의 가슴에 흐르는 온정을 그린 작품이어서, 루쉰의 성격을 아는 데 중요한 작품이다"[11]라고 평했다. 정래동은 루쉰 문학의 개별 작품에 대한 구체적인 분석을 통해 중국인의 성격과 중국의 농촌 현실을 냉정한 필치로 폭로한 루쉰 문학의 현실주의적 특징을 개괄하는 한편, 루쉰 문학의 인도주의적 특징도 정확하게 포착해 그것을 드러내고자 했다.

특히 정래동은 『외침』의 작품 중에서 「아Q정전」과 「고향」을 작품의 상세한 줄거리와 함께 집중적으로 조명했는데, 두 소설이 "『외침』에 실린 정신의 전부를 알 만한 작품"으로서 "루쉰의 특장(特長)인 향촌농민의 사상상태 및 생활양식의 묘사 및 향촌의 풍경의 묘사와 그의 독특한 풍자, 그의 유일한 회억(回憶)과 그의 장점인 사회 암흑면의 폭로 등"[12]이 가장 잘 구현된 작품으로 보았기 때문이다. 정래동은 양백화의 「아Q정전」 번역에 오역이 많다는 사실을 「『아Q정전』을 읽고」에서 논평한 바 있으므로 독자들이 「아Q정전」의 내용을 정확하게 파악할 수 있도록 「아Q정전」의 줄거리를 자세하게 소개했는데, 「아Q정전」의 내용 일부를 번역해 연결함으로써 「아Q정전」의 줄거리로 삼았다. 이 줄거리를 읽으면 마치 「아Q정전」을

10 丁來東, 「魯迅과 그의 作品」, 『丁來東全集 Ⅰ』(學術論文)(금강출판사, 1971), 314쪽.
11 丁來東, 「魯迅과 그의 作品」, 『丁來東全集 Ⅰ』, 314쪽.
12 丁來東, 「魯迅과 그의 作品」, 『丁來東全集 Ⅰ』, 351쪽.

읽는 듯한 착각을 불러일으킨다. 정래동은 양백화가 「아Q정전」을 번역 연재하면서 붙인 해설에서 「아Q정전」이 당시 '중국의 사회상태'를 그린 것이라고 설명한 것을 의식해 "「아Q정전」은 중국의 사회상을 그리려 한 것보다 중국 전통적 사상인 '정신적 자위(自慰)'의 손실(損失) 등을 역설하여 당시 중국인의 보편성격을 묘사한 것이 일반적 평이다"[13]라고 말함으로써 「아Q정전」의 주제가 중국인의 보편성격의 묘사에 있음을 더욱 강조했다. "물론 아Q를 신해혁명 당시의 모호한 농민을 그리려고 한 것도 사실이지만, 일방(一方)으로 당시 중국 농촌의 상태가 어떠한 것과, 혁명의 실지(實地)란 어느 정도밖에 영향이 없다는 것, 아Q와 같이 정신적 승리를 한 것은 곧 중국 고래(古來)의 정신문명의 그 폐해가 이렇다는 것을 표현한 것 등이므로, 필자는 어느 것을 중시하고 어느 것을 경홀(輕忽)히 할 수가 없었다"[14]라고 하여 「아Q정전」의 다중적(多重的) 의미를 놓치지는 않았다.

정래동은 「아Q정전」의 세밀한 작품 분석을 통해 루쉰 문학의 특징을 매우 정확하게 개괄했는데, 이 점은 특기할 만하다. 정래동은 루쉰이 직접 교훈을 준다든지 자기 이상(理想)을 작품화하지 않고 중국의 당시 현상(現狀)을 그대로 표현했다는 점, 혁명의 이론과 이상을 쓰지 않고 혁명 때의 일반농민의 사상 상태는 어떠하고 사회적으로 변천된 것은 무엇인지를 그렸다는 점, 과학적 태도로써 중국 신해혁명 당시의 사회를 관찰・해부・지적해 당시 중국 국민성의 일면을 잘 표현했다는 점, 일본에서 유학하면서 일본문단에서 성행하던 자연주의의 영향을 받아 혁명 당시의 위인들을 그리지 않고 농촌의 평범한 사람, 즉 아Q 같은 사람을 그리고, 또한 자기가 이상(理想)한('이상적으로 생각한'이라는 뜻) 사회나 사실을 그리지 않고 중국 어디서나 있는 농촌, 즉 웨이좡(未莊)과 같은 곳을 배경으로 인간 사사

13 丁來東, 「魯迅과 그의 作品」, 『丁來東全集 Ⅰ』, 314쪽.

14 丁來東, 「魯迅과 그의 作品」, 『丁來東全集 Ⅰ』, 327-328쪽.

(些事)를 다루었다는 점 등을 들었다. 정래동의 이러한 루쉰 문학 개괄은 그가 세밀한 작품 읽기와 정밀한 분석을 토대로 루쉰 문학의 본질에 다가서고 있음을 보여준다. 특히 정래동은 루쉰의 작품 내용의 대부분은 청말(淸末)·민국초(民國初)의 중국 농민의 사상·생활을 작품 속에 축사(縮寫)한 것이고 루쉰의 '외치는(吶喊)' 소리는 전부가 중국 고래(古來)의 전설적 사상과 풍속·습관에 마비된 중국인에게 경종(警鐘)이 되고 의약(醫藥)이 되었다고 지적하고 "루쉰의 과거 공적을 일언(一言)으로 말하자면, '전통적·봉건적 사상에 도전해서 전승(戰勝)한 것'이라 하겠으니 신흥 중국에게 자성(自省)과 자기인식을 하게 한 것으로 볼 수 있다"[15]라고 요약했다. 말하자면 정래동은 "사회 암흑면의 폭로자"[16]가 된 루쉰의 창작 의미가 중국인들에게 자기반성을 불러오고 자기인식을 갖게 한 데 있다고 보았으니, 누구보다 루쉰 문학의 핵심을 간파했다고 할 수 있다.

또한 정래동은 『외침』과 『방황』의 작품세계를 비교 고찰함으로써 『방황』의 작품 특징을 부각시키고자 했다. "극히 혼란해 있었던 신구(新舊)사상·신구제도·신구풍속과 습관의 충돌·혼효(混淆)를 그린 것이 『외침』의 시대성이라면, 『방황』에 이르러서는 그러한 사회적 환경을 볼 수가 없다. 『방황』에서는 그러한 혼란을 볼 수 없는 반면에, 사회의 일반적 경향은 평온하면서 신사상가가 구사상·구습관·구도덕에 침림(沈淋)되고 완화(緩和)되며, 심지어 굴복되는 것까지 나타난다. (중략) 모두 다 평온한 외적 환경 속에서 일어나는 신개혁가의 참패(慘敗)를 기록한 것이었다."[17] 정래동은 『외침』, 『방황』의 두 소설집이 모두 '반항사상'을 표현하고 있다는 점에서 공통성을 지니지만, 『방황』이 『외침』과 달리 주로 '신개혁가의 참패'를 묘사하고 있어 루쉰 문학의 또 다른 경향성을 보여준다고 이해했다.

---

15 丁來東, 「魯迅과 그의 作品」, 『丁來東全集 Ⅰ』, 300쪽.
16 丁來東, 「魯迅과 그의 作品」, 『丁來東全集 Ⅰ』, 330쪽.
17 丁來東, 「魯迅과 그의 作品」, 『丁來東全集 Ⅰ』, 342쪽.

그는 나아가 "『외침』의 표현은 말할 수 없는 심각미(深刻味)를 느끼게 되고, 『방황』은 심각미가 적고 표현이 평범한 것이다"[18]라고 하여 두 작품집의 표현 방법상의 차이도 분석했다. 그리하여 정래동은 루쉰의 문학적 성취가 『외침』에서 가장 두드러지게 나타나며 『방황』에 이르면 제재와 표현 방법이 달라져서 또 다른 일면을 표현하고 있다고 결론을 지었다.

정래동은 『외침』과 『방황』의 작품을 구체적으로 분석 서술한 뒤 루쉰의 특장 또는 특색을 다섯 가지로 요약해 '루쉰문학론'의 전체 결론으로 삼았다. 우선 루쉰의 제일 큰 특장으로서 농촌·농민을 창작의 주재(主材)로 삼고 있다는 점을 들었다. "루쉰의 농촌·농민의 전체성(全體性)을 파악하지 못하고, 농민의 장래 광명을 확지(確指)하지 못하고, 농민의 단결로써 모든 권력을 반항할 수 있는 역량을 발명(發明)하지 못함은 유감이지만, 하여간 농촌·농민을 일반 문단인·사회인에게 인식시키고, 농민의 장래를 위하여 일반인에게 계몽시키게 한 것은 루쉰의 큰 공적이고, 농민국인 중국에서 응당 파악할 점일 것이다."[19] 두 번째 특장으로는 반항정신을 고취한 점을 들었다. "그는 현대문명을 중국에 주입하기 위하여 제일보(第一步)로 구도덕·구습관·구사상·기타 모든 진부한 고동(古董)에 대하여 반항한 것이었다. 흔히 적극적으로 진출하지 않은 작가로서는 그저 자기탐미·자기은둔과 회고·영탄(咏歎)에 끝나기가 쉬운 것인데, 루쉰은 백절불굴(百折不屈)하는 반항정신을 어느 때나 발휘하고 있었다."[20] 세 번째 특장으로는 '여성에 관한 작품을 그리 쓰지 않은 것'을 들었고, 네 번째 특장으로는 '회억과 경험으로써 창작하는 것'을 들었다. 다섯 번째 특장으로는 '풍자적인 것'을 들어 "루쉰의 풍자는 과거와 같은 풍자를 위한 풍자도 아니고, 유한계급(有閑階級)이 소일(消日)하기 위한 풍자도 아니고, 독자에게

18 丁來東, 「魯迅과 그의 作品」, 『丁來東全集 Ⅰ』, 344쪽.

19 丁來東, 「魯迅과 그의 作品」, 『丁來東全集 Ⅰ』, 356쪽.

20 丁來東, 「魯迅과 그의 作品」, 『丁來東全集 Ⅰ』, 356-357쪽.

갈채를 얻으려 하는 풍자도 아니다. 다만 그의 동정과 열정에서 우러나는 풍자이다"[21]라고 평했다. 이렇듯 정래동은 루쉰 문학을 제재, 주제, 창작 방법 등 다양한 측면에서 종합적으로 분석하고 있는 것이다. 더욱이 그는 루쉰 문장의 문체적 특징도 세밀하게 검토했는데, 루쉰의 백화문(白話文)은 용이(容易)한 문언(文言)보다 요해(了解)하기가 어려운 것이라고 말하고 "그러나 그 문체가 독자에게 준 인상(印象)으로 말한다면, 루쉰의 백화가 제일(第一)일 것이다. 그는 가장 적절(適切)한 언어를 택용(擇用)하며, 문장이 간결하며 명료하여서 그 소설은 그 언어를 알기만 알면 계륵(鷄肋)과 같이 진진한 맛이 끊어지지를 않는다"[22]라고 평가했다.

그렇다면 정래동의 「루쉰과 그의 작품」은 1930년대 초 국내에서 루쉰 문학을 가장 체계적이고 전면적으로 분석한, 단연 돋보이는 연구 성과라고 하지 않을 수 없다. 정래동은 당시 베이징에 유학하면서 루쉰의 작품을 직접 읽고 중국에서 출판된 자료와 현지의 논의를 충분히 참조함으로써 루쉰 문학을 심도 있게 분석 개괄할 수 있었다. 다만 정래동은 「루쉰과 그의 작품」을 마무리 지으면서 그의 연구가 "루쉰의 반생(半生)의 작품에 관한 소개"라고 했고, 또 "루쉰의 후반(後半)의 창작적 노력을 기다려서 다시 소개하기로 약속을 하고"라고 언급했지만,[23] 이후 루쉰의 '후반'의 창작에 대한 자신의 연구 성과를 발표하지는 않았다. 그 이유를 따져보면, 그것은 루쉰의 '후반'의 창작이 부진해 충분히 비평할 만한 것이 못 된다고 판단했기 때문일 수도 있겠지만, 아나키즘사상에 기울었던 그의 이념적 성향(앞으로 상세하게 검토할 것이다)으로 말미암아 좌익문학 진영으로 전향한 루쉰의 후반의 창작을 적극적으로 연구할 필요성을 느끼지 못했기 때문일 수도 있다.

---

21 丁來東, 「魯迅과 그의 作品」, 『丁來東全集 Ⅰ』, 357쪽.

22 丁來東, 「魯迅과 그의 作品」, 『丁來東全集 Ⅰ』, 354쪽.

23 丁來東, 「魯迅과 그의 作品」, 『丁來東全集 Ⅰ』, 356쪽.

3. 정래동의 『야초』 비평

정래동은 「루쉰과 그의 작품」에서 루쉰의 산문시집 『야초(野草)』를 소설집 『외침』, 『방황』과 동일한 무게로 취급해 비평했는데, 이는 그가 루쉰 문학에서 『야초』의 중요성을 누구보다 깊이 깨달았기 때문이다. 『야초』는 1927년 7월 상하이 북신서국(北新書局)에서 단행본으로 출판되었고, 동년 9월 16일 발행된 주간지 『북신(北新)』에서 "『야초』는 루쉰의 산문시집으로서 아름다운 문자로 심오한 철리(哲理)를 묘사해내었는데, 루쉰의 많은 작품 중에서 풍격이 가장 특이한 작품이다"[24]라고 광고한 바 있다.

그런데 『야초』가 출판된 직후인 1927년 10월 소설가이자 문학평론가인 마오둔(茅盾, 즉 팡비方璧)은 「루쉰론(魯迅論)」을 발표했는데, 이 평론에서 그는 『야초』에 실린 작품 「이러한 전사(這樣的戰士)」를 한 번 인용했을 뿐 『야초』에 대한 분석을 전혀 시도하지 않았다. 마오둔은 그때까지 루쉰이 "출판한 모든 저작을 구입해보았다"[25]고 말했지만, 『외침』, 『방황』, 『무덤(墳)』, 『화개집(華蓋集)』, 『화개집속편(華蓋集續編)』 등을 분석의 재료로 삼았을 뿐 정작 『야초』를 분석의 대상에 포함시키지는 않았다. 더욱이 루쉰이 1927년 10월 광저우(廣州)를 떠나 상하이에 정착하자마자 혁명문학을 제창하던 창조사(創造社)와 태양사(太陽社) 소속의 좌익 비평가들이 이구동성으로 루쉰 문학을 부정하면서 루쉰을 시대의 낙오자로 몰아세우고 무엇보다 『야초』의 작품세계를 혹평했다. 이를테면, 태양사의 첸싱춘(錢杏邨)은 1928년 2월 「죽어버린 아Q시대(死去了的阿Q時代)」라는 평론을 발표해 시대적 가치를 상실한 루쉰 문학의 특징을 소설집 『외침』, 『방황』 및 산문시집 『야초』의 분석을 통해 비평했는데, 특히 『야초』의 작품세계를 신랄

---

24 「『野草』(書刊介紹)」, 『魯迅研究學術論著資料滙編 1(1913-1936)』, 中國社會科學院文學研究所魯迅研究室 編(中國文聯出版公司, 1985), 279쪽.

25 方璧(茅盾), 「魯迅論」, 『魯迅研究學術論著資料滙編 1』, 289쪽.

하게 비판했다. 「죽어버린 아Q시대」는 세 개의 소절로 구성되어 있으며, 그중에서 제2절 전체가 『야초』의 의미를 혹평한 내용이다. "『야초』라는 책을 펼쳐보면 냉기(冷氣)가 사람을 짓누르고 고도(古道)에 들어선 듯한 음산한 분위기를 풍긴다. 고민스러운 인생이 아니면 어두운 운명이요, 잔인한 살육이 아니면 사회에 대한 적의(敵意)요, 희망의 죽음이 아니면 인생의 훼멸(毁滅)이요, 정신의 살육이 아니면 꿈의 숭배요, 함께 사멸하지 않을 수 없는 인류에 대한 저주가 아니면 인류의 악귀 · 야수화(惡鬼 · 野獸化)를 설명하는 것이다…… 일체가 모두 청년들을 사멸의 길로 인도하고 있으며 그를 따라 나아가고 있는 청년들은 무수한 무덤을 파고 있는 것이다."[26] 첸싱춘의 『야초』에 대한 혹평은 당시 마르크스주의 혁명문학론에 의거해 『야초』가 청년들에게 허무주의를 전염시키고 출로나 희망을 제시해주지 못하고 있다는 데서 출발한다. "인류는 개선의 희망이 없는 것은 아니며, 인류는 더욱이 출로가 없는 것은 아니다. 고민에는 유래가 있으며 결국 출로가 있는 것이다. 광명의 대로는 자신의 눈앞에 펼쳐져 있다. 그(루쉰)는 기어코 그 길로 나아가지 않고 단지 삼면이 좁게 막혀 있는 담을 따라 가면서 오로지 난관에 부딪힌 정신을 드러낼 뿐이니 이것은 결국 무슨 의의가 있겠는가?…… 그래서 루쉰의 인생에 대한 관찰도 그가 현실을 회의하고 혁명의 용기가 없는 인생저주자(人生咀呪者)일 뿐임을 설명하는 데 지나지 않는다."[27] 「죽어버린 아Q시대」는 발표되자마자 중국 비평계에 엄청난 파장을 불러일으키며 지대한 영향을 끼쳤는데, 첸싱춘의 『야초』에 대한 신랄한 비판은 결국 사람들에게 『야초』의 문학적 가치를 차분하게 따지거나 비평할 여유를 가질 수 없게 하는 것이었다. 말하자면 "아름다운 문자로 심오한 철리를 묘사해낸" 『야초』의 문학적 가치를 심도 있게 조명할 길

26 錢杏邨, 「死去了的阿Q時代」, 『魯迅硏究學術論著資料滙編 1』, 329쪽.

27 錢杏邨, 「死去了的阿Q時代」, 『魯迅硏究學術論著資料滙編 1』, 329쪽.

을 원천적으로 차단하는 것이었다.

물론 첸싱춘은 1930년에 이르러 루쉰을 전면 비판했던 기존의 관점에서 한발 물러나서 "루쉰은 시종 퇴폐소침(頹廢消沉)에 함몰되지 않았다. (중략) 그는 봉건세력이 피할 수 없이 필연적으로 붕괴할 것이라는 점을 굳게 체험하였으며 동시에 새로운 시대가 반드시 도래할 것임을 '몽롱하게' 인식하였다"[28]라고 하여 루쉰을 긍정적으로 평가하고자 했다. 하지만 그는 여전히 "그(루쉰)의 허무철학은 본래 그의 내심(內心)에 잠복해 있던 허무(虛無)의 사상이 이 시기에 정식으로 성장하여 나타난 것이다"[29]라고 하여 『야초』를 루쉰의 비관주의가 형상화된 작품으로 평가하는 데는 변함이 없었다. 요컨대, 첸싱춘은 「죽어버린 아Q시대」에서 루쉰 문학을 전면 부정했던 태도를 1930년에 이르러 일부 수정했지만, 루쉰의 허무적인 비관주의가 『야초』에 이르러 정점에 도달했다고 보는 그의 기존 관점을 바꾸지는 않았다.

이렇게 『야초』가 전면적으로 부정되고 있던 시기에 『야초』의 작품을 누구보다 높이 평가한 정래동의 비평에 주목하지 않을 수 없다. 정래동은 당시 널리 공유되고 있던, 『야초』에 대한 첸싱춘의 비평 관점에서 벗어나서 『야초』의 문학적 가치와 루쉰 문학에서 차지하는 그것의 위상을 가장 높이 평가한 것이다. 이때까지 한국에 소개된 루쉰 문학은 「아Q정전」과 「광인일기」 등 소설 작품 위주였고 루쉰 문학 비평도 대개 소설 작품을 중심으로 개괄적으로 설명하는 데 그쳤는데, 정래동의 『야초』 비평은 당시로서는 이례적이라고 할 정도로 실제 작품의 정밀한 분석에 의거하고 있어 중요한 의미를 갖는다.

정래동이 처음으로 『야초』를 언급한 것은 1930년 1월 24일자 『조선일

---

28 錢杏邨, 「魯迅」(『現代中國文學論』 1930. 2), 『魯迅硏究學術論著資料滙編 1』, 530-531쪽.

29 錢杏邨, 「魯迅」(『現代中國文學論』 1930. 2), 『魯迅硏究學術論著資料滙編 1』, 530.쪽

보』에 실린 「중국 신시(新詩) 개관(15)」에서이다. 그는 이 글에서 '최근 시단(詩壇)의 제상(諸相)'을 설명하면서 루쉰의 『야초』를 소개해 "단편소설에서 그(루쉰)의 특장은 기소(譏笑)와 회고(懷古)다. 이 시집에서도 씨(氏)의 그 해학은 더 예리한 점을 나타내며 그 가슴에 말로 하지 못할 술회를 나타내고 있다. 그는 결코 동류(動流)하는 필치를 가지지 못하고 항상 침민(沈悶)하고 정관(靜觀)하는 태도가 나타난다"[30]라고 말하고 궈모뤄(郭沫若)의 시집 『여신(女神)』과 더불어 중국 신시단(新詩壇)의 최대 수확의 하나라는 점을 강조했다. 정래동의 『야초』 비평은 「루쉰과 그의 작품」에서 본격적으로 전개된다. 정래동은 먼저 『야초』에 실린 작품의 내용과 형식이 그 전(前) 루쉰의 작품과 판연히 다르다고 말하고 『야초』에는 시적인 특성의 작품, 소설적인 특성의 작품, 산문적인 특성의 작품이 있음을 지적한 뒤 『야초』가 루쉰의 창작의 경로에 있어 어떠한 지위를 가지고 있는지, 『야초』에 나타난 루쉰의 사상적 경향은 무엇이며 루쉰의 인생에 대한 태도는 어떠한지 등을 연구할 필요가 있다고 말했다. 이어 그는 『야초』를 총괄적으로 평해 "『야초』는 루쉰 전(全) 예술의 결정품(結晶品)이고, 그 사상의 총결산으로 볼 수 있으며, 가장 진지한 태도로 인생을 관찰하였으며, 가장 정확하게 인생사회를 비판하였으며, 가장 잘 루쉰의 은퇴적(隱退的) 온정(溫情)을 나타냈으며, 가장 잘 루쉰의 희망과 예술적 태도를 천명했다. 일언(一言)으로 말하자면, 루쉰이 그 독특한 표현의 노련한 맛을 다 나타내었으며, 자기의 모든 사상을 투철하게 말한 작품이라 하겠다"[31]라고 말했다. 정래동이 『야초』를 두고 루쉰의 '모든 사상이 투철하게 반영된', '루쉰 전 예술의 결정품'이라고 평가할 수 있었던 것은 루쉰의 창작의 원동력이라 할 '고민(苦悶)'이 『야초』 작품 전체에 짙게 깔려 있다고 보았기 때문이다.

30 丁來東, 「中國新詩概觀(十五)」, 『朝鮮日報』 1930. 1. 24.

31 丁來東, 「魯迅과 그의 作品」, 『丁來東全集 I』, 348쪽.

이 일권(一卷)에 시종(始終)껏 흩어 있는 것은 그의 고민(苦悶)이다. 곧 그를 예술상으로 충동시키는 중요한 원동력의 고민이 이 일권의 어느 한 줄에나 들어 있지 않은 곳이 없다. 사실에 있어서 태양 같은 희망이 있는 작가도 그의 작품을 위대하게 하는 것은 곧 이 고민이고, 또한 인생의 일체에 암흑의 절망을 가진 작가도 그 작품을 무겁게 하고 그 관찰을 심각하게 하고, 그의 절망을 끝없는 절망으로 끌고 가는 것도 또한 이 고민일 것이다. 루쉰은 철두철미의 절망가(絶望家)는 결코 아니다. 다만 그의 결점이라고 센다면 셀 수 있는 것은 그에게 명확하고 원대한 희망이 없다고는 할지언정, 인류 · 사회에 대하여 절대비관론자(絶對悲觀論者)라고는 할 수 없을 것이다. 그러나 그는 '명암(明暗)의 중간에서 방황'하기를 싫어하고, 철저한 무엇을 구하려 한 고민이 늘 그의 뇌에서 떠나지 않은 것을 볼 수 있다. 나는 이 루쉰의 고민이 루쉰으로 하여금 오늘과 같은 공헌이 있게 하였으며, 이후에도 또한 많은 희망과 기대를 가지고 루쉰에게 바라는 것도 이 고민이 있기 때문이라고 하겠다.[32]

정래동은 한 작품의 위대성은 작품 속에 작가의 '고민'이 얼마나 반영되어 있는가에 달려 있다고 보고 문학의 본질을 작가의 '고민'의 표현이라는 측면에서 이해하고자 했다. 정래동은 『야초』의 허무주의적인 색채가, 철저한 무엇을 구하려는 루쉰의 '고민'에서 비롯된 것이지, 결코 루쉰이 철두철미의 절망가라든지 인류 · 사회에 대한 절대비관론자인 데서 기인하는 것이 아니라고 했는데, 이것은 『야초』를 신랄하게 비판한 첸싱춘의 비평에 대한 직접적인 반론이라 할 만하다. 작가의 '고민'은 개인적인 것일 수도, 사회적인 것일 수도 있는바, 『야초』에는 작가 루쉰의 '고민'이 가장 심각하고 투철하게 반영되어 있기에 '루쉰 전 예술의 결정품'으로 이해되는 것이다.

32 丁來東, 「魯迅과 그의 作品」, 『丁來東全集 Ⅰ』, 348-349쪽.

정래동은 구체적으로 『야초』의 「제사(題辭)」 도입부, 즉 "내가 침묵하고 있을 때는 충실(充實)한 것 같다가도 입을 열게 되는 날에는 공허를 느끼게 된다. (중략) 생명의 진흙을 지면 위에 다 버렸더니 교목이 나지 않고 다만 야초가 난다. 이것이 나의 죄과(罪過)이다"라는 말을 인용한 뒤 이를 다음과 같이 분석했다.

> 이것이 곧 자기의 과거의 생명은 벌써 썩어졌다는 것을 표명하며, 그 생명의 뿌리에서 다시 이 '야초'가 났다는 것을 말함이 아니겠는가. 루쉰은 자기 예술에 대하여 퍽 겸손한 태도를 취한다. 항시 자기의 작품이 위대하거니 하고 자만하지 않고, 어디까지든지 교목이 되지 못하고 야초에 불과하다고 하였다. 그러고 그는 또 '야초'도 속히 과거의 것으로 썩어버리고 무엇이나 새것이 나기를 희망하는 것을 암시한 구절이 있다. (중략) 그는 항시 한때 한때의 임무를 다하고 죽어버리고, 새것이 또 탄생하는 것을 바라는 것을 알 수가 있으며, 아무 생존한 흔적이 없이 산 듯 만 듯한 무활기(無活氣)한 생명이나 작품을 바라지 않은 것을 알 수가 있다. 여기서 그 작품의 일편(一篇) 일편(一篇)을 연구하여 볼 여유가 없거니와, 특별히 주의(注意)되는 것은 철리(哲理)라고나 할까, 루쉰의 인생관을 포함하는 작품이 많은 것이다.[33]

정래동은 이 「제사」를 통해, 생명의 진흙을 뿌렸으나 교목이 아닌 야초만을 자라나게 했을 뿐이요, 그 야초마저도 곧 썩어 없어져서 다른 새것이 태어나는 밑거름이 되기를 바라는 루쉰의 자기희생적 생명철학[34]을 정확하게 포착해낸 것이다. 정래동은 그것을 루쉰의 철리 또는 인생관이라는 말로 강조하고자 했다. 그는 구체적으로 "모든 루쉰의 다방면을 잘 표현한

33 丁來東, 「魯迅과 그의 作品」, 『丁來東全集 1』, 349쪽.

34 졸저, 『천상에서 심연을 보다: 루쉰의 문학과 정신』(선학사, 2005), 190-196쪽 참조.

작품"[35] 「과객(過客)」을 일례로 들어 분석하면서 "가야만 하겠소. 어디로 가겠습니까. 한 곳도 명목(名目)없는 곳은 없고, 한 곳도 지주(地主)없는 곳은 없고, 한 곳도 피면(皮面)의 소용(笑容)없는 곳은 없고, 한 곳도 광외(眶外)에 안루(眼淚)없는 곳은 없는데요. 나는 그것을 미워하오, 나는 돌아가지는 않겠소!"[36]라고 말하며 앞을 향해 전진을 지속하려는 강인한 정신의 소유자 '과객'의 형상을 제시했다. 정래동은 "루쉰 자기의 입장 · 태도 · 인생관 · 예술관을 잘 표현한"[37] '과객'의 형상을 빌려 『야초』가 루쉰의 '고민'을 가장 심각하고 투철하게 반영하고 있음을 예증해보인 것이다.

4. 동시기 한 · 중 · 일의 『야초』 비평의 양상

정래동의 『야초』 비평은 동시기 중국인이나 일본인에 비해 『야초』의 문학적 가치와 루쉰 문학에서 그것의 위상을 가장 앞서서 높이 평가하고 있다는 점에서 학문적 성과가 돋보인다. 물론 중국에서도 『야초』를 '작가의 고민의 반영'이라는 관점에서 비평한 사람이 없었던 것은 아니다. 이를테면, 1928년 5월 류다제(劉大杰)는 「『외침』과 『방황』과 『야초』(『吶喊』與『彷徨』與『野草』)」라는 글에서, 자신은 루쉰의 적도 친구도 아니지만 루쉰이 프롤레타리아작가가 아니라는 사실에 실망하지 않으며 오히려 프롤레타리아라는 말을 앞세워 자기의 부르주아를 장식하는 사람들을 증오한다고 말하고, 루쉰은 "사실주의자로서 충실한 인생 관찰자의 태도로써 현실의 제 현상의 내부에 숨어 있는 인생의 활동을 관찰하였으며" "가장 풍부한

35 丁來東, 「魯迅과 그의 作品」, 『丁來東全集 1』, 350쪽.
36 丁來東, 「魯迅과 그의 作品」, 『丁來東全集 1』, 352쪽.
37 丁來東, 「魯迅과 그의 作品」, 『丁來東全集 1』, 353쪽.

인생경험과 가장 예리하고 풍자적인 필치를 가지고 있다"라고 평했다.[38] 그런데 류다제는 루쉰이 사회의 추악(醜惡)과 인류의 위선(僞善)을 절실하게 폭로했으나 "『야초』에 이르러 작가는 모든 것이 변했다"[39]고 보아 루쉰의 창작시대가 '노년(老年)'에 접어들었다고 판단했다. 그럼에도 불구하고 그는 『야초』의 작품을 루쉰의 인생에 대한 '고민'이 반영되어 있다는 점에서 긍정적으로 평가하고자 했다. "내가 앞에서 말하였거니와 루쉰은 인생경험이 풍부한 작가이므로 그의 붓끝에서 표현된 인생의 고민은 다른 사람보다 한층 더 깊이 표현되고 있다. 위다푸(郁達夫)가 표현한 것은 미성숙한 청년의 번뇌이고 루쉰이 표현한 것은 인간세상이 공감하는 고민이다. (중략) 『야초』에서 나는 「구걸자」, 「희망」, 「과객」 세 편을 즐겨 읽는다. 이 세 편을 완독하면 우리는 인류의 위선과 인생의 공허를 느낄 뿐이다. 어떠한 인생이라도 이 공허의 길을 내달리는 데 지나지 않는다."[40] 류다제는 「죽어버린 아Q시대」에서 표명된 첸싱춘의 루쉰 비판을 의식해 루쉰은 이상적인 프롤레타리아작가가 될 수 없다고 여기면서도 루쉰 문학, 특히 『야초』가 인간세상의 '고민'과 인생의 '공허'를 절실하게 표현하고 있다는 점에서 그것의 문학적 가치를 긍정하려고 애를 썼다. 하지만 류다제는 『야초』가 루쉰의 창작이 '노년'에 접어들었음을 나타내는 표징이라 보아 루쉰에게 "옆 사람의 명창암검(明槍暗劍)에 상관하지 말고 금일의 새로운 간판에 영합하지 말고, 정력이 아직 남아 있을 때 위대한 작품을 몇 편이라도 쓰는 데 노력해주기를 우리는 기대한다"[41]라고 주문하며 글을 맺었다.

일본인의 『야초』에 대한 비평은 우선 정래동의 「루쉰과 그의 작품」이 발표된 시기와 동일한 1931년 1월에 발간된 잡지 『만몽(滿蒙)』(제12년 제1

---

38 劉大杰, 「『吶喊』與『彷徨』與『野草』」(『長夜』 1928. 5. 15), 『魯迅研究學術論著資料滙編 1』, 379쪽.

39 劉大杰, 「『吶喊』與『彷徨』與『野草』」, 『魯迅研究學術論著資料滙編 1』, 379쪽.

40 劉大杰, 「『吶喊』與『彷徨』與『野草』」, 『魯迅研究學術論著資料滙編 1』, 380-381쪽.

41 劉大杰, 「『吶喊』與『彷徨』與『野草』」, 『魯迅研究學術論著資料滙編 1』, 381쪽.

號)에서 찾아볼 수 있다. 오우치 타카오(大內隆雄, 본명은 야마구치 신이치山口愼一)는 「루쉰과 그의 시대(魯迅とその時代)」라는 글에서 첸싱춘의 「죽어버린 아Q시대」의 일부 문장을 인용해 루쉰의 작품 "대다수는 현대적인 의미를 가지고 있지 않다"라며, "그의 작품집 『외침』, 『방황』 및 『야초』에 대해 작자의 사상이 청말(淸末)의 시대에 정체되어 있다고 말하여지는 것은 이 때문이다. 5·4운동시대의 정신을 대표하는 얼마 안 되는 수편(數篇)을 제하고, 그의 작품은 경자(庚子)의 폭동으로부터 청말까지에 한정되어 있다고 말해진다"라고 설명했다.[42] 더욱이 그는 첸싱춘의 관점을 그대로 받아들여 "그의 두 작품집과 『야초』를 통독한 사람은 역시 어떠한 출로도 발견할 수 없으며 외침과 방황을 반복하고 있는 작자를 발견하게 될 것이며, 결국 야초(들풀) 그대로이며 교목은 될 수 없는 것이다. 말하고 있는 것은 항상 과거이다. 현재까지이다. 그곳에는 장래가 없다. 『야초』에는 분명한 모습으로 장래는 무덤이라고 언급하고 있다"[43]라고 서술했다. 또한 그는 『야초』의 작품 「희망」의 일부 문장을 인용한 후 "루쉰은 인생을 그토록 '회색'으로 보았고, 그는 인생을 전혀 의미가 없는 것으로 느꼈다"[44]라고 평했다. 이렇게 오우치 타카오 역시 전적으로 첸싱춘의 관점에 의거해 『야초』의 문학적 가치를 전면 부정하는 태도를 취한 것이다.

사실 『야초』는 1927년 출판된 이후 중국에서, 개인 저술로 출판된 루쉰에 관한 최초의 비평서인 리창즈(李長之)의 『루쉰 비판(魯迅批判)』(1936. 1)에 이르러서야 제대로 평가를 받기 시작한다. 리창즈는 자신이 편집하고 있던 『익세보(益世報)』의 부간(副刊)에 『루쉰 비판』의 원고를 연재했고 1935년 9월 전체 원고가 완성되자 그것을 북신서국(北新書局) 출판사로 넘겼다. 출판에 앞서 루쉰이 이 원고를 먼저 읽고 지지를 보내면서 날짜가

42 大內隆雄, 「魯迅とその時代」, 『滿蒙』(第12年 第1號) 1931. 1, 191쪽.
43 大內隆雄, 「魯迅とその時代」, 『滿蒙』(第12年 第1號) 1931. 1, 192쪽.
44 大內隆雄, 「魯迅とその時代」, 『滿蒙』(第12年 第1號) 1931. 1, 192쪽.

잘못 적힌 부분은 바로잡아주기도 했다고 한다.[45] 리창즈는 『루쉰 비판』의 제4장 '루쉰의 잡감문'의 제4절에서 『야초』를 집중적으로 다루었다. 그는 먼저 "루쉰의 작품 중에서 형식이 다소 기괴하고 함의가 비교적 심오하여 일반인들이 대부분 이해하기 어렵다고 인식하고 있는 것이 『야초』이다"라고 말하고, 『야초』에 실려 있는 23편 중 「그림자의 고별(影的告別)」, 「복수 2」, 「희망」, 「입론(立論)」, 「사후(死後)」, 「이러한 전사」, 「담담한 핏자국(淡淡的血痕中)」 등 7편이 뛰어나며 이 중에서 「복수 2」, 「사후」, 「담담한 핏자국」이 예술상으로 최고의 지위를 차지한다고 평가했다.[46] 그는 구체적으로 「그림자의 고별」은 비애의 색채가 가득하고 고적(孤寂)과 근심(愁苦)이 미만(彌滿)해 있으며, 「희망」은 적막과 공허를 서술한 것으로 "절망이 허망한 것은 바로 희망이 그러한 것과 같다"라는 문장은 가장 감상적(感傷的)인 문구라고 해석했다. 「입론」은 언론의 자유를 쟁취하려는 것으로 유머와 풍자가 합일되어 있는 것이고, 「이러한 전사」는 이상적(理想的)인 분투하는 인물을 묘사한 것으로 기교는 내용과 마찬가지로 전혀 빈틈없는 착실한 한 편의 전가(戰歌)라고 해석했다. 「복수 2」는 예수의 이야기를 들어 사람들이 개혁자에게 가한 박해를 말한 것인데, 연민과 저주 때문에 그 개혁자는 자신의 고통에 대해 어느 정도 쾌감을 느낀다고 설명했다. 「사후」는 정신계(精神界)의 전사(戰士)에게 드리워져 있는, 상처받은 마음속의 떨쳐

45 이 무렵 1935년 10월 일본의 시인 노구치 요네지로(野口米次郎)가 루쉰을 만나 대화를 나누고 귀국 후 도쿄의 『아사히신문(朝日新聞)』 1935년 11월 12일자에 「루쉰과의 담화(與魯迅談話)」라는 글을 발표한 바 있다. 이 글에 따르면, 노구치 요네지로가 루쉰에게 "이전에 나는 선생이 허무주의의 사상가라고 여겼었는데, 당신은 그래도 애국자이시군요?"라고 말하자 루쉰은 "근래에 와서 나를 이해하는 사람들이 해마다 늘어나고 있어서 나는 매우 기쁘게 생각합니다"라고 대답했다고 한다(野口米次郎, 「一個日本詩人與魯迅的會談記」, 流星 抄譯, 『魯迅研究學術論著資料滙編 1』, 1198쪽). 루쉰을 허무주의사상가로 이해하고 있던 노구치 요네지로에게 대답한 루쉰의 말은 1935년에 이르러 중국인들이 점차 루쉰의 허무주의적 색채의 깊은 의미를 깨닫게 되었음을 보여준다. 루쉰의 대답은 어쩌면 리창즈가 『루쉰 비판』에서 『야초』를 매우 긍정적으로 평가한 것을 염두에 둔 것은 아닐까.

46 李長之, 『魯迅批判』(北京出版社, 2004), 108쪽.

버릴 수 없는 암영(暗影)을 묘사한 것이고, 「담담한 핏자국」은 줄곧 이어져 온 허무적인 색채를 뒤집어 강인한 반역으로 나서는 맹사(猛士)를 예찬한 것이라고 설명했다. 리창즈는 이러한 개별 작품의 분석에 이어 다음과 같이 결론을 지었다. "중국의 일반적인 작가론은 대부분 깊이 있는 철학적 사색이 없다. 루쉰론을 보아도 대부분이 직접적이고 표면적인 공격에 그치고 있다. 그러니 다소나마 심각하고 의미가 깊은 작품을 따지는 것은 적고, 근원이 깊지 않다. 이는 실로 사람들로 하여금 중국의 일반 작품이 모두 빈약하다고 느끼게 만드는 연유이다. 루쉰의 이 작품(『야초』)이 특수한 의미를 갖는 것은 그 속에 철학적인 사색의 단서가 담겨 있다는 데 있다. 사실 이 작품은 확실히 이 때문에 훨씬 심후(深厚)하게 보이는 것이다."[47] 리창즈는 무엇보다 『야초』의 작품이 독자들을 깊은 철학적 사색으로 이끌어준다는 점에서 『야초』의 작품 가치를 높이 평가한 것이다.

일본에서는 1944년 12월에 출판된 다케우치 요시미(竹内好)의 『루쉰』에서 『야초』가 크게 중시된다. 다케우치 요시미는 많은 지면을 할애해 『야초』를 분석하면서 "나는 루쉰의 작품 가운데 『야초』을 중시한다. 루쉰을 해석하는 데 참고 자료로서 이것만큼 적당한 것은 없는 것 같다. 그것은 루쉰을 집약적으로 표현해준다. 그리고 작품과 잡문을 잇는 교량역할을 한다"[48]라고 말했다. 또한 '기묘하게 뒤얽혀 있는' 복잡성을 『야초』의 특징으로 제시하면서 작품 「그림자의 고별」, 「구걸자(求乞者)」, 「복수 1 · 2」, 「과객」, 「희망」, 「눈(雪)」, 「연(風箏)」, 「개의 반박(狗的駁詰)」, 「이러한 전사」의 문장을 직접 인용해 병렬적으로 나열한 뒤 "자석처럼 집약적으로 향해지는 한 점이 있다. 그것이 무엇인가는 말로 표현하는 것이 불가능하다. 굳이 말하자면 '무(無)'라고밖에 말할 수 없다. (중략) 근원적인 것은 실

---

47 李長之, 『魯迅批判』, 111쪽.

48 다케우치 요시미(竹内好), 『루쉰』, 서광덕 역(문학과지성사, 2011), 115쪽.

존한다고 생각하지 않으면 안 된다. 그리고 『야초』는 분명히 그 위치를 명시하고 있다고 나는 생각한다"[49]라고 정리했다. 다케우치 요시미는 『야초』의 세계가 루쉰 문학의 근원이라 할 '무(無)'의 위치를 명시해주고 있다는 점에서 높이 평가한 것이다. 다만 그는 『야초』가 "『외침』과 『방황』을 압축적으로 재구성하고 있는 것 같기도 하고, 해석하고 있는 것 같기도 하다"[50]라고 말함으로써 『야초』의 문학적 가치를 독자적으로 분석하기보다 『외침』과 『방황』을 독해하는 데 필요한 어떤 수단으로 삼았다.

이렇게 1930-1940년대 한 · 중 · 일(韓中日)의 『야초』에 대한 비평을 비교 종합해볼 때, 1931년이라는 이른 시기에 『야초』의 문학적 가치와 루쉰 문학에서 그것의 위상을 높이 평가한 정래동의 비평은 대단히 중요한 의미를 갖는다. 정래동은 당시 한 · 중 · 일 비평계에서 널리 공유되고 있던 첸싱춘의 『야초』 비평에 얽매이지 않고 『야초』의 세밀한 작품 읽기를 통해 『야초』의 문학적 가치를 정확하게 포착해낸 것이다. 그 시기에 상하이에 체류하고 있던 이경손(李慶孫)이 정래동의 「루쉰과 그의 작품」을 읽고서 "루쉰을 소개함에 그 작가의 사상 및 공작(工作)을 여지없이 설파하였음을 나는 감탄한다. 여간의 연구가 아니고서야 하며 내심 중국과 조선의 문단을 위하여 그의 장래를 축복한다"[51]라고 경탄해 마지않았는데, 정래동의 루쉰 연구의 학문적 성과를 크게 인정하고 있었음을 알 수 있다. 다만 아쉬운 것은, 한국에서는 정래동에 이어 『야초』에 주목하거나 그에 대한 좀 더 진전된 논의를 전개한 사람이 없었다는 점이다. 신언준의 「루쉰 방문기」(『신동아』 1934. 4)에도, 이육사의 「루쉰 추도문」(『조선일보』 1936. 10)에도 『야초』에 대한 언급은 거의 없다. 1935년 3월 『매일신보(每日申報)』에 실린 양백화의 「저우수런(周樹人)」에서도 상황은 마찬가지이다. 양백화는

---

49 다케우치 요시미(竹內好), 『루쉰』, 122-123쪽.

50 다케우치 요시미(竹內好), 『루쉰』, 115쪽.

51 李慶孫, 「그 後의 魯迅: 丁君의 魯迅論을 읽고(上)」, 『朝鮮日報』 1931. 2. 27.

이 글에서 루쉰의 작품을 잡감집, 소설, 번역의 세 영역으로 구분하고 잡감집으로는 『열풍(熱風)』·『화개집(華蓋集)』·『화개집속편(華蓋集續編)』·『이이집(而已集)』·『삼한집(三閒集)』을 들었고, 소설로는 『외침』·『방황』을 들었으며, 번역으로는 무샤노코지 사네아츠(武者小路實篤)의 희곡 「어느 청년의 꿈(一個青年的夢)」, 구리야가와 하쿠손(廚川白村)의 『고민의 상징(苦悶的象徵)』·『상아탑을 나와서(出了象牙之塔)』, 루나찰스키의 『예술론(藝術論)』·『문예와 비평(文藝與批評)』 등을 들었다. 또한 마지막으로 문학연구서의 편찬으로서 『중국소설사략(中國小說史略)』·『당송전기집(唐宋傳奇集)』·『소설구문초(小說舊聞鈔)』를 언급했을 뿐이다.[52] 그렇기에 정래동의 『야초』 비평은 한국의 루쉰 문학 비평사에서 빛나는 학문적 성과라고 인정해야 할 것이다.

5. 아나키즘사상과 루쉰 문학 비평

정래동은 첸싱춘의 『야초』 비평에 대해 반론을 제기했거니와 "루쉰의 작품은, 특히 「아Q정전」은 시대성을 떠날 수 없다"[53]고 말한 첸싱춘의 관점도 비판적으로 검토했다. "루쉰은 원대한 사상을 가진 것이 아니고, 신해혁명 당시의 사회상을 그렸음에 불과하므로, 대의(大意)에 있어서 이 관찰이 바른 관찰이라고 하겠으나, 어느 작가·작품을 물론하고 시대성을 떠날 수가 없는 것이 사실이며, 다만 다른 것은 그 시대성이 예술 작품에 나타난 도(度)의 농박(濃薄)의 차(差)가 있을 따름일 것이다."[54] 정래동은 모

52 梁白華, 「周樹人」(『每日申報』 1935. 3. 9-12), 『양백화 문집 3』(강원대학교출판부, 1995), 347-348쪽 참조.

53 丁來東, 「魯迅과 그의 作品」, 『丁來東全集 Ⅰ』, 330쪽.

54 丁來東, 「魯迅과 그의 作品」, 『丁來東全集 Ⅰ』, 331쪽.

든 작품은 크든 작든 시대와 연관을 맺을 수밖에 없지만, 그렇다고 「아Q 정전」을 '시대성'에만 가두어 평가할 수 없다는 입장을 표명함으로써 첸싱춘의 관점에서 벗어나려는 태도를 보인 것이다.

정래동은 루쉰의 『방황』을 평하면서 루쉰이 『방황』을 출판할 당시에 표지 안쪽에 인용한 굴원(屈原)의 「이소(離騷)」의 구절, 즉 "길은 아득히 멀고도 머나니, 나는 오르내리며 찾으려 하네(路曼曼其脩遠兮, 吾將上下而求索)"라는 구절을 재록(再錄)한 후 "이것을 보면, 루쉰은 사상상(思想上)에 확실히 침체를 느끼고 나갈 길에 대하여 방황한 것을 의미한다. (중략) 『방황』에 실린 것도 냉정하게 관찰한다면, 『외침』의 속편으로 볼 수 있고, 그 사상에 특별한 진전이 없음을 알게 된다"[55]라고 하여 출로를 찾지 못하고 방황하는 루쉰의 이미지를 부각시켰다. 나아가 정래동은 "근래 계급문학자들은 루쉰의 창작은 시대성을 대표할 수가 없고, 그는 희망 즉 전도에 대한 목적이 없으므로, 그저 외치(吶喊)고 그저 기로(岐路)에서 방황한다고 평한다"[56]라고 말하고, 루쉰이 출로를 찾지 못하고 방황하면서 야초를 교목으로 바꾸지 못했으니 루쉰의 창작에는 과거가 있을 뿐이며 기껏해야 현재를 말하는 데 그치고 장래가 없다고 서술한 첸싱춘의 「죽어버린 아Q시대」의 문장을 직접 인용했다. 그러면서도 정래동은 "루쉰의 전(全) 창작이 다 이러한 것은 아니고, 루쉰의 창작에는 확실히 이러한 일면이 있는 것이 사실이다"[57]라고 말함으로써 첸싱춘의 관점에 전적으로 동의할 수 없음을 시사했다. 더욱이 정래동은 중국좌익작가연맹에 참가한 후 창작이 부진한 루쉰의 상황을 언급하고 루쉰의 좌익문학 진영으로의 전향을 회의적인 시각에서 묘사하기도 했다. "작년 봄의 소식에 의하면, 루쉰이 '중국좌익작가연맹'에 참가하였다는데, 이와 같이 무사상(無思想)하였으므로, 결국 계

55 丁來東, 「魯迅과 그의 作品」, 『丁來東全集 Ⅰ』, 337쪽.
56 丁來東, 「魯迅과 그의 作品」, 『丁來東全集 Ⅰ』, 338쪽.
57 丁來東, 「魯迅과 그의 作品」, 『丁來東全集 Ⅰ』, 338쪽.

급문학파에게 투항을 하였는지 의아스럽지마는, 또한 그 후로 역품(譯品) 밖에는 아무 창작도 없으므로, 그가 어떻게 변하였는지는 알 수 없다."[58] 정래동은 루쉰의 좌익문학 진영으로의 전향을 '투항'이라는 말로 표현하면서까지 그에 대한 부정적인 시각을 은연중에 드러냈다. 정래동은 "철두철미 문예는 혁명에 인연(因緣)이 가장 먼 것으로 생각하고, 아무리 문학자가 '혁명 혁명'하고 떠들어도 제삼선(第三線)의 전사(戰士)에 불과하다고 주장하여 왔던"[59] 루쉰이 계급문학을 받아들여 중국좌익작가연맹에 가입한 것은 납득하기 어렵다는 것이다. 요컨대, 정래동은 첸싱춘의 루쉰 문학 비평을 참조하면서도 이견을 제시하고 루쉰의 좌익문학 진영으로의 전향을 회의적인 시선으로 바라봄으로써 계급문학(프로문학)에 대한 자신의 비판적 태도를 은연중에 드러낸 것이다.

이경손은 정래동의 이러한 태도를 간파하고 정래동이 소략하게 다룬, 좌익문학 진영으로 전향한 1929년 이후의 루쉰의 문학활동을 좀 더 보충적으로 설명하고자 했다. 그는 1931년 2월 『조선일보』에 「그 후의 루쉰: 정(丁)군의 루쉰론을 읽고」를 발표해 루쉰 문학에 대한 정래동의 연구 성과를 칭찬한 후 "정작 루쉰의 생애의 클라이맥스인 1929년 이래 최근의 루쉰이 미분명(未分明)한 채 소개문이 단절되었음은 군(君)과 또한 독자와 아울러 유감하게 여겨지는 바이다"[60]라고 하여 아쉬움을 표현했다. 이어 그는 정래동이 생략한, 좌익문학 진영으로 전향한 후의 루쉰의 실천활동을 구체적으로 소개하면서 이 시기에 루쉰의 창작이 부진한 것은 '실제 행동'으로 말미암아 붓을 들 겨를이 없었기 때문이라고 해명했다. 나아가 "쯔핑(資平), 다푸(達夫), 모뤄(沫若), 루쉰 등은 옛사람들이요 그중 모뤄, 루쉰만이 재생(再生)하였으나 그보다도 신인(新人)으로 문단을 움직이고 있는

58 丁來東, 「魯迅과 그의 作品」, 『丁來東全集 Ⅰ』, 338-339쪽.

59 丁來東, 「魯迅과 그의 作品」, 『丁來東全集 Ⅰ』, 357-358쪽.

60 李慶孫, 「그 後의 魯迅: 丁君의 魯迅論을 읽고(上)」, 『朝鮮日報』 1931. 2. 27.

이가 더 많음을 일반 중국문학 연구인께 일러둔다"[61]라는 말도 덧붙이면서 좌익문학 진영으로 전향한 루쉰을 '재생'의 관점에서 변호하고자 했다.

정래동은 이경손의 이 글에 직접 대응해[62] 1931년 11월 『조선일보』에 「움직이는 중국문단의 최근상(最近相)」이라는 글을 발표하며 새롭게 변화된 중국의 문단 상황을 상세하게 소개했다. 정래동은 당시의 중국을 국민당에 의한 당치국가(黨治國家)로 규정한 뒤 마르크스주의문학의 몰락과 민족주의문학의 발흥이라는 중국문단의 새로운 국면을 소개했다. 정래동은 '민족주의문학'을 국민당 통치하의 중국의 '어용문학'이라 부르고 '마르크스주의문학'을 러시아의 '어용문학'이라고 부르면서[63] 무엇보다 마르크스주의문학을 청산의 대상으로 서술하고자 했다. "중국 마르크스주의의 몰락 혹은 중단된 이때에 그의 이론이라든지 그 작품이라든지 그의 평론 등을 청산할 필요를 느끼지마는 마르크스주의 이론에 관하여는 중국에 별로 신천지를 개척한 것도 없고, 다만 루나찰스키, 일본의 구라하라 고레히토(藏原惟人)의 이론의 번역이요 복사이어서 다시 중복할 필요를 느끼지 않으며, 마르크스주의문학 전성시대에 그 이론을 직접 가져다가 평가(評家)로서 활약한 자는 첸싱춘(錢杏邨) 일인(一人)을 들 수 있다. 첸싱춘은 비록 복사주의(複寫主義)임에 틀림없기는 하지만, 『현대 중국문학 작가』(1·2집)에 그 예민한 두뇌의 소지자인 것을 관찰할 수 있다."[64] 1930년 3월 좌익문학

61 李慶孫, 「그 後의 魯迅: 丁君의 魯迅論을 읽고(下)」, 『朝鮮日報』 1931. 2. 28.

62 丁來東, 「움직이는 中國文壇의 最近相 · 筆者의 말」(『朝鮮日報』 1931. 11. 8-12. 1), 『丁來東全集 II』, 26쪽. "필자는 금년 전두(前頭)에 「루쉰(魯迅)과 그의 작품」을 조선일보에 발표한 뒤로 중국 최근 문단을 주의할 여가를 가지지 못하였다. 그 뒤 상하이(上海)에 있는 문우(文友) 이경손(李慶孫) 군의 「그 후의 루쉰(魯迅)」이란 일문(一文)을 조선일보에서 읽고 그의 호의를 회답하기 위하여서라도 현(現) 중국문단에 관한 것을 써 볼까 하면서 어언간 찬바람이 나고 벌써 겨울이 되어 금년도 결산을 할 날이 멀지 않게 되었다."

63 丁來東, 「움직이는 中國文壇의 最近相」(『朝鮮日報』 1931. 11. 8-12. 1), 『丁來東全集 II』, 36쪽.

64 丁來東, 「움직이는 中國文壇의 最近相」, 『丁來東全集 II』, 40쪽.

진영과 진보적인 문인들을 중심으로 중국좌익작가연맹이 결성되자 위기의식을 느낀 국민당 정부는 이들에 대한 금압조치를 취하는 한편 '삼민주의(三民主義)'를 문예정책의 방향으로 결정하고 '민족주의문예운동'을 적극적으로 추진하게 되는데, 1930년 10월 10일 『전봉월간(前鋒月刊)』을 창간하고 '민족주의문예운동(民族主義文藝運動)'을 선언하기에 이른다. 그 결과 1931년에 국민당 정부의 탄압이 강화되면서 마르크스주의문예운동이 크게 위축되고 어용적인 민족주의문예운동이 그 자리를 대신한 것이다. 정래동은 바로 이러한 중국문단의 객관적 정세 변화에 의거해 마르크주의문학과 민족주의문학을 동시에 부정하는 관점을 제시한 것이다. 더욱이 그는 마르크스주의문학 작품을 "작품 아닌 작품, 미숙한 작품, 외국 작품의 번안"[65]에 불과한 것으로 혹평했다. 물론 그는 3, 4년간 중국에서 마르크스주의문학이 "홍수가 지나가듯이 황폐한 흔적을 남겨 놓고 몰락한 것은 사실이고", "이론이나 평론이나 창작에 특별한 성적(成績)은 없었지마는 한가지 공로라고 할까 여흔(餘痕)이라고 할까, 하여간 일반 작가에게 노동층(勞動層)에 주의하도록 한 것만은 큰 효과를 냈다"[66]라고 하여 마르크스주의문학의 공로를 일부 긍정적으로 서술하기도 했다.

정래동이 마르크스주의문학을 청산의 대상으로 간주한 것은 우선 그것의 창작 성과가 미미하다는 데 원인이 있었지만, 더 근본적인 원인은 마르크스주의문학이 문학을 정치와 권력에 예속시킨다는 데 있었다. 그가 중국의 마르크스주의문학을 '어용문학'이라는 관점에서 국민당 정부의 민족주의문학과 동일선상에 놓고 비판한 것은 바로 그 때문이다. 그래서 그는 "조금도 권력에 의거한 바 없이 독자(獨自)의 문학적 기술과 시대의 사조로써 후닝(滬寧, 상하이와 난징을 가리킴)의 지가(紙價)를 올리도록 일반으로부

65 丁來東, 「움직이는 中國文壇의 最近相」, 『丁來東全集 II』, 41쪽.
66 丁來東, 「움직이는 中國文壇의 最近相」, 『丁來東全集 II』, 41-42쪽.

터 환영받는 두 작가",[67] 즉 바진(巴金)과 선충원(沈從文)을 무엇보다 중시해 비중 있게 다루었던 것이다. 이는 정치(혁명)와 권력으로부터 벗어난 순문학을 옹호하려는 정래동의 비평적 태도가 분명하게 드러난 대목이다.

사실 정래동의 중국 마르크스주의문학에 대한 비평은 1931년 8월 『조선일보』에 발표된 김광주의 「중국프로문예: 운동의 과거와 현재」의 내용을 좀 더 부연한 것이기도 하다. 당시 상하이에 유학하면서 한인(韓人) 아나키즘 독립운동단체와 관계를 맺었던 김광주는 예의 「중국프로문예」에서 1930년 3월 중국좌익작가연맹 성립 이후의 프로문예운동을 서술하면서 구체적인 작가와 작품의 내용을 자세하게 소개했다. 그는 1931년도 전반기에 이르러 중국문단에서 프로문예운동이 완전히 정체된 원인을 다음과 같이 진단했다. "처처(處處)에서 미약한 공작(工作)이나마 계속하고 있는 작가가 없지도 않을 것이나 3년의 역사를 가진 중국 프로문예운동은 완전 정체되었으니 이 원인은 1 · 2장(章)으로는 용이(容易)히 말하기 어려우며 제일(第一)로는 객관적 환경의 고압(高壓)이라 할 수 있으나 '프로문학은 계급의 무기'라는 일개 막연한 관념(이는 중국문단뿐 아니라 누구나 깊이 생각할 문제이지만) 외에 철저한 이론의 근거가 없었고 독특한 작품의 내용 형식의 건설이 없었음도 가장 중대한 원인이라 할 수 있다."[68] 김광주는 중국의 프로문예가 정체된 원인을 두 가지로 요약하고 있으니, 민족주의문예운동을 제창한 국민당 정부로부터 정치적 탄압을 받은 것이 하나이고 '계급의 무기'를 주장한 프로문학의 이론적 근거가 막연해 구체적인 창작에 실패한 것이 둘이다. 김광주는 이 글의 말미에서 과거 프로문학의 전성기와 대립적으로 이 시기가 민족주의문예운동이 맹렬하게 일어나서 프로문예운동의 최후 몰락기라고 말하는 사람도 있으나 중국 프로문예운동이 또다시

67 丁來東, 「움직이는 中國文壇의 最近相」, 『丁來東全集 II』, 43쪽.

68 金光洲, 「中國프로文藝(4): 運動의 過去와 現在」, 『朝鮮日報』 1931. 8. 7.

신방면(新方面)을 타개해 진전을 보일는지는 알 수 없다고 유보적인 태도를 취했지만,[69] 위 인용문의 괄호에서 '누구나 깊이 생각할 문제'라고 언급한 데서 알 수 있듯이 그는 문예를 '계급의 무기'로 인식하는 프로문학의 이론적 근거를 회의적인 시선으로 바라보고 있었다.

그렇다면 정래동이 마르크스주의문학과 민족주의문학을 모두 '어용문학'으로 간주해 전면 부정하는 태도를 드러낸 것은 무엇에 연유하는가? 그것은 김광주와 마찬가지로 아나키즘사상에 동조하고 있던 그의 이념적 성향과 직접적인 연관이 있다. 정래동은 베이징의 민국대학 본과 영문학과에 입학한 해인 1926년 9월에 민국대학에서 심용해(沈龍海, 즉 심여추沈如秋), 류기석(柳基石, 즉 류수인柳樹人), 오남기(吳南基) 등과 함께 러시아의 아나키즘 이론가인 크로포트킨 연구 그룹을 결성해 활동한 바 있으며,[70] 1924년 10월 민국대학에서 한국인과 중국인이 연합해 결성한 아나키즘조직인 흑기연맹(黑旗聯盟)에서 활동한 샹페이량(向培良)과 교유하고 있었다. 정래동은 스스로 아나키스트였음을 밝힌 적은 없지만, 그가 작성한 「저자연보(年譜)」에 따르면 그가 아나키스트와 빈번하게 교유하고 있었음을 확인할 수 있다. 이를테면, 정래동은 1927년 "밤에는 샹페이량(向培良)에게서 백화문학(白話文學) 작품을 배우고, 샹씨에게는 일어(日語)를 가르쳐 주다"라고 했고, 또 1930년 "하기방학에는 심여추(沈如秋) 동학(同學)의 소개로 매년 샹산(香山) 자유학원(自由學園)의 교사인 궈퉁쉔(郭桐軒) 선생에게서 고전 특히 『사기(史記)』, 『문선(文選)』을 사숙(私淑)해서 중국문학연구에 큰 힘을 얻다. 이때에 백정기(白貞基) 의사(義士)를 비롯한 동창과 함께 샤오탕산(小湯山, 온천)에 놀러 가기도 하다"라고 했다.[71] 정래동은 중국인 아나키스트인 샹페이량, 재중국 한인(韓人) 아나키스트인 심여추 및 백정기와 교

69 金光洲, 「中國푸로文藝(4): 運動의 過去와 現在」, 『朝鮮日報』 1931. 8. 7.
70 구승회 외 지음, 『한국 아나키즘 100년』(이학사, 2004), 213쪽 참조.
71 丁來東, 「著者 年譜」, 『丁來東全集 Ⅰ』, 424-425쪽.

유하고 있었으니 아나키즘사상을 지지하고 동조하고 있었던 것이다. 정래동이 중국 현대문학을 비평 소개한 그의 최초의 평론 「중국 현(現) 문단 개관」에서 "중국문학이 완전한 민중의 문학이 아닌 것은 지금까지의 중국혁명이 일반 민중의 혁명이 아니요, 중산계급과 지식계급의 혁명인 까닭이다"라고 전제하고 중국문단의 향방을 '중산계급문학'으로부터 '민중의 문학'으로 발달할 것으로 판단한 것[72]은 그의 이념적 기반이 아나키즘사상에 있었음을 보여준다. 또한 정래동은 1932년 『조선일보』에 발표한 「과거를 청산하자」라는 글에서 "민족의식은 결국 대내적으로 전 민중의 이익을 대표하는 운동을 제기하지 못하고, 해파(該派)의 지도군(指導群)과 경제적 착취군(搾取群)을 옹호하게 되며, 대외적으로는 민족과 민족 간의 상호 이익이 배치되는 사상을 양성하고 그런 행동을 도발하게 될 뿐이다"[73]라고 하여 부르주아계급을 옹호하거나 국수주의(國粹主義)로 떨어질 수 있는 민족주의의 한계를 명확하게 지적했다. 더 나아가 그는 "우리가 단언할 수 있는 것은 세계의 민족주의사상의 대부분이 국가주의와 합치한다는 것이다"[74]라고 하여 민족주의가 국가주의와 결탁할 수 있는 위험성도 환기시켰다. 이것은 그가 중국에 유학하며 당시 중국 국민당 정부의 국가권력에 의해 대대적으로 선전되고 있던 민족주의문예운동의 폐해를 직접 깨달았기 때문일 것이다. 정래동은 문화운동으로서의 민족주의가 결국은 국가주의로 귀결된다는 사실을 들어 민족주의를 신랄하게 비판했는데, 이것은 그가 국가권력을 부정하는 아나키즘사상에 동조하고 있었음을 입증해주는 구체적인 실례(實例)가 된다.

주지하듯이 아나키스트들은 집중화된 권력(국가권력이든 무산계급독재이

72 丁來東, 「中國 現文壇 槪觀」, 『丁來東全集 II』, 57-58쪽.

73 丁來東, 「過去를 淸算하자: 文藝評論의 續稿(4)」(『朝鮮日報』 1932. 2. 18), 『丁來東全集 II』, 325쪽.

74 丁來東, 「過去를 淸算하자: 文藝評論의 續稿(5)」(『朝鮮日報』 1932. 2. 19), 『丁來東全集 II』, 326쪽.

든)을 부정하면서 개인(민중)의 자유를 신봉하고 문예의 자율성을 강조했는데, 그들은 마르크스주의 문예이론 또는 프로문학론이 문예를 정치(프롤레타리아계급투쟁)와 권력(무산계급독재)에 예속시키는 것이라고 보아 그에 대항하는 문예이론을 전개했다. 제2장에서 고찰한 바 있거니와 중국에서 아나키즘 문예비평가로 활약했던 류수인은 중국의 혁명문학논쟁에서 「마르크스주의 계급예술론에 대한 검토」와 「예술적 이론투쟁」이라는 글을 발표해 '계급투쟁'을 위한다는 명분으로 문예의 자율성을 억압하는 마르크스주의계급문학론을 신랄하게 비판한 바 있다.[75] 중국의 이러한 문예비평의 상황을 반영해 정래동은 「중국 현 문단 개관」에서 당시의 중국문단을 아나키즘문학파, 혁명문학파, 부르주아문학파, 순문예파 등 4파로 나누어 소개하고 아나키즘문학파의 주장을 혁명문학파의 이론과 대비해 상세하게 설명했다. 그는 메이즈(梅子)가 엮은 『비혁명문학(非革命文學)』이라는 논문집과 기타 수종(數種)의 월간물에서 아나키즘문학파의 것만을 뽑아 문학상 그들의 주장과 혁명문학을 공격하는 요점을 소개한다고 말하고, 참고문헌으로 「현대 중국문학의 신방면(新方面)」(인뤄尹若, 『문화전선(文化戰線)』), 「검토(檢討) 마르크스주의 계급예술론」(류서柳絮, 『민간문화(民間文化)』), 「논(論)무산계급예술」(마오이보毛一波, 『문화전선(文化戰線)』), 「혁명문학론의 비판」(첸디謙弟, 『현대문화(現代文化)』), 「무산계급문예운동의 오류」(인뤄尹若, 『현대문화(現代文化)』), 「예술가의 이론투쟁」(류서柳絮, 『민간문화(民間文化)』) 등을 제시해놓았다. 정래동은 아나키즘문학파가 혁명문학파의 무산계급독재를 전제로 한 계급투쟁론을 반대하며 마르크스주의의 정치투쟁도 반대한다고 말하고 양 파의 예술관의 차이를 다음과 같이 논했다. "아나파에서는 예술의 최고 이상(理想)은 자유에 있다고 하고, 마르크스파에서는 예술은 선전의 도구에 불과하여서 예술 자체에 아무 특질도

75 李何林 編, 『中國文藝論戰』(東亞書局, 1932年 1月 四版), 479-492쪽 참조.

없고, 다만 문제는 어떻게 예술을 이용할까에 있다 한다."[76] 정래동은 아나키즘문학파의 주장을 소개한 뒤 나아가 루쉰과 저우쭤런(周作人)이 대표하는 어사파(語絲派)의 문학 주장도 함께 소개했다. 그는 어사파는 문학이 자연 발생적이며 문학과 혁명의 관계는 거리가 비교적 멀다는 것을 주장한다고 말하고, 구체적인 내용으로 루쉰의 황푸군관학교(黃埔軍官學校)에서 행한 강연의 원고인 「혁명시대의 문학」이라는 글을 직접 인용하며 상세하게 소개했다. 이를테면 루쉰의 문장을 번역 인용해 "좋은 문예 작품은 지금까지 다른 사람의 명령도 받지 않고, 이해(利害)도 불고(不顧)하고 자연히 심중(心中)에서 유출(流出)한 것이 많다. 만약 먼저 제목을 내걸고 글을 지으면, 그건 팔고문장(八股文章)과 무엇이 다른가? 문학상에 아무 가치도 없고, 더구나 사람을 감동시킬 수가 있는가 없는가는 문제도 되지 않는다"[77]라고 했다. 정래동이 문학이 혁명에 대해 무력(無力)하다고 본 루쉰의 문예 입장을 비중 있게 다룬 것은 그것이 아나키즘 문예이론과 상당히 일치하고 있음을 간파했기 때문이다. 이렇게 정래동이 혁명문학파의 주장을 비판적으로 검토하면서 아나키즘문학파의 주장을 옹호하는 태도를 드러내고 루쉰의 문예 입장을 비중 있게 다룬 것은 아나키즘사상에 경도된 그의 이념적 성향에서 비롯되었음은 두말할 필요가 없을 것이다.

6. 김태준의 루쉰 문학의 이해

『조선소설사』와 『조선한문학사』의 저술로 유명한 김태준(金台俊, 1905−1950)은 경성제국대학 중국어문학과 재학 시기인 1930년 여름에 졸업논

76 丁來東, 「中國 現文壇 槪觀」, 『丁來東全集 II』, 69쪽.

77 丁來東, 「中國 現文壇 槪觀」, 『丁來東全集 II』, 71쪽.

문에 필요한 자료를 구하기 위해 베이징을 방문했다. 이때는 중국에서 중국좌익작가연맹이 결성된 직후인바, 그는 중국이 큰 변화의 와중에 있음을 목도하고 큰 충격을 받는다. 그는 "신흥(新興)의 중국! (중략) 모든 것을 개혁하여 보자는 분투중(奮鬪中)에 있나니 벌써 옛날의 중국이 아니다"[78]라고 인식했으며 '신흥 중국의 진상(眞相)'이 "첨단에서 첨단! 극단에서 극단으로 달아나서 모든 것을 개혁하지 않고는 두지 아니하는 현상(現狀)이며, 이것은 그들로 하여금 사회적 정치적 성공에 인도한 직접유인(直接誘因)이 된다"[79]라고 이해했다. 김태준은 개혁을 통해 첨단으로, 극단으로 달려가며 사회적 · 정치적 성공을 이끌어내고 있는 중국의 현상(現狀)을 확인하면서 "다사다난한 사회배경 아래에서 자라난 문예 및 그 작가의 생활은 항상 그것을 표현 또는 실증(實證)하고 있으"[80]므로 신흥 중국의 진상을 전하기 위해 중국의 현대문예를 소개하고자 했다. 김태준은 베이징 방문을 통해 중국좌익작가연맹 결성 이후 급격한 사회적 변화 속에서 새롭게 부상한 중국 신흥 문학의 사회적 영향력과 미래의 가능성을 깨닫게 된 것이다.

김태준은 이때의 경험을 토대로 1930년 11월 12일부터 12월 8일까지 『동아일보』에 중국 현대문학을 소개한 「문학혁명 후의 중국문예관」을 18회에 걸쳐 연재했다. 그는 「머리말」에서 베이징의 시청(西城)에 체류할 때 만난 인력거꾼 '왕쟈치(王甲七)'를 묘사해 "반항성(反抗性)을 비상(非常)히 격양(激揚)하면서 아Q의 시대는 분명히 지나갔다"라고 말하고, "군인과 노동자와 공농(工農)계급이 암암리에 견고한 결합을 이루어오는" 중국의 시국의 변화를 직시하면서 그것은 "확실히 문예운동의 힘인 줄 깨달았다"고 했다. 그리하여 그는 "황해를 건너 저희들의 부르짖음을 들으라. '예술은 반항의 산물이다'—'문학은 선전이다'라고! 문학 혹은 문예운동이라는 것이

---

78 天台山人(金台俊),「文學革命 後의 中國文藝觀」,『東亞日報』1930.11.12.

79 天台山人(金台俊),「新興中國文壇에 活躍하는 重要作家(一)」,『每日申報』1931.1.1.

80 天台山人(金台俊),「新興中國文壇에 活躍하는 重要作家(一)」,『每日申報』1931.1.1.

인간생활을 진실하게 묘사하여 대중에게 보여주는 이외에 다른 무슨 현대적 목적이 있다면 나의 이 제목도 결코 도연(徒然)한 일은 아닐 것이다"라고 강조했다.[81] 김태준은 중국의 시국의 변화가 문예운동의 결과임을 직시하면서 문예의 '현대적 목적'이 인간생활의 진실 묘사를 넘어서서 반항과 선전에까지 이르는 것임을 확신하게 된 것이다. 그가 1934년 5월에 발표한 「『조선한문학사』방법론」에서 중국문학이 전개되어온 역사적 과정을 서술하면서 최후의 단계로서 "최근에 와서는 문학혁명을 계기로 하여 백화문(白話文)을 쓰게 되고, 문학은 선전(宣傳)이라고까지 제호(提呼)하게 되었다"[82]라고 말한 것도 이러한 경험이 바탕이 되었다.

그렇다면 1930년대 초 중국 현대문학을 국내에 비평 소개하는 데 일조한 김태준은 루쉰 문학을 어떻게 이해했을까? 김태준은 루쉰 문학을 전문적으로 비평한 글을 발표하지는 않았지만, 「문학혁명 후의 중국문예관」에서 중국의 '창작계(創作界)'를 일별(一瞥)하면서 「아Q정전」을 중심으로 루쉰의 창작을 소개했다. 그는 먼저 첸싱춘의 「아Q시대는 지나갔다(死去了的阿Q時代)」라는 논문이 1927년 잡지 『태양(太陽)』에 발표되자 '아Q시대' 논전을 발단으로 1928년 봄까지 혁명문학·프로문학파와, 그에 맞선 반(反)혁명문학·반(反)프로문학파와의 논전이 활발하게 전개되었다고 말하고 루쉰 문학을 「아Q정전」을 중심으로 다음과 같이 평했다. "아Q란 무엇인가?—민국(民國) 7년 루쉰(저우수런周樹人의 펜네임)이 지은 소설 「아Q정전」의 주인공 아Q란 말이다(양백화 씨의 한글 번역 소개도 있었다). 아Q는 당시에 가장 애독되었고 세계의 각국어로 번역되고 로망 롤랑도 '동방에 이것이 있을 뿐이다'고 격찬했다고 한다. 그러나 신해혁명 후의 10년 동안에

---

81 天台山人(金台俊), 「文學革命後의 中國文藝觀: 過去十四年間(一)」, 『東亞日報』 1930. 11. 12.

82 金台俊, 「『朝鮮漢文學史』方法論」(『學燈』 6호, 1934. 5), 『金台俊文學史論選集』, 丁海廉 편역(現代實學社, 1997), 247쪽.

중국 민중의 사상은 놀랄 만큼 각성해 호신계급(豪紳階級)에 무조건으로 굴복할 아Q도 아니요 운명에만 의뢰(依賴)해 혁명군의 힘으로 자기의 사구(私仇)를 갚고자 하는 아Q도 아니요 아Q의 음험각독(陰險刻毒)한 성격은 신해혁명 당시의 민중적 사상을 반영한 것이라는 것이 췐싱춘의 평이다. 루쉰은 그 후『외침』·『야초』·『방황』 등의 많은 작품을 발표했었다. 프로문예의 전성기에 있어서 다시 구일(舊日) 득의(得意)의 안색도 없이 몰락기에 있는 '소(小)부르(쁘띠 부르주아)'의 최후 외침(吶喊)과, 할 수 없어서 야초의 기로에서 방황하는 데 지나지 못한다. 루쉰의 작품에 현대적 의의가 없다는 것은 사실이다(리허린 저『중국문예논전』과 췐싱춘 저『현대중국문학작가』 권1 참조)."[83] 김태준은 리허린(李何林)의『중국문예논전(中國文藝論戰)』과 췐싱춘(錢杏邨)의『현대중국문학작가(現代中國文學作家)』(제1권)를 참조했음을 밝혀놓았는데, 루쉰 문학에 대한 그의 이해는 리허린과 췐싱춘의 두 책에 의거한 것임을 알 수 있다. 루쉰을 두고 '프로문예의 전성기'에 이르러 '몰락기'에 접어들었다고 평가한 췐싱춘의 관점을 받아들여 김태준도 '루쉰의 작품에 현대적 의의가 없다'고 단언한 것이다. 말하자면 김태준은 루쉰 문학을 프로문학시대에 이르러 그 시효를 다한 것으로 이해했다.

김태준은 문예의 사회적 역할을 중시해 그것의 반항성과 선전성을 확신했는데, 일제치하에 놓인 한국사회의 고통과 모순을 극복하기 위해 반항성과 선전성을 가장 잘 구현하고 있는 중국의 신흥 문학을 타산지석으로 삼고자 했다. 그는 1931년 1월『매일신보(每日申報)』에 연재한「신흥 중국 문단에 활약하는 중요작가」라는 글에서 "현대의 중국은 기왕의 중국이 아니"며 "특히 문예운동이 더욱 심하다"라고 말하고 중국 현대의 주요 작가를 일별하려는 취지를 다음과 같이 밝혔다. "우리의 상식적 견해로는 중국

83 天台山人(金台俊),「文學革命後의 中國文藝觀(十四): 創作界의 一瞥, 主로 小說」,『東亞日報』 1930. 12. 4.

인이 세계에 가장 보수적인 듯하지만은 실제로 그 나라의 물정(物情)을 살펴보며 그 문예를 집씹어보면 의외(意外)에 판다른 결과를 얻을 줄로 믿는다. 이 점에 있어서 고루한 조건의 한학자들의 반성을 촉(促)한다. 스스로 군자연(君子然)하는 한학자들—제군(諸君)은 참담한 현실을 어떻게 보고 있는가? 무슨 사업을 하였는가? '삼성오신(三省吾身, 자신을 세 번 반성하다)'의 총명(聰明)이 있었다면 '유도동해이사(有蹈東海而死, 동해바다로 뛰어들어 죽다)'가 마땅치 아니할까? 나는 피아대조(彼我對照)의 자(資)가 될까 하고 중국 현대의 주요작가 몇 사람의 행적을 일별코자 한다."[84] 김태준은 한국의 '참담한 현실'을 직시하지 못하고 미몽(迷夢)에 빠져 있는 전통 지식인들에게 심각한 자성(自省)을 촉구하면서, 이때 '피아대조'를 위한 비춰보는 거울로서 중국 현대의 주요작가를 소개하는 것이 절실하다고 판단했다. 문학이 혁명과 긴밀한 관계 속에서 변화 발전해온 '현대의 중국', '금일의 중국'의 진상을 보여줌으로써 일제치하의 '참담한 현실'에 눈을 뜨고 그것을 개혁할 당위성을 깨닫도록 하려는 것이었다. 그리하여 김태준은 '신흥 중국문단에 활약하는 중요작가'로 후스즈(胡適之), 저우씨 형제(周氏兄弟), 위다푸(郁達夫), 궈모뤄(郭沫若), 장광츠(蔣光慈), 장쯔핑(張資平), 예사오쥔(葉紹鈞), 마오둔(茅盾), 여류작가(女流作家)로서 빙신(氷心), 바이웨이(白薇) 등을 비롯해 극작가 딩시린(丁西林), 어우양위첸(歐陽予倩), 톈한(田漢)을 구체적으로 소개했다.

김태준은 「신흥 중국문단에 활약하는 중요작가」를 쓰는 데 "반부분(半部分)은 첸싱춘의 『현대중국문학작가』를 초역(抄譯)하는 정도로 하였다"[85]라고 밝혀놓았듯이 역시 첸싱춘의 『현대중국문학작가』라는 책을 참고한

---

84 天台山人(金台俊), 「新興中國文壇에 活躍하는 重要作家(二)」, 『每日申報』 1931. 1. 3.

85 天台山人(金台俊), 「新興中國文壇에 活躍하는 重要作家(二)」, 『每日申報』 1931. 1. 3. 김태준은 중국의 '여류작가들', 즉 빙신(氷心), 바이웨이(白薇)를 위시해 루인(廬隱), 펑위안쥔(馮沅君) 등도 간략하게 소개했는데, 첸싱춘의 또 다른 저작 『현대중국여작가(現代中國女作家)』(上海北新书局, 1930)를 참조한 것으로 보인다.

것이다. 첸싱춘의 『현대중국문학작가』의 제1권은 1928년에, 제2권은 1930년에 출판되었는데, 제1권은 「자서(自序)」, 「죽어버린 아Q시대(死去了的阿Q時代)」, 「궈모뤄와 그의 창작(郭沫若及其創作)」, 「『다푸 대표작』 후서(『達夫代表作』後序)」, 「장광츠와 혁명문학(蔣光慈與革命文學)」의 글로 구성되어 있고, 제2권은 「예사오쥔 창작의 고찰(葉紹鈞的創作的考察)」, 「장쯔핑의 연애소설(張資平的戀愛小說)」, 「쉬즈모 선생의 자화상(徐志摩先生的自畫像)」, 「마오둔과 현실(茅盾與現實)」, 「후기(寫在後面)」의 글로 구성되어 있다.[86] 앞서 언급했듯이 정래동도 「루쉰과 그의 작품」을 쓰면서 첸싱춘의 이 책을 참고했고, 오우치 타카오(大內隆雄)도 「루쉰과 그의 시대(魯迅とその時代)」를 쓰면서 첸싱춘의 이 책에 전적으로 의거한 것이다. 따라서 첸싱춘의 이 저작은 당시 한국과 일본의 중국 현대문학 연구자들에게 가장 널리 읽힌 중요한 텍스트의 하나였음을 알 수 있다. 그런데 흥미로운 것은, 첸싱춘이 『현대중국문학작가』(제2권)에서 비평한 시인 쉬즈모(徐志摩)를 김태준은 전혀 소개하지 않았다는 점이다. 첸싱춘은 「쉬즈모 선생의 자화상」이라는 글에서 쉬즈모에 대해 "중국의 자산계급을 대표하는 작가"라고 운을 띄우면서 "현실에 대해 어떠한 불만도 없고 매일 과거와 미래의 환상을 뒤쫓고 있을 뿐이며 어떻게 하늘로 '날아오를' 수 있을까 하는 꿈을 꾸고 있는데, 이것이 바로 우리들의 쉬즈모 선생이다!"[87]라고 비평했는데, 김태준은 이를 적극적으로 받아들여 프로문학의 입장에서는 쉬즈모를 소개할 필요성을 느끼지 못한 것이었다. 이것은 마르크스주의 계급사관을 받아들여 프로문학을 지향하고 있던 김태준의 이념적 성향을 단적으로 보여준다.

이러한 이념적 성향 때문에 김태준은 루쉰을 단독으로 소개할 필요성을 느끼지 못하고 '사오싱 저우씨 형제(紹興周氏兄弟)'라는 소제목으로 저우쭤

86 阿英(錢杏邨), 『阿英全集(貳)』(安徽省教育出版社, 2003), 1-201쪽 참조.

87 阿英(錢杏邨), 「徐志摩先生的自畫像」, 『現代中國文學作家』(第二卷), 『阿英全集(貳)』, 141-142쪽.

런(周作人)과 함께 소개한 것이다. 말하자면 첸싱춘이 「죽어버린 아Q시대」에서 "루쉰은 결국 이 시대의 표현자는 아니다. 그의 저작이 품고 있는 사상은 10년 동안 중국 문예사조를 대표하기에는 부족하다"[88]라고 평가했으니 김태준은 '현대적 의의가 없는' 루쉰 문학을 그다지 중시하지 않은 것이다. 김태준은 '저우씨(周氏) 형제'라는 이름으로 성가를 높였던 5·4문학혁명 시기의 루쉰 문학에 초점을 맞추어 루쉰을 소개함으로써 루쉰의 창작 성과를 5·4문학혁명 시기로 제한하고 그것의 역사적 의의를 강조하는 선에서 멈추려 한 것이다. "중국의 문예운동사상(文藝運動史上)에는 제일 먼저 논(論)치 않을 수 없는", "저우씨(周氏) 형제의 공적"[89]의 일부 정도로 루쉰을 소개하려는 것이었다. 김태준은 루쉰이 "색채 다른 문인에게 '취안몽롱(醉眼朦朧)한 루쉰'이라는 악평(惡評)을 받은 일",[90] 즉 당시 혁명문학논쟁에서 창조사(創造社) 일파로부터 공격을 받은 사실, 루쉰의 간단한 이력, 그리고 「아Q정전」의 줄거리와 작품의 의의를 서술하는 것으로 마무리 지었는데, 중국좌익작가연맹이 결성된 이후 좌익문학 진영으로 전향한 루쉰의 동시대적 근황과 창작에 대해서는 전혀 관심을 두지 않은 것이다.

이 시기에 김태준은 오히려 중국의 좌익 작가 장광츠(蔣光慈)의 소설을 읽는 데 열중했다. 그는 1933년 1월 장광츠의 단편소설 「부서진 마음(碎了的心)」을 읽고 그에 대한 평을 『조선일보』에 실으면서 그 취지를 이렇게 서술했다. "씨(氏, 장광츠)의 1927년 이전의 작품은 말하자면 아직도 충분히 '로맨티시즘'과 '센티멘탈리즘'을 극복하지 못한 때였고 군벌과 ××(공산)주의에 대한 격렬한 ××(혁명)적 문사(文辭)를 야호(野虎)처럼 토(吐)하되 특별히 ××(혁명)을 지도(指導)하는 아무런 것을 보여주지 못하였었다. 거기에는 물론 주위의 정세(情勢)도 지배(支配)하고 있었다. 씨의 이러한 시

88 阿英(錢杏邨), 「死去了的阿Q時代」, 『現代中國文學作家』(第一卷), 『阿英全集(貳)』, 5쪽.
89 天台山人(金台俊), 「新興中國文壇에 活躍하는 重要作家(四)」, 『每日申報』 1931. 1. 7.
90 天台山人(金台俊), 「新興中國文壇에 活躍하는 重要作家(四)」, 『每日申報』 1931. 1. 7.

대의 작품 「부서진 마음(碎了的心)」(1926)은 시세(時勢)에 있어서 뒤늦은 듯한 반종교적(反宗敎的) 작품이지만 현실은 아직도 이런 작품을 요구하였던 만큼 조선에서도 벌써 청산되었을 종교 문제가 다시금 말썽이 될 적에 나는 이에 심현(心絃)을 울린 것은 아니로되 아직도 어떤 한 생활층(生活層)에는 이런 작품의 필요를 느낀다."[91] 김태준은 이어 「부서진 마음」의 작품 줄거리를 상세하게 소개한 후, 같은 1926년에 나온 이기영(李箕永)의 단편소설 「외교원(外交員)과 전도부인(傳道夫人)」과 비교 분석했다. 그는 「외교원과 전도부인」이 「부서진 마음」보다 "기지(機智)와 유머가 몇 배나 승(承)한 단편이었다고 기억된다"라고 말하고, 「외교원과 전도부인」의 줄거리를 소개한 후 "물론 장(蔣)씨와 이(李)씨의 작품이 모두 초기적(初期的) 작품인 만큼 신(神)! 천당(天堂)의 부정(否定)에는 충실하였을는지 모르되 그보다 나아가 ××(혁명)행동에 대한 아무런 암시가 없었다"라고 비평했다.[92] 김태준은 장광츠의 소설을 중국어 원문으로 읽고 그것을 이기영의

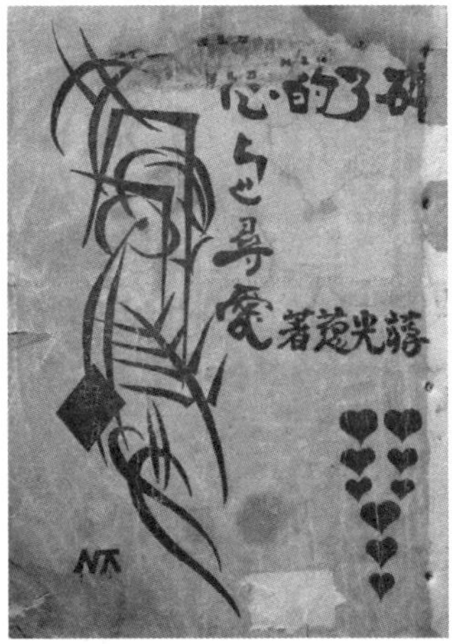

장광츠의 소설집 『부서진 마음과 사랑을 찾아서』의 표지

91 天台山人(金台俊), 「蔣光慈氏 著 「碎了的心」을 닑고(上)」, 『朝鮮日報』 1933. 1. 20. 김태준은 이 글을 시작하면서 「부서진 마음(碎了的心)」은 「압록강 가에서(鴨綠江上)」와 함께 합본(合本)된 소설집 속의 한 편이라고 소개했는데, 김태준이 탐독한 장광츠의 소설집은 1930년 5월 15일 상하이 애려서점(愛麗書店)에서 출판된 『부서진 마음과 사랑을 찾아서(碎了的心與尋愛)』일 것으로 짐작된다. 이 소설집에는 「부서진 마음(碎了的心)」, 「사랑을 찾아서(尋愛)」, 「압록강 가에서(鴨綠江上)」 등을 포함해 여덟 편의 작품이 수록되어 있는데, 김태준이 1930년 여름에 졸업논문 집필에 필요한 자료를 구하기 위해 베이징을 방문하고 류리창(琉璃廠)의 서점가를 다닌 바 있으니 그때 이 소설집을 구해왔을 것으로 생각된다.

92 天台山人(金台俊), 「蔣光慈氏 著 「碎了的心」을 닑고(下)」, 『朝鮮日報』 1933. 1. 21.

작품과 비교 분석하는 등 루쉰의 작품보다 좌익 작가의 작품에 더 큰 애착을 가지고 열독(熱讀)하고 있었던 것이다.

7. 김태준의 좌익 문학비평의 주체적 수용

김태준은 「문학혁명 후의 중국문예관」과 「신흥 중국문단에 활약하는 중요작가」를 쓰면서 첸싱춘의 저작 이외에 리허린의 『중국문예논전』도 참고했는데, 사실 일본의 좌익 비평가 세누마 사부로(瀬沼三郎)의 저서 『중국의 현대문예(支那の現代文藝)』(1930)라는 책도 참고했음을 실증적으로 확인할 수 있다. 특히 '사오싱 저우씨 형제'의 소절에서 김태준이 서술한 「아Q정전」의 줄거리는 세누마 사부로의 『중국의 현대문예』에 나오는 「아Q정전」의 줄거리를 그대로 축약해 정리한 것이다.[93] 김태준은 「아Q정전」의 줄거리를 서술한 후 그 말미에 "「아Q정전」은 촌락에서 흔히 보는 명물남(名物男)을 제재로 하여 '유머'를 다분히 잠장(潛藏)한 사실주의적 작품이다. 이 일편(一篇)은 중국의 근대 문예의 획시기적(劃時期的) 명작(名作)으로서 첸싱춘(錢杏邨)은 일찍이 '아Q시대가 지나갔다'고 선언해 독서자(讀書子)의 이목을 경동(驚動)시켰고 빙찬(氷禪) 등이 '아직도 아Q시대가 남아 있다'고 변호하던 것도 1929년 3월의 일이다(『중국문예논전(中國文藝論戰)』 60쪽 참조)"[94]라고 평했다. 이 인용문의 첫 문장은 세누마 사부로의 책에 나오는 「아Q정전」에 대한 평가의 일부를 요약한 것이고, 두 번째 문장은 리허린의 『중국문예논전』을 참조해 첸싱춘의 관점과 빙찬의 관점[95]을 소개한 것

---

93 瀬沼三郎, 『支那の現代文藝』, 『大支那大系(第十二卷) 文學 · 演劇篇(下卷)』(東京: 萬里閣書房, 1930), 264-266쪽 참조.

94 天台山人(金台俊), 「新興中國文壇에 活躍하는 重要作家(五)」, 『每日申報』 1931. 1. 10.

95 冰禪, 「革命文學問題: 對於革命文學的一點商榷」, 『中國文藝論戰』, 李何林 編(東亞書局, 1930), 60쪽. 김태준이 참고한, 리허린(李何林)의 『중국문예논전』에 실려 있는 빙찬(氷禪)

이다. 김태준은 세누마 사부로의 해설을 참조하면서 '아Q시대가 지나갔다'고 주장한 첸싱춘의 관점과 그와 상반된 '아직도 아Q시대가 남아 있다'고 주장한 빙찬의 관점을 함께 소개함으로써 「아Q정전」의 문학적 가치와 중국문단 상황을 객관적으로 소개하려고 했다. 그렇다면 김태준은 작품을 직접 읽어서 루쉰 문학을 이해했다기보다 프로문학이 주류로 부상한 당시 중국의 문단 상황을 적극적으로 고려해 좌익 비평가들의 비평을 참조하면서 그것을 토대로 루쉰 문학을 이해한 것이다. 그는 궈모뤄(郭沫若)와 위다푸(郁達夫)의 작품을 완독(完讀)해왔다고 말한 바 있거니와[96] 주로 장광츠의 소설과 같은 좌익 작가들의 작품은 열독하면서도 루쉰의 작품을 탐독하는 데는 마음이 끌리지 않은 것이다.

첸싱춘의 『현대중국문학작가』 제2권 표지

첸싱춘은 『현대중국문학작가』(제2권)의 「후기」에서 "루쉰 군은 신흥 문학에 대한 태도를 바꾸었다"[97]라고 하여 루쉰의 좌익문학 진영으로의 전향에 대해 기대를 걸고 있었으나 김태준은 그러한 기대를 구체적으로 표명하지는 않았다. '아Q시대'에 절정기를 맞이한 루쉰은 1930년대에 이르러 현실적인 힘을 잃었으므로 김태준에게 루쉰의 작품은 적극적인 탐구의 대

의 글의 내용은 다음과 같다. "近來有人說「死去了的阿Q時代」以爲中國的農民都進步了, 都不復「再是阿Q」了, 果然如是, 自然是一件很可慶幸的事. 不過這恐怕是要面子的話, 阿Q的時代不獨還沒有「過去」, 就是最近的將來還不會「過去」, 除非我們四萬萬人都能一旦發大願心, 把自己「阿Q相」的靈魂, 一齊鑿死!"

96 金台俊, 「外國文學專攻의 辯(6)」, 『東亞日報』 1939. 11. 10.

97 阿英(錢杏邨), 「寫在後面」, 『現代中國文學作家』(第2卷), 『阿英全集(貳)』, 200쪽. "魯迅君是改變了他對於新興文學的態度."

北平紀行

멍텅구리遊燕草

短舌

들어가는말

서울을떠나서

김태준의 「베이핑기행」(『신흥』 6호, 1932. 1)

상이 아니었다. 그가 「아Q정전」의 줄거리를 소개할 때 세누마 사부로의 책에서 그 내용을 축약하는 것으로 소임을 다한 것도 바로 이 때문이다. 물론 당시 김태준의 개인적 상황도 고려해야 한다. 김태준은 「문학혁명 후의 중국문예관」과 「신흥 중국문단에 활약하는 중요작가」를 연재하고 있던 시기에 대학 졸업논문을 써야 했고, 또 한국 최초의 근대적 문학사 저작인 『조선한문학사』와 『조선소설사』를 동시에 집필하고 있었으므로 중국 현대문학에 대한 깊이 있는 탐구로 나아갈 겨를이 없었다. 그의 중국 현대문학 소개 및 루쉰 문학의 이해는 객관적인 학문 탐구에서 촉발되었다기보다 문학과 혁명의 긴밀한 관계 속에서 급변하고 있던 신흥 중국문단을 소개함으로써 일제치하의 한국사회와 기성문단에 강렬한 자극과 메시지를 던져주려는 데에서 촉발된 것이었다. 중국문학을 전공하고 있던 신진 학도로서 그에게 그것은 어떤 사명감에 가까운 일이었을 것이다.

그런데 김태준이 첸싱춘 등 좌익 비평가들의 루쉰 문학 비평을 적극적으로 수용했다고 하더라도 그것은 자신의 사상에 의거한 철저한 자기화의 과정을 거쳤다고 보아야 하지 않을까. 이러한 사실은 김태준이 1931년 여름 베이징을 방문했을 때[98] 저우쭤런(周作人)을 만나 나눈 대화를 통해 확

98 김태준은 1930년 여름에 졸업논문에 필요한 자료를 구하기 위해 베이징을 방문했는데, 이것이 첫 번째 베이징 방문이다. 1931년 여름의 베이징 방문은 두 번째에 해당한다. 김태준의 두 번째 베이징 방문은 그동안 잘 알려지지 않은 사실이다. 김태준은 「베이핑기행(北平紀行)」이라는 글의 '서울을 떠나서'라는 소절에서 "경의선(京義線) 열차에 실린 몸이 되어 6월 13일 아침은 '멍텅구리'의 고향이 가까운 청천강(淸川江)을 건너간다"라고 했고,

인할 수 있다. 김태준은 베이징 방문 경험을 이듬해 1월에 발표한 「베이핑 기행(北平紀行): 멍텅구리 유연초(遊燕草)」에서 소상하게 서술해놓았다. 김태준은 서울을 떠나 만주를 지날 때 느낀 심경을 서술하면서 "이제는 우리 제국(帝國)이 극동(極東)의 평화를 위하여 정의를 위하여 러시아(露西亞)를 정벌(征伐)하고 만몽(滿蒙)의 기득권으로 위력(威力)을 극동에 진동하고 있다"라고 했고, "멍텅구리(김태준 자신을 가리킴)의 흉금(胸襟)도 점점 넓어져서 부자유(不自由)한 현실에 남몰래 심화(心火)를 태우고 있던 그의 마음은 차라리 나는 새가 되어서라도 자유스런 북국(北國)에 편편(翩翩, 날다는 뜻)하고 싶었다"라고 토로했다.[99] 김태준은 반어적 수사법으로 일본 제국주의의 허위와 기만을 풍자하고 부자유한 현실 속에서 자유에 대한 끓어오르는 열망을 표출했다. 베이징에 도착한 김태준은 당시 베이징대학 교수이자 중국의 대표적인 문인 저우쭤런을 방문하게 되는데, '베이핑(北平, 즉 베이징) 시청(西城)'의 저우쭤런 집(바다오완 11호)을 내방해 '중국문단의 현상(現狀)'을 물으면서 저우쭤런과 주고받은 대화를 이렇게 소개했다.

> "작금(昨今) 양년래(兩年來)로 문예운동의 중심이 상하이로 옮긴 후는 여러 작가들이 모두 사방에 옮기고 나는 이제는 우리 백씨(伯氏, 즉 루쉰)의 소식조차 들어볼 수가 없는 형편입니다. 기성문단 작가들은 번역을 하거나 혹은 침묵을 지키고 있으며 신진(新進) 문인이라는 것은 멋도 모르고 '프로문예'만 주장하니까 문단은 갈수록 침체하고 료료(寥寥)합니다."
>
> 그(멍텅구리, 즉 김태준)는 일부러 그의 대답을 보고자
>
> "지금은 외부(外部)에서 평하기를 중국은 프로문예운동의 초기에 있어서 매

『조선어문학회보』 제2호(1931. 10)에 실린 「편집여묵」에 "'천태산인'(天台山人, 즉 김태준)이 중국문학 연구차로 베이핑(北平)에 장기 여행 중이었으며"라는 언급이 보이므로 김태준은 1931년 6월 중순에 서울을 떠나 여름 동안 베이징에서 장기 체류했음을 알 수 있다.

99 短舌(金台俊), 「北平紀行: 멍텅구리 遊燕草」, 『新興』 6號(1932. 1), 55쪽.

우 맹렬한 활동을 한다는데, 선생도 한몫 들으시겠지요."

라고 한즉 씨는 놀라는 듯 어세(語勢)를 전(轉)하여

"프로문예는 프로계급 자신이 스스로 쓰기 전까지는 영원히 진정한 운동을 볼 수 없다. 나는 문예라는 것은 나의 여흥(餘興)이요 취미(趣味)로 하는 유락(愉樂)이요 나의 본직은 군인(軍人)이요 손무병법(孫武兵法)이 가장 나의 애독하는 글이요."

라고 하므로 나는 많은 실망을 가지고 보게 되었다. 『세계소설역총(世界小說譯叢)』을 짓고 많은 소품(小品)을 지은 씨가 겸손일망정 자기는 '사벨'(네덜란드어 sabel에서 유래한 것으로 검劍이란 뜻)을 좋아하고 문예에 대해서는 문외한이라고 단언하니 이것이 나의 예상하던 중국 일류 문인이었던가 하는 생각이 난다. 돌(咄)! 사마골(死馬骨)! 소위 과도기의 명사(名士)는 중국이나 조선이나 모두 이 모양이다. 진정한 문단명사(文壇名士)는—그리고 나의 요구하는 문인은 여기저기 쫓겨 다니는 무명투사(無名鬪士) 속에 있으리라는 것을 알았다. 씨는 조선 문학, 가요, 문단현세를 물음으로 나는 대강 대답하고 집에 돌아왔다. 나는 중국의 명류(名流)라는 자를 많이 보았지만 모두 이러한 실망으로써 보게 되고 다만 한자폐지론(漢字廢止論)의 급선봉(急先鋒)인 구사(舊師) 웨이젠궁(魏建功) 씨에게 세 가지 점에 서로 논란(論難)한 것이 아직도 기억에 남아 있다.[100]

김태준이 저우쭤런의 집을 내방하게 된 것은[101] 당시 베이징대학에 재직하고 있던 웨이젠궁(魏建功)의 도움에 의한 것으로 짐작된다. 김태준이 '구사(舊師, 옛 스승)'라고 표현한 웨이젠공은 서울의 경성제국대학 중국어 강

---

100 短舌(金台俊), 「北平紀行: 멍텅구리 遊燕草」, 『新興』 6號(1932. 1), 59-60쪽.

101 『저우쭤런일기(周作人日記)』(상 · 중 · 하, 大象出版社, 1996)에 따르면, 김태준이 저우쭤런을 내방한 해인 1931년도의 일기 내용 전체가 소실되어 있으므로 저우쭤런이 김태준과의 만남을 어떻게 기록했는지 현재로서는 알 수 없다.

사로 초빙되어 1927년 4월부터 1928년 8월까지 세 학기 동안 중국어를 가르친 바 있다. 이때 경성제국대학 법문학부 예과(1926－1927) 및 본과 중국어문학과(1928－1930)에 다니고 있던 김태준은 웨이젠궁으로부터 중국어를 배웠던 것이다. 웨이젠궁은 귀국 후 베이징대학에서 교편을 잡았는데, 김태준이 베이징을 방문하자 저우쭤런과 친밀한 관계를 유지하고 있던 그가 김태준에게 저우쭤런을 만날 수 있도록 주선해준 것이다.

루쉰의 동생 저우쭤런을 내방한 김태준은 프로문예와 일정한 거리를 두고 있던 저우쭤런을 '사마골(死馬骨, 사마골오백금死馬骨五百金에서 나온 것으로 죽은 말의 뼈를 오백 금이나 주고 산다는 뜻. 가치 없는 것을 비싸게 사는 것을 빗대어 하는 말)'이라는 말로 신랄하게 풍자했는데, 저우쭤런에 대한 그의 실망은 그의 이념적 성향으로 보아 예견된 것이었다. 김태준은 '진정한 문단 명사', '자신이 요구하는 문인'은 오히려 '쫓겨 다니는 무명투사' 속에서 찾을 수 있다고 했으니 그가 지향하는 문예란 '혁명문학', 즉 '프로문예'임을 명시해준다. 김태준이 프로문예의 입장에서 현대 중국의 작가를 비평 소개하려 한 것은 마르크스주의 계급사관을 받아들인 그의 철저한 이념적 성향에서 말미암은 것이다. 말하자면, 그가 첸싱춘과 리허린 등 좌익 비평가들의 루쉰 문학 비평에 의거해 루쉰 문학을 이해한 것은 문학과 혁명을 긴밀한 관계 속에서 파악하려 했던 그들과의 사상적 공명에서 비롯된 것이다.

8. 사상적 계보와 비평적 입장의 차이

1920년대 중반부터 한국에서는 프로문학운동이 서서히 일어나고 있었다. 일제치하로부터 벗어나기 위한 민족적 저항운동이 무엇보다 절실하던 시기에 그것은 진보적인 문인들에게 빠르게 전파되어갔다. 김기진(金基鎭)

의 다음과 같은 언설은 프로문학운동이 민족해방운동의 성격을 띠고 있었음을 보여준다. “문학은 금일의 민족적 저항운동의 무기가 되어야 한다. 이런 운동의 무기로서의 문학은 그러나 금일에 한해서 유용한 것인 동시에 존재할 이유를 갖는다. 우리 민족을 착취하고 있는 것은 자본주의와 제국주의다. 따라서 민족운동은 반자본 · 반제국주의 투쟁이 일차적이다. 이런 투쟁을 위한 문학을 프로문학이라 명명한다.”[102] 한국의 프로문학운동은 처음부터 민족해방운동의 일환으로 전개되고 있었는데, 그것은 1930년을 전후한 시기에 더욱 활기를 띠게 된다. 양백화가 「아Q정전」을 번역 연재하고 정래동이 「중국 신시(新詩) 개관」을 연재하고 있던 1930년 1월과 2월 『조선일보』에는 박영희(朴英熙)의 「1929년 예술논쟁의 귀결로서: 신년 우리 진로를 논함」과 김팔봉(金八峯)의 「예술의 대중화에 대하여: 이 문제의 해결을 요구」라는 글이 실렸고, 또 박완식(朴完植)의 「프로 시가(詩歌)에 대한 당면적(當面的) 임무: 우리 시가의 대중화문제」라는 글과 송호(宋虎)의 「대중예술론」이 실렸다. 정래동의 「『아Q정전』을 읽고」가 연재된 1930년 4월 『조선일보』에는 송타린(宋駝麟)의 「조선‘프로’예맹(藝盟)과 ‘프로’예술운동: 제일선(第一線)인가 제삼선(第三線)인가」가 실렸고, 김형준(金亨俊)이 번역한 「‘헤겔’과 변증법적 유물론: 떼뽀링」이 연재되고 있었다. 김광주가 쳰싱춘(錢杏邨)의 「중국문단의 회고(回顧): 1929년 이후로」라는 글을 번역 연재하고 있던 1931년 3월 『조선일보』에 안함광(安含光)의 「조선 프로예술운동의 현세(現勢)와 혼란된 논단(論壇)」이 연재되고 있었다. 또 이 시기에 해외 프로문학운동에 대한 관심도 커졌다. 1931년 1월 정래동의 「루쉰과 그의 작품」이 연재되고 있던 『조선일보』의 ‘해외소식’란에 「중국의 붉은 독서계: 서사진열(書肆陳列)의 70%」라는 글이 실렸다. 이 글은 프랑스 잡지의 내용에 의거해 공산주의사상이 유행하고 소비에트러시아의 작품

102 金基鎭, 「今日의 文學 · 明日의 文學」, 『開闢』 1924. 2.

이 풍미하고 있는 중국의 독서계 소식을 전하는 것이었다.[103] 김광주의 「중국프로문예」가 실린 1931년 8월 5일자 『조선일보』에는 세계적으로 유명한 문사들이 '소비에트러시아'를 옹호하기 위한 위원회를 조직했다는 '해외문예소식'이 실렸다.[104] 1931년 10월 28일자 『동아일보』는 '문예소식'의 하나로 "상하이에서 다년간 중국 신흥 문학을 연구하고 귀국한 김광주(金光洲) 씨, 류산방(柳山房) 씨, 상하이 재류 중인 이경손(李慶孫) 씨, 시인 황석우(黃錫禹) 씨 등의 노력으로 '프롤레타리아' 문예 잡지 신흥문단(新興文壇)을 발간하리라는데, 임시사무소는 적선동(積善洞) 16번지 김건(金鍵) 씨 방이라 한다"[105]라고 전했다. 『신흥문단(新興文壇)』이라는 잡지가 실제로 창간되지는 않았으나 김광주, 류산방, 이경손 등이 프로문학을 전문적으로 다루는 문예 잡지를 발간하려는 계획을 세웠다는 것은 중국의 프로문학에 대한 당시 국내의 관심이 그만큼 컸음을 짐작하게 한다. 이렇게 1930년대 초 한국문단에서는 프로문학과 문예대중화 문제가 적극적으로 논의되고 있었고, 세계 공산주의운동이나 중국 프로문학운동을 이해하고자 하는 움직임이 크게 일고 있었다. 이러한 시대 조류에 편승해 국내 신문이나 잡지에 중국 현대문학 및 루쉰 문학에 대한 소개와 비평이 이례적으로 많이 게재되었으니, 당시 한국의 중국 현대문학 연구자들이 중국 좌익 비평가인 첸싱춘의 관점을 참조하거나 받아들인 것도 당연한 일이다.

그런데 루쉰 문학에 대한 평가는 비평가의 이념적 성향에 따라 크게 달라진다는 데 주의하지 않으면 안 된다. 정래동이 루쉰의 좌익문학 진영으로의 전향에 대해 매우 민감하게 반응하면서 전향 이전의 루쉰 문학을 위주로 비평 소개한 것은 그의 아나키즘사상의 이념적 성향과 깊은 연관이 있다. 정래동은 정치와 권력으로부터 벗어난 문학의 독립적 가치를 추구

103 「中國의 붉은 讀書界: 書肆陳列의 70%」, 『朝鮮日報』 1931. 1. 19.

104 「各國文士로 組織된 赤露擁護國際委員會」, 『朝鮮日報』 1931. 8. 5.

105 「『新興文壇』 發刊」, 『東亞日報』 1931. 10. 28.

함으로써 루쉰의 작품집 『외침』과 『방황』과 『야초』를 세밀하게 읽고 분석해 그것의 의미와 가치를 누구보다 정확하고 깊이 있게 밝혀낼 수 있었다. 특히 그가 루쉰의 '고민'이 가장 심각하고 투철하게 반영된 『야초』의 작품을 '루쉰 전 예술의 결정품'으로 평가한 것은 동시기 중국 · 일본의 루쉰 문학 비평에 비해 루쉰 문학의 정수(精髓)에 훨씬 가까이 다가서 있었음을 보여준다.

이와 달리 마르크스주의 계급사관을 받아들여 프로문학을 옹호하는 입장에 섰던 김태준은 루쉰 문학의 현실적 가치를 부정하는 태도를 드러내지 않을 수 없었다. 그는 5 · 4문학혁명 시기에 루쉰 문학이 갖는 역사적 의의를 높이 평가하면서도 프로문학이 주류로 떠오른 1930년에 이르러 루쉰 문학이 더 이상 현실적인 효력을 발휘할 수 없다고 판단했다. 그가 좌익 비평가 첸싱춘의 관점을 적극적으로 수용해 루쉰 문학을 이해하고자 한 것도 바로 이 때문이다. 물론 김태준은 "1927년 이후 그(루쉰)는 기성문단의 노장(老將)으로 창조사(創造社) 일파의 공격에 초점이 되어 씨(氏)는 『어사(語絲)』에 진을 치고 잘 대전(對戰)하다가 필경은 그 일파에 경복(傾服)되었다"라고 말하고 "하여간 문학혁명 이후의 중국문단에는 가장 거인(巨人)이다"라고 언급함으로써 루쉰의 존재를 긍정하려는 태도를 잃지는 않았다.[106] 그렇기에 김태준에게 루쉰 문학은 이중적인 의미를 갖는다. 「광인일기」와 「아Q정전」과 같은 루쉰의 대표작은 반봉건사상혁명을 선도한 획시대적 가치를 갖지만 1930년을 전후해 새롭게 형성된 프로문학시대에 더 이상 미래를 열어갈 생명력을 가진 작품이 아니었다. 김태준은 좌익문학 진영으로 전향한 이후의 루쉰에 대해 판단을 유보하면서 전향 이전의 루쉰 문학을 대표하는 「광인일기」와 「아Q정전」을 중심으로 그것의 역사적 의의를 논하고 프로문학시대에서 갖는 그것의 동시대적 한계를 지

106 天台山人(金台俊), 「新興中國文壇에 活躍하는 重要作家(四)」, 『每日申報』 1931. 1. 7.

적하는 데 그쳤던 것이다.

요컨대, 1930년을 전후한 시기에 한국에서는 반봉건사상혁명이라는 측면에서 루쉰 문학의 역사적 의의를 높이 평가하되, 프로문학을 어떻게 바라보느냐에 따라서 루쉰 문학의 현실적 가치 및 루쉰의 좌익문학 진영으로의 사상적 전변(轉變)에 대한 평가가 엇갈렸다. 말하자면 비평가의 사상적 계보에 따라 루쉰 문학에 대한 가치평가가 크게 달라진 것이다. 아나키즘사상에 기울었던 정래동은 '자기인식'의 심화와 '고민'의 반영이라는 측면에서 루쉰 문학의 가치를 누구보다 깊이 깨닫고 그것의 역사적 의의와 현실적 가치를 높이 평가했고, 그런 만큼 루쉰의 좌익문학 진영으로의 전향에 대해 회의적인 시선으로 바라보았다. 하지만 마르크스주의 계급사관에 기울었던 김태준은 5 · 4문학혁명 시기 루쉰 문학의 반봉건사상혁명의 역사적 의의를 충분히 인정하면서도 프로문학시대에 그것은 더 이상 현실적 가치를 갖지 못하며 미래의 전망을 제시하지 못한다고 이해했다. 그가 루쉰 작품을 구체적으로 탐독하지 않은 가장 큰 이유도 바로 여기에 있다. 물론 이러한 사상적 계보에 따른 비평적 입장의 차이에도 불구하고 민족해방이 절체절명의 과제로 주어진 당시 한국사회에서 루쉰 문학은 '자성(自省)'을 촉구하고 '반항정신'을 일깨우는 계몽주의적 저항문학의 전범(典範)으로서 전반적으로 수용되고 있었음은 부인할 수 없을 것이다.

제5장

신언준과 카라시마 타케시의 루쉰 방문과 루쉰 형상화

1. 사진으로 실린 루쉰의 편지

신언준(申彦俊, 1904－1938)은 1934년 4월 잡지 『신동아(新東亞)』에 「중국의 대문호 루쉰 방문기」(이하 「루쉰 방문기」로 줄임)라는 글을 발표하고 루쉰이 그에게 보낸 편지 내용을 '루쉰 선생의 필적(筆蹟)'이라는 설명과 함께 사진으로 실었다. 일본인 카라시마 타케시(辛島驍, 1903－1967)도 1949년 6월 일본 잡지 『도원(桃源)』에 「루쉰 추억(魯迅追憶)」이라는 글을 발표하고 루쉰이 그에게 보낸 편지 내용을 사진으로 실었다. 이 편지들은 그들이 각기 루쉰을 방문해 교류한 사실을 입증하는 실증적 자료로 제시된 것인

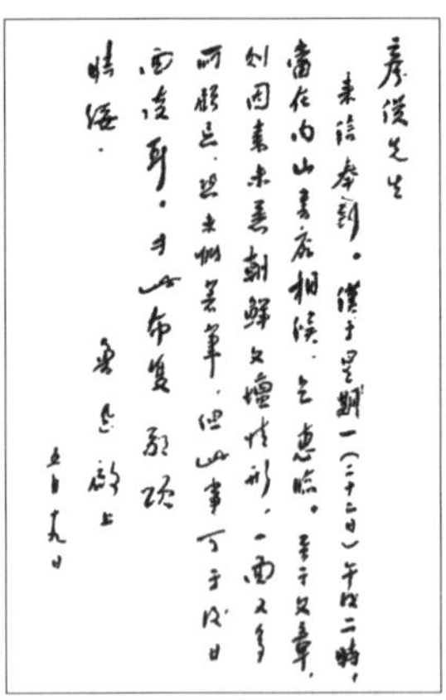

루쉰이 신언준에게 보낸 편지(1933. 5. 19)

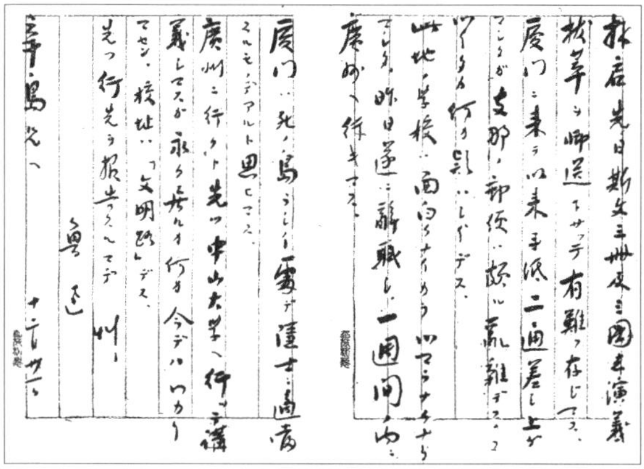

루쉰이 카라시마 타케시에게 보낸 편지(1926. 12. 31)

데, 그들의 루쉰 방문은 거의 비슷한 시기인 1933년 초반에 이루어졌다. 「루쉰 방문기」와 「루쉰 추억」은 1933년 초반의 루쉰의 상황을 실감나게 묘사하고 있어 서로 비교하며 읽으면 매우 흥미롭다.

신언준은 1929년부터 동아일보(東亞日報)의 중국 상하이 특파원으로 활동하면서 1935년까지 6년 동안 정력적으로 중국 문제를 집중 보도하고 논평한 인물이다.[1] 그는 1933년 5월 취재차 루쉰을 만났고, 예의 「루쉰 방문기」를 1934년 4월 『신동아』에 발표했다. 신언준이 루쉰과 편지를 주고받았던 사실이 루쉰의 『일기』에 기록되어 있고 신언준이 루쉰에게서 받은 편지 1통도 인민문학출판사(人民文學出版社)의 2005년판 『루쉰전집(魯迅全集)』에 수록되어 있다.[2] 신언준은 루쉰을 처음 만났을 때의 인상을 「루쉰

---

1 신언준은 중국혁명은 민중의 힘을 바탕으로 해야 한다고 보아 민중운동과 유리된 것으로 파악한 장제스(蔣介石)의 난징(南京) 정권에 비판적이었고, 또 중국이나 한국 같은 경제적 낙후 지역에서는 분배보다 생산이 더 시급한 문제이며 계급투쟁보다는 협동조합운동이 더 효과적이라고 보았으므로 오히려 민중운동을 강조하는 국민당 좌파에 동정적이었다. 민두기, 「신언준(1904-38)과 그의 중국 관계 논설에 대하여」, 『신언준 현대 중국 관계 논설선』, 민두기 편(문학과지성사, 2000), 17쪽 참조.

2 이 편지는 인민문학출판사(人民文學出版社) 1981년판 『루쉰전집(魯迅全集)』에는 실리지 않았으나 2005년판 『루쉰전집(魯迅全集)』에 실리게 된 것이다. 「루쉰 방문기」에는 루쉰의 상반신 소묘 그림도 함께 실려 있는데, 이 그림은 루쉰의 저 · 역서의 표지 디자인을 맡

방문기」에서 이렇게 묘사했다.

> 조룩조룩 여운 이마, 홈속 들어간 두 볼, 히끈히끈 반백(半白)이 넘은 머리털은 파란중첩한(波瀾重疊)한 그의 반생(半生)을 그려놓았다. 그의 키는 오척(五尺)도 못 되는 적은 키다. 그의 수염은 한 번 보고 곧 기억할 만치 중국 사람 중에는 보기 드문 다수자(多鬚者)다. 그의 육체는 한 평범한 사람이다. 아무 특이한 무엇을 발견할 수 없다. 오척(五尺)에 불과한 소구(小軀)가 대문호 루쉰이다![3]

신언준은 '대문호 루쉰'의 겉모습을 매우 평범한 인물로 묘사하고 있는데, 이는 그가 본 루쉰의 실제 모습을 형상화한 것이지만 다른 한편 프롤레타리아작가로서 루쉰의 이미지를 부각시키기 위한 것인 듯도 하다. 이어 신언준은 "그는 보기와 딴판인 건담(健談)의 사람이다. 그의 이야기하는 태도는 어린아이들과 자근자근 속삭이는 천진미(天眞味)가 있다. 아주 무사기(無邪氣)하다"[4]라고 묘사해, 겉모습과 달리 말에 힘이 있으면서도 천진스럽고 꾸밈없는 루쉰의 순수한 태도를 강조했다.

신언준이 루쉰을 만났던 그 무렵 당시 서울의 경성제국대학 교수로 재직하고 있던 카라시마 타케시도 루쉰을 방문하고 대화를 나누었다. 이때의 방문은 세 번째에 해당하는데, 1933년 1월 23일의 일이었다. 카라시마 타케시의 루쉰 방문과 서신 왕래는 루쉰의 『일기』에 모두 기록되어 있다.[5] 카라시마 타케시가 세 번째로 루쉰을 방문한 그날 루쉰은 일기에서 "밤에 요리 여섯 가지를 마련하여 카라시마(辛島)와 우치야마(內山)를

기도 했던 타오위안칭(陶元慶)이 그린 것이다. 신언준은 루쉰의 실제 이미지와 잘 어울린다고 생각해 이 소묘 그림을 함께 실었던 것으로 보인다.

3 申彦俊, 「魯迅訪問記」, 『新東亞』 1934. 4, 151쪽.

4 申彦俊, 「魯迅訪問記」, 『新東亞』 1934. 4, 152쪽.

5 루쉰이 카라시마 타케시에게 보낸 편지 1통도 2005년판 『루쉰전집(魯迅全集)』에 수록되어 있다. 이 편지는 1981년판 『루쉰전집』에도 실려 있다.

집으로 초청하여 저녁식사를 했다"[6]라고 썼다. 카라시마 타케시는 1949년 6월에 발표한 「루쉰 추억」에서 그날 밤 루쉰과의 만남을 이렇게 술회했다.

> 어느 날 밤 그의 은신처에서 늦게까지 중국의 현실을 이야기했다. 그때는 민족주의문예운동이 제창되어 루쉰이 여러 가지 이른바 수류탄식 문장을 발표하여 논쟁을 하던 때이므로 민족주의문예의 정체에 대해서 많은 공부를 할 수 있었다. 루쉰은 손 가까이에 있던 좌련(左聯)의 기관지(機關誌)와 전단(傳單) 등을 꺼내서 익명으로 되어 있는 원고의 집필자가 실제로는 누구인지조차 일일이 나에게 설명해주었다. 그리고 돌아올 때 그는 그 자료들을 모두 나에게 주었다. 어떻게 그것들을 안전하게 조선(朝鮮)으로 가지고 돌아올까 하는 문제에 관해서 많은 고심을 했다. 그러나 어쨌든 간신히 가지고 돌아왔다. 그날 저녁에 나눈 이야기와 가지고 온 것들은 나중에 1928년 이후의 중국 문예운동사를 쓸 때 얼마나 유용하였는지 모른다.[7]

신언준의 루쉰 방문은 카라시마 타케시의 루쉰 방문으로부터 4개월이 지난 시점에 이루어졌는데, 신언준은 「루쉰 방문기」에서 "루쉰이 숨어 사는 집을 찾아"[8] 그와 나눈 대담 내용을 자세하게 소개했다.

---

6 魯迅, 『日記』, 『魯迅全集(16)』(人民文學出版社, 2005), 356쪽.

7 辛島驍, 「魯迅追憶」, 『桃源』 創刊號(1949. 6), 13-14쪽; 辛島驍, 「回憶魯迅」(任鈞 譯), 『魯迅研究資料 13』, 北京魯迅博物館 魯迅研究室 編(天津人民出版社, 1984), 212쪽; 陳夢熊, 『『魯迅全集』中的人和事: 魯迅佚文佚事考釋』(上海社會科學院出版社, 2004), 295쪽. 카라시마 타케시가 "나중에 1928년 이후의 중국 문예운동사를 쓸 때 얼마나 유용하였는지 모른다"라고 말한 것은, 그가 1928년부터 1931년 사이의 중국문단을 연구한 「중국현대문학의 연구: 국공분열부터 상하이사변까지(中國現代文學の研究: 國共分裂から上海事變まで)」(1938년 10월 19일 탈고)라는 제목의 박사학위논문을 염두에 둔 것으로 보인다.

8 申彦俊, 「魯迅訪問記」, 『新東亞』 1934. 4, 150쪽.

그의 이야기는 중국의 정국(政局), 지식계급, 세계혁명 등을 통쾌하게 설파하였다. 나의 기억에 남은 그의 말은 중국 지식계급의 무력(無力)을 통매(痛罵)한 것이다. 특히 민족주의를 주장하는 정론가(政論家), 문인(文人) 등을 한참 동안 매도하고 '장제스(蔣介石)가 중국혁명을 영도하지 못하게 된 것과 마찬가지로 자산계급(資産階級)의 문인의 의식은 무용(無用)의 몽환(夢幻)이 되었다' 하고 자산계급의 문인의 몰락을 설파하고, 프롤레타리아문학의 발흥을 역설하여 좌익문호(左翼文豪)의 본색을 발로(發露)하였다.[9]

카라시마 타케시와 신언준은 1933년 1월과 5월에 각기 루쉰을 방문했는데, 두 사람에게 들려준 루쉰의 이야기는 대체로 비슷하다. 민족주의문예를 비판하고 좌익 문예를 옹호하는 내용이라는 점에서 거의 일치한다. 또한 루쉰의 거처에 대한 표현도 두 사람이 거의 비슷하다. 카라시마 타케시는 루쉰의 집을 '은신처'라고 표현했고, 신언준은 '루쉰이 숨어 사는 집을 찾아'라고 표현했다. 그들은 모두 숨어 지내는 루쉰의 처지를 두드러지게 표현함으로써 루쉰과의 만남이 매우 비밀스럽게 이루어졌음을 밝히고 있는 것이다.

비슷한 시기에 루쉰을 방문해 비슷한 대화를 나눈 신언준과 카라시마 타케시는 각기 루쉰을 어떤 이미지로 묘사하고자 했던가? 또 그들의 루쉰 방문을 어떻게 평가할 것인가? 일본인 산보 마사미(三寶政美)는 「루쉰과 조선인 저널리스트의 만남(魯迅と朝鮮人ジャーナリスト出會い)」이라는 글에서 신언준과 루쉰의 대담을 조촐한 개인적 교류라고 표현했다. "루쉰과 신(申) 기자의 대담은 조촐한 중·조(中朝) 간의 개인적 교류로 끝났지만, 그건 그렇다고 하더라도 그날 있었던 일을 루쉰의 『일기(日記)』에서는 '맑음, 아무 일 없었음(1933. 5. 22)이라고 적지 않을 수 없었다는 점에서 불행한 시

9 申彦俊, 「魯迅訪問記」, 『新東亞』 1934. 4, 152쪽.

대의 한 장면을 보아내는 것은 필자 한 사람만은 아닐 것이다."[10] 산보 마사미는 신언준과 루쉰의 만남을 '조촐한 중 · 조 간의 개인적 교류'라고 폄하했지만, 그것은 당시 한국의 독립운동에 가담했던 신언준의 루쉰에 대한 관심과 루쉰에 대한 당시 한국인의 기대를 반영하고 있어 매우 중요한 의미를 갖는다.

천멍숑(陳夢熊)은 「루쉰과 일본 한학가 카라시마 타케시(魯迅與日本漢學家辛島驍)」라는 글에서 루쉰과 카라시마 타케시의 교류를 "중 · 일(中日) 양국의 진보문학의 교류와 인민 사이의 친밀한 우의를 의미하는 것이다"[11]라고 서술한 바 있다. 또 장제(張杰)는 「루쉰과 카라시마 타케시(魯迅與辛島驍)」라는 글에서 루쉰과 카라시마 타케시의 교류를 소개하면서 루쉰이 도쿄제국대학 교수 시오노야 아쯔시(鹽谷溫)와 그의 학생이자 사위인 카라시마 타케시와 교류한 사실을 두고 "이렇게 장인과 사위 양대(兩代)에 걸쳐 루쉰과 밀접한 관계를 가진 사실은 중 · 일 문화교류사에서 아름다운 일화의 하나이다"[12]라고 소개했다. 물론 루쉰과 카라시마 타케시의 교류는 일본의 중국 침략이 노골화되던 무렵 중 · 일 간 민간 차원의 지식인 교류라는 점에서 주목할 만하다. 하지만 카라시마 타케시가 1933년 1월 루쉰을 방문하고 '조선'의 서울로 돌아온 후 경성제국대학 교수로 재직하면서 점차 '조선문인협회(朝鮮文人協會)'의 결성에 관여해 일본의 '국책(國策)' 선전에 앞장섰다는 사실을 확인하면 '진보문학의 교류'라는 표현은 적절치 않다는 점을 알 수 있을 것이다.

---

10 三寶政美, 「魯迅と朝鮮人ジャーナリスト出會い」, 『東方』 1984. 8, 23쪽.

11 陳夢熊, 「魯迅與日本漢學家辛島驍」, 『『魯迅全集』中的人和事: 魯迅佚文佚事考釋』, 281쪽.

12 張杰, 『魯迅: 域外的接近與接受』(福建教育出版社, 2001), 49쪽.

2. 신언준과 루쉰의 대좌(對坐)

신언준은 「루쉰 방문기」에서 루쉰을 만난 정황을 이렇게 묘사했다. "루쉰이 숨어 사는 집을 찾으니 주인 되는 일본인 모씨(某氏) 부부가 나와 안내한다. 루쉰 선생이 거처하는 2층으로 올라가니 하인 같은 노인이 맞아준다. (중략) 그의 거처하는 방은 침실, 객실 또는 연구실, 편집실, 음식 짓는 주방까지도 겸용(兼用)하는 모양이다. 침상 앞에 식탁이 놓이고 의자 7개가 둘러놓이고 그 다음에는 온 방안이 책으로 성(城)을 둘렀다. 컴컴한 책성(冊城)을 등지고 그는 나와 정면으로 대좌(對坐)하였다."[13] 여기서 신언준이 루쉰을 만난 장소는 어디였을까? 루쉰이 신언준에게 보낸 1933년 5월 19일자 편지에 대한 2005년판 『루쉰전집』의 주석에는 "신언준은 조선의 『동아일보(東亞日報)』 중국 주재 특파원 기자이며 차이위안페이(蔡元培)의 소개로 1933년 5월 22일 오후 상하이의 내산서점(內山書店)에서 루쉰을 만났다"[14]라고 설명하고 있다. 루쉰이 신언준에게 보낸 그 편지 내용에 근거하면 이 주석의 설명은 틀리지 않은 것으로 보인다. 편지 내용은 다음과 같다.

> 언준 선생 :
>
> 보내신 편지 잘 받았습니다. 월요일(22일) 오후 2시에 내산서점(內山書店)에서 기다릴 테니 혜림해주시기 바랍니다. 글을 부탁하셨는데, 저는 본래 조선문단(朝鮮文壇)의 정황을 잘 모르고, 한편으로는 또 망설이는 바가 많아 붓을 들 수 없을 것 같습니다. 다만 이 일에 대해서는 다음에 만나서 이야기를 나눌 수 있을 것 같습니다. 이에 특별히 회답을 드립니다. 루쉰 드림.[15]

---

13 申彦俊, 「魯迅訪問記」, 『新東亞』 1934. 4, 150-151쪽.

14 魯迅, 『書信』, 『魯迅全集(14)』, 245쪽.

15 魯迅, 『書信』, 『魯迅全集(14)』, 245쪽. 劉運峰 編, 『魯迅佚文全集(下)』(群言出版社, 2001

내산서점의 현재 모습(1층은 중국공상은행으로 사용하고 2층은 내산서점 기념관으로 꾸며놓았음. 2016년 촬영)

겉으로 드러난 편지 내용에 의하면 신언준과 루쉰의 만남은 내산서점에서 이루어진 것으로 짐작할 수 있지만, 신언준은 「루쉰 방문기」에서 "루쉰이 숨어 사는 집을 찾으니" 일본인 모씨 부부가 나와 안내해 "루쉰 선생이 거처하는 2층으로 올라가니"라고 표현하고 있어 루쉰을 만난 장소가 내산서점이라고 밝히지는 않았다. 그렇다면 실제로 신언준이 루쉰을 만나 대담을 나눈 장소는 어디였을까?[16] 결론부터 말하자면, 그곳은 당시 루쉰이

年), 661쪽.

16 신일철(申一澈)은 「루쉰(魯迅)과 신언준(申彦俊)의 만남」(『극동문제(極東問題)』 1995. 4, 128쪽)에서 "신언준은 은신중인 내산서점(內山書店)의 밀실에서 루쉰과 대좌할 수 있었다"라고 했다. 산보 마사미(三寶政美)는 "1933년 5월 22일 오후 2시에 루쉰과 신언준이 내산서점의 2층에서 처음으로 대담하였다"(「魯迅と朝鮮人ジャーナリスト出會い」, 『東方』 1984. 8, 22쪽)라고 하여 신언준이 루쉰과 대담한 곳이 내산서점 2층이라고 설명했다. 신일철과 산보 마사미는 「루쉰 방문기」와 루쉰이 신언준에게 보낸 편지 내용에 근거해 표면적인 문맥에 따라 루쉰과 신언준이 대담한 장소를 내산서점이라 했는데, 사실과 다른 것으로 판단된다. 김시준은 「신언준(申彦俊)의 「루쉰 방문기(魯迅訪問記)」에 관하여」에

자신의 장서를 보관하기 위해 따로 마련해놓은 '장서실(藏書室)'이었을 것으로 추정된다.

루쉰은 1933년 4월 11일 상하이 베이쓰촨루(北四川路)의 라모스아파트(拉摩斯公寓)에서 스가오타루(施高塔路, 지금의 산인루山陰路)의 다루신춘(大陸新村) 9호로 이사하게 되는데, 이 무렵 장서를 보관할 '장서실'을 주거와 달리 따로 마련했다. 이 '장서실'은 내산서점 주인 우치야마 간조(內山完造)의 친구인 일본인 사카모토(阪本)의 3층짜리 가옥 중 2층의 방 한 칸을 내산서점 직원인 카마다 세이이치(鎌田誠一)의 명의로 빌린 것이다. 루쉰은 다루신춘 9호로 이사하기 전에 자신의 장서 대부분을 따로 옮겨놓았는데, 이

서 루쉰과 만나 대담한 장소에 대한 신언준의 묘사가 신빙성을 잃고 있다고 보았다. 루쉰은 당시 새집으로 이사해 다루신춘(大陸新村) 9호에 살고 있었으므로 "더구나 그곳에 살지도 않는 루쉰의 생활용품 묘사 즉 침상 가구 그릇의 묘사는 아무리 '무산계급'을 강조하기 위한 것인지는 몰라도 황당한 느낌이 든다"(『중국현대문학』 제22호, 13쪽)라고 했다. 김시준은 당시 루쉰이 세를 얻어 마련해놓은 '장서실(藏書室)'이 있었다는 사실을 미처 생각하지 못한 듯하다. 민두기는 『신언준 현대 중국 관계 논설선』의 「루쉰 방문기」 내용에 대한 주석에서 "신언준이 루쉰을 만난 이 은신처는 내산서점 뒤 골목 안의 이층집으로서 오늘날 루쉰 기념관이 되어 있다"(『신언준 현대 중국 관계 논설선』, 187쪽)라고 설명했는데, 민두기 역시 루쉰과 신언준의 대담 장소를 사실과 다르게 파악하고 있었던 것 같다. 현재 상하이루쉰기념관(上海魯迅紀念館)은 상하이 루쉰공원(魯迅公園) 안에 자리 잡고 있으며, 톈아이루(甛愛路) 200호이다. 루쉰 옛집(魯迅故居)은 산인루(山陰路) 다루신춘(大陸新村) 132농(弄)의 9호이다. 내산서점 뒤 골목 안의 '이층집'은 내산서점 주인 내외가 살던 곳으로 추정되는데, 우치야마(內山) 부부의 집은 내산서점 뒷문 맞은편 쪽에 있었으며, 붉은 기와지붕, 회색 벽으로 된 3층짜리 가옥이었다. 실제로 루쉰은 이곳을 자주 드나들었고 이곳에서 손님을 만나기도 했다. 그렇지만 루쉰이 신언준을 맞이한 곳은 여기가 아니다. 루쉰은 또한 내산서점의 '일실(一室)'에서 사람들과 담화를 나눈 적이 있는데, 이를테면 카라시마 타케시가 1929년 여름 루쉰을 방문했을 때, 그가 루쉰과 위다푸(郁達夫)와 함께 이야기를 나누었던 곳이 바로 내산서점의 '일실'이었다. "나는 작년 여름 어느 날(1929년 9월 12일) 상하이의 모 서점의 일실(一室)에서 그(위다푸)를 만났다. 마침 그 자리에는 루쉰도 함께 있었다. 탁자를 둘러싸고 담배를 피우면서 세 사람의 말은 어느새 학생운동의 사건에 미쳤고……"(辛島驍, 「支那の新しい文藝に就て」, 『朝鮮及滿洲』 1930. 2, 66쪽). 1929년에는 루쉰의 '장서실(藏書室)'이 없었으며, 일본에서 유학한 바 있는 위다푸, 루쉰이 일본인이 경영하던 내산서점의 '일실'에서 도쿄제국대학 출신인 카라시마 타케시와 이야기를 나눈 것은 자연스러워 보인다.

루쉰의 비밀 장서실(2012년 촬영)

'장서실'은 베이쓰촨루 디스웨이루(北四川路狄思威路) 766호(지금의 리양루溧陽路 1359호)에 위치하고 있어 다루신춘 9호와 매우 가까운 거리에 있었다. 상하이시 지방지판공실(上海市地方志辦公室)이 펴낸 『훙커우 구지(虹口區志)』의 기록에 따르면 이 '장서실'은 다음과 같이 설명되어 있다. "장서실 북쪽으로 향한 문은 계단으로 통해 있고, 테라스로 통하는 문은 늘 닫혀 있었다. 장서실의 동쪽과 남쪽 두 방향에 창이 있으며, 남쪽 창 아래에 책상과 의자가 있고, 중간에는 사각 테이블 하나가 놓여 있고 벽 둘레에는 책상자를 쌓아 만든 책꽂이가 천장까지 닿아 둘러쳐져 있었다."[17] 이 '장서실'의 설명은, 신언준이 루쉰과 마주한 2층 방을 "침상 앞에 식탁이 놓이고 의자 7개가 둘러놓이고 그 다음에는 온 방안이 책으로 성(城)을 둘렀다"라고 묘

---

17 上海市地方志辦公室, 『虹口區志』 第三十三編 魯迅在虹口, 第二章 紀念地, 第四節 其他紀念地地「一､魯迅藏書室」 참조.

다루신춘 9호의 루쉰 옛집(2016년 촬영)

사한 것과 비슷하다. 루쉰의 아들 저우하이잉(周海嬰)도 아버지를 따라 '장서실'을 몇 차례 방문한 경험을 바탕으로 그때 본 '장서실'을 이렇게 묘사했다. "2층의 평범한 한 칸짜리 방이었으며 면적은 몇십 제곱미터였고 벽을 따라 4면 전체가 나무로 만든 책상자였다. (중략) 문을 들어서자마자 대낮인데도 실내에는 빛이 아주 부족하여 안에 있는 물건이 잘 보이지 않았다."[18] '장서실'에 대한 저우하이잉의 기억은 "온 방안이 책으로 성(城)을 둘렀다"라든지 "컴컴한 책성(冊城)을 등지고"와 같은 표현을 쓴 신언준의 묘사와 대체로 일치한다. 물론 저우하이잉은 이어 "실내에는 장시간 책을 읽을 수 있는 탁자와 의자도 없었고, 재떨이, 다구(茶具) 그리고 보온물병과 같은 용품들이 없었다"[19]라고 설명하고 있지만, '장서실'을 방문한 시점이

18 周海嬰,「魯迅與我七十年連載二: 溧陽路藏書處」, 2001. 11. 1, '光明網-生活時報'.

19 周海嬰,「魯迅與我七十年連載二: 溧陽路藏書處」, 2001. 11. 1, '光明網-生活時報'.

달라서 방안에 배치된 가구도 달랐을 것으로 보인다. 사실 신언준이 루쉰을 방문한 것은 1933년 5월 22일, 루쉰이 '장서실'을 마련한 지 두 달이 채 되지 않은 시점이었다. 루쉰은 처음 '장서실'을 마련할 때 그곳의 용도를 고려해 탁자와 의자 등을 잘 갖추어놓았을 것이다. 하지만 저우하이잉이 아버지의 '장서실'을 찾았을 때는 일정한 시간이 경과한 뒤이므로 '장서실'의 활용도가 떨어지자 그곳의 가구들을 실제 주거지인 다루신춘 9호로 옮겨놓았을 가능성이 있는 것이다. 이런 추측이 가능한 것은, 저우하이잉이 보았던 '장서실'은 "오랫동안 사람이 살지 않아 방안은 다소 습하고 음랭하였고, 또 오랫동안 창문을 열지 않아 곰팡이 냄새도 있었다"[20]라고 서술하고 있기 때문이다.

그렇다면 루쉰이 신언준에게 만남의 장소를 '장서실'로 알려주지 않고 '내산서점'으로 알려준 것은 왜일까? 신언준은 민권보장동맹(民權堡障同盟)의 사무국을 방문해 차이위안페이(蔡元培)로부터 루쉰의 비밀주소를 알아냈는데, 그때의 상황을 이렇게 서술했다. "차이위안페이 씨에게 그의 주소를 물으니 씨(氏)는 그에 대하여 국민정부(國民政府)에서 체포령이 내렸다고 하면서 그의 주소가 절대 비밀이라 한다. 그러나 필자를 믿고 차이씨(蔡氏)는 그 비밀주소를 알려준다."[21] 신언준은 차이위안페이로부터 루쉰의 비밀주소를 알아내어 곧바로 루쉰에게 편지를 띄어 만나자고 요청했지만, 루쉰은 "'숨어 있어도 늘 횡화(橫禍)를 당할 위험이 있다' 하면서 서면(書面)으로 할 말이나 요구할 것을 제시하라고 회신을 보냈다"[22]는 것이다. 당시 루쉰은 자신의 거처가 노출되는 것을 극히 꺼리고 있었는데,[23] 주로 내산

---

20 周海嬰, 「魯迅與我七十年連載二: 溧陽路藏書處」, 2001. 11. 1, '光明網-生活時報'.

21 申彦俊, 「魯迅訪問記」, 『新東亞』 1934. 4, 150쪽.

22 申彦俊, 「魯迅訪問記」, 『新東亞』 1934. 4, 150쪽.

23 실제로는 당시 루쉰에게 '체포령'이 내려지지 않았다고 한다. 일본인 마쓰다 와타루(增田涉)의 회고에 따르면, 그가 1931년 루쉰의 집을 드나들며 『중국소설사략』을 번역하고 있을 때 일본인 모 기자가 루쉰과의 만남을 의뢰했는데, 루쉰에게 전하자 "그(루쉰)는 자기

서점을 통해 외부 인사와 왕래하고 있었으니 신언준에게 알려준 만남의 장소 역시 내산서점이었음은 당연해 보인다. 그런데 만일 '절대 비밀'인 루쉰의 '밀실'이 '내산서점' 내에 있었다면, 신언준은 루쉰의 편지를 공개할 수 없었을 것이다. 편지의 공개는 루쉰의 거처를 노출하는 것이고 차이위안페이와의 약속을 어기는 결과가 된다. 요컨대, 신언준이 만남의 장소가 표시된 루쉰의 편지를 공개할 수 있었던 것은 그곳이 실제 루쉰의 '밀실'이 아니었기 때문일 것이다. 신언준이 루쉰을 찾은 곳은 편지의 내용대로 내산서점이었지만, 실제로 루쉰과 대좌한 장소는 다른 곳이었던 것이다.

루쉰은 "서면으로 할 말이나 요구할 것을 제시하라"고 했듯이 외부 인사를 무척 경계하고 있었으니 본인이 직접 내산서점에서 신언준을 기다리지 않고 '일본인 모씨 부부'를 내세워 다른 곳으로 안내하게 했던 것이다. '일본인 모씨 부부'는 내산서점 주인 부부(우치야마 간조內山完造, 우치야마 미키코內山美喜子)로 보이는데, 이들이 루쉰의 '장서실'로 신언준을 안내했던 것으로 추정된다. 신언준은 「루쉰 방문기」에서 "그(루쉰)는 베이쓰촨루 OOO호(北四川路OOO號) 어떤 일본 우인(友人)의 밀실을 빌려 망명의 생활을 하고 있다 한다"[24]라고 했는데, 이 '일본 우인의 밀실을 빌려'라는 표현은 우치야마 간조의 친구인 일본인 사카모토의 집 2층의 방 한 칸을 내산서점 직원인 카마다 세이이치의 명의로 빌린 루쉰의 '장서실'을 염두에 둔 것으로 보인다. 루쉰의 '장서실'은 내산서점에서 가까운 곳에 있었으니, 신언준은 내산서점에 도착한 후 '일본인 모씨 부부'의 안내로 '일본 우인의 밀실'인 '장서실'에서 루쉰을 만나 '정면으로 대좌한' 것이다.

신언준과 마주한 루쉰은 조선의 정황에도 관심을 두었다. 신언준은 「루

집에서는 접견할 수 없고 내산서점에서 만날 수 있다(他說不在自己的家裏接見, 可以在內山書店會見)"라고 말했다고 한다. 增田涉, 「我的恩師魯迅先生」, 『海外回響: 國際友人憶魯迅』, 史沫特萊 等著(河北教育出版社, 2000), 190쪽 참조.

24 申彦俊, 「魯迅訪問記」, 『新東亞』 1934. 4, 150쪽.

쉰 방문기」에서 "그는 필자에게 조선(朝鮮) 정형(情形)을 물었다. 조선의 글로 된 서적이 적어지고 조선의 문에 내지 전반(全般) 문화가 일본화(日本化)한다는 말을 듣고 그는 '그것이 결코 비관할 것이 아니다. 일본 글이건 러시아 글이건 아무 관계없다. 나는 차라리 중국에서는 중국문(中國文)이 없어지고 영어든지 불어든지 중국문(中國文)보다 나은 글이 보급되기를 바란다'라고 국수주의(國粹主義)를 일축한다"[25]라고 말했다. 사실 루쉰은 1929년 5월 베이징을 방문해 미명사(未名社)에 들렀을 때 그곳에 묵고 있던 한국인 김구경(金九經)과도 밤늦게까지 이야기를 나누며 조선의 정황을 알아보고자 했다. 리지예(李霽野)의 회고에 따르면, "당시 조선인이 있었는데, 일본인의 조치에 불만이어서 일본인이 설립한 대학을 떠나 베이징에 왔으며, 잠시 어찌할 방법이 없어서 미명사(未名社)에 묵었다. 루쉰 선생은 그와 많은 이야기를 나누었는데, 주로 조선의 정황을 알아보려는 것이었다"[26]라고 했다. 이처럼 조선의 정황에 관심이 많았던 루쉰은 조선의 현실을 확인하는 한편, 한 국가의 독립은 언어 형식에 달려 있지 않고 그 국민정신에 달려 있다고 강조했거니와[27] 조선의 글로 된 서적이 적어지고 있다는 데 대해 '결코 비관할 것이 아니다'라는 말로 신언준에게 용기를 북돋우어주었던 것이다. 신언준을 만난 자리에서 루쉰은 조선문단의 어느 분이든지 자기가 지금 준비 중인 『중국문단(中國文壇)』이라는 간행물에 조선문예의 역사적 기술 및 현세(現勢)를 소개해달라고 특별부탁을 했고, 또 단편의 문장을 『신농아』에 투고해수겠다고 약속까지 했다고 했으니[28] 루쉰이 조선을 적극적으로 이해하고자 했음은 분명하다. 다만 아쉽게도 조선의 정황과 조선문예에 관심을 가지고 있었음에도 불구하고 루쉰은 신언준을 만난

25 申彦俊, 「魯迅訪問記」, 『新東亞』 1934. 4, 152쪽.

26 李霽野, 『魯迅先生與未名社』(湖南人民出版社, 1980), 222쪽.

27 졸고, 「魯迅의 식민지 朝鮮 인식에 관한 연구」, 『中國語文學誌』 第26輯(2008. 4), 160쪽 참조.

28 申彦俊, 「魯迅訪問記」, 『新東亞』 1934. 4, 152쪽.

1933년 5월 22일의 일기에서 "22일 맑음. 아무 일 없었음"[29]이라고 기록했듯이 당시 한국인과의 만남이나 그가 이해한 한국의 정황에 대해 구체적인 기록으로 남기지 않았던 것으로 보인다.[30]

3. 프롤레타리아작가로서 루쉰의 형상화

중국 주재 특파원으로서 신언준은 중국 상황을 보도하는 한편 모범으로 삼을 만한 인물상을 '동포'들에게 소개하고자 했다. 신언준은 1933년 2월 『신가정(新家庭)』에 발표한 「중국의 여류 혁명가 쑹칭링(宋慶齡) 여사」라는 글에서 "현대 중국이 낳은 많은 신여성 중에 나는 중국 민족운동의 역사 위에 커다란 지위와 이채를 더한 여류 혁명가를 소개하려 한다. 그 위대한 '중국혁명의 어머니'는 그의 사회적 지위나 명예를 위하여 꾸준한 분투, 또는 한 가정의 현모양처가 아니라 한 민족 한 국가의 어머니로서 그를 특히 우리 여자 동포들에게 소개하고 싶다"[31]라고 말한 바 있다. 「루쉰 방문기」 역시 한국의 독자들에게 루쉰의 인물상을 소개하려는 의도를 가지고 있었다고 할 수 있다. 그렇다면 신언준은 「루쉰 방문기」를 통해 루쉰을 어떤 이미지로 소개하고자 했을까?

「루쉰 방문기」에는 문답 형식으로 대담 내용이 소개되어 있는데, 신언준이 전하고자 한 루쉰의 이미지가 잘 드러나 있다.

29 魯迅, 『日記』, 『魯迅全集(16)』, 378쪽.

30 루쉰의 1933년 5월 일기를 보면, 동아일보사와 편지를 주고받은 사실만 기록되어 있다. 5월 16일에는 "오후 동아일보사의 편지를 받다(下午得東亞日報社信)"라고 했고, 5월 17일에는 "오전에 동아일보사의 편지에 답하다(上午復東亞日報社信)"라고 했다. 5월 18일에도 "동아일보사의 편지를 받다(得東亞日報社信)", 5월 19일에는 "오후에 동아일보사에 편지를 부치다(下午寄東亞日報社信)"라고 했다. 魯迅, 『日記』, 『魯迅全集(16)』, 377쪽 참조.

31 민두기 편, 『신언준 현대 중국 관계 논설선』, 192쪽 참조.

문, 그러면 선생은 문학이 위대한 힘이 있다고 생각하십니까?

답, 그렇습니다. 대중을 환성(喚醒)함에 대한 가장 필요한 기술(技術)이외다.

문, 선생의 글 쓰는 방법은 어떻습니까?

답, 나는 사실주의자외다. 보는 그대로 듣는 그대로 기술(記述)하는 것뿐이외다.

문, 남들이 선생을 인도주의자라 하니 그렇습니까?

답, 그러나 나는 톨스토이나 간디 같은 인도주의자는 절대 반대합니다. 나는 전투(戰鬪)를 주장합니다.

문, 중국문단의 대표적 프롤레타리아작가는 누구인가요?

답, 딩링(丁玲) 여사가 유일한 프롤레타리아작가지요. 나는 소자산계급의 출신이므로 진정한 프롤레타리아 작품을 짓지 못합니다. 나는 다만 좌익편(左翼便)의 한 사람이라고 할 수 있겠지요.[32]

신언준은 방문기의 말미에서 '문예를 모르는 필자는 문호의 문예를 평론할 수는 없다'라고 겸손하게 말했지만, 실제로 루쉰을 비교적 정확하게 이해하고 있었던 것으로 보인다. 신언준은 우선 루쉰을 소개해 "마치 메스를 들고 만나는 사람마다(물론 그 사람들은 모두가 환자) 마취약도 바르지 않고 그들의 환부(患部)를 해부하는 괴의생(怪醫生)같이 보였다. (중략) 그의 해부는 냉혹무정(冷酷無情)하지만 그의 메스의 예첨(銳尖)이 찌르는 곳은 아프면서도 통쾌를 느끼게 하는 것이라고 알았다"[33]라고 말했다. 그는 루쉰을 중국의 국민성을 해부한 냉혹한 현실주의자로 묘사했는데, 「아Q정전」을 평가해 "사실주의자 루쉰의 충실한 붓대는 냉정무사(冷情無私)한 필치로 중국인의 진상을 그대로 폭로하였다"[34]라고 했다. 더욱이 신언준은

32 申彦俊, 「魯迅訪問記」, 『新東亞』 1934. 4, 151-152쪽.

33 申彦俊, 「魯迅訪問記」, 『新東亞』 1934. 4, 150쪽.

34 申彦俊, 「魯迅訪問記」, 『新東亞』 1934. 4, 152쪽.

루쉰에게 '인도주의자인가'라는 물음을 던짐으로써, 인도주의자임을 부인하지 않으면서도 전투를 주장한다는 루쉰의 대답을 얻어낸 것이다.

그런데 신언준은 전투를 주장하는 인도주의자 루쉰의 모습을 '순전(純全)한 향촌 노농인(老農人)'의 모습으로 묘사하고 있다는 데 주목할 필요가 있다. "그의 침상(寢床)도 질박한 중국식이다. 덮는 이불과 장자(帳子, 침상 위 모기장 같이 드리우는 휘장)까지 모두 목면(木棉)이다. 그의 쓰는 그릇까지도 중국 하층민의 생활 그대로이고 돈길 갈만한 값있는 것은 하나도 보이지 않는다. 그의 생활은 전부가 프롤레타리아의 모형(模型)이다. 그는 입으로 붓으로만 무산계급을 부르짖지 아니하고 그의 몸 그의 생활이 무산계급과 같은 양식을 가지고 있다."[35] 신언준은 루쉰의 모습과 생활 방식을 매우 질박하고 검소한 프롤레타리아의 모습으로 형상화하고 있는바, 프롤레타리아작가로서 루쉰의 이미지를 부각시키려는 의도가 뚜렷해 보인다. 그래서 신언준은 '인도주의자인가'라는 물음 다음에 곧바로 '중국문단의 대표적 프롤레타리아작가는 누구인가'라는 물음을 던졌

35 申彦俊, 「魯迅訪問記」, 『新東亞』 1934. 4, 150쪽. 신언준은 여기서 루쉰의 외모를 "머리도 깎은 지가 오래서 그런지 습관이 그런지 귀밑을 덮게 자라고 먼지가 묻은 것 같고 산란하다"라고 묘사했는데, 매우 사실적으로 묘사한 것 같다. 루쉰은 1933년 5월 1일의 일기에서 "오후에 춘양관(春陽館)에 가서 사진을 찍다. 이발하다. 가오챠오치과의원(高橋齒科醫院)에 가서 의치(義齒)를 치료하다. 『만화사롱집(漫畵サロン集)』 1권을 70전에 사다. 밤에 발을 씻다. 바람이 불다"(『日記』, 『魯迅全集(16)』, 375쪽)라고 했고, 또 5월 26일의 일기에서는 "야오커(姚克)와 함께 다마로(大馬路)로 가서 사진을 찍다"(『日記』, 『魯迅全集(16)』, 378쪽)라고 했다. 루쉰은 1933년 5월 1일 국제노동절을 위해 사진을 찍었고 5월 26일에는 애드거 스노(埃德加·斯諾, Edgar Parks Snow)가 편역(編譯)한 『살아 있는 중국(活的中國)』을 위해 사진을 찍었는데, 이때 찍은 사진이 1976년 문물출판사(文物出版社)가 출판한 루쉰사진첩 『루쉰(魯迅) 1881-1936』의 제87, 88의 사진과 제89, 90의 사진으로 남아 있다. 이 사진을 보면, 5월 1일에 찍은 사진은 이발하고 찍은 것이지만 여전히 상당히 긴 머리카락이 귀를 덮고 있으며, 5월 26일에 찍은 사진에는 귀를 드러낼 정도로 머리를 짧게 깎은 모습이다. 그렇다면 신언준이 만난 5월 22일의 루쉰은 상당히 긴 머리카락이 귀를 덮는 모습을 하고 있었을 것이므로 신언준의 묘사는 매우 정확한 것으로 보인다.

던 것이다.

신언준의 이 물음에 대해 루쉰은 딩링(丁玲) 여사를 내세웠고 스스로는 프롤레타리아작가로 여기지 않으며 단지 좌익편의 한 사람임을 강조했다. 루쉰이 '진정한 프롤레타리아 작품을 짓지 못한다'고 말한 것은 당시 그의 내면의 진실을 드러낸 것이었다고 할 수 있다. 왜냐하면 루쉰은 이보다 두 달 전인 1933년 3월 22일에 자신의 영문 번역본 『단편소설선집』을 위해 쓴 서문에서 「루쉰 방문기」의 내용과 동일한 생각을 밝힌 적이 있기 때문이다. 루쉰은 그 서문에서 진정한 프롤레타리아 작품을 생산할 수 없는 자신의 처지를, '한단학보(邯鄲學步)'의 고사처럼 우아한 한단(邯鄲)의 걸음걸이를 제대로 배우지 못해 '기고 있는' 상황으로 비유한 바 있다.[36] 매우 솔직한 형상적 표현이라 할 만하다. 하지만 신언준은 '좌익편'에 선 루쉰을 프롤레타리아작가의 모습으로 형상화하는 데 주저하지 않았다. 자산계급 문인의 몰락을 설파하고 프롤레타리아문학의 발흥을 역설했다고 말함으로써 프롤레타리아작가로서의 루쉰의 이미지를 크게 부각시키고 있는 것이다.

신언준이 부각시키고자 한 루쉰의 이미지는 당시 중국 정세에 대한 자신의 인식과 맞물려 있었다. 신언준은 1934년 「현대 중국의 사상과 인물」이라는 글을 통해 당시 중국 사상계의 흐름과 특징을 분석했는데, 사상계의 대세를 봉건 · 파쇼 · 프롤레타리아의 3대 세력으로 나누고 프롤레타리아 세력에 역점을 누어 설명했다. "마르크스주의적 사상은 광범하게 보급

---

36 魯迅, 「英譯本『短篇小說選集』自序」, 『集外集拾遺』, 『魯迅全集(7)』, 412쪽 참조. "그러나 나도 오랫동안 단편소설을 쓰지 않았다. 현재의 인민이 더욱 고통스럽고 나의 생각도 이전과 약간 달라졌으며 새로운 문학의 조류도 보았다. 이러한 상황에서 새로운 것을 쓴다는 것은 불가능하고 옛 것을 쓴다는 것도 원하지 않는 바이다. 중국의 옛 책에 이런 비유가 있다. 한단(邯鄲)의 걸음걸이가 세상에 유명해지자 어떤 사람이 그것을 배우고자 했다. 그러나 결국 잘 배우지 못해서 자기의 원래 걸음걸이마저 잊어버리고 결국 기어서 고향으로 돌아올 수밖에 없었다고 한다. 나는 지금 기고 있는 중이다. 하지만 더 배워나가면 일어설 수 있을 것이라고 생각한다."

되어 경찰의 취체와 군대의 압박으로 그 사조를 막기는 절대로 불가능하게 되었다. 그러나 일반 지식계급의 기회주의적 심리는 난징(南京) 정부의 준엄한 압박에 대하여 타협의 길을 억지로 가게 하는 가련한 현상을 나타냈다. 양심으로 시인하면서도 입으로나 붓대로는 왜곡하여 자기의 생활과 안전을 보호한다. 양심을 그대로 발휘하려는 작가, 사상가 등 모든 지식분자들은 단두대, 옥사, 그렇지 않으면 외국으로 또는 조계지로 망명하였다."[37] 이러한 분석에 이어 신언준은 중국의 현 사상계는 전반적으로 무기력하고 활기 없는 침체기에 빠져 있다고 진단하면서도 "그러나 현재의 침잠은 영멸(永滅)은 아니다. 4억의 대중은 그 무엇을 표현할 것이다. 나날이 심각해져가는 농촌 경제의 파멸, 열강 자본주의국의 억압과 수탈, 봉건 지배의 폭압 등 이 모든 강압은 강렬한 반발력을 생산할 것이다"[38]라고 하여 중국 민중의 저항을 기대하고 있었다. 왜냐하면 "중국혁명의 영도권을 잡고 있던 국민당은 밖으로 제국주의자의 유혹 압박과 안으로 군벌 정객의 파쟁으로 점차 부패하여 그 혁명성과 군중을 잃어버리고, 그에 따라 혁명 영도권을 잃어버리게 되었기"[39] 때문이다. 신언준은 중국 민중의 힘을 낙관하고 중국 정세를 프롤레타리아 세력이 사상계의 주류로 떠오르고 있는 것으로 파악했다. 신언준은 중국 정세에 대한 이러한 인식을 바탕으로 '좌익편'에 선 루쉰을 프롤레타리아작가의 이미지로 부각시켜 한국 독자들에게 전하고 싶었던 것이다.

37 신언준, 「현대 중국의 사상과 인물: 그 사적 발전과 현세」(『新東亞』 1934. 11), 『신언준 현대 중국 관계 논설선』, 160쪽.
38 신언준, 「현대 중국의 사상과 인물: 그 사적 발전과 현세」(『新東亞』 1934. 11), 『신언준 현대 중국 관계 논설선』, 160쪽.
39 신언준, 「수난기의 중국」(『新東亞』 1932. 3), 『신언준 현대 중국 관계 논설선』, 132쪽.

4. 카라시마 타케시의 루쉰 방문과 중국 신문예의 소개

루쉰은 1936년 10월 19일 새벽 5시 25분에 숨을 거두었는데, 그날 외국인으로서 가장 빨리 조전(弔電)을 보낸 사람이 경성제국대학 중국어문학과 교수 카라시마 타케시(辛島驍)였다.[40] 카라시마 타케시가 루쉰의 부음 소식에 발 빠르게 반응할 수 있었던 것은 10월 19일 새벽 루쉰의 임종을 지켜본 사람 중에 내산서점 주인 우치야마 간조(內山完造)가 있었기 때문이다. 우치야마 간조는 루쉰이 숨을 거두자 곧바로 상하이에서 발행되던 일본어 조간신문에 루쉰의 부음을 알렸는데, 이것이 신문에 게재된 가장 이른 루쉰의 부음 소식이었다. 루쉰의 부음이 일본어 신문사로 먼저 전해졌으니, 카라시마 타케시도 그 소식을 빨리 접할 수 있었을 것이다. 물론 카라시마 타케시가 루쉰의 부음에 즉각 반응해 조전을 보낸 것은 루쉰과의 친밀한 관계 때문이었음은 두말할 필요가 없다.

주지하는 바와 같이, 카라시마 타케시는 세 차례 루쉰을 방문했고 루쉰과 여러 차례 편지를 주고받았다. 카라시마 타케시는 도쿄제국대학 재학 시절인 1926년 8월에 스승인 시오노야 아쯔시(鹽谷溫)가 전한 선물을 가지고 루쉰을 처음 방문한 바 있으며, 1929년 '조선'의 경성제국대학 강사(講師)로 부임한 후 그해 여름 방학을 이용해[41] 두 번째로 루쉰을 방문했고, 경성제국대학 조교수(助教授)로 승진한 후 1933년 1월 세 번째로 루쉰을 방문했다.[42] 루쉰은 1926년 8월 17일 일기에서 "카라시마 타케시 군이 와서

---

40 魯迅先生紀念委員會 編,『函電』,『魯迅先生紀念集』(上海書店復印, 1979), 1쪽 참조.

41 辛島驍,「魯迅追憶」,『桃源』創刊號, 12쪽 참조. 카라시마 타케시는 "내가 두 번째로 루쉰을 만난 것은 쇼와(昭和) 3년(1928년) 여름이었다. 나는 그해 봄 대학을 나와서 경성(京城)에 부임하였고 여름 방학을 이용하여 상하이로 건너가서 루쉰을 방문했다"라고 했다. 사실 카라시마 타케시가 두 번째로 루쉰을 방문한 시점은 1928년 여름이 아니라 1929년 여름이었으며, 그해 봄에 경성제국대학 강사(講師)로 부임한 것이다.

42 카라시마 타케시는 당시 조선에서 발행되던 잡지『조선과 만주(朝鮮及滿洲)』1930년 1월호, 2월호, 3월호에 걸쳐「중국의 새로운 문예에 대하여(支那の新しい文藝に就て)」라는

시오노야 아쯔시가 보내온 『전상평화삼국지(全相平話三國志)』 1부를 주었고, 강예(岡野)도 함께 왔다"[43]라고 했는데, 처음으로 카라시마 타케시의 이름을 들고 있다. 또 이틀 뒤인 19일에는 "오전에 카라시마(辛島) 군이 왔는데, 그와 함께 점심을 먹고 배인본(排印本) 『서양기(西洋記)』와 『성세인연(醒世姻緣)』 각 1부를 선물로 주었다"[44]라고 했다. 이 당시 루쉰은 중국소설사 연구와 관련해 시오노야 아쯔시와 교류하고 있었으므로 그가 보낸 도쿄제국대학 학생 카라시마 타케시를 매우 환대했다. 이후 여러 차례 서신왕래가 있었고, 1929년 9월 8일에는 카라시마 타케시의 두 번째 방문이 있었다. 두 번째 루쉰을 방문한 후 '조선'의 서울로 돌아온 카라시마 타케시는 잡지 『조선과 만주(朝鮮及滿洲)』 1930년 1월호, 2월호, 3월호에 「중국의 새로운 문예에 대하여(支那の新しい文藝に就て)」라는 글을 발표해 중국문단을 소개했다. 그는 이 글에서 루쉰을 가장 비중 있게 다루었는데, 1926년 루쉰이 베이징을 떠나 샤먼(厦門)으로 내려가기 직전에 만났던 사실을 이렇게 서술했다. "내가 그를 만난 것은 그가 베이징을 벗어나 시골로 달아나야 했던 며칠 전이었다. 열정적인 눈빛으로 바쁜 와중에도 그는 시세(時世)를 설명하고 문예에 대해 이야기하면서 이방의 청년에게 깊은 가르침을

글을 발표했는데, 이때 '경성제국대학 법문학부 강사'로 신분을 밝히고 있다. 그는 또 1931년 2월호, 3월호, 4월호, 5월호, 6월호에 「중국의 범죄문학(支那の犯罪文學)」이라는 글을 연재했는데, 이때 '성대(城大, 경성제국대학) 조교수(助教授)'로 신분을 밝히고 있다. 그렇다면, 카라시마 타케시는 새 학기가 시작되는 1930년 10월부터 조교수로 임용되었던 것으로 보인다. 또 1931년에 발행된 경성제국대학 편(編)의 『경성제국대학일람(京城帝國大學一覽)』(145쪽)에 따르면, 카라시마 타케시는 법문학부(法文學部) 조교수 명단에 "支那語學支那文學講座, 文學士, 辛島驍, 福岡"으로 되어 있다. 1933년에 발행된 『경성제국대학일람』(166쪽)에도 조교수 명단에 나와 있으며, 1939년 발행된 『경성제국대학일람』(229쪽)에는 교수 명단에 소개되어 있다. 1941년에 발행된 『경성제국대학일람』(254쪽)에도 교수 명단에 소개되어 있다.

43 魯迅, 『日記』, 『魯迅全集(15)』, 633쪽. "辛島驍君來幷送鹽谷節山所贈『全相平話三國志』一部, 岡野同來."

44 魯迅, 『日記』, 『魯迅全集(15)』, 634쪽. "上午辛島君來, 留其午餐, 贈以排印本『西洋記』·『醒世姻緣』各一部."

주었다."[45] 카라시마 타케시는 또 샤먼과 광둥(廣東)에서 보낸 루쉰의 편지를 받았던 사실을 말하고, 이어 루쉰이 상하이로 돌아온 뒤 1929년 여름에 루쉰을 다시 방문했을 때 루쉰에 대한 느낌을 이렇게 묘사했다. "눈물을 머금은 그의 눈은 변함없이 나를 맞이하며 빛났다. 내가 베이징에서 만났을 때 보지 못한 프롤레타리아 문예의 서적을 그의 서가에서 발견했는데, 시세(時世)의 변화를 깊이 느꼈다. 신인(新人)이라는 이름으로 세상으로부터 널리 환영과 숭배를 받았던 그가 샤먼(厦門), 광둥(廣東)에 유랑하며 적막을 맛보고서 상하이로 돌아오자 신흥 좌익파의 청년들에게 얻어맞았으며, 변함없이 패기와 열정을 가지고 있었지만 이번에는 가을 분위기를 신변에서 느낄 수 있었던 것 같다. 루쉰의 전기(傳記)는 확실히 신문예의 전개의 역사를 말해주는 것이라고 하지 않으면 안 될 것이다."[46] 카라시마 타케시는 루쉰의 변화된 모습을 보면서 첸싱춘(錢杏邨) 등 좌익 비평가로부터 공격을 받은 데 대해 "루쉰이여, 그대는 어디로 가고 있는가. 더욱이 당신의 세계는 통하지 않게 된 게 아닌가"[47]라고 반문했다. 그럼에도 불구하고 그는 루쉰의 공헌을 높이 평가했다. "루쉰이여, 누가 뭐라고 해도 그대는 중국의 신문예에 있어서 가장 잊기 어려운 큰 역할을 했던 사람이다. 그러므로 그대가 어느 방향으로 나아가든지 모든 사람들이 당신을 사랑하고 당신을 존중할 것이며, 당신의 모든 것들을 그립다고 말하게 될 것이다."[48] 이처럼 카라시마 타케시는 「중국의 새로운 문예에 대하여」라는 글을 통해 당시 중국의 문단 상황과 루쉰의 근황을 매우 적절하게 설명해주고 있다.

카라시마 타케시가 루쉰을 세 번째 방문한 1933년 1월 23일 저녁에 루

45 辛島驍,「支那の新しい文藝に就て」,『朝鮮及滿洲』1930. 1, 70쪽. "私が、彼に會つたのは、彼れが、都落ちしよぅごいふ數日前のこごであつた。熱のある眸お輝かして、忙しい中お、彼は、時世お說き、文藝に就て語り異邦の青年に、深く敎へるごころがあつた."

46 辛島驍,「支那の新しい文藝に就て」,『朝鮮及滿洲』1930. 1, 70쪽.

47 辛島驍,「支那の新しい文藝に就て」,『朝鮮及滿洲』1930. 1, 71쪽.

48 辛島驍,「支那の新しい文藝に就て」,『朝鮮及滿洲』1930. 1, 71쪽.

쉰은 여러 가지 요리를 마련해 카라시마 타케시를 초대했고 또 이튿날에는 번각본(飜刻本)의 불경을 선물로 주기도 했다. 카라시마 타케시의 「루쉰 추억」에는 이때의 상황이 상세하게 서술되어 있다. 카라시마 타케시는 루쉰의 '은신처'에서 늦게까지 중국의 현실에 관한 이야기를 들었는데, 루쉰은 국민당 정부가 제창한 민족주의문예운동을 비판하고 좌련(左聯)의 기관지와 전단 등을 꺼내어 일일이 카라시마 타케시에게 설명해주고 그 자료를 그에게 건네주었던 것이다. 게다가 루쉰은 1·28상하이사변 1주년을 기념하기 위해 상하이화극단체(上海話劇團體)가 연합해 연출한, 동북(東北)의 난민(難民) 구제를 위한 자선공연을 관람하도록 카라시마 타케시에게 권하기도 했다. 이때 카라시마 타케시는 일본인으로서 중국인들이 모인 자리에 가는 것이 망설여졌지만 "루쉰은 오히려 웃으며 권하면서 괜찮으니 꼭 가서 보시라고 했다"[49]는 것이다. 이튿날 카라시마 타케시는 정보치(鄭伯奇)의 안내로 공연을 보게 되었으며, 오히려 무대 뒤로 초대되어 환영을 받았고 톈한(田漢)으로부터 여러 가지 화극(話劇) 관련 자료도 얻을 수 있었다. 잡지 『조선과 만주(朝鮮及滿洲)』 1933년 3월호에 실린 카라시마 타케시의 「중국과 조선의 신극(新劇)」이라는 글은 바로 그가 루쉰의 권유로 보았던 자선공연을 바탕으로 하여 중국의 신극을 소개한 글이다. 물론 여기에는 카라시마 타케시가 서울로 돌아온 2월 9일, 그날 저녁에 관람한 조선극예술연구회의 공연을 토대로 조선의 신극을 간단하게 소개하는 내용도 포함되어 있다. 이렇게 본다면, 카라시마 타케시가 조선에서 발표한 중국 신문학(현대문학) 관련 글은 대체로 그가 베이징이나 상하이에서 루쉰을 만나 대화를 나누면서 중국의 문단 상황을 직접 듣고 이해한 후에 쓴 것들이다. 카라시마 타케시의 중국 신문에에 대한 이해는 루쉰을 매개로 이루

49 辛島驍 「魯迅追憶」, 『桃源』 創刊號, 14-15쪽 참조; 辛島驍, 「回憶魯迅」, 『魯迅硏究資料 13』, 213쪽; 陳夢熊, 『『魯迅全集』中的人和事: 魯迅佚文佚事考釋』, 296쪽.

어졌으며, 그런 만큼 그는 중국 신문예를 생생하게 소개할 수 있었다.

5. 카라시마 타케시에 대한 평판과 '국책(國策)' 선전

서울로 돌아온 카라시마 타케시는 루쉰의 아들 하이잉(海嬰)의 장난감 및 어란(魚卵)을 루쉰에게 선물로 보냈다. 루쉰은 1933년 2월 14일의 일기에서 "카라시마 타케시 군이 조선으로부터 보내온 장난감 2상자 6매를 받았고, 또 어란(魚卵) 1상자 3포를 받아 카마다(鎌田)와 우치야마(內山) 군에게 각각 1포씩 나누어주었다"[50]라고 기록하고 있다. 여기서 주의할 것은, 이것이 루쉰의 일기에 나오는 카라시마 타케시에 대한 마지막 기록이라는 점이다.[51] 카라시마 타케시는 루쉰의 부음을 접한 뒤 외국인으로서는 가장 빠른 당일 오후에 조전(弔電)을 보냈을 만큼 루쉰을 경모하고 있었다고 할 수 있다. 하지만 카라시마 타케시의 세 번째 방문 이후 루쉰의 일기에는 카라시마 타케시의 이름이 등장하지 않으며 그와 교류한 흔적이 보이지 않는다. 이는 루쉰과 카라시마 타케시의 교류가 사실상 끊어졌다는 의미가 될 것이다. 루쉰이 '조선'에서 보내온 카라시마 타케시의 선물을 받은 이후 그에게 답신을 보내지 않은 이유는 무엇일까? 루쉰이 의도적으로 카라시마 타케시와 거리를 두기 시작한 것은 아닐까? 루쉰은 카라시마 타케시가 세 번째 방문한 이후 그의 잘 드러나지 않은 어떤 '진실'을 간파하게 되었던 것은 아닐까?

카라시마 타케시는 루쉰과의 교류 및 루쉰으로부터 받은 가르침을 매우

50 魯迅, 『日記』, 『魯迅全集(16)』, 361쪽. "得辛島驍君從朝鮮寄贈之玩具二合六枚, 魚子一合三包, 分給鎌田及內山君各一包."

51 「人物 · 書刊注釋說明」, 『日記』, 『魯迅全集(17)』, 109쪽 참조; 陳夢熊, 「魯迅與日本漢學家辛島驍」, 『魯迅全集中的人和事』(上海社會科學院出版社, 2004), 280쪽 참조.

중시했고, 중국의 신문예를 소개하면서 루쉰과 좌익 문예를 대단히 비중 있게 다루었다. 또 그는 1935년 5월 「현대 중국의 제사상(現代支那の諸思想)」이라는 글에서 당시 중국의 사상계를 소개하면서 국민당에 대응하는 좌익 사상을 적극적으로 소개한 바 있다. 1933년 여름에 행방불명된 좌익 여류작가 딩링(丁玲)에 대해서는 외국의 신문기자들의 말을 인용해 국민당의 파시즘의 표현인 남의사(藍衣社)의 마수에 걸려들었다고 설명했다. “이러한 사상탄압의 폭풍은 반드시 급진 좌익 작가들에게만 한정해서 습격해 오는 것은 아니며, 문화운동의 모든 부문에 있어 그것은 반드시 연이어 일어나게 될 것이다. 다만 여기에 게재한 두 가지 사건의 경우, 하나는 피해자가 세계적으로 유명해서 그것이 일시에 다수에게 알려졌다는 점 때문에 센세이셔널한 보도가 된 데 지나지 않는다. 우리들 눈에 띄지 않는 수많은 참혹한 학대가 어제도 오늘도 연이어 일어나고 있다는 것을 우리들은 생각하지 않으면 안 된다.”[52] 이렇게 카라시마 타케시는 국민당의 문화탄압, 사상압박의 문제를 비판적으로 다루면서 진보적인 입장을 취했다.

그런데 이러한 표면적인 입장 이면에 숨겨진 카라시마 타케시의 또 다른 일면에 주의하지 않으면 안 된다. 당시 조선에서 발행되던 잡지 『조선과 만주』 1937년 4월호에 실린 카라시마 타케시에 대한 평판에 주목해보자. 일본인 오카모토 하마키치(岡本濱吉)는 「성대(城大) 교수 평판기(3)」에서 ‘카라시마 타케시 조교수’에 대한 평판을 이렇게 서술했다.

> 루쉰의 장례식에 조전(弔電)을 보낸다든지 지나(支那, 중국)의 프롤레타리아 문학을 소개하여 지나문학 연구자에게는 좀 신기한 변종으로 불린다. (중략) 그는 후쿠오카(福岡) 사람이며, 지나문학사(支那文學史), 지나소설(支那小說), 초사(楚辭) 등을 강의하고 있지만 좌익은 아니며 파쇼라고 말하는 사람이 많다.

52 辛島驍, 「現代支那の諸思想」, 『綠人』 2號(綠人發行所) 1935. 6. 11, 15쪽 참조.

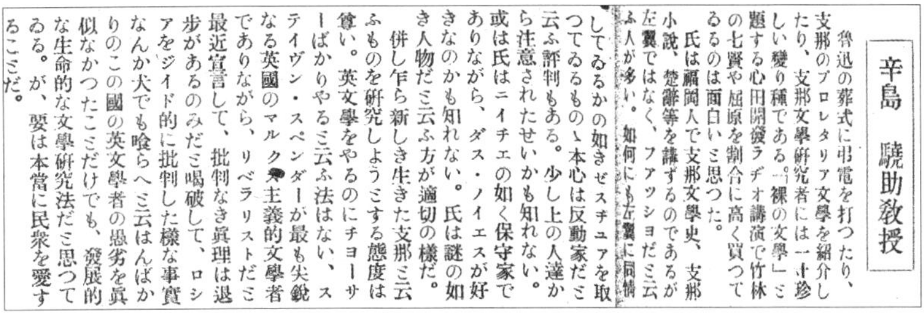

辛島 驍助教授

魯迅の葬式に弔電を打つたり、支那のプロレタリア文學を紹介したり、支那文學研究者には一寸珍しい變り種である。「裸の文學」と題する心田開發ラヂオ講演で竹林の七賢や屈原を割合に高く買つてゐるのは面白いと思つた。

氏は稀聞人で支那文學史、支那小說、楚辭等を講ずるのであるが左翼ではなく、ファッショだと云ふ人が多い。如何にも左翼に同情してゐるかの如きゼスチュアを取つてゐるものゝ本心は反動家だと云ふ評判もある。少し上の人達から注意されたせいかも知れない。或は氏はニイチエの如く保守家でありながら、ダス・ノイエスが好きなのかも知れない。氏は謎の如き人物だと云ふ方が適切の樣だ。

併し乍ら新しき生きた支那と云ふものを研究しようとする態度は偉い。英文學をやるのにチョーサーばかりやると云ふ法はない、スティヴン・スペンダーが最も尖鋭なる英國のマルクス主義的文學者でありながら、リベラリストだと最近宣言して、批判なき眞理は退歩があるのみだと喝破して、ロシアをジイド的に批判した樣な事實なんか犬でも喰らへと云はんばかりのこの國の英文學者の愚劣を眞似なかつたことだけでも、發展的な生命的な文學研究法だと思つてゐる。が、要は本當に民衆を愛することだ。

「성대(城大) 교수 평판기」에서 카라시마 타케시 조교수에 대한 평판

아무리 좌익에 동정하는 것 같은 제스처를 취하고 있지만, 본심은 반동가라고 말하는 평판도 있다. (중략) 그는 수수께끼 같은 인물이라고 말하는 쪽이 적절할 듯하다. (중략) 그렇지만, 요(要)는 진정으로 민중을 사랑해야 할 것이다.[53]

오카모토 하마키치는 카라시마 타케시에 대해 '좌익에 동정하는 것 같은 제스처를 취하고 있지만 본심은 반동가라고 말하는 평판'이 있음을 지적하고 그에게 '진정으로 민중을 사랑할 것'을 요청하고 있다. 카라시마 타케시에 대한 이러한 '평판'은 정확하게 들어맞았다고 할 수 있으니, 이후 카라시마 타케시의 실제 활동이 증명해주고 있다. 카라시마 타케시는 1937년 10월부터 일본의 전시문단체제(戰時文壇體制)를 위해 쓰다 다케시(津田剛)와 함께 어용문학단체의 결성에 관여하고 '내선일체(內鮮一體)' 등 일본의 '국책(國策)' 선전에 앞장선다. 그가 1939년에 결성된 '조선문인협회'의 간사로 활동한 것이 가장 두드러진다. 「조선문인협회 회칙」 제2조에 따르면, "본회는 국민정신총동원의 취지의 달성을 기(期)하고 차(且) 문인상호의 친목향상을 도(圖)함으로써 목적으로" 한다고 했듯이,[54] '조선문인협회'는 '국민정신총동원조선연맹'의 취지를 달성하는 것이 주된 목적이었다.

53 岡本濱吉, 「城大敎授評判記(三)」, 『朝鮮及滿洲』 1937. 4, 60-61쪽.

54 박광현, 「조선문인협회와 '내지인 반도작가'」, 『현대소설연구』 제43집(2010. 4), 90-91쪽 참조.

1939년에 열린 '조선문인협회' 결성 강연회를 방청한 바 있는, 당시 경성제국대학 재학생이던 나카무라 우이치(中村卯一)는 다음과 같은 회고의 글을 남겼다. "카라시마(辛島) 교수와 이광수(李光洙)와 같은 저명한 문화인이 시국이라는 구실에도 불구하고 어느 정도까지 자신의 말에 책임을 져서 자신의 진짜 견해를 말하고 있는지 속을 떠보려는 생각으로 듣고 있었다. 이러한 마음으로 듣고 있으면, 어느새 '조선문인협회 기념 강연회'라고 하는 문화인들을 배우로 하는 테마의 연극을 감상하고 있는 기분이 되어 있었다. (중략) 또 카라시마 타케시 교수와 같은 학자가, 설령 본인의 성격에 기인하는 행동이어도, 문인협회라고 하는 국책에 협력하는 정치적 활동에 공명해 그 간부가 되는 것에 의해서, 그들 지도적 조선 문인들의 좋은 협력자가 되어, 간접적으로는 조선 민족에 대한 정치적 압박의 완화제가 된다고 하는 역할을 담당하는 것이 아닌가도 상상했다."[55] 카라시마 타케시의 '국책' 협력이 배우 역할에 지나지 않으며 그가 조선 문인들의 협력자가 되려는 의도를 가졌다고 상상해볼 수도 있겠지만, '본인의 성격에 기인하는 행동'으로서 '국책에 협력하는 정치적 활동에 공명해 그 간부가 된' 것에 그의 본질이 있다. 결국 '조선문인협회'는 국민문학 건설과 총력전(總力戰) 수행을 위해 봉사하다가 1943년 4월 17일에 '조선문인보국회(朝鮮文人保國會)'로 재출발해 '황도문학(皇道文學)'의 수립에 앞장섰는데,[56] 카라시마 타케시는 바로 이 단체의 이사장을 맡았던 것이다.

카라시마 타케시는 루쉰을 세 번째 방문했을 때의 회고에서 우치야마 간조(內山完造)의 초대로 상하이의 쓰마루(四馬路, 지금의 푸저우루福州路)의 어느 식당에 들어가면서 앞서가는 루쉰의 뒷모습을 보고 '선생님'이라고 부르고 싶은 충동을 느꼈다고 말하면서 이렇게 서술했다. "루쉰은 전 중국

---

55 中村卯一, 「第四章 民族のしがらみ」, 『遠い日の東アジアで』 참조.

56 신희교, 『日帝末期小說硏究』(국학자료원, 1996), 30-31쪽 참조.

피압박대중의, 아니 세계 인류의 고뇌를 모두 그 자그마한 목과 앙상하게 마른 어깨가 떠맡고 있는 듯했다. 이것은 그때 그토록 강렬하게 나를 흡인하지 않았던가?"[57] 카라시마 타케시는 전 중국의 피압박대중과 세계 인류의 고뇌를 자그마한 목과 앙상하게 마른 어깨로 떠맡고 있는 루쉰으로부터 강렬한 교훈을 받은 것으로 서술했지만, 실제로 그는 조선에서 그 반대의 길을 걸었다. 그는 오히려 '피압박대중'인 '조선 민중'을 일본 당국의 식민정책에 동원하는 데 앞장섰던 것이다.

카라시마 타케시는 「루쉰 추억」의 결미에서 식은땀을 흘리며 살을 에는 듯한 참회의 심경을 토로한 바 있다. "루쉰은 민족의 고뇌를 자신의 고뇌로 삼아 일생을 살았다. 그런 루쉰을 여러 번 접촉하고 가르침을 받았던 나는 지금 무엇을 하고 있는가 하고 자성해보니 식은땀이 흘렀다. 루쉰은 어떠한 경우에 처하든 공부를 게을리한 적이 없는 사람이다. 지금 나는 그 정신을 얼마만큼 몸에 지니고 있을까? 날이 밝아올 때까지 읽고 쓰고 있지만 그것은 입에 풀칠하기 위한 돈을 생각해서 노력하는 것이니 한심한 일이다. 저 지하로부터 안온한 얼굴을 한 채 나를 호되게 질타하려는 마음으로 응시하고 있다고 생각하니 살을 에는 듯한 느낌이 들었다."[58] 일본이 패전하고 마오쩌둥(毛澤東)의 혁명노선의 성공이 가시화되던 1949년 6월에 이르러 카라시마 타케시는 어쩌면 루쉰을 떠올리며 '내선일체'와 같은 일본의 '국책' 선전에 앞장서서 '조선 민중'을 동원했던 자신의 과오를 돌이켜보며 살을 에는 듯한 쓰라린 고통을 느꼈을지도 모른다. 그런데 카라시마 타케시의 참회는 그 본질적 내용을 감추고 있어 진정한 반성으로 보기 어렵다. 식은땀을 흘리며 살을 에는 듯한 참회의 고통을 느낀 것처럼 표현하

---

57 辛島驍, 「魯迅追憶」, 『桃源』 創刊號, 15쪽; 辛島驍, 「回憶魯迅」, 『魯迅研究資料 13』, 214쪽; 陳夢熊, 『『魯迅全集』中的人和事: 魯迅佚文佚事考釋』, 296쪽.

58 辛島驍, 「魯迅追憶」, 『桃源』 創刊號, 15쪽; 辛島驍, 「回憶魯迅」, 『魯迅研究資料 13』, 214쪽; 陳夢熊, 『『魯迅全集』中的人和事: 魯迅佚文佚事考釋』, 297쪽.

고 있지만, 참회의 대상을 겨우 '공부를 게을리한 적이 없는 사람'의 정신을 본받지 못한 데서 찾고 있다면 진정한 반성에 이른 것이 아니다. 진정한 반성은 피압박대중의 고뇌를 짊어지려 했던 루쉰의 정신을 본받지 못하고 오히려 진보적인 척 좌익에 동정하는 제스처를 취하면서도 '조선 민중'을 억압하는 '국책' 선전에 앞장섰던 기회주의적인 태도를 취한 데 대한 반성이어야 한다. 하지만 카라시마 타케시는 '공부를 게을리한 적이 없는 사람'의 정신을 본받지 못했다고 말함으로써 자신의 과오를 희석시키고, 오히려 루쉰과의 관계를 부각시켜 자신을 돋보이게 하려는 것이 아닌가 여겨진다. 이를테면, 「루쉰 추억」에서 카라시마 타케시는 루쉰을 두 번째 방문했을 때 루쉰의 학술저서 『중국소설사략(中國小說史略)』의 일본어 번역을 승낙받았으나, 그 후 "이 작업에 관심을 기울이기보다 당면한 조선의 민족 문제 쪽에 더 많은 관심을 기울이고 있었"[59]기 때문에 동창인 마쓰다 와타루(增田涉)에게 번역권을 넘기지 않을 수 없었다고 말했다. 여기서 '조선의 민족 문제 쪽에 더 많은 관심을 기울이고 있었다'라는 표현이 무엇을 의미하는지는 분명하지 않다. 하지만 「루쉰 추억」이라는 글이 피압박대중의 고뇌를 짊어지려 했던 루쉰의 정신을 기리고 있으므로 '조선의 민족 문제' 쪽에 관심을 기울이느라 『중국소설사략』을 번역할 여유를 가지지 못했다는 설명은 카라시마 타케시 자신도 역시 피압박대중인 조선 민족을 위해 열심히 일하고 있었다는 뉘앙스를 풍기는 것이다.

천멍슝(陳夢熊)은 「루쉰과 일본 한학가(漢學家) 카라시마 타케시」라는 글에서 중국어로 번역된 카라시마 타케시의 「루쉰 추억」과 「국민당정부의 문화정책과 중국문단의 동향(國民黨政府的文化政策與中國文壇的動向)」이라는 글을 부록으로 함께 싣고 이를 토대로 루쉰과 카라시마 타케시의 교류를

59 辛島驍, 「魯迅追憶」, 『桃源』 創刊號, 13쪽; 辛島驍, 「回憶魯迅」, 『魯迅硏究資料 13』, 212쪽; 陳夢熊, 『『魯迅全集』中的人和事: 魯迅佚文佚事考釋』, 294쪽.

의미심장하게 다루었다. 그는 특히 「국민당정부의 문화정책과 중국문단의 동향」이라는 글을 분석하면서 카라시마 타케시가 좌익 문예운동을 동정하는 입장에 서서 반동적인 국민당의 문화정책을 폭로하고 비판했다고 지적했다. "이것은 바로 그가 루쉰 선생의 현실 투쟁 방법에 대한 사상적 영향을 받은 결과이다. 이 글이 발표됨으로써 틀림없이 일본과 조선에 훌륭한 선전 효과가 있었을 것이며, 또한 그것은 중 · 일(中日) 양국의 진보문학의 교류와 인민 사이의 친밀한 우의를 의미하는 것이다."[60] 만일 중국어로 번역된 예의 두 편의 글만을 읽으면 카라시마 타케시에 대한 천멍슝의 평가는 타당하다. 그렇지만 카라시마 타케시의 '조선'에서의 활동과 그의 사상적 경향성을 제대로 파악한다면 상황은 크게 달라질 것이다. 장제(張杰)도 「루쉰과 카라시마 타케시」라는 글에서 루쉰과 시오노야 아쯔시 및 카라시마 타케시의 양대(兩代)에 걸친 교류를 두고 '중 · 일(中日) 문화교류사에서 아름다운 일화의 하나'라고 소개하면서 그 역시 카라시마 타케시가 '조선'으로부터 루쉰의 아들 하이잉(海嬰)에게 주는 장난감 등을 보내온 사실을 루쉰 일기를 인용해 간단히 언급하는 것으로 글을 맺고 있을 뿐 카라시마 타케시의 '조선'에서의 활동은 언급하지 않았다.[61] 천광홍(陳廣宏)도 일본 점령 시기 '조선' 내의 중국학 연구자로서 카라시마 타케시를 소개하면서 그의 중국학 관련 연구 업적만을 예거했을 뿐 그가 이른바 일본의 '국책' 선전에 앞장섰던 사실은 언급하지 않았다.[62] 여기서는 카라시마 타케시

60 陳夢熊, 「魯迅與日本漢學家辛島驍」, 『『魯迅全集』中的人和事: 魯迅佚文佚事考釋』, 281쪽.

61 張杰, 『魯迅: 域外的接近與接受』(福建教育出版社, 2001), 54쪽 참조.

62 陳廣宏, 「韓國"漢學"向"中國學"轉型之沈重一頁: 日據朝鮮時期京城帝國大學的"中國學"研究及其影響」, 『韓國研究論叢』 2005年 참조. "동경제국대학 문학부 중국문학과를 졸업했으며, 시오노야 아쯔시(鹽谷溫)를 전승(傳承)하였다. 1926년 학기 간에 중국으로 가서 시오노야 아쯔시의 소개로 루쉰을 알게 되었다. 경성제국대학에서 선후로 중국어학중국문학 강좌 조교수, 교수를 역임하였으며, 주로 중국근세문학, 특히 중국소설연구에 종사하였다……." 천광홍(陳廣宏)은 카라시마 타케시 등 경성제국대학에서 중국학을 연구한 일본인 학자들을 소개하면서 참고자료를 주석에서 밝혀놓았는데, 리칭(李慶)의 『일본한학

의 중국학 연구 상황을 개괄하는 자리이므로 여타의 활동은 언급하지 않아도 무방할지 모른다. 하지만 루쉰과 카라시마 타케시의 교류 또는 카라시마 타케시의 중국학 연구 성과를 소개하는 상술한 글들에서 한결같이 경성제국대학 재직 시기 카라시마 타케시의 활동과 그의 사상적 경향성이 전혀 언급되지 않고 있다는 점은 지적하지 않을 수 없다. 카라시마 타케시와 루쉰의 교류를 정확하게 평가하기 위해서는 일본의 '국책' 선전에 앞장섰던 카라시마 타케시의 활동과 그의 사상적 경향성을 충분히 인식할 필요가 있다. 그래야만 루쉰이 '조선'으로부터 보내온 카라시마 타케시의 선물을 받았음에도 불구하고 그에게 답신을 보내지 않은 심층적인 원인을 이해할 수 있을 것이다.

6. 차이와 대화

1933년 초반 비슷한 시기에 루쉰과 교류한 신언준과 카라시마 타케시는 나아간 길이 달랐다. 신언준은 한국의 독립운동에 참여하고 진보적인 입장에서 루쉰을 소개하거나 중국의 정치 정세와 사상 동향을 적극 소개했다. 반면 카라시마 타케시는 중국 신문예를 생생하게 소개하면서 좌익문학과 루쉰을 대단히 중시했으나 점차 기회주의적인 태도를 드러내며 일본의 '국책(國策)' 선전에 적극 가담했다.

신언준과 루쉰의 만남은 단순히 '조촐한 중·조(中朝) 간의 개인적 교류' 차원으로 한정할 수 없으니, 그것은 한국의 독립운동에 가담했던 신언준

사(日本漢學史)』 제1-3권(上海外語教育出版社, 2002, 2004年版), 옌사오탕(嚴紹璗)의 『일본의 중국학가(日本的中國學家)』(中國社會科學出版社, 1980年版) 등이다. 천광홍은 중국에서 출판된 자료에 의거해 카라시마 타케시의 연구 성과를 상세하게 소개했으나 그가 '조선문인협회' 간사로 활동하면서 일본의 '국책'에 적극 동조했다는 사실은 언급하지 않았다.

의 루쉰 이해의 수준을 보여주며 루쉰에 대한 당시 한국인의 기대를 반영하는 것이었다. 특히 신언준은 중국 민중의 힘을 낙관하면서 당시 중국 정세를 프롤레타리아 세력이 사상계의 주류로 떠오르고 있는 것으로 간파하고 '좌익편'에 선 루쉰을 프롤레타리아작가의 이미지로 부각시켜 한국 독자들에게 전하고자 했던 것이다.

카라시마 타케시가 발표한 중국 신문예에 관한 글은 그가 베이징이나 상하이에서 루쉰을 만나 대화를 나누면서 중국의 문단 상황을 직접 듣고 이해한 후에 쓴 것들인 만큼 그의 중국 신문예에 대한 이해는 루쉰을 매개로 이루어졌다. 물론 루쉰과 카라시마 타케시의 교류는 일본의 중국 침략이 노골화되던 무렵 중·일 간 민간 차원의 지식인 교류라는 점에서 주목할 만하다. 하지만 카라시마 타케시가 경성제국대학 교수로 재직하면서 점차 '조선문인협회'의 결성에 관여해 일본의 '국책' 선전에 앞장섰다는 사실은 그의 사상적 경향을 뚜렷이 보여준다. 그는 '전 중국의 피압박대중과 세계 인류의 고뇌를 자그마한 목과 앙상하게 마른 어깨로 떠맡고 있던' 루쉰으로부터 강렬한 교훈을 받은 것으로 회고했지만, 그 교훈을 자기부정이라도 하듯이 오히려 '피압박대중'인 조선 민중을 일본의 '전시체제'에 동원했던 것이다.

오늘날 근대민족국가를 회의적인 시선으로 바라보고 있는 마당에 역사와 민족의 문제를 절대화할 수는 없을 것이다. 하지만 근대 시기의 뒤틀린 역사적 경험이 지금까지도 의식적·무의식적으로 영향을 끼치고 있는 동아시아에서 각국의 정체성 확립에 필수불가결한 역사와 민족의 문제는 여전히 회피할 수 없는 문제로 남아 있다. 비슷한 시기에 거의 동일한 내용으로 루쉰과 대담을 나눈 바 있는 신언준과 카라시마 타케시의 서로 다른 행보는 역사와 민족의 문제를 다시금 사고하도록 이끈다. 그것은 동아시아 역내(域內)의 새로운 관계 정립을 위해서는 민족국가 차원에서 각기 '차이'를 드러내고 또 그것을 인정하면서도 민족국가를 넘어서서 서로 '대화'

를 열어가는 것이 그만큼 절실함을 보여준다.

원래 정체성은 타자와 '차이'를 드러내어 구분을 짓는 데서 확립된다. 그러나 그 구분은 배타적인 구분이 아니며, 구분의 접경에서 서로 만남이 가능하도록 이끌어야 한다. 진정한 의미의 정체성 확립은, '차이'를 드러내어 구분을 지으면서도 구분 이후 그 경계에서 서로 만나 '대화'를 열어가는 데서 완성된다. 루쉰은 중국의 고전인 『좌전(左傳)』을 인용해, 왕(王)—공(公)—대부(大夫)—사(士)—조(皁)—여(輿)—예(隷)—요(僚)—복(僕)—대(臺)로 이어지는 중국의 신분적 질서체계를 설명하고 그 순환의 작동 원리를 밝혀냄으로써 중국 역사 전개의 내재적 논리를 규명한 바 있다. 그는 신분적 질서체계 내에서 가장 비천한 '대(臺)'는 신하가 없으니 너무 힘들지 않은가 하고 질문을 던진 다음, 그러나 걱정할 필요가 없으니 자기보다 더 비천한 아내가 있고 더 약한 아들이 있다는 것이다. 물론 그 아들도 희망이 있으니, 다른 날 어른이 되면 '대'로 올라설 것이므로 역시 더 비천하고 더 약한 처자가 있어서 그들을 부릴 수 있다는 것이다. 이른바 순환의 작동 원리란, "이처럼 고리를 이루며 각자 자기 자리를 차지하고 있으므로 감히 그르다고 따지는 자가 있으면 분수를 지키지 않는다는 죄명을 씌운다"는 바로 그것이다.[63] 루쉰은 차등적 구분에 의거한 정체성 확립은 스스로를 노예로 전락시키는 행위임을 지적함으로써 순환의 고리를 끊을 수 있는 새로운 질서체계로서 민주적 구분을 모색하고자 했다. 따라서 이른바 '전 중국의 피압박대중과 세계 인류의 고뇌'를 떠맡고자 한 루쉰의 저항정신은 동아시아의 '저항 전통'으로 계승될 수 있는바, 미래 공존의 동아시아의 새로운 관계 정립을 위해 그것은 '대화'를 열어가는 정신적 자원으로 활용될 수 있을 것이다.

---

63 魯迅, 「燈下漫筆」, 『墳』, 『魯迅全集(1)』, 227-228쪽.

제6장

이육사와 루쉰이 도달한 문학정신

1. 이육사와 루쉰의 만남과 문학적 모색

이육사(李陸史, 1904-1944)는 근대 시기 대표적인 민족저항시인으로서 1944년 1월 그의 나이 마흔이 채 되기도 전에 베이징 일본 영사관의 차갑고 어두운 감옥에서 생을 마쳤다. 그는 많지 않은 시(詩) 작품과 수필, 그리고 루쉰 문학 및 중국 현대문학에 대한 비평과 시사평론을 남겨놓았는데, 그가 쓴 글의 분량은 책 한 권에 묶일 정도에 지나지 않는다. 하지만 이 글들은 모두 일제(日帝)의 검속(檢束)이 되풀이되는 가운데 '쫓기는 마음 지친 몸'(「노정기」)의 열악한 환경에서 씌어진 것이라 그 무엇과도 바꿀 수 없는 소중한 가치를 갖는다.

이육사는 1926년 가을 학기부터 1927년 봄 학기까지 베이징의 중국대학(中國大學)에 유학했고 1932년 10월부터 이듬해 4월까지 중국 난징(南京) 근교의 '조선혁명군사간부학교'(이하 '군사간부학교'로 줄임)에서 교육과 훈련을 받은 바 있다. 귀국 이후 그는 한국의 독립운동에 적극 가담하면서 시와 수필을 발표하는 등 문학 창작에 매진했으며, 중국 현대문학 및 루쉰 문학을 국내에 비평 소개하는 데도 일조했다.[1] 이육사는 1933년 4월 군사간부학교 1기생으로 졸업한 뒤 상하이를 거쳐 귀국하게 되는데, 그때 상하이에서 『조선일보』 '1천 원 현상소설' 공모에 참여한다. 이육사가 현상공모소설로 제출한 「무화과(無花果)」가 본선에 오른 다섯 편 중에서 가장 떨어지는 작품이라는 혹평을 받으며 입선하지는 못했지만,[2] 그가 문학 창작에 뜻을 두고 있었음을 보여주는 중요한 자료이다. 이 응모소설의 최종 원고는 1933년 귀국 후에 제출되는데, 군사간부학교의 졸업과 동시에 현상소설 공모에 응모한다는 것은 특이한 일이다. 군사간부학교는 조선혁명(민족해방)을 완수할 사회적 실천가를 양성하는 것을 주 임무로 하고 있었기에 문학 창작과 직접적인 관계가 없다. 그런데 이육사는 군사간부학교를 졸업하자마자 사회적 실천에 곧바로 뛰어들기보다 오히려 문학 창작에 뜻을 두었던 것이다. 그가 군사간부학교의 졸업을 앞두고 의열단(義烈團)의 단장 김원봉(金元鳳)에게 호출되어 금후 어떻게 하겠느냐는 질문을 받았을 때 "조선 독립운동을 위해서는 조선으로 돌아가서 노동자, 농민에게 독립사상을 고취하여야 한다고 주장했더니, 김원봉은 그러면 조선으로 돌아가서 의열단을 위하여 사력을 다하여 활동하라"[3]고 했다는 것이다. 이육사는

1 졸저 『근대 한중 교류의 기원: 문학과 사상 그리고 학문의 교섭』(이화여자대학교출판부, 2015)의 제1부 참조. 필자는 이 책에서 이육사의 베이징 중국대학 유학 및 이육사와 루쉰의 만남, 이육사의 시와 중국 현대문학과의 관련 양상 등을 실증적으로 고증하고, 이를 바탕으로 이육사 문학이 지향하는 예술성과 사상성의 통일의 문제를 세밀하게 논증한 바 있다.

2 「一千圓 懸賞小說 選後感」, 『朝鮮日報』 1934. 1. 1. "「무화과」는 5편 중에 가장 떨어지는 작(作)으로 성격이나 문장에 취할 점이 없을뿐더러 생활양태가 조선과 맞지 아니하고 스토리로서의 초점이 불명(不明)하고 배경으로서나 여흥(餘興)으로서도 불필요한 인물들이 도처에 출몰한다."

3 國史編纂委員會 編, 「李活 신문조서」(1934), 『韓民族獨立運動史資料集 30』(國史編纂委員會, 1997), 157쪽.

이육사가 루쉰을 대면한 곳인 만국빈의관(萬國殯儀館)의 현재 모습(2012년 촬영)

무력실천으로서의 혁명운동과 일정한 거리를 유지하면서 독립사상을 고취하는 데 주력하기로 마음을 정한 것이다.

이 대목에서 흥미로운 것은, 이육사가 상하이에 머물고 있을 때인 1933년 6월 중국의 민주인사 양싱포(楊杏佛)가 암살되어 상하이의 만국빈의관(萬國殯儀館)에 빈소가 마련되자 이육사가 그곳을 찾았다가 루쉰을 대면한 일이다. 이것이 인연이 되어 이육사는 루쉰 서거 후 나흘 만인 1936년 10월 23일 『조선일보』에 「루쉰 추도문(魯迅追悼文)」을 발표한다. 이 기고문은 「루쉰 추도문」이라는 제목을 달고 있지만 실제로는 '루쉰문학론(魯迅文學論)'이라 할 만하다. 원래 추도문이란 망자의 죽음을 애도하는 글인데, 「루쉰 추도문」은 루쉰의 죽음을 애도하는 데 그치지 않고 루쉰의 문학과 정신을 체계적으로 비평하고 있어 일반적인 추도문의 범주를 넘어서고 있다. 이 글은 「광인일기」, 『외침』의 「서문」, 『이심집(二心集)』, 『화개집속편(華盖集續編)』, 『이이집(而已集)』 등 루쉰 작품집으로부터 문장을 직접 인용해 루쉰의 문학정신과 창작 '모랄(morale)'을 세밀하게 분석하고 있어 루쉰 문학을 깊이 있게 연구한 결과로서 씌어진 것임을 짐작하게 한다. 그렇다면 이육사의 이 글은 루쉰의 서거 소식에 즉각적인 반응으로 작성된 추도문이라기보다는 그때까지 루쉰 문학을 탐독하면서 정리해온 내용을 담은 것이라고 보아야 한다. 말하자면 루쉰 문학을 탐독해온 이육사가 루쉰의 서거 소식을 접하자 그동안 축적해온 연구 성과를 「루쉰 추도문」의 형식으로 발표한 것이다.

이육사는 「루쉰 추도문」에서 루쉰 문학을 소개하면서 루쉰이 광둥(廣東)에 갔을 때 그를 맞이하는 한 청년의 글을 다음과 같이 인용하고 있다. "'「광인일기」를 처음 읽었을 때 문학이란 것이 무엇인지 몰랐던 나는 차차 읽어 내려가면서 이상한 흥분을 느꼈다. 그래서 동무를 만나기만 하면 곧 붓을 들고 말하기를, 중국의 문학은 이제 바야흐로 한 시대를 짓고 있다. 그대는 「광인일기」를 읽어보았는가. 또 거리를 걸어가면 길 가는 사람이라도 붙들고 내 의견을 발표하리라고 생각한 적도 있었다……'(『광둥에서의 루쉰(魯迅在廣東)』)."[4] 이육사가 루쉰 문학에 대한 한 청년의 감상을 인용한 이 글에서 주목되는 것은 『광둥에서의 루쉰(魯迅在廣東)』이라는 책이다.[5] 이 책은 중징원(鐘敬文)의 편집에 의해 1927년 7월 상하이의 북신서국(北新書局)에서 처음 출판되었는데, 이 책에는 루쉰이 광둥에 도착

---

4 김용직 · 손병희 편저, 『李陸史全集』(깊은샘, 2008년 2쇄), 211쪽. 이 장에 나오는 『李陸史全集』에서 인용한 문장의 경우, 일부 단어와 구문을 필자가 약간 다듬었다.

5 鐘敬文 編, 『魯迅在廣東』, 『魯迅研究學術論著資料匯編 1(1913-1936)』(中國文聯出版公司, 1985), 258쪽. 원문은 다음과 같다. "當『狂人日記』初在『新青年』發表的時候, 本來不知道文學是什么東西的我, 讀了就覺得異常興奮, 見到朋友, 對他們說: '中國文學要划一个新時代了。你看見過『狂人日記』沒有？' 在街上走時, 便想對過路的人發表我的意見,……". 이를 번역하면 다음과 같다. "「광인일기」가 처음 『신청년』에 발표되었을 때, 원래 문학이 무엇인지 모르던 나는 읽고 난 뒤 이상한 흥분을 느꼈다. 친구를 만나면 그들에게 '중국문학은 바야흐로 새로운 시대의 획을 긋고 있다. 그대는 「광인일기」를 보았는가?'라고 말했다. 길을 걸을 때면 길 가는 사람들에게 나의 의견을 발표하고 싶었다."

學藝

魯迅追悼文 (一)

李陸史

魯迅略傳

니ㅡ체와現代文化

正音反對派의上疏

訓民正音頒布記念을앞두고

「루쉰 추도문」(『조선일보』 1936. 10. 23)

한 이후 그곳 청년들이 쓴 루쉰에 관한 글 12편, 루쉰의 연설문 2편과 잡문 2편이 수록되어 있다. 이육사가 인용한 문장은 이 책에 수록된 쑹윈빈(宋雲彬)의 「루쉰 선생은 어디로 숨었는가?(魯迅先生往哪里躱?)」라는 글에 나온다. 원문과 대조해보면, 이육사가 좀 더 형상적으로 표현하기 위해 '붓을 들고'라는 말을 더하기는 했지만 원문을 직접 번역한 것임을 확인할 수 있다. 『광둥에서의 루쉰』은 1927년 7월에 상하이의 북신서국에서 초판이 나왔으므로 이육사가 1933년 6월 상하이에서 루쉰을 대면한 이후 그해 10월 귀국하기 전에 이 책을 구입했을지도 모른다. 그런데 이육사가 1936년 초 잠시 만주에 가서 조선일보 대구지국 동료기자이던 이선장(李善長)을 몽양(夢陽) 여운형(呂運亨)과 일헌(一軒) 허규(許珪)에게 소개하고 돌아온 사실이 발각되어 일주일 동안 서대문형무소에 구류되었는데,[6]

6 심원섭 편주, 『원본 李陸史 전집』(집문당, 1986), 412쪽.

이를 감안하면 1936년 초에 만주를 다녀오면서 루쉰 관련 자료를 구입해 왔을 가능성도 있다. 이육사는 동년 7월 쇠약해진 몸 때문에 동해송도원(東海松濤園)으로 가서 요양하고 그 후 상경해 10월에 「루쉰 추도문」을 발표하고 12월에 루쉰의 단편소설 「고향」을 번역 발표했는데, 요양차 동해송도원에 머물던 시기부터 루쉰 문학을 깊이 있게 탐독한 것이 아닌가 한다. 이육사는 1941년 4월 25일 밤 원산(元山) 임해장(臨海莊)에서 평론 「중국 현대시의 일단면(一斷面)」을 완성했고, 다음날인 1941년 4월 26일 원산 청도장(聽濤莊)에서 만주 작가 구딩(古丁)의 단편소설 「골목안(小巷)」을 번역했으니, 이들도 만주를 다녀오면서 가져온 자료에 의거한 것으로 보인다.

1939년 10월 『문장(文章)』에 발표한 「횡액(橫厄)」에서도 이육사는 "연전에 작고(作故)한 중국 문호 루쉰"을 예로 들어 "그가 이 세상을 떠나던 전전해 여름에 쓴 수필집에서 「병후일기(病後日記)」를 읽어보면, 다음과 같은 말이 쓰여 있다"고 말하고 루쉰의 문장을 인용한 바 있다.

> -약(略)- 나는 지금 국가나 사회로부터 그다지 중요하게 보여지지 않는 모양이다. 그뿐만 아니라, 친척 지구(知舊)들까지도 차츰차츰 사이가 멀어져가는 모양이었다. -약(略)- 그러나 요즘 나는 병으로 해서 이 사람들의 주의를 갑자기 끌게 되었다. 이렇게 생각하면 병이란 것도 그다지 나쁜 것만은 아닌 듯도 하다. 그러나 기왕 병을 앓는다 하면 중병이나 급병(急病)은 대번에 생명에 관계가 되니, 재미가 적어도, 다병(多病)이란 것은 세상의 모든 귀골들이 하는 것이니, 나 자신도 매우 포스라운 사람들 틈에 끼일 수가 있게 되나부다. -약(略)-
>
> 이러한 루쉰 씨의 말을 따른다면 병도 때로는 효용이 적지 않은 모양이나, 내라는 사람은 실로 천대(賤待)받을 만큼 건강한 몸이라, 365일에 한 번도 누워

본 기록이 없으니, 이러한 행복조차 누릴 길이 없었다.[7]

위 인용문에서 언급된 병의 효용성이 이육사의 작품에서는 다음과 같이 변형되어 나타난다. "달빛이 창백하게 흐르면 유리창을 넘어서 내 방안은 추워졌다. 병든 마음이었고 피곤한 몸이었다. 십 년이나 되는 긴 세월을 나는 모든 것을 내 혼자 병들어 본다. 병도 나에게는 한 개의 향락일 수 있는 때문이었다. 아무도 없는 무덤 같은 방안에서 혼자서 꿈을 꿀 수가 있지 않는가."[8] 그렇다면 이육사가 인용한 루쉰 문장의 출처는 어디인가? 현재 『루쉰전집(魯迅全集)』에 실려 있는 잡문집 『차개정잡문(且介亭雜文)』에는 「병후잡담(病後雜談)」과 「병후잡담지여(病後雜談之餘)」라는 두 편의 글이 있는데, 대의에서 보나 제목에서 보나 이육사가 읽은 「병후일기」는 「병후잡담」일 가능성이 크다. 물론 「병후잡담」과 「병후잡담지여」는 1934년 12월에 씌어졌고, 이 글이 수록되어 단행본으로 출판된 『차개정잡문』은 루쉰이 세상을 떠난 이후 1937년 7월에 나왔으므로 이육사가 진술한 '전전해 여름에 쓴 수필집'이라는 말은 사실관계가 맞지 않다. 사실 루쉰이 세상을 떠나기 전전해 여름, 즉 1934년 여름에 출판된 루쉰의 수필집은 없다. 루쉰의 잡문집 『이심집(二心集)』이 1934년 10월에 출판되었으나 여기에는 「병후일기」에 해당하는 글이 수록되어 있지 않다. 그렇다면 이육사는 1937년 7월 여름에 출판된 잡문집 『차개정잡문』과 그 속에 수록된 1934년에 씌어진 「병후잡담」을 엇섞어 루쉰이 "세상을 떠나던 전전해 여름에 쓴 수필집에서 「병후일기」를 읽어보면"이라고 말했을 수는 있다. 이육사가 인용한 루쉰의 문장이 「병후잡담」에 동일하게 나오는 것은 아니지만, 그 대의가 「병후잡담」에 담겨 있기 때문이다. 실증적인 고증이 더 필

7 李陸史, 「橫厄」(『文章』 1939. 10), 『李陸史全集』, 164쪽.

8 李陸史, 「靑蘭夢」(『文章』 1940. 9), 『李陸史全集』, 168-169쪽.

요하겠지만, 이육사는 「횡액」이라는 글을 쓸 때 루쉰의 문장을 직접 인용한 것이 아니라 그 대의를 인용했을 것으로 짐작된다. 당시 이육사는 검속이 되풀이되는 상황에서 옮겨 다니며 글을 쓰고 있었으니 원문을 찾아가며 정확하게 인용할 처지는 아니었다. 루쉰의 「병후잡담」을 「병후일기」라는 제목으로 표기한 것으로 보아 정확한 인용이 아니라 그 대의를 기록한 것임을 시사한다.

어쨌든 이육사는 1933년 루쉰을 대면하고 귀국한 이후 점차 루쉰 문학을 탐독하면서 자신의 문학적 방향을 모색하고 있었던 것으로 보인다. 이육사는 어려서부터 유가경전과 고시(古詩)를 열독했거니와(「은하수)」, 외국문학으로서 『플루타르크 영웅전』·『시저』·『나폴레옹』 등 서양 작품을 읽고(「계절의 오행」), 폴 베를렌느·존 키츠·윌리엄 예이츠·레미 드 구르몽·니체 등 서양 시인의 시 작품을 안두(案頭)에 두고 읽었으며(「계절의 표정」), 일본 작가의 작품을 읽는 데도[9] 게을리하지 않았으니, 이러한 문학적 소양과 더불어 중국 현대시를 읽고(「중국 현대시의 일단면」) 루쉰 문학을 읽는 데 열중했던 것으로 이해된다.

2. 국민성개조 담론과 투철한 자기인식

주지하듯이 루쉰의 대표작 「아Q정전」에서 묘사된 아Q의 인물 형상은 중국 민족성을 묘사한 것이며, 나아가 인간의 보편적 성격을 표현한 것이

9 구딩(古丁)의 단편소설 「골목안(小巷)」(『조광(朝光)』 1941. 6)을 번역하면서 그 앞에 작가에 대한 간단한 소개말을 붙였는데, "작품의 맨도리(맨드리의 잘못된 표기로 보이며, 맨드리가 옷을 입고 매만진 맵시를 뜻하므로 여기서는 작품의 맵시 정도로 이해할 수 있지 않을까 한다)는 만주(滿洲)라는 특수한 풍토 속에서 주제를 고르는 데도 그러려니와, 작품을 처리해나가는 데 묘(妙)를 얻은 것은, 그 작품을 읽으면 어딘지 아쿠타가와 류노스케(芥川龍之介)의 작품을 읽는 듯한 느낌이 있는 것이다"(『李陸史全集』, 103쪽)라고 했다.

기도 하다. 『동아일보』의 중국 상하이 특파원이었던 신언준(申彦俊)이 1933년 5월 22일에 루쉰과 인터뷰를 가졌을 때 루쉰은 "아Q라는 인물은 자기가 살던 고향 루전(魯鎭)에 있는 사람을 모델로 한 것인데 기실 아Q는 중국인의 보통상(普通相)일뿐더러 중국인만이 아니고 어느 민족 중에서든지 흔히 볼 수 있는 보통상이라고 설명하였다."[10] 루쉰은 중국인의 저열한 국민성(민족성)을 폭로하는 한편 인간의 보편적 인성의 나약함도 함께 간파했으니, 아Q의 인물 형상은 '중국인의 영혼'을 묘사한 것인 동시에 어느 민족에서나 볼 수 있는 인간 일반의 부정적인 일면을 풍자한 것이다. 근대 시기 한국에서도 아Q의 인물 형상은 '중국인의 영혼'이라는 제한된 범위를 넘어서서 인간의 나약한 존재 양태의 하나로 이해했다.

이를테면, 1930년대에 농민문학론을 전개하기도 한 박승극(朴承極)은 수필 「산촌의 일야(一夜)」에서 다음과 같이 서술한 바 있다. "어떤 사람(알고 보니 ××형(兄)의 종형(從兄)이다)이 별안간 불난 이야기를 하고 있는 늙은이를 보고 노호(怒號)하는 것이다. 쭈그리고 앉은 그는 말을 끊고, 고개를 숙인 채 대꾸가 없다. 머리는 박박 깎고 얼굴은 힛누렇고 등은 길마턱처럼 굽었고 의복은 솥땜쟁이 같이 새까맣고 발목에는 짚재님을 맷고 흙 묻은 누덕버선에는 떨어진 고무신이 걸려 있다. 루쉰의 「아Q정전」에 나오는 '아Q'가 저런 사람이 아니었던가 싶다. 불쌍한 사람이다."[11] 아Q는 당시 한국에서도 어디서나 발견할 수 있는 보통의 인물상으로 그려지고 있었으니, 춘원 이광수가 스스로를 '아Q 같은 바보라오'라고 자조(自嘲)했던 것도 우연이 아니다. 김소운(金素雲)의 「춘원 · 이광수의 편모(片貌)」 중에는 다음과 같은 구절이 나온다. "『중앙공론(中央公論)』의 편집자가 나를 통해 춘원(春園)의 글 하나를 청했다. (중략) 그 원고 내용은 『중앙공론』에서 기대

---

10 申彦俊, 「魯迅 訪問記」, 『新東亞』 1934. 4.

11 朴承極, 「山村의 一夜(下)」, 『동아일보』 1938. 4. 13.

했던 것과는 너무나 거리가 멀었다. 적어도 루쉰급(魯迅級)의 관록(貫祿) 있는 수필 하나를 청한 것인데 춘원이 보낸 그 원고는 '그대와 나와 한잠자리에 자면 빈대 한 마리가 네 피도 내 피도 같이 빨아 먹는다'는 '내선일체신앙론(內鮮一體信仰論)'이었다."[12] "몇 해 지나 서울 왔던 길에 나는 춘원(春園)을 효자동 댁(宅)에 찾았다. '춘원론(春園論)' 하나를 쓰기 위한 그 자료준비 때문이다. 춘원은 내 내의(來意)를 들더니 쑥스러운 고소(苦笑)를 띄우면서 '쓰려거든 『아Q정전』처럼 쓰시오' 한다. 내게는 가슴에 찔리는 한마디이다. '나는 아Q 같은 그런 바보라오—' 춘원의 그 말이……"[13] 춘원이 스스로를 아Q와 같은 그런 바보라고 말한 것은 일제강점기 자신의 친일 행각에 대한 반성적 풍자를 띠고 있는데, '아Q'는 이제 보통명사화되어 저열한 인간성의 전형으로 받아들여지고 있음을 본다.

사실 춘원은 1922년 잡지 『개벽』에 발표한 「민족개조론」에서 조선인이 조선시대 형성한 허위, 나태, 이기심 등의 부정적인 민족성을 버리고, 고대로부터 유구한 관대함, 금욕, 예의와 같은 민족성을 지니도록 민족성을 개조해야 한다고 주장한 바 있다. 한편 일제(日帝)의 조선총독부가 발간한 『조선인』의 저자 다카하시 토오루(高橋亨, 경성제국대학 교수 역임)는 이 책에서 '조선인'의 민족성을 극히 부정적으로 묘사하고 일본인의 계도를 통해 그것을 극복할 수 있다는 논리를 폈다. 그는 조선인의 근본적인 두 가지 심성인 '사상의 고착'과 '사상의 종속'은 "조선인이 조선 반도에 사는 한 영원히 지속될 특성이라" 말하고, 더하여 조선인의 "형식주의 · 비심미적(非審美的), 문약(文弱), 당파심(黨派心), 공사(公私)의 혼동의 여섯 가지 특성은 일본의 통치가 해를 거듭하면 점차 사라질 것으로 기대할 수 있다"는

12 金素雲, 「春園 · 李光洙의 片貌: 푸른 하늘 銀河水」, 『자유세계』 제1권 제3호(1952. 4), 165쪽.

13 金素雲, 「春園 · 李光洙의 片貌: 푸른 하늘 銀河水」, 『자유세계』 제1권 제3호(1952. 4), 166쪽.

것이다.[14] 이는 일제강점기에 일본인이 조선인을 바라보던 시선인바, 그것은 민족(국민)성 담론을 만들어낸 서구 제국의 시선을 일본 제국의 시선으로 바꾸어놓은 것이다. 그렇다면 「아Q정전」을 통해 중국인의 국민성 개조를 부르짖은 루쉰도 일본 유학을 통해 서구 제국의 담론을 일본적 굴절을 거쳐 받아들인 것인가?

일본 유학 시기부터 중국인의 국민성개조 문제를 심각하게 고민했던 루쉰이기에 표면적으로 보아 그러한 시선으로부터 자유롭지는 못했을 것이다. 하지만 루쉰의 국민성개조 담론은 일반 중국인을 향한 계몽적 외침에 머물지 않고 철저한 자기해부와 자기인식을 먼저 수행하고 있다는 점에서 서구 제국 또는 일제의 그것과는 구별된다. 루쉰이 의학에서 문학으로 전향하는 데 극적인 계기가 된 '환등사건'만 하더라도 그것은 일본 제국주의의 침략성을 각인시켜주기보다 중국인의 마비된 국민성을 자각하도록 이끌었다. 루쉰의 소설집 『외침』의 「자서(自序)」에는 그가 일본 유학 시기에 일본군이 중국 땅에서 중국인들이 보는 앞에서 러시아군을 위해 군사상의 정탐을 했다는 이유로 중국인의 목을 베는 환등사진을 보고 중국인의 마비된 정신을 먼저 개조하지 않으면 안 된다는 심각한 자각에 이르고 이를 위해 문예운동을 제창하게 되었다는 이야기가 극적으로 서술되어 있다. "한 사람이 가운데 묶여 있고 무수한 사람들이 주위에 서 있었다. 하나같이 건장한 체격이었지만 무덤덤한 표정을 짓고 있었다. 해설에 의하면, 묶여 있는 사람은 러시아를 위해 군사상의 정탐을 했는데, 일본군이 사람들이 보는 앞에서 그의 목을 치려는 것이었다. 모여든 사람들은 이 성대한 볼거리를 구경하러 나온 사람들이었다."[15] 루쉰은 이 장면을 가해자 일본 제국주의의 부당성을 공격하기 위한 계기로 포착하기보다 피해자 중국인

---

14 다카하시 도루(高橋亨), 『식민지 조선인을 논하다』, 구인모(具仁謨) 역(동국대학교출판부, 2010), 89-90쪽 부록 「朝鮮人」의 일본어 원문을 참조해(263쪽) 약간 고쳤음.

15 魯迅, 「自序」, 『吶喊』, 『魯迅全集(1)』(人民文學出版社, 2005), 438쪽.

의 마비된 국민성을 비판하는 자기반성의 계기로 포착한 것이다.[16] 이는 루쉰이 밖을 향해 일본 제국주의에 대한 직접적인 공격에 나서기보다 눈을 안으로 돌려 먼저 투철한 자기인식에 이르고 있음을 보여준다.

루쉰은 스스로 '남을 해부하지만 자기 자신을 더욱 무자비하게 해부한다'고 말한 바 있다. 루쉰의 처녀작이자 대표작인 「광인일기」의 마지막 단락에서, 사람을 잡아먹어서는 안 된다고 외치던 '광인'이 도리어 어렸을 때 죽은 누이동생의 인육(人肉)을 자기도 먹었을지 모른다는 심각한 자각에 이르고 "4천 년 동안 사람을 잡아먹어온 이력을 가진 나, 처음에는 몰랐으나 이제야 분명히 알게 되었다"[17]라고 말하는 대목은 너무나 유명하다. 루쉰은 '광인'의 목소리를 통해 자신도 인육의 잔치에 무의식적으로 참여하게 되었음을 자각하는 투철한 자기인식을 보여주고 있는데, 루쉰의 국민성개조 담론은 바로 이러한 투철한 자기인식에 기반을 두고 전개되고 있는 것이다.

진정한 자기인식에 이르기 위해서는 무엇보다 자기해부가 선행되어야 하는데, 루쉰은 『야초』의 「묘비명(墓碣文)」에서 '자기해부'가 얼마나 고통스러운가를 시적 형상화로 다음과 같이 표현해놓았다.

> '떠도는 유혼이 있어 긴 뱀으로 변하다. 독이빨로 남을 물지 못하고 제 몸을 물다. 마침내 죽다……'/ '…… 떠나라!……' (중략) '…… 심장을 도려내어 스스로 먹다. 그 참맛을 알고자 하나 아픔이 혹심하니 그 참맛을 어찌 알리오?……'/ '아픔이 가라앉자 천천히 그것을 먹다. 이미 심장이 상했으니 그 참맛을 또 어찌 알리오?……'/ '…… 대답하라. 그렇지 않으면 떠나라!……'[18]

---

16 졸저, 『근대 한중 교류의 기원: 문학과 사상 그리고 학문의 교섭』(이화여자대학교출판부, 2015), 212쪽 참조.

17 魯迅, 「狂人日記」, 『吶喊』, 『魯迅全集(1)』, 454쪽.

18 魯迅, 「墓碣文」, 『野草』, 『魯迅全集(2)』, 207쪽.

이것은 시적 화자가 죽은 자의 무덤 앞에 세워진, 닳고 이지러진 묘비(墓碑)에 새겨진 문구를 그대로 옮겨놓은 것인데, 루쉰은 기괴한 상황 설정을 통해 자기해부가 얼마나 고통스러운 일인가를 가장 심각하게 표현하고 있다. '자기해부'에는 자신의 심장을 도려내는 고통이 뒤따른다는 것, 그렇지만 그런 고통을 견뎌낸다고 하더라도 이미 상해버린 심장의 참맛을 알기 어렵듯이 진정한 자기인식에 이르기는 너무나 어렵다는 것을 보여준다. 진정한 자기인식에 이르는 것이 무엇인지를 가르쳐주는 절창(絶唱)이다. 1940년대에 『루쉰단편소설집』을 펴낸 바 있는 김광주는 「아Q정전」에 대해 "이 작품은 중국 민족성의 허위, 비굴, 과대(過大)한 자존성(自尊性) 등을 조금도 용서 없는 칼날을 들고 싸늘하게 그려놓았으니 이것은 루쉰의 자기 자신에 대한 잔인하리만치 무서운 해부인 동시에 중국 국민성의 장점과 단점을 인류사회를 향하여 대담하게 외친 걸작이라 할 수 있을 것이다"[19]라고 평했는데, 철저한 자기해부에서 출발하고 있는 루쉰 문학의 본질을 정확하게 간파하고 있었던 것이다. 루쉰의 중국 국민성 비판은 철저한 자기해부에 기반을 두고 있기에, 다시 말하면 자기해부가 철저하면 철저할수록 인간의 근원적인 문제와 마주치기에 그것은 중국인을 겨냥한 데에만 머물지 않고 중국인을 포함한 인류를 겨냥한 데로 확대되어 보편성을 띨 수 있는 것이다.

루쉰의 국민성 비판은 바로 이러한 점에서 기존의 서구 제국 또는 일제가 내세운 국민성개조 담론과는 구별된다. 자기해부를 전제하지 않는 국민성개조 담론은 담론을 제기하는 주체로서 '나'와 개조 대상으로서의 '너'를 구별함으로써 결국 담론의 주체가 계몽주의적 지배권력과 야합하거나 스스로 지배권력의 자리에 올라서는 방향으로 급선회할 수 있다. '민족개조론'을 내세웠던 이광수가 끝내 일제 식민당국의 지배권력에 협력하는 길

---

19 金光洲, 「魯迅과 그의 作品」, 『白民』 1948. 1, 23-24쪽.

로 나아간 것은 철저한 자기해부를 전제로 하지 않은 국민성개조 담론에 머물러 있었기 때문이다. 이와 달리 루쉰은 철저한 자기해부를 먼저 수행하면서 그를 통해 중국 민족의 저열한 국민성을 적나라하게 폭로했으니 항상 지배권력에 대항하는 위치에 놓일 수밖에 없었다. 그는 1920년대에 베이징의 군벌 정부와 맞서 싸웠고, 1920년 후반부터 새로 성립된 국민당 정부와 대립했으며, 1930년대 중반 죽기 직전에는 중국좌익작가연맹 내부의 당권파에 맞서 논쟁을 벌이지 않을 수 없었다. '나'와 '너'를 일체화해 철저한 자기해부를 먼저 수행하는 국민성개조 담론은 기존의 지배권력에 맞서 대항하는 변혁의 주체를 끊임없이 탄생시킨다. 루쉰 문학에서 「광인일기」의 '광인', 「장명등(長明燈)」의 '미치광이', 「가을밤(秋夜)」의 '대추나무', 「과객(過客)」의 '과객', 「이러한 전사(這樣的戰士)」의 '전사', 「주검(鑄劍)」의 '연지오자(宴之敖者)' 등의 형상은 바로 그러한 변혁의 주체로 등장하는 것이다.

이육사에게도 루쉰 식의 투철한 자기인식이 선행되고 있다는 점에 주목하지 않으면 안 된다. 이육사는 1938년 윤곤강(尹崑崗)의 신간 시집 『만가(輓歌)』에 대한 평을 쓰면서 그 서두를 이렇게 시작했다.

> 영원한 슬픔! 이것은 모든 사람에게 부여된 과제이었다. 세대가 바꾸이면 바꾸일수록 모든 인간성은 서러운 제향(祭饗)의 전물(奠物)로 바쳐졌다. 우리의 온갖 자랑과 동경과 미지(未知)의 나라가 새로운 세대의 폭풍 속에 쓰러지기를 마치 한 개의 별빛도 비쳐보지 못하고 떨어진 들국화에 맺힌 이슬과도 같았다. 그것이 아무리 애처로운 사실이라고 해도 이것이 정영한 참일 때는 누구나 반항할 수는 없었다.
>
> 그러나 여기에 우리 시인 곤강(崑崗)은 값싼 눈물을 흘리고만 있을 수는 없었다. 그래서 그는 『대지(大地)』를 노래했다. 봄을 불러도 보고 꽃을 피워도 보고 때로는 '바다여 젊은이의 의지(意志)여!'고 아우성도 쳐보았다.[20]

이육사의 슬픔은 "한 개의 별빛도 비쳐보지 못하고 떨어진, 들국화에 맺힌 이슬과도 같은" 존재의 슬픔이다. 이 슬픔이 어디서 유래하는지는 말하지 않아도 가슴으로 느낄 수 있다. 시인 곤강의 입을 빌려 말하고 있거니와 그 슬픔으로 인해 이육사는 때로는 밝은 전망과 희망을 품고, 때로는 아름다운 유토피아를 꿈꾸고, 때로는 저항의 몸짓을 휘두른다. 그리하여 이육사는 또 다른 윤곤강의 시집 『빙화(氷華)』를 평해 이렇게 말한다. "'외로운 사람만이 안다/ 외로운 사람만이 알어/ (중략) / 슬픔의 빈터를 찾어/ 쪽제비처럼 숨이는 마음'. 이렇게 절절히 호소하는 마음을 충분히 이해해주지 않을 수 없는 것이다. 그러나 「빙하」의 끝 연 한 줄에 '용이 솟아 난단다'는 것이 있는데, 이런 것은 이 시인뿐 아니라 우리 시인의 대부분을 정복하는 '이미지'로서 나의 뜻 같아서는 용은커녕 미꼬리 한 마리도 안 나와도 무가내하(無可奈何)이고, 실은 이 경지를 깨끗이 떠나는 데 조선시(朝鮮詩)의 한 계단이 갱신되는 것이다."[21] '미꼬리' 한 마리도 나오지 않는 현실에 대한 자각은 투철한 자기인식에 이르고 있음을 보여주는바, 이러한 투철한 자기인식에서 출발하지 않으면 조선시의 진정한 발전은 기대할 수 없다는 것이다.

이육사는 이 글에 앞서 발표한 「남한산성(南漢山城)」이라는 시에서는 이렇게 읊었다. "넌 제왕(帝王)에 길들인 교룡(蛟龍)/ 화석(化石)되는 마음에 이끼가 끼여// 승천(昇天)하는 꿈을 길러준 열수(洌水)/ 목이 째지라 울어예가도// 저녁 놀빛을 걷어 올리고/ 어데 비바람 있음즉도 안해라."[22] '제왕에 길들인 교룡'은 이미 화석이 된 지 오래여서, 흐르는 강물이 아무리 외쳐보아도 승천할 어떠한 징조도 보이지 않는다. '용이 솟아 난단다'라는 꿈은 한갓 헛된 꿈에 지나지 않는다. 그것이 현실의 참모습이다. 우리가 "가

---

20 李陸史, 「自己深化의 길: 崑崗의 『輓歌』를 읽고」, 『朝鮮日報』 1938. 8. 23.

21 李陸史, 「尹崑崗詩集 『氷華』 기타」(『人文評論』 1940. 11), 『李陸史全集』, 245쪽.

22 李陸史, 「南漢山城」(『批判』 1939. 3), 『李陸史全集』, 72쪽.

난한 노래의 씨를 뿌리"(「광야」)거나 "한개의 별을 노래하"(「한개의 별을 노래하자」)는 일은 여기서부터 출발해야 한다. 1928년 중국의 좌익 문학비평가 첸싱춘(錢杏邨)은 루쉰의 『야초』를 두고 '허무주의'로 가득 찬 작품이라고 혹평했지만 루쉰의 허무주의를 액면 그대로 받아들여서는 안 되듯이 '미꼬리 한 마리도 안 나오'는 현실에 대한 이육사의 자기인식도 허무주의로 받아들여서는 안 된다. 자기인식이 철저하면 철저할수록 허무주의적 색채가 강화될 수 있다. 하지만 루쉰과 이육사의 허무주의적 색채나 절망적인 상황 인식은 퇴폐적인 것이 아니라 재생을 향한 출발이요 전진을 위한 저항의 몸짓으로 전환된다. 이육사의 '미꼬리 한 마리도 안 나오'는 현실에 대한 자기인식도 그러한 맥락에서 이해해야 한다. 투철한 자기인식에 이르고 있는 이육사의 정신적 경지는 루쉰의 그것과 상당히 닮아 있어, 그 둘을 병치해놓고 같은 높이에서 논해도 이육사의 그것은 손색이 없다. 이육사가 「루쉰 추도문」에서 누구보다 루쉰 문학을 깊이 있게 다룰 수 있었던 것도 바로 이 때문일 것이다.

3. 문학과 정치의 관계 및 창작 '모랄'

이육사는 「루쉰 추도문」에서 루쉰이 예술과 정치의 관계를 어떻게 해결했는가 하는 물음을 제기하고 "루쉰에게 있어서는 예술은 정치의 노예가 아닐 뿐 아니라 적어도 예술이 정치의 선구인 동시에 혼동도 분립도 아닌, 즉 우수한 작품, 진보적인 작품을 산출하는 데" 루쉰의 창작 '모랄(morale)'이 있다고 보았다. 그리고 그는 이를 두고 "얼마나 우리의 뼈에 사무치고도 남을 만한 시사인고!"[23]라고 강조했다. 여기서 중요한 것은, 이육사가

23 李陸史, 「魯迅 追悼文」, 『李陸史全集』, 219쪽.

루쉰으로부터 어떠한 영향을 받았느냐 하는 문제가 아니라 루쉰의 창작 '모랄'을 개괄해내면서 자신의 내적 공명을 거쳐 어떠한 자각에 이르게 되었는가 하는 문제이다. 이육사가 「루쉰 추도문」에서 전개하고 있는 루쉰 문학에 대한 비평은 세 가지로 요약할 수 있다. 루쉰의 대표작 「광인일기」와 「아Q정전」의 내용과 그것의 사상적 영향을 서술한 것이 하나이고, 문학과 정치의 관계에 대한 루쉰의 입장과 그의 창작 '모랄'을 분석한 것이 둘이고, 루쉰이 문화의 전사(戰士)로 등장하는 과정과 참된 프로문학을 건설하기 위해 기울인 그의 노력을 설명하는 것이 셋이다.

이육사는 「루쉰 추도문」에서 '루쉰 전략(傳略)'을 간단히 소개하고 상하이 양싱포(楊杏佛)의 빈소에서 루쉰과 대면한 사실과 그때의 감격을 언급한 후 당대 중국의 현실과 루쉰의 관계를 이렇게 서술했다. "실로 수많은 아Q들은 벌써 자신들의 운명을 열어갈 길을 루쉰에게서 배웠다. 그래서 중국의 모든 노동층들은 난징루(南京路)의 '아스팔트'가 자신들의 발밑에 흔들리는 것을 느끼며 스가오타루(施高塔路) 신춘(新邨) 9호로 그들이 가졌던 위대한 문호의 최후를 애도하는 마음들은 황푸탄(黃浦灘)의 붉은 파도와 같이 밀려가고 있는 것이다."[24] 이어 루쉰의 「광인일기」로부터 '광인'이 중국 역사에는 인의도덕(仁義道德)이라는 글자가 가득 씌어 있고 그 글자와 글자 사이에는 '사람을 잡아먹는다'라는 또 다른 글자가 씌어 있다는 사실을 발견하는 유명한 단락을 인용한 후 "'어린이를 구하자'는 말로써 끝을 막었다"라고 했다. 이육사는 이 작품의 의의를 "'어린이'인 중국 청년들에게는 사상적으로는 '폭탄선언' 이상으로 충격을 주었다"라는 데서 찾았다. 또한 「아Q정전」을 분석해 "신해혁명 전후의 봉건사회의 생활을 그린 것으로, 어떻게 필연적으로 붕괴하지 않으면 안 될 특징을 가졌는가를 묘사하고" 있다고 말하면서 "당시의 혁명과 혁명적인 사조가 민중의 심리와 생

24 李陸史, 「魯迅 追悼文」, 『李陸史全集』, 210쪽.

활의 '디테일스'에 어떻게 표현되는가를 가장 '레알'하게 묘사한 것이다"[25] 라고 평했다. 이육사는 루쉰의 「광일일기」와 「아Q정전」을 중심으로 그것이 중국사회에 끼친 지대한 사상적 영향과 '리얼리스틱'한 문장의 창작 특징을 매우 정확하게 설명하며 루쉰 문학의 위상을 누구보다 높게 평가한 것이다.

또한 이육사는 "그의 작가로서의 태도를 통하여 일관하여 있는 루쉰 정신을 다시 한 번 음미해보는 데 적지 않은 흥미를 갖게 된다는 것은, 오늘날 우리의 조선문단에는 누구나 할 것 없이 예술과 정치의 혼동이니 분립이니 하야 문제가 어찌 보면 결말이 난 듯도 하고 어찌 보면 미해결 그대로 있는 듯도 한 현상인데, 루쉰같이 자기 신념이 굳은 사람은 이 예술과 정치란 것을 어떻게 해결하였는가?"[26]라고 물으면서 예술과 정치의 관계에 대한 루쉰의 입장을 분석하는 데로 나아간다. 이육사는 먼저 루쉰이 일본 유학 시기에 의학을 전공해 중국인을 치료하고 전쟁이 나면 출정하는 한편 중국인들에게 유신(維新)의 신앙을 촉진하려 한 것을 "소년다운 루쉰의 로맨틱한 인도주의적 흥분"이라고 설명하고 '환등사건'을 계기로 그러한 꿈이 깨어진 후 문예를 제창하게 된 사실을 『외침』의 「서문」의 문장을 인용해 소개했다. 일본 유학 시기에 문예운동을 전개하는 과정에서 루쉰이 수행한 번역도 역시 "정치적 목적 밑에 수행된 것"이라고 말하고, 특히 루쉰이 「광인일기」에 '어린이를 구하자'고 외침으로써 "청년들에게 무거운 책임감을 깨닫게 한" 것이며, 그것은 "기천년 동안의 봉건사회로부터 청년을 해방하려는 슬로건"이 되었을 뿐만 아니라 그것이 중국 청년학생들로 하여금 "대중적 사회운동의 최전선에서 활발과감한 지도와 조직을 하게" 만들었다고 평가했다. 이육사는 루쉰 문학이 중국 청년

25 李陸史, 「魯迅 追悼文」, 『李陸史全集』, 213쪽.
26 李陸史, 「魯迅 追悼文」, 『李陸史全集』, 214쪽.

들에게 얼마나 깊은 사상적 영향을 끼쳤는가를 설명하는 데 주안점을 두고 있는 것이다.

그리하여 이육사는 예술(문학)과 정치의 관계에 대한 루쉰의 입장을 다음과 같이 정리했다. “루쉰에 있어서는 예술은 정치의 노예가 아닐 뿐 아니라 적어도 예술이 정치의 선구자인 동시에 혼동도 분립도 아닌, 즉 우수한 작품, 진보적인 작품을 산출하는 데만 문호 루쉰의 위치는 높아갔고…….”[27] 이육사는 당시 조선문단에서 가장 큰 이슈의 하나로 떠오른 예술과 정치의 관계 문제에 대해 씨름하면서 그와 관련된 루쉰의 입장을 정리함으로써 그 해법을 찾으려 한 것이다. 물론 그것은 문학 창작에 매진하려는 이육사 자신이 당면한 문제이기도 했다. 정치적 실천으로서의 독립운동을 지속하면서 동시에 창작도 병행해야 했던 이육사로서는 창작과 독립운동을 어떻게 자리매김할 것인가가 매우 절실한 문제였다. 일제와 맞서 싸우는 독립운동은 직접적인 정치적 실천 행위인바, 창작이 그것의 유효한 수단이 될 수 있을 것인가? 시인으로서 시 창작을 지속하고자 할 때 그 창작은 예술성이 먼저 확보되어야 하는바, 독립운동이라는 정치적인 행위가 창작에 직접적으로 영향을 미친다면 정치 이념의 과잉으로 인해 자칫 창작의 예술성을 훼손시킬 수 있지 않을까? 이러한 문제 때문에 이육사는 예술과 정치의 관계 설정을 제대로 하지 않고서는 어설프게 창작에 매진할 수 없었다. 결국 이육사는 이러한 문제를 해결하기 위해 루쉰 문학을 탐독하고 연구한 것이다. 이육사는 루쉰 문학을 탐독함으로써 조선문단이 직면한, 그리고 그에게 가장 시급하게 다가온, 예술과 정치의 관계 설정을 해결하는 실마리를 찾으려 한 것이다. 예술과 정치의 관계에 대한 루쉰의 입장을 확인함으로써 조선문단에 강력한 메시지를 전달하고 또한 자신의 문학적 방향을 확정하려는 것이었다. 뒤집어 말하면 이육사는 문학

27 李陸史, 「魯迅 追悼文」, 『李陸史全集』, 216쪽.

과 정치의 관계에 대한 자신의 태도의 정당성을 루쉰의 입장을 통해 입증하려는 것이었다. 루쉰의 입장은 '문학의 길'로 들어선 이육사에게 일종의 자기확신과 강한 신념을 불어넣어주는 것이었다.

루쉰은 1927년 어느 강연에서 문학과 혁명의 관계를 다음과 같이 논한 바 있다. "이곳 혁명 지방의 문학가들은 문학이 혁명과 크게 관계가 있다고 말하기를 좋아하는 것 같습니다. 예컨대, 문학을 이용해 선전하고 고무하고 선동해 혁명을 촉진하고 혁명을 완성할 수 있다는 것입니다. 그렇지만 생각건대, 이러한 글은 무력(無力)합니다. 왜냐하면 좋은 문예 작품은 여태껏 다른 사람의 명령을 받지 않았고, 이해(利害)를 고려하지 않았고, 자연스레 마음에서 흘러나온 것이기 때문입니다. 만약 먼저 제목을 내걸고 글을 짓는다면 그것은 팔고문(八股文, 중국 명·청대 과거시험의 답안을 작성하는 형식의 글로서 지나치게 형식적인 글을 가리킴)과 무엇이 다르겠으며, 문학으로서 가치가 없는 바에야 사람을 감동시킬 수 있느냐 없느냐는 더 말할 것도 없습니다."[28] 루쉰은 선전과 선동의 문학은 문학적으로 실패할 수밖에 없기 때문에 결과적으로 혁명(정치)에도 영향을 미치지 못한다고 보았다. 오히려 문학이 혁명(정치)으로부터 독립해 문학적으로 가치 있는 작품을 산출할 때, 사람들에게 깊은 감동을 불러일으켜 혁명에 영향을 미칠 수 있다는 것이다. 문학은 참된 문학으로 먼저 성립되어야 하며, 그것의 정치에의 영향은 간접적일 수밖에 없다. 하지만 문학이 참된 문학인 이상 영혼의 깊은 울림을 통해 항구적으로 독자들에게 사상적 영향을 미칠 수 있다. 이것이 루쉰이 생각하는 문학과 정치의 관계이다.

더욱이 루쉰은 중국의 혁명문학에 대해 "그때의 혁명문학운동은 내가 보건대 충분한 계획이 없었으며 옳지 못한 점들도 퍽 많았다. 예를 들면 첫째로, 그들은 중국사회에 대해 세밀한 분석도 가하지 않고 소비에트 정

---

28 魯迅, 「革命時代的文學」, 『而已集』, 『魯迅全集(3)』, 437쪽.

권하에서만 운용할 수 있는 방법들을 기계적으로 운용하였다"[29]라고 말했다. 루쉰은 좌익 문학비평가 청팡우(成仿吾)가 낭만주의를 제창하던 데서 혁명문학을 제창하는 방향으로 급선회한 것을 두고 오히려 '재자(才子)+건달' 식의 한 유형으로 분류해 비판했다. 이육사가 「루쉰 추도문」에서도 인용했듯이, 루쉰은 "유감스럽게도 지금의 작가들 심지어 혁명적 작가와 비평가들조차 왕왕 현 사회를 정시(正視)하지 못하거나 감히 정시하지 못하며 사회의 내막 특히 적이라고 인정하는 사람들의 내막을 알지 못하거나 감히 알려고 하지 않는다"[30]라고 비판했다. 루쉰은 중국사회의 현실을 정시함으로써만 문학의 리얼리티를 확보할 수 있어 참된 문학을 낳을 수 있다고 보았다.

이육사는 1937년에 쓴 수필 「질투(嫉妬)의 반군성(叛軍城)」에서 한밤에 해변으로 밀려오는 태풍의 경험을 이렇게 묘사한 바 있다. "마치 이 길은 내가 경험한 가장 짧은 한 순간과도 같을런지 모릅니다. 태풍이 몹시 불든 날 밤 왼 시가는 창세기의 첫날밤같이 암흑에 흔들리고 폭우는 활살같이 퍼붓는 들판을 걸어 바닷가로 뛰어나갔습니다. 가시넝쿨에 엽더지락 잡버지락 문학의 길도 그럴런지는 모르지마는 손에 들인 전등도 내 양심과 같이 겨우 내 발끝밖에는 못 비추더군요. 그러나 바닷가를 거의 닿았을 때는 파도소리는 반군의 성이 무너지는 듯하고 하얀 포말에 번개가 푸르게 번질 때만 영롱하게 빛나는 바다의 일면(一面)! 나는 아직도 꿈이 아닌 그날 밤의 바닷가로 태풍의 속을 가고 있는지도 모릅니다."[31] 여기서 이육사는 자신의 삶의 험난함을 형상화하고 있지만, '문학의 길'을 비유적으로 드러

29 魯迅, 「上海文藝之一瞥」, 『二心集』, 『魯迅全集(4)』, 304쪽.

30 魯迅, 「上海文藝之一瞥」, 『二心集』, 『魯迅全集(4)』, 308쪽. 「루쉰 추도문」에서 이육사는 이렇게 번역했다. "애석한 일이나마 현대의 프로작가들은 비평가까지도 왕왕 그것을 못한다. 혹 사회를 정시(正視)해서 그 진상을 알려고도 않고, 그중에는 상대자라고 생각하는 편의 실정도 알려고 하지 않는다."

31 李陸史, 「嫉妬의 叛軍城」, 『李陸史全集』, 137-138쪽.

내고 있기도 하다. '가시넝쿨에 엎더지락 잡버지락' 하는 것이 '문학의 길'일 때, 문학은 항상 현실과 연결되지 않을 수 없다. 하지만 '겨우 내 발끝밖에는 못 비추'는 전등처럼 문학의 한계도 분명하다. '문학의 길'을 걷고 있는 이육사는 문학의 한계를 분명하게 깨닫고 있었지만, 그래도 "온갖 고독이나 비애를 맛볼지라도 '시(詩) 한 편'만 부끄럽지 않게 쓰면 될 것을 그래 이것이 무에겠소"[32]라고 다짐한다. 시가 혁명(독립)에 무력(無力)하다 하더라도 그것이 문학인 이상 먼저 '부끄럽지 않은', 즉 문학적으로 참된 작품을 산출해야 한다. 이육사가 "그(루쉰)의 소설에는 주장이 개념에 흐른다거나 조금도 무리가 없는 것은 그의 작가적 수완이 탁월하다는 것을 말하지 않을 수 없다"[33]라고 평한 것도 바로 이 때문이다.

그렇다면 이육사가 이해한 루쉰의 창작 '모랄'은 무엇인가? 좌익 비평가 첸싱춘(錢杏邨)이 프로문학론에 의거해 루쉰을 공격하면서 "루쉰의 작품은 비계급적이다. 아Q에게 어데 계급성이 있느냐"라고 비판한 데 대해, 이육사는 "루쉰의 작품에서 우리는 눈 닦고 보아도 프롤레타리아적 특성은 조금도 볼 수가 없는 것은 사실이다"라고 말하고, 한 작가의 작품은 그 시대적 배경 속에서 평가해야 한다고 하며 "루쉰이 작가로 활동을 하고 있을 때는 중국에서는 오늘날 우리가 정의를 내릴 수 있는 프롤레타리아는 없었"다고 변호했다. 이육사에게 루쉰이 프롤레타리아작가인가 그렇지 않은가 하는 것은 중대한 문제가 아니었다. 루쉰의 창작이 참된 문학으로서 우수한 작품인가 아닌가를 먼저 따져야 하는 것이었다. 그래서 이육사는 "다만 문제는 그(루쉰)가 얼마나 창작에 있어서 진실하게 명확하게 묘사하는 태도를 가지는가"에 있다고 말하고[34] 루쉰의 창작 '모랄'을 이해할 수 있도록 루쉰의 문장을 길게 인용했다. 그중 일부를 옮겨보면 다음과 같다.

---

32 李陸史, 「季節의 五行」, 『李陸史全集』, 161쪽.

33 李陸史, 「魯迅 追悼文」, 『李陸史全集』, 213쪽.

34 李陸史, 「魯迅 追悼文」, 『李陸史全集』, 216-217쪽.

현재 좌익 작가는 훌륭한 자신들의 문학을 쓸 수 있을까? (중략) 그러므로 프로문학가는 반드시 참된 현실과 생명을 같이하고 혹은 보다 깊이 현실의 맥박을 감수하지 않으면 안 된다. 그러나 구사회를 조그만치 공격하는 작품일지라도 만약 그 결점을 분명히 모르고 그 병근(病根)을 투철히 파악치 못하면 그것은 유해할 뿐이다. (중략) 그러나 만약 일개 전투자라면, 나는 생각건대 현실과 상대자를 이해하는 편의상 보다 많은 당면의 상대자에 대한 해부를 필요로 하지 않으면 안 될 것이다. 옛것을 분명히 알고 새로운 것에 간도(看到)하고 과거를 요해(了解)하여 장래를 추단하는 데서만 우리들의 문학적 발전은 희망이 있다. (중략) 그래야만 참된 작품이 나오는 것이다.[35]

이 인용문은 루쉰이 1931년 7월에 발표한 「상하이 문예의 일별(上海文藝之一瞥)」이라는 글에 나오는데, 이육사는 이 인용문을 예로 들어 "이 간단한 몇 마디 말이 문호 루쉰의 창작에 대한 '모랄'인 것이다. 얼마나 우리의 뼈에 사무치고도 남을 만한 시사인고!"[36]라고 그 의미를 강조했다. 현실을 정시하고, 사회의 병근(病根)을 투철하게 파악하고, 상대를 정확하게 해부하고, 그리하여 사회와 현실을 진실하게 묘사하는 것, 이것이 바로 '참된 작품'을 산출하는 루쉰의 창작 모랄인 것이다.

이러한 루쉰의 창작 모랄은 이육사에게 뼈에 사무치도록 깊은 인상을 남겼으니, 그것은 이육사 자신의 창작 모랄이기도 했다. 이육사가 쓴 영화평론에서 그러한 사실을 확인할 수 있다. 이육사는 우선 예술은 인간생활의 리얼리티를 구현하는 것으로 파악했다. 먼저 소설의 경우를 예로 들어 "19세기의 방대한 소설문학의 가치도 결국 일언(一言)으로 말한다면 그것이 인간생활의 진실한 기록이었던 때문이 아니던가"[37]라고 말했다. 그리고

35 李陸史, 「魯迅 追悼文」, 『李陸史全集』, 217-219쪽.

36 李陸史, 「魯迅 追悼文」, 『李陸史全集』, 219쪽.

37 李陸史, 「藝術形式의 變遷과 映畵의 集團性」(『青色紙』 1939. 5), 『李陸史全集』, 231쪽.

근대소설의 발전은 두 가지로 갈라졌는데, 하나는 '성격(性格)'을 중심으로 하는 길이고 다른 하나는 '행동(行動)'을 중심으로 하는 길이라는 것이다. 전자는 심리소설로 향하고 후자는 대중소설로 발전하고 있다고 했다. 그런데 이육사는 "그러나 또 다른 한 개의 중요한 사실은 자연주의 '레알리즘'의 발생이다. 이것이 이때까지의 모든 '로맨스'를 파괴하면서 현실에 충실한 기록으로 소설을 변모시키고 말았다"[38]라고 서술했다. 이육사는 '현실에 충실한 기록'으로서의 소설을 지향하고 있음을 은연중에 드러낸 것이다. 이어 그는 영화 작품을 분석하는 자리에서 영화 「아랑」을 평해 "이것을 단순한 '엑소틔슴'으로만 볼 수는 없는 것이다. 그것은 인간생활의 '레알리틔'를 조그만한 과장도 없이 보여준 것밖에 무엇이었던가!"[39]라고 말했는데, '인간생활의 리얼리티'의 표현을 영화 비평의 중요한 기준으로 삼고 있음을 알 수 있다. 또한 영화 「대지」(펄벅의 소설 『대지』를 영화로 만든 것임)를 평해 "그런 장면에는 왕룡(王龍) 일가의 운명보다도 중국 민중 전체의 운명이 놀랄 만한 '레알리틔'를 가지고 보는 사람들을 육박하는 것이다"[40]라고 했다. 이육사에게 '인간생활의 리얼리티'의 추구는 중요한 창작 모랄인바, 이를 위해서는 무엇보다 예술의 독립성이 보장되어야 한다. 이육사는 진실로 위대한 예술영화, 양심적인 영화는 가장 양심 있는 이 땅의 젊은 '씨나리오' 작가들에 의해 제작되어야 하며, "'씨나리오' 문학은 아무런 데로 구애될 것 없이 예술적으로 독립해야 할 것이다"[41]라고 강조했다. 이육사는 어떠한 외부적인 압력에도 자유로운 예술적 독립을 중시하고 있었으니 중국 현대시를 비평 소개하면서 시적 완결성을 추구한 유미주의적인 쉬즈모(徐志摩)의 시를 높이 평가한 것도 우연이 아니다.[42] 이렇게 본다면, 이육사의

38 李陸史, 「藝術形式의 變遷과 映畵의 集團性」, 『李陸史全集』, 231-232쪽.

39 李陸史, 「藝術形式의 變遷과 映畵의 集團性」, 『李陸史全集』, 232쪽.

40 李陸史, 「藝術形式의 變遷과 映畵의 集團性」, 『李陸史全集』, 238쪽.

41 李陸史, 「藝術形式의 變遷과 映畵의 集團性」, 『李陸史全集』, 242쪽.

42 李陸史, 「中國 現代詩의 一斷面」(『春秋』 1941. 6), 『李陸史全集』, 269-270쪽 참조. 이육

창작 모랄 역시 루쉰의 그것과 동궤에 놓여 있었다고 보아야 한다.

이육사는 마지막으로, 루쉰이 1926년의 3.18사변 이후 군벌 정부를 맹렬히 공격한 사실을 예로 들어 루쉰이 '문화의 전사'로 나서게 되는 경위를 설명했다. 이어 당시 혁명의 책원지인 광둥(廣東)에서의 경험을 바탕으로 "청년을 살육하는 것은 대개는 청년인 듯하다"라고 말한 루쉰을 두고 "진화론자이던 그 자신의 사상적 입장을 양기(揚棄)하고 새로운 성장의 일단계로" 진입했다고 서술하면서 그에게 "최대의 경의를 갖게 된다"고 했다. 더욱이 새로운 단계에 진입한 루쉰이 프로문학이란 어떤 것인가, 또 어찌해야 될 것인가를 알리기 위해 플레하노프 · 루나찰스키의 문학론과 '싸벳트'의 문예정책을 번역 소개해 중국 프로문학을 건설하는 데 크게 노력했음을 지적하고, 첸싱춘 등 중국의 좌익 문학비평가에 대해 "루쉰을 타도치 않으면 중국에 프로문학은 생기지 못한다던 문학소아병자들은 그 자신들이 먼저 넘어지고"라고 하여 부정적으로 묘사했다.[43] '문화의 전사'로서 환골탈태의 자기변신을 통해 끊임없이 사회적 실천에 참여하면서 진정한 프로문학을 모색한 루쉰의 노력을 이육사는 높게 평가한 것이다. 이육사는 "항상 전위(前衛)에 나선 용자(勇者)가 희생을 당하면 연(連)해 곧 진영을 지키고 후임을 계승할 만한 투사가 끊어지지 않아야 할 것이니, 새로운 용자여, 어서 많이 나오라"[44]라고 호소했거니와, 진정한 '투사'와 '용자'의 모습을 루쉰에게서 발견한 것이다.

이육사는 수필 「고란(皐蘭)」에서 '자연'과 '역사'에 대한 자신의 태도를

사는 "이 시기에 누가 중요하니 어떠니 해도 중국의 현대시를 시로서 완벽에 가깝도록 쓴 사람은 쉬즈모라고 한다"라고 말하고 "그(쉬즈모)의 현대 중국시단에 남긴 것도 그 내용 방면보다는 또한 형식과 기교방면에 있는 것이니 용운(用韻)이나 배열(排列)에 있어 신규율을 창조한 헌(獻)만이라도 중국시단 전체로 볼 때에는 실로 역사적 공헌이라고 아니할 수 없는 것이다"라고 평했다.

43 李陸史, 「魯迅 追悼文」, 『李陸史全集』, 221쪽 참조.

44 李陸史, 「大邱社會團體概觀」(『別乾坤』 1930. 10), 『李陸史全集』, 278쪽.

이렇게 표현한 바 있다. "생활이 이렇게 정적으로 되고 보니 자연에 깃드는 마음이 자라고 저절로 천석(泉石)을 지나보지 않게 되매 기화요초가 모다 헛되이 바랄 것이 없으나 그래도 '나-르'와 같이 산중일기(山中日記)를 쓸 바 없고 '소-로-'처럼 삼림의 철학을 설파하지도 못함은 나의 관찰이 그들에 비하여 거리가 다른 것을 모르는 바도 아니연만 아직도 자연에 뺨을 비빌 정도로 친하여지지 못함은 역사의 관계가 더 큰 것도 같다. 다시 말하면 공간적인 것보다는 시간적인 것이 보담더 나에게 중요한 것만 같다."[45] 이육사에게 자연은 공간적인 것으로서 정적인 것, 소일(消日)적인 것, 관조적인 것이다. 그는 그런 자연에 마음을 붙일 수 없었으니, 역사라는 더 큰 문제가 그를 에워싸고 있었기 때문이다. 역사는 시간적인 것이며, 그래서 동적이다. 그가 시간적인 것으로서의 역사와 관계할 때, 역사가 동적인 한에서 사회적 실천운동에 뛰어들지 않을 수 없다. 이육사의 '슬픔'은 "거미줄만 발목에 걸린다해도/ 쇠사슬을 잡아맨 듯 무거워졌다"[46]는 시적 진술이나 "어데다 무릎을 꿇어야 하나/ 한발 재겨 디딜곳조차 없다"[47]는 시적 진술에서 보듯 역사적 현실에서 기인하는바, 그것은 자연에 의해 치유될 수 있는 것이 아니다. 오히려 역사와 관계를 맺을 때 그 슬픔으로부터 벗어날 수 있는 길을 찾을 수 있는 것이다. 루쉰이 문학 생애 전체를 통해 '문화 전사'로서 활약하다 생을 마감했듯이 이육사 역시 문학 창작과 병행해 독립운동에 헌신하다 생을 마감했는데, 그것은 그들의 문학적 삶이 모두 시간적인 '역사'와 관계하고 있었기 때문이다.

45 李陸史, 「皐蘭」(『每日新報 · 寫眞旬報』 1942. 12. 1), 『李陸史全集』, 201쪽.

46 李陸史, 「年譜」, 『李陸史全集』, 28쪽.

47 李陸史, 「絶頂」, 『李陸史全集』, 29쪽.

4. 강인한 정신의 소유자 형상과 시의 사상성

리창즈(李長之)는 1936년 1월에 출판한 『루쉰 비판(魯迅批判)』에서 루쉰은 "차라리 고독(孤獨)할지언정 '무리짓기(群)'를 좋아하지 않는다"[48]라고 말하고, "바로 이러한 의미에서 나는 루쉰을 시인, 즉 주관적이고 서정적인 시인이며 결코 객관적인 다방면의 소설가는 아니라고 확신한다"[49]라고 서술했다. 리창즈는 루쉰의 기질적인 특징으로서의 고독을 언급하고 그것이 시인으로서의 루쉰, 전사(戰士)로서의 루쉰을 탄생시키는 중요한 요소라고 보았다. 그래서 그는 "루쉰은 영원히 피압박자에 동정을 보내고 영원히 강폭한 자에게 항전(抗戰)했다"[50]라고 평했다. 루쉰의 이러한 기질적 특징과 정신은 그의 문학을 통해 고독자로서의 강인한 정신의 소유자 형상을 창조해냈다. '나는 전혀 두려워하지 않고, 그대로 나의 길을 간다'라고 말하는 「광인일기」의 '광인'이라든지, 흘린 피를 물로 보충하고 소녀가 건넨 헝겊조각마저 거부하며 무덤을 향해 전진을 지속하는 「과객」의 '과객'이라든지, 아버지를 죽인 왕에게 복수를 감행하려는 아이에게 '내가 얼마나 복수의 명수인지 넌 잘 모를 거야. 너의 원수가 나의 원수이고 그 원수가 바로 나란다. 나의 영혼에는 나 자신과 사람들이 만들어놓은 숱한 상처가 있어 나는 내 자신을 증오한단다'라고 말하며 자신의 목을 베어 최후의 복수를 완성하는 「주검(鑄劍)」의 '시커먼 사람(黑色人)'(즉 연지오자宴之敖者)이 바로 그러한 인물 형상이다.

이육사 문학에서도 고독자로서 전진을 지속하는 강인한 정신의 소유자 형상이 두드러진다. 이육사 문학에는 "인간은 얼마나 외로운 것이냐"(「황혼」)에서 보듯 외로움과, "고향의 황혼을 간직해 서럽지 안뇨"(「반묘斑猫」)

48 李長之, 『魯迅批判』(北京出版社, 2004), 139쪽.

49 李長之, 『魯迅批判』, 143쪽.

50 李長之, 『魯迅批判』, 159쪽.

나 "아롱진 서름밖에 잃을것도 없는 낡은 이땅에서"(「한개의 별을 노래하자)」에서 보듯 서러움의 정서가 가득하다.[51] 이육사의 외로움과 서러움은 어디서 유래하는가? 그것은 물을 것도 없이 현실에 안주할 수 없는, 그래서 저 혼자 걸어갈 수밖에 없는, 현실로부터 유폐된 고독에서 유래한다. 이육사는 스스로 고독자가 되어 '문외한(門外漢)'을 자임한다. "그 문안에서 우리가 지켜야 할 보물이 있다면 사람들은 그것을 모두 문안에서 지킬 때에 나 혼자만 문밖에서 그 모든 것을 파수 본다면 그것도 나의 한 가지 임무가 아니겠소. 그렇다면 나는 달게 인생의 문외한이 되겠소."[52] 그런데 이육사의 고독은 개인적인 고독이 아니라 현실로부터 유폐되어 자유의 공간을 상실한 데서 오는 고독이기에 그것은 민족의 고독으로 승화된다. 「편복(蝙蝠)」에서 "고독한 유령(幽靈)"의 박쥐는 "영원한 '보헤미안'의 넋"이요 "멸망하는 겨레"를 상징하기에 시인의 고독은 결국 조국의 고독과 동궤에 놓인다.

이 대목에서 우리는 이육사 문학과 루쉰 문학에서 묘사되고 있는 고독자로서 전진을 지속하는 강인한 정신의 소유자 형상을 비교해볼 필요가 있다. 이육사는 소설 「황엽전(黃葉箋)」에서 '유령'이 꿈을 꾼 '그들'의 이야기를 통해 전진을 지속하는 강인한 정신을 다음과 같이 묘사했다.

> 주림과 치위가 매운 챗죽같이 그들을 휘갈겼습니다. (중략) 그 어느 한 곳도 그들이 발을 붙일 곳은 없었습니다. (중략) 그러나 이 설움과 주림과 치위는 그들 늙은이와 어린이와 남자여자를 모다 한마음으로 얽어맬 수가 있었습니다. 바람과 비에 바래인 그들의 마음에 한 개의 희망이란 오직 일거리와 생활이었

51 이육사는 「황엽전(黃葉箋)」에서도 "그리고 그 어느 한 쪼각이라도 주워다가 그대들의 책상 위에 꽂어두고 그 황엽이 바람에 나부끼며, 울며 부르짖는 서러운 전기를 들어 보아라……"(『李陸史全集』, 93-94쪽)라고 시작하고 있다.

52 李陸史, 「門外漢의 手帖」, 『李陸史全集』, 145쪽.

습니다. 이것이 그들을 고무하고 추진하는 힘이었습니다. (중략)

"가자. 조금이라도 빨리 가자. 불빛을 볼 때까지." 그들 중에서 한 사람이 굵은 목소리로 외치는 것입니다.

"암, 그래야지." 또 몇 사람의 대답이 끝나면 모두들 침묵은 하면서 마음속으로는 역시 "가자"고 대답하는 것입니다.

사람들은 이빨을 물고, 있는 힘을 다하여 전진합니다. 지나온 길이 얼마이며 가야 할 길이 얼마인 것도 모르면서 죽으나 사나 가야 한다는 것밖에는, 그들은 한 사람도 자기만을 생각하는 사람은 없었습니다.[53]

곧이어 화자인 '나'는, '그들'의 이야기에 관한 '지리한 꿈, 괴로운 꿈'에서 깨어난 '유령'이 다시 일어나서 "캄캄한 암흑 속을 영원히 차고 영원히 새지 못할 듯한 밤을 제 혼자 가는 것입니다"[54]라고 서술한다. 이육사는 '그들'을 통해 전진을 지속하는 강인한 정신을 형상적으로 드러냈을 뿐만 아니라 '유령'을 통해 그러한 정신을 더욱 극대화해 표현하고 있는 것이다. '유령'은 고독자로서 전진을 지속하는 강인한 정신의 소유자의 전형으로 그려지고 있는데, 이육사의 내면적 자아이기도 하다. '유령'의 형상이 이육사의 내면적 자아임은 수필 「문외한의 수첩」에서 "내 발길은 무겁게 옮겨졌소. 아주 몇 해를 두고 어느 사막이라도 걸어온 듯한 피로를 깨달았소"[55]라고 말한다든지, "이 동리를 떠나 아무도 발을 대지 않은 대설원을 걸어가겠소. 전인미도(全人未到)의 원시경을 가는 느낌이오. 누가 나를 따라 이 길을 올 사람이 있을는지? 없어도 나는 이 길을 영원히 가겠소"[56]라고 고백한 데서 입증이 된다.

---

53 李陸史, 「黃葉箋」(『朝鮮日報』 1937. 10 · 11), 『李陸史全集』, 99-101쪽.

54 李陸史, 「黃葉箋」(『朝鮮日報』 1937. 10 · 11), 『李陸史全集』, 102쪽.

55 李陸史, 「門外漢의 手帖」, 『李陸史全集』, 142쪽.

56 李陸史, 「門外漢의 手帖」, 『李陸史全集』, 145쪽.

이육사가 형상화하고 있는 「황엽전」의 '유령'은 루쉰의 『야초』의 「과객」에 등장하는 '과객'의 인물 형상과 겹친다. 앞으로 더 가봐야 끝까지 갈 수 있다는 보장도 없으니 돌아가는 게 낫겠다고 권유하는 '노인'에게 '과객'은 깊은 생각에 잠겼다가(沉思) 퍼뜩 깨어나(忽然驚起) 다음과 같이 말한다.

> 그건 안 됩니다. 저는 가야 합니다. 되돌아가봤자 거기에는 위선이 없는 곳이 없고, 지주가 없는 곳이 없고, 추방과 감옥이 없는 곳이 없고, 가식적인 웃음이 없는 곳이 없고, 거짓 눈물이 없는 곳이 없습니다. 저는 그런 것들을 증오합니다. 저는 돌아가지 않을 겁니다.[57]

결국 과객은 '노인'의 권유를 뿌리치고 "저는 가는 수밖에 없습니다. 더욱이 앞에서 늘 저를 재촉하고 저를 부르는 소리가 있어 저는 쉴 수가 없습니다"[58]라고 말하고 소녀가 그의 상처를 감싸라고 건넨 헝겊조각마저 되돌려주고 해가 진 어둠 속에서 서쪽의 무덤을 향해 계속 걸어간다. 사실 루쉰의 '과객'은 니체의 '초인'과도 닮아 있다. 니체에 의하면 '초인'은 역사를 지배하는 영웅이나 신비한 힘을 지닌 초능력자를 의미하는 것이 아니고 이 땅에 태어나서 성장하고 있는 인간이 자력에 의해 도달할 수 있는 하나의 이상적인 인간의 모습이다. 과거의 질곡과 현실에서 벗어나려는 치열한 몸부림을 통해 자기극복을 이룩하며 정신적 상승을 획득해가는 탁월한 정신의 소유자이다.[59] 이러한 니체적 '초인'은 루쉰 문학에서 '광인'의 형태로, '이러한 전사'의 형태로, 복수의 화신 '시커먼 사람(黑色人)'의 형태로 다양하게 나타난다. 이육사가 「교목」에서 "차라리 봄도 꽃피진 말아라", "마음

57 魯迅, 「過客」, 『野草』, 『魯迅全集(2)』, 196쪽.

58 魯迅, 「過客」, 『野草』, 『魯迅全集(2)』, 196쪽.

59 鄭東湖, 『니이체 연구』(探求堂, 1983), 187쪽 참조.

중국인들의 일상생활 속에 자리 잡은 루쉰의 정신

은 아예 뉘우침 아니라", "참아 바람도 흔들진 못해라"라고 했을 때,[60] 수필 「산사기(山寺記)」에서 "영원히 남에게 연민은커녕 동정 그것까지도 완전히 거부할 수 있는 비극의 '히-로'에 대해서 말이다"[61]라고 말했을 때, 우리는 니체의 '초인' 또는 루쉰의 '과객'을 다시 만나게 된다.

이육사는 전진을 지속하는 강인한 정신의 소유자 형상을 좀 더 적극적으로 드러내기 위해 수필 「계절의 오행」에서 '금강심(金剛心)'이라는 말로 그 정신적 경지를 표현했다.

내가 들개에게 길을 비켜줄 수 있는 겸양을 보는 사람이 없다고 해도 정면으로 달려드는 표범을 겁내서는 한발자욱이라도 물러서지 않으려는 내 길을 사랑할 뿐이오. 그렇소이다. 내 길을 사랑하는 마음, 그것은 내 자신에 희생을 요구하는 노력이오. 이래서 나는 내 기백을 키우고 길러서 금강심(金剛心)에서

60 李陸史, 「喬木」(1940.7), 『李陸史全集』, 34쪽.
61 李陸史, 「山寺記」(1941.8), 『李陸史全集』, 190쪽.

나오는 내 시를 쓸지언정 유언은 쓰지 않겠소. 그래서 쓰지 못하면 죽어 화석이 되어 내가 묻힌 척토를 향기롭게 못한다곤들 누가 말하리오.[62]

이육사는 '금강심'의 정신적 경지에 이름으로써 그 어떤 외부 권력이나 압박이 길을 가로막는다 하더라도, 그 어떤 현실적 고난이 들이닥친다 하더라도 그의 전진을 멈추지는 않는다. '금강심'에서 나온 그의 시는 모든 '희생'을 대가(代價)로 씌어진 것이기에 실질적인 유언에 해당하며, 그렇기에 명목상의 유언은 더 이상 필요 없다. 그의 시 창작은 결국 죽음을 전제로 하지 않을 수 없다. 더욱이 시를 최종 완성하지 못하고 죽는다 하더라도 화석이 되어 장래의 새로운 생명에게 자양분이 될 수 있기에 척토를 향기롭게 할 수 있다. 말하자면 이육사는 죽음을 전제로 한 시 창작을 지속하면서 자기희생의 극한적인 길로 나아가려는 강인한 정신을 표현하고 있는 것이다. 이것이 바로 이육사가 도달한 '금강심'의 정신적 경지라 하겠다.

루쉰 역시 『야초』의 「제사(題詞)」에서 '들풀(야초)'의 죽음과 썩음의 생명 현상에 빗대어 자신의 정신적 경지를 표현한 바 있다. 남의 썩음을 자양분으로 삼아 생존을 다투면서 성장한 '들풀'은 다시 죽고 썩어 스스로 남의 생존을 위한 자양분이 된다. 개체로서 '들풀'의 죽음과 썩음은 안타까운 일이지만, '들풀'은 '썩음'을 통해 다시 새로운 생명을 잉태해 유적(類的) 생명의 지속성을 보장한다.[63] 그래서 루쉰은 '들풀'의 죽음과 썩음에 대해 "하지만 나는 태연하며 기뻐한다. 나는 크게 웃을 것이며 노래 부를 것이다"라고 답한다. '들풀'의 죽음과 썩음에 빗대어 표현되고 있는 루쉰의 정신적 경지는 "죽어 화석이 되어 내가 묻힌 척토를 향기롭게" 하려는 이육사의 정신적 경지와 동궤에 놓인다.

---

62 李陸史, 「季節의 五行」(『朝鮮日報』 1938. 12. 24-28), 『李陸史全集』, 162쪽.

63 졸저, 『천상에서 심연을 보다: 루쉰의 문학과 정신』(선학사, 2005), 194쪽 참조.

그렇다면 이육사에게 강인한 정신의 소유자로서 전진을 지속하게 만드는 힘은 무엇인가? 그것은 무지개(또는 별)로 표상되는 그 무엇이다. 무지개는 "겨울은 강철로 된 무지갠가 보다"(「절정」)에서, "그리고 새벽하늘 어데 무지개 서면/ 무지개 밟고 다시 끝없이 헤여지세"(「파초(芭蕉)」)에서, "연기를 천정으로 곱게 불어 올리고", "거기에 개인 날의 무지개를 그리는 것이었다"(「계절의 표정」)에서 드러난다. 그 무지개는 "저바리지 못할 약속(約束)"(「꽃」)을 뜻하는바, "내 목숨을 꾸며 쉬임 없는 날"(「꽃」)을 지속하며 추구할 그 무엇이다. 이육사는 바로 이 무지개 때문에 청포를 입고 찾아오는 손님을 위해 "은쟁반에 하이얀 모시 수건을 마련하"고(「청포도」), "임자 없는 한 개의 별을 가질 노래를 부르고", "새로운 지구(地球)에단 죄(罪)없는 노래를 진주(眞珠)처름 흣치고"(「한개의 별을 노래하자」), 해조(海潮)의 소리를 "거인(巨人)의 탄생을 축복하는 노래의 합주!"(「해조사(海潮詞)」)로 듣는다. '무지개'에 대한 한 치의 흔들림이 없는 믿음이 있기에 "다시 천고(千古)의 뒤에/ 백마(白馬)타고 오는 초인(超人)이 있어/ 이 광야(曠野)에서 목놓아 부르게 하기" 위해 "내 여기 가난한 노래의 씨를 뿌린다"(「광야(曠野)」). 그렇다면 이육사에게 무지개는 루쉰의 '과객'에게 앞에서 재촉하며 부르는 '소리(聲音)'와 같다. 루쉰의 '과객'이 전진을 재촉하는 그 '소리'에 귀 기울임으로써 어둠 속의 무덤을 향해 계속 걸어갈 수 있었듯이 이육사 역시 '무지개'에 대한 흔들림 없는 믿음을 가지고 있었기에 죽음을 무릅쓰고 현실의 고난을 뚫고 계속 전진할 수 있었던 것이다.

여기까지 이르면, 우리는 이육사 문학과 루쉰 문학의 상관관계를 좀 더 검토할 필요를 느낀다. 이육사의 시를 시대순으로 읽다 보면 중요한 사실 하나를 발견하게 된다. 그것은 1936년 후반부터 이육사의 시 창작이 본격화되는 동시에 이전의 시와 비교해 큰 변화가 일어난다는 점이다. 이육사는 1933년 12월에 발표한 「황혼(黃昏)」에서 "내 골ㅅ방의 커-텐을 걷고/ 정성된 마음으로 황혼을 맞아드리노니/ (중략) 황혼아 네 부드러운 품안에 안기는 동안이라도/ 지구의 반쪽만을 나의 타는 입술에 맡겨다오"[64]라고 읊었는데, 개인적인 감상(感傷)이 다소 강하게 드러난다. 1935년 6월에 발표한 「춘수삼제(春愁三題)」의 첫 수에서는 "이른 아침 골목길을 미나리장수가 기 ㄹ게 외우고 갑니다./ 할머니의 흐린 동자(瞳子)는 창공(蒼空)에 무엇을 달리시는지,/ 아마도 ×(옥)에 간 맏아들의 입맛(味覺)을 그려나보나봐요"[65]라고 읊었다. 슬픔이 북받치는 고단한 현실의 풍경을 아름다운 시어로 담담하게 그려냄으로써 독자로 하여금 가슴을 저미게 만든다. 하지만 시인의 강인한 정신세계가 짙게 배어나지는 않는다. 1936년 1월에 발표한 「실제(失題)」에서도 "행랑뒤골목 휘젓한 상술집엔/ 팔려온 냉해지처녀(冷害地處女)를 둘러싸고/ 대학생의 지질숙한 눈초리가/ 사상선도(思想先導)의 염탐 밑에 떨고만 있다"[66]라고 하여 현실의 풍경을 담담하게 그려내는 데 치중하고 있다. 이 시기까지 이육사의 시 창작은 현실의 풍경을 담담하게 그려내면서 거기에 자신의 감정을 이입시키는 것이었다.

그렇지만 1936년 12월에 발표된 「한개의 별을 노래하자」에 이르면 이육사의 시세계는 대번에 새로운 단계로 상승한다. 이육사는 이 시에서 "한개의 별을 가지는건 한개의 지구를 갖는 것/ 아롱진 서름밖에 잃을것도 없는 낡은 이땅에서/ 한 개의 새로운 지구를 차지할 오는날의 기쁜노래를/ 목안에 핏대를 올려가며 마음껏 불러보자"[67]라고 읊었다. 이때부터 이육사의 시는 현실의 풍경을 담담하게 그려내는 데서 벗어나서 시인의 정신세계를 드러내는 강한 사상성을 띠기 시작한 것이다. 그것은 곧이어 발표된 「해조사(海潮詞)」(1937. 4)에서 "쇠줄에 끌려 걷는 수인(囚人)들의 무거운 발소리!/ 옛날의 기억을 아롱지게 수(繡)놓는 고이한 소리!/ 해방을 약속하던

64 李陸史, 「黃昏」, 『李陸史全集』, 21-22쪽.
65 李陸史, 「春愁三題」, 『李陸史全集』, 59-60쪽.
66 李陸史, 「失題」, 『李陸史全集』, 61쪽.
67 李陸史, 「한개의 별을 노래하자」, 『李陸史全集』, 63쪽.

그날밤의 음모(陰謀)를/ 먼동이 트기전 또다시 속사여 보렴인가?"[68]라고 한 데로 이어진다. 「편복(蝙蝠)」(1937. 8)[69]에서 시인은 "이제는 「아이누」의 가계(家系)와도 같이 서러워라!/ 가엾은 박쥐여! 멸망(滅亡)하는 겨레여!"라고 하여 조국의 운명을 박쥐의 운명에 빗대어 표현한다. 또 「노정기(路程記)」(1937. 12)에서 시인은 지나온 삶이 '오래 묵은 포범(布帆)처럼 달아매인 삶의 티끌'에 지나지 않고 '다 삭아 빠진 소라 껍질에 붙어온 거미'에 지나지 않지만 "쫓기는 마음 지친 몸이길래/ 그리운 지평선을 한숨에 기오르면/ 시궁치는 열대식물처럼 발목을 오여쌌다"[70]라고 읊는다. 시인은 지나온 삶이 아무리 보잘것없고 발목을 오여싸는 '시궁치'에 이른다 하더라도 '그리운 지평선을 한숨에 기오르는' 전진을 포기하지는 않는다. 이처럼 1936년 후반부터 이육사의 시 창작은 현실의 풍경을 담담하게 그려내는 데서 점차 시인의 정신세계를 형상화해 강한 사상성을 드러내는 쪽으로 전환되고 있는 것이다.

「절정(絶頂)」(1940. 1)과 「교목(喬木)」(1940. 7)은 이육사 시의 사상성이 절

68 李陸史, 「海潮詞」, 『李陸史全集』, 66쪽.

69 李陸史, 「蝙蝠」, 『李陸史全集』, 80쪽. 조선총독부 경무국의 출판경찰은 1928년 9월부터 1938년 1월까지 10여 년에 걸쳐 이루어진 검열 행위를 정리해 매달 『조선출판경찰월보』라는 내부 간행물을 발간했다. 이 『월보』는 몇 월 며칠자 신문, 혹은 몇 월호 잡지를 검열해서 어떤 기사를 어떤 이유로 차압 혹은 삭제했는가, 또 단행본 출간을 허가받기 위해 제출한 원고에 대해서도 어떤 부분을 어떤 이유로 삭제 압수하거나 아니면 아예 출판을 허가하지 않았는가, 일제의 경찰이 압수 혹은 수거한 선전 삐라에는 어떤 불온한 내용이 들어 있었는가, 외국에서 가지고 들여오려던 신문 · 잡지 등에 들어 있는 조선총독부의 조선통치를 비방하거나 해롭게 하는 내용을 얼마나 수거, 압수했는가 등을 기록하면서 문제가 된 부분을 발췌 또는 요약해 일본어로 번역해둔 것이다(동국대학교 문화학술원 한국문학연구소 편, 『식민지시기 검열과 한국문화』, 동국대학교출판부, 2010, 94-95쪽). "『월보』 108호(1937. 9)에는 시집을 1937년 8월에 검열해 「편복(蝙蝠)」을 불허했다고 하면서 시를 간략하게 번역해두었다. 그 시를 읽어보면 바로 이육사의 「편복」임을 알 수 있다"(『식민지시기 검열과 한국문화』, 117쪽). 그렇다면 이육사의 「편복」은 1937년 8월 이전에 씌어져 발표될 예정이었으나 일제의 검열로 인해 정식으로 출판되지 못한 것임을 알 수 있다.

70 李陸史, 「路程記」, 『李陸史全集』, 26쪽.

정에 달하고 있음을 보여준다. 이 중에서 「절정」을 보자.

매운 계절의 채찍에 갈겨
마침내 북방으로 휩쓸려 오다.

하늘도 그만 지쳐 끝난 고원
서릿발 칼날진 그 위에 서다.

어디다 무릎을 꿇어야 하나
한 발 재겨 디딜 곳조차 없다.

이러매 눈 감아 생각해 볼밖에
겨울은 강철로 된 무지갠가 보다.

1936년 후반부터 이육사의 시 창작이 현실의 풍경 묘사에서 시의 사상성을 강화하는 방향으로 변하게 된 계기는 무엇일까. 이미 앞에서 검토했거니와 그것은 「루쉰 추도문」(1936. 10)에서 보듯 루쉰 문학과의 만남을 생각하지 않을 수 없다. 물론 그 만남은 공명을 통한 자각의 차원이지 단순한 영향관계로 따져 말할 수 있는 것은 아니다. 이육사가 「『시학(詩學)』 앙케에트에 대한 대답」에서 '내가 사숙(私淑)하는 시인'의 항목에 "내가 사숙까지 했던 사람은 없습니다"[71]라고 대답했거니와 어느 한 작가의 영향으로 인해 이육사의 시세계가 새롭게 구축된 것은 아니다. 다만 이육사의 시세계가 새로운 단계로 상승하는 그 중간에 「루쉰 추도문」이 놓여 있다는 사실은 매우 중요하다. 이육사는 루쉰 문학을 탐독하면서 예술과 정치의 관

71 李陸史, 「『詩學』 앙케에트에 대한 대답」, 『李陸史全集』, 379쪽.

계 및 창작 '모랄'에 대한 루쉰의 입장을 정리하고 확인함으로써 그에 대한 공명과 자각을 통해 점차 시 창작과 행동을 일체화시키고 시의 사상성을 획득해가는 방향으로 나아간 것으로 보인다.

5. 동궤에 놓인 문학정신

「루쉰 추도문」은 이육사의 시 창작이 새로운 단계로 상승하는 어떤 분수령이 되고 있는데, 이육사는 루쉰 문학과의 만남을 계기로 '문학적 실천'으로서의 시 창작을 본격화하면서 문학의 사상성을 더욱 강화하는 방향으로 나아갈 수 있었다. 더욱이 의미심장한 것은 루쉰 문학이 보여주고 있는 전진을 지속하는 강인한 정신의 소유자로서의 인물 형상과 자기소멸을 감내하는 자기희생적인 정신의 경지는 이육사 문학에서도 동일하게 나타난다는 점이다. 이것은 이육사 문학을 루쉰 문학과 같은 높이에서 나란히 놓고 논할 수 있음을 뜻한다.

다만 이육사 문학과 루쉰 문학을 같은 높이에서 논할 때 고려하지 않을 수 없는 것은, 이육사가 처했던 창작의 열악한 현실적 조건이다. 이육사에게 시를 쓰는 행위는 현실에 저항하는 실천적 '행동'인바, "이 행동이란 것이 있기 위해서는 나에게 무한히 너른 공간이 필요로 되어야 하련마는 숫벼룩이 꿇앉을 만한 땅도 가지지 못한 내라 그런 화려한 팔자를 가지지 못한 덕에 나는 방안에서 혼자 곰처럼 뒹굴어 보는 것이오"[72]라고 했듯이 그가 '행동'할 수 있는 공간은 루쉰과 비교할 수 없을 정도로 위축되어 있었다. 그의 창작이 분량 면에서 루쉰 문학에 크게 미치지 못하는 것은 어쩌면 당연한 일일지도 모른다. 그렇지만 이육사가 그러한 악조건 속에서도

72 李陸史, 「季節의 五行」, 『李陸史全集』, 162쪽.

루쉰에 비견될 수 있는 문학정신의 경지에 도달했다는 것은 대단한 일이 아닐 수 없다. 우리가 근대 시기에 민족저항시인으로서 이육사를 첫째로 꼽아야 하는 이유도 바로 여기에 있다.

끝으로 언급하고자 하는 것은, 1930년대 후반부터 루쉰을 공부하기 시작한 이명선(李明善)과 이육사의 관계에 관한 것이다. 이명선은 경성제국대학 본과 2학년 재학 때인 1938년 12월 5일 『조선일보』의 '학생 페이지' 란에 '소논문(小論文)'으로 「루쉰에 대하여」라는 글을 발표한다. 이 글은 루쉰에 관한 그의 최초의 글로서 일종의 단평이라 할 수 있는데, 그는 이 글의 말미에서 "루쉰의 소설은 『외침』·『방황』 속에 대개 수록되어 있고 이외에 역사소설이 꽤 여러 편 있기는 하나 이것은 모두 그가 사자분신지세(獅子奮迅之勢)로 권토중래(捲土重來)한 이전의 것이요 정작 그 이후에는 더구나 죽기 전 수 3년간은 '손으로 쓰는 것보다 발로 도망(逃亡)하기 바빠서' 주목할 만한 단 한 편의 소설도 쓰지 못하였다"[73]라고 말했다. 여기서 주목되는 것은 인용부호를 사용해 표현한 '손으로 쓰는 것보다 발로 도망하기 바빠서'라는 구절이다. 흥미롭게도 이 구절은 이육사의 「루쉰 추도문」에도 동일하게 나온다. 이육사는 「루쉰 추도문」에서 "이러해서 현대 중국문단의 부(父)이며 비평가의 비평으로서 자타가 그 지위를 함께 긍정하던 그(루쉰)의 작가로서의 생애는 너무나 짧은 것이었으니, 1926년 3월 「이혼(離婚)」이란 작품을 최후로 남긴 그는 교수로서 작가로서의 화려한 생애는 종언을 고하지 않으면 안 될 때가 왔다. 그는 지금부터 '손으로 쓰기보다는 발로 달아나기가 더 바빴다'"[74]라고 말했다. 이렇게 이육사도 인용부호를 사용해 '손으로 쓰기보다는 발로 달아나기가 더 바빴다'라고 표현했는데,

---

73 李明善, 「魯迅에 對하야」(『朝鮮日報』 1938. 12. 5), 『李明善全集(2)』, 46-47쪽.

74 李陸史, 「魯迅 追悼文」, 『朝鮮日報』 1936. 10. 29). 우산학인(牛山學人)은 「중국신흥문학의 '아Q시대'와 루쉰」(『東方評論』 1932. 5)이라는 글에서 루쉰을 소개해 "그(루쉰)의 교수로서의 또는 작가로서의 안정된 생활이 깨어지자 그는 작품을 쓰느니보다도 도망을 다니기에 더 바빴다"라고 표현했다.

이명선은 『조선일보』에 실린 이육사의 글을 참조한 것이 아닐까. 당시 경성제국대학 법문학부 조선인 학생들이 한국어 신문으로는 『조선일보』와 『동아일보』를 가장 많이 구독했는데,[75] 이명선은 예과를 졸업하기 직전인 1936년 10월 말에 발표된 이육사의 「루쉰 추도문」을 읽었을 것으로 짐작된다. 이명선은 이육사가 '달아나기'로 표현한 것을 '도망하기'로 바꿔 쓰기는 했지만, 동일한 내용을 인용부호에 넣어 그대로 옮겨놓은 것이다. 이명선은 1937년 초 예과를 졸업하고 본과인 중국어문학과에 진학하게 되는데, 1936년 말 예과 졸업을 앞둔 시점에서 중국의 대표적인 문인이던 루쉰의 죽음을 애도하고 루쉰문학론을 전개한 예의 이육사의 글을 읽었을 것이다. 이명선은 학부 재학 시기에 「루쉰에 대하여」, 「현대 지나(支那)의 신진작가」(『매일신보(每日新報)』 1938. 12. 11), 「지나의 신진작가 샤오쥔(蕭軍)의 작풍」(『매일신보』 1939. 2. 19)을 발표했고, 또 졸업논문으로 「루쉰 연구(魯迅硏究)」(1940. 3)를 썼다. 그가 본과 중국어문학과에 진학하게 된 것이 중국 현대문학에 대한 관심에서 비롯되었다고 한다면, 중국 현대문학을 대표하던 루쉰의 죽음을 애도하고 루쉰문학론을 전개한 이육사의 「루쉰 추도문」도 분명 그에게 어떤 영감을 주었을 것이다.

75 정근식 · 정진성 · 박명규 · 정준영 · 조정우 · 김미정, 『식민권력과 근대지식: 경성제국대학 연구』(서울대학교출판문화원, 2011), 554쪽 '표 IX-30 경성제국대학 재학생들의 열독 신문(1938년 11월 조사)' 참조. 법문학부 학생 중에서 한국어 신문으로는 『조선일보』가 20명, 『동아일보』가 18명, 『조선신보(朝鮮新報)』가 12명 열독하는 것으로 조사되어 있다.

제3부

1940년대 한국과 루쉰

제7장

김광주의 현대 중국문예 비평과 루쉰 소설 번역

1. 의학의 포기와 문예활동의 시작

김광주(金光洲, 1910－1973)는 1960년대 초 『경향신문』에 『정협지(情俠誌)』라는 무협소설을 연재함으로써 한국에 무협소설의 붐을 일으킨 소설가이다. 그런데 그는 1930년대에 중국 상하이에 체류하면서 국내 신문과 잡지에 소설과 수필, 시를 발표하는 한편 현대 중국문예를 비평 소개하고 루쉰의 단편소설을 번역 게재하기도 했다. 또한 중국의 신문과 잡지에도 현대 중국문예를 비평하고 한국문단을 소개하는 글을 발표한 바 있다. 특히 8 · 15해방 직후에는 이용규(李容珪)와 함께 한국 최초로 『루쉰단편소설집(魯迅短篇小說集)』(제1 · 2집)을 단행본으로 출판해 루쉰 문학을 한국 독자들에게 소개하는 데 중요한 역할을 했다. 그동안 김광주의 현대 중국문예 비평이나 루쉰 소설의 번역 등은 상대적으로 주목받지 못했는데, 중국 현대문학 연구자로서의 김광주의 새로운 면모와 근대 시기 한국의 루쉰 문학 수용사(受容史)에서 김광주의 위상을 좀 더 적극적으로 규명할 필요가 있을 것이다.

김광주는 1920년대 중반 서울의 경성제일고보를 다니다 중퇴하고 1929년부터[1] 상하이에서 유학을 시작한다. 1937년 중일전쟁이 발발하고 일본군에 의해 상하이가 점령되어 1938년 1월 상하이를 떠나기까지 그는 대략 9년 정도 상하이에서 생활했고, 이후 한국이 해방을 맞이한 1945년 8월까지 중국 각지를 유랑하다가 8·15해방과 더불어 한국으로 귀국하게 된다. 김광주는 중국 지린(吉林)에서 병원을 운영하던 형의 도움으로 의학을 공부하기 위해 상하이의 남양의과대학(南洋醫學院)에 입학했으나 중국어로 진행되는 수업에 어려움을 겪던 차에 문학청년 김명수(金明水)[2]와 어울리면서 점차 문예에 빠져든다. 의학은 둘째고 우선 중국어, 중국 글을 배우는 것이 급선무라고 생각한 김광주는 당시 중국문단에서 쟁쟁한 명성을 떨치고 있던 작가들, 이를테면 루쉰(魯迅), 궈모뤄(郭沫若), 위다푸(郁達夫), 바진(巴金), 빙신(冰心) 등등 닥치는 대로 그들의 작품을 읽고,[3] 1931년 1월 루쉰의 단편소설을 번역해 「행복된 가정」(「행복한 가정(幸福的家庭)」)과 「재주루상」(「술집에서(在酒樓上)」)을 발표하게 된다. 김광주의 번역본 「재주루상」의 말미에는 '1932, 8, 3, 역(譯)'이라고 기록되어 있으니, 이 작품은 1932년 8월 3일에 번역된 것임을 알 수 있다. 1929년부터 상하이에 유학해 중국어를 배우기 시작한 그가 3년 남짓한—상하이에 도착하기 전 지린에서 중국인 가정교사로부터 3, 4개월 정도 중국어를 배웠다고 함[4]—짧은 기간 동안 중국어 독해 실력을 높이고 그 과정에서 루쉰 소설을 번역했으

---

1 金光洲, 「上海時節回想記(上)」, 『세대』 제3권 통권 29호(1965. 12), 246쪽 참조. "또 무슨 과(科)의 공부를 하게 되든 간에, 상하이로 갈 수 있다는 사실만이 나는 기뻤다. 그해(1929년경?) 7월, 형수는 나의 여장(旅裝)을 꾸려 주었다."

2 金明水, 「두 電車, 인스펙터」(新春文藝 當選作品 小說其二), 『東亞日報』 1930. 2. 6.

3 金光洲, 「上海時節回想記(上)」, 『세대』 제3권 통권 29호, 251쪽 참조.

4 金光洲, 「上海時節回想記(上)」, 『세대』 제3권 통권 29호, 245쪽 참조.

니 상당한 진보라고 하지 않을 수 없다. 게다가 의학을 전공하려던 그가 의학 수업은 뒷전으로 하고 오로지 문학 작품을 읽고 번역하는 데 주력했으니, 중국인의 정신적 각성을 촉구하기 위해 의학을 포기하고 문예에 투신한 루쉰의 삶의 궤적과 닮아 흥미롭다.

김광주가 이 시기에 얼마나 문예에 큰 애착을 가졌는지는 그가 쓴 「이 땅에 태어났거든」이라는 시를 보면 알 수 있다. 이 시는 루쉰의 단편소설을 번역한 「행복된 가정」의 원고가 마지막으로 연재된 1933년 2월 5일자 『조선일보』의 동일 지면에 게재되었는데, 시적 완성도가 높다고 할 수는 없으나 문예에 대한 김광주의 의식의 단면을 보여주기에 중요한 의미를 갖는다. 좁쌀봉지를 껴안고 겨울 거리를 걸어오고 있는 가련한 아내, 먹을 것을 달라고 울고 있는 귀여운 아들을 생각해 "값없는 시필(詩筆)을 꺾어버리고 고리대금업을 배우라!"고 종용하는 '벗'에게 시인인 '나'는 이렇게 답한다.

> 나는 이 땅에 태어난 것을 저주(咀呪)하지 않나니—
> 나는 이 시대에 태어난 것을 원망(怨望)하지 않나니—
> 불구자의 이 땅!
> 모순의 이 시대!
> —그러나 그것은 오히려 나의 정열(情熱)에 불을 붙여주는 힘이어던……
> 힘어어던……
>
> 벗이여! 나는 시필(詩筆)을 던지지 않으리니
> 억세인 심장의 고동이 그치지 않는 날까지는
> 이 붓을 꺾어버리지 않으리니
> 벗이여! 비웃지 말라!
> —조밥덩이를 먹으며 시(詩)를 쓰고 앉젔는 어리석은 시인을

우리의 노래는 「앞잡이」가 되리니
자유와 평화를 위한 피 끓는 싸움의
앞잡이가 되리니 앞잡이가 되리니
벗이여! 비웃지 말라!
「MACAW」의 꽁초를 줍고 앉졌는 어리석은 시인을 비웃지 말라!

—우리의 노래는 달콤한 자위(自慰)가 아니리니……
—우리의 노래는 미지근한 도취(陶醉)가 아니리니……
—H에게 보내노라[5]

김광주는 '고리대금업'을 배우라는 '벗'의 달콤한 유혹에도 흔들리지 않는 굳은 신념으로 '조밥덩이를 먹으며 시를 쓰고 앉은 어리석은 시인'이 되고자 다짐한다. '불구자의 이 땅! 모순의 이 시대!' 현실이 오히려 '정열에 불을 붙여주는 힘'이 되어 시인인 '나'는 '억센 심장의 고동이 그치지 않는 날까지' '붓'을 꺾지 않으려는 강한 신념을 드러낸다. 시인이 '시필(詩筆)'을 들어 '노래'를 부르는 것은 '자유와 평화를 위한 피 끓는 싸움의 앞잡이가 되'기 위한 것이다. 시인이 지향하려는 '자유와 평화를 위한 피 끓는 싸움'이 무엇을 의미하는지 분명하지 않아 그것은 구체성을 결여한 막연한 관념으로 다가오지만,[6] 그럼에도 불구하고 이 시는 김광주의 문예에 대한 열망과 그의 계몽주의적 지향을 여실히 보여준다. 그가 같은 시기에 발표한 「봄은 오리니」라는 시에서 '센티멘탈이즘'을 거부하면서 "중풍병자(中風病者) 같이 쏠려 들어가는 이 땅에도/ 좀먹어 들어가는 우리의 넋 위에도/ 소

5 金光洲, 「이 땅에 태여낫거던」, 『朝鮮日報』 1933. 2. 5.
6 물론 '자유와 평화'의 관념은 이 시기에 그가 아나키즘 계열의 한인(韓人) 독립운동단체와 관계하고 있었으니 아나키즘사상으로부터 받은 영향으로 보아도 좋을 것이다.

생의 봄은 오리니……"라고 읊은 것도[7] 문예를 통한 민족적 계몽을 염두에 둔 것이다. 또한 그가 상하이희극협사(上海戲劇協社)가 1933년 10월 9일 제17회로 공연한 「외쳐라! 중국이여!(怒吼吧! 中國!)」라는 연극을 관람하면서 "극전체(劇全體)로 보아서 성공 불성공을 말함보다도 외국에 뒤떨어진 극을 상연한다고 말함보다도 신흥 중국 젊은이들의 씩씩한 부르짖음—밤참 한 끼를 제대로 못 먹으면서 오로지 민족적 계몽을 위하여 외치는 그들의 부르짖음을 듣는 것만도 기껍습니다"[8]라고 말한 데서도 그의 계몽주의적 지향을 엿볼 수 있다.

김광주는 1934년 4월 『신동아』에 「그 시절의 상하이의 봄」이라는 수필을 게재했는데, 이 글은 그가 루쉰 소설을 번역하고 시를 쓰던 무렵의 상황을 이해하는 데 도움이 된다. 김광주는 이 글에서 5, 6년 전 봄에 의학교에 학적을 두었으나 학교에 가는 날은 일주일에 이틀뿐 공부에 충실하지 않자 학비를 보내주던 그의 형이 그 사실을 알고 학비조차 일체 보내지 않아 '룸펜'이 될 수밖에 없었다고 했다. "세방(貰房)에서 쫓겨난 지도 오래고 이 집저집 친구의 집으로 잠자리를 찾아 헤매이며 밥을 때찾아 못 먹으면서도 문학서적을 한옆에 끼고 거리를 헤매이던 그 봄, 지금 생활도 안정을 얻었다 할 수는 없지만 왜 그런지 봄이 올 때마다 그 시절 상하이의 봄이 눈앞에 떠오릅니다."[9] 김광주는 이보다 앞서 1933년 1월 14일 『조선일보』에 발표한 「짓밟힌 사엽(四葉) 클로-버」라는 시에서도 당시의 상황을 시적으로 형상화해놓았다. 시인은 '당신'이 준 '행복을 상징하는 풀'인 '사엽(四葉) 클로-버'를 진흙 묻은 발로 짓밟으면서 "나는 행복을 원(願)치 않습니다/ 잘먹고 잘입는 행복을 원치 않습니다/ 달디단 사랑을 원치 않습니다/ (중략) 하루를 굶어보십시오!/ 이틀을 굶어보십시오!/ (중략) 오월의 태양 같이

---

7 金光洲, 「봄은 오리니」, 『朝鮮日報』 1933. 2. 19.

8 金光洲, 「南國片信(二)」, 『朝鮮日報』 1933. 10. 25.

9 金光洲, 「그 時節의 上海의 봄」, 『新東亞』 1934. 4, 155쪽.

명랑한 이지(理智)의 힘을/ 내몸에다 내몸에다 퍼부어주십시오!/ 불에 닿은 쇳덩어리 같이 꿋꿋한 의기(意氣)의 힘을/ 내몸에다 내몸에다 퍼부어주십시오"[10]라고 말한다. 김광주는 현실적 안위로부터 박차고 나와 더 높은 이상을 추구하려는 불같이 뜨거운 의지를 독백의 방식으로 드러낸 것이다. 의학 공부를 포기한 채 문예에 빠져들어 중국문단을 소개하고 루쉰 소설을 번역하던 1931-1932년 무렵의 김광주가 '룸펜'적 생활로 인해 끼니조차 해결하기 어려운 처지에 놓였음을 짐작하게 한다. 형의 도움이 끊긴 채 '룸펜'적 생활을 할 수밖에 없었던 김광주는 문학에 투신한 이상 생활을 위해서라도 좀 더 적극적으로 원고를 써서 기고하지 않을 수 없었으니, 중국문단의 국내 소개, 루쉰 소설의 번역, 시 · 수필 · 소설의 창작 등을 집중적으로 진행하게 된 것이다. 예의 「이 땅에 태어났거든」은 바로 의학을 포기하고 문예에 매진하게 된 김광주 자신의 결연한 의지를 시적 형상화를 통해 보여주고 있는바, 이로써 문예로 전환하게 된 김광주의 내면적 계기를 포착할 수 있을 것이다. 김광주가 「이 땅에 태어났거든」을 루쉰의 단편소설을 번역한 「행복된 가정」의 연재가 마무리된 『조선일보』의 동일 지면에 실은 것은 어쩌면 루쉰의 의학 포기와 문학으로의 방향 전환을 염두에 둔 것은 아닐까? 김광주가 그 직후부터 단편소설 「상하이와 그 여자」(『조선일보』 1933. 3), 「장발노인」(『조선일보』 1933. 5), 「밤이 깊어갈 때」(『신동아』 1933. 10), 「포도(鋪道)의 우울」(『신동아』 1934. 2)을 한국의 신문과 잡지에 잇달아 발표하는 등 창작에 집중하고 있는 것도 시사적이다.

김광주는 상하이에 머물던 시기에 문예에 투신한 후 창작 이외에도 현대 중국문예에 대한 비평과 소개, 루쉰 소설의 번역 등에 열중했는데,[11]

---

10 金光洲, 「짓밟힌 四葉 클로-버」, 『朝鮮日報』 1933. 1. 14.

11 金光洲, 「上海時節回想記(上)」, 『세대』 제3권 통권 29호, 267-268쪽. "『신동아』에 가끔 단편을 발표하는 한편 동아일보 학예면에도 꾸준히 중국문학, 작가, 문단의 동향을 소개하는 데 열중했다. 베이징에서 정래동이 활발히 중국문학과 작가들을 소개하던 것도 이 무렵이었다."

1930년대에 그 방면에 있어 베이징에서 유학하던 정래동(丁來東)과 더불어 단연 두각을 나타냈다. 또한 그는 중문(中文)으로 쓴 문예평론을 중국의 신문과 잡지에 기고하는 적극성을 발휘하기도 했다. 김광주는 중국인 루쑹야(陸頌亞)의 도움을 받아 처음으로 중문으로 글을 쓰게 된 경위를 설명하면서 "불과 200자 원고지 7, 8매의 단문(短文)으로 제목은 「영편범람시대(影片氾濫時代)」였고 영화 비평의 불순한 상업성을 통렬히 공박한 글이었다"라고 말하고 '김광주(金光洲)', '주(洲)', '담여(淡如)', '파군(波君)' 등 네 가지 필명을 가지고 영화평, 소개, 감독론 등을 닥치는 대로 썼다고 술회한 바 있다.[12] 문예로의 전환 이후 김광주는 당시 한국인으로서는 보기 드물게 중문으로 글을 써서 중국에서 문예평론을 발표하고 한국문단을 소개하고 영화이론서(『영화화장법(映畵化粧法)』)도 출판했던 것이다.[13] 이는 그가 중

---

12 金光洲, 「上海時節回想記(上)」, 『세대』 제3권 통권 29호, 269쪽. 김광주가 중문으로 쓴 글은 최근 중국 산동대학(威海) 김철 교수가 일부 발굴해 그 내용을 상세하게 소개한 바 있다. 김철, 「중국 현대 문예 매체에 발표된 김광주의 문예 비평에 대한 소고」, 『한중인문학연구』 47호(2015) 참조.

13 현대 중국문예 및 중국문단 소개, 루쉰 작품 번역, 중국문예평론, 한국문단의 중국 소개 등과 관련된, 현재까지 알려진 김광주의 글을 정리하면 다음과 같다. 「中國文壇의 回顧: 1929년 以後로」(총 5회, 錢杏邨 述, 김광주 역), 『朝鮮日報』 1931. 3. 28－4. 1; 「中國新文藝運動概論」(총 11회, 華漢 述, 김광주 역), 『朝鮮日報』 1931. 5. 12－26; 「中國푸로文藝: 運動의 過去와 現在」(총 4회), 『朝鮮日報』 1931. 8. 4－7; 「中國新劇運動의 進路」(鄭伯奇 저, 김광주 역), 『中央日報』 1931. 12. 14; 「現代 中國 戲劇과 劇作家」(총 6회, 김광주 역), 『朝鮮日報』 1932. 3. 16－25; 「在酒樓上」(魯迅 작, 김광주 역), 『第一線』 3권 1호, 1933. 1; 「幸福된 家庭」(총 6회, 魯迅 작, 김광주 역), 『朝鮮日報』 1933. 1. 29－2. 5; 「中國劇壇一瞥: 上海劇界를 중심으로」(총 3회), 『동아일보』 1933. 12. 8－10; 「中國文壇의 現勢 一瞥: 1年間의 論壇 · 創作界 · 刊行物界 等」(총 4회), 『동아일보』 1935. 2. 5－8; 「조선문단의 최근 상황(朝鮮文壇的最近狀況)」(中文), 『文藝電影』 제1권 제4기(1935. 3. 1); 「문학에 뜻을 둔 청년들에게 드림(給志在文學的青年)」(中文, 스기야마 헤이스케杉山平助의 글을 번역), 『第一線』 제1권 제2기(1935); 「영화와 그 국민성(電影與它的國民性)」(中文, 다른 사람의 글을 김광주가 번역), 『時事旬報』 제31기(1935); 「1935년 유럽의 영화계(1935年歐洲的影壇)」(中文), 『時事旬報』 제20기(1935); 「現代中國受難期의 劇作家: 田漢과 그의 戲曲을 論함」(총 6회), 『동아일보』 1935. 11. 16－23; 「世界文壇動向報告(其二): 中國文壇의 最近 動向」(총 6회), 『동아일보』 1936. 2. 20－26; 「(中國의 國防文學)非常時 中國文壇의 最近狀」

국문단에 비평적 개입을 시도하고 있었음을 의미하는데, 근대 시기 한·중 문예 교류와 학문적 교섭의 측면에서도 주목할 만하다.

2. 『보헤미안』 문예동인지와 아나키즘적 문예의식

김광주는 안중근 의사의 조카이자 에스페란티스토인 안우생(安偶生)과 함께 문예활동을 펼치기 시작했는데, 의학 공부에 흥미를 잃었던 그가 난징(南京)의 중앙대학(中央大學) 영문학과에 편입을 시도했을 당시를 이렇게 회상한 바 있다. "마침, 안우생과 더불어 상하이 태생 청년들의 그룹을 위한 월간지 『동방(東方)』이란 것을 창간할 계획을 세우고 그 원고 정리와 편집에 분망하던 참이었지만, 나는 모든 것을 동댕이치고, 안우생에게 간단한 쪽지 한 장을 남겨놓은 채 그 이튿날 오후 난징에 도착했다."[14] 안우생은 에스페란토에 능통해 Elpin이라는 이름으로 중국인 에스페란티스토 펑원뤄(馮文洛), 팡산징(方善境), 판디수(潘狄書), 쉬성웨(徐聲越) 등과 함께 루쉰의 문학 작품을 에스페란토로 번역해 1939년 홍콩에서 『루쉰소설선(Lu Sin Elektitaj Noveloj)』을 펴낸 장본인이다. 김광주는 상하이 시기에 안우생과 사상적으로나 문학적으로 서로 의기투합하고 있었다.

김광주는 난징의 중앙대학 문과 편입이 어렵다는 사실을 최종 확인하고 다시 상하이로 되돌아오게 되는데, 대학 진학을 완전히 포기하고 이후 본격적인 문예활동에 뛰어들게 된다. 이때 김광주의 문예활동을 가장 잘 대변해주는 것이 문예동인지 『보헤미안』의 발간이다. 김광주는 전창근(全昌

(총 8회), 『동아일보』 1936. 7. 15-23; 「중국문단의 통일전선(中國文壇的統一戰線)」(中文), 『西北風』 제13기(1936); 『영화화장법(映畵化粧法)』(中文), 商務印書館, 1938(民國 27年 7月); 「中國文壇の新作家」, 『朝光』 97호, 1943. 11. 1; 魯迅, 『魯迅短篇小說集』 第1·2輯, 金光洲·李容珪 譯, 서울출판사, 1946.

14 金光洲, 「上海時節回想記(上)」, 『세대』 제3권 통권 29호, 265쪽.

북영길리 10호가 있던 곳의 현재 모습. 새로운 건물이 들어서 있음(2016년 촬영)

根), 김명수(金明水), 안우생(安偶生), 위혜원(韋惠園), 이용규(李容珪), 오성용(吳成龍), 황윤상(黃允祥) 등과 함께 『보헤미안』을 발간한 데 대해 이렇게 회고했다.

> 그러나 북영길리(北永吉里) 10호 나의 정자간(亭子間)을 중심으로 하고 몰려드는 보헤미안이란, 이런 행동의 방종주의자를 의미하는 그룹은 아니었다. 정신적인 보헤미안이라고 할까? '일체의 지배가 싫은 젊은 세대' 우리는 이런 정신과 생활태도를 주장하면서도 각자의 올바른 길을 찾아보자는 신념에서 살려고 애썼다. '조국'이란 것이 우리에게는 그리 매력 있는 존재도 아니었다. 허울 좋은 애국자니, 혁명투사니 하는 위선과 독선도 우리는 보기 싫었다. (중략) 따지고 보면 이런 존재들이란 상하이 법조계(法租界, 프랑스 조계지) 같은 데서는 아무 필요도 없는 대열(隊列) 밖의 인간들일 뿐이었다. 막연한 조국광복, 생명지속, 그리고 혁명가의 후예라는 우월감에서 그날그날을 살아가고 있는 법

조계 청년들 틈에서, 연극이니, 문학이니, 예술이니, 인간성의 자유니 하는 따위를 떠돌고 있는 일군(一群)의 보헤미안들이야말로, 그들로서는 백안시(白眼視)해야 할 존재였고 이단자(異端者)들의 무리에 지나지 못했을 것이다.[15]

김광주가 문예동인지 『보헤미안』을 발간하며 문예활동을 본격화한 시점은 언제일까? 그는 「상하이 시절 회상기」에서 "「양쯔강(揚子江)」이 완성된 뒤 1년이 지났을 때 이경손(李慶孫)은 언제 어디로 없어졌는지 상하이 뒷골목에서 자취를 감추고 말았다"[16]라고 말하고 또 중앙대학 편입을 위해 난징으로 떠났다가 "상하이로 돌아오니, 이경손이 사라져버린 뒤의 법조계(法租界)는 한 모퉁이가 빈 것처럼 허전하고 쓸쓸했다"[17]라고 술회했다. 영화 「양쯔강」은 전창근이 이경손과 함께 1931년에 만든 작품으로 중국에서 상연이 금지되자 1931년 5월 1일 한국에서 개봉되었고, 이경손이 1932년 4월 29일 윤봉길 의사의 의거가 일어난 후 쫓기는 몸이 되어 태국으로 탈출한 것을 감안하면, 김광주가 중앙대학의 편입이 불가능해지자 학업을 완전히 포기하고 그 후 『보헤미안』을 발간하는 등 본격적인 문예활동에 뛰어든 것은 1932년 여름이 다가오는 무렵이었을 것으로 짐작된다. 김광주는 『보헤미안』 동인지를 발간하는(총 6 또는 7호 발간) 한편 '보헤미안극사(劇社)'를 조직해 자신의 작품 「벌레먹은 과실(果實)」이라는 연극을 무대에 올리기도 했는데,[18] 1934년 10월 19일자 『동아일보』는 '상하이에 조선인극단 보헤미안극사 탄생, 제1회 공연 27일 개최할 터'라는 제목으로 보헤미안극사의 공연 소식을 전했다.[19] 김광주가 1933년 1월부터 한

15 金光洲, 「上海時節回想記(上)」, 『세대』 제3권 통권 29호, 267쪽.

16 金光洲, 「上海時節回想記(上)」, 『세대』 제3권 통권 29호, 263쪽.

17 金光洲, 「上海時節回想記(上)」, 『세대』 제3권 통권 29호, 266쪽.

18 金光洲, 「上海時節回想記(上)」, 『세대』 제3권 통권 29호, 268쪽 참조.

19 「上海에 朝鮮人劇團 보헤미안劇社 誕生」, 『동아일보』 1934. 10. 19. "당지(當地)에 있는 위혜원(韋惠園), 김광주(金光洲), 전창근(全昌根) 등 극예술에 뜻을 둔 제씨는 조선인의 극

국문단에 시 · 수필 · 소설을 발표하기 시작한 것을 상기하면, 그가 1932년 여름이 다가오는 무렵부터 시작한 『보헤미안』 문예동인지의 발간을 통해 문예 창작을 실험하고 이를 토대로 이듬해부터 한국문단에 작품을 발표한 것이 아닌가 한다.

그러면 이 시기 김광주의 문예활동을 떠받치고 있는 문예의식은 무엇이었을까?[20] 김광주는 1933년 1월 7일 새해를 맞이해 『조선일보』에 「신춘편감 · 상(新春片感 · 上)」이라는 글을 발표해 자칭 '주의자(主義者)'라는 사람들의 '맹종(盲從)'을 신랄하게 비판한 바 있다. "진리라고 생각하는 자기의 주의주장(主義主張)을 위하여 백절불굴(百折不屈)의 정신으로 나가는 사람—나는 그런 사람을 존경하고 싶다. 주의와 주장에 어그러짐 없는 실행을 하는 사람—나는 그런 사람을 존경하고 싶다. 그러나 막연한 시대풍조에 물들어 아무런 각성이나 의식의 철저한 파악 없이 어떠한 주의나 주장에 맹목적으로 수종(隨從)하는 사람들—나는 그들을 세상에서 가장 불쌍한 사람이라 부르고 싶다. 맹종(盲從)! 그것은 자아와 개성의 파멸이 아니고 무엇이랴!"[21] 김광주는 시대조류에 편승해서 맹목적으로 주의와 주장에 따르는 사람들을 '주의자'라는 말로 폄하하고 '맹종'이 아닌 자아와 개성을 추구

예술을 국제적으로 소개하려는 목적으로 '보헤미안극사(劇社)'를 조직하고 본월 27(卄七)일 당지 소서문소년선강당(小西門少年宣講堂)에서 제1회 공연을 개최할 터이다. 전기(前記) 위 · 김 · 전 등 제씨는 모두 극예술에 상당한 연구가 있는 이들로 특히 국제적 대도시 상하이에서 조선의 극을 공연하기는 이번이 첫 기록으로 비상한 흥미와 충동을 일으키고 있다."

20 김광주는 1931년 8월 『조선일보』에 「중국 프로문예」를 연재한 바 있고, 1931년 10월 28일 『동아일보』 '문예소식'에 프롤레타리아 문예 잡지 『신흥문단(新興文壇)』 발간 계획에 참여한 것으로 알려져 그를 프로문학적 성향을 지닌 작가로 보는 경우도 있으나 이것은 실제와 다르다. "상하이에서 다년간 중국 신흥 문학을 연구하고 귀국한 김광주(金光洲), 류산방(柳山房) 씨, 상하이 재류 중인 이경손(李慶孫) 씨, 시인 황석우(黃錫禹) 씨 등의 노력으로 '프롤레타리아' 문예 잡지 『신흥문단(新興文壇)』을 발간하리라는데 임시사무소는 적선동(積善洞) 160 김건(金鍵) 씨 방이라 한다"(「『新興文壇』 發刊」, 『東亞日報』 1931. 10. 28).

21 金光洲, 「新春片感(上)」, 『朝鮮日報』 1933. 1. 7.

할 것을 호소한 것이다. 그는 곧이어 발표한 「신춘편감 · 완(完)」에서 '예술우감(藝術愚感)'이라는 소제목으로 그의 예술론을 다음과 같이 개진한다.

사회생활을 무시하며 시대성을 무시하고 개인생활 속에서만 출발된 예술이 아무런 가치 없는 것임은 부인치 못할 일이다.

그러나 어떠한 막연한 관념과 의식에 부합시킬 목적으로만 씌어진 예술은 전자(前者)와 똑같이 값없는 예술이라고 할 수밖에 없다. 어떠한 정치운동의 선전공구(宣傳工具)로 또는 수학공식같이 일정한 규정 아래에서 제작되지 않은 작품이면 그 작품의 가치 여하를 논(論)치 않고 예술지상주의라고 일소(一笑)에 부쳐버리는 것은 선입견이며 편견에 불과하는 것이다.

예술에 계급성 · 사회성이 있어야 한다는 것은 누구나 긍정하는 바이지만 '맑스'가 아니요 '레닌'이 아니면 모두가 예술지상주의란 법은 없다고 생각된다.

예술이란 어느 한 군주나 왕을 위하여만 존재함도 아니고 한 정당의 정치적 선전공구도 될 수 없는 것이다. 예술은 실로 만인(萬人)을 위한 예술이어야 한다.

예술이란 관념이나 의식만으로 되는 것은 아니다. 그것이 한 개의 예술이란 이름을 가진 작품이면 누구의 손에서 되었든 어떤 계급의 손에서 되었든 물론하고 어느 정치운동의 선전강령이 아닌 이상 예술품으로서의 가치를 저버릴 수 없는 것이다.

인간생활을 깊이깊이 관찰한 사람들의 손으로 씌어진 적나라한 생(生)의 보고(報告)—그리고 노예성이 없는 작품! 나는 그런 것을 읽고 싶고 쓰고 싶다.

예술은 결코 예술 자체나 그 가치만을 위하여 존재함은 아니다. 그러나 결코 정치운동의 노예가 될 수 없다. 전(全) 인간생활을 위하여서 존재함이다.[22]

---

22 金光洲, 「新春片感(完)」, 『朝鮮日報』 1933. 1. 8.

김광주는 정치운동의 선전도구로 전락한 예술은 참다운 예술이 될 수 없다는 것, 특정한 계급이 아닌 만인을 위한 예술이 되어야 한다는 것, 인간생활을 깊이 관찰한 사람의 손으로 씌어진 적나라한 생의 보고(報告)로서의 작품이 되어야 한다는 것 등을 강조했다. 이것은 정치적 선전을 중시하고 프롤레타리아의 계급의식을 전면에 내세운 마르크스주의 문예이론을 부정하면서 예술의 독립성을 추구하려는 김광주의 문예의식을 가장 집약적으로 설명해준다. 김광주는 이 글에 앞서 1931년에 발표한 「중국 프로문예」에서 1920년대 후반부터 3년간 지속된 중국 프로문예운동(혁명문학운동)이 완전히 정체한 원인을 다음과 같이 진단한 바 있다. "제일(第一)로는 객관적 환경의 고압(高壓)이라 할 수 있으나 '프로문학은 계급의 무기'라는 일개 막연한 관념(이는 중국문단뿐 아니라 누구나 깊이 생각할 문제이지만) 외(外)에 철저한 이론의 근거가 없었고 독특한 작품의 내용 형식의 건설이 없었음도 가장 중대한 원인이라고 할 수 있다."[23] 김광주는 중국의 프로문예운동이 정체(停滯)한 원인을 두 가지로 설명했으니, 민족주의문예운동을 제창한 국민당 정부의 정치적 탄압이 있었고 '계급의 무기'를 주장한 프로문학 자체의 이론적 근거가 막연해 구체적인 창작에 실패했기 때문이라는 것이다. 물론 문맥으로 보아 프로문학 자체의 문제점을 더욱 부각시키려는 의도가 짙게 깔려 있는 듯하다.

김광주의 이러한 문예의식은 어디에서 연유하는가? 이것은 상하이 한인들의 아나키즘운동과 연계해 검토해야 한다. 김광주가 상하이에 유학하던 1930년대 초 이회영(李會榮), 정화암(鄭華巖) 등 아나키즘 계열의 한인 독립운동가들이 상하이에 모여들었고, 이때 김광주는 그들과 관계를 맺게 된다.[24] 김광주는 「상하이 시절 회상기」에서 아나키스트 정해리(鄭海理)와 사

23 金光洲, 「中國푸로文藝(4): 運動의 過去와 現在」, 『朝鮮日報』 1931. 8. 7.

24 최병우, 「김광주의 상해 체험과 그 문학적 형상화 연구」, 『한중인문학연구』 25호(2008), 101-106쪽 참조.

상적 교감을 나누었음을 이렇게 회고했다. "정해리는 철두철미 권력과 지배를 부인하는 자유주의자였고 인권평등주의자였다. (중략) 어떤 단체를 표방하지도 않고 우리들 사이에는 한 개 사상의 이단부대(異端部隊)가 무형중(無形中)에 형성된 셈이었다. 정해리와 나는 그 어두컴컴한 방 속에서 성토문을 작성하기에 여념이 없었다."[25] 김광주는 정해리와 함께 독립운동자연(獨立運動者然)·혁명가연(革命家然)하는 불순분자들에 대한 성토문도 썼고, 공산독재의 앞잡이 노릇을 하는 청년단체에 대한 성토문도 썼고, 일본제국주의 타도·밀정(密偵)의 근절을 절규하는 격문(檄文)도 썼으며, 이것들은 '남화한인청년연맹(南華韓人青年聯盟)'이라는 무형적(無形的)인 서명(署名)으로 뿌렸다고 했다. 또한 그는 후일에 '남화(南華)'라는 행동대(行動隊) 열혈청년들이 무형적으로 그룹을 형성했는데, 그 지도적 인물이 정화암과 이하유(李何有)였으며 이들이 백범(白凡)과 직접 연결되어 있었음은 두말할 것도 없다고 했다.[26] 당시 김광주는 상하이에 모여든 한인 아나키스트들과 연계되어 있었으니, 정화암이 상하이에 모여든 한인 아나키스트를 회상하면서 김광주를 거명한 데서도 확인이 된다. "우리는 우선 베이징에서 며칠 동안 쉰 다음 상하이로 갔습니다. 이회영이 이미 와 있었고 백정기도 결핵을 치료하고자 이미 와 있었지요. 여기에 양여주, 유자명, 김지강, 류서(류수인), 엄형순, 이용준, 나월한, 원심창, 박기성, 정해리, 이하유, 김광주, 유산방 등 혈기왕성한 아나키스트들이 모여들었지요. 나는 그들과 협의해 1931년 9월 종전의 무련(재중국조선무정부주의자연맹을 가리킴) 산하에 남화한인청년연맹을 결성하고 그 아래에 남화구락부를 두는 한편 기관지 『남화통신(南華通訊)』을 발간했습니다. (중략) 남화한인청년연맹은 청년들이 직접 행동을 취하는 것에 치중을 했어요. 그것은 전부 백범과 연결이 되어

---

25 金光洲, 「上海時節回想記(上)」, 『세대』 제3권 통권 29호, 259-260쪽.

26 金光洲, 「上海時節回想記(上)」, 『세대』 제3권 통권 29호, 260쪽 참조.

있었습니다. 구체적으로 1932년 5월에 백범과 모의해서 남화연맹을 중심으로 서간단(鋤奸團)을 결성했지요. 반민족자 즉 간(奸)을 죽여 없애는 단체라는 뜻입니다."[27] 김광주의 상하이 시절 회상과 상하이 한인 아나키스트들의 활동에 대한 정화암의 회상이 거의 일치한다. 김광주는 1931년 9월 '남화한인청년연맹'이 결성되었을 때 아나키스트 정해리, 이하유 등과 함께 활동했으나 '남화연맹'이 1932년 5월부터 '서간단'을 결성하는 등 직접적인 행동에 뛰어들게 되자 직접적인 행동으로부터 일정한 거리를 유지하면서 방향을 달리해 『보헤미안』을 발간하는 등 문예활동에 매진한 것으로 보인다. 『보헤미안』의 발간과 관련해 앞서 인용했듯이 김광주가 "허울 좋은 애국자니, 혁명투사니 하는 위선과 독선도 우리는 보기 싫었다"라고 말한 것은 직접적인 행동과 일정한 거리를 두고자 했던 그의 심경을 우회적으로 표현해주는 것이리라.

김광주는 정해리, 이하유 등 한인 아나키스트들과 접촉하면서 아나키즘 사상의 영향을 받았으니 본격적인 문예활동에 뛰어든 그가 아나키즘 문예이론에 크게 공감한 것은 당연한 일이다. '예술우감(藝術愚感)'에서 표명된 김광주의 예술론은 바로 아나키즘 문예이론에서 비롯되었음이 분명하다. 이를테면, 1929년 말 중국에서 출판된 『중국문예논전(中國文藝論戰)』(리허린李何林 편)에는 5편의 아나키즘 문예평론이 실려 있는데, 이들을 검토하면 김광주의 문예의식이 아나키즘 문예이론과 밀접하게 관련되어 있었음을 확인할 수 있다. 『중국문예논전』에는 앞서 인용한 정화암의 회상에서도 거명된 한인 아나키스트 류서(柳絮, 즉 류수인柳樹人)의 아나키즘 문예평론도 두 편이나 실려 있어 주목할 만하다. 「마르크스주의의 계급예술론 검토(檢討馬克斯主義的階級藝術論)」와 「예술적 이론투쟁(藝術的理論鬪爭)」이 그것인데, 류서는 「마르크스주의의 계급예술론 검토」에서 '일체의 예술은 선전이

27 김학준 편집해설, 『혁명가들의 항일회상』(민음사, 2005), 378-379쪽.

다'라고 말한 『배금예술(拜金藝術)』의 작자 싱클레어(Upton Sinclair)의 예술론과 이를 금과옥조로 여기며 혁명문학을 주장한 리추리(李初梨)를 공격하면서 '예술은 민중 각 개체의 수양이 서로 다른 까닭에 예술적 마음의 표현도 반드시 차등이 발생한다'고 하여 '천편일률적인' 마르크스주의 문예이론을 신랄하게 비판했다. "다시 조선과 일본의 마르크스주의자의 주장을 보면, 그들도 도무지 이러한 정의의 범위를 벗어나지 못하고 있다. 나는 이러한 부화뇌동하는 맹종(盲從)의 이론은 예술의 진전을 모욕하고 또한 민중을 기계와 같은 것으로 강제하는 것이며, 이러한 맹종의 예술이론 속에서 어떠한 창조적인 이론을 발견할 수 없다고 생각한다. 이와 같다면 예술의 이론을 성립시킬 수 없을 뿐만 아니라 예술적 창작은 더더욱 말할 게 못 된다."[28] '맹종'을 철저하게 거부하고 있는 류서의 예술론은 김광주의 「신춘편감」에 그대로 반영되어 있는 것이다. 『중국문예논전』에 실려 있는 인뤄(尹若)의 「무산계급문예운동의 오류(無産階級文藝運動的誤謬)」에서도 무산계급문예를 부정하면서 '대중을 위한', '자유로운 인간사회생활을 추구'하는 아나키즘의 민중예술론을 전개하고 있다. "일종의 새로운 민중예술론은 그 목적이 '대중을 위한 것(爲大衆)'이지 '어떤 계급'을 위한 것이 아니다. (중략) 그리고 그것의 이상은 자유로운 인간사회생활을 추구하는 것이다. (중략) 우리는 결코 문예를 투쟁의 도구로 삼을 필요가 없으며, 우리는 다만 문예 그 자체와 민중의 필요(문예에 대한 향수享受)에 근거해서 현대사회의 실생활에서 부정되어야 할 것을 증명하면 그만이다."[29] 이러한 정황으로 보건대, 한인 아나키스트들과 연계되어 아나키즘사상에 기울었던 김광주는 1931년부터 현대 중국문예를 연구하면서 '중국문예논전'에서 제기된 아나키즘 문예이론을 적극적으로 수용해 자신의 문예의식을 확보한 것으로 보인다.

28 柳絮, 「檢討馬克思主義的階級藝術論: 批評忻啓介君的無産階級藝術論」, 『中國文藝論戰』, 李何林 編(東亞書局, 1932年 1月 四版), 480쪽.

29 尹若, 「無産階級文藝運動的誤謬」, 『中國文藝論戰』, 李何林 編, 474-475쪽.

김광주는 '보헤미안'이라는 문예동인지의 제호(題號)가 암시하듯이 모든 구속에서 벗어나 자아와 개성을 존중하는 예술의 순수성을 추구하려는 문예의식을 견지하고 있었으니, 이것은 아나키즘 문예이론과의 직접적인 영향관계 속에서 파악해야 한다. 더욱이 그는 1930년대 전반기의 중국문단 상황을 구체적으로 검토하는 과정에서(다음 절에서 상세하게 고찰할 것이다) 그 시기의 중국 프로문학운동의 몰락과 국민당 정부의 정치적 민족주의문예운동의 폐해를 목도하면서 아나키즘 문예이론에 더욱 공감할 수 있었던 것이다. 또한 중국의 혁명문학논쟁에서 제기된 문예와 정치의 관계 문제에서 '문학무력설(文學無力說)'을 주장하며 현실정치로부터 문예의 독립성을 강조한 루쉰의 입장이 문예의 정치적 선전도구화를 부정한 김광주의 아나키즘적 문예의식을 더욱 강화시켜주었을 것이다. 김광주는 1934년 '보헤미안극사(劇社)'를 조직해 자신의 창작극 「벌레먹은 과실」을 무대에 올린 데 대해 "어떤 정치성도 애국독립투사도 떠난 순수한 연극무대를 법조계(法租界) 교포들에게 보여준 것은 이것이 처음이었다"[30]라고 말했거니와 현실정치와 일정한 거리를 두고자 한 자신의 문예의식을 구체적인 창작과 실천을 통해 보여준 것이다. 말하자면 김광주는 문예의 계몽주의적 효과를 먼저 깨달았지만, 문예의 예술성을 억압하는 현실정치의 직접적인 개입은 받아들일 수 없었던 것이다.

상하이 시기에 형성된 김광주의 아나키즘적 문예의식은 해방공간에서도 그대로 유지되어 예술의 정치성을 극도로 부정하게 된다. "예술의 정치성! 나는 그것을 믿고 싶다. 그러나 명령과 이해(利害)와 어느 조건 밑에서 예술품을 낳지 못하는 것은 예술하는 사람의 숙명적인 자랑이요 예술하는 사람만이 가질 수 있는 숭고하고 순결함이 아닌가 한다. 이것을 혹은 고고주의(孤高主義)니 예술지상(藝術至上)이니 얼마든지 말할 수 있지만 먼저 어

30 金光洲, 「上海時節回想記(上)」, 『세대』 제3권 통권 29호, 268쪽.

느 당파나 그룹의 선전공구가 되어 마음에도 없는 예술운동을 한다면 이것이 과연 왜정(倭政)의 강박과 명령에 못이겨 마음에 없는 예술운동을 한 것과 얼마나 다를 것인가를 묻고 싶다."[31] 김광주가 선전도구로서의 예술의 정치성을 부정한 것은 그것이 작가의 예술적 자유의지를 말살시킨다고 보았기 때문이다. 그래서 그는 강권이나 명령에 억눌려서, 자신의 이해관계 속에서, 막연한 개인의 출세욕과 명예욕에 의해 생산된 문예는 일종의 타락이기에 '문학을 위한 문학', '평론을 위한 평론'을 강조하면서 예술의 자율성과 진정성을 고수하고자 했다.[32] 문예가 현실정치와 긴밀한 연관을 맺을 때 그것은 결국 '당(黨)'과 '파(派)'의 앞잡이가 되거나 '선전 삐라식 잡문'을 양산할 수밖에 없다는 것이다.[33] 김광주는 거듭해서 정치운동으로서의 문학을 부정하면서 '조선문학은 먼저 문학으로 돌아가라', '조선의 평론은 먼저 평론으로 돌아가라'고 역설하고 정치운동으로서의 문학을 '자유의 모독', '진보의 모독', '문학의 모독'이라고 비판했다. 김광주의 이러한 태도는 그의 아나키즘적 문예의식에 뿌리를 두고 있음은 두말할 것도 없거니와 지난 과거 일제(日帝) 당국이 주도했던 식민지 문예정책의 폐해를 의식한 결과이기도 하다.

3. 1930년대 중국문단 비평과 한국문단 소개

김광주가 처음 현대 중국문예를 한국문단에 소개한 내용은 「중국문단의 회고: 1929년 이후로」, 「중국신문예운동개론」, 「현대 중국 희극과 극작가」 등에서 보듯 주로 다른 사람의 글을 번역한 것이었다. 하지만 현대 중

31 金光洲, 「고요한 마음」, 『春雨頌』(白民文化社, 1948), 8-9쪽.

32 金光洲, 「문학 · 작가 · 평론」, 『春雨頌』, 64-65쪽.

33 金光洲, 「문학 · 작가 · 평론」, 『春雨頌』, 66쪽.

국문예에 대한 공부가 깊어지면서 그는 점차 자신이 쓴 글을 한국문단에 투고했다. 「중국 프로문예: 운동의 과거와 현재」를 비롯해 「중국극단일별: 상하이 극계를 중심으로」, 「중국문단의 현세 일별: 1년간의 논단 · 창작계 · 간행물계 등」, 「현대 중국 수난기의 극작가: 톈한(田漢)과 그의 희곡을 논함」, 「중국문단의 최근 동향」, 「비상시 중국문단의 최근상」 등이 바로 그것이다. 이 시기 김광주의 현대 중국문예에 대한 이해의 깊이를 파악하기 위해 우선 「중국문단의 현세 일별」과 「중국문단의 최근 동향」을 검토하는 것이 좋다.

김광주는 1935년 2월에 발표한 「중국문단의 현세 일별」에서 1934년도의 중국문단이 혼돈과 몽롱에 싸여 침체에 빠진 원인을 분석하면서 국민당의 민족주의문예운동에 그 혐의를 두었다. 당시 잡지들 대부분이 국민당의 주의와 강령을 선전하는 어용적 역할을 하고 있다는 것과 정치적 당파를 배경으로 하는 관계상(關係上) 순전한 문예의 건설을 목표로 삼는 잡지가 적고 더욱이 일부분은 엽기적(獵奇的) 독자 심리에 영합하는 저급한 '저널리즘'으로 흐르고 있다고 진단했다. 그는 구체적으로 민족주의문예운동을 서술했는데, 1930년 봄 이후로 31년에 이르기까지 좌익 작가의 총살을 비롯해 '장(蔣)'의 독재정치가 미증유(未曾有)의 문화탄압의 폭풍우를 일으킨 직후 『현대문예(現代文藝)』, 『문예월간(文藝月刊)』, 『전봉월간(前鋒月刊)』, 『장풍(長風)』 등의 각 잡지를 앞잡이로 삼고 계급문학운동의 뒤를 이어 일어난 것이 바로 민족주의문예운동이라고 설명했다. "이 중국문단의 민족주의적 경향이란 이러한 민족의 참된 예술의 건설을 토대 삼은 것이라기보다는 '신생활운동(新生活運動)', '공자제(孔子祭)의 부활' 등과 함께 국민당의 문화정책에 기인하여 발생된 국수주의의 노골화를 증명해주고 있는 데 불과한 것이라 할 수 있다."[34] 김광주는 중국문단에서 전개되고

34 金光洲, 「中國文壇의 現勢 一瞥: 1年間의 論壇 · 創作界 · 刊行物界 等(一)」, 『동아일보』

있던 민족주의문예운동을 장제스(蔣介石)의 문화탄압의 일환으로 보고 문예가 정치적 당파의 선전도구가 되고 있다는 점에서 그것을 신랄하게 비판하면서 직전에 전개된 '공산주의문학운동'과 크게 다를 바 없다고 지적했다. "누구든지 1928년으로부터 1930년에 이르기까지의 선전과 구호에 몰두하던 중국 공산주의문학운동의 전성시기(全盛時期)를 생각하면서 현금(現今)의 민족주의문예운동을 본다면 정치와 문학에 대한 관계를 다시 한 번 생각하지 아니치 못할 것이다. 적어도 '문학은 인류의 역사를 떠나서 존재할 수 없으나 동시에 어느 한 정치적 당파의 선전공구(宣傳工具)가 될 수 없다'는 것을."[35] 김광주는 민족주의문예운동을 공산주의문학운동과 마찬가지로 문학을 정치에 예속시켜 선전도구로 삼음으로써 문학의 자율성을 가로막는 폭력이라고 이해했다. 그러면서 그는 이러한 혼란된 상태 아래서나마 일부에서는 '참된 현실주의의 경향'으로서 '발자크'가 소개되고 있다고 언급해[36] '발자크'의 '참된 현실주의의 경향'에 대한 가치 지향을 은연중에 드러냈다. 김광주는 중국 국민당의 민족주의문예든 중국 공산주의의 계급문학이든 그것이 정치적 당파의 선전도구로 기능한다면 '참된 현실주의의 경향'이 될 수 없다고 보았으니, 그가 창작계를 일별하면서 소설 창작 면에서 '유모-어'적 성격의 소설집을 펴낸 라오서(老舍)와 아나키즘적 색채의 소설을 쓰고 있는 바진(巴金)을 상당히 비중 있게 다룬[37] 것

1935. 2. 5.

35 金光洲, 「中國文壇의 現勢 一瞥: 1年間의 論壇 · 創作界 · 刊行物界 等(一)」, 『동아일보』 1935. 2. 5.

36 金光洲, 「中國文壇의 現勢 一瞥: 1年間의 論壇 · 創作界 · 刊行物界 等(一)」, 『동아일보』 1935. 2. 5.

37 金光洲, 「中國文壇의 現勢 一瞥: 1年間의 論壇 · 創作界 · 刊行物界 等(四)」, 『동아일보』 1935. 2. 8. "우선 소설에 있어서 가장 활약한 작가는 독특한 '유모-어'성(性)으로 유명한 라오서(老舍)가 창작집 『간집(赶集)』을 내놓았으며 바진(巴金)은 창작집 『눈(雪)』을 내놓은 외에 양적으로 제일위(第一位)를 점령할 만치 각 잡지에 계속적으로 단편을 발표하여 의연히 그의 무정부주의적 경향을 가지고 독보(獨步)하고 있으며……"

도 바로 이 때문이다.

또한 김광주는 1936년 2월 『동아일보』에 발표한 「중국문단의 최근 동향」에서도 1935년도의 중국문단을 체계적으로 비평 소개했다. 이 글에서 그는 1935년의 중국문단은 1934년의 중국문단처럼 종전에 보기 드문 혼란과 침체기에 처했다고 말하고, 그것의 주요 원인으로 역시 장제스의 문화통제를 들었다. "'장(蔣)'의 소위 '문화통제(文化統制)'라는 미명 아래 문화운동 각 부문에 끼쳐지는 독재정치의 탄압적 세력을 수차 거듭 말해왔거니와 이 1년간의 중국문단의 건실한 본격적 보조(步調)를 가로막은 객관적 정세의 첫 조건도 의연(依然)히 여기에 있다는 것을 지적하지 않을 수 없다."[38] 이어 김광주는 장제스의 문화통제 속에서 중국 대중들은 새로운 문화적 욕구로서 정치적 혹은 경제적 사회 정세에 최대한의 관심을 가지고 직접적인 서술과 해석을 요구하고 있다고 말하고, 대중들의 요구를 만족시키기 위해서는 과거의 공산주의문학의 역사가 증명했듯이 '선언강령적(宣言綱領的) 문학'이 아닌 '문학의 본질'에 근거해 문학의 새로운 발전을 모색해야 한다고 강조했다.[39] 그래서 김광주는 문학과 예술의 각 부문, 특히 영화·연극에서 중국의 예인(藝人)들이 수년간 '반제(反帝)'가 아니면 '반봉건(反封建)'을 천편일률적으로 취급해왔다고 지적하고, 무엇을 표현할 것인가보다 어떻게 표현할 것인가를 중시해야 한다고 했다. 그는 구체적으로 영화를 예로 들어 천편일률적인 공식화된 문예의 문제점을 다음과 같이 지적했다. "로맨틱한 러브씬 뒤에도 제국주의의 포화(砲火)가 배경이 되고 잔악무비(殘惡無比)한 봉건적 인물이 있어 '타도제국주의(打倒帝國主義)', '타도봉건세력(打倒封建勢力)'의 노골적 표현이 있어야 비로소 의의(意義) 있는 영화라고 하여왔다. 그러나 무지한 관중과 독자를 눈 가리고 아웅 하는 격

38 金光洲, 「中國文壇의 最近動向(一)」, 『동아일보』 1936. 2. 20.

39 金光洲, 「中國文壇의 最近動向(一)」, 『동아일보』 1936. 2. 20.

으로 속여온 이런 태도는 대중의 문화 수준의 향상에 따라 불가피적으로 그 약점을 드러내인 것이다."[40] 김광주의 이러한 비평은 '선언강령적 문학'을 거부하면서 '어떻게 표현할 것인가'를 중시하고자 한, 그의 문학의 본질에 대한 인식에서 비롯되었다고 할 수 있다. 그래서 그는 농민을 제재로 한 작품을 창작하기 위해 작가는 농촌으로 돌아가라고 말하는 비평가의 요구가 무의미하다고 지적하고 "작가가 평가(評家)의 지적하는 취재(取材)의 코스를 따라 명령적으로 행진할 수 없다는 것은 어느 나라의 문단을 물론하고 너무나 상식적 사실이니 이러한 현상이 최근의 중국문학으로 하여금 '농촌'이라는 한 개의 신방면(新方面)에 대한 새로운 관심을 갖게 한 것은 사실이나 이것을 곧 중국농민문학운동의 전개라고 볼 수는 없다"[41]라고 말했다. 김광주는 '문학의 본질'에 대한 고민으로부터 출발해 '어떻게 표현할 것인가'에 초점을 맞추어 중국문단을 비평함으로써 당시 중국의 작가와 작품을 평가하는 데 있어 정치적 이데올로기의 관점에서 벗어날 수 있었던 것으로 보인다.

이를테면, 1935년도 창작 중에서 샤오쥔(蕭軍)의 『팔월의 향촌(八月的鄉村)』, 샤오훙(蕭紅)의 『생사장(生死場)』, 장톈이(張天翼)의 『청명시절(清明時節)』에 대해 김광주는 다음과 같이 평했다.

> 특히 『팔월의 향촌(八月的鄉村)』은 1935년도 중국 창작계의 제일 출중한 작품이라는 정평이 있는 만큼 굳은 정열과 신념 아래에서 파멸되어가는 농촌상(農村相)의 각 방면을 그려낸 자수(字數)가 15만에 달하는 장편이다. 중국문단의 제일인자(?)라는 루쉰은 이 작품을 평하여 '현 중국의 일부 혹은 전부, 또는 현재와 미래, 활로(活路)와 사로(死路)를 우리 앞에 전개시켜주었다'라고 격찬하고 있다. 『생사장(生死場)』은 동북지방의 농민들의 참상을 묘사한 작품으로

---

40 金光洲, 「中國文壇의 最近動向(四)」, 『동아일보』 1936. 2. 23.

41 金光洲, 「中國文壇의 最近動向(四)」, 『동아일보』 1936. 2. 23.

그 건실한 필치에 있어서 전자(前者)에 떨어질 바 아니요 『청명시절(淸明時節)』은 특히 중국 농촌의 소위 '향신(鄕紳)'계급의 추악한 생활면을 폭로한 작품이니 작자 '장톈이(張天翼)'가 이곳 문단의 유수(有數)한 중견작가임은 더 소개를 요(要)치 않을 것이다. 그러나 이 방면의 어느 작품을 물론하고 농민생활과는 너무 떨어져 있는 지식계급의 두뇌의 소산인 만큼 실감을 결(缺)하기 쉽고 막연한 구호나 관념적 해석에 기울기 쉬운 불가피적(不可避的) 약점을 가지고 있는 것은 곧 위에서 말한 일부 평가(評家)들로 하여금 제재 처리상(處理上)의 부자연성(不自然性)을 지적(指摘)케 하던 소이(所以)이다.[42]

김광주는 건실한 필치로 농촌을 묘사하고 있는 세 작품이 갖는 창작의 의의를 높이 평가하면서도 모두 지식계급 작가가 농민생활을 그리고 있어 부자연스러운 묘사에 그칠 수밖에 없는 작품의 한계도 함께 지적했다. 구호나 관념적 해석이 아닌 실감(實感)을 중시하려는 김광주의 비평적 태도가 잘 드러난 대목이다. 또한 김광주는 극작가 톈한(田漢)을 평가하는 자리에서 동반작가를 중시하는 비평적 태도를 드러냈다. 당시 좌우양난지경(左右兩難之境)에서 방황하던 톈한에게 중국을 내방한 러시아의 초기 혁명소설가 보리스 피리냐크(Boris Piriniake)의 '동로인(同路人, 조선의 동반작가라는 의미)적 태도'가 커다란 충동을 주었다고 말하고 "여기서 새로운 힘을 얻은 그(톈한)는 민중에게 가장 접근하기 쉽고 다른 어떤 예술 형식보다도 대중성을 가진 것이 전영(電影, 영화)이라는 것을 인식하고 이 새 형식으로 자기의 괴로운 심경을 반영하는 동시에 한 걸음이라도 민중의 앞으로 다가가고자 하였다"[43]라고 했다. 톈한이 방황을 멈추고 새로운 길을 개척할 수

---

42 金光洲, 「中國文壇의 最近動向(四·五)」, 『동아일보』 1936. 2. 23·25.

43 金光洲, 「現代中國受難期의 劇作家: 田漢과 그의 戲曲을 論함(三)」, 『동아일보』 1935. 11. 19. 김광주는 田漢의 작품 「湖上의 悲劇」을 번역하기도 했다. 이것은 1936년 5월 21일자 『동아일보』에 소개된 것과 같이 극예술연구회(劇藝術研究會) 제11회 공연 레퍼토리의 하나였다. 「劇研第十一回公演 劇本一部變更 「湖上의 悲劇」으로 代充」, 『동아일보』

있게 된 것은 동반작가적 태도의 사상적 기초를 확보하고 대중성을 가진 영화의 형식을 빌려 개인적 심경을 반영하면서도 민중에게 다가설 수 있었기 때문이라는 것이다. 김광주는 작가의 자각적인 '민중'의 발견이 예술의 진정성을 실현하고 대중문학을 구축하는 데 필요한 선결 조건이라고 여겼기에 톈한의 이러한 변신을 긍정적으로 평가할 수 있었다. 그가 톈한의 극본 「호상의 비극(湖上的悲劇)」(『조선문단』 24호, 1936. 7)을 번역 소개한 것도 예술적 공감에서 비롯되었음은 두말할 필요가 없을 것이다.

한편 김광주는 일본에서 소개된 중국문단 비평이 실제와 다르게 과장되어 있음을 지적하기도 했다. 그는 일본의 『개조연감(改造年鑑)』(1936)에 소개된 '「중화민국(中華民國)」 일항(一項)의 미흡몽롱(未洽朦朧)한 점'을 지적해 "각 소항(小項)의 뒤떨어진 점은 막론하고 「농민문학의 발흥(農民文學の勃興)」이라는 일절(一節)은 확실히 일종의 과장이라 생각한다. 현금(現今) 중국문단의 상술(上述)한 현상에 곧 농민문학이란 이름을 주는 것도 무방할지 모르나 필자는 아직도 작가의 부분적 경향에 불과하고 하등(何等) 문단적 조류를 형성할 정도에 달해 있지 못하다고 보고자 한다"[44]라며 이의를 제기했다. 말하자면, 김광주는 당시 중국문단의 중심지인 상하이에 체류하면서 중국문단을 직접 관찰할 수 있었기에 일본인의 관점에 맞서 중국문단을 객관적으로 소개하려는 학문적 자의식을 드러낸 것이다.

흥미로운 것은, 김광주가 중국문단을 비평 소개하면서 항상 조선문단을 의식해 그것과 비교하는 태도를 잃지 않았다는 점이다. 우선 김광주는 조선을 배경으로 삼은 중국 작가들의 작품에도 주목해 중국인들의 조선에 대한 관심을 크게 부각시키고자 했다. 그는 제재에 있어서 중국의 작가들이 조선을 배경 삼고 조선의 식민지적 특수한 정경을 그려 중국의 그것과

1936. 5. 21.

44 金光洲, 「中國文壇의 最近動向(四)」, 『동아일보』 1936. 2. 23.

대비 암시하려는 경향이 보인다고 말하고, 물론 조선의 문학을 모르는 그들이 지리나 역사상에서 얻은 지식과 신문의 보도 혹은 남의 전언(傳言) 등을 근거로 해서 조선의 감정을 옮겨놓을 수 있는 작품을 써낼 수 있느냐 하는 것은 의문이라기보다 불가능에 가까운 일이나 그들의 조선에 대한 관심이 날로 커지고 있다는 고무적인 소식을 전했다.[45] 그는 구체적으로 중국문단과 조선문단을 다음과 같이 비교했다.

> 이상으로 1935년 중국문단의 개괄적 윤곽은 그려진 셈이다. 여기 와서 조선문단(필자의 문단에 관한 지식이란 극히 박약한 것이나)과 비교적으로 생각해보면 최근의 중국문단은 정치적 특수한 호기심으로 인하여 세계문단에 운위(云謂)된 것과 양적 풍부, 규모의 대(大)를 제(除)하면 조선문단을 능가할 만한 세계적 진전이 있다고 할 수는 없다. '장혁주(張赫宙)' 씨는 처처(處處)에서 조선과 역사를 거의 같이하는 중국 신문학운동의 우월성을 말하고 조선문단의 침체를 통탄한 일이 있으나 필자는 조선문단이란 것을 이렇게 비관하랴 하지는 않는다. 이것은 내것만을 좋다는 막연한 자부심이 아니다. 양자는 민족적 처경(處境), 역사적 제반조건 아래에서 그 문단적 특질을 달리하고 있는 것은 극히 상식적으로 추측할 수 있는 일이다. 하여간, 조선과 어느 방면으로 보든지 중요한 역사 · 지리적 관계를 가졌고 거기 따라서 어느 나라의 문학보다도 우리의 생활상(生活上)의 감정과 호흡의 공통점을 발견할 수 있는 이 땅의 신문학운동의 앞으로의 새로운 진전을 주목하면서 우선, 여기서 졸필을 멈추어두기로 하자.[46]

조선문단의 침체를 통탄하며 중국 신문학운동의 우월성을 강조한 장혁

45 金光洲,「中國文壇의 最近動向(五)」,『동아일보』1936. 2. 25.
46 金光洲,「中國文壇의 最近動向(六)」,『동아일보』1936. 2. 26.

주의 견해에 대해 김광주는 이의를 제기하고, 중국과 조선은 여러모로 문화적 공통점을 지닌다고 하더라도 조선의 특수한 민족적 처경과 역사적 조건을 인정하면서 조선의 신문학운동의 미래를 낙관적으로 상상하고자 했다. 이것은 그가 중국 현지에서 체득한 중국문단에 대한 실제 이해를 바탕으로 민족적 자의식을 가지고 그것과 조선문단을 비교할 능력이 있었기 때문에 가능한 일이었다.

김광주가 조선문단을 상당히 깊이 있게 이해하고 있었음은 조선문단을 소개하는 글을 중문(中文)으로 써서 중국 잡지에 발표한 사실에서 확인할 수 있다. 그는 1935년 3월 상하이에서 발행되던 『문예전영(文藝電影)』 제1권 제4기에 「조선문단의 최근 상황(朝鮮文壇的最近狀況)」[47]이라는 글을 발표했는데, 이것은 한국인이 중문으로 쓴 최초의 한국문단에 대한 비평이라는 점에서 의미심장하다. 이전에도 한국문단을 소개한 글이 중국 잡지에 실리기는 했으나 그것은 일본어로 발표된 글을 중국인이 중문으로 옮긴 것이었다. 김광주가 중문으로 이 글을 쓰게 된 것은 어쩌면 1934년 『신동아』에 발표된 신언준(申彦俊)의 「루쉰 방문기(魯迅訪問記)」에서 루쉰이 "조선문단의 어느 분이든지 자기가 지금 준비 중인 『중국문단(中國文壇)』이라는 간행물에 조선문예의 역사적 기술 및 현세(現勢)를 소개하여 달라고 특별부탁을 하였"[48]던 데 대한 호응인지도 모른다. 김광주는 중국문단을 소개하면서 "또 한 가지 1934년도의 문예평론계에서 가장 주목되는 것은 '대중어문제(大衆語問題)'이다. 여기 대해서는 이미 상하이 신언준 형(兄)의 간명한 소개가 본보(本報)를 통하여 발표되었으므로 길게 말할 필요를 느끼지 않으며"[49]라고 했는데, 당시 『동아일보』 특파원으로 상하이에 체류

---

47 이 글은 최근 한국어로 번역 소개되었는데, 최미령의 「김광주의 「朝鮮文壇的最近狀況」」(『반교어문연구』 41집, 2015)을 참조할 수 있다.

48 申彦俊, 「魯迅訪問記」, 『新東亞』 1934. 4, 152쪽.

49 金光洲, 「中國文壇의 現勢 一瞥: 1年間의 論壇 · 創作界 · 刊行物界 等(四)」, 『동아일보』 1935. 2. 7. 중국의 대중어에 관한 신언준의 글은 1934년 7월 10일 『동아일보』에 「中國文

하고 있던 신언준을 '형(兄)'으로 호칭하고 있어 서로 알고 지내는 사이였을 것으로 짐작된다. 특히 김광주의 「그 시절의 상하이의 봄」이 신언준의 「루쉰 방문기」와 나란히 『신동아』 1934년 4월호에 실렸으니 김광주는 「루쉰 방문기」에 언급된, 조선문단을 소개해달라는 루쉰의 특별부탁에 주목했을 것이다. 물론 1934년 3월 5일자 『동아일보』에 실린 「재중국 조선인 문예협회조직」이라는 문단 소식에서 김광주가 '재중국조선문예인협회'(1934. 2. 20)의 발기인("김명수, 전창근, 안우생, 정래동, 김광주")의 한 사람으로 등장한다는 사실도 고려해야 한다. 상하이통신으로 전달된 이 소식은 이 협회의 구체적인 사업 목적을 네 가지로 제시했는데, "첫째, 조선문학의 국외 소개, 둘째, 중국문학을 위시하여 각국 문학의 연구 및 조선문단에의 소개, 셋째, 조선문학의 공동연구, 넷째, 재중국 문예인의 상호 연락"[50]이 그것이다. 김광주가 「조선문단의 최근 상황」을 발표한 것은 바로 동 협회의 첫 번째 사업 목적을 실천하는 것이기도 했다. 조선문단을 중국에 제대

藝復興의 烽火: 大衆語文 運動」이라는 제목으로 발표되었다.

50 「在中國朝鮮人 文藝協會組織」, 『동아일보』 1934. 3. 5. '상하이통신(上海通信)'으로 전달된 '재중국 조선인 문예협회 조직'의 소식은 아마도 김광주가 보낸 것이 아닌가 한다. 1934년 3월 5일자 『동아일보』의 동일 지면에 허위보(賀玉波)가 쓴 「중국여류작가론(中國女流作家論)」을 김광주가 번역한 원고가 연재되고 있었거니와 이 '재중국조선문예인협회(협회의 정식 명칭)'의 소재지로 '법조계(法租界) 북영길리(北永吉里) 10호 및 베이핑 민국대학 내(北平民國大學內)'라는 것을 밝히고 있기 때문이다. '법조계 북영길리 10호'는 『보헤미안』 동인들이 무이던 김광주의 상하이 정자간(亭子間)의 거처이며 '베이핑 민국대학'은 정래동이 유학하고 있던 베이징 소재 대학이다. 그렇다면 이 협회는 김광주가 주도해 발기했을 것으로 짐작된다. "김명수, 전창근, 안우생, 정래동, 김광주"라는 발기인의 명단에서 보듯이 김광주가 상하이 '보헤미안' 모임과 베이징의 정래동을 결합해 '재중국조선문예인협회'를 구성한 것으로 보인다. 이후 이 협회가 구체적으로 어떤 활동을 전개했는지는 알 수 없다. 당시의 상황으로 보건대, 협회의 이름으로 구체적인 활동을 전개하기는 어려웠을 것으로 짐작되는데, 재중국 조선 문예인들을 결합해 공동으로 문예활동을 전개하고자 한 김광주의 노력은 높이 평가할 만하다. 이 시기에 이미 김광주는 정래동과 네트워크를 형성해 협력하고 있었으니, 이것은 그들 사이에 아나키즘사상이라는 이념적인 공통분모가 있었고 중국 현대문학 연구자라는 동업자로서의 연대의식이 있었기 때문일 것이다.

로 소개하고자 한 김광주의 실천적 노력이 돋보이는 대목이다. 사실 신언준이 루쉰을 취재하고 「루쉰 방문기」를 쓴 시점은 그것이 『신동아』에 게재된 시점보다 거의 1년 앞선 1933년 5월 22일이었다. 이를 감안하면, 김광주가 '재중국조선문예인협회'를 조직해 조선문단을 중국에 소개하고자 한 것도 루쉰을 취재한 바 있는 신언준과 접촉하면서 그 필요성을 더욱 절감했기 때문인지도 모른다.

김광주는 「조선문단의 최근 상황」에서, 먼저 중국 대륙에서도 일부 사람들은 조선 민족의 특수한 환경과 조선 문인이 극도의 경제적·사상적 중압 아래서 겪고 있는 출판의 부자유한 고충을 이해할 것이라고 말하고, 최근의 조선문단의 일반적 상황을 소개한다고 했다. 그는 구체적으로 이광수, 염상섭, 김동인, 현진건, 김동환 등의 기성작가를 소개하면서 조선문단의 기성작가는 대부분이 민족주의 혹은 예술지상주의와 인도주의 범위 내에 맴돌고 있으며 최근 문단에 공헌할 만한 어떠한 발랄한 작품이 없다고 평했다. 또 조선의 청년작가의 활약을 소개하면서 먼저 소설가 이무영(李無影)에 주목해 질과 양에 있어 비교적 풍부한 작가로서 '동로인(同路人)'(즉 동반작가) 경향의 작가라고 평가했다. 소설가 이기영(李箕永)에 대해서는 조선무산자예술동맹에서 가장 역량 있는 작가이며 그의 작품의 장점은 공허하고 억지스러운 사상을 삽입하지도 않고 평범한 필치가 없다는 데 있다고 말하고, 작품으로는 단편소설집 『민촌(民村)』 및 장편소설 『현대풍경(現代風景)』과 『고향(故鄕)』 등을 들었다. 특히 장혁주(張赫宙)를 '주목할 만한 작가'로 보고 그의 단편은 이미 중국어로 번역되어 『문학(文學)』 잡지에 등재되었으며, 일반 사람들이 주지하듯이 그는 조선문단의 우수한 작가일 뿐만 아니라 일본문단에서도 조선의 농촌 현실을 묘사한 작품을 계속적으로 발표하고 있다고 설명했다.[51] 김광주는 또 박화성(朴花城), 최정

51 金光洲, 「朝鮮文壇的最近狀況」(上海 『文藝電影』 第1卷 第4期, 1935. 3. 1), 『中國現代文學

희(崔貞熙), 강경애(姜敬愛), 백신애(白信愛), 모윤숙(毛允淑) 등 여류작가의 창작과 활동도 빠뜨리지 않고 소개했으며, 더욱이 평론계를 소개하는 데 상대적으로 많은 지면을 할애했다. 그는 조선의 문예평론계에서 가장 두드러진 현상은 문벌의 야심과 자파(自派) 예술가를 옹호하려는 가장 저열한 경향이라고 지적하고, 이것은 결코 조선문단만의 열근성(劣根性)은 아니며 무릇 도덕과 사회문화건설 관념이 부족한 국민은 모두 이러한 병폐를 가지고 있다고 말했다. 다만 근래에 조선 문예평론계에서도 이러한 문제에 대해 각성하고 있으며, 각 방면에서 문예평론이 나아가야 할 길을 부르짖고 있다고 덧붙였다. 어쩌면 이것은 중국 문예평론계에 던지는 어떤 비판적 메시지인지도 모른다. 김광주는 평론계의 무질서한 상태에서도 비교적 진지한 태도로써 평론에 종사하고 있는 조선의 평론가를 거명하면서 좌파에 속하는 사람으로는 백철(白鐵), 임화(林和), 안함광(安含光), 한설야(韓雪野), 김기진(金基鎭), 박영희(朴英熙), 유진오(兪鎭午) 등을 들었고, 그 밖에 이헌구(李軒求), 홍효민(洪曉民), 함대훈(咸大勛), 양주동(梁柱東) 등을 들었다. 이어 그는 1934년 조선 문예평론계에서 발표된 문학이론의 글로서 박영희, 함대훈, 유진오, 이헌구, 임화, 안함광의 평론을 제목으로 예시했다.[52] 이렇게 본다면, 김광주는 기성작가보다 신진작가를 중시했으며, 동반작가에 주목하는 한편 프로문학작가 중에서 작품성이 뛰어난 작가를 높이 평가한 것이다. 또한 농촌 현실을 묘사한 작품을 중시하고 좌파 비평가 및 중간파 비평가를 소개하는 데 치중한 것이다.

끝으로 김광주는 한국의 중국문학 연구자들에 대한 소개도 잊지 않았는데, 해외문학파를 언급하면서 중국문학 방면에는 정래동(丁來東), 이경손

與韓國(10): 評論及資料編 · 評論卷 Ⅲ』, 金柄珉 · 李存光 主編(延邊大學出版社, 2014), 277-278쪽.

52 金光洲, 「朝鮮文壇的最近狀況」, 『中國現代文學與韓國(10): 評論及資料編 · 評論卷 Ⅲ』, 279쪽.

(李慶孫), 김태준(金台俊), 양백화(梁白華, 梁建植)가 있다고 소개하고 중국문학 연구자를 특별히 주목한다고 했다. 김광주 자신이 현대 중국문예를 비평 소개해오고 있었으니 동업자로서 중국문학 연구자에 관심을 갖는 것은 당연한 일이며, 그것은 중국문단에 주는 중요한 정보가 아닐 수 없다. 그는 루쉰의 작품 및 웨이진즈(魏金枝)의 「유모(奶媽)」 등의 작품을 소개한 이경손을 간단히 언급하고, 이어 "정래동의 중국문학 연구 중에서 가장 일독할 가치가 있는 것은 「루쉰론(魯迅論)」이며 이 밖에 그는 중국문단의 일반 동향 및 각 작가의 창작을 부단히 소개해오고 있다"[53]라고 설명했다. 김광주가 8 · 15해방공간에서 『루쉰단편소설집』을 펴낼 때 정래동에게 그 서문을 부탁한 것도 「루쉰론(魯迅論)」(「루쉰과 그의 작품」을 가리킴)의 학술적 가치를 크게 인정하고 있었기 때문일 것이다.

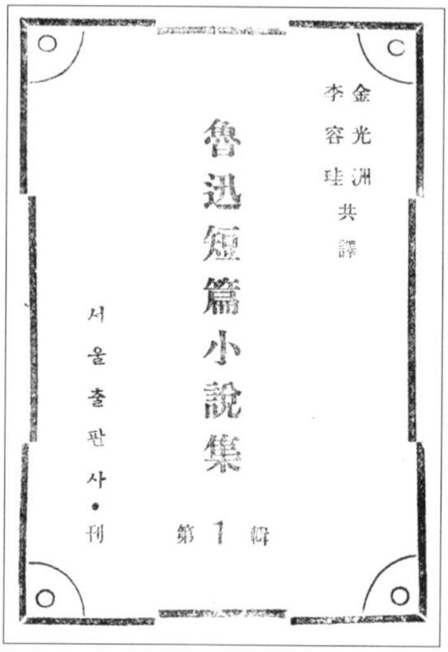

『루쉰단편소설집』 제1집(1946. 8)의 안쪽 표지

4. '루쉰 정신'의 환기와 「루쉰과 그의 작품」

김광주는 예의 「중국문단의 현세 일별」에서 좌익 작가로서의 사상적 전환을 꾀한 루쉰의 문예활동을 잡문 창작을 중심으로 소개한 바 있다. "수

53 金光洲, 「朝鮮文壇的最近狀況」, 『中國現代文學與韓國(10): 評論及資料編 · 評論卷 III』, 280쪽.

필문학 방면의 대표 인물로는 차오쥐런(曹聚仁), 천쯔잔(陳子展), 쉬숭융(徐懋庸) 등이고 방향 전환 후 수년을 경과한 오늘에 와서도 신작(新作)을 보여주지 않던(비록 특수한 객관적 정세가 있다지만) 루쉰이 1934년도에 와서 수필과 잡문집 『준풍월담(准風月談)』, 『남강북조집(南腔北調集)』을 내놓은 것도 주목할 현상이다. 이 두 수필집은 그의 독특한 풍자적 단문(短文)을 수집한 것으로 근자의 그의 괴로운 환경과 중국 문인의 수난 시기의 고민을 다소간 엿볼 수 있는 책자라고 생각한다."[54] 김광주는 루쉰이 신작을 보여주지 않은 데 대한 아쉬움을 표현하면서도 시대적 고민이 반영된 루쉰의 잡문을 창작의 범주에서 다루고자 했다. 또한 루쉰의 번역문학의 성과도 놓치지 않고 소개했는데, "번역문학 방면에는 위에서 말한 월간잡지 『역문(譯文)』을 중심으로 루쉰 이외에 각국 문학의 연구인들이 역고(譯稿)를 발표하고 있으며 또 루쉰은 자비로 루나찰스키의 『해방된 돈키호테』(譯名 『被解放的堂吉訶德』)를 번역 출판하였고……"[55]라고 언급했다. 김광주는 1935년 11월 16일 『동아일보』에 발표한 「현대 중국 수난기의 극작가: 톈한(田漢)과 그의 희곡을 논함」이라는 글에서 극작가 톈한을 소개하면서 "1930년에 이르러 중국 미증유의 문화상의 전제적 탄압의 선풍(旋風)이 일어 당시의 혁혁한 세력으로 전 중국을 풍미하던 좌익문화운동의 각 부분이 자유를 잃게 되자 톈한도 '중국좌익작가연맹'의 주장(主將) 격이던 루쉰과 함께 이 수난기의 불운을 피하여 금년까지 은닉생활을 하고 있다가 난징(南京)으로 피송(被送)케 된 것이다"[56]라고 하여 간접적으로 루쉰의 상황을 설명했다. 또한 그는 1935년도의 루쉰의 문예활동을 소개하면서 루쉰을 '중국문단의

---

54 金光洲, 「中國文壇의 現勢 一瞥: 1年間의 論壇·創作界·刊行物界 等(四)」, 『동아일보』 1935. 2. 8.

55 金光洲, 「中國文壇의 現勢 一瞥: 1年間의 論壇·創作界·刊行物界 等(四)」, 『동아일보』 1935. 2. 8.

56 金光洲, 「現代中國受難期의 劇作家: 田漢과 그의 戲曲을 論함(一)」, 『동아일보』 1935. 11. 16.

제일인자'로 이해하고 "루쉰은 이 해에 와서도 여전히 창작의 뜻이 없는 듯, 이 잡지의 단평란에 「문인상경(文人相輕)」의 문제를 그 일류의 풍자적 필치로 논했고, 수편(數篇)의 잡문에 붓을 적시고 서투른 일문(日文)으로 『개조(改造)』 지상(誌上)에 단문(短文)을 발표한 이외에 하등 뚜렷한 공작이 없었다"[57]라고 평했다. 김광주가 당시 상하이에서 구할 수 있었던 일본 잡지도 참고하면서 중국문단을 비평하고 루쉰 문학을 평가하고 있다는 점은 특기할 만하다. 이렇게 본다면 김광주는 루쉰이 사상적 방향 전환을 꾀한 이후 그 일류의 풍자적 필치에도 불구하고 단문 형식의 잡문 창작이나 번역문학에 공헌한 이외에 이렇다 할 뚜렷한 문학적 성취를 이룩하지 못했다고 평함으로써 은연중에 루쉰에 대한 아쉬움을 드러낸 것이다. 그 이면에는 좌익 작가로 전향한 루쉰에 대한 김광주의 회의적인 시선이 깔려 있었던 것인지도 모른다.

하지만 김광주는 혁명문학논쟁 시기에 혁명문학파를 비판한 루쉰의 문예의식에 크게 공감했거니와 루쉰 정신을 적극적으로 환기하고자 했다. 1938년 2월 『동아일보』에 연재된 김광주의 「상하이를 떠나며」라는 글은 수필 형식으로 씌어졌으나 루쉰 정신을 환기시키고 있다는 점에서 주목할 만하다. 김광주는 해방공간에서 쓴 「상하이 시절 회상기」에서 "어머님의 쇠침대 위에 쭈구리고 앉아서 수필 '상하이를 떠나면서' 삼십 장을 하루 동안에 써서 동아일보사로 등기우편으로 부쳤다. 무척 감상적(感傷的)인 글이었으리라고 지금도 생각된다. 이것이 내가 중국서 우리나라 말로 마지막 쓴 글이다"[58]라고 말했다. 김광주는 이 글이 활자화된 것을 영영 보지 못했다고 했지만,[59] 그것은 실제로 1938년 2월 18-23일에 걸쳐 『동아일보』에 연재되었다. 글의 말미에 "1월(一月), 톈진(天津) 여창(旅窓)에서"라는

57 金光洲, 「中國文壇의 最近動向(六)」, 『동아일보』 1936. 2. 26.

58 金光洲, 「上海時節回想記(下)」, 『세대』 제4권 통권 30호(1966. 1), 354쪽.

59 金光洲, 「上海時節回想記(下)」, 『세대』 제4권 통권 30호, 354쪽.

김광주의 「상하이를 떠나며: 유랑의 항구에서」(『동아일보』 1938. 2. 19)

부기(附記)가 붙어 있으니, 1938년 1월 톈진에서 원고가 최종 마무리된 것임을 알 수 있다.

김광주는 「상하이를 떠나며」에서 70세 노모를 한국으로 귀국시키기 위해 갖은 애를 쓰는 가운데 "중국대륙이 왔다갔다 하는 판에 일개 김광주가 상하이를 떠나는 것이 무슨 문제였으랴만, 나는 일본 영사관에 대해서 일종의 앙가품이라도 한다는 듯이 이를 악물고 이 글을 썼다"[60]라고 술회했다. 여기서 주목되는 것은, 일본군의 상하이 점령으로 인해 상하이를 떠나야 했고 어머니를 고국으로 보낼 수밖에 없는 절박한 상황에서 김광주는 무엇보다 '루쉰의 거룩한 정신'을 떠올렸다는 점이다.

> 그(루쉰)가 죽기 몇 달 전, 상하이에 내방한 '노구치 요네지로(野口米次郎)'와 주고받은 말 가운데 다음과 같은 한마디 말도, 출범(出帆)을 기다리고 갑판에서서 저물어가는 푸둥(浦東) 일대를 바라보고 있는 이 길손의 가슴을 어디인지 찌르는 곳이 있다.

60 金光洲, 「上海時節回想記(下)」, 『세대』 제4권 통권 30호, 354쪽.

"자고이래(自古以來)로 지나(支那)에서 소위 '성공자(成功者)'라고 일컫는 인물들은 그 대부분이 정치나 문화 어느 방면을 물론하고 강도가 아니면 사기한(詐欺漢), 둘 중의 하나이다. 가련한 것은 민중이다. (중략) 그들은 정치의 주권자(主權者)가 어떤 종류의 사람이던 그런 것을 염두에 두지 않고 마치 벌(蜂)떼 같이, 개아미(蟻)떼 같이 살아나가고 있을 뿐이다. 이것은 어떻게 생각하면 심히 비참한 사실이다. 그러나 다른 반면(反面)으로 생각해볼 때 실로 이런 민족성 때문에 비록 '지나'는 멸망하는 날이 있을지언정 '지나인(支那人)'은 영원히 멸망치 않으리라고 나는 생각한다."

하여튼 문단의 제일인자이면서도 하루한시도 안정된 '삶'을 갖지 못하고 때로 몸을 피하고 때로 이름을 갈고 눈을 감기 전날까지 남빛 무명두루마기를 질질 끌며 그 긴소매에 두 손을 꽂고 사색하던 '루쉰'! '아들이 장성하거든 문학가를 만들지 말라'고 유언에까지 저버리지 않은 그의 심경이 얼마나 쓰라렸을고! 지조(志操)를 지키기 위하여 괴로웁고 아프나 '청렴(淸廉)'을 생명으로 삼고 죽기 전까지 '나의 죽음으로 말미암아 남에게 분천(分錢)이라도 받아들이지 말도록 하라'고 아내에게 부탁하고 눈을 감은 '루쉰'의 거룩한 정신![61]

노구치 요네지로(野口米次郎)의 이름은 1935년 10월 21일자 루쉰의 일기에도 등장한다. "점심 때 아사히신문(朝日新聞) 지사(支社)의 나카이(仲居)군이 육삼원(六三園)에 식사초대를 했는데, 노구치 요네지로(野口米次郎) 씨와 우치야마(內山) 씨가 동석했다."[62] 노구치 요네지로는 1935년 10월 상하이를 방문했을 때 우치야마 겐조(內山完造)의 도움으로 루쉰과 대면할 기회를 가졌고, 이날 루쉰과 대화를 나누고 귀국한 후 도쿄의 『아사히신문(朝日新聞)』 1935년 11월 12일자에 「루쉰과의 담화(與魯迅談話)」라는 글을 발표

61 金光洲, 「上海를 떠나며: 流浪의 港口에서」, 『동아일보』 1938. 2. 18 · 19.

62 魯迅, 『日記』, 『魯迅全集(16)』(人民文學出版社, 2005), 557쪽. "午朝日新聞支社仲居君邀飮于六三園, 同席有野口米次郎、內山二氏."

했다. 이 글은 다시 중국인 류싱(流星)에 의해 「어느 일본 시인의 루쉰 회담기(一個日本詩人的魯迅會談記)」라는 제목으로 초역(抄譯)되어 1935년 11월 23일 상하이의 『신보 · 서보춘추(晨報 · 書報春秋)』에 실리기도 했다.[63] 그런데 김광주는 '중국'을 일어식(日語式)의 표현인 '지나(支那)'라는 말로 표기하고 있거니와 그가 인용한 루쉰의 말이 류싱이 초역한 「어느 일본 시인의 루쉰 회담기」에 전부 나오는 것이 아니므로[64] 그가 참조한 것은 일문(日文)이었을 것으로 짐작된다. 물론 류싱이 초역한 글이 실린 『신보(晨報)』는 상하이의 대표적인 신문의 하나로서 김광주가 이 신문에 영화평론과 문예단평을 중문(中文)으로 써서 발표한 바 있으니[65] 류싱이 초역한 글을 읽었을 수도 있다. 사실 루쉰은 『아사히신문』에 발표된 노구치 요네지로의 글에 대해 불만을 표시하기도 했다. 루쉰은 마쓰다 와타루(增田涉)에게 일본어로 써서 보낸 편지에서 "명인(名人)과의 만남은 그만두는 것이 좋겠어요. 노구치(野口) 선생의 글은 내가 한 말의 전체를 쓰지 않았어요. 글로 쓴 부분도 발표를 위한 것이었기 때문인지 원래대로 쓰지 않았어요. 나가요(長與) 선생의 글은 한술 더 떠요. 나는 일본 작가와 중국 작가 사이에 의사(意思)가 당분간 내통하기 어렵다고 생각해요. 우선 처지와 생활이 모두 다르기 때문이겠지요"[66]라고 말했던 것이다. 이렇게 노구치 요네지로의 글이

63 魯迅, 『書信』, 『魯迅全集(14)』, 385쪽의 주석 [3] 참조.

64 野口米次郎, 「一個日本詩人與魯迅的會談記」(流星抄譯), 『魯迅研究學術論著資料滙編 1』(中國文聯出版公司, 1985), 1198쪽 참조.

65 金光洲, 「上海時節回想記(上)」, 『세대』 제3권 통권 29호, 269-270쪽 참조. "당시의 『신보(晨報)』로 말하면 조간(朝刊) 16면을 발행하고 있는 『신보(申報)』의 다음가는 일류지(一流紙)로서 역시 조간으로 8면을 발행하고 있었는데 매일 1면 전부를 영화란에 제공했고, 오락 · 취미보다도 영화의 이론적인 면과 우수 영화의 소개 · 비평에 치중하고 있었다. (중략) 『신보(晨報)』에는 또 1면 전부를 제공하는 문예란 「신의(晨蟻)」란 게 있었다. 나는 기회를 봐가면서 이 지면으로 침투해 들어가서 외국작가론 · 작품 소개 같은 간단한 글을 발표했고, 나의 사생활의 수필 정도도 써낼 수 있게 됐다. 양쪽을 합치면 한 달 고료가 40여 원(元), 때로 50원대에까지 올랐으니……"

66 魯迅, 『書信』, 『魯迅全集(14)』, 381쪽.

루쉰의 원래 의도를 제대로 반영하지 못했다고 하더라도 노구치 요네지로의 글에 인용된 루쉰의 발언이 김광주에게 대단히 인상적으로 다가왔던 것만은 분명하다.

김광주가 상하이를 떠나는 시점에서 '루쉰의 거룩한 정신'을 떠올린 이유는 무엇이었을까? 오랫동안 상하이에서 문예활동을 전개했지만 조국을 잃은 '보헤미안'으로서 '비참한' 처지에 놓일 수밖에 없었고, 결국에는 70세 노모마저 고국으로 귀국시키고 동지들도 떠나버린 텅 빈 상하이에서 방랑의 길로 들어서야 했던 김광주에게 루쉰이 언급한 벌떼와 개미떼와 같이 살아가고 있는 '가련한 민중'의 이미지는 폐부를 찌르는 공감을 불러일으키기에 충분했을 것이다. 중국문단의 제일인자이면서도 한시도 안정된 삶을 갖지 못하고 때로는 피신까지 해야 했던 루쉰이 죽을 때까지 지조를 지키며 독립자존을 추구하고 '문학'을 한다는 것이 얼마나 고통스러운가를 일깨우는 유언까지 남겼으니 이러한 루쉰의 정신은 방랑의 출발선에 선 김광주에게 정신적 길잡이로 우뚝 다가왔을 것이다.

김광주는 「상하이를 떠나며」에서 "힘없이 머리를 숙이고 대지의 밤을 걷고 있는 이 한 이국(異國) 표랑객(漂浪客)의 우울한 마음이여! 나는 이 표랑(漂浪)의 항구의 회색빛 애상(哀傷)과 보랏빛 우울을 선물하고 장차 어느 항구로 또 피곤한 뱃머리를 돌릴 것인고? 뭉게뭉게 피어오르는 길손의 노스탈쟈-여! 북국(北國)에 겨울바람을 타고 고요히 고요히 자취 없이 사라지라! (끝了) 1월, 텐진 여창(旅窓)에서……"[67]라는 말로 끝을 맺었다. 일본의 상하이 점령으로 인해 상하이에 거주하던 한인들이 모두 상하이를 떠나야 했을 때, 직접적인 행동과 일정한 거리를 두고자 했던 김광주는 한인 독립운동가들과의 연결이 모두 끊어진 채 혈혈단신이 되어 방랑의 길로 들어서게 된 것이다. 「상하이를 떠나며」는 방랑을 결심한 김광주의 어떤

67 金光洲, 「上海를 떠나며: 流浪의 港口에서(完)」, 『동아일보』 1938. 2. 23.

정신적 자기다짐이었는지도 모른다. 누구의 명령도 받아들일 수 없었고 또 일제의 압박에 의해 내몰려야 했던 김광주는 방랑의 길로 접어든 불확실한 미래 앞에서 지조를 지키며 독립자존을 끝까지 추구해간 루쉰의 정신을 새로운 삶의 지침으로 되뇌고자 한 것이다. 김광주가 해방공간에서 쓴 다음의 글에서 어렴풋하게나마 그 점을 감지할 수 있다. "나에게 망명이란 외람된 일이 있을 리 없고, 마음껏 또 다른 하늘을 우러러 볼 수 있는 방랑이 그저 좋았고, 아모도 나를 지배하려 들지 않고, 명령하려 들지 않는 이역 하늘에서 이 도시에서 저 항구로, 간다 온단 말도 없이 흘러가서는 그 전(前)에 있던 곳을 그려하는 까마아득한 추억의 심경에서 사는 것이 젊은 내 넋을 끝없이 유혹했을 뿐만 아닐, 왜놈들의 마수는 보잘 것 없는 나 같은 길손조차 한 곳에 그대로 머물러 두기 싫어서 심심하면 까닭 없이 지근덕거렸고, 이 앞잡이가 되어서 나를 방랑객을 만들어 다른 곳으로 몰아내는 것은 예외 없이 황군(皇軍)을 신봉하는 사랑스러운 동포들이었으며, 이럴 때마다 나는 이국의 또 하나 다른 하늘을 찾아서 보따리를 싸곤하였다."[68] 상하이를 떠나는 마당에 이곳에서 루쉰 소설을 번역하고 중국문단을 비평 소개하면서 루쉰을 '중국문단의 제일인자'로 인식했던 김광주에게 루쉰 정신의 환기는 방랑을 앞둔 시점에서 정신적 위안이 되기에 충분한 것이었다. 이러한 루쉰 정신에 대한 뚜렷한 자각이 있었기에 해방공간의 열악한 출판 조건 속에서도 김광주는 『보헤미안』 동인으로 활동한 바 있는 이용규(李容珪)와 함께 루쉰 소설을 선역(選譯)해 『루쉰단편소설집』 제 1·2집을 펴낼 수 있었던 것이다.

이 대목에서 김광주가 이해한 루쉰 정신 내지 루쉰의 문학정신의 본질은 무엇인지 구체적으로 살펴볼 필요가 있다. 김광주는 루쉰의 단편소설을 번역 출판한 이후 1948년 1월 문학 잡지 『백민(白民)』에 「루쉰과 그의

68 金光洲, 「廬山春夢」, 『春雨頌』, 33쪽.

작품」이라는 글을 발표한다. 이 글에서 김광주는 「아Q정전」과 「광인일기」 등 루쉰 소설의 개별 작품의 내용을 간단히 소개한 후 루쉰 소설의 전체 특징과 루쉰의 문학정신을 다음과 같이 개괄했다.

> 루쉰이 남기고 간 이 몇 편의 짧은 소설을 통하여 우리가 선뜻 느낄 수 있는 것은 인간사회에 대한 명석하고 정확한 해부와 중국 국민성에 대한 무자비하려만치 잔인하고 두려웁고 예리한 폭로이며, 이것을 한 작품으로서 완성할 수 있을 만한 치밀하고 깨끗한 구상(構想)과 또 이에 따르는 살을 찌를듯하고 풍자가 넘치며 무딘듯하면서도 간결명료(簡潔明瞭)한 그의 문장이다. 모든 인간생활의 위선과 비굴과 타락과 싸워서 손톱만 한 타협도 패배도 갖기를 싫어한 루쉰의 문학정신(文學精神)은 길이 중국민족과 함께 그의 작품 가운데서 용솟음쳐 흐르고 있을 것은 의심 없는 일이다.[69]

이렇게 김광주는 루쉰 소설이 갖는 철저한 자기해부와 투철한 자기인식의 내용적 특징과 신랄하고 예리한 풍자의 문체적 특징을 집약적으로 설명하고, 이를 토대로 루쉰의 문학정신을 정확하게 개괄해놓았다. 나아가 김광주는 소설 이외에 많은 잡감문을 창작한 루쉰에 대해 중국 신문학운동에 있어서 '수필가'로서의 그의 지위를 높이 평가한다고 말하고 『열풍(熱風)』의 두 단락과 『무덤(墳)』의 한 단락을 직접 인용한 뒤 다음과 같이 끝을 맺었다. "요컨대, 루쉰은 신중국(新中國)의 형식을 떠나서 내용적으로 충실히 파보자는 고민(苦悶)으로 일생을 일관하였고 인간성과 국민성의 진실을 추구하기 위한 인간으로서의 불행과 불운 속에서 감연(敢然)히 싸운 위대한 문학가임을 거듭 말해두고자 한다."[70] 김광주는 「루쉰과 그의 작

69 金光洲, 「魯迅과 그의 作品」, 『白民』 1948. 1, 24-25쪽.

70 金光洲, 「魯迅과 그의 作品」, 『白民』 1948. 1, 26쪽.

품」에서 그가 이해한 루쉰 문학의 특징과 루쉰 정신의 본질을 가장 명쾌하게 서술해놓은 것이다.

좀 더 검토하고자 하는 것은, 김광주가 중시한 루쉰 정신의 사상적 특질에 관한 것이다. 김광주는 루쉰의 대표작 「광인일기」와 「아Q정전」을 수록한 『루쉰단편소설집』 제2집의 목차 앞에 루쉰의 '수감록(隨感錄)' 「생명의 길(生命的路)」의 문장 일부를 인용해, 진화의 원리를 따르는 '생명의 길'이라는 이미지로 완전을 갈망하는 인류의 진보에 대한 믿음을 강조한 바 있다. "생명의 길은 진보하는 것이고 끝없는 정신의 삼각형의 사면(斜面)을 따라서 위로 진전되어 올라가는 것이니 아무것도 이것을 저지하지는 못한다. 자연이 인간에게 부여한 부조화는 매우 많고 인간 자신으로도 타락하고 퇴보하는 사람이 또한 많다.그러나 생명이란 결코 이것 때문에 뒷걸음질 치지는 않는다. 어떠한 암흑이 사조(思潮)를 가로막는다 할지라도 어떠한 비참함이 사회를 들이친다고 할지라도 어떠한 죄악이 인도(人道)를 더럽힌다 할지라도 인류에게 잠재해 있는 완전을 갈망하는 힘은 언제나 이런 쇠사슬의 가시덤불을 짓밟고 앞으로 나아간다."[71] 이 단락은 김광주가 「루쉰과 그의 작품」에서 루쉰의 수필 작품의 하나로 예시한 문장이기도 한데, 반복적으로 인용되고 있거니와 김광주가 이해한 루쉰의 사상적 특질을 가장 잘 대변해준다. 이 단락은 김광주가 읽었을 신언준의 「루쉰 방문기」에서 언급한 루쉰의 인생관 또는 세계관과 겹친다는 점도 흥미롭다. 신언준이 루쉰에게 인생관 또는 세계관을 물었을 때 루쉰은 "나는 인생이 길 가는 것과 마찬가지라고 신앙합니다. 일보부일보(一步復一步), 전진하면서 교량을 놓고 길을 닦는 것이 인생의 일인가 합니다"[72]라고 대답했다. 인생을 길을 닦으며 지속적으로 걸어가는 데 비유한 루쉰의 말이

---

71 魯迅, 『魯迅短篇小說集』 第2輯, 金光洲 · 李容珪 譯(서울출판사, 1946), 11쪽; 魯迅, 「六十六 生命的路」(1919. 11. 1), 『熱風』, 『魯迅全集(1)』, 386쪽.

72 申彦俊, 「魯迅訪問記」, 『新東亞』 1934. 4, 152쪽.

김광주에게 깊은 인상을 남겨 김광주는 그것으로써 루쉰의 사상적 특질을 이해한 것이다.

김광주는 중국의 'C시'에서 해방을 맞아 귀국하면서 북한에 잠시 체류한 적이 있는데, 이 시기에 쓴 또 다른 수필 「새로운 것」이라는 글에서 점령군으로 들어온 북한의 '붉은 군대'의 만행을 폭로하고 '진보'를 추구하는 사람들의 위선을 풍자적으로 묘사하면서 루쉰의 '수감록'의 일부를 또다시 인용했다. "진화의 도중에는 신진대사가 있어야 한다. 그렇기 때문에 새로운 것은 즐거이 앞으로 나아가야 한다. 이것이 곧 자라는 것이다. 낡은 것도 또한 즐거이 앞으로 나아가야 한다. 이것이 곧 죽음이다. 제각기 이렇게 나아가는 것이 곧 진화의 길이다."[73] 그는 노변(爐邊)에서 루쉰의 '수감록'을 뒤적거리다가 우연히 이러한 구절을 읽고서 인용하게 되었다고 말하고 "우리는 지금이야말로 정말로 민족을 살리고, 나를 살리고, 남에게 국토를 떠맡기지 않는 정말로 새로운 것을 갖고 새로운 것을 찾고, 모든 진부한 편견과 낡은 내 주장(主張) 내 주의(主義)에 대한 노예근성을 버리고 새로운 길을 걸어야 할 때가 아닌가 하고 생각된다"[74]라고 역설했다. 김광주가 인용한 문장은 루쉰의 「수감록 49」에 나오는데,[75] 종족의 연장은 생명의 연속을 의미하므로 신진대사가 필요한바, 노인들은 젊은이들이 앞으로 나아갈 수 있도록 길을 열어주고 재촉하고 장려해줘야 하며 도중에 심연(深淵)이 있으면 자신들의 주검으로써 그것을 메워줘야 한다는 것이다. 루쉰은 진화의 원리에 따라 '생명의 길'을 걷는 것이 바로 진정한 '진보'라고

---

73 金光洲, 『春雨頌』, 63쪽.

74 金光洲, 『春雨頌』, 63쪽.

75 魯迅, 「四十九」(1919. 2. 15), 『熱風』, 『魯迅全集(1)』, 354-355쪽. "我想種族的延長,—便是生命的連續,—的確是生物界事業里的一大部分. 何以要延長呢? 不消說是想進化了. 但進化的途中總須新陳代謝. 所以新的應該歡天喜地的向前走去, 這便是壯, 舊的也應該歡天喜地的向前走去, 這便是死; 各各如此走去, 便是進化的路. 老的讓開道, 催促着, 獎勵着, 讓他們走去. 路上有深淵, 便用那個死塡平了, 讓他們走去."

생각했다. 김광주는 당시 루쉰의 '수감록'을 읽으면서 진화의 원리, 즉 '생명의 길'이라는 루쉰의 '진보'에 대한 사고를 환기시킴으로써 기성의 주의 주장을 고집할 것이 아니라 오히려 다음 세대에게 새로운 길을 터줘야 한다는 메시지를 전달하고자 한 것이다. 루쉰은 5·4문학혁명 시기에 '생명의 길'이라는 진화론적 관점에 입각해 '진보'를 사고하면서 부패한 편견, 낡은 주장과 주의에 대한 노예근성을 철저하게 부정했으니 그것은 김광주에게 기성의 모든 낡은 이념들(공산주의를 포함)을 버리고 새로운 길을 열어가야 한다는 사상적 믿음을 가져다주는 것이었다. 요컨대, 김광주는 주로 5·4문학혁명 시기의 루쉰 문학을 주요 텍스트로 읽으면서 그 시기 루쉰의 문학과 사상에서 루쉰 정신의 본질을 찾고자 한 것이다. 그가 「상하이를 떠나며」에서 떠올렸던 '루쉰의 거룩한 정신'이나 「루쉰과 그의 작품」에서 개괄한 '루쉰의 문학정신'이란 바로 이러한 사상적 맥락에서 이해해야 할 것이다.

5. 『루쉰단편소설집』의 출간과 번역의 양상

김광주가 번역한 최초의 루쉰 작품은 「행복된 가정」(「행복한 가정(幸福的家庭)」, 1933. 1)과 「술집에서」(「재주루상(在酒樓上)」, 1933. 1)이다. 이것은 류수인의 「광인일기」(1927. 8), 역자 미상의 「두발 이야기」(1929), 양백화의 「아Q정전」(1930. 1), 정래동의 「애인의 죽음」(1930. 3)·「과객」(1932. 9)의 뒤를 이은 것이다. 이후 국내에 번역 소개된 루쉰 작품으로는 이육사의 「고향」(1936. 12), 균향호(均鄕浩)의 「혁명시대의 문학」·「현대사」(1946. 7), 김광주·이용규 공역의 『루쉰단편소설집』제1·2집(1946. 8·11), 이명선의 『루쉰잡감문선집(魯迅雜感文選集)』(1949, 미간행) 등이 있다. 이렇게 볼 때, 근대 시기 루쉰 문학의 번역 방면에서 김광주는 상당히 두드러진 성과를

在酒樓上

魯迅 作

金光洲 譯

김광주가 번역한 루쉰의 「술집에서」(『제일선』 1933. 1)

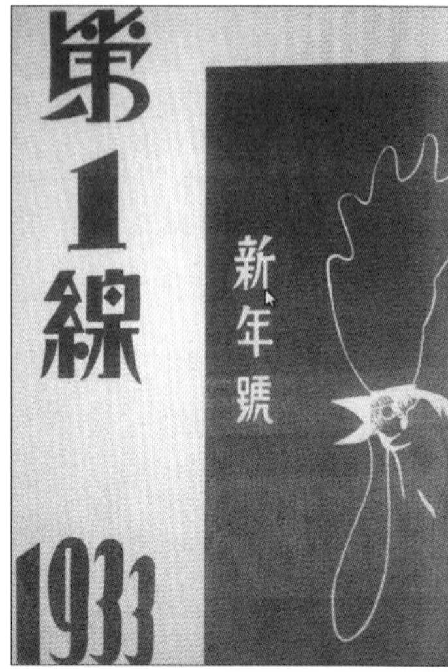

『제일선』 1933년 신년호(1월)의 표지

거두었다고 할 수 있다.

김광주는 「중국문단의 현세 일별」에서 1934년도 중국의 창작계를 소개하면서 "문단적으로 비교적 호평을 받는 중요작품만을 대강 말하고 앞으로 환경과 기회가 허락한다면 우수한 작품을 번역해 그 전모를 소개해보고자 한다"[76]라고 말했지만, 그가 중국의 우수한 작품을 체계적으로 번역할 수 있었던 것은 8 · 15해방공간에서이다. 그는 해방을 맞은 지 1년 만인 1946년 8월과 11월에 각각 『루쉰단편소설집』 제1 · 2집을 출간했는데, 이것은 단행본으로 나온 한국 최초의 루쉰 작품집으로 루쉰의 주요 소설을 모두 수록하고 있어 주목할 만하다. 제1집에는 「행복한 가정」, 「고향」, 「쿵이지(孔乙己)」, 「풍파」, 「가오 선생(高老夫子)」, 「단오절」, 「고독자」가

76 金光洲, 「中國文壇의 現勢 一瞥: 1年間의 論壇 · 創作界 · 刊行物界 等(四)」, 『동아일보』 1935. 2. 8.

수록되어 있고, 제2집에는 「광인일기」, 「비누」, 「아Q정전」이 수록되어 있다. 김광주는 원래 루쉰의 소설집 『외침』과 『방황』의 작품 전체를 완역해 제3집도 내려는 계획을 가지고 있었으나 계획대로 진행하지는 못했다. 하지만 루쉰 소설이 두 권의 책으로 묶여서 출간되었다는 것은 당시의 어려운 여건을 감안할 때 큰 수확이라 하지 않을 수 없다.

1947년 10월 17일자 『동아일보』는 「루쉰기념강연회」라는 제목으로 "근대 중국문단의 거인 루쉰(魯迅) 선생이 세상을 떠난 지도 벌써 11주년! 오는 18일에 거인이 간 날을 뜻깊게 기념하고자 문리과대학 안에 있는 중국문학연구회에서는 강연회와 음악회를 열기로 되었다"[77]라는 소식을 전했다. 이 소식에 이어 정래동의 「위대한 중국작가 루쉰의 회억(상 · 하): 그의 기념강연회를 열면서」가 1947년 10월 21 · 22일자 『동아일보』에 실렸다. 이 글에서 정래동은 "중국 신문학운동 이래로 처음 난 위대한 창작가요 현대 세계작가 중에서도 가장 이채(異彩)가 있는 작가의 일인(一人)인 루쉰이 서거(1936년 10월 19일)한 지 벌써 11주년이 된다. 서울대학 문리과대학 내에 있는 중국문학연구회에서 금월(今月) 18일 오후 2시에 루쉰을 기념하는 강연회를 개최하는데 제(際)하야 다시금 씨(氏)의 경력 · 작품을 일고(一考)할까 한다"[78]라고 했다. 그렇다면 『동아일보』에서 보도한 「루쉰기념강연회」 소식에 나오는 문리과대학이란 서울대학교 문리과대학을 가리키며, 당시 이 대학의 중문과 교수로 재직하고 있던 정래동이 루쉰기념강연회를 연 것임을 알 수 있다. 루쉰 서거 11주기를 맞아 신문지상에 루쉰 기념강연회 소식과 정래동의 기념강연회 원고가 실렸으니, 당시 해방공간에서 루쉰 문학에 대한 한국 독자들의 관심이 상당했음을 보여준다. 『루쉰 단편소설집』이 이미 출판되어 한국 독자들도 루쉰 문학을 구체적인 작품

77 「魯迅記念講演會」, 『동아일보』 1947. 10. 17.

78 丁來東, 「偉大한 中國作家 魯迅의 回憶(上): 그의 紀念講演會를 열면서」, 『동아일보』 1947. 10. 21.

을 통해 만날 수 있어 루쉰서거 기념강연회를 열 수 있는 객관적인 조건이 마련되어 있었던 것이다. 정래동은 『루쉰단편소설집』 제1집의 서문인 「루쉰과 중국문학」에서 "중국을 요해(料解)하는 데는 창작을 통(通)한 이상(以上)이 없고 구미의 창작보다 인접한 중국의 창작을 통하여 중국을 정당하게 이해하여야 할 것은 현하 시국에 비추어 화급(火急)한 문제라고" 지적하고 "우리는 신문의 단편적 보도로 중국을 관찰하거나 주의(主義)를 통하여 중국을 극부적(極部的)으로 비평하는 것보다는 루쉰과 같은 위대한 창작가의 작품을 통하여 중국인의 혈맥에 흐르는 혈색을 보고 중국의 내정(內情)을 살피고 중국인의 성격을 알고 중국의 정체(正體)를 직시하는 것이 오히려 현명한 관찰 방법이 될 것이다"[79]라고 말했다. 정래동은 중국과 중국인을 이해하기 위한 통로로서 루쉰 작품의 중요성을 역설했는데, 이러한 맥락에서 『루쉰단편소설집』의 출간은 대단히 중요한 의미를 갖는다.

그럼 김광주가 루쉰 문학 작품을 어떻게 번역했는지 그 과정과 양상을 구체적으로 검토해보자. 김광주는 1933년 1월 루쉰의 작품을 번역해 「행복된 가정」이라는 제목으로 『조선일보』에 연재할 때 그 첫머리에 「역자전언(譯者前言)」을 써놓았는데, 여기서 「행복된 가정」이 1931년 상하이 조욱서점(朝旭書店)에서 출판된 루쉰의 단편소설집 『행복한 가정(幸福的家庭)』을 저본으로 하여 번역했다는 사실을 밝혀놓았다. 이는 그가 루쉰의 중국어 원작을 한국어로 옮긴 것임을 시사한다. 또한 김광주는 루쉰의 작품과 그에 대한 평론이 당시 한국에 이미 소개된 사실을 지적해 "1931년 춘간(春間)의 본보(本報) 학예면을 통하여 베이핑(北平, 즉 베이징) 정래동, 상하이 이경손 양씨(兩氏)의 루쉰에 대한 상세한 연구와 소개가 있었다고 기억합니다"[80]라고 했고, 루쉰 소설 중에서 대표작인 「아Q정전」과 처녀작인 「광인

---

79 丁來東, 「魯迅과 中國文學」, 『魯迅短篇小說集』 第1輯, 魯迅 作, 金光洲 · 李容珪 譯(서울출판사, 1946), 5-6쪽.

80 魯迅, 「幸福된 家庭」, 金光洲 譯, 『朝鮮日報』 1933. 1. 29.

일기」는 외국에 이미 널리 알려져 있으며 「행복된 가정」도 루쉰의 단편 중에서 '빼놓을 수 없는 귀여운 작품의 하나'라고 설명했다. 그는 루쉰 작품의 특징의 하나로서 '연애(戀愛)를 취재(取材)하지 않은 점'을 들었고, 1930년대 초의 루쉰 문학에 대한 일반적인 평을 반영해 "어떤 의미로 보면 루쉰은 벌써 중국문단의 노작가로 그의 작품도 변천무궁(變遷無窮)하는 중국의 현 사회상(現社會相)에 비춰볼 때 과거의 어느 시대를 표현한 잔영(殘影)에 불과하며 애써서 이식(移植)할 필요가 없다 하겠으나 이 「행복된 가정」은 짧고 평범한 제재를 질박한 필치로 살려간 것과 일종 '히니구'에 가까운 인생관찰의 '유모-어'미(味)로 보아 취할 점이 아주 없는 작품은 아닙니다"[81]라고 평했다. 김광주가 정래동과 이경손의 루쉰에 대한 연구와 소개를 언급한 것은 이경손이 1931년 1월 『조선일보』에 연재된 정래동의 「루쉰과 그의 작품」이라는 글을 읽고 동년 2월 『조선일보』에 「그 후의 루쉰: 정(丁)군의 루쉰론을 읽고」라는 글을 발표한 것을 염두에 둔 것이다. 김광주가 상하이에서 '정자간(亭子間)'의 방을 세내어 이경손과 함께 지내면서 중국소설을 탐독하고 중국문단이나 문학 동향에 크게 관심을 가졌던 사실을[82] 고려할 때, 정래동의 「루쉰과 그의 작품」에 대해 두 사람은 서로 의견을 교환했을 것으로 짐작된다. 정래동이 「루쉰과 그의 작품」에서 루쉰 소설의 특장을 설명하면서 "제삼(第三)은 그의 장처(長處, 장점의 뜻)라고 할 수는 없으나, 그의 특색으로 볼 수 있는 점인데, 그것은 여성에 관한 작품을 그리 쓰지 않은 것이다"[83]라고 한 것으로 미루어, 김광주가 루쉰 소설의 특징으로 '연애를 취재하지 않은 점'을 든 것은 정래동의 관점을 참조한 것으로 보인다. 이것은 당시 한국의 중국 현대문학 연구자들이 신문과 잡지를 통해 연구 성과를 서로 공유하고 있었음을 보여주는 사례라고 하겠다.

81 魯迅, 「幸福된 家庭」, 金光洲 譯, 『朝鮮日報』 1933. 1. 29.

82 金光洲, 「上海時節回想記(上)」, 『세대』 제3권 통권 29호, 260-261쪽 참조.

83 丁來東, 「魯迅과 그의 作品」, 『丁來東全集 I』(學術論文)(금강출판사, 1971), 357쪽.

루쉰의 「행복한 가정」(「행복된 가정」)은 현실의 생활고에도 불구하고 행복한 가정을 상상하며 소설을 쓰고 있는 '작가'의 허위의식을 풍자적으로 묘사한 것이고, 「술집에서」(「재주루상」)는 신문화운동에 적극 참여했으나 점차 봉건의식으로 되돌아간 신지식인의 퇴락을 묘사한 것이다. 김광주는 당시 루쉰 문학의 시대적 가치를 부정했던 중국 혁명문학파의 주장을 어느 정도 반영해 루쉰 소설을 '과거의 어느 시대를 표현한 잔영'에 지나지 않는다고 언급했지만, 「행복한 가정」과 「술집에서」의 작품 주제에 크게 공감했다. 이러한 루쉰 소설의 주제는 이후 김광주가 창작한 단편소설의 작품 주제와도 연관이 있는 듯하다. 아내의 출산을 앞두고 병원비가 없어 쩔쩔매는 '철이'라는 인물을 통해 상하이에 거주하는 가난한 조선인 지식 청년의 삶을 그린 「포도(鋪道)의 우울」(1934. 2), 댄스와 도박과 마약 등으로 환락에 찌들어가는 부모와 여동생 등에 실망하고 가족을 떠나 새로운 세상으로 나아가려는 대학 졸업자인 '명수'라는 인물을 그린 「남경로(南京路)의 창공」(1935. 6) 등의 작품을 볼 때,[84] 지식인을 소재로 한 루쉰 소설이 그에게 상당한 공명을 불러일으켰던 것으로 보인다.

특히 해방공간에서 김광주가 『루쉰단편소설집』을 출간한 것은 그가 루쉰 문학의 현실적 가치를 깊이 깨달았기 때문이다. 정래동이 제2집의 해설인 「아Q정전과 광인일기」에서 팡비(方璧)의 루쉰론(魯迅論)을 인용해 "그(루쉰)의 저작에는 반항의 호성(呼聲)과 무정(無情)의 박로(剝露)가 충만하다. 일체의 압박에 반항하고 일체의 허위를 박로하였다! 노중국(老中國)의 독창(毒瘡)은 너무 많다. 그는 참다못하여 칼을 들고 전부를 세정(世情)도 모른 듯이 모조리 자기(自己)로써 찌르는 것이다!"[85]라고 말한 데서 그것을

84 최병우, 「김광주의 상해 체험과 그 문학적 형상화 연구」, 『한중인문학연구』 25호(2008), 116-117쪽 참조.

85 丁來東, 「阿Q正傳과 狂人日記」, 『魯迅短篇小說集』 第2輯, 魯迅 作, 金光洲 · 李容珪 譯(서울출판사, 1946), 5-6쪽.

간접적으로 확인할 수 있다. 낡은 것을 비판하고 새로운 시대를 열어야 할 과제가 눈앞에 닥친 해방공간에서 루쉰 문학이 담고 있는 투철한 반항성과 독창의 심각한 폭로는 한국 독자들의 공감을 불러일으키기에 충분한 것이었다. 또한 『루쉰단편소설집』은 중국어 원문에 의거해 오역 없이 정확하게 번역되어 있을 뿐만 아니라 소설적 형상화를 위한 과감한 의역도 시도되고 있다는 점에서 높이 평가할 만하다. 말하자면 김광주(와 이용규)는 루쉰 소설을 정확하고 유려한 한국어로 번역함으로써 류수인의 「광인일기」 번역이나 양백화의 「아Q정전」 번역(중역) 등 기존의 루쉰 소설의 번역에 비해 훨씬 완성도가 높은 번역문학을 완성할 수 있었다.[86] 이를테면, 「쿵이지」에 나오는 루전(魯鎭)의 술집을 묘사한 대목을 보자. "그러나 이 집에 오는 손님의 대부분은 옷도 변변히 입지 못했을 뿐만 아니라 주머니도 얄팍해서 그처럼 호화로운 씀씀이 꾼이 못 된다. 그러나 긴 두루메기(長衫)를 입은 사람들만은 호기 있게 들어와서 술청 옆에 있는 안방으로 들어가서 술을 가져오라 안주를 가져오라 하여 늑장을 부리고 노닥거리면서 술을 마신다."[87] 이것은 원문에 충실하면서도 문맥에 맞게 의미를 살린, 유려한 소설적 문장 구성을 보여준다. 『루쉰단편소설집』의 출간은 한국 독자들에게 루쉰 문학을 정확하고 체계적으로 이해할 수 있는 길을 비로소 열어놓은 것이다.

---

86 양백화가 일문(日文)을 중역(重譯)해 1930년 1월 『조선일보』에 연재한 「아Q정전」에는 오역이 많았는데, 이를테면 아Q의 노름 장면을 김광주는 다음과 같이 정확하게 번역해놓았다. "「자! 패가 나온다!」 하고 물주는 패가 들어 있는 통의 뚜껑을 열었다. 물주가 웨치는 소리도 노랫소리처럼 박자가 있고 우렁찼다. 「천문(天文)이다 — 각(角)은 섰다! 인(人)과 촨당(穿堂)은 죽었다. — 「阿Q」의 동전은 이리 가져 오너라!」 — (天或은 天文, 地或은 靑龍, 人或은 白龍 · 角 · 穿堂, 이 모든 것은 노름하는 데 돈을 태는 位置名이다. 譯者註)". 魯迅, 「阿Q正傳」, 『魯迅短篇小說集』 第2輯, 金光洲 · 李容珪 譯, 76쪽.

87 魯迅, 「孔乙己」, 『魯迅短篇小說集』 第1輯, 金光洲 · 李容珪 譯, 65쪽. 중국어 원문은 다음과 같다. "但這些顧客, 多是短衣幇, 大抵沒有這樣闊綽. 只有穿長衫的, 才踱進店面隔壁的房子里, 要酒要菜, 慢慢地坐喝."

6. 한 · 중 문단의 상호 이해

김광주는 상하이에서 중국의 연극 · 영화인들과 교류하면서 그들로부터 많은 협력을 이끌어냈고 또 '재중국조선문예인협회'의 조직을 주도해 베이징의 정래동까지 포함하는 네트워크를 형성했다. 더욱이 그가 발표한 「조선문단의 최근 상황」이라는 글은 당시 국내 문인들에게도 주목의 대상이었다. 김광주가 「조선문단의 최근 상황」에서 호평했던 소설가 이무영이 대구에서 장혁주를 만났을 때 장혁주가 이무영에게 내보인 것이 바로 김광주의 「조선문단의 최근 상황」이 수록된 잡지 『문예전영(文藝電影)』이었던 것이다. "문학 잡지 발간에 대한 의론도 하다. 마침 수중에 있다고 하며 중국의 순문예 잡지 『문학(文學)』 · 『문예전영(文藝電影)』 등을 보인다. 『문학』은 사륙배판 오백 쪽의 대잡지(大雜誌), 백여 매의 단편만이 19편이다. 그 외에 평론 · 비평 · 전기 등 이 잡지야말로 글자 뜻대로 문예 잡지다. 단편 한 편에 2, 30매로 제한되고도 1, 2편밖에 지면(紙面)이 없는 조선 잡지의 문예란을 돌볼 때 부럽다 못해 한숨이 난다. 『문예전영』지(誌)에 발표된 김광주 씨의 조선문단 소개를 주어읽다. 씨의 백화문(白話文)의 능(能)함에는 놀랐다."[88] 이러한 이무영의 언급은 당시 국내 문인들이 조선문단의 중국 내 소개에 주목하고 중국 문예 잡지에도 상당한 관심을 가지고 있었음을 보여준다. 1930년대에 이르러 한국문단의 중국문단에의 관심은 그 어느 때보다 강렬했는데, 김광주의 현대 중국문예 비평 및 한국문단의 중국 내 소개가 중요한 매개 역할을 했으니 김광주의 공헌을 과소평가할 수 없을 것이다.

지금까지 근대 시기 중국 현대문학 및 루쉰 문학 연구자로서 김광주의 새로운 면모를 밝히는 데 주안점을 두었는데, 그가 문예활동을 시작하면

---

88 李無影, 「嶺南走看記(二)」, 『동아일보』 1935. 5. 2.

서 루쉰 소설을 번역하고 현대 중국문예를 비평 소개하게 된 경위, 김광주의 문예활동을 떠받치고 있는 이념으로서의 아나키즘적 문예의식 및 그것과 중국문단 비평과의 상관관계, 민족적 자의식의 표출로서 한국문단의 중국 내 소개, '루쉰 정신' 또는 '루쉰의 문학정신'의 환기, 『루쉰단편소설집』 번역의 양상과 의의 등을 고찰했다. 차제에 루쉰 문학의 비평 소개와 관련해 김광주가 1972년에 『아Q정전(외)』를 출판하면서 써놓은 「해설(解說)」도 주목해볼 만하다. 이 해설은 김광주가 전적으로 자신의 분석에 의거한 것이라기보다 기존의 연구 성과를 참조한 것으로 보이는데, 그럼에도 불구하고 당시 한국 독자들에게 루쉰 문학의 정수에 다가갈 수 있는 관점을 제시해주고 있어 검토해볼 만하다. 김광주는 사상적인 측면에서 강렬한 자아를 가진 루쉰이 일체의 희망도 환상이라 거부하면서 현실의 추악한 면을 철저하게 폭로한 리얼리즘을 추구했을 뿐만 아니라 현실에 절망하면서도 그 절망을 거부하고 전진을 지속한 이상주의자라고 묘사했다. 그리고 루쉰의 자아를 이러한 두 가지 요소가 병립하고 있는 모순적 통일체로 파악하면서 루쉰을 행동하는 자유주의자로 이해했다.[89] 이어 그는 루쉰 문학 속으로 깊이 침투해 들어가 그 본질에 육박하는 예리한 관점을 제시했다. "그(루쉰)가 작품에서 형상화한 유교(儒教) 부정의 사상은, 천두슈(陳獨秀)의 유교 비판처럼 전통적인 것이든, 외래 사조든, 유교 이외의 사상에 입각한 상대적인 비판에 그치는 것이 아니었다. 자기의 고통의 실감을, 구원 같은 것을 바라지 않으며, 어떤 목적이 있는 의식적인 행동이 직접적으로는 거기에서 노출되지 않는 형식으로 그려져 있다. 구원이란 없다. 구원은 환상이며, 구제를 딴 데서 바라는 것은 노예의 도덕이라는 생각이 루쉰의 작품세계에는 깔려 있다. 심약한 독자는 심한 타격을 받지만, 동시에 어디까지나 자기 힘으로 다시 일어서려는 근원적인 자각과 용기를 가지게

89 魯迅, 『阿Q正傳(外)』, 金光洲 譯(同和出版公司, 1972), 191-192쪽.

도 된다. 이 자율적인 근원에서 출발함으로써 인간은 비로소 새로운 창조의 터전에 서게 되는 것이다."[90] 김광주는 외부로부터 주어지는 구원이나 선언적으로 제시되는 이상을 거부하고 고통스러운 자기해부를 거쳐 내부로부터의 철저한 자기부정의 형식을 통해 주체적으로 이상을 만들어가려는 루쉰 문학의 성격을 집약적으로 설명해주고 있는 것이다. 그래서 그는 자기부정을 통해 중국의 근대를 구축하고자 했던 루쉰의 사상적 특질을 다음과 같이 서술했다. "루쉰은 봉건제도와 유교의 내면적 부정의 완성자이며, 부정을 통해서 새로운 민족문화 창조의 출발점이 된다. 근대 사상이 중국에 토착화하기 위해서는, 그와 같은 부정적인 매개자가 없어서는 안 되었던 것이다. 이런 의미에서 그는 '5 · 4문화혁명'을 가장 잘 대표하는 인물이었다."[91] 김광주의 이 「해설」은 짧지만 루쉰 문학의 정곡을 찌르고 있어 한국 독자들이 루쉰 문학의 본질을 간파할 수 있도록 이끌어준다.

끝으로 언급하고자 하는 것은, 근대 시기 중국에 체류하면서 루쉰 문학을 국내에 비평 소개하고자 했던 중국 현대문학 연구자들의 사상적 계보에 관한 것이다. 세계주의자이자 아나키스트로 널리 알려진 러시아 맹인 시인 예로센코를 매개로 루쉰과 인연을 맺었던 오상순, '중국문예논전'에 직접 참여해 아나키즘 문예이론에 입각해서 마르크스주의 문예이론을 비판하고 한국 최초로 루쉰의 「광인일기」를 번역한 류수인, 베이징에서 아나키즘조직에 참여한 바 있으며 「루쉰과 그의 작품」이라는 장문의 평론을 발표하고 루쉰의 작품 「애인의 죽음」과 「과객」을 번역한 정래동 등은 모두 아나키즘사상에 기울어 있었다. 김광주 역시 상하이의 한인 아나키즘 독립운동단체와 관계했으며 아나키즘적 문예의식에 의거해 현대 중국문단을 비평 소개하고 루쉰 소설을 번역했으니 이는 선배들의 계보를 잇는

90 魯迅, 『阿Q正傳(外)』, 金光洲 譯, 192쪽.

91 魯迅, 『阿Q正傳(外)』, 金光洲 譯, 193쪽.

것이었다. 요컨대, 베이징이나 상하이에 체류하면서 루쉰 문학을 연구하거나 루쉰 작품을 국내에 번역 소개하는 데 주력한 중국 현대문학 연구자들은 대체로 아나키즘사상을 받아들여 루쉰의 세계주의 경향이나 아나키즘적 요소에 공감하면서 5·4문학혁명 시기의 루쉰 문학에 관심을 집중했다. 그들이 루쉰 문학을 중시한 것은 민족의 독립과 현실 변혁이 절실하던 그 시기에 투철한 자기인식과 강렬한 현실비판정신이 구현된 루쉰 문학의 현실적 필요성을 깊이 깨달았기 때문이다.

제8장

이명선의 학문 형성과 '루쉰 연구'

1. 한국 최초의 중국 현대문학 전공자

이명선(李明善, 1914－1950)은 경성제국대학 중국어문학과 출신으로 중국 현대문학을 전공했고 8 · 15해방 후에는 서울대학교 중문과 교수로 재직했는데, 짧은 생애 동안 중국 현대문학 및 한국 고전문학 분야에서 많은 학문적 업적을 이룩했다. 그는 경성제대 재학 시기에 한국 최초로 루쉰을 주제로 졸업논문을 썼으며, 해방공간에서는 『중국현대단편소설선집』(선문사, 1946)을 번역해 출간했고 루쉰의 잡감문을 선역(選譯)해 『루쉰잡감문선집』(1949, 미간행)을 완성해놓았다. 또한 『춘향전』과 같은 한국 고전소설을 연구했을 뿐만 아니라 계급사관에 의거해 한국 고전문학의 사적 흐름을 서술한 『조선문학사』(조선문학사, 1948)를 출간하기도 했다.

이명선은 그동안 학계로부터 크게 주목받지 못했는데, 이는 좌익 교수로 지목된 그의 사상적 경향과 한국전쟁 때 월북을 결행한(이후 행방불명됨)

사실과 무관하지 않다. 그는 1949년 서울대학교 내 좌익 교수에 포함되어 교수직을 사임했고 한국전쟁 시기에 북한군이 서울을 점령했을 때 서울대학교의 대학 총책임자를 맡기도 해서 서울이 수복되자 월북을 결행하게 된 것이다. 그런데 2007년 김준형에 의해 『이명선 전집(李明善全集)』(1-4)이 출간됨으로써 이명선 연구가 활성화될 수 있는 토대가 마련되었다. 이명선은 대학 시절 중국 현대문학을 전공했고 중국 현대문학 연구로부터 점차 한국문학 연구로 심화해나갔다는 점, 루쉰 문학의 국내 비평 소개에 적지 않은 공헌을 했다는 점 등을 고려할 때, 우선 중국 현대문학 연구자로서의 이명선을 적극적으로 조명할 필요가 있다. 그는 근대적 대학제도 아래서 한국 최초로 루쉰을 주제로 졸업논문을 집필했으니, 중국 현대문학 및 루쉰 연구자로서 이명선의 학문활동을 실증적으로 추적해보는 것도 의미 있는 일이다. 이 장에서는 경성제대 재학 시기를 중심으로 이명선의 학문활동과 사상적 영향관계 및 루쉰 문학에 대한 관심 등을 집중적으로 고찰하고자 하며, 이것은 이명선의 학문활동의 사상적 경향과 그 계보를 탐색하는 일이다.

이명선(경성제국대학 예과 재학 시절)

2. 지식인으로서의 정체성과 민족적 자의식

이명선은 1934년 경성제대 예과에 입학했고(1934년부터 이 대학의 예과 과정의 수업 연한이 2년제에서 3년제로 바뀜), 1937년에 본과 중국어문학과에 진학, 1940년 초에 대학을 졸업하게 된다. 그는 예과 졸업 및 본과 진학을 앞둔 시점인 1937년 2월 잡지 『금성(金星)』 1호에 「지식(知識)」이라는 시를 발표했는데, 이 시는 그가 공식적인 지면에 발표한 최초의 글이다. 「지식」은 현실적 '지식'의 무력함을 '연기'와 '안개'에 비유해 풍자적으로 형상화하고 있는데, 그 후반부를 보자.

> 지식!
> 너를 힘이라 외친 자가 있었다.
> 나는 기가 막혀 하품을 하였다.
> 너를 덕(德)이라 부른 자가 있었다.
> 나는 열었던 입을 닫질 못하였다.
> 지식!
> 아아 허풍의 고함이여!
>
> 힘은 피다
> 너는 피에서 달음질친다.
> 덕(德)은 감정의 열(熱)이다
> 너는 열(熱)에서 도망질간다.
> 지식!
> 진실로 너는 말이다 말의 그림자다.
> 지식!
> 너는 말의 연기다.
> 너는 말의 안개다
> 너는 이 이상 아무 것도 아니다.[1]

---

1 李明善, 「知識」(『金星』 1호, 1937. 2), 『李明善全集(4)』(보고사, 2007), 119쪽.

'지식'의 무망함을 표현하고 있는 이 시는 상당히 감상(感傷)적이다. 하지만 이를 통해 예과 졸업과 중국어문학과의 본과 진학을 앞둔 이명선의 의식의 편린을 엿볼 수 있다는 점에서 나름의 의미가 있다. '지식'이 학문 탐구의 대상이라고 할 때, 학문의 길로 첫발을 내딛는 시점에서 이명선은 '지식'이란 무엇인가 하는 본질적인 물음을 스스로 던지고 있는 것이다. '연기'와 '안개'에 지나지 않는 '지식'은 '허풍의 고함'이요, '피'의 '힘'과 '감정의 열(熱)'의 '덕(德)'으로부터 달음질치고 도망쳐가는 '말의 그림자'에 지나지 않는다. 이것은 현실의 '지식'이 작동되고 있는 실제 모습인바, 이에 대한 자각은 '지식'을 추구해야 하는 지식인으로 하여금 반성적 사유를 불러일으킨다. '말의 그림자'에 지나지 않는다는 '지식'에 대한 풍자는 오히려 이명선으로 하여금 '피'의 '힘' 내지 '감정의 열'의 '덕'으로서의 지식을 꿈꾸도록 이끈다. 이 시에 표현된 '지식'에 대한 풍자는 당시 이명선의 의식의 편린을 보여주는 것이지만, 학문을 추구할 지식인으로서의 정체성에 대한 깊은 고민을 반영하고 있다는 점에서 의미심장하다.

「지식」에서 표출된 이명선의 의식의 편린은 「현대 학생의 면모」(『매일신보(每日申報)』[2] 1938. 3. 27)에서도 발견된다. 이명선은 '속되다는 이유로 현실을 둘러치는' '그들', '속인(俗人)의 넓이도 철인(哲人)의 깊이도 없이' '속인과 철인 사이를 부동(浮動)하는 둥둥 떠 있는 경기구(輕氣球)와 같은' '그들', '개념과 정의(定義)를 잠꼬대하며 꾸벅꾸벅 졸고 있는' '그들'인 '현대 학생'을 풍자하면서 "그러나 나는 그에게 일러둔다. '죽음은 다른 것이 아니라 졸음의 연장, 울울(鬱鬱) 끝없는 졸음이다'"[3]라고 했다. 이명선은 무력한 '학생' 지식인의 존재를 신랄하게 풍자함으로써 학문을 추구하는 지식인으로서의 정체성을 반성적으로 사유하도록 이끈다. 1938년 4월에 발표

2 『매일신보(每日申報)』는 1938년 4월 16일부터 제호가 『매일신보(每日新報)』로 바뀌었다.
3 李明善, 「현대 學生의 面貌」(『每日申報』 1938. 3. 27), 『李明善全集(2)』, 246쪽.

된 그의 「봄, 속(俗)된 봄」에서도 그런 의식의 편린을 확인할 수 있다. 이명선은 '군중의 시절이요 잡음의 시절인', '속된 봄'을 지향한다. 정숙(靜寂)을 읊고 고독을 하소연하는 소위 시인, 즉 여학생 취미의 시집을 내는 이들에게 봄이 구역질나는 시절인 것은, 섬세하고 회고적인 그들의 시정(詩情)이 군중과 잡음과는 상극(相極)이기 때문이다. 이명선은 '소위 시인'과 달리 오히려 '군중'과 '잡음'의 가치를 중시한다.

> 그러나 제 자신으로서는 속되다는 이유로 봄을 구역질하고 싶지 않다. 혹은 제 자신이 다시 없이 속된 연고인지도 모르나 사람 하나 없는 윗골목을 걷느니보다는 차라리 사내들이 욕들을 더럭더럭 하는 아래 골목을 걷고 싶다.
>
> 사람은 무엇보다도 먼저 사람이다. 사람인 연고로 사람들이 많이 모인 곳으로! — 이것이 인간이다. 비인간적이고 초인간적인 소위 시인보다는 나는 군중 속에 일개(一介)의 인간, 잡음 속에 일개의 음(音)이 되고 싶다. 자기를 놀리니까 꼴 보기 싫다면서도 웃골목으로는 안 다니고 아래 골목으로만 다니는 그 젊은 여성의 심정이야말로 가장 인간적이다.
>
> 봄은 왔다. 다시 없이 속된 우리의 봄은 왔다. 구역질하는 자들은 구역질하거나 내버려두어라. 우리 속인들은 우리의 아래 골목으로 모여서 우리의 봄 우리의 시를 읊자.[4]

경성제대 학부 학생으로서 엘리트의식에 사로잡혀 있을 법도 한데, 이명선은 오히려 그러한 엘리트의식을 깨고 자신을 군중 속의 일개의 인간, 잡음 속의 일개의 음으로 자리매김하면서 위 골목이 아닌 아래 골목을 걷겠다는 강한 의지를 표출한 것이다. 이것은 '속된' 하층의 민중을 지향하고자 하는 이명선의 지식인으로서의 자의식을 문학적으로 형상화한 것이라

4 李明善, 「봄, 俗된 봄」(『每日申報』 1938. 4. 3), 『李明善全集(2)』, 247쪽, 249쪽.

할 만하다. 이명선은 1937년 2월 잡지 『금성(金星)』 1호에 「지식」과 더불어 「나폴레옹 소론(小論)」이라는 단평도 실었는데,[5] 이 글에서 '나폴레옹'을 예로 들어 영웅의 시대가 지나가버렸음을 강조한 바 있다. "그렇다! 영웅의 시대는 가버렸다. 적어도 고대적 영웅의 시대는 가버렸다. 알렉산더의 시대는 영원히 갔다. 시저의 시대는 다시 돌아오지 않는다. 우리는 여기서 나폴레옹의 실패가 그의 일개인(一個人)의 우연한 실패가 아니라 오히려 보편적인 근본적 원인이 개재하고 있는 것을 알았다. 나폴레옹의 실패가 그의 천재의 부족도 아니요 재능의 부족도 아니요 자유평등의 18세기에 나서 이 시대사조에 역행한 그의 폭행에 있는 것을 알았다."[6] 시대사조의 변화, 즉 새로운 역사적 조건 속에서 '나폴레옹'이 실패할 수밖에 없었듯이 영웅의 시대가 이미 지나갔으니 이명선이 민중을 지향하려는 자의식을 형성하게 된 것은 당연해 보인다.

이명선은 1938년 5월 15일 『매일신보』에 발표한 「이상(理想)도 정열(情熱)도 시(詩)조차 없는 풍경」이라는 글에서 경성제대의 '학원풍경(學園風景)'을 묘사했는데, 동일한 의식의 편린을 보여준다. 그는 이 글에서 '시조차 없는' '정열의 빈곤아(貧困兒)', '지성의 패배자'로서의 대학생의 현실을 자조어린 어조로 비꼬았는데, 이것은 자기반성이자 이상적인 지식인상을 모색하는 행위이기도 하다. "나는 먼저 성대(城大, 경성제대)를—성대를 다니는 대학생으로—시를 가지지 못한 행복자(幸福者)라 불렀다. 그러나 그것은 시도 가지지 못한 불행복자(不幸福者)라 고치는 것이 좋겠다. 그들의 공허한 무미건조한 생활에는 '시가' 없는 것이 아니라 '시조차' 없는 것이다. 꿈조차 없는 것이다. 이상(理想)도 전도(前途)도 없는 정열의 빈곤아! 지성

---

5 이명선은 1937년 본과 1학년 때 일제 조선총독부의 기관지 역할을 했던 신문 『매일신보(每日申報)』의 '사화야담(史話野談)' 현상공모에 「양녕대군(讓寧大君)의 종손(宗孫)」이라는 작품을 출품해 3등상에 당선되기도 했다(1937. 11. 7). 이명선은 중국어문학과 진학과 동시에 비평과 창작을 병행하는 적극성을 보였다.

6 李明善, 「나폴레온 小論」(『金星』 1호, 1937. 3), 『李明善全集(2)』, 240쪽.

의 패배자! 네 이름은 대학생이다."[7] '지식'의 무망함을 시적으로 형상화했거니와 '군중 속의 일개의 인간'이고자 했던 이명선은 지식인의 사회적 역할과 그 정체성을 깊이 고민하고 있었다. 그는 '듸렛탄트'라는 용어의 해설을 통해서도 이 문제를 다시 한 번 환기시킨다. "우리가 사용하고 문제 삼는 '듸렛탄트'를 보아본다면 그것은 가슴 속에는 열정도 감격성(感激性)도 가지고 있으면서 시대의 힘에 눌려지고 혹은 자기 내부의 성격의 모순에 의하여 다분히 회의적으로 되고 비실천적(非實踐的)으로 되는 일군(一群)의 지식인이다. 그들의 공통적 성격은 이성이 발달하고 총명하여서 사물의 선후 조리를 손쉽게 잘 이해하나 도리어 그 때문에 의지가 분열하여 행동의 일정한 목표를 세우지를 못하고 또 세운다 하더라도 용감하게 그 목표를 향하여 돌격하고 추구하질 못한다. (중략) 요컨대 '듸렛탄트'는 두뇌 명석한 비겁자 혹은 도피자요 학생 중에는 소위 수재라는 자가 이 제일의 후보자다."[8] 이명선은 '듸렛탄트'라는 용어를 해설하고 있지만, 실은 이를 통해 그가 열망하는 이상적인 지식인상을 암시하고 있는 것이다. 이명선은 경성제대 본과 중국어문학과에 진학하면서 현실적 '지식'의 무망함과 지식인의 무력함을 깨닫고 진정한 지식인의 정체성에 대한 반성적 사유를 통해 자신의 지적(知的) 행위와 학문적 실천을 '속된' 하층의 민중과 연결시키면서 과감한 실천으로 나아가려는 강인한 의지를 표출한 것이다.

한편 이명선은 1938년 10월 16일 『매일신보』에 「다카하시 토오루(高橋亨) 선생의 프로필: 선생의 정년인퇴(停年引退)를 앞두고」라는 글을 발표했다. 그는 이 글에서 "선생의 강의를 작년 1년 동안 들었었다"라고 말하고 "선생의 강의는 시간 처음부터 끝까지 잡담 하나 섞이지 않는 지극히 엄숙한 것이었다"라고 하여 다카하시 토오루 교수의 강의 스타일을 회고했다.

---

7 李明善, 「理想도 情熱도 詩조차 업는 風景」(『每日新報』 1938. 5. 15), 『李明善全集(2)』, 254쪽.

8 李明善, 「用語解說 '듸렛탄트'」(『每日新報』 1938. 5. 22), 『李明善全集(2)』, 255-256쪽.

그러면서 다카하시 토오루 교수의 학문적 입장을 자신의 시각에서 다음과 같이 논평했다.

> 내가 작년에 들은 '조선문학개론'을 가지고 본다면 선생의 입장은 대체로 유학자(儒學者)의 입장이 아니었나 생각된다. 물론 유학자의 입장이래야 그것은 결코 구식(舊式)이라든가 비판적이 아니라든가를 의미하는 것이 아니다. 선생은 유교 자체에 대하여도 언제나 비판적 태도를 가지시는 듯하였다. 유가(儒家)의 소위 도문일치설(道文一致說)에는 정면으로부터 반대이신 듯하였다. 조선문학의 충분히 발달 전개되지 못한 한 가지 조건을 이 도문일치설이라고 논단(論斷)하시었다.
>
> 그러나 그러면서도 선생은 근본적으로 그 입장이 여전히 유학자의 입장이었던 듯하다. 인생관이라든가 사회관(社會觀)이라든가 내지(乃至) 문학관까지도 대체로 유학자의 입장이시었던 듯하다.[9]

이명선은, 다카하시 토오루 교수가 유가적 문학관의 핵심인 '도문일치설(道文一致說)'을 비판하면서 그것을 조선문학이 충분히 발달 전개되지 못한 원인으로 지목했으나 정작 자신은 유가적 문학관의 입장을 고수하고 있었던 사실을 꿰뚫어 본 것이다. 다카하시 토오루 교수의 학문적 입장에 대한 이명선의 논평은 자가당착에 빠져 있는 일본인 교수의 모순적 태도를 우회적으로 드러낸 것이며, 동시에 이명선 자신의 입장을 은연중에 표명한 것이기도 하다. 이명선은 일본인 교수의 강의를 들으면서 근대 학문에 눈을 뜨게 되었지만, 동시에 일본인 교수의 학문적 관점을 비판적으로 바라볼 수 있는 시각을 확보하고 있었던 셈이다.

---

9 李明善, 「高橋亨先生의 프로필: 先生의 停年引退를 앞두고」(『每日新報』 1938. 10. 16), 『李明善全集(2)』, 269-270쪽.

더욱이 이명선은 일본인 무라야마 도모요시(村山知義)가 경성제대에서 행한 강연에서 '춘향전'의 영화화에 관해 세 가지 입장을 표명한 데 대해 제언(提言)을 잊지 않았다. 무라야마 도모요시는 강연에서 첫째, 춘향전의 창작 연대를 확정할 것, 둘째, 인간적 감정을 가진 춘향을 그릴 것, 셋째, 소박한 배경으로 처리할 것 등을 제기했는데, 이명선은 이에 대해 "나는 씨(氏)의 이러한 의도 자체를 좋다든지 안 좋다든지 말하고 싶지는 않다. 춘향전은 연출자에 따라 제작자에 따라 각인각양(各人各樣)으로 얼마든지 달라질 수 있기 때문이다"[10]라고 운을 띄우고, 이어 춘향전의 이본(異本)의 특징을 구체적으로 제시하면서 무라야마 도모요시가 이를 참조할 것을 주문했다. "춘향(春香)도 이도령(李道令)도 초시대적 초사회적인 이상인(理想人)으로가 아니고 그 시대 그 사회의 인간으로 그려져 있고 소박한 야×(野□)도 왕일(汪溢)하여 있다. 나의 무라야마 씨의 주문(注文)은 요컨대 이 몇 가지의 이본(異本)을 잘 참고하고 잘 이용해 달라는 것이다."[11] 이명선은 학부생의 신분으로 무라야마 도모요시의 제안이 실제로 춘향전의 이본 속에 모두 갖춰져 있음을 지적함으로써 은연중에 문화적 자긍심과 학문적 주체성을 드러내고 있는 것이다.

이명선은 무라야마 도모요시에게 춘향전의 이본을 먼저 검토할 것을 제안한 뒤, 그 이튿날 『조선일보』에 「'고맙습니다'와 감사의 생활」이라는 논설을 발표했다. 이 글에서 그는 일본인의 '종교 강화(講話)'에서나 가토 다도우(加藤田堂)의 연설에서 언급된 조선인들은 '고맙습니다'를 더 많이 사용해야 한다는 데 대해 조선인들이 '고맙습니다'를 적게 사용하는 것은 언어적 관습일 뿐이라고 지적했다. "조선 사람들이 '고맙습니다'로 자주 안 쓴다는 것도 관습이—여기서는 언어 관습이—그러할 뿐이지 감사의 감

10 李明善, 「村山知義氏에게: 春香傳 映畵化를 앞두고」(『每日新報』 1938. 11. 6), 『李明善全集(2)』, 272쪽.

11 李明善, 「村山知義氏에게: 春香傳 映畵化를 앞두고」, 『李明善全集(2)』, 273쪽.

정이 결핍하여 그런 것은 절대로 아니다. 조선 사람의 언어 관습으로는 '고맙습니다'를 자주 쓰면 도리어 경박한 사람으로 보이고 또 사실에 있어서도 경박한 사람이 '고맙습니다'를 난발(亂發)한다. 그러므로 조선 사람에게 '고맙습니다'를 자주 쓰라고 권고하는 것은 감사의 생활에 들어가게 하는 것이 아니라 경박한 생활에 들어가게 하는 것이다. 도리어 '고맙습니다'를 않는데 거기에 조선 사람으로서의 감사의 생활이 있는 것이다. 이리하여 나는 그들의 언설이 가장 천박하고 비속한 우론(愚論)에 불과하다고 단정하는 것이다."[12] 이명선은 일본인들이 조선의 문화적 배경을 충분히 고려하지 않은 채 자기중심적으로 조선 문화를 함부로 재단하고 비판하는 잘못을 지적했는데, 이는 이명선의 민족적 자의식을 여지없이 보여주는 것이리라.

이와 같이 이명선은 일본인 학자들에게 맞서는 강한 민족적 자의식을 가졌기에 '조선문학 연구'의 '자존심'(독일어로 스톨스)을 특히 강조하지 않을 수 없었다. "여하간 우리는 우리 문학이 시조(時調)나 '이야기책'이나 남에게 지지 않는 우수한 문학이었음을 '스톨스'를 가지고 연구하고 주장하지 않으면 안 된다. 우리는 이때까지 제 자신에 대하여 제 자신의 것에 대하여 너무나 비굴하였다. 너무나 '스톨스'를 가지지 않았었다. 끝으로 다시 말한다. 조선문학을 연구하려는 자는 누구도 무엇보다도 '스톨스'를 가지고 덤벼들 것이다. '스톨스'를! '스톨스'를!"[13] 조선문학, 즉 조선의 고유한 민족문화에 대한 강렬한 자긍심은 이명선이 중국 현대문학을 전공하면서도 조선문학 연구로 나아간 정신적 토대의 하나였다.

---

12 李明善, 「論說: '고맙습니다'와 感謝의 생활」(『朝鮮日報』 1938. 11. 7), 『李明善全集(2)』, 276쪽.

13 李明善, 「무엇보다 自尊心을!」(『每日新報』 1939. 1. 5), 『李明善全集(2)』, 281쪽.

3. 김태준으로부터의 사상적 · 학문적 영향

이명선은 경성제대 본과 2학년 재학 때인 1938년 12월 5일 『조선일보』의 '학생 페이지'란에 '소논문(小論文)'으로 「루쉰에 대하여」라는 글을 발표한다. 이 글은 루쉰에 대한 단평으로 중국 현대문학에 대해 그가 쓴 최초의 글이라 할 수 있다. 「루쉰에 대하여」에 이어 그는 「현대 지나(支那)의 신진작가」(『매일신보(每日新報)』 1938. 12. 11), 「지나의 신진작가 샤오쥔(蕭軍)의 작풍(作風)」(『매일신보』 1939. 2. 19)을 발표했고, 또 졸업논문으로 「루쉰 연구(魯迅硏究)」(1940. 3)를 썼다. 사실 이명선이 처음으로 '루쉰'을 언급한 것은 1938년 7월 16일자 『동아일보』에 발표된 「춘향전과 이본(異本)문제」라는 글에서이다. 이 글에서 그는 『춘향전』이 중국의 염정소설(艶情小說)의 모든 조건을 구비하고 있다고 말하고 "루쉰의 숙어(熟語)를 빌어 재자가인소설(才子佳人小說)이라 해도 좋다"[14]라고 언급했다. 이명선은 루쉰에 대해 현대 중국의 대표작가로서의 면모보다 중국소설 연구자로서의 면모에 먼저 주목했다. 그는 『춘향전』을 연구하면서 중국 고전소설과의 연관성을 따지지 않을 수 없었는데, 이때 『중국소설사략』을 저술해 중국 고전소설 연구의 권위자로 인정받고 있던 루쉰의 용어를 차용한 것이다. 그렇다면 조선문학의 학문적 탐구의 측면에서든 중국 현대문학 비평의 측면에서든 이명선에게 루쉰은 주요한 인물로 다가온 것이다.

그렇다면 이명선의 학문 형성에 사상적 · 학문적 영향을 끼친 사람은 누구일까? 우선 경성제대 중국어문학과 출신 선배인 최창규(崔昌圭), 김태준(金台俊)과의 관계를 따져보지 않을 수 없다. 최창규는 1939년에 쓴 「외국문학전공의 변(3)」에서 '지나문학(支那文學)', 즉 중국문학을 전공하게 된

---

14 李明善, 「春香傳과 異本問題 · 艶情小說 是非」(『東亞日報』 1938. 7. 16), 『李明善全集(2)』, 30쪽.

데 대해 "지나문학의 현대적 연구가 필요하다고 생각하였습니다. 특히 과거의 한학자들이 경시해온 소설과 희곡에 있어서 더욱 그렇다고 생각되었고, 또 이 방면에 소재가 많은 듯이 생각되었던 까닭입니다. 다음 지나(중국)의 현대문예로 이 땅에 소개된 것이 극히 소수 있음에 감(鑑)하여 일편(一便) 이 방면에도 손을 대여보고자 하였습니다"[15]라고 했다. 그는 중국 소설과 희곡의 현대적 연구뿐만 아니라 중국 현대문예의 국내 소개의 중요성을 누구보다 먼저 자각했다. 김태준 역시 「외국문학전공의 변(6)」에서 중국문학을 전공하게 된 데 대해 "고문학(古文學)의 정리와 신문학의 소개 섭취에 목표를 두었습니다"[16]라고 했다. 이렇게 본다면 최창규와 김태준이 중국문학을 전공하게 된 주요 동기가 모두 중국 고전문학의 현대적 연구와 정리 및 중국 신문학(현대문학)의 소개와 섭취에 있었던 것이다. 이명선이 중국어문학과에 진학한 동기도 이러한 맥락에서 이해해야 할 것이다. 이 대목에서 최창규, 김태준 등 전공 선배들이 이명선에게 드리웠던 정신적 그림자를 간과할 수 없을 것이다.

경성제대 중국어문학과 1회 졸업생인 최창규는 경성제대에서 유물사관을 공부하던 '경제연구회'의 창립멤버로 활약했고, 중국 민중의 입장에서 당대 중국 현실에 대한 견문을 서술한 「장강만리(長江萬里)」라는 장편의 기행문을 『동아일보』에 연재한(1931. 8. 23-10. 20, 총 34회) 바 있다. 3회 졸업생인 김태준은 사회경제사적 배경을 중시하는 문학사관에 따라 『조선소설사』(『동아일보』 1930. 10. 31-1931. 2. 25, 총 68회 연재, 1933년 단행본 출간)를 저술했거니와 계급사관에 의거해 왕성한 학문활동을 펼치고 있었다. 경성제대에 입학한 조선인 학생들은 수적으로 적었을 뿐만 아니라 민족의식의 각성으로 말미암아 선후배 간의 밀착된 관계 속에서 선배가 후배에

15 崔昌圭, 「外國文學專攻의 辯(3)」, 『東亞日報』 1939. 11. 1.

16 金台俊, 「外國文學專攻의 辯(6)」, 『東亞日報』 1939. 11. 10.

게 직접적으로 영향을 미칠 수 있었다.[17] '경제연구회'의 창립멤버였던 최창규가 후배 김태준에게 일정한 사상적 영향을 끼쳤던 것과 마찬가지로 김태준 역시 이명선에게 사상적 · 학문적 영향을 끼쳤을 것은 불문가지(不問可知)다. 최창규가 경성제대 잡지 『신흥(新興)』에 참여한 것과 마찬가지로 김태준도 『신흥』에 참여했고, 또 두 사람 모두 '조선어문학회' 회원으로 활동하면서 『조선어문학회보(朝鮮語文學會報)』에 자주 글을 발표했다. 이명선이 경성제대 예과에 입학한 1934년 이후부터 『신흥』과 『조선어문학회보』가 정상적으로 발행되지 못했으므로 1937년 본과로 진학한 이명선은 이들 잡지에 직접 참여할 기회는 갖지 못했다. 그럼에도 불구하고 이명선은 예과 졸업을 앞둔 1936년 말 및 본과에 진학한 1937년 이후부터 본격적으로 대중매체나 잡지에 글을 발표하게 되는데, 그의 학문활동은 전공 선배들의 뒤를 잇는 것으로서 그들로부터 받은 직간접적인 영향을 무시할 수는 없을 것이다. 이명선과 경성제대 중국어문학과 전공 선배들 사이의 지적 영향과 사상적 계보를 따지지 않을 수 없는 이유가 바로 여기에 있다.

김태준과 이명선의 관계는 좀 더 각별하다. '조선문학'을 담당하던 경성제대 조선어문학과 다카하시 토오루(高橋亨) 교수가 1938년을 끝으로 정년퇴임을 맞고 그 후임으로 김태준이 1939년 '조선문학' 담당 강사(講師)로 임용되는데,[18] 김태준이 일본인 교수 후임으로 조선문학을 담당할 강사로 임용된 사실은 사람들의 이목을 집중시키는 것이었다. 더욱이 '조선어문

17 경성제대 5회로 입학한 이숭녕(李崇寧)은 경성제대 시절을 다음과 같이 회고한 바 있다. "그 의욕과 기백은 오늘의 학생과는 달랐다는 것을 나는 자신 있게 말할 수 있다. 그때에 조윤제(趙潤濟) 조수(助手)는 신입생인 우리를 연구실에 불러 놓고서 민족문화에 대한 태도를 이야기하고 『가곡원류(歌曲源流)』의 프린트를 주고 서로 읽고 연구하기를 명한 것인데, 나는 '이크! 무서운 선배로구나'를 느꼈다"(李崇寧, 『大學街의 把守兵』, 민중서관, 1968, 20-21쪽). 이숭녕의 회고를 통해 당시 경성제대 학생들의 의욕과 기백을 엿볼 수 있는데, 선배가 후배에게 끼친 영향이 어느 정도인지 짐작할 수 있다.

18 京城帝國大學 編, 「法文學部職員」, 『京城帝國大學一覽』(京城帝國大學, 1939), 231쪽 참조; 京城帝國大學 編, 「法文學部職員」, 『京城帝國大學一覽』(1940), 235쪽 참조.

학과' 출신이 아닌 '중국어문학과' 출신인 김태준이 조선문학 담당의 강사가 되었다는 것은 파격적인 인사임을 의미한다. 이명선은 본과 2학년 재학 시기인 1938년 7월부터 「춘향전과 이본문제」라는 논문을 쓸 정도로 조선문학에 큰 관심을 가졌는데, 중국어문학과 전공 선배인 김태준의 영향을 생각하지 않을 수 없다. 이미 『조선한문학사』와 『조선소설사』를 저술해 조선문학 연구에 탁월한 업적을 이룩했고 중국 현대문학을 비평 소개하는 데도 게을리하지 않은 김태준은 이제 막 학문의 길로 들어선 이명선에게 전공 선배로서 학문적 본보기가 되기에 충분했다. 이명선이 대학 재학 시기에 공식적인 지면에 발표한 최초의 학술논문이 「춘향전과 이본문제」였다는 사실은 그가 김태준과 어떤 학문적 영향관계 속에 놓여 있었음을 짐작하게 한다. 이를 입증할 수 있는 실증적인 자료가 남아 있다. 이명선은 자신이 읽었던 책이나 논문을 정리해 '월포산(月浦山)'이라 제목을 붙인 노트에 적어 두었는데, 현재 그 노트가 두 권 남아 있다. 그중에서 〈월포산 2〉를 보면,[19] 이명선이 김태준의 「춘향전의 현대적 해석」(『동아일보』 1935)과 「문학혁명 후의 중국문예관」(『동아일보』 1930)을 직접 읽고 공부했음을 확인할 수 있다.

---

19 김준형, 「길과 희망: 李明善의 삶과 학문세계」, 『李明善全集(4)』, 505-506쪽 참조. 〈월포산(月浦山) 2〉에 기록된 책과 논문을 구체적으로 예거하면 다음과 같다. 大高巖의 『支那新文學運動の展望』(1935), 增田涉의 『支那文學史』(世界文藝大辭典 第7卷), 李人傑의 「中國無産階級及びその運動の特質」(『改造』, 1926), 佐野學의 「マルクス無神論と其歪曲」(『改造』, 1927), 百濱知行의 「インテリゲンフイアの歷史性と階級性」(『改造』, 1930), 青野秀吉의 「辨證法的唯物論の創作方法ロフいて」(『改造』, 1932), 「藝術と行動」(『改造』, 1934), 「朝鮮經濟の現段階論」(『改造』, 1934), 松山平助의 「デイレダント論」(『改造』, 1935), 大內隆雄의 「魯迅とその時代」(『滿蒙』, 1931), 郭沫若의 「支那文學革命と我等のイデイオロギ」(『滿蒙』, 1930), 大高巖의 「中國新興プロレタリア文藝運動の展望」(『滿蒙』, 1930), 辛島驍의 「中國普羅列搭利亞文學の一瞥: 蔣光慈小說」(『斯文』, 1932), 辛島驍의 「支那の笑話集」(『朝鮮及滿洲』, 1932), 月灘의 「大戰以後의 朝鮮의 文藝運動」(『東亞日報』, 1929), 李殷相의 「十年間의 朝鮮詩壇 總觀」(『東亞日報』, 1929), 春園의 「文學에 對한 所見 二三」(『東亞日報』, 1929), 天台山人의 「春香傳의 現代的 解釋」(『東亞日報』, 1935), 天台山人의 「文學革命後의 中國文藝觀」(『東亞日報』, 1930).

이를테면, 이명선은 1938년 7월 '춘향전과 이본문제'를 논할 때 김태준의 관점을 적극적으로 참조했다. "이때까지 선인(先人)들도 춘향전의 이본을 주목하여오지 않은 것은 아니었다. 김태준(金台俊) 씨가 소설사에서 20여 종의 이본명(異本名)을 열거해놓았다. 그러나 대개는 많은 이본이 있다는 사실을 사실로서 지적함에 그쳤고 그 형식과 내용이 서로 얼마나 다르냐를 무시하고 더구나 그 속에 담겨 있는 사회성(社會性)·계급성(階級性)의 차이를 전연(全然) 혼동하여 버린 감(感)이 없지 않았다. 이것을 무시하고 혼동하는데 그네들의 춘향전론(春香傳論)이 다분히 추상적 독단적으로 되기 쉽고 때로는 자가포착(自家捕捉)에까지 빠질 위험이 있는 것 같다."[20] 이 말에서 김태준의 한국 고전소설 연구의 성과에 주목하면서도 더 전진된 논의로 나아가고자 한 이명선의 학문적 포부를 엿볼 수 있다. 이명선은 '이본(異本)'을 통해 『춘향전』의 의미를 학문적으로 구명(究明)하는 과정에서 김태준의 학문적 성과를 비판적으로 검토하는 안목도 지니고 있었던 것이다.

이명선이 중국 현대문학을 전공하면서도 조선문학을 깊이 있게 연구했다는 사실은 김태준과의 학문적 영향관계를 따지는 데 중요한 단서가 될 수 있다. 이명선은 8·15해방공간에서 쓴 미발표 원고인 「조선 고전문학 관견(管見)」에서 9종의 참고서에 대한 해설을 붙여놓았는데,[21] 이 중에서 김태준의 저서 『조선한문학사』와 『조선소설사』를 호평하면서 가장 많은

20 李明善, 「春香傳과 異本問題·漢文本과 諺文本」(『東亞日報』 1938. 7. 23), 『李明善全集(2)』, 33-34쪽.

21 이명선이 예시한 9종의 참고서는 쿠랑(Coréenne) 原著·金壽卿 譯 『朝鮮文化史序說』(1946년 凡章閣 간행), 前間恭作 撰 『鮮册名題』(영인본, 京城大學 藏), 조선총독부 편찬 『朝鮮圖書解題』(1919년 발간), 安自山(安廓) 著 『朝鮮文學史』(1922년 韓一書店 발행), 金台俊 著 『朝鮮漢文學史』(조선어문학총서 1, 1931년 漢城圖書株式會社 출판), 金台俊 著 『朝鮮小說史』(조선어문학회총서 2, 1933년 清進書館 발행), 金在喆 著 『朝鮮演劇史』(조선어문학회총서 3, 1933년 漢城圖書株式會社 출판), 趙潤濟 著 『朝鮮詩歌史綱』(1937년 東光堂書店 발행), 鄭魯湜 著 『朝鮮唱劇史』(1940년 朝鮮日報出版部 발행)가 그것이다.

지면을 할애해 설명했다. 이명선은 『조선한문학사』를 높이 평가해 "이 책은 이상(以上)에서 말한 바와 같은 획기적인 의의를 갖는 것인데, 저자로서 이것을 가능케 한 것은 저자가 신진학도면서 구식 한문학에 대한 넓고도 깊은 교양이 있어, 그것을 토대로 하여 자유로 조선한문학을 요리(料理)할 수 있었기 때문이다. 조선한문학사를 쓰는 데 그는 누구보다도 적임자였었다고 할 것이다"[22]라고 했다. 이명선은 김태준을 신진학도이면서도 구식 한문학, 즉 고문의 중국문학에 정통했기에 조선한문학사 기술의 최적임자로 지목했는데, 은연중에 조선한문학을 다루는 데 있어 중국어문학과 출신 연구자의 학문적 비교우위를 드러낸 것이다. 이것은 중국어문학과 출신인 이명선 자신이 『조선문학사』를 기술하게 되는 어떤 정신적 자부심으로 작용했을 것으로 생각된다.

이명선은 또 김태준의 『조선소설사』를 소개하면서 김태준이 한문학사보다 소설사를 쓰는 데 훨씬 큰 곤란을 겪었으리라고 믿는다고 말하고 그 이유로 첫째, 자료로서 소설책의 수집 정리가 미비한 점, 둘째, 소설책이 대부분 사본(寫本, 필사본)으로 존재해 각 이본(異本) 간의 내용이 달라 그 차이를 검토하기 어려운 점, 셋째, 소설책의 서목(書目)이 없어 전체 규모를 알기 어려운 점, 넷째, 소설에 관한 선인들의 비평이 없어 참고할 만한 것이 없다는 점, 다섯째, 소설 연구에서 신화전설은 그 연원으로서 매우 중요한데 신화전설이 그대로 방치되어 있는 점을 들었다. 이어 이명선은 김태준의 『조선소설사』의 학문적 성과를 다음과 같이 평가했다. "이상(以上)과 같은 여러 가지 난관(難關)이 있음에도 불구하고 씨(氏)는 능히 이것을 극복하고 소설사를 썼다. 그 결과에 대하여 일부에서는 너무나 조잡(粗雜)하다는 불평을 말하고, 또 일부에서는 거짓말이 섞이었다고 혹평(酷評)도 하나, 집필 당시에 씨가 당면한 난관이 원래 너무나 컸다는 것을

---

22 李明善, 「朝鮮 古典文學 管見」, 『李明善全集(3)』, 490쪽.

고려한다면, 도리어 우리는 그만한 성과에 만족하여야 할 것이다."[23] 이명선은 더 나아가 김태준의 『조선소설사』의 불충분한 점으로서 첫째, 중국문학의 수입과 번역의 계통적 연구, 둘째, 소설의 상업화 과정 및 판본(板本)과 사본(寫本)과의 비교 연구, 셋째, 아직도 세상에 소개되지 않은 몇몇 장편소설에 대한 연구 등을 들었다. 그리고 첫째 항목에 대해 다음과 같은 부연설명을 덧붙였다. "필요한 때에 그저 막연한 일반론을 늘어놓았음에 불과하지 그 전후관계가 뚜렷이 밝히어 있지 않다. 더구나 이러한 결과로 나타나는 중국문학의 조선문학에서 영향 같은 것은 극히 중대한 문제이겠음에도 불구하고, 2, 3의 예외를 제외하고는 도무지 명확하지 않은 것이다."[24] 이명선은 중국문학 전공자답게 중국문학과 조선문학의 관계를 매우 중시하고 있었으니, 김재철(金在喆, 경성제대 조선어문학과 3회)의 『조선연극사』(1933)가 "중국 연극의 수입과 번역에 대하여 너무나 소홀한 태도를 취하"고 있다는 문제점을 지적한 것도[25] 동일한 맥락에서 이해할 수 있다. 이명선은 학문 연구에 있어 민족적 자의식에 충만해 있었음에도 불구하고 객관적 사실을 중시해야 하는 학문의 본질을 놓치지는 않았다.

이명선은 김태준과 김재철의 저술이 일정한 한계를 노정한 것은 당시의 학문적 난관 때문만이 아니라 그 저술들이 모두 그들이 대학 졸업과 동시에 내놓은 것이라 충분한 학문적 심사숙고를 거치지 못했기 때문이라 보았다. 그래서 그는 조윤제(趙潤濟, 경성제대 조선어문학과 1회)가 10년 이상

---

23 李明善, 「朝鮮 古典文學 管見」, 『李明善全集(3)』, 492쪽.

24 李明善, 「朝鮮 古典文學 管見」, 『李明善全集(3)』, 492쪽.

25 李明善, 「朝鮮 古典文學 管見」, 『李明善全集(3)』, 494쪽. 이명선은 "중국의 원(元), 명(明)의 잡극(雜劇)의 발달은 비상(非常)한 것이며 이것의 수입과 번역은 조선 연극의 발전에 지대한 영향을 주었을 것으로, 『서상기(西廂記)』(성탄외서聖嘆外書)에 대한 상세한 주석과 우수한 번역이 꽤 여러 벌 되어 있으며, 원곡식(元曲式)으로 꾸민 『침후전(沈后傳)』(심청전沈淸傳), 『춘몽록(春夢錄)』(춘향전春香傳) 등의 성립은 모두 이 좋은 예(例)일 것이다"라고 언급했다.

심사숙고해 양적으로도 훨씬 방대하고 질적으로도 훨씬 정돈된 『조선시가사강(朝鮮詩歌史綱)』(1937)을 내놓은 데 대해 경의를 표했다. 하지만 이명선은 "첫째 이 저자의 학풍이 너무나 중후한 관계인지, 봉건적, 관료적, 도학적(道學的)인 종래의 속설(俗說)에 끌리어 신문학의 세례를 받은 신진학도로서의 신선한 비판적 정신이 부족하였던 것 같다"[26]라고 하여 조윤제의 한계도 지적했다. 그는 그 실례로서 조윤제가 기생 황진이(黃眞伊)를 일언반구도 언급하지 않았다는 점, 또 민요를 경시했다는 점을 들었다. 특히 조윤제가 민요를 경시한 데 대해서는 "조선에서처럼 양반 관료들이 문화, 사상의 방면에까지 폭군과 같이 군림하여 민요가 경멸당한 데 있어서는, 더 한층 열심히 성의를 가지고 그것을 수집 정리하여, 당연히 앉아야 할 자리에 당당하게 앉혀놓아야 할 것이다. 이것이야말로 문학사를 쓰는 이의 가장 큰 의무의 하나가 아닐까?"[27]라고 비판했다. 더욱이 이명선은 조윤제가 조선문학의 특색으로 '은근한 멋'과 얌전한 점을 든 데 대해 재고할 여지가 충분히 있다고 했고, 형식과 내용과의 불가분의 관계를 별로 고려하지 않고 형식은 형식대로 내용은 내용대로 논술한 문제점도 지적했다. 이렇게 본다면, 이명선은 당시 조선문학을 연구한 선배들 중에서 누구보다 김태준의 학문적 성과를 호평했다고 할 수 있는데, 두 사람은 동일한 중국어문학과 출신으로서 학문적 방법이나 사상적 지향 면에서 공통점을 지니고 있었기 때문이다. 이것은 이명선이 전공 선배인 김태준으로부터 직간접적인 영향을 받았음을 시사한다.

26 李明善, 「朝鮮 古典文學 管見」, 『李明善全集(3)』, 495쪽.

27 李明善, 「朝鮮 古典文學 管見」, 『李明善全集(3)』, 496쪽.

4. '민중'의식과 사상적 계보

앞서 언급했듯이 경성제대 중국어문학과 1회 졸업생인 최창규는 1931년 『동아일보』에 중국기행을 서술한 장편의 「장강만리(長江萬里)」라는 글을 연재한다. 그는 이 글에서 상하이에서 출발해 장강(長江)을 거슬러 여러 도시를 거치며 보고 들은 다양한 견문을 서술했는데, 중국 '대중의 세력'과 '민중의 힘'을 중시하는 그의 사상적 경향이 곳곳에 배어난다. 이를테면, 그가 충칭(重慶)에 체재하면서 양순간(兩旬間)에 견문한 바를 기록한 내용을 보자.

> 주권(主權)의 군벌(軍閥)의 장악중(掌握中)에 있는 충칭시(重慶市)의 문화시설은 자본주의 여명기(黎明期)에 처(處)하는 어수룩하기 짝이 없는 현상(現狀)이다. 적어도 봉건주의 말로(末路)다. 자본주의 여명기에 개재(介在)한 충칭은 다른 모든 현대 자본주의 도시와 같은 경로를 밟아 발전될 것이냐. 이것은 필자는 부정한다. 격류(激流)가 치미는 사조(思潮)의 대세(大勢)는 이 충칭시로 하여금 급전직하(急轉直下)의 형세로 비약을 거듭하여 발전하는 중에 지금 바야흐로 숨싹을 보인 대중의 세력은 이와 아울러 아니 이보다도 일층 급한 속도로 팽창하야 가장 단기간 내에 다른 모든 도시와 병행될 것이라고 믿는다. 또 이에 미치는 동안의 모든 사태의 발발(勃發)과 아울러 일어나는 알력(軋轢)과 투쟁(鬪爭)은 적지 아니한 교훈을 우리에게 주는 바가 있을 것을 단정(斷定)한다.[28]

그러면 오직 군벌을 없앨 수 있는 자 오직 민중이 있을 뿐일까. 하여간 어느 때까지 이 군벌이라는 것이 그대로 있을 수가 없는 것만이 사실이면 쓰촨(四

28 崔昌圭, 「長江萬里(23)」, 『東亞日報』 1931. 9. 29.

川) 군벌의 말로는 가장 흥미 있는 사실일 것이며 이 소멸에 이르기까지의 민중의 실천 과정은 적지 아니한 교훈이 될 것이다. (중략) 그러나 사위(四圍) 험조(險阻)한 이 별천지 속에서 사복사리(私腹私利)에 급급(汲汲)한 군벌들의 한단침(邯鄲枕)은 물밀듯 하는 세계대세(世界大勢)의 필연적 결과인 민중의 급속적(急速的) 각성으로 말미암아 이미 좀이 먹기 시작하였다.[29]

'세계대세의 필연적 결과'인 '민중의 급속적 각성'을 기대하는 최창규의 사상적 경향은 김태준의 그것과 동일하다. 김태준은 역대 사서(史書)에서 역사적 법칙이라든지 민중생활의 발전된 양자(樣姿)라든지를 찾아내기가 용이한 일은 아니지만, "우리는 그 편편(片片)의 사실을 나열한 사서에서 창해(滄海)의 유주(遺珠)를 채취하듯 예리한 현대 과학의 안목으로 일일이 집어내서 비판하여야 하는 것이다"[30]라고 강조한 바 있다. 이것은 그가 조선의 고전을 연구하는 데 있어 '현대 과학적 안목', 즉 사적 유물론의 관점과 계급론적 시각을 중시하고 있었음을 보여준다. 그래서 그는 "우선 각 시대의 경제의 분석에 출발하여 각 시대의 특징을 파악하여야 한다. 그리하여 사회 진전의 계단을 공통된 인류 발전의 사적(史的) 법칙에서 구하되 조선적 환경에서 배태되어 성장된 문화적 특징을 구하자는 것이다"[31]라고 말했다. 민중의 힘을 신뢰하고 시대적 배경과 경제적 토대를 중시하는 최창규와 김태준의 사상적 경향은 대학 시절에 쓴 이명선의 글에서도 그대로 표출된다. 이를테면, 「춘향전과 이본문제」의 사상적 토대가 바로 그것이다.

「춘향전과 이본문제」는 이명선이 대학 시절에 쓴 글 중에서 가장 체계

29 崔昌圭, 「長江萬里(25)」, 『東亞日報』 1931. 10. 1.

30 金台俊, 「古典涉獵 隨感」(『동아일보』 1935. 2. 9-16, 총 7회), 『金台俊文學史論選集』, 丁海廉 편역(現代實學社, 1997), 255쪽.

31 金台俊, 「古典涉獵 隨感」, 『金台俊文學史論選集』, 262쪽.

적인 학술논문의 성격을 띠는데, 이 글에서 그는 먼저 『춘향전』을 '염정소설(艷情小說)' 내지 '재자가인소설(才子佳人小說)'로 볼 것인가 아니면 '민중의식을 고취하는 소설' 내지 '계급해방의 소설'로 볼 것이냐는 문제를 제기했다. 이명선은 『춘향전』이 중국의 『앵앵전(鶯鶯傳)』, 『곽소옥전(霍小玉傳)』 등에 뒤지지 않는 염정소설의 모든 조건을 구비해 있다고 보아 루쉰의 용어를 빌려 재자가인소설이라 할 수도 있다고 했다. 그렇지만 『춘향전』은 "처참(悽慘)한 계급투쟁(階級鬪爭)"을 보여주고 또 "민중의식을 고취하는 장면이 있다"고 언급한 뒤 "이리하여 춘향은 재자가인의 풍류(風流)의 기록으로보다도 계급해방의 소설로서 그 진면목을 발휘한다고도 볼 수 있다"[32]라고 평했다. 나아가 그는 『춘향전』을 계급해방의 관점에서 이해하기 위해서는 한문본(漢文本)과 언문본(諺文本)을 구별해서 분석해야 하는데, 선인들, 이를테면 김태준의 『조선소설사』에서도 이본(異本) 문제를 충분히 논하지 않았다고 설명했다. 그리하여 이명선은 "언문본과 한문본과의 사이에 상당한 차이가 있고, 그 차이가 오로지 각자의 속하는 계급의 이익대치(利益對峙)에 기인함은 더 말할 것도 없다"[33]라고 지적했다. 그는 구체적인 이본으로 중앙인서관판(中央印書館版)과 박씨본(朴氏本)이 "평민계급의 '이데올로기'가 다분히 리얼리스틱한 필치로 표현되어 있는 듯하다"고 말하고, 이 두 이본은 "양반 관료적 염정소설의 제요소(諸要素)를 박차버리고 계급해방의 소설 혹은 민중의식을 고취하는 소설로서의 제요소를 다른 여러 이본보다도 많이 가졌다는 것을 의미한다. (중략) 보다 중대한 것은 그 속에 어떠한 '이데올로기'가 담겨 있고 민중의식을 고취할 요소가 얼마나 들어 있나 이 일일 것이다"[34]라고 설명했다. 이명선은 『춘향전』의 이본 속에서 계급투쟁과 민중의식의 발로라고 말할 수 있는

32 李明善, 「春香傳과 異本問」, 『李明善全集(2)』, 31-32쪽.

33 李明善, 「春香傳과 異本問題 · 漢文本과 諺文本」, 『李明善全集(2)』, 35쪽.

34 李明善, 「春香傳과 異本問題 · 漢文本과 諺文本」, 『李明善全集(2)』, 36쪽.

구체적인 몇 대목을 소개해 예증한 후 "이 몇 구절이야말로 계급해방의 소설, 폭로소설로서 가장 빛나는 대문이며 춘향전을 현대적으로 해석한다든가 혹은 양심적으로 상연(上演)할 때 가장 주목할 대문의 하나일 것이다"[35]라고 강조했다. 이명선은 『춘향전』의 이본 분석을 통해 『춘향전』이 민중의식을 고취하는 소설로서 계급해방의 소설이라 단정해도 무방하다는 점을 실증적으로 입증하고 있는 것이다. 이러한 분석은 그가 대학 시절부터 계급사관에 기울어 민중의식과 계급해방을 지향하고 있었음을 여실히 보여준다.

이명선은 곧이어 발표한 「루쉰에 대하여」에서도 그러한 사상적 경향을 그대로 노출한다. 그는 『방황』 창작 시기의 "루쉰은 차차(次次)로 그의 제재를 일반대중에서 지식계급으로 돌리고 우울과 침체 속에 빠져 생신(生新)한 생활감정이 말할 수 없이 희박하여졌다. 이에 따라 그의 '리얼리스틱'한 붓도 형식주의 기교주의로 흘러져서 「행복한 가정」, 「비누」 등에서처럼—'맨스필드'의 단편을 연상케 하는 가정 속에 칩거하고 있는 소시민의 때때의 기분(氣分)과 미묘(微妙)히 움직이는 심리를 묘사하는 데에, 그리고 「토끼와 고양이」, 「거위의 희극(喜劇)」 등에서처럼 허무감을 극히 기교적으로 표현하는 데에 그의 문학도(文學道)를 찾으려고 헛애를 썼다"[36]라고 평했다. 이명선은 루쉰이 일반대중의 묘사에서 벗어나 점차 소시민의식을 반영한 지식계급의 묘사로 나아감으로써 문학적으로 실패했다고 본 것이다. 그는 루쉰이 『방황』에 이어 도달한 것이 수필집 『야초(野草)』인데, "이 속에는 회색(灰色)의 과거만 있고 신생(新生)하는 현재는 조금도 없다. 미래에는 오로지 분묘(墳墓)만이 기다린다"[37]라고 평하고, 또한 일반대중을 묘사하던 데서 후퇴한 루쉰의 『방황』과 『야초』에는 "침체와 고독과 허무의

35 李明善, 「春香傳과 異本問題 · 漢文本과 諺文本」, 『李明善全集(2)』, 42쪽.

36 李明善, 「魯迅에 對하야」(『朝鮮日報』 1938. 12. 5), 『李明善全集(2)』, 45쪽.

37 李明善, 「魯迅에 對하야」, 『李明善全集(2)』, 45쪽.

세계가 있을 뿐이다"[38]라고 비평했다.

이명선의 루쉰 문학에 대한 이러한 비평은 어디서 연유하는가? 이명선은 중국의 현세를 설명하면서 "창조사(創造社)의 '극변(劇變)'이 있어 인심(人心)은 극도로 긴장하여지고 흥분하여졌다"[39]라고 말했는데, 그가 혁명문학(프로문학)을 제창했던 중국의 좌익 비평가들의 관점에 크게 기대고 있었음을 시사한다. 앞서 언급했듯이 이명선은 자신이 읽었던 책이나 논문을 정리해 노트로 만들어놓았는데, 그중의 하나인 〈월포산(月浦山) 2〉를 보면 그가 프로문학과 중국 신흥 문학에 관심을 집중해 공부하고 있었음을 알 수 있거니와 그 속에 1930년 『동아일보』에 연재된 김태준의 「문학혁명 후의 중국문예관」과 1931년 『만몽(滿蒙)』에 실린 오우치 타카오(大內隆雄)의 「루쉰과 그의 시대(魯迅とその時代)」라는 글도 포함하고 있음을 확인할 수 있다.[40] 주지하듯이 김태준은 「문학혁명 후의 중국문예관(14)」에서 루쉰은 "프로문예의 전성기에 있어서 다시 구일(舊日) 득의(得意)의 안색도 없이 몰락기에 있는 '소(小)부르(쁘띠 부르주아)'의 최후 외침(吶喊)과, 할 수 없어서 야초의 기로에서 방황하는 데 지나지 못한다. 루쉰의 작품에 현대적 의의가 없다는 것은 사실이다"[41]라고 단언했다. 또 오우치 타카오는 「루쉰과 그의 시대」에서 중국의 좌익 비평가 첸싱춘(錢杏邨)의 「죽어버린 아Q시대」라는 글에 의거해 『야초』를 분석하면서 루쉰은 인생을 회색으로 바라보았고 출로나 전도를 제시하지 못하고 방황하면서 무덤을 향해 나아갈 뿐이라고 혹평했다. 이명선이 『야초』를 평해 회색(灰色)의 과거만 있고 신생(新生)하는 현재는 조금도 없다든지, 미래에는 오로지 무덤(분묘)만이 기다리고 있다든지 하면서 비평한 것은 김태준과 오우치 타카오의 글을 참

---

38 李明善, 「魯迅에 對하야」, 『李明善全集(2)』, 45쪽.

39 李明善, 「魯迅에 對하야」, 『李明善全集(2)』, 45쪽.

40 김준형, 「길과 희망: 李明善의 삶과 학문세계」, 『李明善全集(4)』, 505-506쪽 참조.

41 天台山人(金台俊), 「文學革命後의 中國文藝觀(十四): 創作界의 一瞥, 主로 小說」, 『東亞日報』 1930. 12. 4.

조한 것임에 틀림없다. 이명선은 이 시기에 이미 계급사관에 기울어 민중계급(프롤레타리아계급)을 중시하는 입장에서 김태준과 오우치 타카오의 루쉰 문학 비평을 수용해 루쉰 문학을 이해하고 있었던 것이다.

이명선이 동일 시기에 발표한 「현대 지나(支那)의 신진작가」에서 민중의 묘사를 중시하는 관점에서 현대 중국의 신진작가의 작품을 소개하고 있는 것도 동일한 맥락에서 이해할 수 있다. 이를테면, 저우원(周文)의 작품을 평해 "풍부한 농촌생활 군대생활의 체험이 직접으로 그의 작품을 심각하게 만들고 풍부하게 만드는 듯하다. 이런 점은 '인테리' 작가들이 갖지 못하는 그의 특전(特典)일 것이다"라고 했고, 젠셴아이(蹇先艾)의 작품 『소금 이야기(鹽的故事)』를 "영웅주의적인 데가 없지 않으나 지나(중국)의 일반대중이 이러한 군벌과 군벌과 결탁한 상인들에게 얼마나 철저적(徹底的)으로 착취당하는 것을 잘 말하여 준다"라고 평했고, 뚜안무홍량(端木蕻良)의 작품 『훈허의 급류(渾河的急流)』를 "처음에는 절망의 구렁 속에 빠지나 나중에는 촌민(村民)들이 기어이 단결하여 농민일규(農民一揆) 비슷한 것을 일으킨다는 이야기"로 소개하고 있다.[42] 그렇기에 이명선이 해방공간에서 저술한 『조선문학사』에서 민중의 개념을 전면에 내세운 것은 결코 우연이 아니다. 이명선이 『조선문학사』에서 『홍길동전』을 부정적으로 평가한 것은 민중 개념에 의거하고 있었기 때문이다. 그는 "홍길동이 자신이 유교적 이데올로기에 사로잡히어, 그저 막연히 불교, 사원(寺院)을 적대시하고, 양반 관료를 겨눌 칼로 다 같이 압박받는 천인(賤人) 승려(僧侶)를 겨누었으며, 쓸데없는 데에 재조(才操)를 부린 경거망동(輕擧妄動)이었다고 하지 않을 수 없다"[43]라고 지적하면서 "이것은 작자 허균(許筠)의 근본 사상이 여전히 유교에서 벗어나지 못하였던 것을 말하며, 그의 사회에 대한 불만이

---

42 李明善, 「現代支那의 新進作家」(『每日新報』 1938. 12. 11), 『李明善全集(2)』, 49-52쪽 참조.

43 李明善, 『朝鮮文學史』, 『李明善全集(3)』, 254쪽.

라는 것이 참으로 인민대중의 입장에 서서가 아니라, 제 자신의 정치적 불우(不遇)가 중심이 되었음을 말한다"[44]라고 비평했다. 그렇다면 계급사관에 의거한 '민중'에 대한 자각은 최창규 → 김태준 → 이명선으로 이어지는 사상적 계보를 형성하고 있는바, 이명선의 학문적 지향과 사상적 경향은 경성제대 중국어문학과 선후배 사이의 직간접적 영향관계 속에서 파악해야 하는 것이다.

특기할 것은, 계급사관에 의거한 학문활동은 결국 연구자로 하여금 급진적인 사회적 실천운동으로 나아가게끔 만든다는 점이다. 김태준은 1934년에 펴낸 『조선가요집성』 이후 1939년 학예사에서 『청구영언』과 『고려가사』를 내기까지 단독 저서를 내지는 않았는데, 그 시기에 그는 주로 한국의 역사와 문화 전반에 관한 연구 쪽으로 선회한 것이다.[45] 김태준은 순수 학문 연구로부터 점차 사회적 실천운동으로 나아가 1940년 5월에는 경성제대 강사 신분으로 경성콤그룹(조선공산당 재건경성위원회)에 참여하게 되는데, 이 것이 단적인 예이다.[46] 김태준은 1934년 미야케(三宅) 교수를 중심으로 한 경성제대의 반제동맹(反帝同盟)에 연루되어 조사를 받은 바 있거니와 1940년에 이르러 경성콤그룹에 적극 가담했으니, 이러한 김태준의 급진적인 사회적 실천활동은 이후 이명선에게 적지 않은 영향을 끼쳤을 것으로 짐작된다. 1940년 경성제대를 졸업한 이명선은 그해 7월과 8월에 각각 이노부(李

---

44 李明善, 『朝鮮文學史』, 『李明善全集(3)』, 255쪽.

45 김용직, 『김태준 평전』(일지사, 2007), 229-230쪽 참조. 이 시기에 김태준이 쓴 글을 정리해보면 다음과 같다. 「대원군의 서원훼철령의 의의」(『신흥』 1935. 5), 「진정한 丁茶山 연구의 길」(『조선중앙일보』 1935. 7. 25-8. 5), 「조선 역사의 변천과정」(『조선일보』 1935. 6. 16-20), 「秋夕과 鄕村」(『조선중앙일보』 1935. 9), 「단군신화 연구」(『조선중앙일보』 1935. 12. 6-14), 「사학연구의 회고, 전망, 비판」(『조선중앙일보』 1936. 1. 1-29), 「樂浪 유적의 의의」(『삼천리』 1936. 4), 「야담의 기원에 대하야」(『비판』 1936. 4), 「鄭寅普論」(『조선중앙일보』 1936. 5. 16-19), 「조선민란사화」(『조선중앙일보』 1936. 5. 27-7. 4), 「箕子朝鮮辨」(『중앙』 1936. 5), 「原朝鮮人에 대한 고찰」(『사해공론』 1936. 7), 「신라 화랑제도의 의의」(『신흥』 1937. 1).

46 김용직, 『김태준 평전』, 287-288쪽 참조.

魯夫)라는 필명으로 「현대 지나(支那)의 여류작가」(『조선일보』 1940. 7. 5), 「저우쭤런론(周作人論)」(『인문평론』 1940. 8)을 발표하고 11월에는 노부(魯夫)라는 필명으로 중국의 현대 작가 라오서(老舍)의 단편소설 「개시대길(開市大吉)」을 번역해 『인문평론(人文評論)』에 게재했는데(이 시기에 이명선이 이노부와 노부라는 필명을 사용했음은 다음 장에서 실증적으로 고찰할 것이다), 그 후 1945년 해방을 맞이할 때까지 별다른 글을 발표하지 않았다. 주지하듯이 일제(日帝)는 전시동원체제로 돌입해 1940년 10월에 국민총력조선연맹을 조직하고 조선사상범예방구금령(1941. 2. 12), 대동아공영권건설(1942. 1. 20), 조선식량관리령(1943. 8) 등을 시행하며 조선의 정치 · 경제 · 사회 · 문화 전 분야에 걸쳐 통제와 억압을 전면적으로 실시했다. 이명선이 1940년 말부터 해방을 맞이하기까지 더 이상 글을 발표하지 않은 것은 이러한 일제의 통제와 억압과 직접적으로 연관되어 있었을 것이다. 더욱이 좌익사상가들에 대한 일제의 탄압이 강화되면서 김태준이 경성콤그룹에 가담해 지하활동을 전개하다 결국 1941년 초에 체포, 구금되었으니, 그것은 이명선에게 적지 않은 충격을 주었을 것이다.

5. 경성제대 중국어문학과의 강의 내용과 '루쉰 연구'

경성제대 중국어문학과를 졸업한 많지 않은 한국인 학생들 중에서 당시 신문이나 잡지에 글을 기고하며 학문활동을 전개한 사람은 대체로 최창규, 김태준, 차상원(車相轅), 배호(裵浩), 이명선 등으로 제한된다. 최창규는 1924년 예과 1회로 입학해 1929년 3월 본과 1회로 졸업했고, 김태준은 1926년 예과 3회로 입학해 1931년 3월 본과 3회로 졸업했다. 그리고 차상원은 1931년 예과 8회로 입학해 1936년 3월 본과 8회로 졸업했고, 배호는 1933년 예과 10회로 입학해 1938년 3월 본과 10회로 졸업했으며, 이명선은 1934년 예과 11회로 입학해 1940년 3월 본과 12회로 졸업했다.[47] 우선 그들의 대학 졸업논문 제목을 통해 졸업 당시 각자의 학문적 관심 영역을 엿볼 수 있다. 현재 확인할 수 있는 자료에 의거할 때, 최창규는 원곡(元曲)을 주제로 하여 졸업논문을 썼고,[48] 김태준은 「성명잡극연구(盛明雜劇研究)」라는 제목으로,[49] 차상원은 「『삼협오의』의 연구(『三俠五義』の研究)」·「청말 민초의 문예(清末民初の文藝)」라는 제목으로,[50] 이명선은 「루쉰 연구(魯迅研究)」라는 제목으로 졸업논문을 썼다. 당시 중국어문학과 학생들은 대체로 중국 소설과 희곡 또는 중국 근·현대문학을 졸업논문 주제로 선택했는데, 이것은 경성제대 '중국어문학 강좌'를 담임하여 중국 소설과 희곡 및 중국 근·현대문학을 강의하고 연구해온 일본인 교수 카라시마 타케시(辛島驍)의 영향에서 비롯되었을 것이다.

이를 확인하기 위해 1930년대 경성제대 법문학부 강의 중에서 중국문학과 관련된 개설교과목을 살펴볼 필요가 있다. 경성제대 법문학부의 강의 제목은 『청구학총(青丘學叢)』의 「휘보(彙報)」에 실려 있는데, "철학과·사학과·문학과 강의 중에서 동방문화와 관계되는 강의 제목 및 담임 교수"를 표로 옮겨보면 다음과 같다. 교과목 제목 다음에 나오는 괄호 안의 숫자는 일주간의 수업 시간 수를 나타낸다.

---

47 이충우·최종고, 『다시보는 경성제국대학』(푸른사상, 2013), 「부록: 조선인 입학생 명단」 참조.

48 최창규는 당시 경성제대 조선인 학생들이 발행하던 잡지 『신흥(新興)』 2호(1929. 12. 7)에 「元曲 楔子考」라는 글을 실었는데, 이 글은 졸업논문과 연관된 글일 것으로 추정된다.

49 青丘學會, 「京城帝國大學法文學部卒業論文」, 「彙報」, 『青丘學叢』 第四號(1931. 5), 186쪽 참조.

50 青丘學會, 「昭和十年度 京城帝國大學法文學部卒業論文」, 「彙報」, 『青丘學叢』 第二十三號(1936. 2), 174쪽 참조.

연도	교과목 제목	담당 교수
1931[51]	지나근대문학개설(支那近代文學槪說)(2)	카라시마 타케시(辛島驍, 조교수)
	지나희곡강독(支那戱曲講讀)(2) · 성명잡극제1집(盛明雜劇第一集)	카라시마 타케시(조교수)
	지나소설연습(支那小說演習)(2)	카라시마 타케시(조교수)
	지나고문사설(支那古文辭說)(2)	타나카 토요조(田中豐藏, 교수)
	문선강독(文選講讀)(3)	타나카 토요조(교수)
1932[52]	지나문학사(支那文學史)(2)	타나카 토요조(교수)
	지나극과 소설의 관계(支那劇と小說の關係)(2)	카라시마 타케시(조교수)
	지나문학강독연습(支那文學講讀演習)(2) · 백우재사화(白雨齋詞話)」	카라시마 타케시(조교수)
	지나문학사연습(支那文學史演習)(2) · 중국문학진화사(中國文學進化史)	카라시마 타케시(조교수)
1933[53]	지나문학개론(支那文學槪論)(2)	카라시마 타케시(조교수)
	중국신문학운동의 회고(中國新文學運動の回顧)	카라시마 타케시(조교수)
	원곡연습(元曲演習)(2)	카라시마 타케시(조교수)
	시경강독연습(詩經講讀演習)(2)	후지츠카 지카시(藤塚隣, 교수)
	한시강독(漢詩講讀)(3)	타나카 토요조(교수)
1934[54]	지나문학사개설(支那文學史槪說)(2)	카라시마 타케시(조교수)
1935[55]	지나문학개론(支那文學槪論)(2)	카라시마 타케시(조교수)
	지나소설해제(支那小說解題)(2)	카라시마 타케시(조교수)
	잡극연습(雜劇演習)(2)	카라시마 타케시(조교수)
1936[56]	지나문학사개설(支那文學史槪說)(2)	카라시마 타케시(조교수)
	명대잡극연구(明代雜劇研究)(2)	카라시마 타케시(조교수)

51 青丘學會, 「京城帝國大學法文學部講義」, 「彙報」, 『青丘學叢』 第四號(1931. 5), 187쪽 참조.

52 青丘學會, 「京城帝國大學法文學部講義題目」, 「彙報」, 『青丘學叢』 第八號(1932. 5), 205쪽 참조.

53 青丘學會, 「京城帝國大學法文學部講義題目」, 「彙報」, 『青丘學叢』 第十二號(1933. 5),

이상의 표에서 보듯, 중국문학 강의는 대부분 카라시마 타케시가 맡았다. 그는 중국문학사개설 또는 중국문학개론을 강의하는 한편, 세부 전공 분야로서 중국 소설과 희곡 및 중국 근·현대문학을 강의했다.[57] 중국어문학과 학생들은 중국문학 강좌 담당이던 카라시마 타케시의 강의를 들을 수밖에 없었고, 그 결과 카라시마 타케시의 세부 전공 강의가 그들의 졸업논문 주제 선정에 직접적인 영향을 끼쳤을 것으로 짐작할 수 있다.

이명선의 졸업논문의 주제인 '루쉰 연구'도 카라시마 타케시의 강의와 무관하지 않을 것이다. 이명선이 중국어문학과에 진학한 1937년부터 1940년 3월 졸업하기까지, 즉 1937·1938·1939년도(1939년도는 이명선이 본과 3학년생으로서 졸업논문을 집필하는 기간이었으니 강의를 듣지 않았음)의 카라시마 타케시의 강의 내용이 무엇이었는지, 현재로서는 확인할 자료를 확보하지 못했다. 1937년 7월 일본의 전면적인 중국 침략으로 중일전쟁이 발발하고 일제가 점차 전시동원체제로 돌입함으로써 『청구학총』의 출판이 어렵게 된 것이다. 다만 앞서 표로 예시한 카라시마 타케시의 개설교과목을 참고할 때, 그는 여전히 중국 소설과 희곡 및 중국 근·현대문학을 강의했을 것으로 보인다. 이명선이 졸업논문의 주제를 정하는 데 카라시마

196쪽 참조.

54 青丘學會, 「京城帝國大學法文學部講義題目」, 「彙報」, 『青丘學叢』 第十六號(1934. 5), 128쪽 참조.

55 青丘學會, 「京城帝國大學法文學部講義題目」, 「彙報」, 『青丘學叢』 第二十號(1935. 5), 196쪽 참조.

56 青丘學會, 「京城帝國大學法文學部講義題目」, 「彙報」, 『青丘學叢』 第二十四號(1936. 5), 200쪽 참조.

57 김태준의 학적부에 기재된 김태준이 수강한 교과목을 근거로 1928, 1929년도 경성제대 중국어문학과의 개설 교과목을 추정할 수 있다. 1928년도(본과 1년) 김태준이 수강한 교과목: 지나문학강독(支那文學講讀)·지나희곡(支那戲曲), 지나문학강독(支那文學講讀)·지나소설(支那小說), 지나문학강독(支那文學講讀)(고지마兒島), 지나문학사(支那文學史), 지나문학연습(支那文學演習). 1929년도(본과 2년) 김태준이 수강한 교과목: 지나문학개론(支那文學概論), 지나문학강독(支那文學講讀)·원곡(元曲), 지나문학특수강의(支那文學特殊講義)·명곡개설(明曲概說).

타케시가 지도교수로서 일정한 영향을 끼쳤을 것임은 부인하기 어려울 것이다.

그런데 우리는 이러한 표면적인 영향관계를 뛰어넘어 더 근원적인 심층의 영향관계를 따져보아야 한다. 이명선은 중국 현대문학 중에서도 왜 굳이 루쉰을 연구할 것을 결심했을까? 『이명선전집』을 펴낸 김준형은 이명선이 카라시마 타케시의 글을 읽은 흔적으로 카라시마 타케시의 「중국 프롤레타리아문학의 일별(中國普羅列搭利亞文學の一瞥): 장광츠 소설(蔣光慈小說)」(1932), 「지나의 소화집(支那の笑話集)」(1932), 「국민정부의 문화정책과 중국문단의 동향(國民政府の文化政策と中國文壇の動向)」(1935), 「중국농민문학과 청년작가 아이우(中國農民文學と青年作家艾蕪)」(1939) 등을 들었다. 이어서 그는 "이명선이 카라시마(辛島)의 수업을 받으면서 발표했던 '샤오쥔(蕭軍)'은 일정한 수정을 거쳐 『매일신보』에 「지나의 신진작가 샤오쥔의 작풍」으로 수록되기도 했다. 이처럼 이명선은 카라시마의 영향을 입으면서 중국문학에 대한 관심을 높여간다. 그러다가 이명선은 그가 죽을 때까지 안고 있었던, 그가 가장 닮고 싶었던 루쉰을 만나게 된다. 이명선이 루쉰을 만나게 된 것도 카라시마의 영향에서 비롯되었던 것으로 보인다"[58]라고 설명했다. 더욱이 김준형은 이명선이 카라시마 타케시로부터 절대적인 영향을 받았음을 역사학자 김성칠(金聖七)이 쓴 일기의 한 대목을 들어 증거로 제시하기도 했다. "이명선 씨란 우리가 학교에 다닐 때 중국문학과 연구실에 있어서 일인 중에서도 악질이던 카라시마(辛島)의 조수라기보다도 심부름꾼처럼 우리는 보아왔고, 연구발표회라도 있을 때면 언제까지든지 입을 헤 벌리고 있어서 다물지 못함을 자못 민망스럽게 여겼던 터이다."[59] 이명선이 경성제대 재학 시기에 카라시마 타케시의 조수로 활동했

58 김준형, 「길과 희망: 李明善의 삶과 문학세계」, 『李明善全集(4)』, 504쪽.

59 김준형, 「길과 희망: 李明善의 삶과 문학세계」, 『李明善全集(4)』, 502쪽; 김성칠, 『역사 앞에서』, 정병준 해제(창작과비평, 2009), 107-108쪽.

으니 그로부터 받은 영향은 적지 않았을 것이다. 그렇다고 이명선이 루쉰에 관심을 갖게 된 것이 전적으로 카라시마 타케시의 영향에서 비롯되었다고 단정할 필요는 없을 것 같다. 이를테면, 김성칠도 언급하고 있거니와 당시 경성제대 한국인 학생들 사이에 카라시마 타케시는 '일인 중에서도 악질'로 받아들여지고 있었으니 이명선이 대학 시기에 형성된 지식인으로서의 정체성과 민족적 자의식을 고려할 때, 그것이 카라시마 타케시로부터 받은 정신적 영향이라 말하기는 어려울 것이다. 카라시마 타케시가 계급사관에 기울었던 이명선을 조수로 삼은 것은, 어쩌면 일제의 전시동원체제에 협력해 '조선문인협회'를 결성하는 등 일본의 '국책(國策)' 선전에 적극적으로 가담하고 있던 자신의 행위를 호도하기 위한 것이었는지도 모른다. 오카모토 하마키치(岡本濱吉)가 「성대(城大) 교수 평판기(3)」(1937. 4)에서 '카라시마 타케시 조교수'를 두고 "그는 중국문학사, 중국소설, 초사 등을 강의하고 있지만 좌익은 아니며 파쇼라고 말하는 사람이 많다. 아무리 좌익에 동정하는 것 같은 제스처를 취하고 있지만, 본심은 반동가라고 말하는 평판도 있다"[60]라고 평했으니, 그럴 개연성은 충분히 있는 것이다. 그렇다면 이명선의 루쉰에의 관심은 앞서 검토했듯이 중국어문학과 선배들과의 관계 속에서 형성된 사상적·학문적 영향 속에서 파악해야 옳을 것이다.

카라시마 타케시가 경성제대 재직 시기에 발표한 논문을 일별해보면,[61]

---

60 岡本濱吉, 「城大教授評判記(三)」, 『朝鮮及滿洲』 1937. 4, 60-61쪽.

61 카라시마 타케시가 경성제대 재직 시절에 잡지 『조선과 만주(朝鮮及滿洲)』에 기고한 글은 다음과 같다. 「支那の新しい文藝に就て」(『朝鮮及滿洲』 1930. 1·2, 제266·267호), 「新しい支那の文藝に就て」(『朝鮮及滿洲』 1930. 3, 제268호), 「支那の犯罪文學」(四·五·六·八)(『朝鮮及滿洲』 1931. 2·5·6·7·11·12, 제279·282·283·284·288·289호), 「支那の笑話集」(『朝鮮及滿洲』 1932. 1, 제290호), 「日本文學より支那文學へ」(『朝鮮及滿洲』 1932. 2, 제291호), 「北京觀劇記」(『朝鮮及滿洲』 1932. 5, 제294호), 「中國作家と東京」(『朝鮮及滿洲』 1932. 10, 제299호), 「支那と朝鮮の新劇」(『朝鮮及滿洲』 1933. 3, 제304호), 「北平印象記」(『朝鮮及滿洲』 1933. 6, 제307호), 「周作人氏と現代支那」(『朝鮮及

그가 루쉰 문학을 전문적으로 다룬 논문을 발표하지 않았다는 사실을 확인할 수 있다. 카라시마 타케시는 1926년 8월, 1929년 9월, 1933년 1월 세 차례에 걸쳐 루쉰을 직접 방문한 바 있는데, 제5장에서 살펴본 바와 같이 세 번째 루쉰을 방문한 이후 그는 더 이상 루쉰과 교류할 수 없었으며, 그 후 루쉰 문학에 관심을 집중하지도 않았다. 김준형은 이명선이 1938년 하계 방학을 전후로 일정한 변화의 양상이 나타난다고 보아 "구비자료 수집이라든가 혹은 고전자료 수집에 대한 열정은 변함없이 이어지지만, 다분히 치기어린 대학생 이명선이 아닌, 다소 성숙한 이명선을 만나게 된다. 그리고 교양 배양에 초점을 두고 쓰던 글도 이때에 와서는 일차적으로 중국문학에 중심을 둔다"[62]라고 설명했다. 곧이어 그는 1938년 하계 방학 전후부터 이명선에게 일정한 변화가 나타난 원인을 카라시마 타케시와의 만남에서 찾고 있다. "이 물음에 대한 명확한 원인은 찾을 수 없다. 다만 한 가지 추정할 수 있는 것이 이 무렵 이명선은 그의 인생에서 가장 큰 영향력을 주었던 스승 카라시마 타케시를 만났다는 점이다."[63] 김준형의 이러한 추정은 이명선이 중국어문학과에 진학해 중국문학을 본격적으로 공부하면서 카라시마 타케시의 지도하에 중국 현대문학을 전공하게 되었다고

滿洲』 1934. 9, 제322호), 「修學旅行」(『朝鮮及滿洲』 1935. 4, 제329호), 「支那の夏游の思出」(『朝鮮及滿洲』 1935. 8, 제333호), 「現代支那社會の一面」(『朝鮮及滿洲』 1935. 11, 제336호), 「現代支那小說『最後の列車』」(『朝鮮及滿洲』 1936. 3, 제340호), 「現代支那の小說 · 丁玲の『母親』」(『朝鮮及滿洲』 1936. 7, 제344호), 「支那事變を語る座談會」(『朝鮮及滿洲』 1937. 11 · 12, 제360 · 361호), 「支那事變を語る座談會」(『朝鮮及滿洲』 1938. 1, 제362호), 「支那教育小說」(『朝鮮及滿洲』 1938. 8, 제369호), 「支那教育小說」(『朝鮮及滿洲』 1938. 9, 제370호), 「支那教育小說」(『朝鮮及滿洲』 1938. 11, 제372호), 「支那人觀」(『朝鮮及滿洲』 1938. 12, 제373호), 「支那軍と支那を語る座談會」(『朝鮮及滿洲』 1939. 2 · 3, 제375 · 376호), 「現代支那の文壇」(『朝鮮及滿洲』 1939. 5, 제378호), 「'椿姫'と'不如歸'」(『朝鮮及滿洲』 1939. 9, 제382호), 「映畵教育の施設を急げ」(『朝鮮及滿洲』 1940. 8, 제393호). 정근식 · 정진성 · 박명규 · 정준영 · 조정우 · 김미정, 『식민권력과 근대지식: 경성제국대학 연구』(서울대학교출판문화원, 2011), 435-436쪽 참조.

62 김준형, 「길과 희망: 李明善의 삶과 문학세계」, 『李明善全集(4)』, 501쪽.

63 김준형, 「길과 희망: 李明善의 삶과 문학세계」, 『李明善全集(4)』, 502쪽.

본 데서 말미암은 것이다. 이명선이 재학하던 시기에 카라시마 타케시는 1928년부터 1931년 사이의 중국문단을 연구한 「중국현대문학의 연구: 국공분열부터 상하이사변까지(中國現代文學の研究: 國共分裂から上海事變まで)」라는 제목의 박사학위논문을 완성했다. 이 논문은 1938년 10월 19일에 탈고되었고 이듬해 1월에 도쿄제국대학(東京帝國大學)에 박사학위심사논문으로 제출되었는데,[64] 이러한 정황으로 보건대, 이명선이 중국 현대문학에 관심을 집중하게 된 것은 일차적으로 카라시마 타케시의 학문적 영향 안에서 이해할 수 있다. 하지만 이명선은 이 무렵에 「춘향전과 이본문제」에서 루쉰의 용어를 적극적으로 활용하고 있었거니와 김태준의 학문적 성과를 중시하고 그의 관점을 비판적으로 검토하기도 했다. 특히 『춘향전』을 계급해방의 관점에서 해석하는 과정에서 김태준으로부터 상당한 학문적 영향을 받았음이 확인되고, 루쉰에 관한 이명선의 최초의 글인 「루쉰에 대하여」도 김태준의 「문학혁명 후의 중국문예관」 등을 참조해 씌어졌음을 확인할 수 있다. 그러므로 이명선이 근대적 학문 방법에 눈을 뜨고 중국 현대문학에 관심을 갖게 된 데에는 지도교수인 카라시마 타케시의 영향을 무시할 수는 없지만, 그가 루쉰을 중시해 루쉰 문학을 졸업논문의 주제로까지 선택하게 된 데에는 그의 사상적 경향으로 보아 김태준을 위시한 경성제대 중국어문학과 전공 선배들의 사상적 · 학문적 영향이 더 근원적이었다고 해야 옳을 것이다.

---

64 辛島昇, 「解説」, 『中國現代文學の研究: 國共分裂から上海事變まで』(汲古書院, 1983), 449쪽 참조. 저자가 학위를 받은 것은 논문이 제출된 후 약 7년이 경과한 1946년 봄이었다.

제9장

이명선의 루쉰 비평과 루쉰 문예 입장의 수용

1. 루쉰 연구의 두 시기

이명선은 경성제대 재학 시기 동안 중국 현대문학을 공부하고 연구하는 데 집중했는데, 전공 분야로서 그의 최초의 글이 루쉰에 관한 것이었고 졸업논문도 「루쉰 연구」였다는 것은 당시로서는 매우 이례적이라 할 만하다. 이명선의 중국 현대문학 및 루쉰에 관한 글은 대학 재학 시기 및 졸업 직후에 씌어진 것과, 8 · 15해방 이후에 씌어진 것으로 크게 대별된다. 이명선은 1937년 4월부터 경성제대 본과에 진학해 중국 현대문학을 공부하면서 1940년 3월 졸업하기까지 졸업논문을 포함해 다섯 편의 글을 발표했고, 졸업 직후인 1940년에 세 편의 글을 발표했다. 중국 현대문학과 관련된 그의 최초의 글인 「루쉰에 대하여」(1938. 12. 5)가 본과 2학년 말에 발표되었고 동일한 시기에 「현대 지나(支那)의 신진작가」(1938. 12. 11)와 「지나의 신진작가 샤오쥔(蕭軍)의 작풍」(1939. 2. 19)이 발표되었으며, 1년 뒤인

1940년 초 졸업논문 「루쉰 연구」가 제출되고 「루쉰의 미성작품(未成作品)」(1940. 1)이 발표되었다. 그리고 졸업 이후 1940년 7월과 8월에 각각 '이노부(李魯夫)'라는 필명으로 「현대 지나의 여류작가」와 「저우쭤런론(周作人論)」이 발표되었고, 그해 11월에 '노부(魯夫)'라는 필명으로 라오서(老舍)의 단편소설 「개시대길(開市大吉)」이 번역 발표되었다.[1] 그동안 이노부(李魯夫) 또는 노부(魯夫)가 이명선의 필명이라는 사실이 알려지지 않았는데, 이 책에서 처음으로 그것을 밝힌다.

지금까지 조사한 바에 따르면, 이명선은 1941년부터 1945년 8·15해방 때까지 공식적인 지면에 글을 발표하지 않았는데, 1946년 1월이 되어서야 비로소 「중국의 여성해방」이라는 글을 발표하게 된다. 해방 직후 이명선은 새로 설립된 서울대학교 중문과 교수로 재직하면서 중국 현대문학 연구를 본격화하고 점차 그것을 한국의 현실 문제와 연결하는 방향으로 나아갔다. 그는 중국의 여성해방 문제를 논하고, 중국 '신문학혁명(新文學革命)'의 교훈을 설명하고, 한국의 민족문학 건설을 위해 중국에서 제기된 '민족주의문학'의 부정적 본질을 폭로하고, 루쉰이 참여했던 중국의 항전문학(抗戰文學)을 둘러싸고 전개된 '국방문학(國防文學)·민족혁명전쟁(民族革命戰爭) 중의 대중문학 논쟁'을 적극적으로 소개했다. 또한 중국 당국의 '문화

1 이명선이 발표한 중국 현대문학 및 루쉰에 관한 글을 시간순으로 정리하면 다음과 같다. 「魯迅에 對하야」(『조선일보』 1938. 12. 5), 「現代 支那의 新進作家」(『每日新報』 1938. 12. 11), 「支那의 新進作家 蕭軍의 作風」(「每日新報』 1939. 2. 19), 「魯迅 硏究」(경성제국대학 학사학위논문, 1940. 1), 「魯迅의 未成作品」(『비판』 11권 1호, 1940. 1), 「現代 支那의 女流作家」(李魯夫, 『조선일보』 1940. 7. 5), 「周作人論」(李魯夫, 『인문평론』 1940. 8), 「開市大吉」(老舍 作·魯夫 譯, 『인문평론』 1940. 11), 「中國의 女性解放」(『生活文化』 창간호, 1946. 1), 『中國現代短篇小說選集』(宣文社, 1946. 6), 「中國 新文學革命의 敎訓」(『문학』 창간호, 1946. 7), 「民族文學과 民族主義文學」(『신조선』 4호, 1947. 2), 「中國의 抗戰文學: '國防文學' '民族革命戰爭의 大衆文學'의 論爭」(『문학평론』 1947. 6), 「救國文學과 國防文學」(李魯夫, 『조선중앙일보』 1948. 6), 「魯迅의 文學觀: 文藝批評에 對하야」(『문학』 8호, 1948. 7), 「魯迅 夫人 景宋女史의 프로필」(『新女苑』 창간호, 1949. 3), 『魯迅 雜感文 選集』(미간행 원고, 1949. 5).

탄압에 맞서 항거한 영웅적 투쟁'[2]의 기록이라 할 루쉰의 '잡감문(雜感文)'을 분석해 '전투적인 비판정신'으로 충만한 루쉰의 문학관을 일별하고, 일제의 탄압에도 당당히 맞섰던 루쉰의 부인 쉬광핑(許廣平)의 항일정신을 기리기도 했다. 말하자면 이명선은 일제의 패망으로 해방을 맞이한 해방공간에서 한국의 당면한 현실 문제와 연관해 중국 현대문학 및 루쉰 문학을 연구 소개한 것이다. 그렇다면 이명선의 루쉰 문학 연구는, 대체로 대학의 전공자로서 중국 현대문학을 공부하던 경성제대 재학 시기와 서울대학교에 재직하면서 학문활동과 사회적 실천 속에서 중국 현대문학을 연구하던 해방공간의 시기로 나누어 고찰할 수 있을 것이다.

2. 대학 재학 시기의 루쉰 비평과 『중국현대단편소설선집』의 번역

이명선이 8 · 15해방 이전까지 발표한 중국 현대문학 관련 글은 총 8편인데, 그중에서 루쉰에 관한 글은 세 편이다. 첫 번째 글인 「루쉰에 대하여」는 단평(短評)이기는 하나 이명선이 중국 현대문학을 전공하면서 가장 먼저 루쉰에 주목했다는 점에서 나름의 의미를 갖는다. 이명선은 본과 2학년 때인 1938년부터 1939년 초까지 1년간 신문과 잡지에 여러 편의 글을 발표했으나 3학년 때인 1939년 1년간은 별다른 글을 발표하지 않았다. 3학년 때는 졸업논문을 써야 했으므로 글을 발표하지 않았는데, 아쉽게도 졸업논문인 「루쉰 연구」는 현재로서는 그 내용을 확인할 길이 없다. 1940년 1월 잡지 『비판』에 실린 「루쉰의 미성작품」은 졸업논문 제출 시점에 씌어진 것으로 졸업논문을 쓰는 과정에서 얻은 소득의 하나일 것이다. 이

2 李明善, 「魯迅의 文學觀: 文藝批評에 對하야」, 『李明善全集(2)』(보고사, 2007), 131쪽.

러한 상황으로 보아 이명선이 대학 재학 시기에 루쉰을 어떻게 이해하고 있었는지는 「루쉰에 대하여」와 「루쉰의 미성작품」을 통해 가늠할 수 있을 뿐이다.

흥미로운 것은, 「루쉰에 대하여」와 「루쉰의 미성작품」에서 드러나는, 루쉰을 바라보는 이명선의 시선이 상당히 다르다는 점이다. 이명선은 우선 「루쉰에 대하여」에서 루쉰은 처음에 인생을 위한 문학, 사회를 위한 문학을 목표로 하여 그의 문학생활의 제일보를 떼어놓았는데, "이것은 1933년에 쓴 「나는 어찌하여 소설을 쓰기 시작하였나」와 대루쉰전집(大魯迅全集, 개조사판改造社版)의 서문에 루쉰 자신이 고백한 바다"[3]라고 했다. 이명선은 초기 루쉰의 문학활동이 '인도주의'에 뿌리를 두고 있었다는 점을 강조하면서 『외침』을 평해 "이 소설들은 '외침'이라는 서명 그대로 봉건적 사상과 관습에 도전하여 가장 신랄한 풍자로 폭소(爆笑)를 뒤어 씌워 조금도 가차(假借)함이 없었다. 세계적으로 유명한 「아Q정전」도 이때에 쓴 것으로 주인공 아Q는 지나(중국)의 봉건적 사상과 관습의 인격화한 것이라고도 볼 수 있는 것이다"[4]라고 말했다. 그리고 그는 '인생을 위한 문학'을 창작했던 루쉰이 『방황』의 작품에 이르면 점차 '문학을 위한 문학'으로 창작 방향을 바꾸었다고 설명했다. 『방황』 시기의 "루쉰은 차차로 그의 제재를 일반대중에서 지식계급으로 돌리고 우울과 침체 속에 빠져 생신(生新)한 생활감정이 말할 수 없이 희박하여졌다"라고 말하고, "방황하는 루쉰은 여기서 기로를 헤매는 피로한 발을 멈추고 아무 이상도 희망도 없이 과거를 회고하고 의혹할 뿐이다. 침체와 고독과 허무의 세계가 있을 뿐이다"[5]라고 비평했다. 『방황』 시기의 루쉰에 대한 이명선의 이러한 부정적 평가는 앞장에서 검토한 바 있거니와 김태준의 「문학혁명 후의 중국문예관」이

3 李明善, 「魯迅에 對하야」, 『李明善全集(2)』, 44쪽.

4 李明善, 「魯迅에 對하야」, 『李明善全集(2)』, 44쪽.

5 李明善, 「魯迅에 對하야」, 『李明善全集(2)』, 45쪽.

나 오우치 타카오(大内隆雄)의 「루쉰과 그의 시대(魯迅とその時代)」라는 글에서 드러나는, 중국의 좌익 비평가 첸싱춘(錢杏邨)의 「죽어버린 아Q시대(死去了的阿Q時代)」의 관점을 그대로 잇는 것이었다. 그가 "'아Q시대는 이미 갔다. 벌써 그것은 예전의 일이다. 우리는 우리의 시대를 알고 아Q를 장사지내지 않으면 안 된다'는 소리가 평단(評壇)에서 절규(絶叫)되었다"[6]라고 말한 데서 입증이 된다. 그리하여 이명선은 결국 "왕시(往時)의 제일선(第一線) 투장(鬪將) 루쉰은 이리하여 이때에 패잔병이 되어 시대서 낙오한 제 자신의 비참한 꼴을 발견하지 않을 수 없었다"[7]라고 혹평했다. 물론 이명선은 루쉰이 소시민적 이데올로기를 깨끗이 청산하고 다시 중국문학운동의 제일선에 참전해 죽을 때까지 분투했다고 서술함으로써 혁명문학논쟁 이후 루쉰의 사상적 전변(轉變)을 간단히 언급하기도 했다. 그러나 이명선은 사상적 전변 이후의 루쉰이 인생을 위한 문학, 사회를 위한 문학으로 되돌아갔으나 중국의 급속한 사회발전에 따라 과거의 인도주의 방향을 지속할 수 없었다고 했고, 또 소설가로서 루쉰은 이 시기에 "'손으로 쓰는 것보다 발로 도망(逃亡)하기 바빠서' 주목할 만한 단 한 편의 소설도 쓰지 못하였다"[8]라고 했다. 그는, 급속한 사회발전을 이룩하고 있는 중국의 새로운 시대적 변화에 적응할 수 없어 그 분투에도 불구하고 생명력을 다한 루쉰의 운명을 부각시켰다.

그런데 우리는 동일한 대학 재학 시기에 발표된 「루쉰의 미성작품」에서 「루쉰에 대하여」에서 그려진 '패잔병'으로서의 루쉰의 이미지와 달리 '전사(戰士)'로서의 루쉰의 이미지가 강조되고 있음을 발견하게 된다. 이명선은 「루쉰의 미성작품」에서 창작과 관련해 루쉰은 『외침』·『방황』의 두 단편소설집을 발표한 후 몇 편의 역사소설을 쓴 이외에는 죽을 때까지 창

6 李明善, 「魯迅에 對하야」, 『李明善全集(2)』, 45-46쪽.
7 李明善, 「魯迅에 對하야」, 『李明善全集(2)』, 46쪽.
8 李明善, 「魯迅에 對하야」, 『李明善全集(2)』, 46-47쪽.

작에는 뜻을 두지 않고 오로지 잡감(雜感, 혹은 사회시평)을 씀에 전력을 다했다고 서두를 시작하면서 루쉰의 후기 창작활동의 핵심을 구성하는 잡문에 주목했다. 그는 우선 루쉰이 죽기(1936. 10. 19) 직전에 쓴 「죽음(死)」과 「여조(女吊)」를 소개했다. "「죽음(死)」은 9월 5일, 「여조(女吊)」는 9월 20일에 매일 주사를 맞지 않으면 안 되는 병상에서 쓴 것이다. 일생을 전투 속에 보낸 전사(戰士)도 죽음이 임박하였을 때에는 그래도 죽음(死)을 생각하고 어릴 때 고향에서 본 야외극(野外劇)에 나왔던 여조(女吊)를 꿈꾸었던 모양이다. 「죽음」 속에서 유명한 그의 유촉 7조(遺囑七條)가 들어 있어 최후의 순간까지 원적(怨敵)을 용서하지 않겠다는 전사다운 선언이 들어 있기는 하나"[9]라고 하여 전사로서의 루쉰의 이미지를 부각시키고자 했다. 또한 루쉰이 위의 두 글에 이어 쓸 예정이었으나 결국 쓰지 못한 「모애(母愛)」, 「궁(窮)」이라는 제목의 글의 내용을 간단히 언급한 뒤 루쉰이 생전에 계획했던 장편소설 세 편을 상세하게 소개했다. 이명선은 먼저 역사소설로서 당조(唐朝)의 문명(文明)을 묘사하려 했던 것을 말하고 "이것을 계획한 것은 퍽 오래 전(前) 일로 그가 외침(吶喊)에 피로하여 방황에 몸을 맡겨 그의 일생 중에 가장 소극적이고 허무감에 사로잡혔었던 시기로 이 시기에 이러한 역사소설을 꾀한 것은 후스(胡適)가 국고정리(國故整理)의 미명(美名) 아래 현실로부터의 도피를 꾀한 것과 똑같은 좋지 못한 경향이 아니었나도 생각된다"[10]라고 평했다. 이 역사소설은 루쉰이 쓰려고 계획했던 장편소설 『양귀비(楊貴妃)』를 가리키는데, 이 작품에 대한 이명선의 평가는 「루쉰에 대하여」에서 『방황』·『야초』 창작 시기의 루쉰을 부정적으로 바라보았던 시각의 연속이라 할 만하다. 그렇지만 이명선은 루쉰이 만년에 계획한 '지나 근세의 지식인들의 연대사(年代史) 비슷한 장편(長篇)'을 소개하

9 李明善, 「魯迅의 未成作品」, 『李明善全集(2)』, 56쪽.

10 李明善, 「魯迅의 未成作品」, 『李明善全集(2)』, 58쪽.

면서 루쉰의 '불굴부도(不屈不倒)의 전투적 정신'을 높이 평가했다. 이명선은 이 작품이 4대(代)로 나누어, 일대(一代)는 장타이옌(章太炎) 등의 시대, 이대(二代)는 루쉰 자신의 시대, 삼대(三代)는 취추바이(瞿秋白) 등의 시대, 사대(四代)는 현재의 1920년대 청년의 시대를 그리려 한 것이었다고 말하고, 루쉰은 농민, 노동자, 하녀 등도 제재로 많이 했지만 지식인, 즉 독서인(讀書人)들에게 더 많은 관심을 가지고 그들을 제재로 해왔다고 말했다.

> 이번에 계획한 장편(長篇)에서는 일독서인(一讀書人)의 대가정의 쇠락하여 나가는 과정을 통하여 각종의 지식인들을 총 등장시키어 이로써 지나(支那) 근 60년래의 사회변천을 밝히며 지나 지식계급의 진실한 역사를 기록하려 한 것이다. 이것은 장타이옌(章太炎)으로부터 현대에 이르는 4대(代)의 어느 시대에나 제 자신 직접 참가하여 활동하여 내려온 루쉰이 아니고서는 아무도 담당 못할 성질의 것으로 그의 죽음은 이것만 가지고서도 보상(報償) 못할 막대한 손실이라 아니할 수 없다. 그러면서 또 동시에 이러한 거대한 계획을 불치(不治)의 중병으로 매일 신음하는 병상에서 세운 그 불굴부도(不屈不倒)의 전투적 정신에 새삼스러이 경탄(驚嘆)하지 않을 수 없다.[11]

근 60년 동안의 중국 지식계급의 진실한 역사를 기록한다는 것은 루쉰만이 감당할 수 있는바, 지식인 문제를 누구보다 깊이 고민해온 이명선에게 루쉰의 죽음은 '막대한 손실'로서 안타까운 일이 아닐 수 없었다. 또한 이명선은, 장시(江西)에서 출발해 2만 5천 리를 답파(踏破)하여 산시(陝西)에 이른 홍군(紅軍)의 대이동을 묘사하려 했던 루쉰의 장편소설 『홍군서정기(紅軍西征記)』의 계획도 소개했다. 루쉰이 이 작품을 쓰기 위해 "직접 현지에 가서 조사도 하고 기다(幾多)의 재료도 수집해왔었던 것"이라고 말하고

11 李明善, 「魯迅의 未成作品」, 『李明善全集(2), 58쪽.

"최근에 전하는 바에 의하면 그의 이 계획은 다른 사람들 손으로 지금 실현되어가고 있다 하니 그는 지하에서도 만족할 것이다"라는 말도 덧붙였다.[12] 이명선은 홍군의 활약상을 소설로 형상화하고자 했던 루쉰의 계획을 긍정적으로 소개함으로써 루쉰의 사상적 전변(轉變)에 대해 은연중에 공감을 표시한 것이다.

요컨대, 이명선은 1939년 1년간 졸업논문「루쉰 연구」를 쓰면서 루쉰을 좀 더 깊이 있게 이해하게 되었고, 그 결과「루쉰의 미성작품」에서 루쉰을 '전사'의 이미지로 새롭게 그려낼 수 있었던 것이다. 이명선은「루쉰의 미성작품」에서 계획 단계에 머물러 빛을 보지 못한 루쉰의 몇몇 작품을 상세하게 소개함으로써 창작이 부진하다고 평가되는 만년의 루쉰을 긍정적으로 이해할 수 있는 빌미를 제공해준 것이다. 이러한 사정을 고려할 때, 졸업논문「루쉰 연구」는, 이명선이「루쉰에 대하여」에서 부정적으로 비평했던『방황』·『야초』의 창작 시기 이후의 루쉰 문학을 중심으로, 그러니까 루쉰의 좌익문학 진영으로의 사상적 전변 및 잡감문 창작을 중심으로 루쉰 문학을 연구한 것이 아닐까 한다.

이 대목에서 함께 검토할 것은, 1946년 6월 이명선이 번역 출간한『중국현대단편소설선집』이다. 이 책의「서언」말미에 "1946년 5월 5일 서울대학교 연구실에서 역자"라고 서명되어 있으니 이명선이 서울대학교에 재직하고 있을 때 완성한 것임을 알 수 있다.『중국현대단편소설선집』은 제1부와 제2부로 구성되어 있는데, 제1부에는 장광츠(蔣光慈)의「압록강 가에서(鴨綠江上)」, 궈모뤄(郭沫若)의「목양애화(牧羊哀話)」와「닭(鷄之歸去來)」이 수록되어 있고, 제2부에는 루쉰의「고향(故鄕)」, 라오서(老舍)의「개시대길(開市大吉)」, 바진(巴金)의「복수(復讐)」, 예사오쥔(葉紹鈞)의「맨발」이 수록되어 있다. 이명선은「현대 지나의 신진작가」에서 "지나 현대문학 더구

12 李明善,「魯迅의 未成作品」,『李明善全集(2), 59쪽.

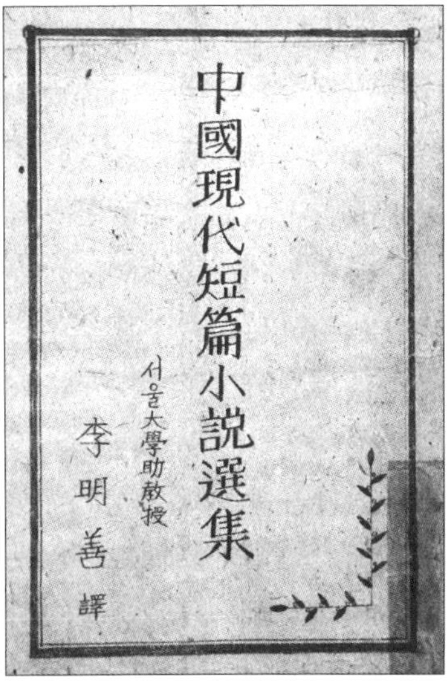

이명선이 번역 출판한 『중국현대단편소설선집』의 표지

『중국현대단편소설선집』의 안쪽 표지

나 최근의 문학은 그곳에서 발간되는 잡지를 얻어 볼 수 없으므로 그 자세한 사정은 도무지 알 길이 없다. 문화생활출판사(文化生活出版社)의 몇십 권 『문학총간(文學叢刊)』과 화문(和文) 역(譯)된 몇 권의 소설 이것만 가지고서는(이외에 나는 아무 재료도 가지지 않았다) 지나 현대문학의 윤곽만 그리기에도 곤란을 느낀다"[13]라고 했는데, 그는 중국 현대문학을 공부하면서 중국

13 李明善, 「現代支那의 新進作家」, 『李明善全集(2)』, 48쪽. 『문학총간(文學叢刊)』은 바진(巴金)이 문화생활출판사(文化生活出版社)의 총 편집을 맡은 이후 루쉰과 마오둔(茅盾)의 지지를 받아 1935년 말부터 1949년까지 문학 작품을 편집 출판한 총서이다. 이 총서는 주로 1930년대 이래 청년작가들의 작품이 위주였는데, 청년작가들의 처녀작 또는 이름을 널리 알린 작품을 많이 포함하고 있었다. 루쉰의 『고사신편(故事新編)』, 차오위(曹禺)의 희극 『뢰우(雷雨)』와 『일출(日出)』, 시집으로는 볜즈린(卞之林)의 『어목집(魚目集)』, 짱커자(臧克家)의 『운하(運河)』 등, 단편소설집으로는 아이우(艾蕪)의 『남행기(南行記)』, 샤오쥔(蕭軍)의 『양(羊)』, 루펀(蘆焚, 스퉈師陀)의 『곡(谷)』, 바진(巴金)의 『신 · 귀 · 인(神 · 鬼 · 人)』과 『머리털 이야기(髮的故事)』 등, 산문집으로는 챠오인(悄吟, 샤오훙蕭紅)의 『상시가(商市街)』 등이 출판되었다. 이 총서에 수록된 작가들은 대개 좌익 작가나 진보적인 작가에 속하는 사람들이었다.

어 원문과 일본어 번역문을 함께 참조한 것으로 보인다. 이명선은 「지나의 신진작가 샤오쥔(蕭軍)의 작풍」에서 샤오쥔의 단편소설집 『양(羊)』과 『강상(江上)』에 실려 있는 단편소설의 제목을 각각 소개한 후 "이 중에서 「양」은 『개조(改造)』에, 「동행자(同行者)」는 『문예(文藝)』에 각각 지나(支那) 걸작소설의 하나로서 번역되어 실려졌었다. 한 2, 3년 전의 일이다"[14]라고 했고, 또 샤오쥔의 『제삼대(第三代)』가 오다 타케오(小田獄夫)의 번역으로 『대륙문학총서(大陸文學叢書)』 제2권으로 발간된 사실도 소개했는데, 중국 현대소설의 일본어 번역문을 적극 참조했음을 알 수 있다. 또한 그는 한국과 인연이 있는 만주(滿洲) 지역을 배경으로 한 샤오쥔의 작품이 한국 독자들에게도 흥미로울 것이라는 언급도 잊지 않았다. "그가 현대 지나문단에서 가장 활발한 활약을 하며 많은 독자를 획득하고 있는 것은 사실이며, 더구나 그가 만주 출신으로 만주의 마적(馬賊), 군벌(軍閥), 농민, 방랑자, 노동자 등 각종의 인간의 생활과 성격을 가장 생신(生新)한 붓끝으로 다른 누구보다도 여실히 그려내는 것도 사실이어서 만주와 인연이 깊은 우리로서는 많은 흥미를 가지고 그의 작품을 읽을 수 있는 것이다."[15] 이명선이 『중국현대단편소설선집』을 번역할 때, 제1부 세 편의 단편소설을 '조선'을 소재로 한 작품으로 기획한 것도 중국 현대문학의 한국 관련성을 중시한 때문이다.

이명선은 이 작품집의 목차 다음에 개별 작품에 대한 간단한 「해설」을 써놓았는데, 마지막 작품인 예사오쥔의 「맨발」에 대한 해설 부분에서 "2차 국공합작(國共合作)이 더욱 전진(前進)하는 요즈음에 제1차 국공합작 당시의 이 작품을 회고하여 기념으로 하고자 한다"[16]라고 말했다. 쑨원(孫文)

14 李明善, 「支那의 新進作家 蕭軍의 作風」, 『李明善全集(2)』, 54쪽.

15 李明善, 「支那의 新進作家 蕭軍의 作風」, 『李明善全集(2)』, 54-55쪽.

16 李明善 譯, 「解說」, 『中國現代短篇小說選集』(宣文社, 1946)(단국대학교 석주선기념박물관 소장), 6쪽.

의 주도로 1924년 제1차 국공합작이 이루어졌으나 1927년 장제스(蔣介石)가 4·12정변을 일으켜 '청당(淸黨)'이라는 명분으로 국민당으로부터 공산당을 몰아냄으로써 제1차 국공합작이 결렬되었는데, 쑨원이 주인공으로 등장하는 「맨발」은 제1차 국공합작 시기를 배경으로 한 것이었다. 그런데 1936년 12월 시안사변(西安事變)을 계기로 일치항일(一致抗日)의 목소리가 전국적으로 높아지자 장제스는 제2차 국공합작을 받아들이지 않을 수 없었다. 하지만 1941년 1월 초 국민당 정부군이 공산당의 신사군(新四軍)을 비밀리에 공격한 완난사변(皖南事變)이 발생해 사실상 제2차 국공합작도 결렬된다. 그렇다면 "2차 국공합작이 더욱 전진하는 요즈음에"라는 말을 고려할 때, 이명선은 완난사변이 일어나기 이전인 1940년 무렵에 이미 『중국현대단편소설선집』의 개별 작품의 번역을 끝내고 해설까지 써놓은 상태였을 것으로 짐작된다. 이 작품집의 「서언」에서 제2부의 라오서, 바진, 예사오쥔에 대해 "이번의 가혹한 장기 항전의 시련에도 능히 견디어 한 사람도 낙오하지 않았다"[17]라고 했는데, 「서언」은 책의 출판 시점인 1946년 5월 5일에 씌어졌으니 그 내용은 중국의 항일전쟁 승리와 일본의 패전을 고려한 것이다. 이러한 정황으로 볼 때, 이명선은 경성제대를 졸업한 직후, 즉 1940년 무렵 중국의 제2차 국공합작이 진행 중인 때에 이들 작품을 번역하고 해설까지 써놓은 상태였을 것이다.

이를 입증해주는 구체적인 자료가 있다. 1940년 11월호 『인문평론(人文評論)』에 라오서(老舍)의 단편소설 「개시대길(開市大吉)」이 실려 있고 역자의 이름이 '노부(魯夫)'로 되어 있는데, 이 작품은 이명선의 『중국현대단편소설선집』에 그대로 수록되어 있다. 『인문평론』에 실린 「개시대길」의 첫머리에 붙어 있는 「역자의 말」을 보면, 그것은 『중국현대단편소설선집』에 나오는 「개시대길」에 대한 해설의 내용과 대동소이하다. 양쪽의 작품 번

17 李明善 譯, 「序言」, 『中國現代短篇小說選集』.

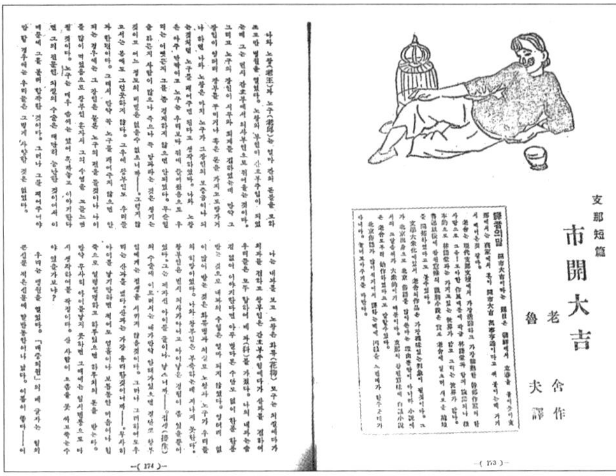
支那短篇

市開大吉

老舍 作

魯夫 譯

이명선이 번역한 라오서의 단편소설 「개시대길」(『인문평론』 1940. 11). 제목의 식자(植字)가 잘못되어 있다.

역문도 거의 일치한다.[18] 이로써 『인문평론』에 '노부'라는 필명으로 번역 게재된 라오서의 「개시대길」은 이명선이 번역한 것이 분명하다. 또 1940

18 「역자의 말」과 「해설」은, 제목인 「개시대길(開始大吉)」이 상가(商家)에 붙이는 '개시대길(開始大吉) 만사형통(萬事亨通)'에서 따왔다는 점, 작가 라오서를 유-모아의 대가라고 소개한 점, 루쉰 사후에 중국에서 가장 활동적인 작가라고 소개한 점, 라오서가 베이징 출신 작가로서 진정한 백화소설을 창작해 대중문학 건설에 가장 크게 공헌하고 있다는 점 등을 들고 있는데, 서술하고 있는 내용이 비슷하다. 그리고 작품의 번역문도 거의 일치하는데, 일례를 들어보자. "나는 내과를 보고 노왕은 화류(花柳) 로구는 치질에다가 외과를 겸하고 왕부인은 간호부주임에다가 산과를 겸하여 우리들은 모두 합하여 네 과(科)를 가졌다. 나의 내과는 숨김 없이 이야기한다면 아무 별다른 수단도 없이 한푼 한푼 받는 것으로 내과의 수입은 얼마 되지 않었다. 엉터리 없이 많이 받는 것은 화류병과 치질로 노왕과 노구가 우리의 히망이었다. 나와 왕부인은 부축하는데 지나지 못한다"(『인문평론』 1940. 11, 174쪽) → "나는 내과를 보고 라오왕(老王)은 화류(花柳) 전문이고 라오주(老邱)는 치질에다가 외과를 겸하고 왕부인은 간호부 주임에다가 산과를 겸하야 우리들은 모두 합하야 네 과(科)를 가졌다. 나의 내과는 숨김없이 이야기 한다면 아무 별다른 수단도 없이 그저 한푼 한푼 주어 모는 것으로 내과의 수입은 불과 얼마 되지 않었다. 엉터리 없이 많이 받는 것은 화류병과 치질로 라오왕(老王)과 라오주(老邱)에다가 우리들은 히망을 붗이었다. 나와 왕부인은 그저 부축하는데 지나지 몯 하얐다"(『중국현대단편소설선집』, 109쪽). 후자의 번역문이 한글맞춤법으로 보아 후퇴한 듯이 보이지만, 이것이 오히려 이명선의 원래 번역문에 가깝다는 것을 말해준다. 『인문평론』에 실린 번역문은 잡지사에서 교정을 보았을 것이므로 한글맞춤법에 더 맞지만, 후자는 이명선의 원래 원고에 따라 출판되었을 것이기 때문이다.

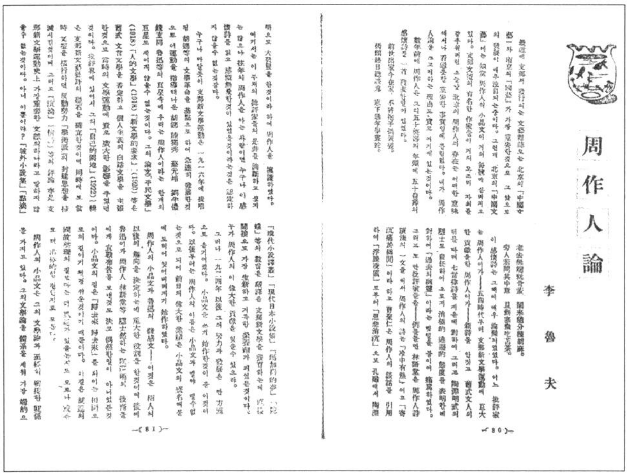

周作人論

李魯夫

이명선의 「저우쭤런론」(『인문평론』 1940. 8)

년 7월 『조선일보』에 게재된 「현대 지나의 여류작가」라는 글과 1940년 8월호 『인문평론』에 게재된 「저우쭤런론(周作人論)」이라는 글의 저자가 모두 이노부(李魯夫)로 기록되어 있는데, 이들도 모두 이명선의 글임을 짐작하게 한다. 「현대 지나의 여류작가」에서 딩링(丁玲), 빙신(冰心) 등의 작품에 대한, 중국 현대문학 전공자로서의 수준 높은 비평을 시도하고, 「저우쭤런론(周作人論)」에서 '논어파(論語派)'에 속하는 저우쭤런, 린위탕(林語堂)을 '도연명(陶淵明)의 후예'로 표현하는(이명선은 1948년 7월에 발표한 「루쉰의 문학관」에서도 '논어파'를 '도연명의 후손'으로 표현하고 있다) 등 내용적인 측면에서 보나, '생신(生新)'이라는 어휘를 사용하고 동사를 부정할 때 '안'이라는 말을 종종 쓰는 등 문체적인 측면에서 보나 이들은 모두 이명선의 글임이 분명하다.[19] 이명선은 대학 졸업과 동시에 학생 신분에서 일반인 신분으로 바뀌었으므로 일제의 사상적 탄압이 강화되는 와중에 불가피하게 필명을 사용하지 않을 수 없었을 것이다. 요컨대, 이명선은 대학 졸업 직후

19 이명선은 이노부(李魯夫)라는 이름으로 예사오쥔(葉紹鈞)의 「고대 영웅의 석상(古代英雄的石像)」이라는 단편소설을 번역해 1946년 1월 『여성공론』 창간호에 게재하기도 했다.

에 '이노부' 또는 '노부'라는 필명으로 중국의 현대 여류작가를 소개하고 저우쭤런론(周作人論)을 쓰고 중국 현대 단편소설을 번역하는 등 중국 현대문학에 대한 연구를 지속하고 있었던 것이다.

이명선은 예의 그 「서언」에서 "이 조그마한 『중국단편소설선집』을 꾸미는 데 있어 이것을 다시 2부로 나누어 제1부에는 중국 작가로서 조선을 주제로 한 소설로 비교적 유명한 것 세 편을 선택(選擇)하여 넣고 제2부에는 그 이외의 중국문단을 대표할 만한 네 작가의 작품을 적당히 배치하였다"[20]라고 했다. 더욱이 「압록강 가에서」와 「목양애화」의 번역을 두고 "역자는 3 · 1운동을 기념하는 것과 마찬가지 의미에서 이 두 편을 번역하여 조선의 해방을 기념하고자 한다"라고 했고, 또 「닭」에 대해서는 "위의 둘과는 전연 작풍이 다르고 제작연대도 훨씬 새로워 중국 작가의 조선을 보는 눈이 얼마나 진보하고 적확(適確)하여졌나를 표시하여 준다. 더구나 여기에 나타나는 재일(在日) 조선 노동자의 문제는 이번 전쟁을 통하여 더욱 격화했던 만치 해방의 좋은 기념이 되리라 믿는다"[21]라고 했다. 또 루쉰과 라오서, 바진, 예사오쥔에 대해서는 "그들은 이번의 가혹한 장기 항전의 시련에도 능히 견디어 한 사람도 낙오하지 않았다. 루쉰도 살았으면 반드시 이들의 선두에 섰을 것이다"[22]라고 서술했다. 「서언」에서 언급한 사실에 근거할 때, 이명선이 『중국현대단편소설선집』을 펴내게 된 목적은 분명해 보인다. 첫째는 '조선'을 주제로 한 작품을 번역 소개함으로써 해방을 기념하는 것이고, 둘째는 항일의 정신을 기리는 것이다. 「서언」은 8 · 15해방 직후에 씌어진 것인 만큼 그 시기 이명선의 현실인식을 반영하고 있거니와 그의 중국 현대문학 연구가 '조선'의 민족적 자의식에 뿌리를 두고 민족해방의 문제의식에 연결되어 있었음을 보여준다.

---

20 李明善, 「序言」, 『中國現代短篇小說選集』.

21 李明善, 「序言」, 『中國現代短篇小說選集』.

22 李明善, 「序言」, 『中國現代短篇小說選集』.

이명선은 이 소설집의 표지 안쪽에 작가 이름을 루쉰, 궈모뤄, 바진, 장광츠, 라오서, 예사오쥔의 순으로 배치해놓았고, 목차 다음 페이지에 루쉰의 「고향」 말미에 나오는, 희망을 길에 비유한 유명한 구절을 옮겨놓았다. "-희망- 실상은 땅 위에 본래부터 길이 있는 것이 아니라 다니는 사람이 많으면 자연 길이 되는 것이다. ―루쉰의 「고향」 말절(末節)에서." 이러한 사실은 이명선이 『중국현대단편소설선집』을 펴내면서 루쉰을 크게 중시하고 있었음을 보여주는데, 특히 루쉰의 희망에 대한 메시지는 8·15해방 직후 그에게 매우 의미심장하게 다가왔을 것이다. 루쉰의 「고향」에 대한 이명선의 작품 '해설'을 보자.

> 너무나 유명한 중국 최대의 작가로 그야말로 중국 신문학의 아버지라고 부를 수 있을 것이다. 민족개량주의자(民族改良主義者)로서 출발하여 1927년에 창조사(創造社)와의 대논쟁을 거치고 좌경하고 이래 국민당(國民黨)의 야만적 탄압 속에 의연히 뻗히어 중일전쟁 발발 직전에 죽을 때까지 그는 중국문단의 양심을 혼자서 대표하다시피 하였다. 조선의 이광수(李光洙)와 대조하여 감개무량(感慨無量)한 바가 있다. 「고향」은 유명한 「아Q정전」과 아울러 그의 대표작으로, 냉철한 풍자로 일관(一貫)한 그에게 이러한 서정적(抒情的)인 일면이 있다는 것은 그의 인간성을 이해한 데 한 중요한 문헌이 될 것이다. 이 속에 묘사된 고향은 곧 루쉰의 고향이며 '나'는 곧 루쉰의 자신으로 일종의 신변소설(身邊小說)이라 하겠는데, 루쉰의 여러 작품 중에서 이 「고향」을 특히 애독하는 것은 역자 혼자만이 아닐 것이다.[23]

여기서 이명선은 루쉰을 중국 신문학의 아버지요 국민당의 정치적 탄압에 의연히 맞선 중국문단의 양심으로 평가했는데, 「루쉰의 미성작품」에서

23 李明善, 「解說」, 『中國現代短篇小說選集』, 3-4쪽.

그려놓은 불굴의 전투적인 비판정신의 소유자로서 루쉰의 이미지와 겹친다. 이명선이 루쉰의 작품 중에서 「고향」을 뽑은 것은, 이 작품이 냉철한 풍자의 명수인, 현실주의 작가 루쉰의 문학적 특징을 가장 잘 보여주는 것이기도 하지만 서정성을 지닌 루쉰의 인간적인 일면도 잘 표현하고 있다고 보았기 때문이다.

3. '신문학혁명'론과 문학의 대중성 지향

이명선이 해방공간에서 처음 공식적으로 발표한 글은 「중국의 여성해방」(1946. 1)이라는 글이다. 이 글에서 이명선은 중국의 신문화운동 시기에 천두슈(陳獨秀)의 유교 비판을 간단히 소개하고 "이에 병행하여 부녀들의 각성과 해방을 위한 운동도 활발히 전개되어 정녀(貞女)·열부(烈婦)에 대한 비난, 다처제(多妻制)의 타파, 연애의 자유, 창기(娼妓) 폐지 등의 제 문제가 많이 논의되었다"[24]라고 언급했다. 이어 그것의 구체적인 실천으로서 여학생들의 단발, 『성사(性史)』를 써서 '성교신성(性交神聖)', '성욕미학(性慾美學)' 등의 제론(諸論)을 발표한 당시 베이징대학(北京大學) 교수이던 장징성(張競生) 박사의 사건, 창기폐지운동 등을 소개했다. 또한 여자의 허영심을 절멸시키기 위해 상하이의 모 소학교에서 장식일체폐제운동(裝飾一切廢除運動)을 단행한 일화를 소개한 뒤 "공산파(共産派)의 근거지인 우한(武漢)에서 그 주의(主義)를 실시하기 위하여 이 획기적인 장거(壯擧)를 단행하였다고 하는데, 일설(一說)에는 이것은 공산주의를 욕하기 위하여 완고한 도덕자(道德者) 선생님이 전파시킨 데마(대중을 선동하기 위한 정치적인 허위 선전이나 인신공격)라는 말도 있다"[25]

24 李明善, 「中國의 女性 해방」, 『李明善全集(2)』, 60쪽.

25 李明善, 「中國의 女性 해방」, 『李明善全集(2)』, 63-64쪽.

라고 했다. 이명선은 중국의 상황에 빗대어 '조선'의 상황을 풍자적으로 설명해 "요새 조선에서도 공산주의 나라에서는 처자(妻子)의 사유까지도 부정당한다 하여 행여나 애처(愛妻)를 빼앗길까 전전긍긍하는 우매한 남자가 있는 모양인데, 물론 이것도 데마에 지나지 않을 것이다"[26]라는 말도 덧붙였다. 그는 중국 여성해방운동의 몇 가지 일화가 '말소적(抹消的) 형식주의'에 빠진 것처럼 해석될 수도 있지만 그것은 일면에 지나지 않고 다른 일면에 있어서는 대담하고 철저하게 그 초지(初志)를 관철해 상당한 성과를 거두고 있다고 설명했다. 이를테면 봉건사회에 대한 반항심을 억제할 길 없어 출선해 혁명운동에 투신한, 「일개 여병의 자전(一個女兵的自傳)」과 「신종군일기(新從軍日記)」로 유명한 셰빙잉(謝冰瑩)의 예, 옌안(延安)에서의 딩링(丁玲)의 활약상 등을 소개했다. 그리하여 "조선에서도 8월 15일 이후 여성해방운동이 다시 전개되고 있는데 선전(宣傳) 재료에만 이용되는 형식주의에 빠지지 않도록 충분히 주의하여 좋은 성과를 거두기를 바란다. '연애의 자유'만을 주장하는 여학생들의 태도를 전적(全的)으로 지지할 수는 없으나 또 케케묵은 「열녀전(烈女傳)」을 내어놓고 설교를 시작하는 도학자(道學者) 선생님들의 태도도 가소롭다 하지 않을 수 없다"[27]라고 결론을 지었다.

이명선이 해방공간에서 발표한 중국 현대문학에 관한 본격적인 비평은 「중국의 신문학혁명(新文學革命)의 교훈」이라는 글에서 시작한다. 이 글에서 이명선은 중국 신문학운동의 전개 과정을 3단계, 즉 문학혁명(文學革命) 단계 → 혁명문학(革命文學) 단계 → 신문학혁명(新文學革命) 단계로 구분해 개괄했다. 그는 문학혁명 단계를 5·4시기의 단계로서 문화계에서 민주주의혁명이 진행된 것으로 이해하면서 다른 정치, 경제, 사회 방면과 마찬가

26 李明善, 「中國의 女性 해방」, 『李明善全集(2)』, 64쪽.
27 李明善, 「中國의 女性 해방」, 『李明善全集(2)』, 65쪽.

지로 문학 방면에 있어서도 '불완전(不完全)'한 것으로 평했다. 이어 그는 1932년에 이르러 불완전한 문학혁명을 철저히 수행하기 위해 취추바이(瞿秋白)가 중심이 되어 제창한, '대중문학(大衆文學) 내지 대중화(大衆化) 문제에 발단이 된' '어문개혁운동(語文改革運動)'을 '신문학혁명(新文學革命)'이라 명명했다. 물론 이명선은 그 중간에 '혁명문학운동'의 시기가 있었다고 간단히 언급하면서 "혁명문학은 일종의 경향문학(傾向文學)으로 부르주아문학 타도에 너무나 급하여 중국의 사회적 특수성이 문학혁명을 불완전한 채로 중단시키었다는 사실을 등한시하고 언어, 문학에 대하여 전연(全然) 고려하지 않았다"[28]라고 하여 '혁명문학 단계'의 한계를 지적했다. 그리하여 그는 "신문학혁명은 혁명문학의 이러한 조급한 태도를 청산하고 문학혁명이 중도에 포기한 곤란한 과제를 정면으로 내세워 근본적 해결을 한 것"[29]으로 이해했다. 그는 먼저 문학혁명의 전개 과정을 전체적으로 조망한 뒤 '신문학혁명의 경과'를 설명하기 위해 '신문학혁명운동의 정식 선언문'이라 할 취추바이의 「대중문예의 문제(大衆文藝的問題)」라는 글을 길게 인용했다. 그중 일부를 옮겨보자.

> "신문학혁명은 문언(文言)의 잔재(殘滓)를 계속하여 숙청(肅淸)할 뿐만이 아니다. 소위 백화식(白話式)의 신문언(新文言)도 배격하고 또 구소설식(舊小說式)의 백화에 대하여도 엄중히 반대하여야 할 것이다. (중략) 요컨대 모두 다 현대 중국의 산사람의 백화를 쓸 것으로 더욱이 신흥계급(新興階級)의 말을 쓸 것이다. 신흥계급이란 시골 사람인 농민과 같지 않다. 시골 사람의 언어는 원시적이고 편벽(偏僻)된 것이다. 그러나 신흥계급은 오방잡처(五方雜處)로 된 대도시 속에 있다. 현대화한 공장 속에 있다."[30]

28 李明善, 「中國의 新文學革命의 教訓」(『문학』 창간호 1946. 7), 『李明善全集(2)』, 73쪽.

29 李明善, 「中國의 新文學革命의 教訓」, 『李明善全集(2)』, 73쪽.

30 李明善, 「中國의 新文學革命의 教訓」, 『李明善全集(2)』, 77쪽.

이명선은 대도시에 편재해 있는 '신흥계급'의 언어를 현대 중국의 새로운 언어로 삼을 것을 제안한 취추바이의 주장을 검토한 후, "'백화(白話) 반대' '대중어(大衆語) 제창'의 결실이 1934년에 구체화한 라틴화(拉丁化)였던 것이다. 이것이야말로 루쉰이 말한 이른바 '중국어 어문(語文)의 신생(新生)'이다"라고 하여 중국의 대중어 문제가 중국어의 '라틴화' 문제에까지 이르렀음을 지적했다. 이명선은 중국어의 라틴화 문제에 대해 좀 더 부연하면서 다음과 같이 루쉰의 견해를 직접 인용해놓았다. "우리가 대다수의 사람을 근거로 하여 말한다면 중국은 현재 문자를 가지지 않은 것과 마찬가지다. (중략) 문언문을 뒤바꾸어보려고 제창한 것이 현재의 대중어문(大衆語文)의 제창인데 이것만으로는 근본 문제에는 결코 부닥쳐보지도 못한다. 라틴화(拉丁化)의 제의(提議)의 출현으로 겨우 문제를 해결할 긴요한 열쇠를 잡게 된 것이다."[31] 이명선은 '신흥계급'의 언어를 현대 중국의 새로운 언어로 채택할 것과 중국어의 라틴화 문제까지 거론한 취추바이의 주장과 그것을 지지했던 루쉰의 견해를 중심으로 '신문학혁명'을 설명했는데, 취추바이가 제창한 '신문학혁명'의 적실성(適實性)을 입증하기 위해 그것을 지지했던 루쉰의 견해를 증거로 제시한 셈이다.

그런데 특기할 것은, 이명선이 단순히 중국 '신문학혁명'의 내용과 루쉰의 견해를 객관적으로 소개하는 데 그치지 않고 그것을 '조선'의 당대 현실과 연관시켜 설명하고 있다는 점이다. 이명선은 먼저 '조선'의 신문학운동의 양상을 다음과 같이 이해했다. "조선은 신문학운동에 있어 중국보다 약 10년의 선배다. 따라서 문학혁명도 중국보다 먼저 논의되고 실행되었을 것이다. 다만 조선은 중국이 반식민지(半植民地)인 데 비하여 순수한 식민지인지라 문학혁명이 중국에 불완전하였으면 조선에서는 더 한층 불완전하였을 것이라고 적어도 원칙적으로는 이렇게 규정(規定)할 수밖에 없

31 李明善,「中國의 新文學革命의 敎訓」,『李明善全集(2)』, 78쪽.

다."[32] 이명선은 '조선'의 문학혁명이 식민지의 특수한 사정으로 인해 중국에 비해 한층 더 불완전했으므로 조선에서의 '신문학혁명'이 중국에서보다 훨씬 '절실한 문제'라고 판단했다. 그리하여 "중국에서 혁명문학운동이 그러하였듯이 조선에서도 1930년 전후에 좌익 작가들은 언어, 문자의 문제를 등한시하고 그러한 문제를 제기하는 것은 유산계급(有産階級)의 임무이라는 듯한 태도를 취하여온 것은 부정할 수 없는 사실이다. 그러나 오늘날에 이르러서는 이미 이러한 태도는 수정되어야 하고 진보적인 모든 문화인은 일치협력(一致協力)하여 신문학혁명운동을 전개하고 일반 사회에도 이 필요성을 강조하여야 할 것이다"[33]라고 결론지었다.

또한 이명선은 중국의 선례를 본받아 조선에서도 '대중어'를 지향하는 '신문학혁명'이 절실하다고 판단했다. 그는 '조선'에서는 "한자라는 무서운 유산 대신 한글이라는 고마운 유산의 덕택으로 문자혁명은 거의 처음부터 문제도 되지 않는다"라고 지적하면서 "중국에서 논의되었던 보통어(普通語), 대중어(大衆語) 등의 문제는 조선서는 아직 한 번도 정당히 논의되어 본 일조차 없다"고 말하고 "해방된 조선 문화는 신문학혁명을 출발점으로 하여 대담하게 그 제일보(第一步)를 내딛어야 할 것이다"[34]라고 강조했다. 이명선은 중국 신문학운동의 전개 과정을 3단계로 구분해 이해하면서 세 번째 단계인 '신문학혁명'의 단계에 진입한 중국의 경우를 본보기로 삼아 '조선'의 당면한 신문학운동도 그러한 방향으로 나아가야 한다고 생각했다. 말하자면 이명선은 중국 신문학운동의 진전 과정과 루쉰의 입장을, 당시 한국 신문학운동의 실천 방향을 모색하는 데 중요한 참조체계로 삼고자 했던 것이다.

사실 이명선은 해방공간에서 「중국의 신문학혁명의 교훈」이라는 글을

32 李明善, 「中國의 新文學革命의 敎訓」, 『李明善全集(2)』, 79쪽.

33 李明善, 「中國의 新文學革命의 敎訓」, 『李明善全集(2)』, 79쪽.

34 李明善, 「中國의 新文學革命의 敎訓」, 『李明善全集(2)』, 80쪽.

발표하기에 앞서 1946년 3월 17일 『중앙신문(中央新聞)』에 「고소설(古小說)의 대중성(大衆性)」이라는 글을 발표해 문학의 대중성과 '조선'의 문학유산의 관계에 대해 심도 있게 논의한 바 있다.

> 이때까지의 조선의 신문학은 주로 영 · 불 · 독(英佛獨)을 중심으로 한 구라파(歐羅巴)의 근대문학의 영향 밑에 자라왔는데 그것은 너무나 지식계급만에 편중한 경향이 농후하며 따라서 문학 대중화 내지 대중문학의 건설은 현재 우리가 당면하고 있는 가장 긴급한 과제의 하나일 듯하다. 이 문학 대중화를 위하여서는 그저 취미를 대중에까지 넓힌다든지 대중에 편을 드는 창작을 한다든가 하는 정도가 아니라 참으로 본격적이려면 작자는 대중 속에 들어가 혼연(渾然)히 일치가 되어 대중의 눈으로 세상의 물정(物情)을 봄에 이르러야 할 것이다. 즉 작가와 독서대중과 유리(遊離)하여 있어서는 참된 문학 대중화는 불가능한 것이다.[35]

이러한 이명선의 주장은 마오쩌둥(毛澤東)이 1942년 중국 해방구(解放區)의 근거지인 '옌안(延安)'에서 제시한 '문예강화(文藝講話)'의 네 가지 원칙 중에서 두 번째 원칙을 연상시킨다. 마오쩌둥은 두 번째 원칙에서, 중국의 혁명적 문학가와 예술가는 반드시 노동자 · 농민 · 병사의 군중 속에 들어가야 하고 불같이 뜨거운 투쟁 속으로 들어가야 하고 유일하고 가장 광대하고 가장 풍부한 원천(源泉) 속으로 들어가 모든 사람, 모든 계급, 모든 군중, 모든 생동하는 생활 형식과 투쟁 형식, 모든 문학과 예술의 원시 재료를 관찰하고 체험하고 연구하고 분석한 후에야 창작 과정으로 들어갈 수 있다[36]고 했다. 이명선은 중국 현대문학 연구자답게 '조선'의 대중문학 건

---

35 李明善, 「古代小說의 大衆性」(『中央新聞』 1946. 3. 17), 『李明善全集(2)』, 67쪽.

36 毛澤東, 「在延安文藝座談會上的講話」, 『文學運動史料選』 第四册(上海教育出版社, 1981), 530-531쪽 참조.

설을 위해 중국 문예운동 속에서 그 이론적 근거를 모색한 것이다.

그렇지만 이명선은 문학의 대중성을 구성하는 실질적인 내용은 '조선문학'에서 찾아야 한다고 강조했다. 그는 문학의 대중성 추구에 있어 '현대의 러시아문학'이 우리에게 큰 교훈이 될 것이라고 말하면서도 '조선'의 고대소설 속에 담긴 대중성을 재발견하고 그것을 계승할 필요가 있다는 것이다.

> 조선에는 과거에 한 사람의 셰익스피어도 없지 않느냐, 한 사람의 괴테도 없지 않느냐고 탄식하는 사람이 있는데, 이는 아직 구라파 계통의 근대문학의 달콤한 꿈을 깨지 못한 사람이다. 조선의 셰익스피어는 새로 맞이한 며느리나 혹은 이웃집 박첨지이었었다는 사실을 상기할 필요가 있다. 그들은 비록 무명의 작가, 무명의 감상가(鑑賞家)였으나 지식계급이 아닌 철두철미 대중의 한 사람으로서 자라고 대중의 한 사람으로서 죽었다는 점에서 진정한 대중문학의 선구자의 명예를 충분히 차지할 것이다. 요컨대 고대소설 속에 담겨 있는 봉건적 요소를 적당히 잘 처리한다면 우리는 의외의 귀중한 문학유산을 그 속에서 계승할 수 있으리라는 것을 강조하고자 한다.[37]

유럽문학이든, 러시아문학이든, 아니면 중국문학이든, 이명선에게 그것은 당대 '조선'의 문학운동의 방향을 설정하는 데 참조체계로 활용될 수 있을 뿐이다. 그것들은 '조선'의 문학운동이 나아갈 방향을 예시해줄 수 있다고 하더라도 실질적인 내용을 구성해주지는 못한다. 오히려 문학의 대중성도 '조선'적인 것에서 출발해야 하는바, 우리의 고대소설을 재인식하고 재발견해 그 문학유산을 통해 '조선문학'의 대중성을 실현하는 것이 급선무인 것이다.

---

37 李明善, 「古代小說의 大衆性」, 『李明善全集(2)』, 67쪽.

4. 중국 문예논쟁과 '민족혁명의 대중문학' 주장

이명선은 1937년 2월 『신조선(新朝鮮)』에 발표한 「민족문학과 민족주의문학」이라는 글에서 민족문학과 민족주의문학을 엄격히 구별해야 하며 민족주의문학은 국수주의를 내포하고 있기에 가장 경계해야 할 대상의 하나라고 말했다.[38] 민족문학과 민족주의문학의 엄격한 구별 없이는 1924년 경부터 약 10년간 활발히 전개되었던 프롤레타리아문학운동을 정당히 평가하지 못할 것이며, 그 역사적 의의도 적확(適確)하게 파악할 수 없을 것이기 때문이다.[39] 이러한 인식은 그가 계급문학을 민족문학의 중심에 놓기 위한 것인데, 민족주의문학과 달리 일제(日帝)의 문화탄압에 반항한 계급문학이야말로 진정한 민족문학이라는 것이다. "계급문학이 민족문학의 중핵체(中核體)가 되어 야수(野獸)와 같은 일제(日帝)의 문화탄압에 반항하였던 것이다. 만약 여기서 민족주의문학과 민족문학을 혼동하여 버린다면 계급문학은 민족을 배반한 반혁명(反革命)의 문학인 것처럼 이해되어 조선의 민족혁명을 위한 찬연(燦然)한 공로가 몰각(沒覺)되고 말 것이다."[40] 더 나아가 이명선은 현(現) 단계가 요청하는 민족문학은 '대중문학'과 결합되어야 한다는 점을 다음과 같이 강조했다.

> 단적으로 말하면 조선의 현(現) 단계의 문학운동의 구호로서 제창된 '민족문학'은 그것을 좀 더 구체적으로 규정한다면 '민족혁명의 대중문학'이어야 한다고 나는 생각한다. 그리고 '민족혁명'은 그 2대(大) 방향으로 반봉건주의(反封建主義)와 반제국주의(反帝國主義)를 들지 않을 수 없으며 이 반봉건주의와 반제국주의의 방향에서 이탈하여서는 조선에 진정한 민주주의의 자주독립국가는

38 李明善, 「民族文學과 民族主義文學」, 『李明善全集(2)』, 111쪽.

39 李明善, 「民族文學과 民族主義文學」, 『李明善全集(2)』, 111-112쪽 참조.

40 李明善, 「民族文學과 民族主義文學」, 『李明善全集(2)』, 113쪽.

절대로 건설될 수 없다는 것은 이미 오늘날에 장황한 설명을 요(要)하지 않을 것이다. 또 '대중문학'은 민족혁명의 성격이 반봉건주의, 반제국주의의 방향을 취하는 이상(以上) 인민대중의 기반 위에 서지 않을 수 없으므로 응당 대중문학이어야 할 것이며, 근자에 문학대중화운동의 활발한 전개가 요청되는 것도 이유가 전혀 여기 있을 것이다.[41]

이명선은 '민족주의'가 봉건주의와 대립해 근대국가 건설의 정신적 토대를 형성해왔다는 주장이 일리가 없는 바는 아니지만, '조선'의 현 단계에서는 오히려 민족혁명의 발전을 방해하는 장애물이 되고 있다고 지적했다. 그 이유는 민족주의가 외래의 제국주의 세력과 야합하는 경우 '조선'의 민족혁명에 대한 정면(正面)의 적이 되기 때문이라는 것이다. 그래서 그는 '인민대중'에 기반을 두는 '민족혁명의 대중문학'으로서의 민족문학을 요청한 것이다.

이 대목에서 주목되는 것은, 이명선이 '민족문학' 건설의 방향을 설정하는 데 1930년대 중국에서 전개된 문예논쟁에서 루쉰의 관점을 적극적으로 수용하고 있다는 점이다. 이명선은 우선, 1930년 6월 루쉰이 '민족주의문학운동자'라고 자칭하는 이들이 상하이에 집합해 '민족주의문학운동선언(民族主義文學運動宣言)'이라는 것을 발표하고 『문예월간(文藝月刊)』, 『전봉월간(前鋒月刊)』 등의 잡지를 발간해 국민당 정부의 문화정책에 동원된 것과 이들 어용문인들이 생산한 작품을 신랄하게 비판한 사실을 소개했다. "그들은 천연스럽게 칭기즈칸(成吉思汗)의 서정(西征, 서쪽 정벌)을 구가하는 폭력 찬미의 시를 쓰고 있었던 것이다. 물론 이러한 반동적인 문학운동이 오래 계속될 수 없었으며 여기에 대하여는 그 당시에 루쉰이 준열한 비판을 가하여 이 몰염치한 도배(徒輩)들을 통격(痛擊)한 것은 누구나 다 아는

41 李明善, 「民族文學과 民族主義文學」, 『李明善全集(2)』, 113쪽.

사실이다."[42] 더욱이 이명선이 민족문학의 방향을 '민족혁명의 대중문학'으로 설정한 것은 1936년 중국좌익작가연맹 내부에서 벌어진 '국방문학(國防文學)·민족혁명전쟁(民族革命戰爭) 중의 대중문학 논쟁'[43]에서 루쉰이 제기한 '민족혁명전쟁 중의 대중문학'의 논리를 참조한 것으로 보인다. 그가 루쉰의 '민족혁명전쟁 중의 대중문학'의 논리를 적극적으로 수용한 것임은 「민족문학과 민족주의문학」에 이어 발표한 「중국의 항전문학(抗戰文學): '국방문학'·'민족혁명전쟁의 대중문학'의 논쟁」이라는 글을 통해 확인할 수 있다.

「중국의 항전문학」은 1947년 6월 『문학평론(文學評論)』에 발표되었지만, 이 글의 말미에 '1945. 12. 5'라는 날짜가 씌어 있는 것으로 보아 실제로 이 글은 1945년 12월 5일에 완성된 것임을 알 수 있다. 더욱이 이명선은 이 글의 부기(附記)에서 "8·15해방 직후의 분망(奔忙) 중에서 쓴 이 글을 지금 그대로 내놓는 것은 나의 본의(本意)는 아니다. 더구나 현재 조선서 '민족문학'의 슬로건을 가지고서 여러 가지로 논의되며 중국의 이 논쟁이 많이 참고되리라는 것을 고려할 때에, 이러한 조잡한 소개문을 그대로 내놓는 것은 무책임함을 면하지 못할 것이다"[44]라고 했는데, 이명선의 의도를 충분히 이해할 수 있을 것이다. 말하자면 이명선은 당시 해방공간에서 논의되고 있던 '민족문학' 건설을 위해 중국의 '국방문학·민족혁명전쟁 중의 대중문학 논쟁'을 참조하고 이를 근거로 자신의 입장을 구축하려했던 것으로 보인다. 이명선은 이 글에서 우선 '국방문학'을 제기한 중국좌익작가연맹 내부의 저우양(周揚) 일파, 즉 후뤄(胡洛)·궈모뤄(郭沫若)·쉬

42 李明善, 「民族文學과 民族主義文學」, 『李明善全集(2)』, 114쪽.

43 1936년 저우양(周揚), 샤옌(夏衍), 궈모뤄(郭沫若) 등의 중국좌익작가연맹의 지도부가 제창한 '국방문학'과, 루쉰, 펑쉐펑(馮雪峰), 후펑(胡風)이 제기한 '민족혁명전쟁 중의 대중문학' 사이에 논쟁이 전개되었는데, 이를 '두 개의 구호' 논쟁이라고 말하기도 한다.

44 李明善, 「中國의 抗戰文學: '國防文學' '民族革命戰爭의 大衆文學'의 論爭」(『文學評論』 1947. 6), 『李明善全集(2)』, 130쪽.

마오융(徐懋庸) 등의 주장을 직접 인용을 통해 소개하고, 또 같은 중국좌익작가연맹에 속해 있던 후펑(胡風)과 루쉰의 '민족혁명전쟁 중의 대중문학'의 주장을 역시 직접 인용을 통해 상세하게 소개했다. 이어 그는 "종합적으로 결론만을 말한다면, 국방문학은 민족자위(民族自慰)의 문학이고, 비매국적(非賣國的) 문학 혹은 반제적(反帝的) 문학—즉 광의의 애국문학이라는 것이다"[45]라고 말하면서도, 이에 맞서 침묵을 깨뜨리고 이 논쟁에 개입한 루쉰의 주장을 상당히 긴 편폭을 할애해 소개했다. 그는 루쉰의 「현재의 우리의 문학운동을 논함」(1936. 6. 10)이라는 글이 '민족혁명전쟁 중의 대중문학'이 무엇인지를 가장 명확히 설명해주고 있다고 하며 다음과 같이 인용했다.

> '좌익작가연맹'이 5, 6년래 지도하고 싸워온 것은 무산계급혁명문학의 운동이다. 이 문학과 운동은 한결같이 발전하여 현재는 구체적으로 더 실제 투쟁의 방향으로 발전하여 민족혁명전쟁의 대중문학이 되었다. 민족혁명전쟁의 대중문학은 무산계급혁명문학의 일(一) 발전이며 이것이 무산계급혁명문학의 현재의 시기의 진실하고 더 광대(廣大)한 내용이다. (중략) 결코 혁명문학이 그의 계급의 영도의 책임을 포기한 것이 아니고 그의 책임이 더욱 무거워지고 커진 것이다. 무거워지고 커졌다는 것은 전(全) 민족을 계급과 당파로 분열시키지 않고, 일치하여 외적(外敵)에 대하도록 만들어야 하기 때문이다. 이러한 민족적 입장이 있어야만 참된 계급적 입장이 있을 수 있는 것이다.[46]

이명선은 루쉰의 또 다른 논문인 「쉬마오융에게 답하며 아울러 항일통

45 李明善, 「中國의 抗戰文學: '國防文學' '民族革命戰爭의 大衆文學'의 論爭」, 『李明善全集(2)』, 120쪽.

46 李明善, 「中國의 抗戰文學: '國防文學' '民族革命戰爭의 大衆文學'의 論爭」, 『李明善全集(2)』, 123쪽.

일전선문제에 관하여(答徐懋庸幷關於抗日統一戰線問題)」라는 글의 내용도 길게 인용했는데, 그 일부를 옮겨보면 다음과 같다. "다른 일(一) 작가는 '국방문학'을 해석하여 '국방문학'은 반드시 정확한 창작 방법을 가져야 한다 하고, 또 현재는 '국방문학'이 아니면 '한간문학'(漢奸文學, 매국노문학)이라고 하고, '국방문학'이란 한 가지 슬로건 밑에 작가를 통일하려 하며 '한간문학'이란 명사를 미리 준비하여 후일에 타인을 비판하는 데 쓰려고 한다. 이것은 실로 출색(出色)의 종파주의의 이론이다. 나는 작가는 '항일'의 기치나 혹은 '국방'의 기치 밑에서 연합할 것이지 '국방문학'의 슬로건 밑에 연합할 것이 아니라고 생각한다. 그 이유는 많은 작가가 '국방을 주제로 하는' 작품을 쓰지 않더라도 각 방면에서 항일의 연합전선에 참가할 수 있을 것이기 때문이다."[47] 이명선은 항일이나 국방의 기치 아래 연합하되 작가의 창작의 자유를 보장해야 한다는 루쉰의 입장을 적극적으로 소개했는데, "어쨌든 두 슬로건을 싸고돌며 전개된 격렬한 논쟁에 최후의 심판을 내린 셈이며 그의 관록을 충분히 발휘하였다"[48]라고 하여 루쉰의 입장을 적극 지지하는 태도를 표명했다. 그리하여 이명선은 "요컨대 이것만으로도 먼저 논쟁의 결과로 '항일구국을 위하여 연합한다', 혹은 '문학에 있어서는 우리는 각인(各人) 각파(各派)의 자유발전과 자유창작을 주장한다' 등으로 명확히 내세워 '국방문학' 만능주의의 과오와 일부 이론가의 조급성이 극복된 것을 알 수 있다"[49]라고 평가했다. 이명선의 의도는, 저우양 일파의 획일적이고 교조주의적인 '국방문학' 주장을 비판적으로 바라보고 '국방문학' 주장에 맞서 작가에게 창작의 자율성을 부여하려 한 루쉰의 입장을 적

47 李明善, 「中國의 抗戰文學: '國防文學' '民族革命戰爭의 大衆文學'의 論爭」, 『李明善全集(2)』, 125쪽.

48 李明善, 「中國의 抗戰文學: '國防文學' '民族革命戰爭의 大衆文學'의 論爭」, 『李明善全集(2)』, 124쪽.

49 李明善, 「中國의 抗戰文學: '國防文學' '民族革命戰爭의 大衆文學'의 論爭」, 『李明善全集(2)』, 129쪽.

극적으로 지지하는 데 있었다.

사실 이명선은 '국방문학' 주장에 대한 비판적 태도를 그가 대학 재학 시기에 발표한 「지나의 신진작가 샤오쥔의 작풍」에서 이미 표출한 바 있다. "그(샤오쥔)는 '국방문학'에 대하여 직접으로 그것을 부정하지는 않았으나 나는 그러한 진보적 이론을 모르고 자기의 작품에 대하여서는 남들이 그러한 '레텔'을 붙이는 것을 바라지 않는다고 은근히 그것에 대하여 반감을 가지고 있는 것을 표명하였었는지라 이번 사변(事變, 일제의 중국 침략 전쟁, 즉 중일전쟁을 가리킴)을 계기로 그의 태도가 어떻게 돌아가고 그의 작품이 어떻게 변하여질 것인가 매우 흥미 있는 일이며 자못 주목된다."[50] 이명선은 '국방문학'에 대한 샤오쥔의 반감을 서술함으로써 '국방문학'에 대한 자신의 비판적 시각을 은연중에 드러내고 있는 것이다. 또한 샤오쥔을 "루쉰에게 매우 사랑받았으며 사제(師弟) 관계였었다"[51]라고 소개함으로써 '국방문학'에 대한 샤오쥔의 태도가 루쉰의 입장과 연결되어 있었음을 보여준다.

그렇다면 이명선이 '국방문학' 주장을 비판적으로 바라본 것은 그에 맞섰던 루쉰의 입장을 적극적으로 수용한 결과이며, 그러한 관점은 이미 대학 재학 시기부터 루쉰을 공부하면서 획득된 것이기도 할 것이다. 이명선은 해방공간에서 '조선'의 민족문학 건설을 위해 '타산지석으로서 중국의 선례'[52]를 적극적으로 소개하고 참조했는데, '조선'의 민족문학을 '민족혁명의 대중문학'으로 설정한 것은 루쉰의 입장을 수용해 그것을 자기 논리로 재구성한 것이라고 보아야 할 것이다.

50 李明善, 「支那의 新進作家 蕭軍의 作風」, 『李明善全集(2)』, 55쪽.

51 李明善, 「支那의 新進作家 蕭軍의 作風」, 『李明善全集(2)』, 53쪽.

52 李明善, 「民族文學과 民族主義文學」, 『李明善全集(2)』, 115쪽.

5. 루쉰 잡감문의 번역과 '전투적인 비판정신'의 수용

이명선은 1948년 7월 「루쉰의 문학관: 문예비평에 대하여」라는 글을 『문학』 8호에 발표한다. 이 글은 그가 1927년부터 1936년까지의 "장제스 정부의 무시무시한 문화탄압에 항거하여 영웅적 투쟁을 계속하"는 와중에 쓴 루쉰의 잡감문 중에서 문예비평에 관한 글을 가려 뽑아 루쉰의 문학관을 검토한 것이다. 이명선은 루쉰이 신월파(新月派), 현대파(現代派), 논어파(論語派) 등과의 논쟁 과정에서 발표한 글들을 직접 인용하고 이를 통해 루쉰의 문학관을 일별하고자 했다. "이것을 통독하면 거기에는 루쉰의 문학관이 뚜렷이 드러나 있으며, 그의 일관한 전투적인 비판정신이 예리한 칼날과 같이 번득이는 것이다. 그가 문예비평의 전문가가 아니면서 전문가 이상의 통렬하고 결정적인 타격을 적에게 줄 수 있었다는 것은 놀랄 만한 사실이며 그가 끝까지 엄연하게 중국문단의 중심적 지위를 차지하였던 비밀이 혹은 여기에 들어왔었는지도 모른다."[53] 이명선은 루쉰이 '문학에 계급성이 없다'고 주장하며 '건강과 존엄'을 앞세운 신월파의 논리에 대해 '누구를 위한 건강과 존엄인가'라는 질문을 던짐으로써 신월파의 계급적 본질을 꿰뚫어본 점, 현대파가 주장한 '문학을 위한 문학'의 정체(正體)를 폭로한 점, '조국의 운명에 눈을 딱 감고 도연명(陶淵明)의 후손으로 자처하며 풍류운사(風流韻事)에 골몰(汨沒)한' 논어파의 진상을 들추어낸 점을 들어 루쉰의 문학관을 우회적으로 서술했다. 그리하여 그는 "이처럼 위정자가 어떠한 만행도 자행할 수 있는 중세(中世) 이상의 무법천지에 루쉰은 생존하였었으며 이러한 무법천지에서는 그로서는 소설보다도 잡감문이 더 필요하고 더 편리한 투쟁의 무기였던 것이다"[54]라고 결론지었다. 이명선은

---

53 李明善, 「魯迅의 文學觀: 文藝批評에 對하야」, 『李明善全集(2)』, 131쪽.

54 李明善, 「魯迅의 文學觀: 文藝批評에 對하야」, 『李明善全集(2)』, 138쪽.

루쉰이 신월파, 현대파, 논어파와의 논쟁 속에서 그들을 비판하기 위해 쓴 잡감문을 통해 루쉰의 문학관을 우회적으로 드러낸 것이다.

여기서 주목되는 것은, 해방공간에서 이명선이 루쉰의 잡감문을 대단히 중시해 그 속에 담긴 루쉰의 전투적인 비판정신을 높이 평가하고 있다는 점이다. 이명선은 이 시기에 「아Q정전」, 「고향」 등을 창작한 소설가로서의 루쉰보다 잡감문을 창작한 전투적인 비판정신의 화신으로서의 루쉰을 부각시키는 데 주력했는데, 이것은 좌익 진영에서 활동하던 만년의 루쉰의 문학을 더 중시했음을 의미한다. 그가 해방공간에서 루쉰의 잡감문을 번역해 『루쉰잡감문선집』을 완성해놓은 것도 바로 이 때문이다. 첸싱춘은 「죽어버린 아Q시대」의 부기(附記)에서 자신의 글은 루쉰의 『외침』·『방황』·『야초』에 근거해 쓴 것일 뿐이므로 루쉰의 반항정신과 시대정신을 이해하려면 달리 루쉰의 잡감문을 읽으라고 요청한 바 있는데,[55] 루쉰의 잡감문을 중시한 이명선은 첸싱춘의 요청에 귀를 기울인 셈이다.

『루쉰잡감문선집』은 정식으로 출판되지 않았지만 목차가 구성되어 있고 1949년 5월 13일에 쓴 「서(序)」가 붙어 있는 것으로 보아 정식 출판을 앞두고 있었던 것으로 짐작된다. 이명선이 잡감문 작가로서의 루쉰을 어떻게 평가하고 있는지는 이 책의 「서」를 통해 확인할 수 있다. 이명선은 먼저 영국의 '에세이'가 영구불변의 수필의 모범인 것처럼 신성시하는 관

55 錢杏邨, 「死去了的阿Q時代」, 『魯迅硏究學術資料滙編 1』(中國文聯出版公司, 1985), 331쪽 참조. "일체의 논단(論斷) 역시 이 세 책(『외침』·『방황』·『야초』를 가리킴)에 의해 확정된 것이므로 완전한 루쉰론이라고 할 수는 없다. 나는 루쉰의 진정한 가치를 평정(評定)하는 데 있어 그의 논문·잡감과 번역이 그의 창작보다 더욱 중요하다고 생각한다. 그는 중국 신문예운동의 초기에는 역량과 지위를 가지고 있었으며 동시에 그의 창작은 신문단(新文壇)이 앞으로 나아가게 하는 데 큰 힘이 되었으니 이것은 말살할 수 없는 사실이다. 그러나 이 글에서는 단순히 그의 창작을 논하고 그 밖의 것에 대해서는 언급할 수 없었으니, 그가 봉건세력에 반항하는 내용을 담고 있는 잡감문 속에 표현되어 있는 시대정신에 대해서는 독자들이 『무덤(墳)』, 『열풍(熱風)』, 『화개(정속)집(華蓋(正續)集)』과 같은 책에서 찾아보기 바란다."

습이 꽤 오랫동안 여러 나라에 통용되어왔던 사실을 지적하고 이 관습을 지켜서 '소품문(小品文)'을 창작한 린위탕(林語堂), 저우쭤런(周作人)을 부정적으로 비평했다. 이어 그는 "소품문의 생명이 고고(孤高)한 취미나 안일한 디렛단티즘에 있는 것이 아니라, 현실 사회에 대한 적극적인 관심과 전투적인 정신에 있다는 것을 강조하"[56]고, 이러한 성격의 '잡감문'을 창작하는 데 매진한 루쉰을 높게 평가했다. 사실 이명선은 1940년 8월에 발표한 「저우쭤런론(周作人論)」에서 소품문의 작가 저우쭤런을 잡감문의 작가 루쉰과 비교해 다음과 같이 비판적으로 서술한 바 있다. "저우쭤런의 소품문과 루쉰의 잡감문—이것은 양인(兩人)의 이후의 취향(趨向)을 결정하는 데 중대한 역할을 한 것이며 후에 루쉰이 저우쭤런, 린위탕 등 은사연(隱士然)하는 도연명(陶淵明)의 후예들에게 선전포고를 보낸 것도 결코 우연한 일이 아니었던 것이다."[57] 이명선은 1927년부터 1936년 죽을 때까지 약 10년간 상하이 생활에서 이렇다 할 소설을 단 한 편도 쓰지 못하고 오로지 잡감문을 쓰는 데에만 매달린 '만년의 루쉰이 왜 잡감문만을 쓰지 않으면 안 되었나?'라는 질문을 던지고 이렇게 해명했다. "이것은 문학자 루쉰의 개인 연구에서도 물론 중대한 문제나, 중국과 같은 사회—국내적으로는 장제스 정부의 공포정치가 실시되고, 국제적으로는 일제를 위시하여 열강의 파렴치한 침략주의가 자행되는 사회에 있어서의 문학은 어떠한 문학이어야 하느냐 하는 문제와도 직접 연관되는 것이다."[58] 이명선은 만년의 루쉰이 잡감문만을 쓰지 않으면 안 되었던 것은 국민당 정부의 정치적 탄압과 제국주의의 침략이라는 중국사회가 직면한 두 가지 중대한 상황 때문에 빚어진 것으로 이해했다. 그래서 그는 정치사회적 조건과 문학의 존재방식 사이의 긴밀한 상관관계를 깊이 인식해 루쉰의 잡감문을 '무기의 문

56 李明善, 「魯迅雜感文選集 · 序」(1949. 5. 13), 『李明善全集(1)』, 309쪽.

57 李魯夫(李明善), 「周作人論」, 『人文評論』 1940. 8, 81쪽

58 李明善, 「魯迅雜感文選集 · 序」, 『李明善全集(1)』, 309쪽.

학'으로 규정짓는다.

> 이 절대절명(絶對絶命)의 경지(境地)에서 루쉰이 택한 것이 잡감문이며, 따라서 그것은 철두철미 무기로서의 문학이었다. 루쉰의 글을 가리켜 '한번 붓을 들면 반드시 피를 흘린다'(위다푸郁達夫)는 말에는 아무런 과장도 없다. 이미 무기로서의 문학인 이상(以上), 그것은 언제나 생사를 내걸은 피비린내 나는 문학이며, 그 붓 끝에는 언제나 살기가 등등하다. 한 번도 헛손질을 하지 않으려고 한 방도 헛방을 놓지 않으려고 언제나 전신전령(全身全靈)을 기울이는 생명의 문학이다. 다방(茶房)에서 홍차를 마시며, 혹은 창 밑에서 밀레의 종소리를 들으며 쓰는 소위 '수필'과는 본질적으로 다른 문학이다.[59]

이명선은 '철두철미 무기로서의 문학'의 성격을 띠는 루쉰의 잡감문을 루쉰 문학의 정수라고 생각했다. 그래서 그는 "루쉰이 만년에도 여전히 중국문단의 주동력(主動力)이 되어, 그의 일거일동(一擧一動)이 언제나 결정적인 의의를 갖게 된 것을 그저 막연히 그가 젊어서 세계적 명작 「아Q정전」을 쓴 과거의 명예와 공로의 소치(所致)라고 생각하는 것은 전혀 옳지 못하다. 이것은 루쉰의 중대한 의의를 이해하지 못하고, 문학에 대한 낡은 관념에서 벗어나지 못한 때문일 것이다"[60]라고 말했다. 이명선이 "민국 이래 참으로 지도자의 지위를 죽을 때까지 유지한 사람은 정치가로서의 쑨원(孫文)과 문학가로서 루쉰뿐이었다"[61]라고 하여 루쉰에게 최고의 찬사를 보낸 것도 루쉰의 잡감문이 당시 중국사회에 끼친 사상적 영향을 고려한 것이었다. 이명선의 『루쉰잡감문선집』에는 1919년부터 1936년까지의 루쉰의

59 李明善, 「魯迅雜感文選集 · 序」, 『李明善全集(1)』, 310쪽.

60 李明善, 「魯迅雜感文選集 · 序」, 『李明善全集(1)』, 310쪽.

61 李明善, 「魯迅雜感文選集 · 序」, 『李明善全集(1)』, 310-311쪽.

잡감문 27편이 수록되어 있는데,[62] 주로 반봉건적이고 반제국주의적인 비판정신이 충만한 글들로 구성되어 있고, 특히 1933－1936년에 씌어진 만년의 루쉰의 작품이 절반 이상을 차지하는 것도 바로 이 때문이다.

이명선이 1949년 3월 「루쉰 부인 징쑹(景宋) 여사의 프로필」이라는 글을 발표해 '징쑹(景宋) 여사', 즉 쉬광핑(許廣平)의 항일의지와 일본군의 만행을 고발한 것도 루쉰의 전투적인 비판정신과 관련이 있다. 1941년 12월 11일 일본군이 진주만을 공격해 태평양전쟁을 일으킨 지 4일째 되던 날, 상하이 일본 헌병이 루쉰의 미망인 징쑹 여사의 집을 급습했는데, 이명선은 이 사실을 설명하고 이때의 경험을 서술한 징쑹 여사의 『조난전후(遭難前後)』라는 글의 내용을 구체적으로 소개했다. 이명선에 따르면, 그 무도한 침략자는 조금도 관대하지 않았을 뿐만 아니라 루쉰의 장서, 원고, 서신, 인장 등을 수색해 일대수라장(一大修羅場)을 만든 뒤에 '항일의 죄명'을 씌우는 데 필요하다고 인정한 것을 커다랗게 두 보퉁이로 싸가지고 징쑹 여사를 헌병대 총부(總部)로 끌고 갈 때 가져갔다는 것이다. 이어 그는 "징쑹 여사가 그 지긋지긋한 고문을 이기고 무사(無事) 해방된 것을 정전둬(鄭振鐸)가 『조난전후』 서(序)에서 '승리'라고 말한 것은 과장도 아무것도 아니

62 『루쉰잡감문선집(魯迅雜感文選集)』에 수록되어 있는 루쉰의 작품은 다음과 같다. 1919년—1924년 「暴君의 臣民」(『熱風』), 「小로써 大를 안다」(『熱風』); 1925년 「개의 反駁」(『野草』), 「立論」(『野草』), 「燈下漫筆」(『憤』), 「青年 必讀의 書」(『華蓋集』), 「戰士와 파리」(『華蓋集』); 1926년 「한가지 比喩」(『華蓋集續篇』), 「꽃없는 薔薇 二」(『華蓋集續篇』); 1927년 「小雜感」(『而已集』), 「루쏘-와 脾胃」(『而已集』); 1931년 「中學生 雜誌의 質問에 答함」(『二心集』); 1933년 「偶成」(『南腔北調集』), 「航空救國의 三願」(『僞自由書』), 「光明이 이르는 곳에…」(『僞自由書』), 「中獨保粹의 優劣論」(『准風月談』), 「男子의 進化」(『准風月談』), 「印象을 무름」(『准風月談』); 1934년 「꺼꾸로 매단다」(『花邊文學』), 「매아미의 世界」(『花邊文學』), 「安貧의 道를 즐기는 法」(『花邊文學』), 「怪奇」(『花邊文學』), 「中國의 王道에 對하여」(『且介亭雜文』); 1935년 「現代中國에 있어서의 孔子님」(『且介亭雜文二集』); 1936년 「하나의 童話」(『且介亭雜文末編』), 「죽음」(『且介亭雜文末編』); 「二十四孝圖」(『朝花夕拾』)(이 글은 목차에는 없지만 원고에는 수록되어 있음).

다. 항일전쟁의 한 개의 위대한 승리에 틀림없었다"[63]라고 평했다. 또한 이명선은 "징쑹 여사와 같이 묵묵히 자기의 자리를 사수하여 문자 그대로 육탄(肉彈)으로 일제와 싸운 고난의 생활도 있었던 것이다. 아니 중국의 절대다수의 인민은 이러한 고난의 생활을 8년간 계속하였으며 능히 이 시련에 견디어내어 최후의 승리를 획득하였던 것이다"[64]라고 말함으로써 징쑹 여사의 항일투쟁정신을 기리고 중국 인민들의 장구한 항일투쟁으로 최후의 승리를 거두었음을 감동적으로 전하고자 했다.

요컨대, 이명선은 루쉰 문학 중에서 무엇보다 잡감문을 중시해 그로부터 루쉰 문학의 정수라 할 '전투적인 비판정신'을 부각시키면서 그것의 현실적 의의를 강조하고자 했다. 한국의 당대 현실과의 연관 속에서 중국 현대문학을 연구해온 그로서는 루쉰의 '전투적인 비판정신'을 선양하는 것이 무엇보다 절실한 사안이었다. 지식인으로서 강한 자의식을 가졌던 그에게 그것은 일종의 중대한 사회적 책무를 이행하는 것이기도 했다. 말하자면 이명선은 중국 신문학운동의 진전 과정과 루쉰 문학을 깊이 있게 연구함으로써 이를 참조 삼아 당대 현실의 실천운동에 적극 가담하게 된 것이다.

6. 당대 현실에 밀착된 루쉰 연구

지식인으로서의 정체성을 고민하고 민족적 자의식에 충만했던 이명선은 대학 재학 시기부터 사상적으로 계급사관에 기울어 중국의 반봉건계몽운동과 반제혁명운동과 밀접하게 연관된 중국 현대문학 및 루쉰 문학에

---

63 李明善, 「魯迅 夫人 景宋女史의 프로필」, 『李明善全集(2)』, 150-151쪽.

64 李明善, 「魯迅 夫人 景宋女史의 프로필」, 『李明善全集(2)』, 152쪽.

관심을 집중했다. 계급사관에 의거해 '민중'의식을 확보한 이명선은 전공 선배인 최창규, 김태준을 이어받은 사상적 계보를 형성하고 있는바, 그의 사상적 경향과 학문적 지향은 전공 선배로부터 받은 직간접적인 영향 속에서 파악해야 한다. 그가 경성제대를 다니면서 근대적 학문 방법에 눈을 뜨게 된 데는 지도교수인 카라시마 타케시의 학문적 영향이 크게 작용했겠지만, 그가 루쉰을 연구하고 졸업논문으로 「루쉰 연구」를 쓰게 된 데에는 김태준을 위시한 선배들이 끼친 사상적 · 학문적 영향이 더 근원적이었음을 간과해서는 안 된다.

해방공간에서 이명선은 중국 신문학운동의 전개 과정을 3단계로 구분해 설명하고 세 번째 단계인 '신문학혁명(新文學革命)'의 단계를 본보기로 삼아 한국의 신문학운동도 그러한 방향으로 나아가야 한다고 생각했다. '신흥계급'의 언어(대중어)를 현대 중국의 새로운 언어로 채택할 것과 중국어의 '라틴화' 문제까지 거론한 취추바이(瞿秋白)의 주장 및 이를 지지했던 루쉰의 견해를 중심으로 '신문학혁명'을 설명하고 그것을 당시 한국 신문학운동의 실천적 방향의 하나로 모색하고자 했다. 또한 그는 한국의 민족문학 건설을 위해 '타산지석으로서 중국의 선례'를 참조 삼아 저우양(周揚) 일파의 획일적이고 교조주의적인 '국방문학' 주장에 맞서 작가에게 창작의 자율성을 부여하려 한 루쉰의 '민족혁명전쟁 중의 대중문학' 주장을 적극 수용해 한국의 민족문학을 '민족혁명의 대중문학'으로 설정하고자 했다. 여기서 우리가 짚고 넘어가야 할 것은, 이명선이 "오늘의 조선의 사정과 (중략) 1936년의 중국의 사정과는 물론 상당한 차이가 있을 것이"[65]라고 인식했지만, 루쉰의 문예 입장을 신뢰해 그것을 한국 신문학운동에 곧바로 적용하려 한 것은 중국적 맥락과 한국적 맥락의 차이를 충분히 고려하지 않은 성급한 태도에 기인한다는 점이다. 이는 그가 한국 현실에 대한 구체

65 李魯夫(李明善), 「救國文學과 國防文學(2)」, 『조선중앙일보』 1948. 6. 27.

적이고 심도 있는 분석을 전제하지 않은 채 학문 연구를 통해 획득한 이론적 논리에 크게 집착하고 있었음을 뜻한다. 어쨌든 이명선은 근대 시기에 누구보다도 당대 현실에 밀착해서 중국 현대문학 및 루쉰 문학을 연구했는데, 그가 루쉰 문학의 정수라 할 '전투적인 비판정신'을 중시하고 그것이 가장 잘 구현된 루쉰의 잡감문—특히 사상적 전변 이후의 루쉰의 잡감문—에 주목해 잡감문의 현실적 의의를 강조한 것은 바로 이 때문이다.

이명선은 사회적 실천운동으로서 1945년 해방 직후 '조선문화건설중앙협의회'가 구성되자 이 협의회에 참가해 문학분과에서 활동했으며, 또 좌익 계열의 문학단체인 조선문학동맹(朝鮮文學同盟)이 결성되자 고전문학위원회 서기장으로 참여했다.[66] 조선문학동맹은 1946년 2월 9일 전국문학자대회에서 조선문학가동맹(朝鮮文學家同盟)으로 개칭되고, 회장에 이병기, 사무장에 이명선, 위원에 신구현(申龜鉉), 조직부장에 배호(裵澔)가 임명되었는데, 이 대회에서 김태준은 「문학유산의 정당한 계승방법」을 보고했다. 이명선은 해방공간에서 경성제대 전공 선배인 김태준, 배호 등과 나란히 좌익 문학단체에서 활약한 것이다. 이와 같이 이명선이 사회적 실천운동에 적극 가담하게 된 것은 그가 중국 현대문학 및 루쉰 문학을 연구함으로써 그로부터 어떤 실천적 방향성을 획득할 수 있었기 때문이다. 이명선이 중국 현대문학 및 루쉰 문학 연구에 매진한 것이 그의 사상적·학문적 경향성으로 말미암은 것이었다고 할 때, 중국 현대문학 및 루쉰 문학은 그에게 사회적 실천의 정당성을 입증해주는 참조체계로서 지적(知的)·정신적 상승의 계기로 작용한 것이다.

---

66 조선문학동맹(朝鮮文學同盟)의 고전문학위원회 위원장은 이병기(李秉岐)였고 위원은 박종화(朴鍾和), 김태준(金台俊), 이희승(李熙昇), 조윤제(趙潤濟)였다. 좌익 계열의 문학인 단체인 조선문학동맹은, 상대적으로 온건한 조선문학건설본부와 강경파가 중심이 된 조선프롤레타리아문학동맹이 1945년 12월 6일 두 단체의 통합 성명을 발표함으로써 결성된 것이다.

부록

루쉰과 그의 작품 _ 정래동

중국의 대문호 루쉰 방문기 _ 신언준

루쉰 추도문 _ 이육사

상하이를 떠나며: 유랑(流浪)의 항구에서 _ 김광주

루쉰의 미성작품(未成作品) _ 이명선

저우쭤런론(周作人論) _ 이노부

루쉰과 그의 작품 _ 김광주

일러두기

- 당시의 신문과 잡지에 실린 원문을 그대로 옮기는 것을 원칙으로 했으나 오늘날의 한글맞춤법에 따라 일부 낱말들을 고쳤다.
- 비문으로 된 몇몇 문장은 뜻이 통하도록 좀 더 매끄럽게 다듬었다.
- 우리의 한자음으로 표기되어 있던 중국의 인명 및 지명은 중국어 발음으로 바꿔 표기했다. 외국의 인명과 지명의 표기는 현대의 외래어표기법에 의거해 바꿨다.
- 독자들의 이해를 돕기 위해 본문 속의 괄호 안에 뜻풀이를 하거나 각주를 통해 설명을 덧붙였다.

루쉰과 그의 작품

정래동

1. 서언(緖言)

중국의 문예부흥이라고 하는 문학혁명을 후스(胡適)·천두슈(陳獨秀) 등 제씨(諸氏)가 제창하였다고 한다면, 문학혁명을 실행한 사람은 여기에 논하려 하는 루쉰(본명은 저우수런周樹人)일 것이다. 곧 문학혁명의 근본정신을 간단히 말하자면, 백화(白話)를 일반으로 쓰자는 것이며, 문언(文言)으로는 새 사상을 담을 수 없다는 것이다. 이 운동이 일어나자, 혹은 이 운동을 이어서 문학 작품 특히 단편소설을 능란한 백화로 쓰고, 그 소설의 내용이나 형식에 조금도 중국 구사상을 찬미한다든지, 혹은 구소설의 형식을 습용(襲用)한다든지 한 것이 없이, 처음으로 새 형식과 새 내용과 새 체재(體裁)를 창용(創用)한 사람은 곧 과거 십수 년간 중국문단에서 독보하다시피 한 루쉰일 것이다. 그러므로, 필자는 이러한 의미에서 루쉰을 중국 문학혁명의 실행자라고 부르고 싶다.

그는 그의 단편소설집『외침(吶喊)』에 수집한 단편소설 16편을『신청년

(新青年)』 및 기타 신문의 문예란 등에 발표하자, 신사상을 가진 일반학자·청년 및 신사상을 동경하여 알려고 하는 청년들에게 열광적인 환영과 동정을 받았었다.

그의 작품이 일반청년들에게 환영받았다고 해서 그의 작품이 결코 남녀의 달콤한 연애고사에 관한 것을 쓴 것이 아니요, 말하자면 건조무미한 향촌의 회억(回憶)을 쓴 것에 불과하였다. 그러나 그의 의도는 자못 향촌의 묘사에 그쳤다든지, 또는 감상적(感傷的) 추억을 하자는 것도 아니고, 냉정한 필봉으로써 중국인민의 보편성격을 폭로하여, 일반 혁명적 청년에게 자성할 힌트를 주는 것과, 심각하고 발랄한 풍자로써 독자(讀者)의 인상을 더 깊이 하자는 데 있었다. 그의 소설은 어느 한 편치고 풍자가 없는 편이 없다. 그러나 그 풍자는 얼음같이 냉정한 것도 아니요, 칼날에 예독(銳毒)이 흐르는 것도 아니다. 그 문장의 뒤에는 따뜻한 온정이 흘러서 더욱 독자로 하여금 매력을 느끼게 하며 감복하게 할 뿐이다.

이와 같이 하여, 전 중국의 문학청년의 시선을 일신(一身)에 받고 있던 루쉰이 근(近) 2, 3년에 와서는 일부 청년 간(間)에 그 전 『외침』시대와 같이 환영을 받지 못하고, 또한 시대의 정신에 앞선 무슨 창작을 발표치 않고, 거의 침체 상태에 있다. 이것을 일면(一面)으로 살핀다면, 벌써 중국 청년이 세계사조의 변천과 중국의 변혁에 영향을 받아서, 『외침』에 있는 정서 및 사상에는 만족할 수가 없게 된 것과, 일면으로는 루쉰 자신이 중국의 현재 및 장래에 대하여서나, 세계 인류의 장래에 또는 그 행정(行程)에 대하여 확실한 주견(主見) 및 파악이 없는 까닭인가 한다. 그러므로 이 대작가의 일(一) 변천기(變遷期) 혹은 침체 상태에 있는 시기(時機)를 당하여, 거진 평가가 된 과거의 작품을 평론 및 소개하는 것은 전혀 무의미한 일은 아니라고 생각한다.

그의 작품이 6, 7개 국어로 번역된 것은 필자가 중국문단을 소개할 때 거의 말하였지만, 우리의 문단에 번역된 것만 하더라도, 벌써 「광인일기」·「두발(頭髮) 이야기」·「아Q정전」·「상서(傷逝)」 등 4편을 들 수 있다. 이와 같이 그 작품이 세계적으로 전파된 것은 여실(如實)하게 세계의 술래잡기로 되어 있는 중국의 사정을 여실(如實)하게 묘사 표현한 것과, 또한 구주대전(歐洲大戰)을 전후하여 동방 문명이 세계의 연구거리가 된 것과, 그의 작품에 예술적 가치가 있는 까닭으로 볼 수 있다. 그의 작품 내용의 대부분은 청말(淸末)·민초(民初)의 중국 농민의 사상·생활을 작품 속에 축사(縮寫)한 것으로 볼 수 있고, 그의 『외침』하는 소리는 전부가 중국고래(古來)의 전설적 사상과 풍속·습관에 마비된 중국인에게 경종이 되었으며 의약이 되었다. 루쉰의 과거 공적(功績)을 일언(一言)으로 말하자면, '전통적·봉건적 사상에 대하여 도전(挑戰)해서 전승(戰勝)한 것'이라 하겠으니, 신흥 중국에게 자성(自省)과 자기인식(自己認識)을 하게 한 것으로 볼 수 있다.

중국뿐만 아니라 근래 세계 각국을 물론하고, 자성·자기인식이 부족함으로써 무위(無爲)의 희생과 혁명 기타의 일체(一切) 문화에 얼마나 많은 실패를 하고 쇠퇴를 하였는가! 신해혁명, 5·4운동 당시에는 중국에 있어서 무엇보다도 자성·자기인식이 필요하였다. 이 일을 당시에 루쉰은 하였다. 그러나 루쉰이 지금에 이르러서 '사상의 권위'이니, '청년의 선구(先驅)'이니 하게 되지 못한 것은 확실히 신해혁명 당시와 『외침』이 처음 출판될 때와 같이, 명쾌하고 투철하게 중국의 현대를 어떻게 인식할 것인가를 지시(指示)하지 못하는 까닭이라고 나는 믿는다.

그의 창작은 『외침』 이후에 『방황』이란 단편소설집이 나오고, 그 후에는 『야초』라는 산문·시 등이 실린 소책(小册)이 나오고, 최근에 『조화석습(朝華夕拾)』(아침 꽃을 저녁에 줍다의 뜻)이라는 회억문(回憶文) 10편이 실린 소책이 나오고, 논문으로는 『무덤(墳)』이 있고, 잡감집(雜感集)으로는 『열풍(熱風)』·『화개집(華蓋集)』·『화개집속편(華蓋集續編)』·『이이집(而已集)』이 있고, 그 밖에 수많은 번역서적이 있다. 번역서 중에는 아르찌바세프의 『노동자 세빌로프』도 있고, 예로센코의 동화극(童話劇) 『도색(桃色)의 구름』도 있고, 『최근 러시아의 문예정책』도 있고, 일본의 쓰루미 유스케(鶴見祐輔) 저 『사상 · 산수 · 인물』도 있고, 구리야가와 하쿠손(厨川白村)의 『고민의 상징』 · 『상아의 탑을 나서서』 등이 있고, 루나찰스키의 『예술론』과 동저(同著) 『문예와 비평』 등 논문 · 소설 · 극 등으로 다방면이어서, 일일이 열거할 수 없다. 그가 편찬한 것으로는 『소설구문초(小說舊聞抄)』 · 『중국소설사략(中國小說史略)』 · 『당송전기집 상 · 하(唐宋傳奇集 上 · 下)』 등이 있다.

그의 번역은 원문의 차이(差異)없이 정확하고 간명하다고 정평(定評)인데, 거의가 일어(日語)에서 중역(重譯)한 것이 많다고 한다. 그는 창작을 하거나 번역을 하거나 조금도 피로를 느끼지 않고, 수많은 서적을 출판한 것으로만 보더라도, 얼마나 강의불발(剛毅不拔)할 의지와 열정의 소유자인지를 알 수가 있다.

루쉰이 『외침』을 쓸 때에 강적(强敵)은 소위 '지호자야(之乎者也)'의 투어(套語)로 쓰던 구사상가이며, 구학자 즉 문언파(文言派)이었고, 현금(現今)에 와서는 그의 강적은 소위 혁명문학파(곧, 마르크스주의 문학파)일 것이다. 그들 즉 혁명문학파들은 루쉰의 과거 작품을 소(小)부르주아 작품이라고 하여, 루쉰의 사상은 개인 · 자유주의라고 만매(漫罵)한다. 그러나 루쉰은 역시 태연하게 '혁명(革命) 혁혁명(革革命) 혁혁혁명(革革革命)……' 등 문구(文句)로써 혁명문학자들을 조소 · 반격하고 있다. 그 자세한 전말(顚末)은 여기서 일일이 기술할 수는 없지만, 대략 말하자면, 소위 혁명자라고 하는 사람들이 실지(實地)에 노농자의 이익을 도모할 수 없다는 것과, 문(文)은 혁명과 절실한 관계가 있는 것이 아니고 거리가 먼 것이어서, 실지(實地) 혁명에 별다른 효과를 낼 수가 없다는 것이다. 중국에 혁명문학 즉 마르크스주의 문학이 수입되어 와서, 자기가 소(小)부르주아작가라고 공격을 받자, 루쉰은 크게 각오한 바가 있어서인지, 많은 일본 · 러시아의 무산계급문학의 이론을 번역하여, 중국의 군(君)들이(마르크스주의 문학자) 주장하는 문학은 즉 '내가 번역한 러시아 · 일본에서 직수입한 것이지만, 실지(實地)에 있어서 얼마나 유치하고 착오가 많은가?'를 보란 듯이 혁명문학자에 지지 않을 만큼 무산계급문학의 이론을 소개하고 있다.

자기의 창작이 침체 상태에 있는 것을 지적하여, 트로츠키가 「문학과 혁명」에서 말한 바와 같이, 마르크스주의 이외의 작가는 실지현상(實地現象)을 파악하지 못하고, 또는 인식하지 못하고, 방황하며 침체 상태에 빠진다는 것과, 같은 상태에 루쉰이 빠졌다고 하면, 루쉰은 반박하기를 '사람은 쉴 때도 있는 것이라'고 배를 내밀고 있다.

근일(近日) 서적 광고에 보면, 『전변(轉變) 후의 루쉰』이라는 책이 출판된다 하였는데, 그 내용은 아직 알 수가 없거니와, 하여간 이후의 루쉰의 작품에 대하여는 많은 주목을 하고 있으며, 촉망하는 바가 많다.

루쉰의 작품에 관한 비평 · 감상 · 인상 등을 휘집(彙集)한 서적으로는 『루쉰과 그 저작에 관하여(關于魯迅及其著作)』이라는 것이 있고, 최근에 다소 신(新)재료와 상기(上記) 서적에 게재된 것을 포함한 『루쉰론(魯迅論)』이란 책이 있으며, 『광저우에 있는 루쉰(魯迅在廣州)』이라고 한 책 등이 있다.

필자가 이 글에서 논하려 한 것은 주로 그의 작품에 관한 것이므로, 기타 저작 및 논문 · 잡감 등은 필요시에 가끔 인용하는 데 그치겠다.

2. 루쉰 자서전략(自敍傳略)

나는 1881년 저장성(浙江省) 사오싱부(紹興府) 성내(城內) 저우씨(周氏)의 집에서 태어났다. 부친은 선비고, 모친은 루씨(魯氏)인데, 촌사람으로 자습을 하여 능히 독서하게까지 되었다. 사람의 말을 들으면, 내가 어렸을 때에 우리 집에는 4, 50묘(畝)의 수답(水畓)이 있어서 생계에 그리 곤란하지 않았다 한다. 그

랬는데 내가 13세 때에 우리 집에 홀연히 큰 변고가 나서, 거의 아무것도 없게 되어, 나는 우리 친척의 집에 가서 사는데, 어떤 때는 거지라는 말까지 듣게 되었다. 나는 여기서 집으로 돌아가기를 결심하였는데, 나의 부친은 또한 중병에 걸려서 약 3년이나 된 후에 돌아갔다. 나는 점점 극히 적은 학비까지도 어찌할 수가 없이 되었다. 나의 모친은 내가 막우(幕友, 개인적인 참모)나 혹은 상인이 되기 싫어하기 때문에—이것은 우리 시골에서 쇠락한 선비의 집사람들의 자제가 잘 하는 두 가지 길이다—여비를 조금 준비하여 주시면서 '학비를 받지 않는 학교를 찾아가라'고 하였다.

그때 나는 18세였는데 난징(南京)까지 가서 수사학당(水師學堂) 기관과(機關科)에 입학하여 다녔었다. 한 반년 다니다가 나와서 다시 광로학당(礦路學堂)에 들어가, 광산을 개굴(開掘)하는 것을 배우고, 졸업한 후에 일본에 유학을 가라고 파견되었다. 그때 내가 도쿄(東京)의 예비학교(豫備學校)[1]를 졸업할 때에 나는 의학을 배우기로 결심하였다. 그 원인의 하나는 신의학(新醫學)이 일본 유신에 막대한 공헌이 있었던 것을 확실히 알게 된 까닭이었다. 나는 그래서 센다이의학전문학교(仙臺醫學專門學校)에 들어가 2년간 재학하였다. 정(正)히 그때가 러·일전쟁(露日戰爭) 때인데, 우연히 활동사진(活動寫眞)에서 한 중국인이 정탐을 하다가 피참(被斬)된 것을 보고, 중국에서는 응당히 먼저 신문예(新文藝)를 제창하여야 할 것을 느꼈다.

나는 곧 학적(學籍)을 떠나서 다시 도쿄(東京)에 와 몇 붕우(朋友)와 작은 계획을 했으나, 다 계속하여 실패하였다. 또 독일에 가려고 하다가 역시 실패하고 말았다. 우리 모친과 그 외 몇 사람이 나의 경제적 원조를 바라서, 마침내 중국으로 돌아왔었다. 이때 나는 29세이었다.

나는 회국(回國)하자마자, 곧 저장(浙江) 항저우(杭州)의 양급사범학당(兩級師範學堂)에서 화학과 생리학 교원을 하였다. 제2년(第二年)에 나와서 사오싱중

1 중국인 유학생들을 위해 일본어와 기초과학을 가르치던 고분학원(弘文學院)을 가리킨다.

학당(紹興中學堂)에서 교무장(敎務長)을 하다가, 제3년 때 또 나왔는데, 별로 어디로 갈 곳이 없어서, 어느 서점에 가서 편역원(編譯員)이 되려 하였으나, 끝끝내 거절을 당하고 말았다.

그러나 혁명도 곧 발생하여 사오싱이 광복한 후에 나는 사범학교 교장이 되었다. 난징에 혁명정부가 성립되자 교육부장(教育部長)이 나를 청하여 부원(部員)이 되라고 해서, 베이징에 이입(移入)한 후 지금까지 계속하였다. 요 몇 해에는 베이징대학(北京大學) · 사범대학(師範大學) · 여자사범대학(女子師範大學)의 중문계(中文系)의 강사를 겸임하고 있다.

내가 유학 당시에는 자주 잡지상(雜誌上)에 되지도 않은 글을 써서 내었다. 처음 소설을 쓰기는 1918년이었는데, 그것은 친한 벗 첸쉬안퉁(錢玄同)의 권고로 『신청년(新靑年)』에 발표하였다.

이때에 처음 루쉰(魯迅)이라는 필명을 쓰고, 항상 다른 이름으로 단문(短論)을 지었다. 현재 인쇄하여 출판한 서적은 다만 한 권 단편소설집 『외침(吶喊)』이 있을 뿐이고, 그 외의 것은 여기저기 수종(數種)의 잡지상에 산재하여 있다. 번역 외에 출판한 다른 것은 또 한 권 『중국소설사략(中國小說史略)』이 있을 뿐이다.

1925년 6월 『어사(語絲)』 소재(所載)—필자 부기(附記)

이 자서전략을 지은 후 루쉰은 1926년 봄 장쭤린(張作霖)이 베이징(北京)에 들어오려 할 때, 50명의 과격 교수와 지식분자를 체포하려고 할 때, 그도 그 대상 중의 한 사람이어서, 친우의 주선으로 샤먼대학(厦門大學)으로 피하게 되었다. 거기서도 오래 있을 수가 없어서, 다시 광저우(廣州)로 가게 되어, 수권(數卷)의 저서를 편집하고, 최근에는 상하이(上海)에서 전혀 문필생활만을 한다고 한다.

중국문단에서는 수입이 제일위(第一位)에 가고 생활도 그 전 베이징에 있을 때와 같이 간소하게 하지 않고, 다소 부르주아적이라고 하는 말을 들었는데, 확실 여부(與否)는 알 수가 없다.

3. 『외침(吶喊)』

(1) 루쉰과 예술(『외침』의 「자서(自序)」)

우리는 상장(上章) 「자서전략」에서 루쉰이 어떠한 사람이며, 어떠한 경력을 가진 사람인 것을 대략 알았거니와, 다시 그의 『외침』의 「자서」를 볼 것 같으면, 그의 과거생활을 더 자세히 알 수가 있으며, 또한 그가 문예를 선택한 목적, 소설을 쓰게 된 동기 및 원인과 그의 예술에 대한 태도를 상세히 알 수가 있다.

우리는 이 작가의 문예로 진출한 경로를 알기 위하여, 다소 자서전과 전후 중첩되지만, 『외침』의 「자서」를 축구적(逐句的)으로 볼 필요가 있다.

그 「자서」에 보면, 그는 어렸을 때 자기 가세(家勢)가 쇠패(衰敗)하여짐과, 자기 부친의 병으로 인하여 거의 매일 전당포에 다니면서 의복 · 목걸이 등을 전당(典當)하여 가지고, 부친을 위하여 거의 매일 약을 사러 다녔다 한다. 그러다가 부친은 죽고, 모친이 8원(元)의 여비를 변통하여 준 것을 가지고 난징에 가서 어느 학당에 들어가서, 「전체신론(全體新論)」 · 「화학위생론(化學衛生論)」 등을 보고, 중의(中醫)의 의론(議論)이나 제방(劑方)하는 것이 의식중이든 무의식중이든 기편(欺騙, 남을 속임)에 지나지 못하는 것을 깨닫고, 또 번역한 역사를 보고, 일본의 유신의 태반은 서양의학에서 발단한 것을 알고, 의학을 배워가지고 중국을 구원하며, 중의에 기편을 당하고 있는 병인(病人) 및 그 가족을 위하여 노력을 할 결심을 하였었다. 그 후 그의 희망하던 의학을 공부하게 되었다. 그래서 그는 일본의 센다이(仙臺)에 가서 신의학을 공부하다가 자서전에 말한 것과 같이, 일 · 러전쟁(日

露戰爭)의 실사(實寫) 활동사진에서 중국인이 밀정(密偵)을 하다가 일본인에게 피참(被斬)된 것을 보고는, 그 목적을 변경하였다 한다. 그 이유는 우약(愚弱)한 국민을 어떻게 체격을 건전(健全)하게 하여도 자못 조금도 의의 없는 시중(示衆, 조리돌림)의 재료만 될 뿐이니, 병들어 얼마가 죽더라도 그것은 불행한 일이 아니다. 그러므로 우리의 제일요무(第一要務)는 그들의 정신을 개변하는 데에 있고, 그들의 정신을 개변하는 데에는 문예가 제일급무(第一急務)인 것을 깨달았기 때문에, 문예운동을 제창하였다는 것이 곧 루쉰이 문예를 지원한 원인의 대개(大槪)이다.

우리는 이 일로 보아서 루쉰이 자못 자기 기호에 따라서 혹은 자기 천재에 따라서 문예를 선택한 것이 아니고, '중국인민을 구하겠다는 뜻'에서 문예를 제창한 것을 알 수 있으며, 그의 창작의 원천을 살피어 보면, 루쉰이 예술에 대한 태도를 알 수가 있으며, 따라서 『외침』의 유래도 알 수 있을 것이다.

그는 『외침』의 「자서」 처음에 이러한 말을 하였다.

> 내가 젊었을 때 많은 꿈을 꾸었었는데, 그 뒤에 태반은 잊어버렸다. 그러나 자신은 그리 가석(可惜)하게 여기지는 않는다. 소위 회억(回憶)이란 것은 사람으로 하여금 흔환(欣歡)하게 하나, 더러는 사람으로 하여금 적막하게 하는 수도 있고, 정신의 사서(絲緖, 실마리)로써 벌써 지나간 적막의 시광(時光)을 끌어낸들 무슨 의미가 있겠는가? 그러나 나는 전부 잊어버리지 못한 데 한갓 고통을 느낀다. 이 전부 잊어버리지 못한 일부분이 현재 와서 『외침』의 유래가 된 것이다.

루쉰은 『외침』의 유래가 곧 청춘 시(時)의 꿈을 써낸 것이라고 한다. 곧 그의 잊지 못하여 고통(苦痛)한 것을 표현하며, 부르짖은(吶喊) 것이 『외침』의 유래라고 한다. 이것이 곧 루쉰의 예술이다.

또 그는 1923년 베이징여자고등사범학교(北京女子高等師範學校)에서 「노라가 달아난 후에는 어떻게 되었는가?」 하는 제목하에서 강연을 하면서, 이 '꿈'에 대하여 더 구체적 설명을 하였다.

…… 만약 길을 찾지 못하면, 우리의 할 일은 곧 꿈을 꾸는 것이다. (중략) 그러나 꾸어서는 못쓸 것은 장래의 꿈이다. 아르찌바세프가 그의 소설을 빌어서 장래의 황금 세계를 꿈꾸는 이상가(理想家)에게 이러한 질문을 하였다. 그러한 세계(황금세계)를 만들기 위해서는 먼저 많은 사람들을 환기(喚起)하여 고통을 받게 한다. 그는 말하기를 '너희들은 황금 세계를 그들의 자손에게 예약하여 준다. 그러나 그들 자신에게는 무엇을 주겠는가?' (논문집 『무덤(墳)』에서)

그는 자기 소설을 '잊지 못하여 고통하는 청년 시의 꿈의 일부분'이라고 하였고, 자기가 처음 소설을 쓰게 된 동기와 원인도 그 서문에서 말하였다.

소설을 쓰게 된 원인의 하나는 당시 신사조(新思潮)를 고취하고 구사상 및 구제도를 배척하던 『신청년』의 편집인이요 루쉰의 친우인 '첸쉬안퉁(錢玄同)의 권(勸)에 못 이겨 썼다'고 하면서, 자기가 어떻게 하여 황량한 처지에 있었던 것을 말하며, 또한 좋은 비유를 들어 소설을 쓰기 시작한 이유를 말하였다.

그가 「광인일기(狂人日記)」를 쓰기 직전에는 S회관(會館)의 음울한 삼간방(三間房)에서, 찾아오는 사람도 없이 고적(孤寂)한 생활을 하면서, 고비(古碑)를 초(抄)하고 있었다 한다. 그때 찾아오는 사람이라고는 진신이(金心異, 첸쉬안퉁을 가리킴)뿐이었는데, 가끔 와서 이야기를 하던 중, 어느 날 저녁에는 루쉰이 초하여 놓은 고비를 떠들어보면서, 이러한 문답이 있었다 한다. 지금 번잡한 것을 피하지 않고 그 문답을 옮겨 보겠다.

"자네 이런 것을 초(抄)하여서 무슨 소용이 있는가?"

"아무 소용도 없어!"

"그러면 그것을 초하는 것이 무슨 의미가 있는가?"

"아무 의미도 없어!"

"내 생각인데, 자네 글을 지어 보게!"

여기서 루쉰은 스스로 생각하기를 "나는 그의 뜻을 알았다. 그들은 같이 『신청년』을 하는데, 그때 특별히 와서 찬동하는 사람도 없고, 또한 아무도 와서 반대한 사람이 없어서, 내가 생각건대 그들은 적막을 느꼈는지도 모르겠다"고.

그러나 말하기를

"만약 한 간(間) 철방(鐵房)이 있어서 문창(門窓)도 절무(絶無)하여 파괴하기가 퍽 어려운데, 그 안에는 많은 잠든 사람이 들어 있어서 불구(不久)에 질식하여 죽을 것이다. 그러나 혼수에서 사멸로 들어가면, 별로 죽는다는 비애를 느끼지 않을 것이다. 지금 네가 크게 소리를 쳐서 잠이 설풋한 몇 사람을 깨워서, 이 불행한 소수자로 하여금 만구(挽救)할 수 없는 임종의 고초를 받게 한다면, 너는 그 사람들에게 면목이 있을까?"

"그러나 몇 사람은 벌써 일어났다. 너는 조금도 이 철옥(鐵屋)을 파괴할 희망이 없다고는 할 수가 없을 것이다."

여기에 '철옥'이니 '잠든 사람'이니 혹은 '몇 사람이 벌써 일어났다' 하는 것은 당시의 중국사회의 현상(現狀)을 말한 것이고, '몇 사람' 운운은 『신청년』 하는 사람들을 가리킨 것이리라.

그렇다. 나는 비록 확신이 있다고는 하지만, 희망에 이르러서는 이를 말살할 수가 없다. 그 이유는, 희망은 장래에 있는 것이므로, 결코 나의 꼭 없으리라는 증명(證明)을 가지고, 그의 소위 있겠다는 것을 절복(折服)할 수는 없었다. 그래서 끝끝내 내가 글을 짓겠다고 응답을 하였다. 이래서 최초의 일편(一篇)이 곧 「광인일기」이다. 이후로 일발(一發)하여 다시 수습(收拾)하질 못하고, 매양 소설과 같은 글을 써서, 붕우의 촉탁을 부연(敷衍, 그럭저럭 응하다)한 것인데, 오랫동안 모아 놓으니 십수 편(十數篇)이 되었다.

이와 같이 자기가 소설을 처음 쓰던 원인 · 동기를 말하고, 그는 또 그의 '외침(吶喊)'한 것, 곧 그의 소설의 근본원천은 자기의 과거에 잊지 못할 적막의 비애라고 하였다. 그는 처음 적막을 느낀 것은 물론 유년(幼年) 시대에 전당포와 약국을 다닐 때부터이겠지만, 자기의 적막한 비애를 의미한 것은 문예운동을 목적하고 센다이의전(仙臺醫專)에서 나와서, 도쿄에 돌아와 『신생(新生)』이라는 잡지를 내려다가, 여러 가지 이유로 실패한 후라고 하였다.

내가 그 전에 경험하여 보지 못한 무료(無聊)를 느낀 것은 이 뒤의 일이다. 당시에는 어째서 그런지를 모르겠더니, 후에 생각하여 보니, 무릇 한 사람의 주장이 찬동을 얻으면 그 전진(前進)을 촉진(促進)하고, 반대를 받으면 그 분투(奮鬪)를 최촉(催促)하고, 자못 낯선 이들(生人) 중 고함을 쳐서, 낯선 이들이 별로 반응이 없으면, 즉 아무 찬동도 없고 반대도 없어 흡사 몸을 무변(無邊)한 황원(荒原)에 둔 것 같아서, 어찌할 줄을 모르게 하면,[2] 이것은 얼마나 비애(悲哀)한 일이겠는가? 나는 여기서 느낀 바를 적막(寂寞)이라고 한다.

---

2 이 단락의 원문은 "催促하고, 자못 生人 중 다 吶喊을 쳐서, 삶이 별로 反應도 없고 아무 贊同이 없으므로, 역시 反對도 없어 흡사 몸을 無邊한 荒原에 둔 것 같아서, 없이할 줄을 모르게 하면"으로 되어 있는데, 의미가 분명하지 않으므로 루쉰의 원문에 의거해 약간 수정한 것이다.

…… 아직 전일(前日) 내 자신[3]의 적막한 비애를 잊지 못하므로, 어떤 때는 역시 몇 번 '외침'을 쳐서 적막한 중에서 분치(奔馳, 내달리다)한 맹사(猛士)들을 위자(慰藉)하여, 그로 하여 전구(前驅)하는 데 꺼림이 없게 하려고 했다.[4]

적막이 곧 그로 하여금 소설을 쓰게 한 큰 원인이라고 하였다. 아니 그는 소설을 쓰지 않고는 그 끓어오르는 고통의 가슴을 억제할 수가 없어, 고함이라도 쳐야 마음이 시원하여진다. 그 고함을 글자로 써 놓은 것이 곧 『외침』이고, 곧 그의 모든 작품일 것이다.

위에서 루쉰의 생애 및 문예로 진출한 동기 및 원인 등의 윤곽을 말했거니와, 진일보하여 그의 작품에 나타난 그의 사상, 그 관찰, 그의 태도를 세밀하게 연구하여 볼 필요를 느낀다.

(2)『외침』

본래 순서로 하면,『외침』에 대한 평을 할 것이나, 독자의 편의를 도모하여 대강 요점 혹은 특이한 점만일지라도, 일일이 그 내용의 경개(梗概, 작품의 대강의 줄거리)를 말한 후에, 특히 일반의 정평(定評)이 있고, 필자의 마음에 좋은 작품으로 생각되는 것을 골라, 비교적 상세하게 경개를 말한 후에, 그에 대한 비평과, 그의 우의(寓意) 기타를 토론하려 한다.

루쉰의 단편소설집『외침』내에는 모두 15편의 소설이 실렸으며, 보통 그의 자서(自序)를 합하여 16편이라고 하나, 필자는 이미 상단(上段)에서 그 자서의 대부분을 말하였기에, 그 서(序)는 약(略)하고, 나머지 15편의 목차를 열기(列記)한 후, 내용이 비슷한 것을 포괄하여 말하고자 한다.

---

3 원문에는 '자기(自己)'로 되어 있으나 정확한 의미 전달을 위해 '내 자신'으로 고쳤다.

4 원문에는 "그로 하여 前驅이었던 데 꺼림이 없게 하는 것을 免치 못한다"로 되어 있으나 의미가 분명하지 않아 루쉰의 작품 원문에 의거해 약간 다듬었다.

『외침』의 목차

광인일기(狂人日記), 쿵이지(孔乙己), 약(藥), 내일(明天), 작은 사건(一件小事), 두발 이야기(頭髮的故事), 풍파(風波), 고향(故鄕), 아Q정전(阿Q正傳), 단오절(端午節), 백광(白光), 토끼와 고양이(兎和猫), 오리의 희극(鴨的喜劇), 시골 연극(社戱), 부주산(不周山)

이들 소설의 내용을 비슷한 편(篇)으로 분별하여 본다면, 「광인일기」와 「아Q정전」, 「약」과 「내일」, 「두발 이야기」와 「풍파」, 「쿵이지」와 「백광」 및 「단오절」, 「토끼와 고양이」와 「오리의 희극」, 「고향」과 「시골 연극」 들은 공통점이 있다고 볼 수 있다.

「광인일기」는 고래(古來)의 악습에 전염된 사람들의 본색을 폭로시키는데 대하여, 일반인은 그 사람을 '광인'이라고 하여, 그 사람의 의견을 상대도 하지 않고 도외(度外)에 치지(置之)하며, 심지어는 말살까지 하려 한 것을 그린 것이고, 「아Q정전」은 당시 중국의 소위 정신문명의 여얼(餘孼, 여독)로 인하여 자만자족(自滿自足)한 사유(思惟)로써 사실을 곡해하는 것이랄지, 또는 중국 농민의 몽매한 것과 세리(勢利)하는 지식분자의 허위 및 기편(欺騙)으로 인하여 발생하는 무식한 농민의 희생 등을 표현한 것이어서, 청말(淸末) · 민초(民初)의 중국의 일반적 사상 경향 및 향촌의 현실을 묘사한 점으로 보아, 루쉰의 작품으로 중대성을 가지게 되며, 동시에 공통점을 발견할 수 있다.

「약」과 「내일」은 똑같이 중국 구의술(舊醫術)의 불발달(不發達)과 의생(醫生)의 냉담(冷淡)을 쓴 것인데, 발생하는 병자의 비극 및 소위 우리나라에서 향촌에도 성행하는 단방약(單方藥)으로 인하여 희생된 자를 그린 것이어서, 루쉰이 처음 의학으로 중국을 구하려고 결심한 만큼 심각하게 그렸으며, 「약」에는 또 다른 의미가 포함된 것을 볼 수 있다.

「두발 이야기」는 민국(民國)의 국경일인 쌍십절(雙十節, 10월 10일)을 당하여 한 선배가 자기의 두발을 끊고 신고(辛苦)하던 회억담(回憶談)을 한 것이고, 「풍파」는 신해혁명(辛亥革命) 당시에 향촌에서 단발(斷髮)한 것을 가지고, 향촌의 남녀노소가 그 이해득실을 상론(相論)한 것이 그 주재(主材)가 되어 있어서, 소설 내의 주인공의 사상 및 성격 · 지식 정도는 다를망정, 다 같이 단발문제를 다룬 점이 동일하다고 볼 수 있다.

단발을 하느냐, 안 하느냐 하는 문제는 우리나라에서도 '일진회(一進會)' 당시부터 최근까지, 혹은 향촌에 있어서는 현금(現今)까지, 가정 및 일반사회에서 문제되었던 만큼, 중국의 그것과 공통한 정형(情形)을 볼 수 있어서, 우리로서는 퍽 홍미있는 작품들이다.

「쿵이지」는 향촌의 '지호자야(之乎者也)'를 상투어로 쓰는 하류 지식분자의 쇠퇴(衰頹)하여진 것을 그린 것이고, 「백광」 역시 구식 훈장(訓長)이 현(縣)에서 보는 문관시험에 16회나 낙제를 하고는, 가내전래(家內傳來)의 미언(迷言)에 정신이 팔려, 자기가 살고 있는 조상전래(祖上傳來)의 '집 안에 금은이 묻혔다'고 하여 파내다가 실패하고, 또 '산 속에 금전이 있을 것이다' 하고 파다가 역시 실패하고, 마침내 호수에 빠져 죽은 것을 그린 것이어서, 역시 지식층을 그린 것이다.

「단오절」은 신식 지식분자가 경제적 환경에 따라 사상까지라고 할 수는 없지만, 일상 사물에 대한 태도가 변한 것을 그리고, 사회적 환경으로 인하여 열렬한 정감은 없어지고, 둔피(遁避)하는 구실을 자기 태도에 구한 것을 그린 것이어서, 역시 지식분자를 다룬 점이 세 편에 공통되어 있다.

「오리의 희극」은 러시아의 맹인 시인인 예로센코가 루쉰의 친제(親弟)되는 저우쭤런(周作人)의 집에 있을 때, 자연의 음악을 들으려고 올챙이(蝌蚪)를 사다가 개구리가 되기를 기다리며, 가축을 기를 것을 권하며, 따라서 이 맹인 시인이 오리를 기르다가, 갑자기 자기 모친이 보고 싶다고 베이징을 떠난 후에, 루쉰은 예로센코를 회억(回憶)하여 쓴 것이고, 「토끼와 고양이」도 역시 예로센코의 영향을 받아 동물에 관한 것을 썼다고 하는데, 일면으로 보면 루쉰은 본래 유년 시부터 '고양이'를 싫어한 성질이 있었으므로, 이런 것을 제재로 한 것 같다. 이 두 편은 동물을 제재로 한 점이 같다.

이 중에 「작은 사건」은 그 분량도 불과 4면이었고, 그 사건의 발전으로 보아서 소설이라고 하기가 어렵다는 평은 있지만, 퍽 감명깊은 「아Q정전」·「광인일기」 등과 같이 루쉰의 일면의 성격을 잘 표현한 작품이다. 그 내용은 이렇다.

어느 날, 인력거를 타고 가다가 인력거가 어느 노여인(老女人)의 옷에 걸려서 여인이 천천히 자빠진다. 그래 인력거를 탄 사람 곧 작자 자신은 별로 탈 없는 것을 여인이 풍을 떠는 줄 알고, 인력거꾼(人力車夫) 보고 그만 두고 가자고 하였다. 그럼에도 불구하고, 인력거꾼은 여인을 데리고 파출소로 간다. 그때 작자는 그 인력거꾼의 뒷모양이 점점 커 보였다. 그러나 순경이 와서, '다른 인력거를 불러 타고 가라'고 하면서, 한 주먹 동전을 집어 주어, 걸어갔었다는 것이다.

이 일이 항상 자기의 기억에 새로워서 고통스럽게 하고, 그 전 유소시(幼少時)에 읽은 '자왈 시운(子曰詩云)'은 반구(半句)를 욀 수가 없었어도, 이 '작은 사건(一件小事)'은 눈앞에 늘 나타나서, 작자로 하여금 참괴(慚愧)하게 하고, 자신(自新)하게 하고, 자기의 용기와 희망을 증장(增長)한다는 것이 그 경개(梗槪)이다.

루쉰은 남을 풍자하고 사회의 암흑면을 폭로하도록 냉담한 것 같아도, 그 이면에는 늘 흐르는 온정(溫情)이 나타난다. 이 글은 정(正)히 루쉰의 가슴에 흐르는 온정을 그린 작품이어서, 루쉰의 성격을 아는 데 중요한 작품이다.

「고향」과 「시골 연극」은 루쉰의 특장의 하나인 회억담을 그의 기교의 전부를 내어 그렸다고 해도 과언이 아니겠다. 두 편이 다 유년 시의 향촌생활을 뒷날에 다 큰 뒤에 회억한 것이어서, 시골의 아동생활이랄지 향촌의 풍경묘사 등이 세계의 어느 작가에게도 빠지지 않을 작품이다. 후에 상세히 토론하겠기로 여기서는 약(略)한다.

『외침』의 맨 끝에 있는 「부주산」의 취재(取材)를 중국 상고(上古)의 신화에서 한 것이어서, 작자의 의도가 명확히 나타나지 않으므로, 이해할 수 없는 작품이라고 하는 평가도 있고, 이상을 포함한 작품이라고도 하나, 난해품(難解品)의 하나이어서 그 의도를 알 수 없으므로 약한다.

(3) 「아Q정전」

루쉰의 특장인 향촌 농민의 사상 상태 및 생활 양식의 묘사 및 향촌의 풍경의 묘사와 그의 독특한 풍자, 그의 유일한 회억과 그의 장점인 사회 암흑면의 폭로 등, 이상 모든 특점(特點)을 유용(流湧)시키는 열정을 포함한 작품 즉 『외침』에 실린 정신의 전부를 알 만한 작품을 필자는 선택한 결과, 정평 있는 「아Q정전」과 「고향」과 「작은 사건」을 가렸으나, 「작은 사건」은 상단에서 너무 자세하게 소개하였으므로 약하고, 나머지 두 편만의 경개를 쓰려 한다.

「아Q정전」의 경개

「아Q정전(阿Q正傳)」은 분단(分段)으로 되어 있는데, 제1장은 「서」, 제2장은 「우승기략(優勝記略)」, 제3장은 「속우승기략(續優勝記略)」, 제4장은 「연애의 비극」, 제5장은 「생계문제」, 제6장은 「중흥에서 말로까지(從中興到末路)」, 제7장은 「혁명」, 제8장은 「혁명 불허(不準革命)」, 제9장은 「대단원(大團圓)」 등 모두 9장으로 '아Q'라는 사람의 일생을 그린 것이다. 곧 아Q는 성도 없고, 이름도 불분명하여서, 로마자(羅馬字) Q를 대용(代用)하게 되고, 그의 원적(原籍)도 미상(未詳)하고 집도 없어서, 아Q가 오래된 웨이좡(未莊)이란 촌의 토곡사(土穀祠, 사당의 일종)에서 살고, 일정한 직업도 없어서, 그 동리 사람들에게 품을 팔아 겨우 살아가는 것이었다.

따라서 그는 사람들의 놀림거리나 되고, 사람들이 일이나 있으면 그를 일 잘한다고 칭찬이나 하면서 부리는데, 실로 사람 축에도 들지 못하였던 것이다. 그러나 그는 자존심이 있어서 웨이좡 인민이 존경하는 자오나리(趙太爺)·첸나리(錢太爺)도 아Q의 눈에는 없었고, 이 두 나리(太爺)의 아들들 곧 두 문동(文童)도 아Q의 눈에는 한 푼의 가치도 없이 보였다.

다시 말하자면, 아Q는 마을 유지들을 정신상으로는 격별(格別)한 숭배를 하지 않을 뿐만 아니라, '내 아들도 그보다는 훨씬 낫다'고 생각하였다. 또, 아Q는 성(城) 안에도 몇 번 가서 그의 견식은 퍽 넓었다.

그러나 그에게는 결점이 있었다. 그것은 곧 머리 위에 부스럼 터가 있는 것이었다. 그래서 사람들이 그것을 웃음거리로 놀리면, 아Q는 대수(對手)를 헤아려서, 혹은 욕만 하고 혹은 때리기도 하였다. 그러나 항시 해를 입는 것은 아Q뿐이어서, 아Q는 방침을 고쳤다. 욕을 볼 때면 눈만 뚝 부릅뜨기로 하였다.

그렇게 노목주의(努目主義, 눈을 부릅뜨고 노려보다)를 쓴 후로는 웨이좡(未莊) 사람들에게 더욱 놀림거리가 되었다. 그래서 웨이좡 사람들은 두어 번 말다툼을 하다가는, 아Q의 노란 머리채를 잡아서 벽에나 어디든지 대고 대여섯 번 쥐어박은 후에야 그만두었었다. 그러나 아Q에게는 정신상(精神上) 승리법이 있어서 아들놈한테 맞은 셈을 대고, 이긴 듯이 만족을 느끼었다. 또 사람들은 아Q가 이렇게 생각한 것을 알고는 아Q의 머리채를 움켜잡고는

"아Q야! 이것은 아들이 애비를 치는 것이냐? 사람이 짐승을 치는 것이냐? 네 입으로 말하여라. 사람이 짐승을 치는 것이라고."

그러면 아Q는 이렇게 대답하였다.

"벌레를 친다고 하면 좋지? 나는 곧 벌레다…… 그래도 놓지 않느냐?"

역시 사람들은 대여섯 번 쥐어박은 뒤에야 만족하고 간다. 아Q는 역시 10초도 가기 전에 만족하게 이긴 것같이 하고 간다. 아Q의 득승법(得勝法)

은 이러하다. 그는 자기가 능히 '자경자천(自輕自賤, 자기경멸)하기로는 제일가는 사람'이라고 생각하는 것이었다. '자경자천'을 제하고도 남은 것은 이 '제일'이란 것 때문이었다.

이렇게 당하고 나서, 그는 술집에 가서 두서너 잔 술을 마시고, 다른 사람들과 한바탕 우스갯소리를 하거나, 한바탕 입다툼을 하고 나서는, 의기양양하게 토각사로 가서 자고, 혹 돈이 있으면 놀음을 하여서, 번번이 다 잃어버리고 돌아가서 자는 것이었다.

아Q가 웨이좡 사람들에게 다소 존경을 받기는, 그 전에 '자오나리가 자기와 일가(一家)라'고 하다가 자오나리에게 맞은 뒤로부터이다. 그 이유는 웨이좡에서 장모(張某) · 이모(李某)가 쳤다든지 하면, 문제는 되지 않지만, 자오나리같이 일반에게 존경을 받는 사람이 치면, 치는 사람은 물론 명인(名人)이니까 더 말할 것도 없지만, 맞는 사람도 따라서 유명하게 되어서, 일반의 존경을 받게 된다. 아Q가 맞을 때 잘못은 물론 아Q에게 있다. 그것은 자오나리는 잘못한 일이 없을 것이니까. 그와 같이 잘못이 아Q에게 있으면 격별(格別)히 아Q를 존중하게 되는가? 이것은 해결하기가 어려우나, 캐어 보면 아Q가 자오나리의 일가라고 하여서 맞기는 맞았지만, 웨이좡 사람들은 그 말에 혹 참이 있을까 하여, 하여간 그를 존경해두는 만큼 온당한 일이 없다고 한 데서 나온 것이었다.

이러는 판에 어느 봄날 왕털보(王鬍)라고 하는 사람이 양지쪽에서 이를 잡아서 똑똑 깨무는 것을 보고, 아Q도 몸이 근지러워서, 옷을 벗어 이를 잡기 시작하였으나, 왕털보같이 많이 잡을 수가 없고, 두서너 마리 잡아서 깨물고 난 후에, 침을 뱉고는 왕털보같이 똑 소리도 크게 나지 않은 것이 비위가 상해서, 화가 나서 왕털보에게 욕을 하였다. 이렇게 쌈이 되어서, 평일(平日)에 경시하던 왕털보에게 맞게 됐다. 아Q는 '군자는 입을 움직일지언정 손을 움직이지 않는다'라고 말하였다. 이번 맞은 것이 아Q에게는 평생 제일의 굴욕이었다. 본래 왕털보라는 사람은 자기가 놀려 보았을지언정 결코 놀림을 받은 적이 없었는데, 더구나 지금까지 와서 그러한 왕털보에게 동수(動手)까지 당하였으니, 세상이 이렇게 된 것은, 아마 황제가 과거를 폐(廢)한 후로는 수재(秀才) · 거인(擧人)[5]이 필요가 없으므로, 자오가(趙家)가 위풍이 멸(滅)하여져서, 그들이 자기를 멸시하는 것이나 아닌가 하였다.

그렇게 당하고 있는 판에 저편에서 아Q의 가장 싫어하는 첸나리의 큰아들이 온다. 그 사람은 성 안에 가서 양학당(洋學堂)을 다니다가 또 일본으로 가서 반년 후에 돌아왔는데, 다리도 꼿꼿하여지고 머리채(변발을 가리킴)도 없어졌다. 그래서 자기 모친은 10여 차(次)나 울고, 그 처는 3차(次)나 우물에 빠졌다. 그 모친은 도처에 다니면서, '자기 아들이 머리를 깎은 것은 곁의 사람들이 꾀어가지고 술을 먹인 후에, 깎인 것이라' 하고 '본래 대관(大官)을 할 것인데, 머리를 기른 후에 보아야 한다'고 하였다.

그러나 아Q는 믿지 않았다. 그리고 그를 '가짜 양놈(假洋鬼子)' 혹은 '외국인과 내통한 사람(裡通外國的人)'이라고 부르고, 그 사람을 만나기만 하면 속으로 욕을 하였다. 아Q가 심히 미워한 것은 그의 '가짜 머리채'였다. 아Q는 생각하기를 머리채가 가짜면 사람될 자격이 없고, 그의 처가 네 번째 우물에 빠지지 않은 것은 역시 좋은 여자가 아닌 것이라고 하였다. 그러한 '가짜 양놈'이 가까이 왔다. '번데머리 노새'라고, 본래 아Q는 뱃속으로 욕을 하였는데, 이번에는 화가 난 판이라, 무심코 그 욕이 조금 입으로 나왔다. 그 '가짜 양놈'은 황칠(黃漆)한 작대기를 짚고 다녔는데, 아Q는 이것을 '상제(喪制) 막대기'라고 하였다. 아Q는 이 작대기로 팍팍 대가리를 두들겨 맞았다. 이것이 제2의 굴욕이었다. 그러나 '망각'이라는 좋은 무기(武器)가 사람에게 있어서, 아Q는 이내 잊어버리고 술집 문 앞까지 가서는 퍽 기뻤

5 중국의 명청(明清) 시기에 정식 과거시험에 응시할 자격을 주기 위해 시행하던 지방시험인 원시(院試)를 통과한 생원을 수재(秀才)라고 부른다. 또 지방의 향시(鄕試)에 합격한 사람은 거인(擧人), 중앙의 전시(殿試)에 합격한 사람은 진사(進士)라고 부른다.

었다. 거기에 씬중(여승을 가리키는 사투리)이 와 있기에, 그 씬중을 놀려대고, 손으로 씬중의 머리를 어루만지며, 욕을 하면서 퍽 승리감을 느끼고, 방금 당한 제1의 굴욕과 제2의 굴욕을 다 보수(報讐, 보복)한 것같이 여기고 마음이 가뿐하였다.

어떤 사람은 적이 강하면 강할수록 승리의 환희를 느끼고, 그와 반대로 약하면 약할수록 재미가 없다고 하며, 어떤 사람은 일체를 승리한 후에 도리어 비애를 느낀다 하는데, 아Q에 이르러서는 그렇게 피곤을 느끼지 않을 뿐만 아니라, 도리어 영원히 득의양양하였다. 이것이 혹 중국 정신문명이 전 세계에서 제일인 증거인지도 알 수 없다.

아Q가 씬중을 건드린 후로는 여자를 생각하게 되었다. 그래서 하루는 자오나리의 집에 가서 쌀을 찧다가, 쉬면서 담배를 피울 때, 우마(吳媽)라는 자오나리의 여복(女僕)도 설거지를 다 하고, 아Q와 한담을 하였다. 아Q는 여자 생각이 나서, 우마 보고 '나하고 자자!' 하고, 그의 앞에 가서 무릎을 꿇었다. 그러니까 우마는 밖으로 뛰어 나가서 온 집안이 소동이 났었다. 그 집 수재(秀才)는 대작대기를 가지고 아Q의 머리를 치면서, '짐승 같은 놈(忘八蛋)'이라고 관화(官話)[6]의 욕까지 하여, 아Q는 쌀 찧는 곳으로 달아나서 쌀을 찧었는데, 관화의 '짐승 같은 놈'이란 욕이 퍽 인상 깊었다. 그러는 중에 바깥에서 시끄러운 소리가 나자, 아Q는 본래 시끄러운 것을 좋아하는 사람이라, 뛰어가 보니, 온 뜰에 사람이 가득하고, 그 중에 작은 마님(少奶奶)이 우마더러 '너 밖으로 나오너라. 자기 방에 가 피할 것이 없다' 하고, 쩌우치댁(鄒七嫂)은 곁에서 이렇게 말하였다. '누가 자네의 옳은 줄을 모르는가. 단견을 내서는 못써.' 아Q는 참 재미가 있었다. '이 젊은 과부가 무슨 지랄을 하는가 보다' 하며, 자오쓰천(趙司晨)의 곁으로 가서 서는데, 자오나리가 달려들어서 대막대기로 친다. 아Q는 달아나서 토곡사로 가서

6 관화(官話)는 베이징의 관리들이 사용하던 말로서 현대 표준중국어의 근간이 되었다.

있는데, 밤에 지보(地保)[7]가 들어와서, '아Q, 제길할 녀석! 네가 감히 자오가(趙家)의 하인까지 장난을 해! 이것 참 불한당이다. 오늘 저녁 내 잠도 못 자게 하겠다. 제길할 녀석!' 이렇게 교훈하는데, 아Q가 별말이 없고, 그날 저녁에는 특별히 지보에게 4백문(文)의 술값을 더 줄 것인데, 현금이 없어서 모자를 저당하고, 또한 자오가 저택(趙府)에 가서 사죄할 다섯 가지 조건을 다 승인하였다.

이 일이 있은 후로는 웨이좡의 여자는 노소를 물론하고 아Q를 피하고, 이 뒤로는 아무도 일하러 오라고 하는 사람도 없어지고, 술집에서 외상도 주지 않고, 아Q가 일하던 자리는 샤오D(小D)라는 사람이 들어섰다. 이 샤오D로 말하면, 아Q가 왕털보보다도 더 하시(下視)하는 사람이다. 그런데 어느 때 길에서 만나서 싸움을 한 결과 아무 승부도 없이 말아버렸다. 그 후에 먹을 것이 없어서 있는 옷 등속(等屬)을 다 전당잡혀버리고, 끝내는 씬중의 집에 가서, 무를 훔치다가 들켜서 씬중에게 욕을 얻어먹고, 개에게 쫓기어서 거의 물릴 뻔하였다.

그 훔쳐온 무를 먹고는 성 안으로 들어가기로 결정하였다. 성 안을 갔다 온 때는 중추(中秋)가 조금 지난 후였는데, 떠날 때의 아Q하고는 판연히 달랐다. 본래 웨이좡에서 성 안에 가면 문제되는 사람이란 자오나리나 첸나리나 수재어른(秀才大爺)이나 되고, 가짜 양놈만 가도 그리 말거리가 되지 않는데, 아Q는 이번에 성 안에 갔다 온 후로 큰 문제거리가 되었다. 이번에 아Q는 새 겹옷을 입고 술집에 가서, 은전(銀錢)을 한 주먹 내며, '현금이니 술을 내라'고 한 것이었다.

그래서 아Q가 돈 모았다는 소식이 웨이좡에 떠돌았고, 부녀들까지 아Q에게서 헌 옷을 싸게 사 입는 맛으로 크게 소문이 났다. 그래서 자오나리의 집에서도 아Q에게 헌 물건을 살 요량으로 쩌우치댁를 보내서, 자오나

7 지보(地保)는 옛날 중국에서 마을의 치안을 담당하던 사람을 가리킨다.

리도 말을 하고, 자오수재(趙才)도 은근하게 말을 하였다. 그러나 헌 물건이 없어서 그날 저녁은 그렇게 갈리고 말았다.

처음 왔을 때는 '성 안 거인(擧人)의 집에서 일을 하였다'고 하여 많은 존경을 받고, 이렇게 득의하게 이야기를 할 때, 왕털보가 찾아 와서 긴 목을 빼고 듣는 것을 아Q가 손으로 뒤꼭지를 때렸으나 별로 대항하지 않을 뿐만 아니라, 다시는 왕털보가 아Q에게 달려들지 않았다. 그래서 아Q가 웨이좡 사람의 눈에 자오나리보다 낫다고 할 수는 없지만 별로 차(差)가 있다고는 할 수 없었다.

아Q가 돈이 있게 되니, 남자는 물론이고 봄에 자오나리의 여복과 풍파가 있은 뒤로, 그렇게 피하던 여인들도 접근하게 되었다. 그렇게 존경을 받아 오다가 아Q가 가지고 온 물건들이 어디서 훔쳐 온 것임을 알게 되자, 웨이좡 사람들은 '경이원지(敬而遠之)'하는 태도를 취하였다.

선통(宣統) 3년 9월 14일 야삼경(夜三更)에 큰 배 한 척이 자오가 저택(趙府)의 강 부두(河埠頭)에서 쉬었는데, 촌중(村中) 사람들은 자느라고 알지 못하고, 낮이 되자, 혁명당(革命黨)이 성으로 들어온다고 하여, 거인(擧人)이 장편(長篇)의 편지를 써서, 그 전에 사이가 좋지 못한 자오수재에게 보내서, 화해를 하고 물건을 좀 보존하여 달란 것이라고 소문이 났었다.

아Q는 용도(用道)도 좋지 못한 판에 웨이좡 남녀가 무서워하는 혁명을 한다니까, 내심 퍽 기뻤다. 그래서 낮에 술을 두어 잔 마시고 마음이 표표(飄飄, 날 듯한 기분을 나타냄)하여져서, 자기가 혁명당인 것 같고, 웨이좡 사람은 자기의 포로 같았다. 득의한 끝에 '반(反)했다, 반(反)했다'[8] 하고 소리를 쳐서, 웨이좡 사람들은 아Q를 전에 보지 못한 놀란 눈으로 보고들 있었다. 아Q는 6월에 얼음이나 먹는 것같이 속이 시원하였다. 이때에 자오나

8 아Q가 큰 소리로 '모반이야, 모반'이라고 떠든 것을 이렇게 번역한 것이다.

리가 겁이 난 목소리로 전에 않던 '라오Q(老Q)'[9]라고 '라오(老)'자의 존경사(尊敬詞)를 붙여서 부르고, 그의 친척 자오바이옌(趙白眼)이 'Q형(Q哥)'이라고 하며 높여 부르면서, 혁명당의 내막을 알려고 하였다. 아Q는 더욱 의기가 양양하게 돌아와서, 혁명이 된 뒤에는 누구누구 미운 놈을 죽이고, 뉘 집 물건을 갖다 쓰고, 어떤 여자를 데리고 살 것을 다 생각해 놓았다. 그 이튿날 늦게 일어나서, 무슨 뜻이 있는 것같이, 정수암(靜修菴)이란 씬중이 사는 절에 가서 문을 두들기어 늙은 씬중이 나오니, 아Q는 '혁명하였는데 자네 아는가?' 하고 물었다. 씬중은 이 말을 듣고는 '혁명, 혁명. 혁(革) 한 번 명(命)하였는데!'(혁명을 한 번 했다는 뜻)라고 대하였다.

아Q는 씬중과 담화한 결과 자오수재와 가짜 양놈이 동심합력(同心合力)하여 유신(維新)할 때라고 하여서, 정수암에 와서 '황제만세 만만세(皇帝萬歲 萬萬歲)'라는 용패자(龍牌子)를 만청정부(滿淸政府)로 여기고 부수어버렸다는 것을 알았다. 이 말을 듣고 아Q는 자기가 늦게 일어난 것을 후회하는 동시에 그들이 자기를 청하지 않은 것을 괴이하게 여기다가, 퇴일보(退一步)하여 이렇게 생각하였다.

'그들이 아직까지 내가 혁명당에 투항한 것을 모를까?'

그 후에 혁명당이 성 안에 들어오기는 하였으나, 모든 관리는 다 그 전 사람이고, 거인나리도 무슨 벼슬을 하고, 군병(軍兵) 거느린 사람도 그 전 파총(把摠)[10]이어서, 웨이좡 사람들이 자못 불안을 느낀 것은 좋지 못한 혁명당이 그 사이에 들어서 난(亂)을 꾸민 것이고, 성 안에서는 만나는 대로 머리를 깎는 것인데, 그 일만은 웨이좡 사람이 성 안만 가지 않으면 제일 관계치 않았다. 웨이좡 사람들도 머리채를 끄집어 올려서 끌어맨 사람이 많아졌다. 아Q도 그 중 한 사람이었는데, 다른 혁명당인(革命黨人)과 같이

9 중국어에서 이름이나 성 앞에 '라오(老)'를 붙이면 존경을 뜻한다. 그래서 '라오Q(老Q)'는 '아Q 선생'이라고 번역할 수 있다.

10 파총(把摠)은 청(淸)나라 때 군사를 담당하던 가장 낮은 무관을 가리킨다.

존경들도 하지 않고, 아Q가 멸시하는 샤오D까지 그렇게 하여서 아Q는 퍽 불쾌하였다. 그런 중에 자오수재는 편지를 써서, 양놈을 시켜 보내서, 자유당(自由黨)에 들어가지고 '은정자(銀頂子, 은배지)'를 얻어 왔는데, 그 '은정자'로 말할 것 같으면, 그 전 한림(翰林)이나 비등(比等)한 것이라 하였다.

아Q도 생각하기를 혁명당이 되려면 그저 투항만 하거나 머리채를 끌어올리기만 해서는 안 되고, 혁명당과 결탁을 하여야 될 줄을 알고, 그도 그리 하리라고 결심을 하였다. 그런데 아Q가 아는 혁명당인이라고는 전부 2인밖에 없는데, 그 중 1인은 벌써 목이 달아나고, 그 중 1인은 가짜 양놈이었다. 그래서 그를 찾아가니, 중인(衆人)들과 혁명담(革命談)을 하고 있는 중이어서, 아Q를 주의도 하지 않아, 아Q는 왔다는 의사를 전하여야 하겠는데, 어떻게 부를 것을 몰랐다. '양인(洋人)'이라고 불러서 좋을지 '혁명당'이라고 불러서 좋을지, 그래도 '양선생(洋先生)'이라고 부르는 것이 그 중 낫겠다고 생각하였다. 그러나 부르지 못하고 뒤에 가서 있는 중 거기 사람들에게 알리게 되어, 마침내 쫓겨나고 말았다.

이후로 혁명당은 단념하고 머리도 그 전같이 내리려 하였으나, 끝끝내 하지 못하였다. 어느 날 저녁에 바깥이 시끄러워지자, 본래 시끄러운 것을 좋아하는 아Q라, 나가서 보려다가, 마침 샤오D를 만나 물으니, 자오가댁(趙府)이 강도에게 털리는 중이라고 하여, 내심(內心)에 어찌 그들이 자기를 찾지 않은 것을 분사(忿思, 성을 내다)하고, 가짜 양놈이 자기의 투항하는 것을 듣지 않은 것을 더욱 불쾌하게 여겼다.

자오가(趙家)가 털린 후에 웨이좡 사람들도 통쾌하게 여긴 동시에, 공포를 느끼고 아Q도 역시 그러하였다. 그러다가 4일 뒤에 아Q는 잡혀서 성안으로 끌려가서 옥에 갇혔으나, 아Q는 그리 고민을 느끼지 않았다. 그 이유는 그 전에 있던 토곡사가 옥보다 나은 것이 없는 까닭이었다. 그날 하오(下午)에 아Q는 심문을 받으러 들어갔는데, 머리를 바짝 깎은 늙은이와 또 그 곁에는 10여 인(人)이 역시 머리를 깎은 사람도 있고, 머리를 풀어서 어깨에다 드린 사람도 있었고, 앞에 병정(兵丁)이 주루루 섰었다.

아Q는 그 사람들이 내력이 있는 사람이라고 자연 무릎을 꿇었다. 긴 옷을 입은 사람은 '일어나라, 꿇지 말고'라고 외쳤으나, 아Q는 알면서 어찌할 수가 없어 도로 꿇고 말았다. 그러니 그 긴 옷을 입은 사람이 '노예성(奴隷性)'이라고 무시한 후에, 별로 일어나라고 말도 하지 않았다. 그러면서 말을 이어서

"네가 참으로 말만 하면 고생할 것도 없다. 나는 벌써 다 알고 있다. 참말만 하면 놓아주마."

"제는 본래 와서 투(投)……"

이것은 아Q의 말이다.

"그러면 왜 오지 안 했어?"

"가짜 양놈이 못 오게 해서."

"거짓말이다. 벌써 늦었다. 지금 너의 동당(同黨)은 다 어데 있냐?"

"무엇이오?"

"그날 저녁에 자오가(趙家)를 턴 사람들은?"

"그 사람들이 나를 찾지 않았어요. 저그끼리 가지고 갔어요."

"어디로 다 갔니? 말하면 놓아 주마."

"저는 모릅니다. 그들이 저를 부르지 않아서."

그 다음 날 또 불러내가서

"너 더 할 말이 없냐?"

하고 늙은이가 물었다. 아Q가 생각하여 보니, 별로 할 말이 없어서, "없소!" 하고 대답하였다. 그래서 긴 옷을 입은 사람이 붓과 같이 종이 한 장을 가지고 와서, 아Q는 혼비백산하였다. 그것은 아Q가 손에 붓을 만져보기는 처음인 연고였다. 그래 아Q더러 "수결(手決, 손으로 하는 서명)을 놓아라"니까, 아Q는 "글자를 모른다"고 하니, 그 사람은 동그라미를 치라고 한다. 아Q는 될 수 있는 대로 둥글게 치려고 하였으나, 외(참외)같이 되고 말

아서 퍽 후회하였다.

그날 밤에 거인나리와 파총은 일대언쟁(一大言爭)을 하여, 거인나리가 종야(終夜)토록 잠을 자지 못하였다. 언쟁의 내용은 이러하다. 거인나리는 적(賊)을 찾아내자는 것이고, 파총은 자기가 혁명당이 된 지 20일이 못 되어서 창안(創案)이 10여 건이나 났는데, 하나도 잡지 못하였으니, '징일경백(懲一儆百, 즉 일벌백계)'을 하자고 고집한 것이었다.

제3차로 아Q는 불려 나갔다. 그 늙은이가 묻기를 "너 더 할 말이 없니?" 아Q 생각에는 별로 할 말이 없어서 "없어!" 하고 대답하였다. 그러자 곧 흰 저고리를 입히고, 두 손을 묶으므로, 아Q는 상복(喪服)을 입은 것 같아서 불쾌를 느끼면서 뚜껑 없는 마차를 탔다. 그 앞에는 양총(洋銃) 멘 병정이 서고, 길가에는 사람들이 가득하였다. 아Q는 돌연히 이것이 목 베이는 것이란 것을 깨달았다. 그러나 끝끝내 이렇게 생각하였다. "인생이 천지간에 목 베이는 것도 면치 못할 것이다. 그는 법장(法場, 즉 형장)에 가는 길을 알았다. 그래 죽을 기를 쓰고 노래나 한 마디 하려다가, 그것도 맛 같지 않아서 그만두고, 정신이 혼미한 중에 과거의 일을 생각하다가 눈이 캄캄해지고 귀가 윙하더니, 전신(全身)이 미진(微塵)이 병산(迸散, 흩어져 달아나다)한 것같이 목숨이 끊어지고 말았다.

그 후 여론은 자연히 아Q가 나쁘다고 하였다. 그 이유는 곧 총살을 당한 것이 곧 아Q의 잘못한 증거이고, 만약 잘 했다면 총살까지 당하지 않았으리란 것이었다.

성 안의 여론은 퍽 좋지 못하였다. 그들의 태반의 불만족은 총살이 머리 베는 것보다 보기 좋지 못하고, 또 한 가지 우스운 것은 그 사형수가 그렇게 오래 유가(遊街, 거리를 돌아다니다)를 하면서, 노래 한 마디도 부르지 않고, 그저 따라만 다녔다는 것이었다.

경개가 너무나 길어졌다. 그러나 작품이, 하나의 중심을 두고 그 밖에 부속(附屬)된 것같이 되지 않고, 사소한 사건에까지도 작자의 뜻에는 동일한 중요성을 띠고 있으므로,[11] 일일이 약(約, 여기서는 줄이다의 뜻)하지도 못하고, 루루(縷縷, 말을 길게 늘어놓다의 뜻) 수천 자(字)가 되고 말았다. 물론 아Q를 신해혁명 당시의 모호한 농민을 그리려 한 것도 사실이지만, 일방(一方)으로 당시 중국 농촌의 상태가 어떠한 것과, 혁명의 실지(實地)란 어느 정도에밖에 영향이 없다는 것, 아Q와 같이 정신적 승리를 한 것은 곧 중국 고래(古來)의 정신문명의 그 폐해가 이렇다는 것을 표현한 것 등이므로, 필자는 어느 것을 중시하고 어느 것을 경홀(輕忽)히 할 수가 없었다.

중국문단에 「아Q정전」이 나타나자 의론은 자못 분분하였고, 「아Q정전」을 모방한 작품도 수를 헤아릴 수가 없었다. 외국어로 번역이 되는 동시에 세계의 문학자들이 평론 · 감상을 쓰게 되고, 현금(現今)에 이르기까지 '아Q시대'가 지나갔느니, 혹은 아직도 멀었다느니, 이 아Q로 인하여 문단의 파란과 그의 영향은 아직까지 측량할 수 없다는 것이 사실일 것이다.

그러면 어찌하여서 '아Q'가 이리 문제가 되며 중대시(重大視)하게 되었는가? 이것을 간단히 몇 가지 그 이유의 중요한 점을 들어, 일반의 평과 필자의 의견을 천명(闡明)히 하고, 그 밖에 표현의 기술 문제랄지, 그 용어에 통(通)한 것이랄지 등 문제는 『외침』을 통털어서 논하려 한다.

루쉰은 톨스토이와 같이 이상(理想)이 있어가지고, 그 후에 작품을 자기 이상에 집중시키는 작가는 아니다. 그러므로 「아Q정전」도 중국 사람들에

11 원문에는 "그러나 작품이 한 중심을 두고, 그 밖에 부속(附屬)된 것같이 되지 않고, 그의 목적은 사소한 사건에까지도 작자의 뜻에는 동일한 중요성을 띠고 있으므로"로 되어 있는데 문맥이 매끄럽지 않아 '작품이 한 중심을 두고'를 '작품이, 하나의 중심을 두고'로 고쳤고, '그의 목적은'은 생략했다.

게 이렇게 하여야 한다고 직접 교훈을 한다든지, 자기가 중국에 대한 이상은 이러이러하다 하고, 자기 이상을 작품화하지 않고, 어디까지든지 중국의 당시의 현상(現象)을 그대로 표현하여, 자기가 즉 중국 사람의 자체가 이러하다는 것을 폭로함에 불과하였다. 그러므로 루쉰은 「아Q정전」에서 아Q가 남에게 맞으면서도 정신적으로 자기가 승리한 것같이 생각한 것을 그려냈다. 당시의 중국 사람들은 열강에게 백전백패를 하면서도, 항상 자기가 승리하였다는 관념을 놓지 않았다. 이러한 사고는 어디로부터 나온 것인가? 루쉰이 구명(究明)하려 한 것은 곧 이것이었다.

「아Q정전」에서도 말한 것과 같이 '이것이 혹 중국 정신문명이 전 세계에 제일간다는 한 증거인가 보다'라고 루쉰은 정신문명이 어떤 것이니, 물질문명이 어떤 것이니 하고서, 이론(理論)을 한 것도 아니고, 그의 우열(優劣)을 논한 것도 아니고, '정신문명의 일단(一端)이란 것이 이러한 것이다' 하고 해부하고, 그와 같이 관찰하는 데 그쳤다. 또한 혁명을 하는 것이 어쩌고 어쩌니 하고, 혁명의 이론과 혁명의 목적과 혁명의 이상(理想)을 쓰지 않고, 혁명할 때의 일반 농민의 사상 상태는 어떠하고, 사회적으로 변천된 것은 무엇 무엇이고, 혁명 때에 토호열신(土豪劣紳)인 자오나리 · 자오수재는 어떻게 투기적 사업을 하고, 무고한 아Q는 어떻게 애매하게 희생이 되었는가를 폭로할 뿐이었다.

「아Q정전」에 나타난 루쉰의 공로는 과학적 태도로써 중국 신해혁명 당시의 사회를 관찰하였고 해부하였으며 지적하여, 당시 중국 국민성의 일면을 잘 표현하였다. 곧 문예상의 술어를 쓴다면, 중국문단에 자연주의를 수입한 것이었다. 이것은 청팡우(成仿吾)가 「외침(吶喊)의 평론」에서 말한 것과 같이, 루쉰이 일본에 유학할 당시에 일본문단에서 성행하던 자연주의의 영향을 받았을 것은 사실이다. 그러므로 루쉰은 혁명 당시의 위인들을 그리지 않고, 농촌의 평범한 사람 즉 아Q 같은 사람을 그리고, 또한 자기가 이상(理想)한 사회나 사실을 그리지 않고, 중국 어디서나 있는 농촌

즉 웨이좡과 같은 곳을 배경으로 하며, 인간 대사(大事)를 쓰지 않고 인간 사사(些事)인 아Q의 전승(戰勝)·단발(斷髮)·불단발(不斷髮) 등 일상 사실을 쓰는 것이다. 자연주의의 특색을 나타낸 것일 것이다. 그러나 루쉰은 다른 자연주의자들이 범한 것과 같이 병적 심리·병적 인물을 그리게 된다. 고리키의 「두 광인(二狂人)」 같이 「광인일기」를 쓰고, 이 「아Q정전」도 다소 병적 요소가 없다고 할 수는 없다.

많은 평자(評者)들은 루쉰을 '사회 암흑면의 폭로자'라고 한다. 어느 작품·작가들치고 다 그렇지만, 루쉰이 유독 심한 것은 모든 사회현상을 과학적 태도로 보았으므로, 될 수 있는 대로 현실에 충실하자니까 자연 그렇게 될 것이다. 만약 사회 그대로를 그린다고 하면, 중국사회라고 장점이 없을 바가 아닌데, 루쉰은 그 단처(短處)만 그리게 되었는가 하는 의문이 있다. 이것은 필자의 의견으로서는 루쉰은 본래 문예를 지원할 때에 중국을 구하자는 데 있었을 것이므로, 자연 그 단처를 많이 들어서 중국인으로 하여금 자성(自省)하게 하고 고려(鼓勵)하는 뜻에서 고의로 그러한 것 같다.

또 루쉰이 많은 풍자와 해학을 쓴 것도 독자로 하여금 그 인상을 깊게 하자는 데 있을 것이어서, 작품의 효과를 조장하는 한 기술로 볼 수 있고, 일방면으로는 루쉰의 성격에 이러한 소질이 농후한 까닭일 것이다.

이상을 결론하여 말하자면, 루쉰은 창작적 태도가 과학적이란 것이 그 중요한 특질일 것이며, 그 태도에 따라서 중국 신해혁명 당시의 사회상(社會相)을 여실(如實)히 묘사하였고, 당시 중국 국민성을 잘 그렸다는 것일 것이다.

끝으로 첨부하여 둘 것은, 최근의 신진 평가(評家)인 첸싱춘(錢杏邨)의 말과 같이, "루쉰의 작품은, 특히 「아Q정전」은 시대성을 떠날 수 없다"고 한 말이다. 루쉰은 위에서 말한 바와 같이, 원대한 사상을 가진 것이 아니고, 신해혁명 당시의 사회상을 그렸음에 불과하므로, 대의(大意)에 있어서 이 관찰이 바른 관찰이라고 하겠으나, 어느 작가·작품을 물론하고, 시대성을 떠날 수가 없는 것이 사실이며, 다만 다른 것은 그 시대성이 예술작품에 나타난 도(度)의 농박(濃薄)의 차(差)가 있을 따름일 것이다.

(4) 「고향」

「고향」의 경개

내가 20여 년이나 이별한 고향을 20리나 되는 거리에서 돌아가게 되었다. 이번에 돌아가는 걸음은 금의환향하는 걸음이 아니라, 옛날 자기가 살던 집을 팔아서 비어 줄 날이 가까워졌으므로, 자기가 벌이를 하는 곳으로 이사를 하러 가는 것이었다. 지금 자기가 생각하는 고향이라고는, 그 전 옛날 자기가 어렸을 때의 천진난만한 회억(回憶)뿐인데, 가면서 고향 근처를 보니까, 자기가 생각하던 고향과는 딴판이었다.

그 이튿날 집에 이르니, 자기 모친과 훙얼(宏兒)이라는 조카가 문으로 영접을 나온다. 훙얼은 여덟 살 먹은 애인데, 그 전에 자기가 고향에 있을 때에는 없던 아이였다. 집에 들어가서 자기 어머니와 "지금 갈 곳에 집을 다 잡아 놓고, 다소 목기 등을 팔아 가야 하겠다"는 것을 말하고 모친은 일가와 친척을 찾아 볼 것을 주의시키고는, 룬투(閏土)라는 그 전 나의 친구의 이야기를 한다. "룬투가 올 때마다 네 이야기를 하며, 보고 싶다고 하여서, 너 온다는 것을 통지하였으니, 곧 올 것이다"라고 하였다.

여기서 나(주인공)는 옛날의 꿈으로 돌아가게 된다. 공중에 금 같은 달은 뚜렷하게 달려 있고, 밑에는 해변인데, 그 사이 열 두어 살 먹은 소년이 목에는 은고리를 채우고, 손에는 귀갈구리를 들고, 한 마리 차(猹)라는 짐승을 보고는 찌르니까, 그 차(猹)는 도리어 소년의 가랑이 속으로 빠져 가버린다. 그 소년이 곧 룬투다. 내가 그 애를 알게 된 것은 10여 살 적인데, 지금부터 헤아리면 30년 전이나 되어서, 그때는 우리 집 형편도 좋고, 아버지도 살아 계셔서, 나는 정말 도령님일 때다. 어느 해 정월에 자주 오지 않는 제사를 당하여, 제기(祭器)를 관할할 사람이 없어서, 내가 부친에게 룬투를 천거한 것인데, 부친도 허락을 하였다.

그래 기다리고 기다리던 정월을 당하여서, 룬투는 오고야 말았다. 그런데 그 얼굴은 자색의 둥근 낯이고, 머리에는 조그마한 전모자를 쓰고, 목에 반짝반짝하는 은고리를 채웠는데, 이것은 자기 부친이 너무 사랑한 결과 혹시 죽을까 하고, 부처에게 불공을 하고는, 목에다 걸어 준 것임을 알 수가 있었다. 그 애가 다른 사람은 다 꺼리면서도 나만은 따르게 되고, 사람이 없으면 나에게 이야기도 하였다. 여기서 천진난만한 두 소년의 사귐은 시작되고, 두 소년의 소원과 경험을 서로 속삭이게 되었다.

룬투는 성 안에 와서 그 전에 못 보던 것을 많이 보았다고 하고, 나는 돌을 놓고 새를 잡고 싶어서, 그것을 할 줄 아는 룬투에게 말하니, 큰 눈이 와야 할 수가 있다고 하며, 그 잡는 광경을 설명한다.

룬투는 나더러 "여름에 놀러 오라"고 하면서, 여름에 오면, "해변가에는 오색의 조개가 있고, 밤에는 수박밭을 지키러 가자"고 말한다. 비교적 번화한 곳에서 자란 나로서는 그러한 것을 상상할 수도 없다. "저녁에 보러 가는 것은 도둑을 지키러 가는 것이냐?"고 물으니까, 룬투는 시골에는 별로 도둑이 없다는 것을 말하고, 지키는 것은 짐승들이라고 하면서, 그 정형을 자세히 말한다. 나는 룬투의 무궁무진한 해변의 이야기에 홍이 났었다.

그러나 정월은 다 가버리고, 룬투도 돌아가게 되어 나는 대성통곡을 하고, 룬투도 가지 않으려고 하였으나, 두 소년은 갈리게 되었다. 그 뒤에 서로 프레젠트(선물)를 몇 번 하고는 다시 30년 동안이나 정다운 이 두 소년 친구는 서로 보지를 못하였다.

지금 와서 이같이 알게 되고, 재미있던 과거를 기억하게 하는 룬투를 말하게 되니까, 그 전에 아름답던 고향이 전과 같이 머리에 나타난다. 모친더러 그 형편을 물으니, 역시 좋지 못하다고 한다.

그래 룬투가 와서 만나 보니, 그 전 얼굴은 다 어디 가고, 손은 터서 소나

무겁질 같고, 얼굴에는 주름살이 잡혔다. 몸에는 엷은 홑옷을 입고, 눈은 해풍을 쐬어 싸서, 벌겋게 된 것이 그전에 기억하고 있던 룬투와는 딴판이었다.

룬투는 그 전의 정분을 다 잊어버리고는, 나더러 '나리님'이라고 부른다. 여기서 나는 놀라지 않을 수 없었다. "벌써 우리 사이에는 이와 같이 높은 담이 가로막혔는가!" 하고, 한편으로 슬프며 한편으로는 어색하여 말이 안 나왔다.

룬투가 다섯째 아들이라고 데리고 왔는데, 그 애가 그전 룬투와 흡사하고, 자기 조카 훙얼이 그 전 자기와 흡사하였다. 한담을 한 결과, 그 정형이 말이 아닌 것을 알았다.

이 사이에 양씨 아주머니(楊二嫂)라고 하는 두부 파는 여자, 곧 보통 '두부 서시(豆腐西施)'의 회견한 이야기가 있어서, 향촌의 정형을 더 농후하게 한 것이었다.

그럭저럭하다가 내가 떠나는 날이 왔다. 룬투도 다시 와서 가지고 갈 물건을 가지러 왔으나, 틈이 없어 이야기도 못하고, 나의 일행은 옛날 고향을 떠나 배를 타고 간다. 그러나 나에게는 아무 유연(留戀, 미련을 가지다)도 없었다.

뱃속에서 모친과 조카는 자고, 나는 배 밑에서 찰찰하는 물소리를 들으면서 나갈 곳으로 가는 것을 알았다. 그때 내게는 소원이 있었다. 이 다음 대(代) 사람들은 나같이 생활하지 말고, 룬투와 같이 마목(痲木, 마비되다)된 생활도 하지 말고, 새로운 생활이 있어서, 우리가 살아보지 못한 생활을 하였으면 하였다. 그러나 희망이라고 하게 되니까, 무서운 기가 난다. 룬투는 물건을 가져갈 때 향로의 촛대를 가지고 간 것이 우상을 숭배하는 것이었다. 그러면 내가 지금 말하는 희망도 역시 내 손으로 만들어 놓은 우상이 아니겠는가?

희망이란 본래 있는 것도 아니고, 없는 것도 아니므로, 땅 위의 길과 같이 실지에 본래 길이 없으나, 다니는 사람이 많으면 길이 되는 것과 같다.

∽

나는 이 작품을 회억(回憶)의 작품 중 대표작이라고 하고 싶다. 이 작품 안에 '쉰거얼(迅哥兒)' 즉 '나'라고 제1칭으로 부르는 것은 루쉰 자기일 것이다. 이 작품에 있어서는, 자연의 묘사랄지 농촌인민의 성격을 가장 아름답게 자연스럽게 그려냈다. 한 서사시(敍事詩)라고 하여도 좋을 만큼 리듬이 움직이고, 그 배경이나 사건의 발전에 있어서 시적(詩的) 요소가 충분히 있다고 볼 수 있다. 이 작품을 일방면으로만 보면, 한 회억문(回憶文)에 불과하다고 하겠으나, 다른 일방면으로 관찰하여 본다면, 근대 자본주의 문명이 중국에 수입되자, 농촌의 유산계급(有産階級, 부르주아)은 몰락을 하고 도시로 집중되는 중국 당시 현상도 볼 수 있으며, 경제조직의 일대(一大) 결함인 자본의 집중과, 중국의 병비(兵匪)의 환(患) 등으로 인하여 농촌은 피폐하여진 것이다. 따라서 인심이 악(惡)하여진 것을 다 표현하였다고 보겠다. 이 점은 근래 무산계급(無産階級) 문학비평자들이 지적한 바이지만, 루쉰은 사실을 사실대로 표현하자는 데서, 자연 이러한 배경과 함의(含意)가 포함된 것이고, 그가 의식적으로 유산계급의 몰락을 지시(指示)하고, 농촌의 쇠패(衰敗)를 표현하려고 한 것은 아닐 것이다.

그러므로 계급문학자들이 지적하는 이 점은 루쉰의 작품에 있어서는 부대적(附帶的) 조건일 것이고, 그의 중요 용의(用意)와 작품의 동기는 역시 루쉰의 특점의 하나인 회억에 가미(加味)를 한 것이라고 하겠다. 지금에 있어서 중국 농민의 사상이 이 정도를 벗어났으며, 생활에 이보다 더 많은 변동이 있을까는 필자로서는 의문으로 생각한다.

루쉰의 태도와 사상을 비평하는 데 그 중 많이 인용되고 또 공격을 받게 된 것은, 이 「고향」의 끝에 있는 몇 줄이다. 그것은 곧 "희망은 있다고 할 수도 없고, 없다고 할 수도 없다. 이것은 다만 지상(地上)의 길과 같이 그 실은 본래 길(路)이 없는 것이다. 다니는 사람이 많으면 길이 된다"라는 절(節)이다. 이것을 평할 때 루쉰은 무사상(無思想)이라느니, 허무적이라느니, 혹은 개인자중주의(個人自重主義)의 표현이라느니 하나, 루쉰은 순전한 객관적 태도에서 인류를 관찰하므로, 희망에 대하여 이러한 결론을 짓게 된 것 같다.

위에 말한 바와 같이 루쉰은 원대한 희망 즉 인류의 대목적(大目的)을 고취하는 것이 아니다. 다만 중국의 현실, 중국인의 성격을 단적으로 표현하는 것으로써 유일한 목적을 삼았으므로, '중국은 어디로 나아가야겠다'는 것을 지시(指示)하는 작가가 아니라, '중국 및 중국인은 이러하다' 하는 것을 나타냄에 불과할 것이고, 또한 그의 문예지상주의로는 대부분이 자연주의에 속하므로, 이러한 것도 물론 자연주의의 한 특장이고, 동시에 결점으로 여길 수가 있을 것이다.

「고향」은 청팡우(成仿吾)가 말한 것과 같이 단편소설로서 그 표현이나 구조로 보아 걸작으로 볼 수 있다.

4. 『방황(彷徨)』

『외침』의 뒤에 단편소설집으로 발표된 것은 『방황』인데, 이 역시 신문・잡지에 이왕 발표한 것을 휘집(彙集)한 것이다. 창작의 연월을 보면 1924-1925년 사이 즉 1년간의 작품인데, 전부 11편이고 그 목록은 다음과 같다.

「축복(祝福)」, 「술집에서(在酒樓上)」, 「행복한 가정」, 「비누」, 「장명등(長明燈)」, 「조리돌림(示衆)」, 「가오 선생(高老夫子)」, 「고독자(孤獨者)」, 「죽음을 슬퍼하며(傷逝)」(애인의 죽음), 「형제(兄弟)」, 「이혼(離婚)」.

이 목차 중에는 한 편도 『방황』이란 소설이 없을 뿐만 아니라, 『외침』에서와 같이 장편의 서(序)조차 없으므로, 무슨 의미에서 이 『방황』이란 제목을 붙이게 되었는가가 의문되지 않을 수 없다. 그러나 서두(書頭)에는 굴원(屈原)의 「이소(離騷)」를 인용하여 놓은 것으로써 작자가 '무엇을 구하려고 방황한다'는 말을 썼는지, 뜻을 알 수가 있다.

필자는 그 인용구를 다음에 그대로 재록(再錄)하여 『방황』의 의미를 더 천명(闡明)히 하겠다.

朝發軔於蒼梧兮, 夕余至乎玄圃
欲少留此靈瑣兮, 日忽忽其將暮
吾令羲和弭節兮, 望崦嵫而勿迫
路漫漫其脩遠兮, 吾將上下而求索 (屈原「離騷」)

아침에 창오를 떠나, 저녁에 나는 현포에 이르노니
잠시 이곳 영쇄에 머물려 하나, 날이 어느덧 저물어 가네
나는 희화더러 속력을 늦추게 하여, 엄자산 쪽에 가지 말라 하는데
길은 아득하여 멀기도 하나니, 나는 장차 오르내리며 찾아보려 하노라

(굴원 「이소」)[12]

이것을 보면, 루쉰은 사상상(思想上)에 확실히 침체를 느끼고 그 나갈 길에 대하여 방황한 것을 의미한다.

위에 「고향」이란 작(作)에서 우리는 루쉰의 희망에 대한 의견을 보았음

12 정래동은 「이소(離騷)」의 원문을 그대로 인용해놓았는데, 독자들의 이해를 돕기 위해 필자가 이를 번역한 것이다. 창오(蒼梧)는 중국 전설에서 순(舜) 임금이 남순(南巡)하던 중에 사망한 산 이름이며, 현포(玄圃)는 중국 전설에서 곤륜산(崑崙山) 꼭대기에 있는 신선의 거처로서 서왕모(西王母)가 사는 곳이라고도 한다. 희화(羲和)는 중국 전설에서 태양의 마부(馬夫)로 해를 모는 사람이며, 엄자(崦嵫)는 해가 지는 산 이름이다.

과 마찬가지로, 그에게 자기 독특한 희망이 없고, 그리 객관적 태도에서 '다니는 사람이 많으면 길(희망)이 되고 만다'고 하였다. 그러므로 방황에 살린 것도 냉정하게 관찰한다면, 『외침』의 속편으로 볼 수 있고, 그 사상에 특별히 진전이 없음을 알게 된다.

그래서 근래 계급문학자들은 루쉰의 창작은 시대성을 대표할 수가 없고, 그는 희망 즉 전도에 대한 목적이 없으므로, 그저 '외침'하고 그저 기로에서 방황한다고 평한다. 여기서 신진계급 문학평가 첸싱춘(錢杏邨)의 『외침』과 『방황』의 평을 살펴보는 것도, 다소 그 점상(點相)을 캐어 보는 데에 무의미한 일은 아닐 것이다.

> 루쉰의 2부(部) 창작집의 명칭―『외침』과 『방황』은―참으로 그 자신을 설명하는 것이다. 우리는 그의 양부(兩部) 창작과 『야초(野草)』를 합하여 본 결과 느끼는 것은 그가 시종 일조(一條)의 출로를 찾지 못하고, 시종 외치(吶喊)고, 시종 방황하고, 시종 속총생(束叢生)의 야초(野草)가 일동(一棟) 교목(喬木)으로 변할 수 없는 것 같다. 참으로 우리가 루쉰의 창작에서 얻어 볼 수 있는 것은 다만 과거가 있을 뿐이고, 양(量)대로 채워 본대야 기껏 현재를 말한 데 그치고 장래가 없다…… (『현대 중국문학가』 제1집)[13]

루쉰의 전(全) 창작이 다 이러한 것은 아니고, 루쉰의 창작에는 확실히 이러한 일면이 있는 것이 사실이다. 루쉰 자신도 그의 논문집 『무덤(墳)』의 후면(後面)에 「무덤 뒤에 쓰다(寫在『墳』後面)」란 제목하에 자기의 사상 및 태도를 명백하게 말하였다.

> …… 그러나 나는 결코 분천(噴泉)같은 사상이나, 위대하고 화미(華美)한 문

13 첸싱춘이 지은 『현대중국문학작가(現代中國文學作家)』 제1권을 가리킨다.

장이 없다. 이미 선전할 주의(主義)가 없으므로, 역시 일종(一種) 무슨 운동을 발기(發起)하고 싶지도 않다.

작년 봄의 소식에 의하면, 루쉰이 '중국좌익작가연맹'에 참가하였는데, 이와 같이 무사상(無思想)하였으므로, 결국 계급문학파에게 투강을 하였는지 의아스럽지마는, 또한 그 후로 역품(譯品)밖에는 아무 창작도 없으므로, 그가 어떻게 변하였는지는 알 수 없다.

그러나 이것은 이 편(篇)의 범위에 속하지 않은 것이니, 역시 『방황』 장(章)에서 논술해 보겠다.

필자는 위에서 "『방황』이 『외침』의 속편이나 다름없고, 그 사상이나 그 표현에 별다른 것이 없다"고 하였다. 그러나 여기서 말하는 '속편'이라 함은 특별히 지적할 만한 차이가 없다고 한 것이지, 결코 『외침』과 동일하다는 의미는 아니다. 나는 세밀하게 『외침』과 『방황』의 차이점을 연구하기 전에 먼저 그 각 편이 표현한 것이 무엇인가를 대략 써 보려 한다.

제1편 「축복」: 농촌의 중류 이하(中流 以下)의 여자 샹린댁(祥林嫂)의 반생(半生)을 그린 것이다.

'샹린댁(祥林嫂)이라는 과부가 루쓰 나리(魯四老爺)의 집에서 안일을 보고 있는데, 그의 전 시모(媤母)가 강제로 데려다가 개가(改嫁)를 보내고, 돈을 다소 얻어서 일은 낙착(落着)이 되었는데, 그 후에 그 남편이 또 죽고, 그 외아들은 어느 날 아침에 문 앞에서 콩을 까다가 이리에게 물려가버렸다. 그 후 샹린댁은 다시 루쓰 나리의 집으로 와서 일을 보나, 그 전과 같이 성실견착(誠實堅着)하게 일을 않고, 항상 그 아들을 회억하고 있는 중에, 그 집에서 쫓겨나 걸인이 되었는데, 연말에 내(작품상의 '나')가 루전(魯鎭)에 갔을 때, "사람이 죽으면 영혼이 있느냐?"고 묻더니, 그날 밤에 자살하였다'는 것이 전편(全篇)의 경개(梗槪)이다.

제2편 「술집에서」: 역시 고향 근처에 가 그 전 술집에서 술을 먹다가 구

우(舊友)를 만나서 이야기를 한 결과, 그 벗이 인정(人情)과 구제(舊制) 습관에 도로 순응된 것을 쓴 것.

제3편 「행복한 가정」: 이상적 행복의 가정을 소설로 쓰다가 늘 사실의 행복 아닌 가정의 환경에 지배되어, 그 '행복한 가정'을 누리지 못한 것을 그린 것.

제4편 「비누」: 구식 가정의 상황을 그리면서 신교육을 맹목적으로 배척하는 일단(一端)을 그린 것.

제5편 「장명등」: 어떤 농촌의 청년이 누대(屢代) 꺼져 본 적이 없는, 한 절(寺)의 장명등(長明燈)을 끄려고 하다가, 일반 촌민에게 배척받아 공격을 당하고, 그 결과 그 절의 일실(一室)에 피봉(被封)되고만 종교 및 미신에 반항한 것을 그린 것.

제6편 「조리돌림」: 순경이 한 죄인을 끌고 조리돌리는데, 그 관람인(觀覽人)은 멋도 모르고 아무 감격도 없이 모여 드는 것을 쓴 것.

제7편 「가오 선생」: 구사상가로서 신교육을 하면서 부리는 추태를 그리고, 교육자의 무자격·무책임한 것을 말한 것.

제8편 「고독자」: 다음 제9편과 같이 이 소설집의 걸작이라고 평이 있는 것인데, 신사상을 가지고 분투하다가 목전 경제의 문제로 구군벌(舊軍閥)의 고문(顧問)이 된 것, 즉 구제도의 세력에 항복한 것을 그린 것.

제9편의 「죽음을 슬퍼하며」: 「죽음을 슬퍼하며」(이 편은 필자가 1930년에 『중외일보(中外日報)』에 기재記載한 것임)는 루쉰의 작품에 희귀한 연애를 그린 것인데, 결국 경제적 타격으로 인하여 남자가 사랑이 없다고 갈리자고 하니까, 여자도 별 이의가 없이 갈렸으나(갈렸다는 것보다 여자의 친척이 데려갔는데), 결국은 죽어버린 것이었다.

제10편 「형제」: 형제간의 이해(利害)를 불계(不計)하도록 친목한 것을 그린 것.

제11편 「이혼」: 신식 부부의 이혼이 아니고, 역시 향촌의 세력가와 무세

력가(無勢力家) 사이에 일어난 이혼사건을 그린 것이다.

5. 『방황』과 『외침』

『외침』 중에서 「고독자」와 「죽음을 슬퍼하며」와 「장명등」은 더 상세하게 경개를 쓰고, 토론 연구를 하려 하였으나, 『외침』의 「아Q정전」 및 「고향」에서 경개가 너무 장황하여졌으며, 필자의 본래 계획은 간단한 소개 및 평론에 그치려 한 것인데, 장편의 연구 비슷하게 되어서, 이후에는 간략하고 명료한 것으로 위주(爲主)를 삼겠기에, 상세한 경개만은 약(略)하기로 한다. 또 『방황』의 특색을 쓴 후에 『외침』과 『방황』을 비교할 것이로되, 『외침』과 『방황』을 비교하는 데에서 『방황』의 특색이 나타나겠기에, 두 항을 합하여 일항(一項)으로 쓰려 한 것이다.

우리가 『외침』과 『방황』을 비교하여 볼 때, 그의 사상과 그 표현방법에 있어서는 그리 큰 변화가 없으나, 그 밖에 사회적 변천으로 일어난 취재방면(取材方面)의 차이라든지, 표현방법에도 다소 차이가 없지 않다는 것은 위에 말한 바이어니와, 필자는 여기서 이 두 소설집의 차이 있는 점을 지적하여 보고, 다음에 『방황』의 특색을 다소 써보려 한다.

『외침』에 나타난 사회적 환경을 관찰하여 본다면, 그때는 정(正)히 신해혁명의 전후이므로, 농촌에도 대변동이 일어나서, 그 전에 없던 혼란 상태를 이루었다. 그러므로 아Q와 같은 농부가 혁명한다고, 들이고 다니던 머리채를 끌어 올리고, 「두발 이야기」나 「풍파」에 있는 것같이 '머리를 깎은 것이 이익이니, 아니 깍은 것이 상수(上手)이니' 하고 의론(議論)이 들끓어, 싸움이 나고, 또 한 편에서는 머리를 깎고, 딴 한 편에서는 그저그저 부연(敷衍)하여 나가고 하는 등, 극히 혼란해 있었던 신구사상 · 신구제도 · 신구풍속과 습관의 충돌 · 혼효(混淆)를 그린 것이 『외침』의 시대성이라면,

『방황』에 이르러서는 그러한 사회적 환경을 볼 수가 없다.

『방황』에서는 그러한 혼란을 볼 수 없는 반면에, 사회의 일반적 경향은 평온하면서 신사상가가 구사상·구습관·구도덕에 침림(沈淋)되고 완화(緩和)되며, 심지어 굴복되는 것까지 나타난다. 가령 「술집에서」에 나타난 뤼웨이푸(呂緯甫)와 같이, 처음에는 신학문을 한다고 한 것이 사회의 구습에 시달려서 결국은 '자왈시운(子曰詩云)'하는 구학(舊學)을 가르치게 되도록 윤락(淪落)하게 된다. 「고독자」의 주인공인 웨이롄수(魏連殳)와 같이 처음에는 신학문을 한 촌락에서 혼자 하여가지고, 이단이라고까지 일반이 인정하도록 낡은 습관·도덕·풍속과 분투하였으나, 결국은 역시 사회적 환경과 경제적 곤란을 당하여, 구세력 분자의 고문(顧問)이 되어가지고는, 자기는 타락하고 구세력에 굴복하여 무용지물이 되고 말았다고, 자백하는 편지까지 쓰게 된 것이다. 모두 다 평온한 외적 환경 속에서 일어나는 신개혁가의 참패를 기록한 것이었다.

그러므로 벌써 『방황』 시대에 이르러서는 신구사상의 정면 충돌은 없어지고, 내부적으로 이면에서 암투(暗鬪)한 것이 나타난 사회적 환경이 『외침』과 달라진 것을 표시한 것이다.

다음에 주의되는 점은 이 두 소설집에 나타난 반항사상이다. 루쉰의 작품은 어느 것을 물론하고, 이 반항의 사상이 충일(充溢)하지만, 특별히 이러한 방면의 대표적 작품을 가린다면, 『외침』에서는 「광인일기」를 들 수 있고, 『방황』에서는 「장명등」을 들 수 있을 것이다.

이 두 작품이 다 반항적 사상을 표현한 것이면서도, 전자는 특히 구습관·구사상 및 전통에 마비되어, 비인간성인 것을 각오하지 못하고, 평범하게 여기는 것을 계몽하는 반항을 그린 것이고, 후자는 그 중에서도 독특하게 종교 및 종교로 일어나는 미신에 대하여 반항한 것을 그린 것이다. 이와 같이 반항사상을 표현하면서도, 전자는 몽롱하게 진부한 구사상에 반항한 것이고, 『방황』에 나타난 반항사상은 종교 및 미신에 대한 반항을 표현한 것이 그의 차이라면 차이라고 하겠다.

그 다음에 이 두 소설의 차이점은 지식분자에 관한 것이다. 『외침』에 있는 지식분자는 쿵이지(孔乙己)와 같이 그 전 한자를 잘 쓴다든지, 혹은 '지호자야(之乎者也)'를 상투어로 쓰는 등 구식 지식분자이다. 또 「백광」에 있는 현시(縣試)에 낙제한 그 전 한문학(漢文學)의 지식분자가 많음에 반하여, 『방황』에 나타난 지식분자는 다소 다른 방면의 지식분자이다.

다시 말하자면, 신지식분자(新知識分子)라고나 할까, 가령 예를 들면 『방황』의 제2편에 있는 「술집에서」에 나타난 뤼웨이푸라든지, 「가오 선생」에 있는 가오얼추(高爾礎, 중국에서 러시아의 고리키를 '가오얼지(高爾基)'라고 번역하는데, 이 '가오얼추(高爾礎)'라는 이름에는 '지(基)'자를 같은 의미인 '추(礎)'자로 고치는 등 해학이 들어 있다)와 같이 교육자의 자격이 없음에도 불구하고, 일편(一篇) 「중화 국민은 모두 국사를 정리할 의무를 가진다(論中華國民皆有整理國史之義務)」란 논문을 발표한 여학교의 교원이라든지, 또는 「고독자」의 주인공 롄수(連殳)와 같은 신지식분자들인 것이다.

이것은 사회적 변천으로 구지식분자(舊知識分子)가 그동안에 신지식분자로 변한 것은 아니겠지만, 다소 그러한 변천이 있는 것도 사실이다. 또한 루쉰 자신이 도회(都會)에서 접촉하는 분자들이 그러한 인물도 있었을 것이므로, 아울러서 논할 바 아니지만, 그만큼 다루는 지식분자가 달라진 것은 사실이다.

그 다음 필자의 주의되는 점은 그 표현에 관하여서다. 『외침』을 볼 때에는 그 표현이 심각하여, 잊어버릴 수 없는 인상을 얻게 되었는데, 『방황』을 볼 때에는 그리 심각미(深刻味)를 느끼게 되지 않는다. 이것에 대하여는 필자의 경험도 그러하거니와 또한 다른 평론가들이나 혹은 다른 사람들의 독후감 등을 들어보아도, 다 같은 의미의 말을 듣게 된다. 여기서 필자는 두 가지 방면의 관찰로써 자연 그러하리라고 믿는다. 그 한 가지는 작가가 표현하는 데 소홀히 한 것과, 또 한 가지는 독자가 그러한 표현에 습관된 것이라고 하겠다.

사실에 있어서 『외침』과 『방황』을 비교하여 본다면, 『외침』의 표현은 말할 수 없는 심각미를 느끼게 되고, 『방황』은 심각미가 적고 표현이 평범한 것이다. 혹 그러함이 없다고 하더라도, 필자가 위에 말한 제2방면에 원인이 더 많은 효력을 내는 결과인지도 모르겠다.

다시 말하자면, 『외침』을 처음 독자가 접할 때는 그러한 작품을 그 전에 보지 못하였으므로, 인상이 깊고 심각하였지마는, 벌써 그러한 『외침』을 읽은 독자는 이미 그러한 사상, 그러한 표현, 그러한 풍자에 어느 정도까지 익었으므로, 그와 동등한 표현과 사상과 풍자를 볼 때, 그다지 인상이 깊지 않을 것이고, 그다지 심각미를 느끼게 되지 않을 것이다.

『방황』을 볼 때 독자의 심경은 '또 루쉰이 잘 쓰는 루전(魯鎭)이 나왔구나!', '아아, 또 루쉰의 신발명(新發明)인 농민 · 농촌이로구나!' 하고 미리 작품의 인상 · 평가를 단정하고 나서, 작품을 읽게 되므로, 자연 그 인상은 심각하지 못할 것이 사실일 것이다.

대개 『외침』과 『방황』의 차이 된 점은 이만한 데서 그치고, 『방황』의 특색 곧 『외침』에서 보지 못한 점을 몇 가지 들어 보겠다.

우리가 『외침』을 통독할 때는 연애에 관한 것을 조금도 볼 수가 없다. 있다고 강변한다면, 「아Q정전」에서 아Q가 씬중을 괴롭히고 나서, 그 씬중의 머리를 만진 손가락이 매끈매끈한 감각을 얻은 후로, 자오나리의 집에 가서 쌀을 찧다가 그 집 여복 우마(吳媽)를 건드리려다가 창피를 당한 것뿐일 것이다. 이것은 별로 연애라고 과장할 만한 대사건은 아니다. 그런데, 『방황』 중에 「죽음을 슬퍼하며」 편은 일편(一篇)이 전부 연애로부터 공동생활까지 또 그 후의 이연(離緣)까지가 다 있는 연애사건이다.

이 일편(一篇)은 루쉰이 친히 경험한 것인 것 같고, 그의 친근한 사람에게 들은 일이 있지마는, 그것은 별문제로 하고, 하여간 루쉰의 전(全) 창작을 다 쓸어 넣고도 연애 문제를 쓴 것은 이 일편을 들 수 있다. 이 편의 연애는 모던 보이 · 모던 걸들이 조화석락(朝華夕落)으로 경부(輕浮)하게 댄스 홀이나 신혼여행이나 '모터 카'로 다니는 연애를 그린 것이 아니고, 생활은 극도로 빈곤하고, 여자로 말하더라도 모던 여학생이 아니고, 그 남자도 독서자(讀書子) 문학청년으로 볼 수는 있으나, 시모(時髦, 유행하다 또는 신식이다의 뜻)한 문학청년이 아니고, 말하자면 시대로 본다면, 모두 벌써 지나간 과거식(過去式)의 연애이다.

연애와 관련하여 또 한 가지 흥미있는 문제는 현대에 유행하는 이혼 문제이다. 이렇게 말하고 보면, 루쉰이 다룬 이혼도 퍽 신식의 이혼 즉 신식의 남녀가 의견이 불합(不合)한다든지, 경제 조건이 불부(不副)하여 한다든지, 혹은 신식남녀가 구식남녀와 살 수가 없어서 한 것이 아니고, 저 농촌의 구식에도 구식인 세력가와 무세력가(無勢力家) 사이에 일어난 이혼사건이다. 남자는 무론(無論) 구지식분자이고, 또 자격과 다소 세력이 있으므로, 그 근방에서는 호행(豪行)하는 자들이다. 여자 편은 한 농민의 딸로서 무세력(無勢力)하고 무자산(無資産)하므로, 남자가 무슨 기녀 속(妓女屬)을 들여 세우고는 전가(全家)가 나서서, 그 조강지처(糟糠之妻)를 8, 90원 돈을 주고 쫓으려고 한 이혼사건이다.

결국에 가서는 모 세력가를 구속(拘束)하려다가 그 여자 편을 위력(威力)으로 압도시켜 가지고, 여자 편으로 하여금 80원인가 90원을 받고 혼서지(婚書紙)와 바꾸고 이혼을 한 것이다.

6. 『야초(野草)』

『야초』에 관하여는 언젠가 필자가 「중국 문단 개관」과 「중국 신시(新詩) 개관」에서 다소 언급한 바 있었거니와, 특별히 주의되는 것은 그 내용이나 형식이 그 전 루쉰의 작품과는 판연히 다른 점이다. 그 형식으로 볼 것 같으면, 그 중에는 「나의 실연(失戀)」이라 한 구시체(新詩體)의 글이 있고, 그 주(註)에 '의고(擬古)한 새로 기름진 시(詩)'[14]라고 하였고, 또 한 편은 「과객(過客)」이라는 희곡체(戲曲體)의 글이 있다.

『야초』의 광고를 보면, "루쉰의 산문시집이라 할 수 있다(可以說是魯迅的一部散文詩集)"라고 하여서, 이것을 시(詩)로 볼 것인가, 소설로 볼 것인가, 그렇지 않으면, 그 짧은 편으로 보아서 콩트로 볼 것인가가 자못 문제되지 않은 바가 아니다.

그러나 현금(現今)에 와서는 소설은 더욱 짧아지고, 시는 더욱 길어가는 경향이 있으므로, 형식에 있어서 소설과 시를 구별하기가 어렵게 될 것이라는 것도, 멀지 않은 장래에 있을지 모를 것이다.

이 『야초』를 소설로 보기는 너무나 그 플롯이 단순하고 캐릭터가 없다. 시로 보자면 너무나 이지적(理智的) 요소가 농후하고, 또 한 가지는 그의 풍자를 띤 편 곧 「개의 반박(狗的駁詰)」이라든지, 「입론(立論)」·「총명인(聰明人)과 우자(愚者)와 노복(奴僕)」 등은 흡사 '이이솝 이야기'와 같이 비유적이고 풍자적인 것이다. 그러나 「추야(秋夜)」·「눈(雪)」·「아름다운 이야기(好的故事)」·「연(風箏)」 등 몇 편은 시라고 하여서, 별로 흠잡을 곳이 없기도 하다. 혹 소설이라고 한다면, 현대 여류작가 버지니아 울프의 순심리소설(純心理小說) 즉 심리의 진행을 묘사하는 소설 등과, 형식에 있어 방불(彷佛)한 점이 없지 않으나, 버지니아 울프의 소설은 중요한 사건을 그리기 위하여 부속 사건을 모아들이지 않고, 마음에 생각나는 순서를 그대로 그림으로써, 서로 불상관(不相關)한 일이 돌출하기도 하고, 그 언어에 있어 완결하지 않은 부분이 많은 데 반하여, 루쉰의 『야초』는 한 완벽한 생각을 표현하기 위하여, 모든 것을 집중시키는 점이 다르다 하겠다.

14 루쉰은 「나의 실연」에 '옛것을 흉내 낸 새 타유시(打油詩)'(擬古的新打油詩)라는 부제를 달았는데, '타유시(打油詩)'는 해학(諧謔)적인 시(詩)를 가리킨다.

나는 이 『야초』가 시집이거나 소설집이거나 감상문집(感想文集)이거나를 더 문제 삼지 않고, 다만 이 『야초』가 루쉰의 창작의 경로(經路)에 있어 어떠한 지위를 가지고 있으며, 이 『야초』에 나타난 루쉰의 사상은 어떠한 경향과 어떠한 상태에 있으며, 그의 인생에 대한 태도, 그의 『야초』에 대한 기대 등을 다소 연구하여 볼 필요가 있다. 『야초』는 루쉰 전(全) 예술의 결정품(結晶品)이고, 그 사상의 총결산으로 볼 수 있으며, 가장 진지한 태도로 인생을 관찰하였으며, 가장 정확하게 인생사회를 비판하였으며, 가장 잘 루쉰의 은퇴적(隱退的) 온정(溫情)을 나타냈으며, 가장 잘 루쉰의 희망과 예술적 태도를 천명하였다. 일언(一言)으로 말하자면, 루쉰이 그 독특한 표현의 노련한 맛을 다 나타내었으며, 자기의 모든 사상을 투철하게 말한 작품이라 하겠다.

그러나 이 일권(一卷)에 시종(始終)껏 흩어 있는 것은 그의 고민(苦悶)이다. 곧 그를 예술상으로 충동시키는 중요한 원동력의 고민이 이 일권의 어느 한 줄에나 들어 있지 않은 곳이 없다. 사실에 있어서, 태양 같은 희망이 있는 작가도 그의 작품을 위대하게 하는 것은 곧 이 고민이고, 또한 인생의 일체에 암흑의 절망을 가진 작가도 그 작품을 무겁게 하고, 그 관찰을 심각하게 하고, 그의 절망을 끝없는 절망으로 끌고 가는 것도 또한 이 고민일 것이다. 루쉰은 철두철미의 절망가(絶望家)는 결코 아니다. 다만 그의 결점이라고 여긴다면 여길 수 있는 것은 그에게 명확하고 위대한 희망이 없다고는 할지언정, 인류 · 사회에 대하여 절대비관론자(絶對悲觀論者)라고는 할 수 없을 것이다. 그러나 그는 '명암(明暗)의 중간에서 방황'하기를 싫어하고, 철저한 무엇을 구하려 한 고민이 늘 그의 뇌에서 떠나지 않은 것을 볼 수 있다.

나는 이 루쉰의 고민이 루쉰으로 하여금 오늘과 같은 공헌이 있게 하였으며, 이후에도 또한 많은 희망과 기대를 가지고 루쉰에게 바라는 것도 이 고민이 있기 때문이라고 하겠다.

다시 우리는 루쉰 자신의 『야초』에 대한 의견 및 기대를 볼 필요가 있다. 그는 『야초』의 「제사(題辭)」에서 자기의 작품에 대한 태도를 이와 같이 천명하였다.

> 내가 침묵하고 있을 때는 충실한 것 같다가도, 입을 열게 되는 날에는 공허를 느끼게 된다. 과거의 생명은 벌써 사망하였다. 나는 이 사망에 대하여 큰 환희가 있다. 그 이유는 이걸로써 그것이 그 전에 있었던 것을 알게 된 까닭이다. 사망한 생명은 벌써 후부(朽腐, 썩다)하여 버렸다. 나는 이 후부(朽腐)에 대하여 큰 환희를 가지게 된다. 왜 그런고 하니, 이것 때문에 그것이 아직 공허하지 않은 것을 알게 된 까닭이다.
>
> 생명의 진흙을 지면(地面) 위에 다 버렸더니, 교목(喬木)이 나지 않고 다만 야초(野草)가 난다. 이것이 나의 죄과(罪過)이다.

이것이 곧 자기의 과거의 생명은 벌써 썩어졌다는 것을 표명하며, 그 생명의 뿌리에서 다시 이 『야초』가 났다는 것을 말함이 아니겠는가. 루쉰은 자기 예술에 대하여 퍽 겸손한 태도를 취한다. 항시 자기의 작품이 위대하거니 하고 자만하지 않고, 어디까지든지 교목이 되지 못하고 야초에 불과하다고 하였다. 그리고 그는 또 『야초』도 속히 과거의 것으로 썩어 버리고, 무엇이나 새것이 나기를 희망하는 것을 암시한 구절이 있다.

> …… 나는 이 야초의 사망과 후부가 불같이 속히 오기를 바란다. 만약 그렇지 않다면 생존하지 않은 것이므로, 이것은 참으로 사망과 후부에 비하면 더군다나 불행한 일이다.

그는 항시 한때 한때의 임무를 다하고 죽어버리고, 새것이 또 탄생하는 것을 바라는 것을 알 수가 있으며, 아무 생존한 흔적이 없이 산 듯 만 듯한 무활기(無活氣)한 생명이나 작품을 바라지 않은 것을 알 수가 있다.

여기서 그 작품의 일편(一篇) 일편을 연구하여 볼 여유가 없거니와, 특별히 주의되는 것은 철리(哲理)라고나 할까, 루쉰의 인생관을 포함하는 작품이 많은 것이다. 예를 들자면 「과객」·「그림자(影)의 고별」·「복수(復讐)」(1)(2)·「사화(死火)」·「묘갈문(墓碣文)·「사후(死後)」·「퇴패선(頹敗線)의 전동(顫動)」·「잊어버린 지옥」 등이다. 이들 작품은 그 문장이 너무나 난삽하고, 너무나 간략하고, 너무나 생략이 많아서 실로 작자의 진의(眞意)를 이해하기가 어려운 점이 많다.

나는 여기서 『야초』의 작품을 일일이 분류를 하며 검토하여 가는 것이 좋으리라고 생각하나, 가령 예를 들자면 (1)회억류(回憶類), (2)풍자류(諷刺類), (3)희망류(希望類), (4)묘사류(描寫類), (5)사상류(思想類) 이와 같이 분절(分折)을 하여서, 어느 작품은 어느 부류에 속하게 되고, 어떠어떠하니까 그의 사상은 어떠하고, 그의 회억문은 어떠한 점이 그 특장이고 하는 등으로 연구를 하려 하나, 이 역시 장황과 지면 관계로 그 중에 모든 루쉰의 다방면을 잘 표현한 작품 즉 「과객」 하나를 설명하려 한다.

「과객」은 먼저도 말하였거니와 그 형식은 희곡으로 되어 있는데, 그 시일(時日)은 어느 날 황혼이고, 지점(地點)은 다만 어느 곳이라 하였다. 인물은 노옹(老翁)·여아(女兒)·과객(過客) 3인이다. 물론 희곡으로 볼 때 이것이 잘 되었는가, 장점이 어디인가, 하는 토론을 하려고 하는 것은 아니다. 오직 그의 사상·그의 인생관·그의 과거·그의 입장 등을 알아보자는 데 불과하므로, 직접 그 작품의 내용을 말하여 보겠다.

어느 날 황혼에 노옹과 여아가 있는데, 동(東)에서 어떠한 사람이 온다. 그 모양은 퍽 피곤하여 보이고, 그 태도는 의기(意氣)가 상실하여서 형편이 없는 사람이다. 노옹더러 물을 한 잔(盞) 달래서, 소녀가 떠다 주니, 감사하다고 마시고, 노옹이 이름이 무어냐 해도 모른다고 한다. 어디서 오느냐고 하여도 어디인지 모른다 하고, 어디로 가느냐고 하여도 어디로 가는지도 모른다고 한다. 그저 전면(前面)을 가리키며 그 곳으로만 간다고 한다. 그래서 물을 마시고 원기를 회복하여 가지고는, 또 간다고 하면서, 노옹더러 당신은 여기서 오랫동안 살았으니까 알 것이라면서, 이 앞으로 가면 어디로 가느냐고 물어 본다.

옹: 앞 말이오. 앞? 그 끝은 무덤(墳)이오.

객: (이상한 듯이) 무덤이오?

소녀: 아니, 아니 아니어요. 거기는 많은 백합화 · 들장미가 있는데, 나는 항상 가서 놀면서 그것을 보는데요.

그 다음에 과객은 노옹더러 그 무덤을 지나가면 어디입니까? 하고 물으니, 노옹도 모르겠다고 한다. 소녀 역시 모르겠다고 한다. 노옹은 말하기를 "나 아는 곳은 당신이 온 곳뿐이고, 아마 그 곳이 당신에게는 제일 좋은 곳일 것이니, 혹 실례될지는 모르지만, 다시 돌아가는 것이 좋겠다"고 한다. 또한 그 곳을 끝까지 갈 수가 있는가도 의문이라고 한다. 그 다음 과객의 말은 이렇다.

객: 다 갈지 못 갈지 몰라? (깊은 생각에 잠겼다가(沈思), 홀연히 놀래면서) 그것은 안 되겠소. 가야만 하겠소. 어디로 가겠습니까. 한 곳도 명목(名目) 없는 곳은 없고, 한 곳도 지주(地主) 없는 곳은 없고, 한 곳도 피면(皮面)의 소용(笑容) 없는 곳은 없고, 한 곳도 광외(眶外, 눈가)에 안루(眼淚, 눈물) 없는 곳은 없는데요. 나는 그것들을 미워하오. 나는 돌아가지는 않겠소!

다음에 노옹은 태양도 넘어가고 하였으니까, 자기와 같이 쉬어 가라고 한다. 과객은 전면에서 소리 있어 나를 최촉(催促)한다고 하니, 노옹은 자기도 그러한 소리를 그 전에 들은 일이 있다고 하면서, 만약 수응(酬應)을 하지 않으면 관계찮다고 한다. 그러나 과객은 간다고 그러자, 소녀가 조각 헝겊을 주며, 그 상(傷)한 곳을 싸매고 가라고 하니, 감사하다고 하면서 앉아서 싸보다가, 부족하다고 도로 돌려주면서 말한다. 내가 만약 누구의 보시(布施)를 받으면 올응(兀鷹, 독수리)이 죽은 시체(死屍)를 노리는 것같이 사방으로 배회하며, 그의 멸망을 바라며, 혹은 그것 밖의 모든 물건이 다 멸망하기를 저주하며, 나 자신까지도 그렇게 하기를 바란다.

그것은 나도 응당 저주를 받아야 할 것이니까. 그러나 나에게 이러한 역량이 없고, 설사 이러한 역량이 있다고 하더라도, 그는 그가 이러한 경우에 있는 것을 원치 않으며, 그들도 이러한 경우를 바라지 않는다고 하며, 이렇게 하는 것이 가장 온당하다고 한다. 그 포편(布片, 헝겊조각)을 소녀는 안 받으려 하고, 과객은 가지고 가지 않으려고 하니까, 노옹이 그러면 들백합, 들장미에다 걸어 놓고 가라고 하니, 소녀도 좋다고 하여 과객은 떠나간다.

이것이 그 경개이다. 과객이나 노옹이나 소녀가 각각 견해가 다르며, 각각 세상(世相)의 관찰이 다르며, 각각의 희망이 다르며, 각각의 전망이 다른 것을 잘 나타냈다. 이 중의 과객은 루쉰 자기의 입장 · 태도 · 인생관 · 예술관을 잘 표현한 것이 아니겠는가? 필자는 더 노노(呶呶, 왁자지껄하다)한 설명을 시(試)하려 하지 않는다.

7. 루쉰의 용어(用語)

나는 이 논문의 처음에 루쉰은 '문학혁명'의 실행자라고 하였다. 그 이유는 백화(白話)로 실지 창작을 시험하였고 또한 성공한 까닭이고, 그 정신이 '문학혁명'의 정신과 상부(相符)한 까닭이라 하였다. 그러나 여기서 내가 다소 말하려고 한 것은, 루쉰이 쓰는 '백화문'에 관한 것이다. 본래 백화문을 주장하기는 언문일치를 실행하자는 주장에서 나온 것인데, 사실에 있어 이것은 문제가 되지 않는 바가 아니다.

필자는 이 점에 관하여 그 전에도 다소 언급한 바가 있었고, 근일(近日)의 궈모뤄(郭沫若)의 언론(言論)을 보더라도 후스(胡適)의 백화운동(白話運動)을 비판하면서, 실지(實地)에 언문일치란 것은 불가능하다는 의사(意思)

를 말하였다. 필자는 남의 의견 혹은 주장을 반대하려 한 것이 아니라, 다만 객관적 관찰에서 이러한 의문을 품게 되었다. 가령 예를 들면 우리말의 소설이나, 일본어의 소설이나, 또는 중국 백화문의 소설이나를 볼 때, 일상 통용어와 그 용법만을 가지고는 우수한 창작을 할 수가 없으며, 자연 말할 수 없는 차이를 언문간(言文間, 구어와 문언 사이)에 느끼게 되는 수가 많다.

근일 중국 백화문의 종류를 보면, 같은 백화문이면서도 수종(數種)의 상이한 백화문을 볼 수가 있다. 언문일치의 주장을 한 후스의 백화를 보면, 그가 언문일치를 주장한 만큼 용이(容易)하게 쓰고 일상어와 별로 차이가 없게 쓰는 것이다.

또 한 종류는 그 전 '창조사(創造社)'의 일파 궈모뤄 · 위다푸(郁達夫) · 장쯔핑(張資平) 등이 쓰는 백화문이다. 이 역시 용이한 백화를 쓰기는 쓰나 후스의 백화보다는 다소 일상어와 다른 종류의 백화를 쓴다.

루쉰의 백화는 같은 백화이면서 도리어 용이한 문언(文言)보다 요해(了解)하기가 어려운 백화문이다. 그러나 그 문체가 독자에게 준 인상으로 말한다면, 루쉰의 백화가 제일일 것이다. 그는 가장 적절한 언어를 택용(擇用)하며, 문장이 간결하며 명료하여서, 그 소설은 그 언어를 알기만 알면, 계륵(鷄肋)과 같이 진진한 맛이 끊어지지를 않는다.

그러므로 루쉰의 백화문은 백화 중에서도 가장 어려운 백화를 쓰는데, 그의 용어의 독특점(獨特點)을 들자면, 서양어의 어법을 중국어에 적용한 것과, 백화의 연관어(聯關語)와 허자(虛字)를 많이 쓰지 않는 것과, 또 한 가지는, 본래 문언의 장점인 간략(簡略)을 백화문에 적용한 등일 것이다.

그가 서양어법을 중국어에다 적용한다는 것은 곧 형용사의 첩용(疊用), 영어의 뚜스 센텐쓰와 같이 구두점을 생략하고 수구(數句)를 연관(聯關)한 것이고, 백화의 연관어와 허자를 많이 쓰지 않는다는 것은 이야기와 이야기의 사이에 '그러니까' · '그리고' 등의 말을 극히 적게 쓰는 것과, '아(呵)' · '파(罷)' · '나(哪)' · '너(呢)' · '저(着)' 등 허자를 많이 쓰지 않는다는 것이다. 수사학에 있어 물론 이것을 많이 쓰는 경우 좋은 문장을 쓸 수 없게 한다고 하지만, 그러나 너무 쓰지 않으면 그 관련을 알 수 없는 경우가 많다. 본래 한문이 어렵다고 하는 것은 어(語)와 어(語)의 사이에 생략이 많은 것이 원인의 하나일 것이다. 그러므로 『요재지이(聊齋志異)』 같은 것은 3·4행 되는 문장이라도 중국 이야기꾼들(說書)은 3·4일씩 계속하여 가며 이야기하는 책이다.

이러한 것은 물론 이야기꾼이 쓸데없는 것(無駄)을 많이 말한 것이 큰 이유도 되겠지만, 문(文)이 간결한 이유도 그 하나인 것이다.

루쉰의 백화는 중국의 중학 졸업생도, 그 일편(一篇) 일편의 대의(大意)는 짐작할 수 있게 볼지 모르되, 일구(一句) 일구를 다 요해하는 학생은 거진 없다고 하여도 과언이 아닐 것이다. 그의 표현은 비유가 많고 의도가 호한(浩澣)하므로, 물론 문학에 조예가 깊은 사람도 요해하지 못할 편(篇)이 많겠지만, 제일은 그의 문장이 난삽한 까닭으로 요해하지 못할 편이 적지 않을 것이다. 일반으로 볼 때 중국의 백화문 사용으로 언문일치를 시행하였으므로, 언문(言文)이 순전히 일치된 것 같게 보이지만, 사실에 있어서 이와 같이 많은 차이가 있으며, 소위 언론기관에서 쓰는 용언(用言)은 청말(淸末)의 문언파(文言派)의 문언 즉 량치차오(梁啓超)·장스자오(章士釗) 등의 문언이나 별로 차이 없는 문체를 쓰고 있다. 루쉰이 쓴 문체는 백화는 백화이지만, 그 어구의 구조가 간략한 것으로 보아서, 난해하기가 실로 문언에 지지 않을 것이고, 루쉰의 문체는 백화문 중에서도 실로 일파(一派)의 문체를 구성하고 있다고 볼 수 있다.

8. 결론

나는 불완전하나마 이로써 루쉰의 반생(半生)의 작품에 관한 소개를 다

하였다.

총망(悤忙)과 두뇌의 번잡으로 인하여 체계가 완연(宛然)하게 서지 못하고, 조란(粗亂, 거칠고 어지럽다)하게 된 것만이 유감이다. 그러나 그의 작품에 대한 고찰은 오히려 너무 장황하고 지리하게 되었을망정, 별로 유루(遺漏, 빠뜨리다)된 것이 없음에 대하여, 다소 만족을 느끼지 아니한 바도 아니다.

나는 결론에 있어서 다시 위에 말한 것을 단축하여 재술(再述)하는 것을 피하고, 그의 특장을 간단히 말한 후에, 위에서 말하지 않은 점을 몇 가지 써보려 한다.

필자의 견해에서 볼 때에 그의 제일 큰 특장으로 여길 것은 농촌·농민을 창작의 주재(主材)로 하는 점이라고 하겠다. 루쉰의 농촌·농민의 관찰에 농민의 전체성(全體性)을 파악하지 못하고, 농민의 장래 광명을 확지(確指)하지 못하고, 농민의 단결로써 모든 권력을 반항할 수 있는 역량을 발명하지 못함은 유감이지만, 하여간 농촌·농민을 일반 문단인(文壇人)·사회인에게 인식시키고, 농민의 장래를 위하여 일반인에게 계몽시키게 한 것은 루쉰의 큰 공적(功績)이고, 농민국인 중국에서 응당 파악할 점일 것이다.

제이의 그의 특장은 반항정신을 고취한 점이다. 그는 현대문명을 중국에 주입하기 위하여 제일보로 구도덕·구습관·구사상·기타 모든 진부한 고동(古董, 골동품)에 대하여 반항한 것이었다. 흔히 적극적으로 진출하지 않은 작가로서는 그저 자기탐미·자기은둔과 회고·감탄에 끝나기가 쉬운 것인데, 루쉰은 백절불굴하는 반항정신을 어느 때나 발휘하고 있었다.

제삼은 그의 장처(長處)라고 할 수는 없으나, 그의 특색으로 볼 수 있는 점인데, 그것은 곧 여성에 관한 작품을 그리 쓰지 않은 것이다. 물론 전연 없는 것은 아니나, 흔히 부인물(副人物)로써 그의 소설에 나타나는 예가 많고, 한 소설을 여자주인공으로 한 작품은 「죽음을 슬퍼하며」나 「축복」밖에는 다시 찾을 수가 없고, 그러한 여성도 농촌 중하류의 여자거나 혹은 구식에 가까운 여자다. 지식분자의 여자나 또는 모던 걸 같은 것은 찾을 수 가 없다. 이것은 작가의 성격에도 관계있겠지마는, 작가의 연령에도 관계가 많을 것이다.

제사는 그가 자기의 회억과 경험으로써 창작하는 것이다. 그의 작품에 나타난 것은 '루전(魯鎭)'이거나 'S전(鎭)'이라고 하는 그의 유소시(幼少時)의 고향이 대부분을 차지하고 있고, 또는 그가 오랫동안 있던 베이징(北京)도 상당히 작품에 나타나며, 그는 과거를 회억하는 사실과 문체로써 소설을 쓰는데, 소설의 내용이 곧 경험이고 회억인 만큼, 작품의 인상은 퍽 깊다.

제오는 그의 풍자적인 것이다. 본래 중국문학에는 풍자적인 것이 많다. 그러나 루쉰의 풍자는 과거와 같은 풍자를 위한 풍자도 아니고, 유한계급(有閑階級)이 소일하기 위한 풍자도 아니고, 독자에게 갈채를 얻으려 하는 풍자도 아니다. 다만 그의 동정(同情)과 열정(熱情)에서 우러나는 풍자이다. 그의 특점에 관해서는 이만한 데 그치고, 다음은 그의 다른 점을 좀 말하여 보겠다.

루쉰의 '문학'과 '혁명'에 관한 이론은 필자가 중국문단을 소개할 때 다소 언급한 일이 있으므로 여기서는 약(略)하지만, 루쉰은 철두철미 문예는 혁명에 인연이 가장 먼 것으로 생각하고, 아무리 문학자가 '혁명, 혁명' 하고 떠들어도 제3선(第三線)의 전사(戰士)에 불과하다고 주장하여 왔다.

다음에는 루쉰의 중국관(中國觀)이라고나 할까? 루쉰이 미국인 알 엠 버틀렛이란 사람과 문답한 것이 1927년 10월의 『커렌트 히스토리』에 실렸고, 최근 『루쉰론(魯迅論)』이란 책에 그 번역이 실렸는데, 루쉰의 중국에 대한 희망을 잘 표현하였다고 하겠기에, 여기에 적역(摘譯)하려 한다.

> …… 공교(孔敎)나 불교는 다 벌써 사망하여버려서 영원히 다시 부활할 수가 없을 것이다. 나는 상제(上帝)를 믿지 않고, 다만 과학과 도덕을 믿는다. 중국인은 종교와 인연이 없고 또한 그를 신앙할 줄도 모른다. 중국인의 금일 최

> 대한 병근은 '나태(懶怠)'이다. 그러나 그들이 노력만 할 것 같으면, 내전(內戰)은 곧 정지할 수가 있을 것이고, 그때에 중국은 강성하여질 것이다. 공작(工作)과 과학 이자(二者)는 곧 중국의 구성(救星, 구원의 별)이다.

그리고 어느 강연고(講演稿)에 보면, 다음과 같은 말을 한 때가 있다.

> 가석(可惜)한 일은 중국은 개변하기가 어렵다. 곧 한 개 탁자를 옮기거나, 한 개 화로를 개장(改裝)하는 데도 거의 피(血)를 요하게 된다. 그리고 피가 있는 후라도 꼭 움직여 놓고 개장하였다고는 단정할 수가 없다. 큰 편달(鞭撻, 채찍)이 배상(背上)을 때리기 전에는 중국 자기로서는 동탄(動彈, 움직이다)을 하려고 하지 않는다. 내 생각에는 이 편달이 일정코 올 것이다. 그의 호불호(好不好)는 별문제이어니와, 와서 때리기는 꼭 할 것이다. 그러나 어디로서부터 오고 어떻게 올 것이라는 것은 나도 확정(確定)히 알 수가 없다.

이것으로 보면, 중국 국민성은 변천을 싫어한 것으로 보았으며, 중국의 이후 구원의 길은 다만 '분투'와 '과학' 이자(二者)라고 한 것을 알 수가 있다.

다음에는 루쉰이 어느 작가의 영향을 많이 받았으며, 어떠한 작가와 공통점이 많은가를 연구하여 보는 것이다.

이 비교 연구에 대하여는 다른 많은 재료가 있겠지만, 필자의 모든 재료 중에는 세계 문단 소식을 독점하다시피 소개하고 있는 자오징선(趙景深)의 「루쉰과 체홉」이라는 강연이다. 이 강연은 상하이(上海) 푸단대학(復旦大學)에서 한 것인데, 문학연구회(文學硏究會)에서 편집하는 『문학주보(文學周報)』 제8권 제19호에 실린 것이고, 또 하나는 위에 말한 버틀렛의 「루쉰 회견기(會見記)」이다. 버틀렛은 처음에 루쉰이 의학을 버리고 문학을 하는 것이 체홉 · 슈닛스러 · 올리버 · 웬델 · 홀스 등과 방불하다 하였고, 루쉰의 소설은 도스토예프스키와 고리키의 작품과 같이 동정심(同情心)과 열렬(熱烈)한 정서가 풍부하다고 하였다.

자오징선이 「루쉰과 체홉」에 인용한 동씨(同氏)와의 담화에서 보더라도, 루쉰은 확실히 러시아의 작가에 많은 영향을 받은 것은 사실이다.

> 체홉은 나의 가장 환희하는 작가이고, 이 밖에 고골리 · 투르게네프 · 도스토예프스키 · 고리키 · 톨스토이 · 안드레예프 · 프리드리히 니체 · 실러 등도 나는 특별히 재미가 있다.

여기서 나는 자오(趙)씨의 강연고를 세론(細論)하려 하지 않고, 다만 「루쉰과 체홉」의 이동점(異同點)과 그 강연 결론만을 참고하기 위하여 적기(摘記)하려 한다.

> 체홉이 묘사한 종교생활과 연애생활은, 특히 전자는 루쉰은 그리 출력(出力)하여 묘사하지 않은 것이 같지 않은 곳이고, 아동생활은 루쉰의 것은 비록 비교적 시의(詩意)가 있고, 체홉의 것은 비교적 질박(質朴)하나마 결국 양인(兩人)이 다 묘사한 바이다. 향촌생활 묘사는 루쉰과 체홉의 특장으로서 이것은 상동(相同)한 점이다.

자오씨가 루쉰과 체홉을 비교한 결과 이러한 결론을 얻게 되었다.

(1) 생활에 있어서 루쉰과 체홉은 다 의학을 버리고 문학을 배운 것.

(2) 제재에 있어서 루쉰과 체홉은 다 향촌을 묘사하는 능수(能手)인 것.

(3) 사상상(思想上)에 있어서 루쉰과 체홉은 다 장래에 무궁한 희망을 가지고 있으나, 질(質)로 보면 비관적(悲觀的)인 것.

(4) 작풍상(作風上)에 루쉰과 체홉은 다 유머적이고 또한 풍자적인 것이다.

다음에 고찰하여 볼 것은 그의 좌익작가연맹에 참가한 후의 태도이다.

이것에 대하여는 아무런 재료를 얻지 못하고, 다만 일문(日文)의 『만몽(滿蒙)』이란 월간지에 그 경과를 쓴 것(작년 11월호(?)에 상세히 실린 것)을 볼 뿐이다. 또한 프로작가의 기관지에 연(聯)하여 폐간이 되며, 또한 필자가 북방에 있는 관계상 상하이의 간행물을 단속(短速)한 기간에 볼 수가 없으므로, 그의 진상을 더 탐지하지 못한 것만은 유감이다. 또한 마르크스주의화를 하였는가, 그렇지 않으면 다만 연구의 태도로 가맹(加盟)을 하였는가, 그 연맹의 자체가 어떠한 내용을 가지고 있는 것인가 등은 망연하므로 중언부언할 필요가 없거니와, 만약 그가 참으로 마르크스주의자화하였다면, 자유와 해방을 부르짖던 그로써 어떻게 당(黨) 혹 단체(團體)의 명령에 복종하며, 최대권력 · 최대세력의 집중을 요구하고, 그 주의(主義)로써 자유와 해방을 어떻게 연결하며, 그들의 국가자연소멸설(國家自然消滅說) 등을 잘 신봉하고 있는지가 의문이다. 그렇지 않으면, 목전에 그저 그렇게 하여야 하겠다는 처지에서 참가하게 되었는가 등이 다 의문에 걸려 있는 문제들이다.

또 한 가지는 그의 『조화석습(朝華夕拾)』이란 10편의 회억문집에 관한 것이다. 여기에서 별로 신기한 것을 발견할 것은 없지만, 그의 학문의 범위의 광활한 것을 느끼게 된 것이 그 책의 특점이다. 그가 의학을 배운 만큼 동물에 관한 지식이 풍부한 것을 느끼게 된다. 그는 본래 고양이를 싫어하는데, 그 중 제1편 「개 · 고양이 · 쥐」라는 재미있는 글 중에서 동물에 대한 많은 문헌과 과학서적을 인용한 것이라든지, 그 밖에 「24효도(二十四孝圖)」 · 「아창과 산해경(阿長和山海經)」 등 편에서는 거의 고증에 가까울 만큼, 해박한 식견을 나타내나, 그럴 만큼 별로 흥취를 느끼게 되지 않는다.

하여간 이 10편은 창작으로 여길 수가 없고, 그의 특장인 회억문의 노골화라고 보는 것이 바른 관찰일 것이다. 그러므로 필자의 이 『조화석습』을 전론(專論)하지 않은 이유도 실로 여기에 있다.

이하는 루쉰의 후반(後半)의 창작적 노력을 기다려서 다시 소개하기로 약속을 하고, 이로써 조론(粗論)의 끝을 맺는다.

【필자 부기(附記)】

너무 장황하고 중복된 곳이 없지 않을 것이어서, 편집하신 이 및 독자 제위에게 미안하게 되었으며, 문장에 숙련이 없어서 지우(知友)에게 많은 독려를 받게 되어, 이것은 이후 노력하기로 약속하고, 또 한 가지는 문단 신진(新進) 제씨(諸氏)로부터 중국문학에 많은 연구나 있는 것같이 과찬을 받았으나, 실은 1 · 2편의 소개문을 씀에 불과하였으므로 참괴를 금치 못하며, 따라서 금후의 연핵(硏覈, 궁구하고 연구하다)을 불권(不倦)할 것을 약속하고 각필(擱筆)한다.

(『조선일보』 1931년 1월 4일－1월 30일)

중국의 대문호 루쉰 방문기

신언준

루쉰! 중국이 낳은 '동양의 대문호'! 그의 이름은 들은 지 오래다. 그러나 면회(面會)해볼 기회는 없었다. 그의 글에서, 그의 소설에서 얻은 인상은 한 '냉혹한 사람' 또는 한 '괴인물(怪人物)'인가 하였다. 마치 메스를 들고 만나는 사람마다(물론 그 사람들은 모두가 환자) 마취약도 바르지 않고 그들의 환부를 해부하는 괴의생(怪醫生)같이 보이었다. 그는 그렇게도 무정(無情)스럽고 괴돌(怪突)하지만, 그러나 그의 해부술은 예리하고 대담스럽고 이지(理智)에 밝은 것은 짐작하였다. 그의 해부는 냉혹무정하지만 그의 메스의 예첨(銳尖)이 찌르는 곳은 아프면서도 통쾌를 느끼게 하는 것이라고 알았다. 이 괴인물에 늘 호기심을 가지고 일견(一見)의 원(願)을 품고 있던 필자는 주형(朱兄)의 부탁을 받아 5월 19일 그를 중앙연구원(中央研究院)으로 찾았다. 루쉰은 쑹칭링(宋慶齡), 차이위안페이(蔡元培) 씨 등이 조직한 민권보장동맹(民權保障同盟, 정치범 구호를 목적으로 한 단체)의 위원으로 중앙연구원에 본부 사무국을 두고 이따금 그곳에 온다는 말을 듣고 그곳으로 방문하게 된 것이다. 차이위안페이 씨에게 그의 주소를 물으니 씨는 그에 대하여 국민정부에서 통집령(通緝令, 체포령)이 내렸다고 하면서 그의 주소가 절대비밀이라 한다. 그러나 필자를 믿고 차이(蔡)씨는 그 비밀주소를 알려 준다. 그는 베이쓰촨루(北四川路) ○○○호 어떤 일본 우인(友人)의 밀실(密室)을 빌려 망명의 생활을 하고 있다 한다. 우선 만나자고 편지를 보내었다. 그는 '숨어 있어도 늘 횡화(橫禍)를 당할 위험이 있다' 하면서 서면으로 할 말이나 요구할 것을 제시하라고 회신을 보냈다. 필자는 다시 비밀회견을 요청하여 겨우 그의 비밀주소에서 22일 면회하기로 약속이 되었다. 그리하여 필자는 평소 한번 보려던 문호 루쉰을 만나보게 되었다.

청복폐리(靑服弊履)의 노농장속(老農裝束)

루쉰이 숨어사는 집을 찾으니 주인되는 일본인 모씨(某氏) 부부가 나와 안내한다. 루쉰 선생이 거처하는 2층으로 올라가니 복인(僕人) 같은 노인이 맞아준다. 그의 옷은 향촌 궁농(窮農)들이 통상 입고 사는 청색 목면 바지저고리를 입고 헝겊으로 만든 신을 신었다. 순전(純全)한 향촌 노농인(老農人)이다. 그 청의면의(靑衣棉衣)는 퇴색이 되었고 머리도 깎은 지가 오래서 그런지 습관(習慣)이 그런지 귀밑을 덮게 자라고 먼지가 묻은 것 같고 산란(散亂)하다. 수염도 깎지 않았다 그는 몸 수식(修飾)은 전연 돌보지 않는 이라고 생각되었다. 그의 침상도 질소(質素)한 중국식이다. 덮는 이불과 장자(帳子)까지 모두 목면(木棉)이다. 그의 쓰는 그릇까지도 중국 하층민의 생활 그대로이고 돈길 갈 만한 값있는 것은 하나도 보이지 않는다. 그의 생활은 전부가 프롤레타리아의 모형이다. 그는 입으로 붓으로만 무산계급을 부르짖지 아니하고 그의 몸 그의 생활이 즉 무산계급과 같은 양식을 가지고 있다. 상하이 각 서점에서 받는 저작권의 보수금만 해도 월 2천 원(元)이 되고 구미 각국에서 역본(譯本) 소설에 대한 보수금이 월 3, 4천 원은 된다는 중국 유일의 최고봉의 수입을 가진 작가로서 그의 일신(一身) 생활이나 호화롭게 살기는 어렵지 않을 터인데, 그의 생활은 향농(鄉農)의 생활이다. 그의 수입은 문화운동단체에 전부 기부한다고 한다.

그의 거처하는 방은 침실, 객실 또는 연구실, 편집실, 음식 짓는 주방까지로 겸용하는 모양이다. 침상 앞에 식탁이 놓이고 의자 7개가 둘러 놓이고 그 다음에는 온 방안이 책으로 성(城)을 둘렀다. 컴컴한 책성(册城)을 등지고 그는 나와 정면으로 대좌(對坐)하였다.

조룩조룩 여운 이마, 홈속 들어간 두 볼, 히끈히끈 반백(半白)이 넘은 머리털은 파란중첩(波瀾重疊)한 그의 반생(半生)을 그려놓았다. 그의 키는 오척(五尺)도 못되는 적은 키다. 그의 수염은 한 번 보고 곧 기억할 만치 중국 사람 중에는 보기 드문 다수자(多鬚者)다. 그의 육체는 한 평범한 사람이다. 아무 특이한 무엇을 발견할 수 없다. 오척(五尺)에 불과한 소구(小軀)가 대문호 루쉰이다!

나는 문사(文士)가 아니다

필자는 중국식 인사말로 그의 문재(文才)를 칭양(稱揚)하는 어조로 이야기를 붙였다. 그는 첫마디에 '나는 문재랄 것이 없다. 우연히 붓대를 들고 글을 써본 것이지 문사는 아니다' 하고 대답한다.

문、선생은 어떻게 해서 소설을 쓰게 되었소?

답、나는 18세 때에 중국 해군을 건설하여 보려는 마음으로 난징수사학당(南京水師學堂)에 입학하였습니다. 그때 영미 각국이 해군을 가지고 중국을 침략하는 것을 보고 나의 청춘의 피는 해군열(海軍熱)이 났습니다. 그러나 반년 후 퇴학하여 광무학당(鑛務學堂)에 입학하였습니다. 그때 생각은 해군보다 우선 광산개굴(鑛産開掘)이 국가의 긴급한 일이라고 생각되었습니다. 졸업 후 나는 인종(人種)부터 개량하여 강종(强種)을 만들어놓아야 강국(强國)이 된다는 생각으로 일본으로 가서 의학을 배웠습니다. 그때 나는 또 일본 유신이 의학에서 시작된 것이라 생각되었습니다. 그러나 2년 후 어떤 활동사진(活動寫眞)에서 중국인이 정탐노릇하다 총살되는 광경을 보고 신문학을 제창하여 정신적으로 중국을 부활케 하여야 되리라는 생각으로 의학을 버리고 문예를 연구하면서 소설을 써보기 시작하였던 것입니다.

문、그러면 선생은 문학이 위대한 힘이 있다고 생각하십니까?

답、그렇습니다. 대중을 환성함에 대한 가장 필요한 기술(技術)이오이다.

문、선생의 글쓰는 방법은 여하(如何)?

답、나는 사실주의자외다. 보는 그대로 듣는 그대로 기술(記述)하는 것뿐이외다.

문、남들이 선생을 인도주의라 하니 그럽니까?

답、그러나 나는 톨스토이나 간디 같은 인도주의는 절대 반대합니다. 나는 전투를 주장합니다.

문、중국문단의 대표적 프로작가는 누구인가요?

답、딩링(丁玲) 여사(女史)가 유일한 프롤레타리아작가지요. 나는 소자산계급(小資産階級)의 출신이므로 진정한 프롤레타리아 작품을 짓지 못합니다. 나는 다만 좌익 편에 한사람이라고 할 수 있겠지.

그는 보기와 딴판인 건담(健談)의 인(人)이다. 그의 이야기하는 태도는 어린아이들과 자근자근히 속삭이는 천진미(天眞味)가 있다. 아주 무사기(無邪氣)하다. 나는 그의 천진스러운 말솜씨에 도취되어 그가 말하는 것을 필기하는 것도 잊었다. 나의 기억에 남은 것은 「아Q정전」 중에 아Q란 인물 이야기다. 그는 아Q란 인물은 자기가 살던 고향 루전(魯鎭)에 있는 사람을 모델로 한 것인데, 기실 아Q는 중국인의 보통상(普通相)일뿐더러 중국인만이 아니고 어느 민족 중에서든지 흔히 볼 수 있는 보편상이라고 설명하였다. 「아Q정전」이 영(英)・불(佛)・독(獨)・노(露)・이(伊) 5국어(五國語)로 번역되어 세계문단에 환영을 받을 때에 중국 문인들은 중국을 모욕한 작품이라고 루쉰을 국적(國賊)이라고까지 하였다. 사실주의자 루쉰의 충실한 붓대는 냉정무사(冷情無私)한 필치로 중국인의 진상을 그대로 폭로하였다.

나는 한참동안 그의 잡담을 들었다. 그의 이야기는 중국의 정국(政局), 지식계급, 세계×× 등을 통쾌하게 설파하였다. 나의 기억에 남은 그의 말은 중국 지식계급의 무력(無力)을 통매(痛罵)한 것이다. 특히 민족주의를 주장하는 정론가(政論家)・문인(文人) 등을 한참동안 매도하고 '장제스(蔣介石)가 중국혁명을 영도하지 못하게 된 것과 마찬가지로 자산계급의 문인의 의식은 무용(無用)의 몽환(夢幻)이 되었다' 하고 자산계급의 문인의 몰락을 설파하고 프로문학의 발흥을 역설하여 좌익문호의 본색을 발로(發露)하였다.

필자는 그의 인생관・세계관을 물었다. "나는 인생이 길 가는 것과 마찬가지라고 신앙합니다. 일보부일보(一步復一步), 전진하면서 교량을 놓고 길을 닦는 것이 인생의 일인가 합니다."

약소민족의 해방은?

약소민족의 해방은? 하고 물으매 "세계××이 완성될 때라야 비로소 약소민족도 해방될 줄 압니다." 이야기는 파시즘, 소비에트러시아로까지 미쳤다. 그는 필자에게 조선 정형(情形)을 물었다. 조선의 글로 된 서적이 적어지고 조선의 문예 내지 전반문화(全般文化)가 ××화(化)한다는 말을 듣고 그는 '그것이 결코 비관할 것이 아니다. 일본글이건 노국(露國)글이건 아무 관계없다. 나는 차라리 중국에서는 중국문(中國文)이 없어지고 영어든지 불어든지 중국문보다 나은 글이 보급되기를 바란다'라고 국수주의(國粹主義)를 일축한다.

이야기는 여기서 끝나고 나는 고별하고 집으로 돌아왔다. 그는 나더러 조선문단의 어느 분이든지 자기가 지금 준비 중인 『중국문단(中國文壇)』이라는 간행물에 조선 문예의 역사적 기술(記述) 및 현세(現勢)를 소개하여 달라고 특별부탁을 하였다. '문단의 유지인사(有志人士)는 특히 일고(一稿)를 만들어 조선문단을 소개하게 하기를 바란다. 조선문(朝鮮文)으로나 혹은 외국문(外國文)으로나 무슨 문자로든지 관계없다. 필자에게 보내주면 전할 수 있다.' 또 그는 단편문장을 『신동아(新東亞)』에 투고하여 주겠다고 약속하였다. 그러나 장제스의 파쇼 암살단의 좌익문사 암살음모가 폭로된 이래 그는 모처(某處)로 망명하여 있다.

필자는 문예에 대하여 문외한이다. 문예를 모르는 필자로 문호의 문예를 평론할 수는 없다. 다만 방문기로 그를 소개할 뿐이다. 독자여 용서하라. —(끝)—

(『신동아』 1934년 4월)

루쉰 추도문

이육사

루쉰 약전(魯迅略傳)—저작 목록 부기(附記)

루쉰의 본명은 저우수런(周樹人)이며, 자(字)는 위차이(豫才)다. 1881년 중국 저장성(浙江省) 사오싱부(紹興府)에서 탄생. 난징(南京)에서 광산학교에 입학하여 양학(洋學)에 흥미를 가지고 자연과학에 몰두하였으며, 그 후 도쿄(東京)에 건너가서 고분학원(弘文學院)을 마치고 센다이의학전문학교(仙臺醫學專門學校)와 도쿄 독일협회학교(獨逸協會學校)에서 배운 일이 있다.

1917년 귀국하여 저장성 내의 사범학교와 사오싱중학교(紹興中學校) 등에서 이화학(理化學) 교사로 있으면서 작가로서의 명성이 높아졌다. 그리하여 오사문학(五四文學) 운동 후 중국문학사조가 최고조에 달하였을 시대에 베이징에서 저우쭤런(周作人)·경지즈(耿濟之)·선옌빙(沈雁永) 등과 함께 '문학 연구회'를 조직하고 궈모뤄(郭沫若) 등의 '로맨티시즘' 문학에 대하여 자연주의 문학운동에 종사하고 잡지 『어사(語絲)』를 주재하는 한편 베이징정부 교육부 문서과장 및 국립베이징대학, 국립베이징사범대학, 베이징여자사범대학 등의 강사로 있었으나 학생운동에 관계되어 베이징을 탈출하였다.

1926년도 샤먼대학(厦門大學) 교수로서 남하, 그 후 광저우(廣州) 중산대학(中山大學) 문과주임교수의 직에 있다가 1928년 이것을 사직하고 상하이에서 저작에 종사하는 한편 『맹아일간(萌芽日刊)』이란 잡지를 주재하였다.

이로부터 그의 문학 태도는 점점 좌익으로 전향하여 1930년 '중국좌익작가연맹'이 결성되자 여기 가맹하여 활동하던 중 국민정부의 탄압을 받아서 1931년 상하이에서 체포되었다. 그 뒤 끊임없이 국민정부의 간섭과 남의사(藍衣社)의 박해 중에서 꾸준히 문학적 활동을 하고 국민정부의 어용단체인 '중국작가협회'를 반대하던 중 지난 10월 19일 오전 5시 25분 상하이 스가오타(施高塔) 자택에서 서거하였다. 향년 56세.

주요한 작품으로는 「아Q정전(阿Q正傳)」, 『외침(吶喊)』, 『방황(彷徨)』, 『화개집(華蓋集)』, 『중국소설사략(中國小說史略)』, 「약(藥)」, 「쿵이지(孔乙己)」 등[1]이다.

1932년 6월 초[2] 어느 토요일 아침이었다. 식관(食館)에서 나온 나와 M은 네거리의 담배가게에서 조간신문을 사서 들고 근육신경이 떨리도록 굵은 활자를 한숨에 내려 읽은 것은 당시 중국과학원 부주석이요, 국민(民國)혁명의 원로이든 양싱포(楊杏佛)가 남의사원(藍衣社員)에게 암살을 당하였다는 기사이었다.

우리들은 거리마다 삼엄하게 늘어선 불란서 공무국(工務局) 순경들의 예리한 눈초리를 등으로 하나 가득 느끼면서 뤼반루(侶伴路)의 서국(書局)까

1 「아Q정전」은 중편소설이고, 『외침』과 『방황』은 단행본으로 출판된 소설집이며, 『화개집』은 잡감문집이고, 『중국소설사략』은 학술서이다. 「약」과 「쿵이지」는 『외침』에 수록된 단편소설이다.

2 1933년 6월 중순이라 해야 옳다. 이육사는 기억의 착오가 있었던 듯하다.

지 올 동안은 침묵이 계속되었다.

문 안에 들어서자마자 편집원 R씨는 우리들에게 다음과 같은 말을 들려주었다.

중국 좌익 작가 연맹의 발안(發案)에 의하여 전 세계의 진보적인 학자와 작가들이 상하이에 모여서 중국의 문화를 옹호할 대회를 그 해 8월에 갖게 된다는 것과 이에 불안을 느끼는 국민당 통치자들이 먼저 진보적 작가 진영의 중요 분자인 판쯔넨(潘梓年, 현재 난징에 유폐되어 있음)과 인제는 고인이 된 여류작가 딩링(丁玲)을 체포하여 행방을 불명케 한 것이며,[3] 여기 동정을 가지는 쑹칭링(宋慶齡) 여사를 중심으로 한 일련의 자유주의자들과 작가연맹이 맹렬한 구명운동을 한 사실이며, 그것이 국민당 통치자들의 눈깔에 거슬려서 양싱포가 희생된 것과, 그 외에도 쑹칭링, 차이위안페이(蔡元培), 루쉰 등등 상하이 안에서만 30여 명에 가까운 지명지사들이 남의사(藍衣社)의 '블랙리스트'에 올라 있다는 것이었다.

그리고 그 뒤 3일이 지난 후, R씨와 내가 탄 자동차는 만국빈의사(萬國殯儀社)[4] 앞에 닿았다. 간단한 소향(燒香)의 예가 끝나고 돌아설 때, 젊은 두 여자의 수원(隨員)과 함께 들어오는 쑹칭링 여사의 일행과 같이 연회색 두루막에 검은 '마고자(馬掛兒)'를 입은 중년 늙은이, 생화에 쌓인 관(棺)을 붙들고 통곡을 하던 그를 나는 문득 루쉰인 것을 알았으며, 옆에 섰던 R씨도 그가 루쉰이란 것을 말하고 난 10분쯤 뒤에 R씨는 나를 루쉰에게 소개하여 주었다.

그때 루쉰은 R씨로부터 내가 조선 청년이란 것과 늘 한번 대면의 기회를 가지려고 했더란 말을 듣고, 외국의 선배 앞이며 처소가 처소인 만치 다

---

3 딩링(丁玲)은 1933년 국민당 정부에 의해 체포되어 감금되어 있었는데, 당시 언론에서는 사망한 것으로 보도되기도 했다. 딩링은 1936년 석방된 후 마오쩌둥(毛澤東)이 주도하는 중국공산당의 혁명 근거지인 옌안(延安)으로 갔다.

4 정식 명칭은 만국빈의관(萬國殯儀館)이다.

만 근신과 공손할 뿐인 나의 손을 다시 한 번 잡아 줄 때는 그는 매우 익숙하고 친절한 친구이었다.

아! 그가 벌써 56세를 일기로 상하이 스가오타(施高塔) 9호에서 영서(永逝)하였다는 부보(訃報)를 받을 때에 암연 한 줄기 눈물을 지우느니 어찌 조선의 한 사람 후배로서 이 붓을 잡는 나뿐이랴.

중국 문학사상에 남긴 그의 위치, '아Q의 정전'을 다 읽고 났을 때 나는 "아직까지 아Q의 운명이 걱정되어 못 견디겠다"고 한 '로망 · 롤랑'의 말과 같이 현대 중국문학의 아버지인 루쉰을 이해하기 위해서는 우리는 먼저 아Q의 정전을 이해하지 않으면 안 된다. 그러나 지금의 중국의 아Q들은 벌써 '로망 · 롤랑'으로 하여금 그 운명을 걱정할 필요는 없이 되었다. 실로 수많은 아Q들은 벌써 자신들의 운명을 열어갈 길을 루쉰에게서 배웠다. 그래서 중국의 모든 노동층들은 난징루(南京路)의 '아스팔트'가 자신들의 발밑에 흔들리는 것을 느끼며 스가오타루(施高塔路) 신춘(新邨)[5]의 9호로 그들이 가졌던 위대한 문호의 최후를 애도하는 마음들은 황푸탄(黃浦灘)의 붉은 파도와 같이 밀려가고 있는 것이다.

그러므로 아Q시대를 고찰하여 보는 데 따라서 루쉰 정신의 3단적 변천과 아울러 현대 중국문학의 발전과정을 알아보는 것도 그를 추억하는 의미에서 그다지 허무한 일은 아닐 것이다.

중국에는 고래로 소설이라는 오늘날 우리가 보는 것과 같은 완전한 예술적 형태는 존재하지 못했다. 『삼국지연의』나 『수호지』가 아니면 『홍루몽』쯤이 있었고 다소의 전기(傳記)가 있었을 뿐으로서, 일반 교양 있는 집 자제들은 과거제도에 화(禍)를 받아 문어체의 고문(古文)만 숭상하고 백화소설(白話小說) 같은 것은 속인의 할 일이라 하여 낳지 않는 한편, 소위 문

5 대륙신춘(大陸新村)을 가리키며, 1931년 대륙은행(大陸銀行) 상하이신탁부(上海信託部)의 투자로 지어진 붉은 벽돌식 3층짜리 연립주택이다. 루쉰과 마오둔(茅盾)이 각각 132농(弄) 9호와 6호에 살았다.

단은 당송팔가(唐宋八家)와 팔고(八股)의 혼합체인 동성파(桐城派)와 사기당(思綺堂)과 원수원(袁隨園)의 유파를 따라가는 4·6 변체문(駢體文)과 황산곡(黃山谷)을 본존으로 하는 강서파(江西派) 등등이 당시 정통파의 문학으로서 과장과 허위와 아유(阿諛)로써 고전문학을 모방한 데 지나지 못하였으며,[6] 새로운 사회를 창생(創生)할 하등의 힘도 가지지 못한 것은 미루어 알기도 어렵지 않은 분위기 속에 중국 문학사상에 찬연한 봉화가 일어난 것은 1915년 잡지 『신청년(新青年)』의 창간이 그것이다.

이것이 처음 발간되자 당시 '아메리카'에 있던 후스(胡適) 박사는 「문학개량추의(文學改良芻議)」라는 '문학혁명론'을 1917년 신년호에 게재하여 천두슈(陳獨秀)가 이에 찬의를 표하고 베이징대학을 중심으로 한 진보적인 교수들이 합류하게 되자, 종래의 고문가들은 이 운동을 방해코자 갖은 야비한 정치적 수단을 써도 보았으나, 1918년 4월호에 루쉰의 「광인일기」란 백화소설이 발표되었을 때는 문학혁명 운동은 실천의 거대보무(巨大步武)를 옮기게 되고 벌써 고문가들은 그 추악한 꼬리를 감추지 않으면 안 되었다.[7] 그 후 얼마 뒤에 루쉰이 광둥(廣東)에 갔을 때에 어떤 흥분한 청년은 그를 맞이하는 문장 속에 '「광인일기」를 처음 읽었을 때 문학이란 것이 무엇인지 몰랐던 나는 차차 읽어 내려가면서 이상한 흥분을 느꼈다. 그래서

6 천두슈(陳獨秀)의 「문학혁명론」에 다음과 같은 내용이 나온다. "오늘날 우리나라의 문학은 전대의 폐해를 모두 이어받고 있다. '동성파'(桐城派, 청대 동성 지역을 중심으로 형성된 고문 숭상파)란 팔가(八家)와 팔고(八股)의 혼합체이고, '변체문(駢體文)'이란 사기당(思綺堂, 청대의 변문가 장조공章藻功의 호)과 수원(隨園, 청대의 변문가 원매袁枚의 호)의 사륙문(四六文)이며, '서강파(西江派)'란 산곡(山谷, 송대 강서시파江西詩派의 중심인물인 황정견黃庭堅의 호)을 우상으로 삼고 있다. 고인(古人)을 안중에 두지 아니하고 적나라하게 스스로의 감정을 서술하고 세상의 일들을 쓰는 이른바 시대를 대표하는 문호는 전국 어디에도 없을 뿐만 아니라, 온 세상을 다 둘러봐도 이런 발상조차 없다. 문학적인 문장은 볼 만하지 못하고, 응용적인 문장은 더욱 괴탄스럽다. (중략) 이렇게 국민들의 응용문학이 누추해진 것은 모두 아부적이고 허위적이며 과장적인 귀족 고전문학에서 온 것이다."

7 원문은 '안 되었다는 것은, 그 후'로 되어 있으나, 문맥을 고려해 마침표를 찍어 두 문장으로 분리했다.

동무를 만나기만 하면 곧 붓을 들고 말하기를, 중국의 문학은 이제 바야흐로 한 시대를 짓고 있다. 그대는 「광인일기」를 읽어보았는가. 또 거리를 걸어가면 길 가는 사람이라도 붙들고 내 의견을 발표하리라고 생각한 적도 있었다……'(『광둥에서의 루쉰(魯迅在廣東)』)라고 했다.[8]

이 문제의 소설 「광인일기」의 내용은 한 개 망상광(妄想狂)의 일기체의 소설로서 이 주인공은 실로 대담하게 또 명확하게 봉건적인 중국 구사회의 악폐를 통매(痛罵)한다. 자기의 이웃사람은 물론 말할 것도 없고 특히 자기 가정을 격렬히 공격하는 것이다. 가정—가족제도라는 것이 중국 봉건사회의 사회적 단위로서 일반에 얼마나한 해독을 끼쳐 왔는가. 봉건적 가족제도는 고형화(固型化)한 유교류(儒教流)의 종법(宗法) 사회 관념하에 당연히 붕괴되어야 할 것이면서 붕괴되지 못하고 근대적 사회의 성장에 가장 근본적인 장애로 되어 있는 낡은 도덕과 인습을 여지없이 통매했다. 이에 「광인일기」 중에 한 절을 초(抄)해 보자.[9]

> 나는 역사를 뒤적거려 보았다. 역사란 건 어느 시대에나 인의도덕(仁義道德)이란 몇 줄로 치덕치덕 쓰여져 있었다. 나는 밤잠도 안 자고 뒹굴뒹굴 굴러가며 생각하여 보았으나 겨우 글자와 글자 사이에서 '사람을 먹는다'는 몇 자가 쓰여 있었을 뿐이었다.

이같이 추악한 사회면을 폭로한 다음, 오는 시대의 건설은 젊은 사람들의 손에 맡겨져야 한다는 것을 암시하면서 이 소설의 1편은 "어린이를 구하자"는 말로써 끝을 막었다. 실로 이 한 말은 당시의 '어린이'인 중국 청년들에게는 사상적으로는 '폭탄선언' 이상으로 충격을 주었으며, 이러한 작

8 문장을 매끄럽게 하기 위해 '라고 했다'라는 말을 추가했다.
9 원문은 '초(抄)하면'으로 되어 있는데, 문장을 매끄럽게 하기 위해 '초(抄)해 보자'로 고쳤다.

품이 백화(白話)로 쓰여지는 데 따라 문학혁명이 완전히 승리의 개가를 부르게 된 공적도 태반은 루쉰에 돌려야 하는 것이다.

「광인일기」의 다음 연속해 나온 작품으로 「쿵이지(孔乙記)」, 「약(藥)」, 「내일(明日)」, 「작은 사건(一個小事件)」, 「두발 이야기(頭髮的故事)」, 「풍파(風波)」, 「고향(故鄕)」 등은 모두 『신청년』을 통해서 세상에 물의를 일으켰으나, 그 후 1921년 『베이징신보(北京新報)』 문학부간(文學副刊)에 그 유명한 「아Q정전」이 연재되면서부터는 루쉰은 자타가 공인하는 문단 제일인적 작가였다.

그리고 그러한 대작은 모두 신해혁명(辛亥革命) 전후의 봉건사회의 생활을 그린 것으로, 어떻게 필연적으로 붕괴하지 않으면 안 될 특징을 가졌는가를 묘사하고, 어떻게 새로운 사회를 살아갈까를 암시하고 있다. 뿐만 아니라 당시의 혁명과 혁명적인 사조가 민중의 심리와 생활의 '디테일'에 어떻게 표현되는가를 가장 '리얼'하게 묘사한 것이다. 더구나 그는 농민작가라고 할만치 농민생활을 그리는 데 교묘하다는 것도 한 가지 조건이 되겠지마는, 그의 소설에는 주장이 개념에 흐른다거나 조금도 무리가 없는 것은 그의 작가적 수완이 탁월하다는 것을 말하지 않을 수 없다.

그리고 그의 작품은 늘 농민을 주인공으로 하는 것과 때로는 '인텔리'일지라도, 예를 들면 「쿵이지」의 쿵이지나 「아Q정전」의 아Q가 모두 일맥이 상통하는 성격을 가지는 것이니, 쿵이지는 구시대의 지식인으로 시대에 떨어져서 무슨 일에도 쓰여지지 못하고 기품만은 높았으나 생활력은 없고 걸인이 되어 선술집 술상 대(臺)에 일금 19문(文) 주채(酒債, 술빚)가 어느 때까지 쓰여져 있는 대로 언제인지 행방이 불명된 채로 나중에 죽어졌던 것이라든지, '룸펜' 농민인 일용노동자 아Q가 또한 쑥스러운 녀석으로 "혁명, 혁명" 떠들어 놓고는 그것이 몹시 유쾌해서 반취(半醉)한 기분이 폭동대의 일군(一群)에 참가는 하려고 하였으나 결국 허풍만 치고 아무것도 못하다가 때마침 일어난 폭도의 약탈사건에 도당(徒黨)으로 오해되어(그의 평소 삼가지 못한 언동에 의하여) 피살되는 아Q의 성격은 그때 중국의 누구라도 가 전부 혹은 일부분씩은 소유하고 있었던 것이다. 다시 말하면, 아Q가 쿵이지가 모두 사고와 행동이 루즈하고 확호(確乎)한 한 개의 정신도 없으며, 우약(愚弱)하면서도 몹시 건방지고 남에게 한 개 쥐어질리면 아무런 반항도 못하면서, 남이 자신을 연민하면 제 도량이 커서 남이 못 덤비는 것이라고 제대로 도취하여 남을 되는 대로 해치는, 무지하고 우스우면서도 가엾고 괴팍스러운 것을 루쉰은 그 '리얼리스틱'한 문장으로 폭로한 것이 특징이었으니, 당시 「아Q정전」이 발표될 때 평소 루쉰과 교분이 좋지 못한 사람들은 모두 자기를 모델로 고의로 쓴 것이라고들 떠드는 자가 있은 것을 보아도 알 수가 있는 것이다.

그래서 당시 중국은 시대적으로 '아Q시대'이었으며, 루쉰의 「아Q정전」이 발표될 때는, 비평계를 비롯하여 일반 지식군들은 '아Q상(相)'이라거나 '아Q시대'라는 말을 평상 대화에 사용하기를 항다반으로 하게 된 것은 중국 문학사상에 남겨 놓은 루쉰의 위치를 짐작하기에 좋은 한 개의 재료이거니와, 그의 작가로서의 태도를 통하여 일관하여 있는 루쉰 정신을 다시 한 번 음미해 보는 데 적지 않은 흥미를 갖게 된다.[10] 오늘날 우리의 조선 문단에는 누구나 할 것 없이 예술과 정치의 혼동이니 분립이니 하여 문제가 어찌 보면 결말이 난 듯도 하고 어찌 보면 미해결 그대로 있는 듯도 한 현상인데, 루쉰같이 자기 신념이 굳은 사람은 이 예술과 정치란 것을 어떻게 해결하였는가? 이 문제는 그의 작가로서의 출발점부터 구명해야 한다.

루쉰은 본래 의사가 되려고 하였다. 그것은 자기의 '할 일'이 무엇이라는 것을 알았기 때문이었다. 물론 그때의 자기의 '할 일'이란 것은 민족 개량이라는 신념이었던 모양이다. 그래서 그는 후년 『외침』 서문에 다음과

10 원문에는 '갖게 된다는 것은, 오늘날'로 되어 있는데, 문맥을 고려해 마침표를 찍어 두 문장으로 분리했다.

같이 썼다.

> 나의 학적(學籍)은 일본 어느 지방의 의학 전문학교에 두었다. 나의 꿈은 이것으로 매우 아름답고 만족했다. 졸업만 하고 고국에 돌아오면 아버지와 같이 치료 못하는 병인을 살리고 전쟁이 나면 출정도 하려니와 국인(國人)의 유신(維新)에 대한 신앙에까지 나아갈 것……[11]

이라고. 이것은 물론 소년다운 루쉰의 로맨틱한 인도주의적 흥분이었겠지마는 이 꿈도 결국에는 깨여지고 말았다.

> —의학은 결코 긴요하지 않다. 우약(愚弱)한 국민은 체격이 아무리 좋다고 해도, 또 아무리 강장(强壯)해도 무의미한 구경거리나 또는 구경꾼이 되는 밖에는 아무것도 아니다. (중략) 그러므로 긴요한 것은 그들을 정신적으로 잘 개조할 것은 무엇일까. 나는 그때 당연히 문예라고 생각했다. 그리고 문예 운동을 제창하기로 했다. (『외침』 서문)

이리하여 그가 당시 동경에 망명해 있는 중국 사람들의 기관지인 『절강조(浙江潮)』, 『하남(河南)』 등에 쓰는 과학사나 진화론의 해설을 집어치우고 문학 서적을 번역한 것은 희랍의 독립운동을 원조한 '바이런'과 폴란드(波蘭)의 복수시인(復讐詩人) '아담 미키에비츠', 헝가리의 애국시인 '페퇴피 산도르', 필리핀의 문인으로 스페인 정부에 사형받은 '리살'(호세 리살) 등의 작품이었다.

---

11 이육사가 '국인의 유신에 대한 신앙에까지 나아갈 것'으로 번역한 문장의 원문을 직역하면 "한편으로는 또 나라사람들(國人)의 유신에 대한 신앙을 촉진하겠다(一面又促進了國人對于維新的信仰)"라고 옮길 수 있다. 이육사는 '촉진하다(促進)'라는 동사를 '나아갈 것'으로 번역했는데, '촉진하다(促進)'라는 동사를 잘못 이해했거나 착각해 '촉(促)'자를 빠뜨리고 번역했을 가능성이 있다.

그리고 이것은 루쉰의 문학 행정(行程)에 있어서 가장 초기에 속하는 것이지마는 이러한 번역까지라도 그의 일정한 목적, 즉 정치적 목적 밑에 수행된 것을 엿볼 수 있는 것이며, 위에 말한 「광인일기」의 "어린이를 구하자"는 말도 순결한 청년들에 의하여 새로운 중국을 건설하자는 그의 이상을 단적으로 고백한 것으로서 이 말은 당시 일반 청년들에게 무거운 책임감을 깨닫게 한 것은 물론 이래 기천 년 동안의 봉건사회로부터 청년을 해방하려는 슬로건으로 널리 쓰여졌고, 사실 그 뒤의 중국 청년학생들은 모든 대중적 사회운동의 최전선에서 활발 과감한 지도와 조직을 하였으며, 그 유명한 5·4운동이나 5·30(五卅)[12]운동이나 국민혁명까지지도 늘 최전선에 서서 대중을 지도한 것은 이들 청년학생이었다.

그러므로 루쉰에 있어서는 예술은 정치의 노예가 아닐 뿐 아니라 적어도 예술이 정치의 선구자인 동시에 혼동도 분립도 아닌, 즉 우수한 작품, 진보적인 작품을 산출하는 데만 문호 루쉰의 위치는 높아갔고, 아Q도 여기서 비로소 탄생하였으며, 일세의 비평가들도 감히 그에게는 함부로 머리를 들지 못하였다.

그러나 여기에 한 가지 좋은 예가 있다. 1928년경 우한(武漢)을 쫓겨와서 상하이에서 태양사(太陽社)를 조직한 청년비평가 첸싱춘(錢杏村)이 때마침 프로문학론이 드셀 때인 만큼 루쉰을 대담하게 공격을 시작해 보았다. 그 소론(所論)에 의하면, 루쉰의 작품은 비(非)계급적이다, 아Q에게 어디 계급성이 있느냐는 것이다.

물론 그것은 정당한 말이다. 루쉰의 작품에서 우리는 눈 닦고 보아도 프롤레타리아적 특성은 조금도 볼 수가 없는 것이 사실이다.

그러나 우리가 한 사람의 작품을 비평할 때는 그 시대적 배경을 고려하

---

12 원문에는 '오주(五洲)'라고 되어 있는데, 신문 조판 과정에서 '오삽(五卅, 5·30)'을 오식(誤識)하여 식자(植字)를 잘못한 것이다.

지 않을 수 없는 것이니, 루쉰이 작가로 활동을 하고 있을 때는 중국에는 오늘날 우리가 정의를 내릴 수 있는 프롤레타리아는 없을 뿐 아니라, 그때쯤은 부르주아 민주주의적인 정치사조조차도 아직 계선(界線)이 분명하지 못하였다는 것은 부르주아 혁명이라는 소위 국민혁명도 정직하게 말하자면 5 · 4운동을 전초전으로 한 것인 만큼 여기서 역시 중국의 비평가인 빙선(丙申)[13]은 재미있는 말을 하고 있다.

> 그가 현재 중국 좌익 작가 연맹을 지지하고 있다 해서 그의 '5 · 4(五四)' 전후의 작품을 프로문학이라고 지목할 것은 아니다. 그러나 그를 우수한 농민작가라고 하는 것은 타당하다……

그렇다. 이 말은 어느 정도까지 정당에 가까운 말로써 그를 프로작가가 아니고 농민작가라고 해서 작가 루쉰의 명예를 더럽힐 조건은 되지 못하는 것이다. 다만 문제는 그가 얼마나 창작에 있어서 진실하게 명확하게 묘사하는 태도를 가지는가 하는 것이다.[14] 그의 한 말을 써 보기로 하자.

> 현재 좌익 작가는 훌륭한 자신들의 문학을 쓸 수 있을까? 생각건대 이것은 매우 곤란하다. 현재의 이런 부류의 작가들은 모두 '인텔리'다. 그들은 현실의 진실한 정형(情形)은 쓰려고 해도 용이치 않다. 어떤 사람[15]이 일찍 이런 문제

13 빙선(丙申)은 중국 신문학 평론가이자 소설가인 마오둔(茅盾), 즉 선옌빙(沈雁冰)의 또 다른 필명이다.

14 문장의 호응관계를 위해 '하는 것이다'라는 말을 추가했다.

15 여기서 '어떤 사람' 이하의 문장은 원문에 따르면 "일본의 구리야가와 하쿠손(廚川白村, H. Kuriyagawa)은 이런 문제, 즉 '작가가 묘사하는 것은 반드시 자기가 경험한 것이라야만 될 것인가?'라는 문제를 제기하고, 스스로 답하길 '꼭 그럴 필요는 없다. 왜냐하면 작가는 관찰할 수 있기 때문이다'라고 했다"(「상하이 문예의 일별(上海文藝之一瞥)」)로 되어 있다. 그런데 이육사는 이를 번역할 때 '일본의 구리야가와 하쿠손'을 그냥 '어떤 사람'으로 번역했는데, 일본인의 이름을 생략하려는 의도가 있었던 듯하다.

를 제출한 적이 있었다. "작가가 묘사하는 것은 반드시 자기가 경험한 것이라야만 될 것인가?" 그러나 그는 스스로 답하기를 "반드시 안 그래도 좋다. 왜 그러냐 하면 그들은 잘 추찰(推察)할 수가 있으므로 절도하는 장면을 묘사하려면 작가는 반드시 자신이 절도질할 필요도 없고, 간통하는 장면을 묘사할 필요를 느낄 때 작가 자신이 간통할 필요도 없다"고. 그러나 나는 생각한다. 그것은 작가가 구사회 속에서 생장해서 사회의 모든 일을 잘 알고 그 사회의 인간들에게 익숙해져서 있는 때문에 추찰이 되는 것이다. 그러나 종래 아무런 관계도 없는 새 사회의 정형과 인물에 대해서는 작가가 무능하다면 아마 그릇된 묘사를 할 것이다. 그러므로 프로문학가는 반드시 참된 현실과 생명을 같이하고 혹은 보다 깊이 현실의 맥박을 감수하지 않으면 안 된다.

고 하면서 또다시 말을 계속하는 것이다.[16]

그러나 구사회를 조그만치 공격하는 작품일지라도 만약 그 결점을 분명히 모르고 그 병근(病根)을 투철히 파악하지 못하면 그것은 유해할 뿐이다. 애석한 일이나마 현대의 프로작가들은 비평가까지도 왕왕 그것을 못한다. 혹 사회를 정시(正視)해서 그 진상을 알려고도 않고, 그 중에는 상대자라고 생각하는 편의 실정도 알려고 하지 않는다.

비근한 예로는 얼마 전 모 지상에 중국 문학계를 비평한 문장을 한 편 보았는데, 중국 문학계를 3파로 나눠서 먼저 창조파(創造派)를 들어 프로파(派)라 하여 매우 상세하게 논급하고, 다음 어사사(語絲社)를 소(小)부르파(派)라고 조그만치 말한 후 신월사(新月社)를 부르(주아)문학파라 해서 겨우 붓을 대다가 만 젊은 비평가가 있었다. 이것은 젊은 기질의 상대자라고 생각는 파에 대해서

16 이 부분은 앞 인용문 속에 들어가 연결되어 있었으나 실제로 인용문의 내용이 아니므로 따로 분리해놓았다.

는 무엇 세밀하게 고구(考究)할 필요가 없다는 뜻을 표명한 것이다.[17] 물론 우리는 서적을 볼 때 상대자의 것을 보는 것은 동파(同派)의 것을 보는 안심과 유쾌와 유익한 데 미치지 못하는 것은 사실이다. 그러나 만약 일개 전투자라면, 나는 생각건대 현실과 상대자를 이해하는 편의상 보다 많은 당면의 상대자에 대한 해부를 필요로 하지 않으면 안 될 것이다. 옛것을 분명히 알고 새로운 것에 간도(看到)하고 과거를 요해(了解)하여 장래를 추단하는 데서만 우리들의 문학적 발전은 희망이 있다. 생각건대 이것만은 현재와 같은 환경에 있는 작가들은 부단히 노력할 것이고,[18] 그래야만 참된 작품이 나오는 것이다.[19]

라고. 이 간단한 몇 마디 말이 문호 루쉰의 창작에 대한 '모랄'인 것이다. 얼마나 우리의 뼈에 사무치고도 남을 만한 시사인고! 이러해서 현대 중국 문단의 부(父)이며 비평가의 비평으로서 자타가 그 지위를 함께 긍정하던 그의 작가로서의 생애는 너무나 짧은 것이었으니, 1926년 3월 「이혼(離婚)」이란 작품을 최후로 남긴 그는 교수로서 작가로서의 화려한 생애는 종언을 고하지 않으면 안 될 때가 왔다. 그는 지금부터 "손으로 쓰기보다는 발로 달아나기가 더 바빴다."

1926년 북양(北洋) 군벌을 배경으로 한 안푸파(安福派)의 수령 돤치루이(段祺瑞)의 정부는 급진적인 좌파의 교수와 우수한 지식분자 50여 명 체포령을 내렸다. 우리 루쉰은 이 50명 중의 한 사람이었다. 그것은 1924년 국민당의 연아용공책(聯俄容共策)이 결정되어 그 익년(翌年) 가을 '보로딘' 등

---

17 '이것은 젊은 기질의 상대자라고 생각는 파에 대해서는 무엇 세밀하게 고구(考究)할 필요가 없다는 뜻을 표명한 것이다'라는 문장은 원문에 의거할 때, '이것은 이 청년비평가가 더 심한 적이라고 생각하는 것에 대해서는 더 할 말이 없고 또한 더 자세히 보지 않았음을 표명해준다'라고 번역하는 게 옳다.

18 이 문장은 원문에 의거할 때 '생각건대, 이는 현재의 환경하에 있는 작가가 노력해야만 달성할 수 있는 것이다'라고 번역하는 게 옳다.

19 위 두 단락의 인용문은 루쉰의 「상하이 문예의 일별(上海文藝之一瞥)」(1931. 7)(1932년 10월에 출판된 『이심집(二心集)』에 수록)에 나온다.

이 고문으로 광둥에 오고, '전국민적 공동전선'이었던 국민혁명의 제1단계인 광둥 시기에는 프롤레타리아의 동맹자는 농민 · 도시 빈민 · 소(小)부르지식계급 · 국민적 부르주아였다.

그래서 급진 교수들은 교육부 총장 · 군벌 정부를 육박하였으며 이러한 신흥 세력에게 낭패와 공포를 느낀 군벌 정부는 이러한 교수들과 학생들에게 체포령을 내리고 학생들의 행렬은 정부 위병들의 발포로 인하여 남녀 수백여 명의 사상자가 났다. 그때 루쉰은 베이징 둥자오민샹(東交民巷)의 공사관 구역의 외국인 병원이나 공장 안으로 돌아다니며 찬물로 기아를 참아 가면서도 신문과 잡지에 기고를 하여 군벌 정부를 맹렬히 공격하였다. 그 중에도 '민국 이래 최암흑일(最暗黑日)에 지(誌)'하였다는 명문은 돤치루이로 하여금 의자에 내려앉게 되었다.

> 붓으로 쓴 헛소리는 피로 쓴 사실을 만착(瞞着)하지 못한다. (중략) 붓으로 쓴 것이 무슨 힘이 있으랴. 실탄을 쏘는 것은 오직 청년의 피다.[20] (『속화개집(續華蓋集)』[21])

오늘날까지 중국문단의 '막심 고리키'이던 그는 지금부터는 문화의 전사(戰士)로서 '앙리 바르뷔스'보다 비장한 생애가 시작되는 것이었다.

그의 말과 같이 최암흑한 50일이 지나고 그는 베이징을 탈출했다. 샤먼대학(夏門大學)에 초청을 받아 갔으나 대학 기업가의 음흉 수단인 것을 안 그는 광둥 중산대학(中山大學)으로 갔다. 그러나 1926년 4월 15일 장제스

20 이 인용문은 루쉰의 「꽃 없는 장미 2(無花的薔薇之二)」에 나오는데, 원문을 직역하면, "먹으로 쓴 거짓말은 결코 피로 쓴 사실을 덮어 가릴 수 없다. (중략) 붓으로 썼으니 무슨 상관이 있겠는가? 실탄에 맞아 흘러나온 것은 청년들의 피이다(墨寫的慌說, 決掩不住血寫的事實.…… 筆寫的, 有什麼相干? 實彈打出來的却是青年的血)"가 될 것이다. 이육사는 '실탄에 맞아 흘러나온 것'을 '실탄을 쏘는 것'으로 번역한 것이다.

21 이 잡문집의 원제목은 『화개집속편(華蓋集續編)』이다.

의 쿠데타[22]는 광둥 일성(一省)만 노동자 · 농민 · 급진 지식분자 3천여 명을 검거하였으며, 한때는 '혁명의 전사'라고 간판을 지닌 루쉰도 상하이로 달아나야만 되었다. 여기서 우리가 다시 한번 그에게 흥미보다는 최대의 경의를 갖게 되는 것은 다음의 일문이다.

> 나의 일종 망상은 깨어졌다. 나는 지금까지 때때로 낙관을 가졌었다. 청년을 압박하고 —하는 것은 대개 노인이다. 이들 노물(老物)들이 다 죽어지면 중국은 보다 더 생기 있는 것이 되리라고. 그러나 지금의 나는 그렇지 않은 것을 알았다. 청년을 —하는 것은 대개는 청년인 듯하다. 또 달리 재조(再造)할 수 없는 생명과 청춘에 대해서 한층 더 아낌이 없이……[23] (『이이집(而已集)』)

이 글은 그가 침묵하고 있는 것을 '공포' 때문이라고 조소한 사람에게 답한 통신문의 일절로서, 이때까지 진화론자이던 그 자신의 사상적 입장을 양기(揚棄)하고 새로운 성장의 일단계로 보인 것이라고 해석해도 틀리지 않을 것이다.

그가 상하이에 왔을 때는 국민당의 쿠데타로 혁명군에게 쫓겨 온 젊은 프로문학자가 많았다. '혁명 문학론'이 효효(囂囂, 시끄럽게 떠들다)히 불러지고 실제 정치 행동의 전선을 떠난 그들은 총칼 대신에 펜을 잡았다. 원기 왕성하게 실제 공작(工作)의 경험에서 매우 견실한 것도 있었으나, 때로는 자부적인 영웅주의가 화를 끼치고 —[24]에 실패한 분만(憤懣)과 극좌적인

---

22 장제스의 4 · 12 쿠데타는 1927년에 발생했다.

23 이 인용문은 루쉰의 「유헝(有恒) 선생에게 답함(答有恒先生)」이라는 글에 나오는데, 여기서 '—'는 모두 삭제된 단어를 표시해주며, 원문에 따를 때 '살육'이라는 단어가 삭제된 것이다.

24 '—'는 '혁명'이라는 단어가 삭제된 것으로 보인다. 제1차 국공합작(國共合作)으로 베이징의 군벌 정부를 타도하기 위해 진행된 국민혁명이 장제스의 4 · 12쿠데타로 인해 좌절된 것을 가리킨다.

기회주의자들은 루쉰을 공격했다. 그러나 그는 프로문학이란 어떤 것인가, 또는 어찌 해야 될 것인가를 알리기 위하여 아버지 같은 애무로써 플레하노프 · 루나찰스키의 문학론과 '소비에트'의 문예정책을 번역 소개하여 중국 프로문학을 건설하고 있는 동안에 "루쉰을 타도치 않으면 중국에 프로문학은 생기지 못한다"던 문학소아병자들은 그 자신들이 먼저 넘어지고, 이제 그가 마저 가고 말았다.

이 위대한 중국 문학가의 영(靈) 앞에 고요히 머리를 숙이면서 나의 개인적으로 곤란한 타형(惰形)에 의하여 문호 루쉰의 윤곽을 뚜렷이 그리지 못함을 참괴(慚愧)히 알며 붓을 놓기로 한다.

—끝(了)—

(『조선일보』 1936년 10월 23일, 24일, 25일, 27일)

상하이를 떠나며: 유랑(流浪)의 항구에서

김광주

상하이를 떠나면서

조선의 아름다운 산천이 때로 형언키 어려운 향수를 자아내는 것과 같이 상하이의 복잡한 표정과 여름—황푸탄(黃浦灘)을 스쳐 불어오는 시원한 바람, 가을—거울같이 반드러운 '페이브먼트'를 구르는 '마로니에'의 잎사귀, 그리고 저 명랑한 남국(南國) 아가씨들의 씩씩한 거리, 그것들은 때로 나를 울렸고, 때로 미지근한 위안과 안타까운 애착을 가지게 하였다.

주인이 없는 이 거리, 아무에게나 추파를 던지던 이 거리, 뺨을 맞고 다리를 걷어 채우고 옷을 갈갈이 찢긴 채 엉거주춤하고 섰건만, 황푸탄 건너 높은 탑 위 해관(海關)의 커다란 시계는 오늘도 변화 없는 표정으로 하루해의 저물어감을 가리키고 있다.

나를 태운 배—이 나라 저 나라의 깃발과 깃발이 이른 겨울 황혼에 나부끼는 황푸탄 일각에서 두 줄기 검은 연기를 가늘게 내뿜으며 항해의 신호를 기다리는 '성경호(盛京號)'—나는 황혼의 회색빛 '베일'이 아장아장 기어 내려오는 갑판 난간을 의지하고 서서 달려드는 어둠과 함께 멀어질 상하이의 표정을 바라보고 서 있다.

무엇을 남기고 왔는고? 내 사랑하는 아가씨를 홀로 남겨두고 떠남도 아니어든—무엇이 이다지도 나로 하여금 납(鉛) 덩어리 같은 우울을 안게 하는고? 오늘 밤에도 이 거리에는 수천수만의 허영과 죄악이 저 어두침침한 뒷골목으로 고요히 고요히 명멸하겠거니……

전후(前後)로 6, 7년—그동안에 이 산란(散亂)한 도시의 구석구석으로 힘없이 찍힌 나의 발자국들이 하나하나 또렷하게 혹은 희미하게 안계(眼界)에 어른거려 떠나지 않는다. 마분지 '트렁크' 한 개를 들고 둥그러니 푸둥(浦東) 부두에 내려설 때 그때도 떠나는 오늘같이 물론 나를 맞아주는 아무도 없었건만 이역(異域)의 흙을 처음으로 밟는 문학소년의 좁은 가슴은 국제도시의 신기한 정서를 대하는 무지개같이 찬란한 호기심과 이 넓은 남국의 대륙을 훨훨 거리낌 없이 헤매였고 그 속에서 복잡한 인생을 사색하고 티검불 하나 걸려본 일이 없는 순결한 정열과 아름다운 '멜로디-'로 동방의 넓은 벌판, 이 땅의 온갖 삶을 시(詩)로 엮어 쌓고 또 쌓고 고이고이 예술탑을 건설하랴든 그 시절! '골든 브리지' 아래, 비탈진 넓은 '아스팔트' 위로 달음질치는 한 '황포차(黃包車)'(인력거)부(夫)의 흑동색(黑銅色) 다리, 이마를 흐르는 땀, 그리고 이 땅 남의인(藍衣人)[1]들의 특유한 텁텁하다면 텁텁하고 구수하다면 구수한 그 내음새—거기서도 나는 얼마나 커다란 '삶'의 환희와 '생존'한다는 것의 희열감을 느끼었던고—.

그리고 '루쉰(魯迅)'의 소설과 '모뤄(沫若)'의 시, 좁디좁은 정자간(亭子間, 상하이의 가난한 문인들이 세 들어 살던 쪽방) 안에서 손바닥만 한 유리창으로 남국의 아침을 호흡하면서 '루쉰'의 점잖으나 차디찬 풍자와, '모뤄'의 가을

1 중국 국민당 정부가 만든 비밀(秘密) 결사(結社) 조직이 남의사(藍衣社)인데, 남의인은 이 결사조직의 대원을 가리킨다. 이들은 남색의 옷을 입었다.

날의 호수를 연상케 하는 침착과 신선(新鮮)에 근접하던 때, 그때의 나로 하여금 감람(橄欖, 올리브 열매)열매를 씹는 것 같은 쌉쌀하나 어데인지 구미(口味) 당기는 일종의 형언키 어려운 애착을 가지게 하던 상하이.

그가 오늘 패전자(敗戰者)의 비애를 침묵으로 옷 입힌 채 우리 앞에 쓰러진 채로 꼼짝 못하고 누워 있으리라고는 누구나 상상치 못하였을 것이다.

쓰러져 있는 지금의 상하이에게 베풀어주자는 것은 아니나 '루쉰'이 다난(多難)의 생애를 51세로 끝막고 민국(民國, 원년은 1912년) 25년 10월 19일 지하에 누운 지 채 1년도 못되어 그를 오랫동안 은신(隱身)케 해주던 상하이가 창림탄우(槍林彈雨, 총이 숲을 이루고 총알이 빗발치듯 하다)의 폭풍우를 치르고 비참히 쓰러지리라고는 '루쉰'인들 뜻했으랴! '루쉰'! 그는 지금 지하에서 무엇을 생각하고 있는고! 중국을 사랑하고 사랑하는 나머지 도리어 그를 미워하고 그를 풍자치 아니치 못하던 '루쉰'! 짓밟히고 씹히고 정조를 더러운 손수건 같이 방매(放賣)하고 쓰러진 '상하이'를 보지 않고 속세를 하직한 그는 도리어 행복되었으리라!

'孩子長大, 倘無才能, 可尋點小事情過活, 不可以做空頭文學家或美術家.'
(어린놈이 자라서 재능이 없거든 아무것이나 평범한 작은 일을 찾아 생활케 할지언정 어줍지 않은 문학가나 혹은 미술가를 시켜선 안 된다.)

'루쉰'이 눈을 감기 전 세상에 마지막으로 남기고 간 일곱 마디(七句) 말 가운데 다섯째 말이 그의 아들이 장성한 뒤에 특출한 재질이 없을진댄 애당초에 문학이나 미술에 뜻 두게 하지 말라는 이 말이다.

그가 할 말도 채 다하지 못하고 어데로 어떻게 흐를지 임자조차 알 수 없는 이 모토(母土) 지나(支那, 중국)를 떠난 뒤 세상은 그에게 '지나 문호(支那文豪)', '중국신문학 수립의 제일인자' 등등…… 듣기 좋은 명사를 바쳤고 「아Q정전」의 평가에 대하여 새로이 활자로서는 더할 나위 없는 최고의 찬사를 늘어놓아 주었다.

그러나 그의 생전 지나의 사회와 문단은 그에게 하루 세끼 밥이나마 마음 편하게 때 찾아 먹을 만한 생활을 주었던가?

상하이를 떠나는 오늘, 작년 10월 샤페이루(霞飛路) '마로니에' 잎사귀 누런빛을 재촉하던 때 '만국빈의관(萬國殯儀館)' 일우(一隅)에 엄숙히 누워 있던 '루쉰'의 창백한 얼굴이 이렇다고 꼬집어 말할 아무 까닭도 없건만 왜 그런지 한 폭의 선명한 수채화같이 황푸탄, 저 넓은 황혼의 하늘 위로 배와 배가 서로 비빌 틈도 없이 떠 있는 누런 강물 위로, 그리고 이 좁은 삼등 선실의 선창으로, 갑판 위로, 나의 시선의 초점을 향하고 달려들었다가는 희미하게 사라지고 사라졌다가는 쏜살같이 다시 떠오르곤 한다.

그가 죽기 몇 달 전, 상하이에 내방한 '노구치 요네지로(野口米次郎)'와 주고받은 말 가운데 다음과 같은 한마디 말도, 출범을 기다리고 갑판에 서서 저물어가는 푸둥(浦東) 일대를 바라보고 있는 이 길손의 가슴을 어디인지 찌르는 곳이 있다.

> "자고(自古) 이래로 지나(支那)에서 소위 '성공자(成功者)'라고 일컫는 인물들은 그 대부분이 정치나 문화 어느 방면을 물론하고 강도가 아니면 사기한(詐欺漢), 둘 중의 하나이다. 가련한 것은 민중이다⋯⋯ 그들은 정치의 주권자가 어떤 종류의 사람이던 그런 것을 염두에 두지 않고 마치 벌(蜂)떼 같이, 개아미(蟻)떼 같이 살아나가고 있을 뿐이다. 이것은 어떻게 생각하면 심히 비참한 사실이다. 그러나 다른 반면(反面)으로 생각해 볼 때 실로 이런 민족성 때문에 비록 '지나'는 멸망하는 날이 있을지언정 '지나인(支那人)'은 영원히 멸망치 않으리라고 나는 생각한다."

하여튼 문단의 제일인자이면서도 하루한시도 안정된 '삶'을 갖지 못하고 때로 몸을 피하고 때로 이름을 갈고 눈을 감기 전날까지 남빛 무명두루마기를 질질 끌며 그 긴소매에 두 손을 꽂고 사색하던 '루쉰'! '아들이 장성하거든 문학가를 만들지 말라'고 유언에까지 저버리지 않은 그의 심경이 얼마나 쓰라렸을고! 지조를 지키기 위하여 괴로웁고 아프나 '청렴'을 생명으로 삼고 죽기 전까지 '나의 죽음으로 말미암아 남에게 분천(分錢, 몇 푼의 돈)이라도 받아들이지 말도록 하라'고 아내에게 부탁하고 눈을 감은 '루쉰'의 거룩한 정신!

출범을 고하는 싸이렌 소리, 황혼의 하늘 위로 기다란 여운을 남기며 곡선을 그린다. 샤페이루의 명랑한 아침, 쓰마루(四馬路)의 향수를 안고 내리던 봄비, 베이쓰촨루(北四川路)의 음탕 · 허영 · 사기 · 죄악의 교향악 그리고 신선하고 청아한 공기 속에 끝없는 자연의 애상(哀傷)을 싸안고 있는 저 '쉐스궓'(상하이에 있던 공원 이름) 공원의 넓은 잔디밭, 남국 처녀의 가냘픈 애수를 거리거리로 뿌리고 다니는 호궁(胡弓, 호금)의 리듬—모든 것은 지금 움직이는 배를 따라 나의 시각과 청각에서 멀어진다.

"상하이여! 잘 있거라!" 그리고 남기고온 생활의 모든 파편들—웃음, 울음, 우울, 미련, 후회…… 표랑(漂浪)의 항구에서 아침이슬같이 내 가슴에 번적인다. 사라진 남국 아가씨들의 구슬같이 영롱하던 눈동자…… 깨끗이 자취 없이 사라지라!

아! 평범한 너무나 평범한 항해의 출발이여! 어둠의 '베일'에 싸여 멀어지는 상하이의 부두—거기는 손을 흔들어 나를 떠나보내는 아무도 없거니……

통창풍경(統艙風景)

회색빛 어둠이 칠흑으로 변하여 황푸탄을 물들일 때, 배는 벌써 우쑹(吳淞) 일대의 이른 겨울 초저녁 경물(景物)들을 양옆으로 끼고, 망망한 황해를 향하여 거칠어지는 물결을 빠른 걸음으로 해치면서 돌진한다. 인제는 나의 안계(眼界)에서 완전히 사라진 상하이 부두—하나둘, 깜박깜박 졸고 있는 전등불만이 상하이를 대신하여 나와 작별하자는 듯, 그조차 몽롱한 어둠 속으로 사라지고 갑판을 스쳐 불어오는 첫겨울 저녁바람이 창성포화(槍聲砲火)의 지나간 자취를 더듬기에 넋 잃고 섰는 나의 두 뺨에 싸늘하게 부딪친다.

떠나는 배, 닿는 배, 그것은 끝없는 생의 항해의 극히 적은 부분이어든 무엇이 이다지도 나의 가슴을 설레이는고? 문학, 예술, 소설, 시—강남의 끝없이 널브러진 봄 잔디밭, 그 위에 고이고이 쌓아올리던 나의 빈약한 예술탑—그를 자취 없이 허물어뜨린 창성포화(槍聲砲火)!

밤새도록 시커먼 어둠을 뚫고 달음질친 배가 황해바다 한복판에 나왔을 때, 아침은 통창(統艙)의 코구멍만 한 창틈으로도 한줄기 눈부시는 햇발을 쏘아들여 보낸다.

통창—사등선실(四等船室)—여기다가 '등(等)'자(字)를 붙이는 것이 도리어 우습다—배의 최하층, 좁쌀짝, 면화(棉花)짐, 비린내 나는 생선, 가지가지의 해산물, 쌓일 대로 쌓인 짐짝, 짐짝을 쌓고 나머지 마루바닥(그나마 없으면 짐짝 위에)을 승객이라고, 그래도 대접하여 내놓은, 지하실 선창(船艙)이다.

여기서는 짐짝이 사람보다 편안한 대우를 받는다. 태양광선은 뚫고 들어올래야 몇 개의 코구멍만 한 창과 하나밖에 없는 출입구를 제하고는 들어올 곳이 없고, 서너너덧 개의 석유등(石油燈)이 간신히 사람사람의 얼굴을 분간할 수 있을 뿐.

그러나, 짐짝과 짐짝 사이로, 무수한 얼굴과 얼굴들이 이리 기웃 저리 기웃. 여기도 분명히 인생이 호흡하고 있는 한 바다 위의 사회임에는 틀림없다. 하늘로 뚫린 출입구를 사다리를 타고 올라가서 아래를 내려다보면, 무수한 대가리와 대가리들이, 구데기 끓듯 꿈틀거린다. 이것은 한 줄의 더러운 형용(形容)이다. 그러나, 이 지하실 속의 손(客)들은, 한 개라도 화물을 더 많이 옮겨주고 한 번에 많은 이(利)를 남기자는 이 기선주인(汽船主人)에게는 사실로 구데기만도 못한 존재일 것이다. 그리고, 이 구데기만도 못한 대접을 받으면서도, "삶"이란 악착한 "욕구"를 위하여 이 속에서 꿈틀거리지 아니치 못하는 것이 인생이요, 또한 나이기도 하다.

7, 8년 전 어느 해 여름—그때에도 나는 통창을 타고, 잉커우(營口)서 상하이까지 흘러간 일이 있었다. 그러나 그때 들어앉았던 통창 속과, 지금 바라보는 이 통창 속이 이다지 느낌이 다를 수가 있을 것인가? 짐짝과 짐짝 사이로 어둠에서 번적이는 무수한 얼굴들, 왜 이다지도 가엾이 보이며 풀이 다 죽어 보이는고? '루쉰'의 말과도 같이 어떤 사람이 시정자(施政者)가 되어 그들 머리 위에 서서 다스리던지, 그런 것은 생각하랴지도 않고, 또 생각할 만한 틈도 없이 그저 자신의 조그마한 "생(生)"을 위하여 정말로, 개아미(蟻)떼 같이 살아온 그들—군벌의 싸움이 갈아논 논과 밭을 황무지같이 흩트려놔도 아들을 일개월 8원(元)이라는 월급으로 싸움터로 뺏어가도, 그리고 누구와 누가 싸우는지 알지도 못하는 싸움에, 귀여운 아내와 딸자식의 생명은 정조(貞操)를 산 제물로 바치고도 쓰다달다 말 한마디 제대로 해보지 못하고, 고삐 매인 황소같이 "삶"이란 채쭉(鞭) 아래 매 맞아오던 그들—그들은 이제 이 지하실 선창 속에서 돌떵이같이 굳어진 따빙(大餠)쪽을 뜯으며 장차 어디까지 흘러가랴 함인고? 남방에서 쫓기어 북방으로, 북방에서 쫓기어 남방으로, 남방을 다 헤매이고 난 다음에는, 어디로 발길을 둘 것이랴!

하루 밤과 하루 낮을 이 생지옥 같은 지하실 선창(선하실船下室이라고 부르는 것이 옳겠지만)에서 지낸 얼굴과 얼굴들은 해가 또다시 서녘에 기울어지랴 할 때 벌써 한집안 식구같이 서로 익숙해졌다. 한편에서는 15, 6세밖에 안 되어 보이는 시골 '구냥(姑娘, 중국어로 소녀 또는 아가씨를 가리키는 말)'이 어머니임직해 보이는 중년 마나님의 등을 힘없이 붙들고 앉아서 배멀미를 참지 못하여 세숫대야를 놓고 누런 물을 토하고 있으나 바로 그 옆에서는 노동자임직해 보이는 대여섯의 우락부락한 얼굴들이 세숫대야보다도 갑절은 더 커보이는 '따빙(大餠)'쪽을 내놓고 나누어 먹고 있다. 방정맞은 상하이음(音), 혓바닥이 공중에 노는 듯한 산둥음(山東音), 달달달달 나무통이 비탈을 굴러내리는 듯한 광둥음(廣東音), 그리고 점잖고 느릿느릿한 베이징음(北京音)—지방지방의 독특한 발음들이 한데 어우러져서 선창 속은 떠나갈 듯이 와글와글 끓는다.

"이 난리 속에 제길할걸, 어델 가면 살 수 있겠소! 광둥(廣東)이 살기 좋다고 그야 돈 있는 사람 말이지. 우리같이 그날 벌어 그날 먹는 놈이야……"

유창한 상하이말을 하는 그 노동자의 두 눈에서는 금시에 원한이 사무친 눈물이 터져 나올 것 같았다. 그는 한숨을 길게 쉬고 나서 다시 돌멩이 같은 밀가루떡을 누런 이빨로 한입을 크게 물어뜯었다.

"차표우(査票)! 차표우!"(배표 검사합니다)

까맣게 올려다뵈는 층계에서 배 회사의 마—크를 팔뚝에 감은 선원들이 대여섯 명 회중전등으로 아래를 비추이면서 외치고 내려왔다. 통창 안은 금시에 물 끓듯이 머리와 머리들이 부글부글 끓어올랐다. 한 사람 두 사람 표 조사하는 선원들은 발 디딜 틈도 없는 굴속 같은 지하실 속을 비비고 헤치고 구석구석 혹시 배표 없이 탄 사람이 없는가 하여 눈을 독수리눈 같이 새파랗게 번적이며 갈팡질팡한다.

배표를 한 손에 꺼내들고 그들이 내 앞으로 다가오기만 기다리고 있던 나는 짐짝 쌓인 저편 어두컴컴한 구석에서 별안간 왁자지껄하는 여러 음성을 듣고 무의식중에 몸을 벌떡 일으켰다.

"도적배를 타도 분수가 있지. 자그마치 어린것들을 셋씩이나 데리고 배표 한 장으로…… 안 될 말이요 빨리 두 장 더 사시오……"

"아니에요! 사기는 샀어요. 아까 주머니 속에 분명히 들었었는데…… 사람들이 하도 많아서 어데다 흘려버린 모양입니다."

대답하는 주인공은 좀 멀리 떨어져서 똑똑히는 보이지 않으나 그렇지 않으면 황포차부(黃包車夫)의 아내 같아 보였다. 사표원(查票員, 표 검사원)이 공연히 으르딱딱 어리는 바람에 열서너 살 먹어 보이는 맏아들 놈은 어머니의 저고리 자락을 쥔 채로 부들부들 떨고 섰고 그 아래로 둘째아들과 끝으로 서너너덧 살 되어 보이는 계집 아이는 무슨 일인지 영문도 모르고 치맛자락에 매달려 목소리가 있는 대로 악을 쓰며 울기 시작했다. 그러나 사표원이 그대로 물러설 리 없었다. 배 회사는 영국 사람에게 속하고 같은 중국 사람이니 슬쩍 눈을 감아줘도 통창 안에서 생긴 일을 그들이 알 리 없건만, 콧날이 매섭게 앞으로 꼬부라진 그 사표원은 눈 하나 깜짝하지도 않고 그를 잡아끌고 간다.

물을 것도 없이 그는 싸움에 남편을 빼앗기고 유리(流離)하는 한 가엾은 여인이다.

선장실로 끌려 올라간 그 여인은 한 시간, 두 시간, 황혼이 수평선 저편에서 아득하게 기여들 때가 지내가도 보이지 않는다. 벌써 수많은 얼굴들은 그 여인의 얼굴조차 생각나지 않는다는 듯이 '설마, 산사람을 배표 한 장 때문에 바다 속으로 집어던지기야 하랴!' 하는, 무심한 생각들을 제각기 얼굴에 나타내이고, 봉했던 입을 전과 같이 떠들기 시작했다.

나는 저물어가는 갑판 위로 다시 나왔다. "인생이란, 결국, 제각기 몹시 싸늘한 마음으로 험악한 '생'의 바다를, 일엽편주로 저어나가는 동물이거니"하는 끝없이 고독한 마음에 내가, 지금, 황해바다 한복판에 떠 있다는 것도 그리고 언제 어느 항구에 다시 내리리라는 것도, 다 잊어버리고 어제 이맘때, 그리고 내일 이맘때, 하루도 거르지 않고 찾아왔다 돌아가고, 돌아갔다 다시 찾아올, 바다의 황혼을 부둥켜안고 서서, 물결을 스치고 떼를 지어 날아다니는, 저녁 갈매기 떼를 바라보았다.

배는 달음질친다. 항구와 항구에서 가득 실은 인생의 온갖 희극과 비극과, 즐거움과 슬픔과, 행복과 불행을 다음 부두에 뿌려놓을 계획에 곁눈질할 사이도 없이, 수평선 저편을 향하고 기운차게 달음질친다.

톈진(天津) · 설야(雪夜)

칭다오(青島)—웨이하이웨이(威海衛)—탕구(塘沽)—복잡다단한 인생의 희노애락을 남방에서 싸움과 굶주림에 쫓기어 북방으로 흘러오는 피난민들의 눈물과 한숨을 한 묶음 두 묶음씩 항구와 부두에 씨 뿌리듯 흩어놓고 배는 지칠 대로 지친 선체(船體)로 톈진(天津) 부두에 닻(錨)을 꽂았다.

7, 8일 동안 맑든 첫겨울 날씨는 눈(雪)으로 변하여 모진 북방의 바람과 함께 코를 베어갈 듯 싸늘하다. 도망꾼이 보따리 같은 책가방 하나를 달랑 든 채로 부두에 내려 날도 저물었고 처음 내리는 곳이라 어디가 어딘지 방향조차 분간키 어려워 성큼 황포차(黃包車)로 올랐다.

날 기다려줄 아무도 없는 이 항구, 또한 날 맞아 부두에 손 잡아줄 이 있을 리 없다. 온실에서 자란 연약한 한 포기 화초가 별안간 바람 찬 외계에 나온 것같이 남방에서 눈 구경이라고는 일년 열두달 가야 별로이 해보지 못한 나는 북방의 모진 눈보라에 두 볼이 얼어들어오건만 7, 8년 동안 설경(雪景)을 대해보지 못한 차인지라 눈사람 만들 꿈으로 잠 못 자고 날 밝기를 기다리는 어린아이의 마음과도 같이 이따금 이따금 황포차의 '앞가리'를 제치고 날아 들어오는 눈송이를 뺨으로 받으며 '쉬모제(須磨街)'로 차부(車夫)의 걸음을 재촉하였다.

'쉬모제(須磨街)' 한 모퉁이에 차를 머물러 세워놓고 부들부들 떨리는 몸으로 고(故) 이석일(李錫一) 씨의 택(宅) 굳게 잠긴 대문을 두드릴 때는 겨울밤도 저윽이 깊을 때였다. 베이징대학(北京大學)을 수재로 마치고 톈진(天津)에 단란한 가정을 꾸미어 아들딸 거느리고 사교가(社交家)로 이름을 날리던 봄눈 녹는 듯한 웃음소리에 끝없는 인자(仁慈)를 품고 사람 좋기로 손꼽히든 이석일 씨도 인생의 운명을 어찌할 수 없었든지 사랑하는 부인과 어린 아들딸들을 남긴 채로 고인이 된 지 오래니 나를 맞아줄 리 없고 그의 부인—충청도 사투리가 듣는 사람에게 구수한 온정을 갖게 하던 '성숙

(聖淑)' 여사—

나의 변변치 않은 시(詩)줄, 소설(小說)줄이나마 누구보다 기뻐하여 읽어주며 'R전(專)'문과(文科)를 신병(身病) 때문에 채 마치지 못한 분함에 지극히 문학을 사랑하는 여사도 노구교(蘆構橋)의 포성(砲聲)에 어린아이들의 장래를 겁내어 조선으로 피난을 가고 텅비인 주인 없는 집에는 홀로 집 지키고 있는 부인과 동향인 K씨와 밥 시중하는 마나님 한 분이 불의(不意)의 내객(來客)에 깜짝 놀라 허둥지둥 나를 맞아드릴 뿐이다.

이글이글 피어오르는 '스토브' 가에 짐을 끄르고 배에 흔들린 몸을 쉬이자니 일주일 동안의 여행이라기보다 생지옥살이래야 옳을 생활이 새삼스러이 무슨 긴 꿈에서나 깨어난 것 같은 까마아득한 느낌을 갖게 한다.

북방의 겨울바람은 눈을 몰아다가는 길거리로 난 유리창을 두드린다. 이따금 이따금 거리로 왕래하는 행인들의 말소리부터가 남방말에 오래 젖은 내 귀에는 어디인지 느릿느릿하고 가라앉은 북방 정서를 자아낸다.

언제 또 어디로 흐를지 모르는 몸이지만 우선, 당분간 이 주인도 없는 집에서나마 흐트러진 머릿속을 정돈하고 쉬여볼 생각으로 생소한 땅의 첫밤을 차디찬 철침대(鐵寢臺) 위에 누었다. 위—잉, 남방에서는 들을 수 없는 대륙의 겨울바람 소리다. 눈! 눈! 송이송이 바람에 흩날리는 눈보라를 타고, 끝없는 표랑(漂浪)의 여수(旅愁)는 깊어가는 겨울밤 싸늘한 공기에 싸여 넓은 높은 화북(華北)의 저 먼 허공으로 뭉게뭉게 피어올라간다.

이튿날 날이 밝기를 기다려 톈진여고(天津女高)에 교편을 잡고 있는 최기순(崔羈淳) 씨를 찾았다. 밤새도록 쌓인 눈이 창밖에 은세계를 이루고 북방의 차디찬 아침 햇빛이 명랑하게 흘러들어오는 씨의 일본식 서재에서 불꺼진 화로를 끼고 사회와 생활에 관한 여러 가지 감상과 고견을 들었다.

"김군(金君)! 잘 오셨소! 사람이 그래도 살라고 마련입네다! 군(君)으로서 함직한 일이 나설겝네다."

초대면(初對面)이었으나 흉금을 풀어놓고 진정으로 이야기해주는 씨의 말은 몹시 신중하고 믿음직한 인상을 갖게 한다. 씨는 생활제일주의로 교편을 잡는 일면(一面) 사학(史學)에 전력(專力)하고 있는 독실한 노력가이다.

"우리는 우리의 진실한 길을 걷는 이외에는 다른 길이 없을 것이외다. 우리가 지금 붓대와 분필(粉筆) 쥐던 손으로 주판(珠盤)을 들고 나선다고 장사를 하겠소? 일확천금을 꾀하겠소? 지금의 화북은—톈진(天津)은 실로 혼돈한 상태에 빠진 사회외다. 더군다나 우리 조선사람사회야 더 말한 것이 있겠소!

사변 후의 호경기라는 풍설에 땅을 팔아라 집을 전당(典當)내라 해가지고 화북으로 화북으로 어느 장단에 춤을 출는지도 모르고 하루도 수십 명씩 동포들이 횡재를 꾀하고 들끓어오지만 이런 미정돈(未整頓)된 시기에 함부로 덤벼드는 것은 성공보다는 흔히 실패를 가져오는 것이오. 더군다나 우리 같은 사람들이야 무엇을 덤벼들어 치부(致富)를 꾀하겠소.

요컨대 과거의 화북의 우리사람사회란 너무나 비참한 대우와 그릇된 인식을 받았소. 글자 안다는 우리들로써 이 그릇된 인식을 만분지일(萬分之一)이라도 바로잡고 우리네 실생활에 필요한 문화향상을 꾀하는 것도 이 시대에 태어나 이역(異域)에 삶을 가지고 있는 우리들의 경시(輕視)치 못할 사명이라고 나는 믿소……"

날로날로 이주(移住) 인구는 증가를 보이나 이렇다고 내세울 만한 언론기관 하나도 갖지 못한 조선사람사회를 통탄하는 씨의 태도는 지극히 당연할 것이다.

그러나 왜 이곳뿐이랴! 해외의 어딜 가보아도 조선사람처럼 문자와 근친하지 못하고 몰취미한 생활을 하는 사회는 없을 것이다. 먹고살아야 한다는 의식과 관념 앞에 허덕이는 그들에게 언제 문화를 생각하고, 생활향상을 꾀할 시간과 여유가 있을 것인가!

밤! 눈 그친 뒤의 톈진의 거리거리는, 살을 베여낼 것같이, 싸늘하다. 윤백남(尹白南) 씨가 재진(在津, 톈진에 살고 있음)한다는 소식을 듣고, 최씨에게 길안내를 받아, 화북에 먼저 와 있는 씨의 심경을 두드려 볼 생각으로 법조계(法租界, 프랑스 조계지) 씨의 우소(寓所)를 찾아 나섰다. 거리거리의 건물이나 혹은 풍경이 소규모라는 것을 제(除)하고 '아스팔트'길이 어떤 곳에는, 몹시 높은 경사를 짓고 꾸불꾸불 돌아서 뻗쳐진 특색 이외에는 상하이에 비하여 아무런 특별한 느낌이 없으나 별들도 얼어붙은 듯 높고 싸늘한 겨울 하늘과 거리 구석구석으로 느린 걸음으로 왔다갔다하는 인력거꾼들의 긴 두루마기, 십자가두에서 털모자와 외투로 온몸을 싸고 얼굴만 내놓고, 가끔 팔을 들었다 내렸다 하는 교통순사(交通巡查), 그것들은, 확실히 북쪽의 느린, 밤 정서를 끝없이 자아내고 있다.

힘없이 머리를 숙이고 대지의 밤을 걷고 있는 이 한 이국 표랑객(漂浪客)의 우울한 마음이여! 나는 이 표랑(漂浪)의 항구의 회색빛 애상(哀傷)과 보랏빛 우울을 선물하고 장차 어느 항구로 또 피곤한 뱃머리를 돌릴 것인고? 뭉게뭉게 피어오르는 길손의 노스탈쟈—여! 북국(北國)에 겨울바람을 타고 고요히 고요히 자취 없이 사라지라! (끝)

1월, 톈진 여창(旅窓)에서……

(『동아일보』 1938년 2월 18일, 19일, 22일, 23일)

루쉰의 미성작품(未成作品)

이명선

루쉰은 『외침(吶喊)』·『방황(彷徨)』의 두 단편집을 발표한 후 몇 편의 역사소설을 쓴 이외에는 죽을 때까지 창작에는 뜻을 두지 않고 오로지 잡감(雜感, 혹은 사회시평社會時評)을 씀에 전력(全力)을 다하였다.

그는 쇼와(昭和) 11년(1936년) 10월 19일에 죽었는데 바로 죽기 전에 쓴 것들도 소설이 아니고 잡감이어서 「죽음(死)」과 「여조(女吊)」가 곧 이것인데, 「죽음」은 9월 5일, 「여조」는 9월 20일에 매일 주사를 맞지 않으면 안 되는 병상에서 쓴 것이다. 일생을 전투 속에 보낸 전사(戰士)도 죽음이 임박하였을 때에는 그래도 죽음(死)을 생각하고 어릴 때 고향에서 본 야외극(野外劇)에 나왔던 여조(女吊)를 꿈꾸었던 모양이다. 「죽음」 속에는 유명한 그의 유촉7조(遺囑七條)가 들어 있어 최후의 순간까지 원적(怨敵)을 용사(容捨, 남의 잘못을 용서함)하지 않겠다는 전사다운 선언이 들어 있기는 하나—.

그는 「죽음」과 「여조」를 쓴 다음에 「모애(母愛)」와 「궁(窮)」을 쓸 예정이었었다. 물론 둘 다 잡감으로 기어이 뜻을 이루지 못하고 죽었지만 어떻게 쓸까 하는 플랜은 다 서 있었던 듯하다.

「모애」에서는 그는 모애(母愛)는 지극히 위대한 것이며 동시에 또 맹목적인 것이라는 것을 말하려 하였었으며 그가 여성을 존경한 한 가지 이유는 실로 이 모애 때문이었었다 한다. 그는 이미 단편「약(藥)」과「내일(明日)」속에서 자기 아들의 병과 죽음을 통하여 지나(支那) 여성의 모애의 위대하고 동시에 또 맹목적임을 그렸지만 직접적으로 모애를 논한 일은 거의 한 번도 없었으므로 미성(未成)의 잡감「모애」는 적지않이 아깝다.

「궁」에서는 그는 궁(窮)이라는 것은 어떠한 사태(事態) 아래서든지 반가운 것이 못되며 궁을 개변(改變)하려 하는 일체의 노력은 모두 환영할 것으로 일부의 사람들만 궁한 것은 물론 좋지 못하고 사회 전체가 궁에서 벗어나도록 하지 않으면 안 된다는 것을 말하려 하였다 한다. 제3종인(第三種人)[1]들과의 논쟁에서 너희들이 전원시인(田園詩人)이라고 각 떠받치는 도연명(陶淵明)이가 유연(悠然)히 남산(南山)을 쳐다볼 수 있었던 것도 빵 걱정이 없었기 때문이라고 주장한 그다. 베이징(北京)에서의 약 10년간의 평온한 생활을 제외하면 일생동안 궁(窮)의 구렁에서 허덕이었으며 더구나 만년에는 장제스(蔣介石) 정부에서 판권을 인정해주지 않아 인세(印稅)조차 제대로 못 받던 그다. 처자에게 유산이라고는 아무것도 전해 주지 못하면서 그대로 장의(葬儀)에는 타인의 돈은 일전(一錢) 한 푼도 받지 말라고 유언한 그다. 이러한 그라, 그의 궁에 대한 체험과 사색은 다시 없이 심각한 것이며 그의 궁의 철학은 어디까지든지 철저하였을 것이다. 이리하여 우리는 그의 미성의「궁」도 아까워하지 않을 수 없다. 단 며칠이라도 연명시키어「모애」와「궁」만이라도 쓰고서 죽었었으면 하는 생각조차 드나 이것도 하

---

1 문학평론가 쑤원(蘇汶)은 1932년 7월 상하이의 문예지『현대(現代)』에「'문예신문'과 후추위안(胡秋原) 사이의 문예 논변에 관해」라는 글을 발표해 "'지식계급의 자유인'과 '부자유스럽고, 당파를 가진' 계급이 문단의 패권을 다투고 있을 때, 가장 괴로움을 당하는 사람은 오히려 이 두 종류 사람 이외의 제3종인이다. 이 제3종인이 바로 이른바 작가의 무리이다"라고 했다. 그는 좌익 작가들이 문학을 계급투쟁의 도구로 삼고 문단을 쟁패하려 한다고 하여 공격한 바 있다.

기야 쓸데적은 생각이다.

다음에 루쉰이 생전에 계획하였던 장편소설이 2, 3 있었으니 이것에 대하여 말하여 보자.

하나는 역사소설로 당조(唐朝)의 문명을 묘사하려 하였던 것이다. 이 속에서 그는 당조의 문명이 비상(非常)히 발달하였었던 일 그리고 그것은 외국문명의 영향을 많이 받았었던 일을 말하고 여기에 '7월 7일 장생전(七月七日長生殿)'의 당(唐) 명황(明皇)을 등장시키어 양귀비(楊貴妃)와의 로맨스 그리고 비참한 최후—이리하여 당 명황의 일생의 사적(事跡)을 묘사하려 하였던 것이다. 이것을 계획한 것은 퍽 오래 전 일로 그가 외침(吶喊)에 피로하여 방황에 몸을 맡겨 그의 일생 중에 가장 소극적이고 허무감에 사로잡히었었던 시기로 이 시기에 이러한 역사소설을 꾀한 것은 후스(胡適)가 국고정리(國故整理)의 미명 아래 현실로부터의 도피를 꾀한 것과 똑같은 좋지 못한 경향이 아니었나도 생각된다. 한번은 일부러 창안(長安)까지 가서 현존하는 당조(唐朝)의 유적을 조사한 일도 있었는데 황토와 고봉(枯蓬)뿐으로 도리어 홍미삭연(興味索然, 홍미를 잃어가는 모양)하여 그때까지의 계획을 방기해버렸다 한다.

또 하나는 만년에 계획한 것으로 지나(支那) 근세(近世)의 지식인들의 연대사(年代史) 비슷한 장편이다. 대개 그것은 4대(四代)로 나누어져서 일대(一代)는 장타이옌(章太炎) 등의 시대, 이대(二代)는 루쉰 자신의 시대, 삼대(三代)는 취추바이(瞿秋白) 등의 시대, 사대(四代)는 현재의 20년대의 청년의 시대로 그는 실로 이 4대의 지식인을 그리려 한 것이다. 그는 농민 · 노동자 · 하녀 등도 많이 제재로 하였지만 지식인—지나에서 말하는 소위 독서인(讀書人)들에게도 많은 관심을 가지고 또 제재로 하여왔다. 「백광(白光)」의 천스청(陳士成), 「주루(酒樓)에서」의 뤼웨이푸(呂緯甫), 「가오 선생(高老夫子)」의 가오얼추(高爾礎), 「고독(孤獨者)」의 웨이롄수(魏連殳), 「상서(傷逝)」의 스쥐안성(史涓生) 등등 구식, 신식의 각종의 지식인들의 특질을 구별하면서도 그들에게 공통된 소극적이고 무기력하고 외식적(外飾的)인 제 결함(諸缺陷)을 여지없이 폭로하여왔다. 그러나 이번에 계획한 장편에서는 일(一) 독서인의 대가정의 쇠락하여나가는 과정을 통하여 각종의 지식인들을 총 등장시키어 이로써 지나 근(近) 60년래의 사회변천을 밝히며 지나 지식계급의 진실한 역사를 기록하려 한 것이다. 이것은 장타이옌으로부터 현대에 이르는 4대의 어느 시대에나 제 자신 직접 참가하여 활동하여 내려온 루쉰이 아니고서는 아무도 담당 못할 성질의 것으로 그의 죽음은 이것만 가지고서도 보상 못할 막대한 손실이라 아니할 수 없다. 그러면서 또 동시에 이러한 거대한 계획을 불치의 중병으로 매일 신음하는 병상에서 세운 그 불굴부도(不屈不倒)의 전투적 정신에 새삼스러히 경탄하지 않을 수 없다.

아니 이것뿐이랴! 그는 또 한 가지의 장편을 병상에서 계획하였던 것이다. 그것은 「홍군서정기(紅軍西征記)」로 쇼와(昭和) 9년도(1934년)에 장시(江西)를 출발하여 2만5천 리(里)를 답파(踏破)하여 산시(陝西)에 이르는 홍군(紅軍)의 대이동을 기록하려 하였던 것이다. 그는 직접 현지에 가서 조사도 하고 기다(幾多)의 재료도 수집해왔었던 것으로 이 계획도 실현 못 시키고 죽어버렸다. 최근에 전하는 바에 의하면 그의 이 계획은 다른 사람들 손으로 지금 실현되어가고 있다 하니 그는 지하에서도 만족할 것이다.

루쉰의 미성작품은 또 있는지도 모르나 이제까지 알려진 것은 대개 이상과 같다. 이것만 가지고서도 그가 만년에 장편에 대하여 크게 관심을 가졌었으며, 만약 그가 2, 3년이라도 더 연명하였던들 우리는 혹은 몇 편이고의 그의 장편을 기대할 수도 있었던 것을 알 수 있다.

(『비판』 11권 1호, 1940년 1월)

저우쭤런론(周作人論)

이노부[1]

최근에 지나(支那, 중국)서 발행되는 문예잡지로는 베이징의 『중국문예(中國文藝)』와 난징(南京)의 『국예(國藝)』가 가장 중요한 것으로 그 앞으로의 발전이 매우 주목되는 중이다. 그런데 베이징의 『중국문예』에는 즈탕(知堂) 저우쭤런(周作人)의 소품문(小品文)이 거의 매호(每號)에 실려지고 있다. 중국(支那)문단의 유명한 작가들이 거의 모조리 자최를 감추어버린 오늘날 베이징의 저우쭤런의 존재는 어떠한 의미에서나 간과 못할 중요한 사실임에 틀림없다. 내가 저우쭤런론(周作人論)을 쓰고자 하는 이유도 실로 여기에 있는 것이다.

수년 전에 저우쭤런은 그의 50정수(整壽, 만 나이)의 연두(年頭)에 50자수(五十自壽, 50세 생일을 자축함)의 감회시(感懷詩)를 일수(一首) 발표한 일이 있었다.

1 이노부(李魯夫)는 1940년 이명선이 필명으로 사용한 이름이다. 당시 이명선은 노부(魯夫)라는 필명도 사용했다.

前世出家今在家, 不將袍子換袈裟.

街頭終日聽談鬼, 窓下通年學畵蛇.

老去無端玩骨董, 閑來隨分種胡麻.

旁人若問其中意, 且到寒齋吃苦茶.

전세에 출가(出家)했으나 지금은 속세에 있나니,

두루마기를 가사(袈裟)로 바꿔 입지는 않았도다.

거리에서 종일토록 귀신 이야기를 듣고 말하고,

창문 아래서 1년 내내 화사(畵蛇)를 배우고 있지.

나이 들어 까닭 없이 골동만 만지작거리고,

한가로이 분수에 따라 검은깨를 심누나.

누군가가 그 속뜻을 물으면,

아예 한재(寒齋)에 들어가 고차(苦茶)를 마시리.[2]

이 감회시는 그때에 매우 논란되었었다. 어느 비평가는 저우쭤런이— 5 · 4시대부터 중국신문학운동에 거대한 공헌을 한 저우쭤런이—신시(新詩)를 안 짓고 구식 문인의 뒤를 따라 7언율시(七言律詩)를 지은 데 대하여 그리고 도연명(陶淵明) 식의 은사(隱士)로 자임하여 오로지 소극적 도피적 태도를 표명한 데 대하여 '과거의 유령'이라는 렛텔을 붙이어 통매(痛罵)하였다. 그리고 또 다른 비평가들은—예를 들면 린위탕(林語堂)은 저우쭤런 시독법(詩讀法)의 일문(一文)을 써서 저우쭤런의 시는 '차가움 속에 뜨거움이 있고(冷中有熱)' '그윽한 한가로움 속에 침통함을 깃들이는 것(寄沈痛於幽

2 이명선은 저우쭤런의 「50자수시(五十自壽詩)」의 전반부 원문을 그대로 인용해놓았는데, 독자들의 이해를 돕기 위해 필자가 이를 번역한 것이다. 포자(袍子)는 중국식 두루마기를 가리키며, 가사(袈裟)는 승려가 입는 법의(法衣)이다. 화사(畵蛇)는 『대송선마전지백사(大宋仙魔傳之白蛇)』를 가리키며, 일명 『백사(白蛇)』라고도 한다. 한재(寒齋)는 자신의 낡은 서재를 가리키고, 고차(苦茶)는 쓴맛이 나는 중국 차(茶)의 일종이다.

閒)'이라 하고, 차오쥐런(曹聚仁)은 저우쭤런의 담화를 인용하여 '들뜬 기분으로 용맹하게 내달리던 것(浮躁凌厲)'으로부터 '사상이 차분하게 가라앉은 것(思想消沉)'으로 공융(孔融)[3]에서 도연명(陶淵明)으로 대발전(大發展)을 한 것이라 하여 저우쭤런을 옹호하였다.[4]

여기서는 이 두 패의 비평가들의 시비를 논단하고 싶지는 않으나 왕년의 저우쭤런을 아는 사람이면 누구나 이 감회시를 읽고 감개무량한 것이 있었을 것이라는 것은 인정하지 않을 수 없는 것 같다.

누구나 다 알듯이 중국신문학운동은 1916년에 제창된 후스(胡適) 등의 문학혁명을 기점[5]으로 하여 급속히 발전한 것으로 이 운동을 지도해온 후스, 천두슈(陳獨秀), 차이위안페이(蔡元培), 류반눙(劉半農), 첸쉬안퉁(錢玄同), 루쉰(魯迅) 등의 거성(巨星) 속에 우리는 저우쭤런이라는 한 개의 거성도 세이지 않을 수 없는 것이다. 그의 논문 「평민문학(平民文學)」(1918), 「인간의 문학(人的文學)」(1918), 「신문학의 요구(新文學的要求)」(1920) 등은 구식 문언문학(文言文學)을 부정하고 개인주의의 백화문학(白話文學)을 주장한 것으로 당시의 문학운동에 실로 광대한 영향을 주었던 것이다. 비평계에 있어서 그의 『나의 정원(自己的園地)』(1922) 1집(輯)은 중국신문예비평의 초석을 확립한 것이며 동시에 또 당시 문단을 횡행하던 반동세력 '학형파(學衡派)'[6]의 봉건사상을 소멸시킨 것이며 그리고 「침윤(沈淪)」, 「정시(情詩)」 등의 평

3 공융은 후한(後漢) 때 문인으로서 건안칠자(建安七子)의 한 사람이다. 정치를 논할 때에 격렬했으며, 나중에 조조(曹操)의 노여움을 사서 죽임을 당했다. 생몰연대는 153-208년이다.

4 이명선은 이 단락에서 중국어 원문 구절을 직접 인용해놓았는데, 독자들의 이해를 돕기 위해 필자가 이들을 번역해 문장을 새롭게 구성했다.

5 1917년 1월 후스가 「문학개량추의(文學改良芻議)」를 발표하고 동년 2월 천두슈(陳獨秀)가 「문학혁명론(文學革命論)」을 발표함으로써 중국 문학혁명운동이 본격화되었다.

6 학형파는 1922년 잡지 『학형(學衡)』을 창간하여 문학혁명을 반대했다. 학형파의 동인들은 주로 난징(南京)의 둥난대학(東南大學)에 모여 있었다. 잡지 『학형』은 1922년 1월 상하이의 중화서국(中華書局)에서 발행되어 1933년 7월까지 거의 12년 동안 79기가 나왔다.

론 역시 중국신문학운동사상 가장 중요한 문헌의 하나라고 말하지 않을 수 없는 것이다. 아니 이뿐이랴? 『역외소설집(域外小說集)』, 『물방울(點滴)』, 『현대소설역총(現代小說譯叢)』, 『현대일본소설집(現代日本小說集)』, 『마잘의 꿈(瑪加爾的夢)』, 『팽이(陀螺)』 등의 수많은 번역은 중국신문학을 양육하는 데 직접간접으로 가장 생신(生新)하고 거룩한 영양제가 되었던 것이다. 누가 저우쭤런의 이 위대한 공헌을 잊을 수 있으랴.

그러나 1920년 이후 그의 노력과 발전은 딴 방면으로 옮기어졌다. 소품문(小品文)을 쓰기 시작한 것이 곧 이것이다. 이후부터는 저우쭤런의 이름은 소품문과 뗄래야 뗄 수 없는 것으로 되어 전일(前日)의 위대한 업적은 소품문의 성명(盛名) 때문에 도리어 잊어버려지기 시작하였다.

저우쭤런의 소품문과 루쉰의 잡감문(雜感文)—이것은 양인(兩人)의 이후의 추향(趨向)을 결정하는 데 중대한 역할을 한 것이며 후에 루쉰이 저우쭤런, 린위탕 등 은사연(隱士然)하는 도연명의 후예들에게 선전포고를 보낸 것도 결코 우연한 일이 아니었던 것이다. 소품문의 길은 '귀거래, 귀거래(歸去來, 歸去來)'를 외이는 전원(田園)으로의 길이기 쳌경 쉬운 것이기 때문이다. 이 길은 후스의 국고정리(國故整理)의 길보다는 더 풍취(風趣)가 있을는지도 모르나 혹은 또 더 소극적인 길인지도 모른다.

저우쭤런의 소품문은 그의 문학론과 지극히 밀접한 관계를 가지고 있다. 그의 문학론을 체계를 세워 가장 단적으로 표명해 놓은 『중국신문학의 원류(中國新文學的源流)』를 보자. 이 속에서 그는 상대문학(上代文學)으로부터 현대의 신문학(新文學)에 이르기까지 그 문학사조를 '언지(言志, 뜻을 말하다)'와 '재도(載道, 도를 담다)' 이 두 갈래로 구별하여 '언지'의 다음에는 '재도', '재도'의 다음에는 도로 '언지', '언지'의 다음에는 다시 또 '재도'로—이처럼 서로 교대하여 순환해온 것이라 하였다. '언지'의 문학은 예술지상주의의 경향을 띤 문학이요, '재도'의 문학은 인생을 위한 문학 · 사회를 위한 문학 · 도덕을 위한 문학 등—목적을 문학 자체에 두지 않은 문학을 가리켜 말하는 것이다.

그러면 이 체계 아래서는 중국의 신문학은 어떻게 규정되는가? 저우쭤런은 중국의 신문학을 청대(清代)의 '재도'의 문학에 대한 반동으로 일어난 '언지'의 문학이라 하고, 따라서 문학혁명운동의 공로도 후스이나 천두슈에 돌려보낼 것이 아니라 오로지 문학발전의 자연법칙에 의했을 뿐으로 순환할 것이 순환한 데에 불과하다는 것이다. 이러한 이론은 아주 전대미문의 독창적 이론은 아니나 이처럼 대담하게 체계를 세워 구체적으로 제창된 일이 한 번도 없으므로 저우쭤런의 『중국신문학의 원류』는 매우 세인의 주목을 끌어 여러 가지로 논의되었었다.

물론 여기서는 『중국신문학의 원류』에 대한 전체적인 비판은 피하거니와 그의 신문학에 대한 논술만에도 우리는 다대(多大)한 의문을 가지지 않을 수 없다. 일언(一言)으로 신문학이라 하지만 적어도 초기에 있어 신문학을 떠메고 나선 자는 자연주의의 문학연구회(文學硏究會)와 낭만주의의 창조사(創造社)로, 낭만주의의 창조사는 예술지상주의의 경향이 매우 농후하여 '언지'의 문학이라고 말할 수 있겠으나 자연주의의 문학연구회는 그 목표가 막연하나마 '인간의 문학(人的文學)'(저우쭤런 자신의 제창)이었으므로 '언지' 문학이기보다는 '재도'의 문학에 가깝다. 결코 저우쭤런처럼 신문학을 '언지'의 문학이라 규정하며 청대의 '재도'의 문학의 반동이라고 말할 수 없을 것 같다. 아니 문학사조를 '언지'와 '재도'의 양파(兩派)로 나누는 그 일 자체가 원래 어리석은 짓인지도 모른다.

그러나 저우쭤런 자신의 문학을 볼 때에 이 '언지'와 '재도'의 문학이론은 극히 중대한 역할을 하고 있다. '들뜬 기분으로 용맹하게 내달리던 것(浮躁凌厲)'으로부터 '사상이 차분하게 가라앉은 것(思想消沉)'으로 공융에서 도연명으로 대발전을 하였다는 그 자신의 문학은 간단히 말하면 '재도'의 문학에서 '언지'의 문학으로 발전하였다는 것을 말하는 것이다. 저우쭤런이 '재도'의 문학보다도 '언지'의 문학을 더 높이 평가한 것은 그의 문학에 대한 정의(定義)로도 명백한 일이어서 그의 소품문은 실로 '언지'의 문학의 극치에 이른 것이다. 여기서도 우리는 그의 소품문에 대한 애착이 결코 일시적(一時的)의 것이 아니며 필연코 죽을 때까지도 변함이 없으리라는 것은 엿볼 수 있다. '나이 들어 까닭 없이 골동만 만지작거리고, 한가로이 분수에 따라 검은깨를 심누나(老去無端玩骨董, 閑來隨分種胡麻)'의 심경도 결코 50정수(整壽)의 일시적인 감회가 아니었었다는 것을 말할 수 있다.

우리는 저우쭤런의 과거의 신문학을 위한 위대한 공적을 기억하며 소품문을 떠메고 전원으로 향하랴 하는—아니 이미 향한 그의 앞날을 주목하자. (끝)

(『인문평론(人文評論)』 1940년 8월)

루쉰과 그의 작품

김광주

루쉰은 중국의 신문학혁명을 통하여 가장 빛나는 작가일뿐더러 이미 세계적으로 명성을 남기고 간 현대중국의 위대한 작가의 한 사람이다.

그러나 이러한 한 작가와 그의 작품을 이 짧은 지면에서 논한다는 것은 한 가지의 당돌한 일이 될 뿐만 아니라 이미 조선에도 해방 전부터 루쉰에 관하여는 이 방면의 권위라 할 수 있는 정래동(丁來東) 씨를 통하여 상세히 소개된 바 있었고 최근에도 그에 관하여 단편적으로 소개된 문장은 그만두고라도 서울대학 문리과대학(文理科大學) 안에서 그의 서거 11주년을 기념하는 강연회를 통하여 그의 인간적 경력이나 작가로서의 생애가 상세히 소개된 것은 일반이 주지(周知)하는 바라고 생각된다.

그러므로 이 한 편 졸문(拙文)에서는 주로 루쉰의 작품을 통하여 특색이라고 느낄 수 있는 것 혹은 필자 개인적으로 인상 깊이 읽은 작품 등에 관하여 간단히 써보고자 한다.

우선 소설에 있어서 한 편의 속(俗)된 장편소설도 쓰지 않고 『방황(彷徨)』과 『외침(吶喊)』(크게 외친다는 뜻) 이라는 두 책자 속에 들어 있는 30여

편의 단편소설만을 깨끗이 남겨놓고 그의 문학생활을 마쳤다는 것도 우리가 매력을 느낄 수 있는 루쉰의 특색의 한 가지이다.

이 두 소설집 가운데서 제일 유명한 것은 조선말로도 이미 소개되었고 재작년 서울서 연극화까지 되었던 「아Q정전」이다. 주지하는 바와 같이 이 작품은 중국 민족성의 허위, 비굴, 과대한 자존성(自尊性) 등을 조금도 용서 없는 칼날을 들고 싸늘하게 그려놓았으니 이것은 루쉰의 자기 자신에 대한 잔인하리만치 무서운 해부(解剖)인 동시에 중국 국민성의 장점과 단점을 인류사회를 향하여 대담하게 외친 걸작이라 할 수 있을 것이다.

그리나 「아Q정전」과 함께 우리가 루쉰의 소설을 말할 때 저버릴 수 없는 작품은 「광인일기」이다. 이것은 그 제목과 같이 한 미친 사나이의 일기를 그대로 써놓은 것이다. 다시 말하면 한 미친 사나이를 통해서 본 중국사회의 암흑면을 그린 작품으로 루쉰의 독특한 풍자성, 중국 구습관에 대한 불같은 증오감이 이 작품처럼 나타난 작품도 없을 것이다.

이 한 편 작품으로서 루쉰의 작품의 전모(全貌)를 엿볼 수 있다 해도 과언이 아니리라고 생각된다.

1918년 그가 38세 때 비로소 처녀작인 이 「광인일기」를 중국문단에 내놓자 마치 한 개의 무서운 폭탄과 같이 당시 중국의 독서계를 뒤흔들었던 것이다. 이 작품은 중국의 백화문학, 준(準)현대소설 형식으로서의 최초의 우수한 작품일뿐더러 불같이 타오르는 예술가로서의 온갖 정열을 기울인 피와 같은 문구(文句)를 가지고 중국 수천 년래의 끝없이 어둡고 무거운 봉건세력에 대하여 수억만 중국 백성들이 하고 싶으면서도 감히 입을 벌리지 못하던 말을 대담하고 솔직하고 냉정하게 외친 것이다. 이 첫 작품에서 벌써 루쉰은 그가 실생활에서 얻은 재료를 가지고 한 개(個) 예술적 세계를 창조했다느니보다 오히려 단도직입적으로 눈앞에 보이는 인간사회의 추악(醜惡)을 향하여 몸과 맘을 다 같이 기울여 육박(肉迫)하자는 그의 문학의 가장 남다른 특색을 강렬히 나타내고 있다.

이 두 작품 외에도 시대에 뒤떨어진 인텔리가 열여덟 푼의 외상 술값을 짊어진 채 거지가 되어 죽는 「쿵이지(孔乙己)」, 또는 작자 자신의 유년시대의 그리운 추회(追懷)와 귀향(歸鄕)의 경험을 일종의 애상적(哀傷的) 필치로 묘사한 「고향」과, 중국 문화계의 특수한 절망과 불운함을 표현한 「고독자(孤獨者)」·「행복된 가정」·「주루(酒樓)에서」·「단오절(端午節)」 같은 계열의 특색을 가진 작품이 있고, 「풍파(風波)」·「비누」·「장명등(長明燈)」·「조리돌림(示衆)」·「가오 선생(高老夫子)」·「이혼(離婚)」 등 주옥같은 단편들이 있는데 지면관계상 여기서 이것을 한 편 한 편에 대하여 자세히 소개하지 못함이 유감이나 졸역(拙譯)으로 이미 루쉰의 단편집이 제2집까지 출판되었으므로 이것을 통하여 그의 작풍의 일단(一端)이나마 알 수 있을 것이다.

한마디로 간단히 말하자면, 루쉰이 남기고 간 이 몇 편의 짧은 소설을 통하여 우리가 선뜻 느낄 수 있는 것은 인간사회에 대한 명철(明哲)하고 정확한 해부와 중국 국민성에 대한 무자비하리만치 잔인하고 두려웁고 예리한 폭로이며, 이것을 한 작품으로서 완성할 수 있을 만한 치밀하고 깨끗한 구상과 또 이에 따르는 살을 찌를듯하고 풍자가 넘치며 무된듯하면서도 간결명료한 그의 문장이다. 모든 인간생활의 위선과 비굴과 타락과 싸워서 손톱만 한 타협도 패배도 갖기를 싫어한 루쉰의 문학정신은 길이 중국민족과 함께 그의 작품 가운데서 용솟음쳐 흐르고 있을 것은 의심 없는 일이다.

그러나 루쉰이 그의 문학가로서의 예술적 열정을 가진 것은 소설보다 오히려 에세이—즉 수필문학에 있다고 봐야 할 것이며, 이런 의미에서 나는 루쉰의 중국 신문학운동에 있어서의 한 수필가로서의 지위를 더 높게 평가하려 한다. 중국에 신문학이 대두한 이후의 문단에 있어서 일시(一時) 전문단(全文壇)을 뒤흔들은 소품문, 즉 에세이 문학의 활발한 발전은 루쉰이 스스로 단문(短文) 혹은 잡문(雜文) 내지 수감(隨感)이라고 부른 '수필(隨

筆)'에서부터 시작되었다 할 수 있으며, 그의 독특한 스타일과 문장은 확실히 중국 수필문학의 한 새로운 경지를 개척하였다.[1] 그가 본명으로 혹은 여러 가지의 펜네임으로 각 신문지상에 단문을 발표할 때마다 그것은 중국 사람의 모든 추악하고 허위적인 생활면과 부패한 생활면을 용서 없이 찌르는 날카로운 칼날이 되었고, 단도직입적이요 거리낄 것을 모르며 웃음 속에 칼날을 품고 있는 듯한 그의 풍자적인 문장은, 그가 소설에서 보여준 경지를 한 걸음 더 넘어서서 보다 더 강렬히 읽는 사람의 심현(心弦)를 찌르는 것이다.

루쉰의 수필문학은 그 분량으로도, 그의 작품의 대부분을 점령하고 있으니 책자로 나타난 것만도 『열풍(熱風)』·『화개집(華蓋集)』·『조화석습(朝花夕拾)』·『야초(野草)』·『이이집(而已集)』·『삼한집(三閑集)』·『이심집(二心集)』·『양지서(兩地書)』·『남강북조집(南北腔調集)』·『준풍월담(准風談月)』·『화변문학(花邊文學)』·『문외문담(門外文談)』·『무덤(墳)』 등 그 주요한 것만도 10여 권에 달한다. 이 수백만에 달하는 단문 중에서 그 한 편이나마 전부를 소개하지 못함은 유감된 일이나 이는 후일(後日) 고(稿)를 달리하여 써볼 기회가 있을 것이므로 그의 수필문학의 일단이나마 엿보게 하자는 의미에서 가장 이색(異色) 있고 인상적이라 생각한 몇 구절을 다음에 소개해보고자 한다.

인류의 멸망이란 것을 생각하면 몹시 쓸쓸하고 슬픈 일이다. 그러나 어떤 약간(若干) 사람들의 멸망은 결코 쓸쓸하지도 않고 슬픈 일도 아니다. 생명의 길은 진보하는 것이고 끝없는 정신의 삼각형의 사선을 따라서 위로 진전(進展)되어 올라가는 것이니 아무것도 이것을 저지하지는 못한다. 자연이 인간에게 부여한 부조화(不調和)는 매우 많고 인간 자신으로도 타락하고 퇴보하는 사람

1 원문에는 '하였고,'로 되어 있으나, 문장이 길어 끊어 읽기를 위해 이 부분에서 마침표를 찍었다.

이 또한 많다. 그러나 생명이란 결코 이것 때문에 뒷걸음질 치지는 않는다. 어떠한 암흑이 사조(思潮)를 가로막는다 할지라도 어떠한 비참함이 사회를 들이친다고 할지라도 어떠한 죄악이 인도(人道)를 더럽힌다 할지라도 인류에게 잠재해 있는 완전(完全)을 갈망하는 힘은 언제나 이런 쇠사슬의 가시덤불을 짓밟고 앞으로 나아간다.

생명은 죽음을 두려워하지 않고 죽음 앞에서 웃으면서 춤추면서 멸망하는 사람들을 디디고 넘어서서 앞으로 나아간다.

무엇이 길(路)이냐? 길 없는 곳에 짓밟혀서 만들은 것, 단지 가시덤불뿐인 곳에 개척된 것이 길이다.

예전에도 벌써부터 길은 있었고 이다음에도 영원히 길은 있을 것이다. 인류는 쓸쓸할 까닭이 없다. 생명은 진보적이고 낙천적이기 때문에……

이상은 『열풍』 가운데 수감록의 일절(一節)인데 그중에는 또 아래와 같은 구절도 있다.

현재의 사회는 이상(理想)과 망상(妄想)조차 명백히 구별하지 못한다. 좀 더 있으면 '하지 못하는 일'과 '하려고 하지 않는 일'조차 똑똑히 모르게 될 것이다. 마당을 쓰는 일과 지구를 개척한다는 것이 똑같은 일처럼 이야기될지도 모른다.

또 『무덤』이라는 수필집 가운데는 다음같이 재미있는 일절도 있다.

밥은 돈으로 사야만 된다는 것을 알면서도 돈을 천한 물건이라고 말하는 사람들은, 그네들의 밥주머니를 까뒤집어본다면 아마 아직도 생선이나 고기 나부랭이가 다 소화되지 않은 채로 남아 있을 것이다. 그를 하루만 굶기고 나서 다시 말다툼을 하기로 하자……

요컨대 루쉰은 신중국의 형식을 떠나서 내용적으로 충실히 파보자는 고민으로 일생을 일관(一貫)하였고 인간성과 국민성의 진실을 추구하기 위한 인간으로서의 불행과 불운 속에서 감연(敢然)히 싸운 위대한 문학가임을 거듭 말해두고자 한다. (끝)

(『백민(白民)』 1948년 1월)

| 참고문헌 |

「各國文士로 組織된 赤露擁護國際委員會」, 『朝鮮日報』 1931. 8. 5.

「劇研第十一回公演 劇本一部變更 「湖上의 悲劇」으로 代充」, 『동아일보』 1936. 5. 21.

『魯迅 1881-1936』, 文物出版社, 1976.

「魯迅記念講演會」, 『동아일보』 1947. 10. 17.

「文藝家名簿」(『朝鮮文學』 1934), 『韓國現代小說理論資料集』(十五卷), 韓國學術振興院, 1985.

「北京 國民大會에서 大衆을 興奮시킨 同胞: 차오양대학에 재학 중인 류군 벽두에 등단하여 일장 연설」, 『朝鮮日報』 1925. 7. 10.

「社會主義同盟會: 革命旗爭奪戰=直히 解散命令」, 『東亞日報』 1921. 5. 11.

「想餘」, 『廢墟』 創刊號(1920. 7), 『創造 · 白潮 · 廢墟 · 廢墟以後』 제2권, 亦樂, 2000.

「上海에 朝鮮人劇團 보헤미안劇社 誕生」, 『동아일보』 1934. 10. 19.

「『新興文壇』 發刊」, 『東亞日報』 1931. 10. 28.

「一千圓 懸賞小說 選後感」, 『朝鮮日報』 1934. 1. 1.

「在中國朝鮮人 文藝協會組織」, 『동아일보』 1934. 3. 5.

『中國短篇小說』, 開闢社, 1929.

「中國의 붉은 讀書界: 書肆陳列의 70%」, 『朝鮮日報』 1931. 1. 19.

『創造 · 白潮 · 廢墟 · 廢墟以後』 제2권(영인본), 亦樂, 2000.

「편집여묵」, 『조선어문학회보』 제2호(1931. 10).

『Lu Sin Elektitaj Noveloj』, Orienta Kuriero kaj Vo.oj el Oriento, 1939.

葛懋春·蔣俊·李興芝 編,『無政府主義思想資料(下册)』, 北京大學出版社, 1984.
岡本濱吉,「城大敎授評判記(三)」,『朝鮮及滿洲』 1937. 4.
京城帝國大學 編,『京城帝國大學一覽』, 京城帝國大學, 1931·1933·1939·1940·1941.
高軍·王檜林·楊樹標 主編,『無政府主義在中國』, 湖南人民出版社, 1984.
具常 編,『詩人 空超 吳相淳』, 自由文學社, 1988.
구승회 외 지음,『한국 아나키즘 100년』, 이학사, 2004.
國史編纂委員會 編,『韓民族獨立運動史資料集 30』, 國史編纂委員會, 1997.
權煥,「조선예술운동의 당면한 구체적 과정」,『中外日報』 1930. 9. 2.
金光洲,「中國푸로文藝(4): 運動의 過去와 現在」,『朝鮮日報』 1931. 8. 7.
______,「新春片感(上)」,『朝鮮日報』 1933. 1. 7.
______,「新春片感(完)」,『朝鮮日報』 1933. 1. 8.
______,「짓밟힌 四葉 클로-버」,『朝鮮日報』 1933. 1. 14.
______,「幸福된 家庭」,『朝鮮日報』 1933. 1. 29.
______,「이 땅에 태여낫거던」,『朝鮮日報』 1933. 2. 5.
______,「봄은 오리니」,『朝鮮日報』 1933. 2. 19.
______,「南國片信(二)」,『朝鮮日報』 1933. 10. 25.
______,「그 時節의 上海의 봄」,『新東亞』 1934. 4.
______,「中國文壇의 現勢 一瞥: 1年間의 論壇·創作界·刊行物界 等(一·四)」,『동아일보』 1935. 2. 5·8.
______,「現代中國受難期의 劇作家: 田漢과 그의 戲曲을 論함(一·三)」,『동아일보』 1935. 11. 16·19.
______,「中國文壇의 最近動向(一·四·五·六)」,『동아일보』 1936. 2. 20·23·25·26.
______,「上海를 떠나며: 流浪의 港口에서」,『동아일보』 1938. 2. 18·19·23.
______,「魯迅과 그의 作品」,『白民』 1948. 1.

______, 『春雨頌』, 白民文化社, 1948.
______, 「上海時節回想記(上)」, 『세대』 제3권 통권 29호(1965. 12)
______, 「上海時節回想記(下)」, 『세대』 제4권 통권 30호(1966. 1)
金基鎭, 「今日의 文學 · 明日의 文學」, 『開闢』 1924. 2.
김남이, 「20세기 초 한국의 문명전환과 번역: 중역(重譯)과 역술(譯述)의 문제를 중심으로」, 『어문논집』 63권(민족어문학회, 2011).
金明水, 「두 電車, 인스펙터」(新春文藝 當選作品 小說其二), 『東亞日報』 1930. 2. 6.
金柄珉 · 李存光 主編, 『中國現代文學與韓國(10): 評論及資料編 · 評論卷 III』, 延邊大學出版社, 2014.
金秉喆, 『韓國近代飜譯文學史硏究』, 乙酉文化社, 1975.
김성칠, 『역사 앞에서』, 정병준 해제, 창작과비평사, 1993.
金素雲, 「春園 · 李光洙의 片貌: 푸른 하늘 銀河水」, 『자유세계』 제1권 제3호(1952.4).
金時俊, 「魯迅이 만난 韓國人」, 『中國現代文學』 第13號(1997. 12).
______, 「申彦俊의 「魯迅訪問記」에 관하여」, 『中國現代文學』 제22號(2002. 6).
김용직, 『김태준 평전』, 일지사, 2007.
김용직 · 손병희 편저, 『李陸史全集』, 깊은샘, 2008.
김윤식, 「『폐허』 에스페란토 표지 시와 重野重治의 〈비내리는 품천역〉」, 『역사비평』 1992 여름.
김재명, 『한국현대사의 비극: 중간파의 이상과 좌절』, 도서출판 선인, 2003.
김준형, 「길과 희망: 이명선(李明善)의 삶과 학문세계(상 · 하)」, 『민족문학사연구』 제28 · 29권(2005).
김철, 「중국 현대 문예 매체에 발표된 김광주의 문예 비평에 대한 소고」, 『한중인문학연구』 47호(2015).
金台俊, 「古典涉獵 隨感」, 『동아일보』 1935. 2. 9－16.
______, 「문학의 조선적 전통(하)」, 『朝鮮文學』 1938. 7.
______, 「外國文學專攻의 辯(6): 新文學의 飜譯紹介－支那文學」, 『東亞日報』 1939. 11. 10.

______, 『金台俊文學史論選集』, 丁海廉 편역, 現代實學社, 1997.
김학준 편집해설, 『혁명가들의 항일회상』, 민음사, 2005.
남윤수 · 박재연 · 김영복 편, 『양백화 문집 1－3』, 江原大學校出版部, 1995.
魯迅, 「狂人日記」, 青園(柳樹人) 譯, 『東光』 1927. 8.
______, 「阿Q正傳(一～二十三)」 梁白華 譯, 『朝鮮日報』 1930. 1. 4.-2. 16.
______, 「幸福된 家庭」, 金光洲 譯, 『朝鮮日報』 1933. 1. 29.
______, 「狂人日記」, 青園(柳樹人) 譯, 『三千里』 1935. 6.
______, 『魯迅短篇小說集』 第1 · 2輯, 金光洲 · 李容珪 譯, 서울출판사, 1946.
______, 『阿Q正傳(外)』, 金光洲 譯, 同和出版公司, 1972.
______, 『魯迅全集(1 · 3 · 4 · 11 · 14 · 15 · 16 · 17)』, 人民文學出版社, 2005.
魯迅博物館 等 編, 『魯迅回憶錄散篇』 下册, 北京出版社, 1999.
魯迅博物館 · 魯迅研究室 編, 『魯迅年譜』 第二卷, 人民文學出版社, 1983.
魯迅博物館 藏, 『周作人日記(上 · 中 · 下)』(影印本), 大象出版社, 1996.
魯迅先生紀念委員會 編, 『魯迅先生紀念集』, 上海書店復印, 1979.
다카하시 도루(高橋亨), 『식민지 조선인을 논하다』, 구인모(具仁謨) 역, 동국대학교출판부, 2010.
다케우치 요시미(竹內好), 『루쉰』, 서광덕 역, 문학과지성사, 2011.
短舌(金台俊), 「北平紀行: 멍텅구리 遊燕草」, 『新興』 6號(1932. 1).
唐金海 · 張曉雲, 『巴金的一個世紀』, 四川出版集團 · 四川文藝出版社, 2004.
大內隆雄, 「魯迅とその時代」, 『滿蒙』(第12年 第1號) 1931. 1.
大村益夫 · 布袋敏博 編, 『近代朝鮮文學日本語作品選 1935-1945(評論隨筆 3)』, 綠蔭書房, 2002.
동국대학교 문화학술원 한국문학연구소 편, 『식민지시기 검열과 한국문화』, 동국대학교출판부, 2010.
瀨沼三郎, 『支那の現代文藝』, 『大支那大系(第十二卷) 文學 · 演劇篇(下卷)』, 東京: 萬里閣書房, 1930.
劉立善, 『日本白樺派與中國作家』, 遼寧大學出版社, 1995.
劉運峰 編, 『魯迅佚文全集(下)』, 群言出版社, 2001.

李無影,「嶺南走看記(二)」,『동아일보』 1935. 5. 2.
이정식 면담 · 감학준 편집해설 · 김용호 수정증보,『혁명가들의 항일 회상』, 민음사, 2005.
毛澤東,「在延安文藝座談會上的講話」,『文學運動史料選』 第四册, 上海教育出版社, 1981.
木易,「爲了一個共同的目標: 魯迅與朝鮮友人的交往」,『黨史縱橫』 2000. 12.
無政府主義運動史編纂委員會,『韓國아나키즘運動史』, 형설출판사, 1983.
민두기 편,『신언준 현대 중국 관계 논설선』, 문학과지성사, 2000.
민족문학사연구소 기초학문연구단,『'조선적인 것'의 형성과 근대문화담론』, 소명출판, 2007.
바실리 예로센코,『착한 사람, 예로센코』, 길정행 역, 도서출판 하늘아래, 2004.
박광현,「조선문인협회와 '내지인 반도작가'」,『현대소설연구』 제43집(2010. 4).
박난영,「巴金과 한국인 아나키스트」,『중국어문논총』 제25호(2003).
朴承極,「山村의 一夜(下)」,『동아일보』 1938. 4. 13.
朴允姫,「吳相淳の文学と思想: 1920年代、東アジアの知的往還」, 京都造形藝術大學 博士學位論文, 2009.
______,「오상순의 문학과 사상: 1920년대, 동아시아의 지적 교류」,『文學思想』 2009. 8.
朴在淵 · 金榮福 편,『梁白華文集 1』, 지양사, 1988.
박진영,「중국 근대문학 번역의 계보와 역사적 성격」,『민족문학사연구』 55권(민족문학사학회 · 민족문학사연구소, 2014).
______,「중국문학의 발견과 전문 번역가 양건식의 초상」,『근대서지』 2014 제10호.
白池雲,「한국의 1세대 중국문학 연구의 두 얼굴: 정내동과 이명선」,『대동문화연구』 제68권(2009).
白浩,「魯迅與無政府主義」,『魯迅研究月刊』 2004. 12.
卞榮魯,『樹州隨想錄』, 서울신문사, 1954.
北京民國大學 編,『北京民國大學十周紀念册』, 民國大學, 1925.

史沫特萊 等著,『海外回響: 國際友人憶魯迅』, 河北教育出版社, 2001.
山岡,「作家､藏書家時有恒先生事略」,『江蘇圖書館學報』1992(3).
三寶政美,「魯迅と朝鮮人ジャーナリスト出會い」,『東方』1984. 8.
上海市地方志辦公室,『虹口區志』第三十三編 魯迅在虹口, 第二章 紀念地, 第四節 其他紀念地地「一､魯迅藏書室」.
서울시립대학교 인문과학연구소 편,『한국 근대문학과 민족-국가 담론』, 소명출판, 2005.
葉紹鈞,「古代 英雄의 石像」, 李魯夫(李明善) 譯,『여성공론』창간호(1946. 1)
時有恒,『時有恒詩文選』, 時善剛 編, 中國社會出版社, 2003.
辛島昇,「解說」,『中國現代文學の研究: 國共分裂から上海事變まで』, 辛島驍 著, 汲古書院, 1983.
辛島驍,「支那の新しい文藝に就て」,『朝鮮及滿洲』1930. 1・2・3.
______,「現代支那の諸思想」,『綠人』2號(綠人發行所) 1935. 6. 11.
______,「魯迅追憶」,『桃源』(東京) 1949. 6.
申彦俊,「魯迅 訪問記」,『新東亞』1934. 4.
______,「中國文藝復興의 烽火: 大衆語文 運動」,『동아일보』1934. 7. 10.
申一澈,「魯迅과 申彦俊의 만남」,『極東問題』1995. 4.
신희교,『日帝末期小說硏究』, 국학자료원, 1996.
심원섭 편주,『원본 李陸史 전집』, 집문당, 1986.
阿英(錢杏邨),『阿英全集(貳)』, 安徽省敎育出版社, 2003.
야나기 무네요시,『조선과 그 예술』, 이길진 역, 신구문화사, 2006.
梁白華,「支那의 小說과 戱曲에 대하여」,『每日申報』1917. 11. 6-9.
______,「琵琶記」,『東光』제9호(1927).
吳相淳,「時代苦와 그 犧牲」,『廢墟』創刊號(1920. 6).
______,『아시아의 밤』, 文志社, 1987.
伍寅,「愛是不竭的源泉: 略論魯迅與愛羅先珂的交往」,『中共桂林市委黨校學報』第4卷 第1期(2004. 3).
牛山學人,「中國新興文學의 '阿Q'時代와 魯迅」,『東方評論』2號(1932. 5).

袁荻涌,「魯迅與中國現代小說的對外傳播」,『貴州文史叢刊』1998. 4. 15.
柳基石,『三十年放浪記: 유기석 회고록』, 任元彬 譯, 國家報勳處, 2010.
柳絮,『弱小民族的革命方略』, 中山書店, 1929.
柳鶯・姜平通,「遲到的榮譽—追憶父親柳樹人先生」,『蘇州日報』2010. 4. 19.
劉立善,『日本白樺派與中國作家』, 遼寧大學出版社, 1995.
李慶孫,「그 後의 魯迅: 丁君의 魯迅論을 읽고(上・下)」,『朝鮮日報』1931. 2. 27・28.
李魯夫(李明善),「周作人論」,『人文評論』1940. 8.
______,「救國文學과 國防文學(2)」,『조선중앙일보』1948. 6. 27.
李明善,「春香傳과 異本問題・艷情小說 是非」,『東亞日報』1938. 7. 16.
______,「春香傳과 異本問題・漢文本과 諺文本」,『東亞日報』1938. 7. 23.
______,「論說: '고맙습니다'와 感謝의 생활」,『朝鮮日報』1938. 11. 7.
______,「魯迅에 對하야」,『朝鮮日報』1938. 12. 5.
______,「古代小說의 大衆性」,『中央新聞』1946. 3. 17.
______,「中國의 新文學革命의 敎訓」,『문학』 창간호(1946. 7).
______,『李明善全集 1－4』, 보고사, 2007.
李明善 譯,『中國現代短篇小說選集』(단국대학교 석주선기념박물관 소장), 宣文社, 1946.
李崇寧,『大學街의 把守兵』, 민중서관, 1968.
이시활,「일제강점기 한국 작가들의 중국 현대문학 바라보기와 수용양상: 梁建植, 李東谷, 梁明을 중심으로」,『중국학』33(2009).
이영구,『안우생의 에스페란토 문학세계』, 한국에스페란토협회, 2007.
李陸史,「魯迅 追悼文」,『朝鮮日報』1936. 10. 29.
______,「自己深化의 길: 崑崗의 『輓歌』를 읽고」,『朝鮮日報』1938. 8. 23.
______,「尹崑崗詩集『氷華』 기타」,『人文評論』1940. 11.
李長之,『魯迅批判』, 北京出版社, 2004.
李丁奎,『又觀文存』, 三和印刷出版部, 1974.
李政文,「魯迅在朝鮮人民的心中」,『延邊大學學報』(社科版) 1981. 3.

李霽野,『魯迅先生與未名社』, 湖南人民出版社, 1980.

이충우 · 최종고,『다시 보는 경성제국대학』, 푸른사상, 2013.

李何林 編,『中國文藝論戰』, 東亞書局, 1932年 1月 四版(1930年 初版).

임경석,『이정 박헌영 일대기』, 역사비평사, 2004.

自由人社,『克魯泡特金學說概要』, 自由人社, 1924. 5.

張杰,『魯迅: 域外的接近與接受』, 福建教育出版社, 2001.

長白山人(李光洙),「梁建植君」,『開闢』 第44號(1924. 2).

張全之,「從施締納到阿爾志跋綏夫: 論無政府主義對魯迅思想與創作的影響」,『魯迅研究月刊』 2007. 11.

全光鏞,『韓國現代文學論考』, 민음사, 1986.

錢杏邨,『現代中國女作家』, 上海北新书局, 1930.

정근식 · 정진성 · 박명규 · 정준영 · 조정우 · 김미정,『식민권력과 근대지식: 경성제국대학 연구』, 서울대학교출판문화원, 2011.

鄭東湖,『니이체 연구』, 探求堂, 1983.

丁來東,「中國新詩概觀(十五)」,『朝鮮日報』 1930. 1. 24.

______,「『阿Q正傳』을 읽고(一～四)」,『朝鮮日報』 1930. 4. 9 · 10 · 11 · 12.

______,「現代 中國 戲劇(七)」,『東亞日報』 1931. 4. 8.

______,「中國 文人 印象記(三): 孤獨과 諷刺의 象徵인, 지금은 左傾한 魯迅氏」,『東亞日報』 1935. 5. 3.

______,「外國文學專攻의 辯(9)」,『東亞日報』 1939. 11. 16.

______,「偉大한 中國作家 魯迅의 回憶(上): 그의 紀念講演會를 열면서」,『東亞日報』 1947. 10. 21.

______,『丁來東全集(I－III)』, 금강출판사, 1971.

______,「中國文學과 朝鮮文學」(『朝鮮文學』 1934),『韓國現代小說理論資料集』(十五卷), 韓國術振興院, 1985.

정병준,『현앨리스와 그의 시대』, 돌베개, 2015.

井上紅梅,「支那革命畸人傳」,『奇譚』 2卷 11號(1929. 11).

조성환 편,『북경과의 대화』, 學古房, 2008.

趙演鉉,『韓國現代文學史』, 現代文學社, 1956.

周作人,『澤瀉集 · 過去的生命』, 北京出版集團公司 · 北京十月文藝出版社, 2011.

周海嬰,「魯迅與我七十年連載二: 溧陽路藏書處」, 2001. 11. 1. '光明網-生活時報'.

中國社會科學院文學硏究所魯迅硏究室 編,『魯迅硏究學術論著資料滙編 1(1913-1936)』, 中國文聯出版公司, 1985.

中村卯一,「第四章 民族のしがらみ」,『遠い日の東アジアで』.

陳廣宏,「韓國"漢學"向"中國學"轉型之沈重一頁: 日據朝鮮時期京城帝國大學的"中國學"硏究及其影響」,『韓國硏究論叢』, 2005.

陳夢熊,『『魯迅全集』中的人和事—魯迅佚文佚事考釋』, 上海社會科學院出版社, 2004.

天台山人(金台俊),「文學革命 後의 中國文藝觀」,『東亞日報』1930. 11. 12 · 16, 12. 4.

______,「新興中國文壇에 活躍하는 重要作家(四)」,『每日申報』1931. 1. 1 · 3 · 7 · 10.

______,「蔣光慈氏 著「碎了的心」을 닑고(上 · 下)」,『朝鮮日報』1933. 1. 20 · 21.

靑丘學會,「京城帝國大學法文學部卒業論文」,『靑丘學叢』第四號(1931. 5).

______,「京城帝國大學法文學部講義題目」,『靑丘學叢』第八號(1932. 5).

______,「京城帝國大學法文學部講義題目」,『靑丘學叢』第十二號(1933. 5).

______,「京城帝國大學法文學部講義題目」,『靑丘學叢』第十六號(1934. 5).

______,「昭和十年度 京城帝國大學法文學部卒業論文」,『靑丘學叢』第二十三號(1936. 2).

______,「京城帝國大學法文學部講義題目」,『靑丘學叢』第二十四號(1936. 5).

崔起榮,「李會榮의 北京 생활: 1919-1925」,『東洋學』第54輯(檀國大學校 東洋學硏究院, 2013. 8).

최미령,「김광주의「朝鮮文壇的最近狀況」」,『반교어문연구』41집(2015).

최병우,「김광주의 상해 체험과 그 문학적 형상화 연구」,『한중인문학연구』25호(2008).

崔滐周,「한국 아나키스트 群像」,『政經文化』1983. 9.

崔昌圭, 「長江萬里(23 · 25)」, 『東亞日報』 1931. 9. 29, 10. 1.
______, 「外國文學專攻의 辯(3)」, 『東亞日報』 1939. 11. 1.
巴金, 『創作回憶錄』, 三聯書店, 1981.
______, 『巴金全集(18)』, 人民文學出版社, 1993.
賀玉波, 「中國女流作家論」, 金光洲 譯, 『東亞日報』 1934. 3. 5.
胡適, 『胡适遺稿及秘藏書信集 42』, 耿雲志 主編, 黃山書社, 1995.
丸山昇, 「日本的魯迅硏究」, 『魯迅硏究月刊』, 靳叢林 譯, 2000. 11.
홍석표, 『천상에서 심연을 보다: 루쉰의 문학과 정신』, 선학사, 2005.
______, 「魯迅의 식민지 朝鮮 인식에 관한 연구」, 『中國語文學誌』 第26輯 (2008. 4).
______, 『근대 한중 교류의 기원: 문학과 사상 그리고 학문의 교섭』, 이화여자대학교출판부, 2015.
洪曉民, 「中國文學과 朝鮮文學」, 『京鄕新聞』 1947. 8. 10.
黃喬生, 「世界語者魯迅: 魯迅在北京(六)」, 『北京紀事』 2013. 3. 1.

• 이 책에 포함된 기 발표 연구 성과의 내용과 출처

이 책은 국내 학술지에 기 발표된 필자의 연구 성과도 포함하고 있는데, 그 내용과 출처는 다음과 같다. 「루쉰(魯迅)과 신언준(申彦俊) 그리고 카라시마 타케시(辛島驍)」(『中國文學』 제69집, 2011), 「류수인(柳樹人)과 루쉰(魯迅): 「광인일기」 번역과 사상적 연대」(『中國文學』 제77집, 2013), 「예로센코, 魯迅, 周作人의 세계주의적 경향과 동아시아 지식인의 사상적 공명」(『中國語文學誌』 제53집, 2015), 「'譯述'의 번역관습과 근대적 번역관습의 충돌」(『中國現代文學』 제75호, 2015), 「김광주의 현대 중국문예 비평과 루쉰(魯迅) 소설의 번역」(『中國文學』 제87집, 2016).

| 찾아보기 |

[ㅁ]

[ㅊ]

[ㅋ]

루쉰과 근대 한국

동아시아 공존을 위한 상상

펴낸날 1판 1쇄 2017년 2월 28일
지은이 홍석표
펴낸이 권은미
펴낸곳 이화여자대학교출판문화원
주소 서울특별시 서대문구 이화여대길 52(우 03760)
등록 1954년 7월 6일 제9-61호
전화 02) 3277-2965(편집), 362-6076(마케팅)
팩스 02) 312-4312
전자우편 press@ewha.ac.kr
홈페이지 www.ewhapress.com
책임편집 김미정
디자인 정혜진
찍은곳 (주)현문자현

ISBN 979-11-5890-205-6 93820
값 29,000원

* 잘못된 책은 바꾸어 드립니다.

이 도서의 국립중앙도서관 출판예정도서목록(CIP)은 서지정보유통지원시스템 홈페이지(http://seoji.nl.go.kr)와 국가자료공동목록시스템(http://www.nl.go.kr/kolisnet)에서 이용하실 수 있습니다. (CIP제어번호: CIP2017003609)